LA LLAVE DE LA
INMORTALIDAD

LA LLAVE DE LA INMORTALIDAD

La historia secreta de la religión cristiana

BRIAN C. MURARESKU

CRÍTICA

Título Original: *The Immortality Key*

© 2020, Brian C. Muraresku

Traducción: Alejandra Ortiz Hernández
Presentación: © Michael Pollan
Prólogo: © Graham Hancock

Derechos reservados

© 2023, Ediciones Culturales Paidós, S.A. de C.V.
Bajo el sello editorial CRÍTICA M.R.
Avenida Presidente Masarik núm. 111,
Piso 2, Polanco V Sección, Miguel Hidalgo
C.P. 11560, Ciudad de México
www.planetadelibros.com.mx
www.paidos.com.mx

Diseño de portada: Planeta Arte & Diseño
Fotografías de portada: Wikimedia Commons
Diseño de interiores: Eduardo Romero Vargas

Primera edición impresa en México: abril de 2023
ISBN: 978-607-569-424-5

Impreso en los talleres de Impregráfica Digital, S.A. de C.V.
Av. Coyoacán 100-D, Valle Norte, Benito Juárez
Ciudad De Mexico, C.P. 03103
Impreso y hecho en México – *Printed and made in Mexico*

Para Julieta Belén y Alexa Paz,
sin quienes este libro nunca habría visto la luz,
y debido a quienes casi no se concluyó.

Y para mi PJ, la formosissima causa sine qua non

Índice

Primera parte
LA ELABORACIÓN DE LA CERVEZA PSICODÉLICA

Segunda parte
LA MEZCLA DEL VINO PSICODÉLICO

αν πεθάνεις πριν πεθάνεις,
δεν θα πεθάνεις όταν πεθάνεις

Si mueres antes de morir,
no morirás cuando mueras.

Presentación

A mi parecer, el renacimiento psicodélico actual ocurrió en el año 2006, cuando Roland Griffiths y su equipo en la Universidad Johns Hopkins publicaron un estudio trascendental en la *Journal of Psychopharmacology* con el intrigante título «Psilocybin can occasion mystical-type experiences having substantial and sustained personal meaning and spiritual significance» [La psilocibina puede ocasionar experiencias de tipo místico con un significado personal sustancial y sostenido y con un significado espiritual]. Los investigadores reportaron que dos tercios de los voluntarios que recibieron una dosis alta de psilocibina tuvieron una «experiencia de tipo místico» profundamente significativa que provocó mejoras duraderas en su bienestar. El estudio de 2006 desencadenó docenas de otros estudios, mientras los investigadores empezaron a poner a prueba el potencial de la psilocibina para tratar toda una gama de desórdenes mentales, desde depresión y ansiedad hasta adicciones y desorden obsesivo compulsivo.

La investigación psicodélica había tomado la ruta de la ciencia y, en específico, la ruta del desarrollo de fármacos psiquiátricos, con resultados impactantes: se espera que dentro de pocos años, ciertas sustancias psicodélicas como la psilocibina sean aprobadas como medicamentos por parte de la Administración de Alimentos y Medicamentos de Estados Unidos (FDA, por sus siglas en inglés).

Pero hubo una segunda ruta de investigación muy distinta que señaló el estudio de Griffiths de 2006: la ruta sugerida por la frase «experiencia de tipo místico». Para incomodidad de algunos científicos, el artículo de Griffiths insiste en la naturaleza decididamente espiritual de la experiencia de sus sujetos de estudio, que no se distingue de la clase de experiencias místicas transformativas relatadas en la historia y la literatura de la religión. Pocos las notaron en su momento, pero Griffiths y sus colegas habían sembrado pistas sumamente interesantes para cualquiera que quisiera seguirlas, y no en dirección a la ciencia o la medicina, sino hacia las profundidades de la historia de la religión.

Las pistas tenían forma de preguntas: ¿Están programados los humanos para tener experiencias místicas? Y, en caso de que sí, ¿por qué? Si una alta dosis de psilocibina puede «ocasionar» la clase de visiones profundas y experiencias místicas que han inspirado a las religiones, ¿podrían los compuestos psicodélicos haber desempeñado un papel decisivo y poco reconocido en el nacimiento y la práctica de ciertas religiones? Y si de hecho fuera así, ¿por qué han sido suprimidos estos hechos extraordinarios durante miles de años?

La razón por la que hablamos en términos de un renacimiento de sustancias psicodélicas es que la mayor parte de la investigación actual representa una reavivación de trabajos que comenzaron en las décadas de 1950 y 1960 y que luego fueron abandonados tras el pánico moral que se apoderó de las sustancias psicodélicas alrededor de 1965. Esto es cierto no solo para la investigación médica, sino también para la investigación sobre la religión y la cultura de manera más general. Albert Hofmann, el químico suizo que descubrió el LSD en 1938, llegó a creer que un compuesto psicodélico relacionado había sido usado por los griegos en los misterios eleusinos, el ritual secreto que duró cerca de dos mil años y entre cuyos celebrantes estaban muchas de las lumbreras de Grecia y, después, de Roma, como Platón, Cicerón y Marco Aurelio. Esta poción, llamada *kykeon*, les permitía a quienes la consumían viajar al inframundo para comunicarse con ancestros y previsualizar la vida después de la muerte. Al trabajar con R. Gordon Wasson —el banquero y micólogo aficionado que «descubrió» el uso ceremonial de la psilocibina entre los mazatecos en Oaxaca en 1955— y un joven clasicista llamado Carl Ruck, Hofmann buscó identificar el compuesto psicodélico usado en Eleusis. Otros académicos, como John Allegro, sostenían que los compuestos psicodélicos habían desempeñado un rol en el desarrollo del cristianismo temprano. Los fundamentos de estas teorías eran convincentes, desde luego, pero solo eran circunstanciales y especulativos; los primeros investigadores

no lograron encontrar evidencia concluyente para sus extraordinarias afirmaciones.

Con *La llave de la inmortalidad,* Brian Muraresku ha retomado y seguido
estas provocativas líneas de investigación, y en el proceso presenta la historia de las sustancias psicodélicas y la religión de tal manera que esta debe
tomarse en serio. El libro adopta la forma de una historia de detectives, con
el objetivo de responder una fascinante serie de preguntas mediante un conjunto de herramientas y documentos que no estaban al alcance de Ruck y
sus colegas en la década de 1970. ¿Qué sustancia química contenía el *kykeon*
o ciceón? ¿Qué hay de la bebida que se consumía en los rituales de Dioniso
y Baco? Los textos clásicos hablan del poder transformativo del vino, a pesar
de que los griegos no tenían una palabra para «alcohol» y a veces bebían sus
pociones en copas increíblemente diminutas. ¿Con qué plantas u hongos
psicoactivos se enriquecía el vino griego y romano? En sus primeros días, la
advenediza religión del cristianismo buscó ser atractiva para los adoradores
de Dioniso y Baco al brindar una experiencia de éxtasis similar, la cual también involucraba «vino». Además de uvas fermentadas, ¿qué más había en
el sacramento cristiano? En uno de los descubrimientos más deslumbrantes
de *La llave de la inmortalidad,* nos enteramos de que un arqueobotánico que
sometió los residuos de un cáliz precristiano del siglo II a microscopía óptica
y a un microscopio electrónico de barrido determinó que este contenía...,
bueno, no quiero *espoilearlo*. La respuesta es una de las muchísimas recom-
pensas que este libro absolutamente fascinante le ofrece al lector.

Aficionados de distintos tipos han jugado papeles clave en la historia
de las sustancias psicodélicas: pensemos en el redescubrimiento de la psilocibina por Wasson en Oaxaca, o en Al Hubbard, el «Juanito Manzanas del
LSD», quien diseñó los protocolos para la terapia guiada psicodélica en la
década de 1950. Brian Muraresku es el último en esa sucesión de grandes
aficionados, en el mejor sentido de la palabra. Tiene un amor apasionado
por su tema de estudio, lo que lo inspiró a perseguirlo con energía tenaz por
más de una década. Durante buena parte de este tiempo, tenía un trabajo
diurno como abogado de derecho internacional en un prestigioso despacho
en Nueva York. Pero durante todo ese tiempo, por las noches se convertía en
un híbrido entre clasicistas y detective, estudiando en Brown no solo griego y
latín, sino también sánscrito; el dominio de Brian del español, francés e italiano también lo preparó para un viaje de investigación que lo llevó a España

(en busca de ese cáliz de comunión); a París (para reunirse con un sacerdote católico dispuesto a contemplar la idea de una eucaristía psicodélica) y a las profundidades de las catacumbas de Roma, donde el Vaticano preserva sus bienes más secretos. Es toda una aventura, llena de suspenso y sorpresas, y Brian es un guía de lo más sociable a lo largo de estas páginas.

Al final de *La llave de la inmortalidad*, la idea de que los fundamentos mismos de nuestra civilización —su ADN griego, romano y cristiano— estuvieron influenciados por sustancias psicodélicas ya no parecerá en absoluto estrafalaria. Este es uno de esos libros que después de leerlos, no hay vuelta atrás: para cuando lleguen al final, la historia de la religión, por no decir la de nuestra cultura, se verá muy diferente, y, al menos en mi caso, tendrá mucho más sentido. Pero *La llave de la inmortalidad* también hace otra valiosa contribución: impulsa el renacimiento psicodélico al ámbito de las humanidades y la cultura, el cual bien podría ser su próximo, y más emocionante, capítulo.

Michael Pollan,
19 de septiembre de 2022

Prólogo

Al igual que Brian C. Muraresku, autor del excelente libro *La llave de la inmortalidad* que tengo el placer de presentarles aquí, yo crecí en un hogar cristiano. Mi familia era presbiteriana, mientras que la educación de Brian fue católica romana. Hay muchas diferencias doctrinales entre estas dos denominaciones, pero ambas practican el rito de la sagrada comunión e incluso hasta el siglo XVIII ambas defendían y propiciaban muertes terribles al quemar en la hoguera a los «herejes», en particular a aquellos acusados de brujería.

Mi madre y mi padre se conocieron en la iglesia en Edimburgo durante la década de 1940, y después mi padre se formó como cirujano y obtuvo un puesto como misionero médico en el Christian Medical College en Vellore, en el sur de la India, que desempeñó de 1954 a 1958.

Nacido en 1950, fui el único hijo de mis padres y los cuatro años que pasé con ellos en el «campo misionero», inmerso en una comunidad cristiana devota, sin duda fueron formativos en mi vida, aunque no en la manera en que mi padre en particular esperaba. Sus esfuerzos por llenarme la cabeza de ideas cristianas, apuntalados por lecturas regulares del Antiguo y Nuevo Testamento, no hicieron más que alimentar mi disgusto por ir a la iglesia y verme obligado a escuchar sermones largos y aburridos.

Para cuando cumplí 14 años, el sentimiento de disgusto se había cristalizado en aborrecimiento. El año era 1964; había vuelto a Bretaña desde hacía seis años y mi vida era miserable en un internado en la ciudad de Durham.

La escuela, afiliada a la Iglesia de Inglaterra (que tiene sus propias diferencias doctrinales con respecto a la católica y la presbiteriana, pero comparte con ellas el rito de la sagrada comunión) era terrible y sádicamente violenta en maneras que ni siquiera comenzaré a describir aquí, y se encontraba al pie de una capilla helada de piedra que ofrecía misas regulares, a las cuales, como alumnos, estábamos obligados a asistir.

Recuerdo cuánto temía ir a esas misas implacablemente aburridas, y cuánto resentía su estupidez e irracionalidad. ¿Por qué debía creer en ese «Dios» y su «hijo» Jesús, y por qué debía creer en el cielo y el infierno, ángeles y Satanás, solo porque la Biblia, los ministros de la Iglesia y mis padres me decían que esas cosas eran reales?

¡Para mí no eran reales!

Al expresar mi rebelión —a mi manera adolescente— rehusándome a arrodillarme, orar o cantar himnos durante las misas, decidí que desde ese momento cuestionaría todo y nunca más volvería a confiar en algo solo porque una figura de autoridad, o algún libro anticuado, lo dijera.

En mi adolescencia tardía ya era un ateo comprometido, pues el ateísmo me parecía la única postura razonable y racional que podía defender en respuesta al dogma cristiano. Después, a comienzos de la década de 1970, asistí a la universidad para estudiar sociología, que en ese entonces era una disciplina radical e inquisitiva, y mis opiniones se volvieron aún más sólidas.

Desde entonces, no he dejado de ser ateo, en el sentido estricto de la palabra, que se deriva del griego *átheos* y significa literalmente «sin dios». Han pasado cincuenta años y sigo sin considerar que haya razón alguna para creer en una deidad o deidades de cualquier clase. Sin embargo, algunas experiencias que tuve en este medio siglo han cambiado mi perspectiva de manera profunda, y aunque «Dios» sigue siendo una hipótesis no comprobada, las experiencias de las que hablo me han convencido de la existencia de dimensiones y realidades que coexisten con la nuestra e influyen en cada uno de nosotros, pero en su mayoría pasan desapercibidas y no son reconocidas en las sociedades tecnológicas modernas, en particular aquellas que han sufrido de una exposición prolongada a las enseñanzas cristianas.

Experiencias

Si escucho un sermón en la iglesia, la experiencia que tengo ahí —casi sobra decirlo— es la experiencia de escuchar un sermón en una iglesia sumada a la experiencia de las reacciones que el sermón evoca en mí. Por lo tanto, la «experiencia» en este caso es similar a la experiencia de escuchar o reaccionar a una conferencia o cualquier otra clase de enseñanza. Puede que aprenda algo nuevo o puede que me enfrente a un material con el que ya estoy familiarizado. Y mi reacción puede encontrarse en una amplia gama de emociones, desde un aburrimiento aplastante en un extremo de la escala hasta un interés entusiasta en el otro, y en diversos grados de acuerdo o desacuerdo con lo que el hablante expresa.

Del mismo modo, si escucho una conferencia o leo un libro o un artículo académico sobre el acto sexual humano, puede que experimente la conferencia, el libro o el artículo como aburrido o estimulante, intrigante, desconcertante, informativo, redundante, etcétera. Pero algo es seguro: escuchar la conferencia o leer el libro o artículo *no* es categóricamente lo mismo que la experiencia de la que disfrutaría si, de hecho, tuviera sexo.

Por lo tanto, espero que podamos estar de acuerdo en que, como experiencias, las enseñanzas, sermones, libros, conferencias y artículos están separados, son distintos y se encuentran en un orden más bajo que la cosa que buscan describir, analizar o dilucidar. Al igual que escuchar una conferencia sobre sexo no es lo mismo que tener sexo, escuchar un sermón sobre el reino de los cielos no es lo mismo que visitar el reino de los cielos y experimentarlo de primera mano.

Esto me lleva al tema de las sustancias psicodélicas y las experiencias que desencadenan.

Mi primer encuentro con las drogas psicodélicas fue en 1974 en Inglaterra cuando tomé LSD por impulso en un festival y a cambio recibí 12 horas de dicha, revelaciones, retos temibles, viajes en el tiempo y misterio. No obstante, la experiencia fue tan poderosa que tuve miedo de volver a buscarla. ¿Qué tal si la segunda vez marchaba mal al mismo grado que la primera había marchado bien? Así que durante los siguientes treinta años rechacé varias oportunidades de realizar más «viajes».

Eso cambió mientras escribía un libro que en un inicio pensé que sería sobre el misterio del arte de la Edad de Piedra, pero terminó tratándose de mucho más que eso. El libro, que se publicó en 2005, era *Supernatural: Meetings with the Ancient Teachers of Mankind* [Sobrenatural: encuentros con los antiguos maestros de la humanidad], y en 2002, durante las etapas preliminares de investigación, encontré el trabajo de David Lewis-Williams, profesor de antropología en la Universidad del Witwatersrand en Sudáfrica. El libro de David recién publicado ese año, *La mente en la caverna: la conciencia y los orígenes del arte*, se me presentó como una revelación. Este presentaba resmas de evidencia respaldada por argumentos convincentes para proponer que los rasgos característicos del arte de las cavernas en todo el mundo, y los temas representados por poblaciones que no pudieron haber tenido contacto entre sí, pueden explicarse si los artistas, sin importar dónde o cuándo vivieron, experimentaron los mismos estados de conciencia profundamente alterados: en específico los estados alterados similares a trances que buscaban los chamanes en culturas tribales y de cazadores-recolectores con el consumo de poderosas sustancias psicodélicas. En resumen, la «teoría neuropsicológica del arte de las cavernas» de David propone que los chamanes de la Edad de Piedra usaban una variedad de medios —sobre todo plantas y hongos psicodélicos— para entrar en estados de trance en los que experimentaban visiones poderosas. Después, al regresar al estado de conciencia «normal», recordaban sus visiones y las pintaban en los muros de las cavernas.

Muy pronto descubrí que los chamanes de las sociedades tribales y de cazadores-recolectores que todavía existen en el mundo actual también buscan los estados de trance, propiciados en muchos casos por plantas y hongos psicodélicos. Posteriormente, muchos crean pinturas de sus visiones, y cabe resaltar que estas imágenes chamánicas modernas que dicen representar el «mundo espiritual» y sus habitantes son notablemente similares a las imágenes del arte de las cavernas de la Edad de Piedra.

Al ser un investigador práctico, supe que había llegado el momento de renovar mi relación con las sustancias psicodélicas. Para mis primeros «viajes» de investigación, decidí trasladarme al bosque tropical del Amazonas en Sudamérica para sentarme con los chamanes y compartir con ellos el brebaje visionario y sagrado conocido como ayahuasca —«liana de las almas» o «liana de los muertos»—, cuyo ingrediente activo es la dimetiltriptamina (DMT), la sustancia alucinógena más potente que la ciencia conoce.

En total, tuve 11 sesiones de ayahuasca en el Amazonas en 2003, que fueron suficientes para proporcionarme las experiencias auténticas de primera mano que necesitaba para escribir mi libro. Pero desde que *Supernatural...* se publicó en 2005, he participado en más de setenta sesiones más de ayahuasca, de las cuales las cuatro más recientes (al momento de escribir esto) tuvieron lugar en Costa Rica en diciembre de 2019. Mi práctica no es del todo constante, pero procuro hacer una peregrinación de ayahuasca una vez al año, y en cada ocasión, sea cual sea el lugar del mundo que elija, me reúno con pequeños grupos de exploradores afines (que suelen incluir entre cinco y veinte personas, pero en raras ocasiones pueden llegar hasta cien) para experimentar el brebaje en un contexto ceremonial. Estas ceremonias suelen ser facilitadas por chamanes amazónicos u occidentales que fueron aprendices de chamanes amazónicos, y cada vez con mayor frecuencia en el contexto occidental, son mujeres y no hombres quienes guían las ceremonias.

Beber ayahuasca es un trabajo difícil. El brebaje tiene un sabor insoportable —una mezcla de ácido de baterías, calcetines sucios, alcantarilla abierta y una leve pizca de chocolate— y suele provocar diarrea, sudoración intensa y vómito violento seguido por episodios agotadores de arcadas. Las visiones que acompañan esto en ocasiones pueden ser aterradoras y en otras sumamente reconfortantes. Remolinos extraordinarios y patrones geométricos centelleantes crean un telón de fondo fuera de este mundo, pero las visiones también suelen incluir encuentros con entidades inteligentes, a veces en forma humana y otras en forma animal, y otras veces en forma híbrida humana-animal —cuya denominación técnica es *teriantropos* (del griego *therion* que significa 'bestia salvaje' y *anthropos* que significa 'hombre').

A pesar de tener que prepararme para el malestar de la experiencia, estas visiones son las que me hacen volver a la ayahuasca año tras año, el sentimiento de tener acceso a un universo paralelo impecablemente convincente y de tener la oportunidad ahí de ser parte de encuentros que resultan intrigantes, significativos y que a veces te cambian la vida con entidades que parecen ser de otro mundo.

Es común que estas entidades parezcan serpientes o híbridos de serpientes y humanos, y «la Madre Ayahuasca» en sí, la entidad que muchos creen es la inteligencia sobrenatural detrás del brebaje, a menudo se representa en el arte chamánico como una serpiente o un teriantropo de serpiente. Yo «la» he conocido en esa forma muchas veces. Por ejemplo, en una ocasión memorable, «ella» se me apareció como una gran boa constrictora de entre seis y nueve metros. Se enredó gentilmente en mi cuerpo con sus anillos, descansó su cabeza en mi hombro y me miró a los ojos durante una eternidad. Me pareció muy real —de hecho, más real que lo real— y su presencia (a pesar del horror «natural» que los humanos supuestamente sentimos por las serpientes) era la de una diosa profundamente compasiva y hermosa que simplemente me amó por un tiempo larguísimo durante el cual emitió en mi mente lo que se sentía como un mensaje telepático, un mensaje muy simple y básico que no obstante emitía con un poder impactante y sobrecogedor: que yo debía ser más amable y cariñoso con los demás.

Esa sesión me dejó la sabiduría clara de que aunque no podía volver en el tiempo para corregir errores y crueldades pasadas, podía decidir nunca más repetir esos errores y ser una influencia más amable, positiva, compasiva y constructiva en la vida de los demás.

No sé si la Madre Ayahuasca sea «real» en el sentido usual que le damos a la palabra cuando hablamos de personas o cosas reales, pero lo que resulta interesante es que en el nivel fenomenológico (fuentes que documento y refiero con sumo detalle en mi libro *Supernatural...*), muchos miles de personas han experimentado encuentros con «ella» durante las sesiones de ayahuasca y han cambiado de manera profunda su comportamiento y perspectiva como resultado de ello. Esos cambios son reales aunque la ciencia materialista quiera reducir la entidad que los inspira a un mero epifenómeno de actividad cerebral trastornada.

A menudo esta entidad (que, repito, puede que sea real o no, pero se experimenta como real) nos da lecciones morales profundas en lo más hondo del viaje de ayahuasca. Puede que veamos episodios de nuestras vidas en los que actuamos con falta de bondad o de manera injusta ante otros, o fuimos malvados y poco amorosos, o fracasamos en alcanzar todo nuestro potencial. Y estas cosas se nos muestran con absoluta claridad y transparencia, despojadas de todas las ilusiones y excusas, de modo que nos vemos confrontados a nada más ni nada menos que la dura verdad sobre nosotros mismos. Estas revelaciones pueden ser muy dolorosas. A menudo, la gente llora en las sesiones de ayahuasca debido a ellas. Sin embargo, nos brindan lucidez y nos dan la oportunidad de cambiar nuestro comportamiento en el futuro: de ser más cariñosos y menos «tóxicos», de ser más considerados con los demás y de ser más conscientes que antes del increíble privilegio que el universo nos ha dado al permitirnos nacer en un cuerpo humano, una oportunidad de crecimiento y mejora del alma que no podemos desperdiciar de ninguna manera.

Quizás esta sea una de las razones por las que la ayahuasca ha tenido tanto éxito en alejar a las personas de las adicciones a drogas duras dañinas. Por ejemplo, por muchos años el doctor Jacques Mabit ha ofrecido tratamientos de ayahuasca increíblemente efectivos contra las adicciones a la heroína y a la cocaína en su clínica Takiwasi en Tarapoto, Perú, en la que el tratamiento habitual es de 12 sesiones con ayahuasca en el lapso de un mes (véase http://www.takiwasi.org/docs/arti_ing/ayahuasca_in_treatment_addictions.pdf).

Una gran proporción de los participantes tienen revelaciones tan poderosas sobre las raíces de sus propios problemas y comportamientos durante las sesiones que salen de Takiwasi libres por completo de adicciones, a menudo sin síndrome de abstinencia, y nunca retoman su hábito. El índice de éxito es mucho más alto que el de cualquier otro tratamiento occidental convencional para las adicciones a las drogas.

Mientras tanto en Canadá, el doctor Gabor Maté ofrecía sesiones de sanación con ayahuasca con un éxito fenomenal a sus pacientes adictos a las drogas antes de que el Gobierno canadiense decidiera detener su trabajo con base en que la ayahuasca en sí es una droga ilegal (véase theglobeandmail.com/life/health-and-fitness/bc-doctor-agrees-to-stop-using-amazonian-plant-to-treat-addictions/article4250579/).

Sin embargo, tal como Brian Muraresku documenta en las páginas de *La llave de la inmortalidad,* la ciencia occidental, a la que se ha apelado para justificar los duros castigos para la «guerra contra las drogas», reconoce cada vez más los beneficios positivos y transformadores de las sustancias psicodélicas —al ayudar a individuos a deshacerse del trastorno de estrés postraumático, por ejemplo, o a individuos con cáncer terminal a deshacerse de su miedo a la muerte—. El potencial de la psilocibina (el ingrediente activo de los «hongos alucinógenos») se estudia en la actualidad en el Centro Johns Hopkins para la Investigación Psicodélica y de la Conciencia, y resulta impactante, tal como Brian reporta, pues «cerca del 75% de los voluntarios en la investigación califican sistemáticamente su única dosis de psilocibina como la experiencia más significativa de su vida entera, o una de las cinco más significativas».

De igual modo, yo puedo confirmar que en varias de las muchas sesiones de ayahuasca que he vivido (aunque de ninguna manera en todas), he tenido la fortuna de vivir experiencias de un poder tan extraordinario, que conllevan comprensiones tan poderosas, que sin duda alguna las colocaría entre las más significativas de mi vida. De hecho, han tenido tanto significado que han cambiado por completo mi perspectiva de la vida y de la naturaleza de la «realidad». Aún soy ateo, y aún acepto que los científicos que buscan reducir la conciencia a la materia podrían tener razón; pero mis *experiencias* con la ayahuasca me han convencido, como no lo ha hecho ninguna cantidad de lecturas, estudios o sermones, de que el reduccionismo materialista es un grave error, y que estar vivo y consciente es un misterio de proporciones enormes e inconmensurables, y en resumen, como lo formuló Shakespeare en *Hamlet*, que «hay más cosas en el cielo y en la tierra» que aquellas con las que se sueña actualmente en nuestra filosofía.

Cuando adopté por primera vez el ateísmo adopté las ideas interconectadas de que no hay ningún significado o propósito trascendente para la vida, que no hay cielo ni infierno y que cuando nuestros cuerpos y cerebros mueren es absurdo imaginar que alguna parte «espiritual» de nosotros —el «alma»— sobreviva.

Después de mis experiencias con la ayahuasca, ya no estoy tan seguro de que la lógica y la razón puedan reducirnos tan fácilmente a nuestros cuerpos de esta forma. Al contrario, he visto muchas cosas que me convencen de que si bien la conciencia se manifiesta en el cuerpo durante la vida, el cuerpo no la hace ni la confina y esta tampoco se extingue de manera inevitable una vez que el cuerpo muere. Algo que resultó de esto es que ya no le tengo miedo a la muerte como antes; más bien, contemplo su aproximación con curiosidad y un espíritu de aventura.

Por lo tanto, creo que puedo decir que mis experiencias con la ayahuasca han sido *persuasivas*, quizá de manera similar a como lo fueron las experiencias de los peregrinos de la Antigua Grecia al santuario de Eleusis por la misma razón: a saber, tal como aprenderán en las páginas siguientes, los participantes en Eleusis consumían un brebaje probablemente psicodélico, el ciceón, después del cual experimentaban visiones que borraban todo rastro del miedo a la muerte. Los compuestos psicodélicos presentes en la ayahuasca guardan estrecha relación con los del ciceón, pero de ninguna manera son idénticos. No obstante, los efectos de las «visiones beatíficas» y experiencias profundamente significativas que se inducen en ambos casos parecen ser los mismos.

Antiguos maestros

A lo largo de buena parte de la historia occidental, hasta el siglo IV d. C., cuando el cristianismo temprano «primitivo» comenzaba a verse desplazado por la aplastante imposición de la Iglesia católica romana, las «visiones beatíficas» eran la herramienta principal de reclutamiento de la antiquísima e influyente «religión sin nombre» que es el tema central de *La llave de la inmortalidad*. Esta religión podía cambiar y adoptar múltiples formas —los misterios eleusinos y dionisiacos son algunos de los ejemplos que cita Brian, y a estos yo agregaría la religión mucho más antigua de las cavernas pintadas que exploré en *Supernatural...*—, pero el factor común en cada caso era un sacramento psicoactivo (a veces comida, a veces bebida, a veces ambas) que todos los participantes consumían.

El cristianismo «primitivo», como Brian argumenta de manera convincente, comenzó hace dos mil años como la forma o encarnación más reciente de esta religión arcaica y, al menos en algunos casos, parece haber usado el pan y vino enriquecido con plantas y hongos psicodélicos como su sacramento. En esa época, debido a que el cristianismo fue perseguido bajo el Imperio romano hasta el gobierno de Constantino (306-337 d. C.), era una práctica normal para sus adeptos reunirse en secreto en grupos pequeños para comer el pan y beber el vino de la sagrada comunión, para después experimentar visiones beatíficas de un profundo poder y significado. Y, muy a menudo, esas ceremonias secretas de comunión experiencial directa con lo divino eran guiadas por mujeres, mientras que los hombres tenían un papel secundario.

Luego, de la segunda mitad del siglo IV d. C. en adelante, llegó el auge del catolicismo romano, dominado por hombres que tomaron pasos decisivos para marginar el papel de las mujeres en la Iglesia y eliminar los elementos psicodélicos del sacramento, con lo que redujeron la sagrada comunión al acto simbólico vacío y desprovisto de contenido experiencial poderoso que cientos de millones de cristianos aún practican.

Mi amigo, el artista visionario Alex Grey, cuyo trabajo tiene mucha influencia de la ayahuasca, describe la historia de la serpiente, el fruto prohibido y la expulsión de Dios de Adán y Eva del jardín del Edén en el Antiguo Testamento como «la primera prohibición psicodélica».

En ese mismo sentido, la persecución católica romana de los cristianos «primitivos» y la extirpación de su vino visionario de comunión podría describirse como la segunda prohibición psicodélica.

Después, en el siglo XX, justo cuando parecía que al fin nos liberábamos del férreo e insensible control de la Iglesia y nos abríamos a las posibilidades espirituales, varios gobiernos alrededor del mundo comenzaron a emprender la llamada «guerra contra las drogas»: la tercera prohibición psicodélica.

De este modo, a lo largo de los siglos, fuerzas enormes y con frecuencia letales (con el poder, por ejemplo, de quemar personas en la hoguera o aprisionarlas por décadas) se han desencadenado en repetidas ocasiones para evitar que la gente experimente un contacto directo con dimensiones y realidades más allá de lo mundano. No obstante, al mismo tiempo, incluso cuando podía parecer que la «religión sin nombre» se había eliminado por completo de los registros humanos, siempre hubo —si se me permite ampliar la metáfora— múltiples «discos de respaldo» en forma de plantas y hongos psicodélicos que crecen en todo el planeta. Es probable que hubiera brechas grandes, incluso lagunas de siglos enteros, pero llegaría el momento en que individuos curiosos, ya fuera por accidente o decisión, tomarían muestras de las plantas y hongos que servirían como el Salón de los Registros de la religión sin nombre, y así pondrían en marcha las experiencias y procesos subsecuentes de organización social que a fin de cuentas permitirían que esta se restaurara en toda su fuerza.

No es casualidad que los chamanes mazatecos del sur de México se refieran a los hongos *Psilocybe* que usan en sus ceremonias como «pequeños maestros» y, en cierto sentido, eso es exactamente lo que son todas las plantas y hongos psicodélicos: los antiguos maestros de la humanidad. Ya sea que interactuemos con ayahuasca, *Psilocybe mexicana*, peyote o LSD (que en sí es un derivado del cornezuelo), nos encontramos con los agentes biológicos de la religión sin nombre y su capacidad numinosa de reavivar nuestros apetitos y potencial espirituales.

Brian nos dice que él nunca ha tenido una experiencia psicodélica en su vida —y tampoco hay ninguna razón para que la tenga, puesto que *La llave de la inmortalidad* ofrece datos duros y argumentos empíricos más que un reporte de viaje—. De hecho, la decisión del autor de permanecer virgen a las experiencias psicodélicas es, desde mi punto de vista, una decisión estratégica sabia, ya que despoja a los autodenominados escépticos —que abundan— de cualquier argumento *ad hominem* que descalifique a este importante libro como producto de los «delirios» de un «drogadicto» o términos peyorativos similares.

Mi propio enfoque es diferente. Yo no habría podido escribir *Supernatural...* sin una experiencia directa de las sustancias psicodélicas y la respuesta negativa escéptica resultante ha sido amplia, sostenida y obvia. De hecho, hasta el día de hoy, más de 15 años después de la publicación de *Supernatural...*, mi interacción con las sustancias psicodélicas sigue siendo una de las herramientas principales que los escépticos usan para ridiculizar y desestimar mi trabajo.

No me arrepiento de nada.

A pesar de mi ateísmo puro y persistente, y los muchos años que he pasado distanciado de cualquier cosa que se asemeje a la fe religiosa, las ceremonias psicodélicas en las que he participado alrededor del mundo —guiadas a menudo por mujeres y que se mantienen en secreto tal como la comunión de los cristianos «primitivos»— han devuelto la espiritualidad a mi vida.

Y por eso estoy muy agradecido.

Graham Hancock

Introducción

Una nueva Reforma

—Soy atea, no creo que exista un Dios —afirma ella—. Pero luego comencé a sentir un amor abrumador y absoluto. —Hubo un largo silencio—. Y la manera en que yo lo describo es bañarse en el amor de Dios —continúa, mientras se le quiebra la voz—, porque no encuentro una mejor manera de describirlo. Sentí que tenía un lugar, que era parte de todo y tenía derecho de estar aquí. ¿De qué otro modo puedo describirlo? Quizás es como se siente el amor de tu madre cuando eres bebé. Ese sentimiento de amor impregnaba la experiencia entera.

Hablo con Dinah Bazer, neoyorquina, abuela, sobreviviente y no creyente sin remordimientos. En 2010, a los 63 años, se le diagnosticó cáncer mixto de ovarios. Lo ordinario es que más de la mitad de las mujeres en la situación de Dinah no vivan más allá del temible lapso de cinco años posterior a su diagnóstico. Pero Dinah fue una de las afortunadas. Encontró el tumor temprano, en la etapa ic, con los cual aseguró mayores probabilidades de ganar la batalla. Después de seis rondas de quimioterapia y dos años de citas de seguimiento, el cáncer estaba en remisión, y Dinah seguramente se sentía optimista. Pero no podía quitarse el miedo paralizante de que la enfermedad nunca se cura —solo se contiene— y siempre podría volver con más fuerza.

En 2012, Dinah le confesó su crisis existencial a una de las enfermeras del Perlmutter Cancer Center en la Universidad de Nueva York durante una revisión de rutina. Se le sugirió que se inscribiera a un estudio único en su clase que el equipo psiquiátrico llevaría a cabo junto con la Universidad Johns Hopkins. A primera vista, los investigadores trataban de determinar si la psilocibina, el compuesto activo de los hongos alucinógenos, podía aliviar la depresión y ansiedad en pacientes con cáncer. De acuerdo con los hallazgos de la prueba aleatorizada, a doble ciego, controlada con placebo que se publicó al respecto en el *Journal of Psychopharmacology* en noviembre de 2016, la vasta mayoría encontró un alivio clínico, pues el 87% de los 29 voluntarios de la Universidad de Nueva York (NYU, por sus siglas en inglés) reportaron un aumento en su satisfacción ante la vida o bienestar durante los meses posteriores.[1] Al igual que Dinah, un 70% calificó su única dosis de psilocibina como la experiencia más significativa de toda su vida; o bien, una de las mejores cinco. Los números coincidían con los 51 voluntarios del estudio de Hopkins, cuyos resultados se publicaron de manera simultánea.[2] En total, ochenta personas atormentadas se sumergieron en lo desconocido. La mayoría de ellos tuvieron una experiencia que los cambió por completo y les dio una nueva oportunidad de vida. El resultado se caracteriza como «sin precedentes en el campo de la psiquiatría».[3]

Aunque el nuevo lote de información era muy atractivo desde una perspectiva terapéutica, los investigadores no necesariamente buscaban el siguiente Prozac o Xanax. No hay mucho dinero en un fármaco maravilloso de una sola dosis. La industria farmacéutica tiende a preferir usuarios a largo plazo que se vuelvan adictos a un régimen estable de recetas renovables. En vez de ello, el equipo de NYU había colaborado con sus colegas de Hopkins para buscar algo mucho más valioso. La pregunta real no era si las sustancias psicodélicas podrían funcionar o no para aquellos que se enfrentaban a la muerte, sino *por qué*. Y las respuestas iniciales ya habían llevado a los científicos por un camino poco científico, que invadía rincones de la mente que alguna vez solo fueron del interés de los estudiantes de religión.

Una década antes, en 2006, el equipo de Hopkins completó uno de los primeros proyectos sobre psilocibina desde la década de 1970, cuando la investigación sobre la sustancia prohibida se volvió imposible debido a la guerra contra las drogas.[4] En condiciones sumamente controladas, la psilocibina provocaba una experiencia mística profunda que parecía afianzar los beneficios emocionales y psicológicos duraderos que registraron los 36 voluntarios. Ellos no tenían enfermedades que pusieran en riesgo su vida y estaban libres de la angustia extenuante que consumía a Dinah. Pero estos resultados previos tenían una similitud impactante con los de la colaboración de 2016 con NYU: un tercio de los participantes calificó su experiencia como «la más significativa de su vida en términos espirituales» y la comparó con el nacimiento de un hijo o la muerte de uno de sus padres. Dos tercios la colocó dentro de las mejores cinco.[5] Cuando se entrevistó a los amigos, familiares y colegas de los participantes, todos confirmaron las transformaciones extraordinarias en el estado de ánimo y comportamiento del voluntario durante meses e incluso años después de esa única dosis.

Desde ese momento, el doctor Roland Griffiths dio un vuelco a su carrera para concentrarse de manera casi exclusiva en la psilocibina, y creó la ahora llamada Unidad de Investigación Psicodélica de Johns Hopkins. Más de 360 voluntarios y cincuenta publicaciones revisadas por pares después, está listo para llamar al pan, pan, y al vino, vino.[6] En su TED Talk de 2016, Griffiths dijo que el éxtasis inducido por drogas que presencia de manera rutinaria en su laboratorio es «prácticamente idéntico» al que reportan los profetas natos y visionarios a lo largo de la historia humana. La experiencia subyacente en sí, activada ya sea por psilocibina o algún torrente interno espontáneo de neurotransmisores, debe de ser «biológicamente normal».[7] Si en esencia estamos programados para las experiencias místicas, se plantea la posibilidad intrigante de que, con la mentalidad adecuada y en el ambiente correcto, cualquier alma curiosa pueda convertirse de inmediato en un erudito religioso.

El colega de Griffiths, el doctor William Richards, ha puesto esa hipótesis a prueba desde la década de 1960, cuando codesarrolló la escala que mide esos estados álgidos de la conciencia, el Cuestionario de la Experiencia Mística. Richards también cuenta con la discutible distinción de haber administrado la última dosis de psilocibina en 1977 en el Centro de Investigación Psiquiátrica de Maryland, el último refugio legal para esta investigación, antes de que el médico Rick Strassman interrumpiera la pausa prolongada en Nuevo México en la década de 1990. Junto con Griffiths, Richards puso de nuevo manos a la obra a principios de la década de 2000, cuando los «altos estándares de competencia académica» de Hopkins, una de las mejores escuelas de medicina de Estados Unidos, lograron convencer al Gobierno federal.[8]

En su libro de 2015, *Sacred Knowledge: Psychedelics and Religious Experiences* [Conocimiento sagrado: psicodélicos y experiencias religiosas], Richards crea un mapa de los rasgos esenciales del viaje perfecto con psilocibina: trascender el tiempo y espacio, sentir por medio de la intuición la unidad y carácter sagrado de todas las cosas, el acceso al conocimiento que suele no estar disponible. A menudo hay una fusión de la personalidad cotidiana con un todo más grande y fundamental. Las palabras no bastan para capturar la convicción férrea de que quien lo experimenta de algún modo pudo tener un vistazo de la naturaleza definitiva de la realidad, una conciencia que parece «llanamente obvia» en el momento, y que suele estar acompañada de sentimientos intensos de dicha, tranquilidad, exaltación y asombro.[9]

En la escala de inefabilidad, Dinah no es la excepción. Me pregunto por qué una atea confesada apelaría a «Dios» para describir el amor infinito que la «bañó» mientras la psilocibina sobrecargaba su bioquímica.

—¿Por qué no el amor del «universo» o el amor del «cosmos» o el amor de la «naturaleza»? —pregunto.

—Porque «Dios» es lo mismo que el «universo» y el «cosmos» y la «naturaleza». Son cosas que no conocemos en realidad. Siempre he pensado que el cielo y el infierno son ideas absurdas. No me interesa en absoluto el misticismo. Tiendo a pensar que solo son patrañas. Y no creo que la vida tenga ningún significado. Pero eso no me importa, porque mi propia experiencia es todo lo que tengo. Personas muy religiosas me preguntan: «¿No crees en Dios?». Y yo digo: «No, creo en el Amor». Y todavía puedo sentirlo a veces.

—Incluso ahora…, ¿siete años después?

—Sí, claro.

Pero las palabras no siempre fallan. Dinah puede sacar a relucir especificidades conmovedoras de las visiones, tatuadas de manera indeleble en su psique, que tuvieron lugar durante la sesión de psilocibina en 2012. Recostada cómodamente en un sofá, con los ojos cubiertos por un antifaz para dormir y audífonos con una mezcla de música clásica e instrumental, hizo frente a la parte terapéutica de su viaje de seis horas en un lapso breve. Con el ojo de su mente, Dinah vio algo que reconoció de inmediato como su miedo y ansiedad: «Un bulto grande y negro como carbón bajo mis costillas, del lado izquierdo, que no era donde estaba el cáncer. No era mi cáncer». Con mucha furia, le gritó algunas palabras malsonantes al intruso negruzco como buena neoyorquina. Y en un instante este desapareció. Para siempre.

Al haber terminado la parte fea, a Dinah no le quedó más que disfrutar la lista de reproducción que había confeccionado con habilidad el equipo de NYU. «Entonces solo me fui flotando. Yo vivía en la música, como un río».

Ese fue el momento en el que el amor de «Dios» entró a la vida de Dinah y se quedó con ella durante las horas que restaban en el sofá y los muchos años desde entonces. Pero ocurrió una cosa más. Y los investigadores creen que se trata de la clave de toda la experiencia.

La secuencia es difícil de verbalizar. A Dinah le interesa mucho que no la cite de manera errónea con frases sentimentales y clichés como «ser uno con el universo». Lo que describe es un proceso en el que hubo una «disolución del ser» y un «desvanecimiento de las barreras». Recuerda el momento en el que conceptos como *interno* y *externo* ya no eran válidos. «No estoy parada aquí nada más, mirando el mundo que me rodea. Soy parte del mundo». Después de una pausa prolongada para elegir la frase correcta, Dinah se refiere a este momento efímero como «un estado de puro *ser*». Recuerda haber respirado profundamente varias veces, exhalando con fuerza, tan solo para escuchar el aire que salía de su pecho. Necesitaba demostrar que su cuerpo físico seguía ahí, que aún existía en algún lugar del tiempo y el espacio. La fuente de su conciencia, que alguna vez fue fácil de localizar, de pronto estaba en todas partes y en ninguna a la vez. Y después todo cobró sentido. En esa realidad paralela desconcertante, mientras chapoteaba sin esfuerzo al ritmo de los violines, Dinah se dio cuenta de que «el nacimiento y la muerte de hecho no tienen ningún sentido». Cuando le pedí que aclarara el punto, agregó: «Más bien es un estado de siempre *ser*».

—¿Siempre ser?

—Siempre ser. Ser ahora y siempre. No hay un principio ni un fin. Cada momento en sí mismo es una eternidad.

Qué descubrimiento tan poético para una escéptica. Eso era precisamente lo que esperaba el doctor Anthony Bossis. Como profesor en el Departamento de Psiquiatría de NYU y director de investigación en cuidados paliativos para el estudio sobre psilocibina, la especialidad del psicólogo clínico es la «angustia existencial, espiritual y psicológica» que aqueja a muchos estadounidenses mientras se aproximan a la muerte. Estadísticas recientes muestran que la depresión aumenta en 26% para aquellos que se acercan al fin de la vida.[10] En una cultura que suele evitar el tema, que para los pormenores más crudos subcontrata a una industria creciente de cuidados paliativos, Bossis cree que simplemente «no terminamos bien» en este país.[11] En vez de una mala muerte marcada por sufrimiento innecesario», considera a

la psilocibina una «medicina que crea significado» con un enorme potencial.[12] No solo para los que están muriendo, sino para todos.

La colaboración histórica con Hopkins le dio a Bossis un asiento de
primera fila en la investigación de vanguardia de Roland Griffiths y William
Richards que lo había fascinado desde hacía años. Sus sesiones inolvidables
con Dinah y docenas de otros voluntarios pusieron de relieve las consecuencias en el mundo real de la experiencia en apariencia irreal en el seno místico
de esas pruebas con psilocibina. Para Bossis, Dinah es el mejor ejemplo del
efecto positivo sostenido que puede provocar un encuentro inesperado con
el «amor de Dios», incluso para un ateo. Mientras que el lenguaje nunca
podrá hacerle justicia a lo que Dinah experimentó, no cabe la menor duda
de que ella tuvo contacto con lo que Bossis llama una «dimensión sin tiempo»
que propicia un «no apego» a todo el dolor, a la desesperación y al estrés por
ser humano, lo cual permite una conexión con algo interno «más duradero».
En un correo electrónico personal, Bossis me explicó por qué un suceso tan
irracional puede generar fielmente tanto significado para aquellos que se
encuentran al borde de la muerte:

> Los participantes de nuestro estudio a menudo describieron esta experiencia
> con el recién descubierto conocimiento de que la conciencia sobrevive a la
> muerte corporal —que no somos solo cuerpos—, lo cual es un enorme regalo
> para una persona con un cuerpo que está fallando y que pronto dejará de fun-
> cionar debido a una enfermedad avanzada. Se ha descrito como una trascen-
> dencia de pasado, presente y futuro. Una ausencia de tiempo en el momento.
> He escuchado a participantes hablar de sentirse «fuera del tiempo». La idea de
> que no estamos atados por el mundo material es muy poderosa. Es liberadora
> en sentido psicológico, existencial y espiritual.

Para poder identificarse con ese aspecto más grande y expansivo de ellos
mismos —la parte que quizá nunca muera en el «estado de siempre ser» de
Dinah—, debe ocurrir un desprendimiento de lo familiar. Rendir el cuerpo
físico y perder cualquier sentido de tiempo y espacio puede sentirse como
algo desorientador, como una pequeña muerte en sí. «Como un indicio de
lo que está por venir», escribe Bossis, «algunos de los voluntarios dicen que
"así será la muerte, esto es la muerte"».William Richards ha documentado
el mismo fenómeno desde la década de 1960, y usó palabras idénticas a las
de Dinah para describir la transición a «dimensiones místicas de la con-

ciencia que se "derriten" o se "disuelven", como si las sedujera deliciosamente un amante divino». En *Sacred Knowledge: Psychedelics and Religious Experiences*, agrega además:

> La mente puede experimentar una o más experiencias de muerte y renacimiento, y la conciencia del ego (es decir, la parte de tu mente que funciona con tu nombre en la vida cotidiana) puede menguar y fluir. De modo similar, la conciencia del cuerpo que yace en el sofá puede ir y venir a medida que uno experimenta un estado de trance profundo... Este umbral entre lo personal (es decir, el yo cotidiano) y lo transpersonal (es decir, las dimensiones más fundamentales o universales de la conciencia) es conceptualizado de manera diferente por diferentes personas. Lo más común suele ser que el término *muerte* se emplee cuando el ego (el yo cotidiano) siente que literalmente está muriendo. Aunque uno haya leído que otros han reportado una inmersión subsecuente en lo eterno y la experiencia del renacimiento y retorno a la existencia cotidiana posteriormente, en el momento, la inminencia de la muerte puede sentirse aguda y, para algunos, aterradoramente real.[13]

Y justo ahí, con toda simpleza, está el objetivo declarado de todo místico o santo que haya intentado someter a cualesquiera de las religiones del mundo a la prueba final. Morir antes de morir. O más bien, lisiar psicológicamente al ego —aunque sea por un instante breve— para poder iniciarse en la comprensión de qué se encuentra debajo de todos los pensamientos, sentimientos y recuerdos que han tenido que ver a lo largo de la vida con la construcción de nuestro falso, o al menos incompleto, sentido del ser. El pequeño ego (latín para «yo») que parece tener un control tan firme no es más que una ilusión elaborada. Y esta es solo nuestra mitad de la historia, tal como lo narra de manera brillante la neuroanatomista egresada de Harvard Jill Bolte Taylor en su libro de 2008, *Un ataque de lucidez: un viaje personal hacia la superación*.

Con una atención minuciosa a cada detalle, Bolte Taylor narra la hemorragia cerebral que sufrió en 1996, cuando la ruptura de un vaso sanguíneo en un área muy estratégica del hemisferio izquierdo hizo que toda su «inteligencia calculadora» se esfumara. La mitad de su cerebro responsable de categorizar y organizar la información sensorial se desconectó. De pronto, ya no había más «charla cerebral». Cesó el diálogo con su voz interna: la consejera que nos ayuda a navegar en el mundo externo al comparar los datos que entran por los cinco sentidos con experiencias pasadas y ejecutar algoritmos en fracciones de segundo para determinar el mejor plan de acción para el futuro. Es la clase de pensamiento lineal y racional que nos recuerda llenar de víveres el refrigerador o ponerle combustible al auto antes de que sea demasiado tarde. Nos incita a ir al baño cuando la naturaleza llama, y deja que los infantes y bebés ensucien los pañales. Antes de que el ego se forme por completo, ese ir y venir mental tarda algunos años en madurar y establecerse. Pero una vez que lo logra, el hemisferio izquierdo asume el control cotidiano y fuerza a la conciencia más inmediata del momento presente del hemisferio derecho a retirarse a las sombras de nuestra niñez olvidada.[14]

Durante el derrame cerebral de Bolte Taylor, ya no fue cuestión de lo que había pasado antes, ni de lo que pasaría después, sino lo que ocurre *ahora*. El mismo *ahora* sin tiempo que asombró a Dinah con su infinitud: «Cada momento es una eternidad en sí misma». ¿Podría ser que así vean el mundo los recién nacidos, antes de darse cuenta de que son seres separados, independientes de sus madres? Todo padre o madre se deleita cuando los bebés alcanzan el logro en su desarrollo de darse cuenta de que tienen brazos, y observan con incredulidad las manos que están unidas a sus miembros ajenos. «Vaya, qué cosa tan extraña soy», recuerda Bolte Taylor como reacción a su cuerpo durante las etapas iniciales del derrame, mientras se subía a un aparato para su ejercicio matutino. Como «una gran ballena que se deslizaba por un mar de euforia silenciosa», la científica no sintió ninguna inquietud, ninguna preocupación y ninguna pena en absoluto. Y con total satisfacción, se preparó para morir.

Pero al igual que Dinah y los cientos de voluntarios que consumieron la psilocibina y que fueron guiados a través de una desgarradora muerte del ego en años recientes, Bolte Taylor sobrevivió y renació con una mirada nueva y un asombro infantil por la mitad de su cerebro que había dejado atrás junto con los chupones. Llama a esto «los circuitos profundos de paz interna del hemisferio derecho». Una vez que se reactivó, pudo encontrar alivio en ese «mar de euforia silenciosa» durante los ocho años que tardó en recuperarse por completo del derrame. Esto es similar a cómo Dinah me dice que es capaz de revivir la sensación de «bañarse en el amor de Dios» si tan solo puede tomar las cosas con calma. No medita con la frecuencia que desearía, pero cuando lo hace, ese amor divino brota. La lista de reproducción de NYU puede desencadenarlo también. Bossi le dio una copia después de la sesión de psilocibina, y Dinah disfruta escucharla en particular en el Día de Acción de Gracias. Sea cual fuere este «Dios», no tiene nada que ver con doctrinas gastadas y dogmas aburridos. Es una presencia que se siente y que nunca juzga, nunca condena, nunca exige nada a cambio. Sin duda no es una creencia ciega. Cuando visité a William Richards en el oasis que es su casa, a las afueras de Baltimore a comienzos del verano de 2018, destiló sus décadas de investigación como un maestro zen: «Una vez que te has sumergido en el océano, ¿de verdad importa o no si *crees* en el agua?».

Puede que Dinah no la haya buscado, pero lo que obtuvo fue una experiencia religiosa genuina. Y esa es la clase de experiencia que podría interesarle a la ola cada vez mayor de aspirantes que pueden pasarse una vida entera en la iglesia, templo o mezquita y ni una sola vez sentir el arrobamiento que se consigue invariablemente en una sola tarde en Hopkins y NYU. Más de mil millones de personas a lo largo del planeta no cuentan ahora con ninguna afiliación religiosa, entre ellas se incluyen uno de cada cinco estadounidenses y europeos y casi la mitad del público británico.[15] El alejamiento de la Iglesia en Estados Unidos [*un-churching*] es encabezado en especial por el 40% de *millenials* que no se identifican con ninguna fe en absoluto.[16] Esa cifra es más del doble de lo que era hace una generación. El Dios que ahora rechaza la generación más grande de Estados Unidos, de 73 millones de personas, no es el Dios de Dinah Bazer. Un Dios que de hecho se puede *experimentar* de una manera directa y personal es un Dios que tiene sentido. Un Dios que borra la depresión y la ansiedad como un cirujano cósmico, que aniquila el miedo a la muerte y envía una onda expansiva de amor por todo tu frágil corazón es un Dios que vive en alta definición. Y es un Dios del que difícilmente se esperaría que inicie una guerra contra los no creyentes.

Para esta generación resulta más inquietante el Dios de la religión organizada con su ejército de portavoces: esos sacerdotes, rabinos e imanes que se interponen entre las superficiales definiciones del cielo y un público con sentido común que tiene todo el derecho de exigir pruebas. Cuando la respuesta a sus dudas es un moralismo condescendiente, es momento de saltarse a los intermediarios en la búsqueda privada de trascendencia. El resultado es el 27% de los estadounidenses que alimentan el fenómeno «espiritual pero no religioso» (SBNR, por sus siglas en inglés).[17] Se le ha calificado como «el cambio religioso más importante de nuestra época» porque la tendencia es clara y solo aumentará en los años venideros.[18] Con un acceso sin precedentes a las enseñanzas de las fes del mundo, vivimos en una época en la que el grito de guerra de los SBNR nunca ha sido más factible: «Ser alumno y beneficiario de todas las tradiciones, y esclavo de ninguna».[19]

Si hay una crisis espiritual en Occidente, se debe a que los defensores de las tres grandes fes monoteístas han olvidado sus raíces. Cuando Yahvé se le apareció a Moisés en un arbusto en llamas, fue un calvario aterrador. El emancipador del pueblo israelí temió por su vida y se cubrió los ojos del Dios que después advertiría, en Éxodo 33:20: «Pero mi rostro no lo podrás ver porque no puede verme el hombre y seguir viviendo». El mayor misionero del cristianismo, san Pablo, se quedó ciego por tres días camino a Damasco por un haz de luz celestial al que sobrevino una alucinación auditiva de Jesús. Desde ese momento, Pablo afirmaría tener una comunicación sobrenatural continua con el hijo de Dios. El Corán entero le fue dictado a Mahoma palabra por palabra por el ángel Gabriel, quien le reveló la escritura del islam en una serie de trances. Uno de los primeros biógrafos de Mahoma, Ibn Ishaq, registra la creencia de amigos de la familia en que el joven profeta había sufrido un derrame. Los académicos modernos dicen que era proclive a «convulsiones extáticas».[20]

«No hay ninguna otra manera de comenzar una religión», dice el monje benedictino el hermano David Stendl-Rast.[21] «Cada religión tiene su núcleo místico. El reto es encontrar cómo acceder a él y vivir en su poder». En lo que él llama la «tensión entre lo místico y el *establishment* religioso» que ha durado siglos, los técnicos que añoran una experiencia real siempre están en conflicto con las autoridades que solo tratan de que la casa funcione bien. Según el hermano David, «el tiempo tiene una influencia en el sistema: las tuberías tienden a oxidarse y comenzar a filtrarse, o bien a taparse. El flujo de la fuente se reduce a un goteo». Cuando eso pasa, la experiencia del Dios de Dinah se pierde en la niebla de la historia. La palabra escrita que trata de capturar el encuentro original reemplaza inevitablemente la experiencia personal de asombro. De modo que «la doctrina viva se fosiliza en dogmatismo» y la ética y la moral que tratan de traducir una «comunión mística a un modo práctico de vida» se reducen a un moralismo.[22] Pero a pesar del dogmatismo y el moralismo que inevitablemente empañan el sistema, los místicos siempre han aparecido con un recordatorio vergonzoso para los autonombrados ejecutores de las reglas y regulaciones del *establishment*: cuando se trata de «Dios» —una palabra que rara vez usan los místicos— hay cierto consenso en un asunto crucial de importancia primordial.

Dios no reside en un libro sagrado.

Trátese de la Biblia o el Corán, los místicos nunca han encontrado a Dios al *leer* sobre Dios. No hay ninguna clase, ninguna conferencia, ninguna homilía que pueda acercarte a Dios. Porque, de hecho, no hay absolutamente nada que pueda *aprenderse* sobre Dios. Para los místicos, la única manera de conocer a Dios es *experimentar* a Dios. Y la única manera de experimentar a Dios es *desaprender* todo lo que el ego ha tratado de fabricar con tanto vigor desde nuestra infancia. Para dejar de mojar la cama y volvernos miembros productivos de la sociedad, esos «circuitos profundos de paz interna del hemisferio derecho» han tenido que dejarse al margen en el proceso. Para volver a activarlo, dicen los místicos, el método más simple y efectivo es morir antes de morir.

Es por eso que se ha llamado a los sufís, los místicos del islam, «los impacientes». En vez de esperar a su muerte real, los expertos espirituales de la segunda mayor religión del mundo creen que hay una tarea más urgente que cualquier otra: recuperar una «conciencia de la propia identidad plena» en esta vida.[23] Attar, el farmacéutico persa del siglo XII, dijo una vez: «Mientras no muramos para nosotros mismos, y mientras se nos identifique con alguien o algo, nunca seremos libres».[24] Su discípulo Rumi —maestro sufí y poeta de gran éxito en Estados Unidos en tiempos recientes— estaba totalmente de acuerdo: «Si pudieras deshacerte de ti mismo tan solo una vez, el secreto de los secretos se abriría ante ti. La cara de lo desconocido, oculta detrás del universo, aparecería en el espejo de tu percepción».[25]

Por eso, un concepto fundamental para los cabalistas, los místicos del judaísmo, es *Ayin* («la Nada»). «Cuando un hombre alcanza el estado de autoaniquilación, entonces puede decirse que alcanzó el mundo de la Nada divina. Vaciado de su sentido del ser, ahora ha pasado a unirse a la realidad verdadera».[26] El rabino Lawrence Kushner ha escrito mucho sobre el proceso que él llama un «ensayo» para nuestro momento de transición: «Tal como la muerte de cada criatura es a su vez un ensayo para la muerte de una especie y una galaxia y un cosmos. El gran ritmo de salir y regresar. Ahora bien, esta clase de muerte no es un fin, sino solo el comienzo de una transformación que generará un renacimiento. No se puede renacer hasta estar dispuesto a morir».[27]

Y por eso el teólogo alemán Maestro Eckhart, el místico por excelencia del cristianismo medieval, puso tanto énfasis en «borrar el propio ser», que es la única condición precedente a encontrar a Dios: «Si pudieras volverte nada por un instante, de hecho diría que menos de un instante, podrías poseerlo todo».[28] Eckhart describe la nulificación del ego como un proceso de desaprendizaje, en el cual «el alma debe perder su ser y su vida» en algo similar al «mar de euforia silenciosa» de Bolte Taylor. «No podemos servir a esta Palabra mejor que en quietud y silencio: ahí podemos escucharla y ahí también la entenderemos como se debe: en el no saber. A aquel que no sabe nada, se le aparece y se le revela».[29] Hasta el día de hoy, todos los visitantes al monasterio de San Pablo en el monte Athos en Grecia, uno de los sitios más importantes de espiritualidad orto-doxa, se encontrarán cara a cara con un hermoso dicho griego montado en la pared del área de recepción: «Si mueres antes de morir, no morirás cuando mueras».

Nótese la completa ausencia de la palabra *Dios* en las citas anteriores. Algo me dice que si los místicos estuvieran a cargo del judaísmo, el cristia-nismo y el islam, el mundo sería un lugar muy distinto. Un mundo en el que incluso una pragmatista como Dinah podría encontrar que está de acuerdo con el viejo dicho sobre el misticismo: la esencia de las creencias de ateos y místicos es la *nada*. Los ateos no creen en nada; mientras que los místicos creen en la Nada. Y si suficientes adultos saludables capaces de consentir pudieran experimentar lo que Dinah experimentó con la preparación y guía adecuadas, aunque fuera una vez en la vida, podríamos estar frente a una nueva Reforma.

Eso fue lo que el filósofo británico Aldous Huxley predijo desde la década de 1950, tras su experiencia sublime con mescalina, el compuesto visionario del peyote. En *Las puertas de la percepción* de 1954, Huxley registró su propia probada de «falta de ego» que resultó en la epifanía de que «Todo está en todo: ese Todo es en realidad cada uno». Su experiencia mística fue descrita como lo más cercano que «una mente finita podría estar de "percibir todo lo que está pasando en todas partes del universo"».[30] Décadas antes del aleja-miento de la Iglesia en Estados Unidos y la mayor parte de Europa, Huxley encontró un antídoto para los «noventa minutos de aburrimiento» que ya molestaban al «asistente promedio a la iglesia en domingo».[31] En un artículo de opinión publicado en *The Saturday Evening Post* en 1958, previó un futuro en el que las sustancias psicodélicas podrían redefinir la religión organizada como la conocemos:

Mi propia creencia es que, a pesar de que al principio sean incómodas en cierto sentido, estas nuevas sustancias capaces de cambiar la mente a la larga tenderán a provocar una vida espiritual más profunda en las comunidades en las que estén disponibles. El famoso «resurgimiento de la religión», del que tanta gente ha hablado por tanto tiempo, no ocurrirá como resultado de reuniones evangélicas masivas, o la aparición en televisión de clérigos fotogénicos. Ocurrirá como resultado de descubrimientos bioquímicos que harán posible que un gran número de hombres y mujeres logren una autotrascendencia radical y una comprensión más profunda de la naturaleza de las cosas. Y este resurgimiento de la religión será al mismo tiempo una revolución. De ser una actividad que se ocupa principalmente de símbolos, la religión se transformará en una actividad que se ocupe principalmente de la experiencia y la intuición: un misticismo cotidiano que subyazca y dé significado a la racionalidad cotidiana, las tareas y deberes cotidianos, las relaciones humanas cotidianas.[32]

Sin embargo, sesenta años después, el *establishment* religioso aún comparte en términos generales la opinión del Gobierno federal de que la mescalina, la psilocibina y sus hermanas psicodélicas deben permanecer prohibidas por completo. A lo largo de la historia, los místicos han sido perseguidos, y a veces ejecutados, por una razón. «Nada puede ser más alarmante para la jerarquía eclesiástica», observó una vez el filósofo Alan Watts, «que un brote popular de misticismo, pues bien podría terminar en la instauración de una democracia en el reino de los cielos».[33]

En Estados Unidos, todos estos compuestos siguen clasificados como drogas del Anexo I de acuerdo con la Ley de Sustancias Controladas de 1970, lo cual significa que «por el momento no tienen un uso médico aceptado» y demuestran un «alto potencial para el abuso». Esto a pesar de que la eliminación de la ansiedad de Dinah en 2012 es casi un milagro médico y el hecho de que ella no ha tocado la psilocibina desde entonces. Sin importar la postura del Gobierno federal, la constante marcha de la ciencia está ganándose adeptos en el nivel local, donde comienzan a florecer los primeros brotes de la Reforma psicodélica. En mayo de 2019, Denver se volvió la primera ciudad del país en despenalizar el uso y posesión de hongos alucinógenos. Oakland y Santa Cruz pronto siguieron su ejemplo en California, cuando sus ayuntamientos extendieron el tratamiento a todas las plantas y hongos psicodélicos que crecen naturalmente. Como el primer estado que legalizó el *cannabis* para uso personal en 2012,

Colorado ya es hogar de la Iglesia Internacional del Cannabis.[34] En junio de 2022, apareció en *Rolling Stone* como artículo principal uno acerca de The Divine Assembly (La Asamblea Divina), una iglesia de hongos mágicos en Salt Lake City, Utah, donde los miembros consideran a la psilocibina como su sacramento sagrado. Es inevitable que surjan otras iglesias psicodélicas.

¿Acaso es esto una estafa artificial para conseguir a Dios rápidamente? O, como predijo Huxley, ¿somos testigos del nacimiento de una genuina Reforma, encabezada por los místicos prácticos del siglo XXI? Para que este movimiento tenga alguna sustancia o mérito, la visión de Huxley debe basarse en un precedente histórico de solidez inquebrantable. Después de todo, la Reforma del siglo XVI fue respaldada por un estudio académico serio. La fascinación de Martín Lutero por la lengua original griega del Nuevo Testamento fue producto del humanismo que había envuelto a la Europa del Renacimiento. El lema principal de los humanistas era *ad fontes* («de vuelta a las fuentes» en latín), que implicaba un retorno a la lucidez intelectual de los ancestros griegos y romanos, las parteras de la fe cristiana. Lutero basó su traducción alemana de la Biblia en la edición griega publicada en 1516 por el humanista neerlandés Erasmo, que por su parte había comparado de manera meticulosa el Nuevo Testamento original con cuantos manuscritos latinos pudo encontrar, para erradicar cualquier discrepancia con el material griego original. Se dice que «Erasmo puso el huevo que Lutero incubó», es decir, el redescubrimiento de los verdaderos orígenes del cristianismo, y su significado real, que son la motivación principal de toda la Reforma.[35]

Cuando Huxley escribió sobre un «resurgimiento de la religión» en 1958, eso es precisamente lo que él tenía en mente también. Solo que él no recurría al Nuevo Testamento; él recurrió a algo más allá del libro: las prácticas originales de los paleocristianos que *rodeaban* al Nuevo Testamento. En *Las puertas de la percepción*, entró a aguas sacrílegas: «En los primeros siglos del cristianismo, muchos ritos paganos y festivales fueron bautizados, por decirlo así, para poder servir a los propósitos de la Iglesia». Sin adentrarse mucho en los detalles de un debate polémico, Huxley caracterizó a las ceremonias precristianas como «expresiones de impulsos fundamentales, capaces de satisfacer el alma» que se incorporaron al «tejido de la nueva religión».[36] Resulta extraño que no continuara con la llamada hipótesis de continuidad pagana: la teoría de que el cristianismo no apareció como por arte de magia de un día a otro, sino que heredó elementos paganos de los cultos grecorromanos del antiguo mundo mediterráneo. No era en absoluto una teoría nueva. El debate entre los estudiosos seculares y eclesiásticos sobre los orígenes de la Iglesia se remonta al siglo xix. En 1950, otro Martín Lutero —el reverendo doctor Martin Luther King Jr.— contribuyó a este tema con su ensayo titulado «The Influence of the Mystery Religions on Christianity» [La influencia de las religiones mistéricas en el cristianismo]. Hubo una época en la que la gente podía discutir estos temas y estar en desacuerdo de manera respetuosa y cortés. En 1954 lo único que Huxley agregó fue un giro psicodélico.

Al poner en tela de juicio los fundamentos del cristianismo, Huxley profetizaba no solo la muerte de la religión organizada, sino un retorno a sus raíces místicas. Y un «resurgimiento» de algo que, si las piezas pudieran juntarse, no solo reescribiría los orígenes del cristianismo, sino también a la civilización occidental en conjunto. Sin embargo, la tarea fue demasiado imponente para el filósofo británico, quien prefirió dejársela a los clasicistas, los especialistas en griego y latín como Erasmo y Martín Lutero, que llevarían la antorcha en los años subsecuentes. Solo *ellos* tenían la formación *ad fontes* para descifrar lo que Huston Smith, autor de *Las religiones del mundo: hinduismo, budismo, taoísmo, confucianismo, judaísmo, cristianismo, islamismo y religiones tribales* y quizás el académico religioso más prominente del siglo xxi, después llamaría «el secreto mejor guardado» de la historia. Hasta la fecha, este sigue siendo el más grande misterio sin resolver del pasado antiguo: siglos de académicos que trabajan día y noche en su ávida búsqueda de respuestas.

¿Cuál fue el sacramento original de la civilización occidental? ¿Y de algún modo logró abrirse paso en los ritos primitivos del cristianismo? Si los expertos alguna vez encuentran nueva información sobre la *razón real* por la cual el universo de paganos hablantes de griego se transformó en las generaciones fundadoras del cristianismo, al volver a un sanador judío de Galilea el ser humano más famoso que haya existido, esto promete ser la Reforma que acabe con todas las reformas, pues el núcleo místico, la fuente extática y el verdadero elemento vital de la mayor religión que el mundo haya conocido al fin quedaría al descubierto.

Al igual que este libro, la hipótesis de continuidad pagana con un giro psicodélico se divide en dos preguntas muy simples:

1. Antes del auge del cristianismo, ¿los antiguos griegos consumían un sacramento psicodélico secreto durante sus rituales religiosos más famosos y concurridos?

2. ¿Los antiguos griegos pasaron una versión de su sacramento a los primeros cristianos de habla griega, para quienes la sagrada comunión original o eucaristía era, de hecho, una eucaristía psicodélica?

Si la respuesta a la primera pregunta es *sí* y las raíces de la civilización occidental se empaparon en drogas que alteran la mente, entonces los experimentos recientes en Hopkins y NYU podrían parecer cualquier cosa menos una moda moderna. De hecho, nos obligarían a reevaluar por completo nuestra actual relación con las sustancias que se encuentran en la naturaleza que no solo eran sagradas sino indispensables para los arquitectos de la democracia y el mundo tal y como lo conocemos. Si la respuesta a ambas preguntas es *sí*, entonces la nueva Reforma está tan bien fundamentada y orientada históricamente como la Reforma de Martín Lutero, y se vuelve una realidad inmediata para las decenas de millones de personas espirituales pero no religiosas y aquellas desilusionadas con la religión. Pero lo más acuciante es que los aproximadamente 2 500 millones de cristianos de hoy (casi un tercio de la población del mundo) tendrán que decidir si quieren continuar bebiendo lo que Huxley y la generación actual podrían llamar un *placebo* en los «noventa minutos de aburrimiento» o unirse a la revolución que podría rescatar a una fe agonizante y una civilización al borde de la extinción. Después de un proceso de dos mil años, la crisis es real. Y lo que está en juego no podría ser más importante.

Por desgracia, la guerra por el alma de la civilización occidental ha permanecido muy bien escondida en áridas revistas académicas y conferencias arcanas, en las que ninguna de las eruditas luchas internas logra filtrarse al público general. Un poco de traducción podría hacer mucho bien. Pero justo cuando más se les necesita, pareciera que todos los intérpretes desaparecen, lo cual mantiene la controversia a puerta cerrada y, hasta ahora, manteniendo este libro sin escribirse.

Los clásicos están muriendo, y con rapidez. O quizá ya están muertos. Quién mejor que dos profesores egresados de Stanford disgustados para evaluar la situación: «Una lucha épica simulada de criaturas nocturnas que se gruñen y se rasguñan por una diminuta hoja de lirio en un estanque que se evapora».[37]

Ese fue el juicio expresado en 2001 en *Who Killed Homer?: The Demise of Classical Education and the Recovery of Greek Widsom* [¿Quién mató a Homero: la desaparición de la educación clásica y la recuperación de la sabiduría griega]. En su amarga condena de la academia, Victor Davis Hanson y John Robert Heath ensalzan la muerte inminente de nuestra herencia intelectual griega. Culpabilizan decididamente a los administradores sin carácter y los departamentos sabiondos y endogámicos de estudios clásicos. Por un lado, está el miedo de dejar a los estudiantes de hoy sin las habilidades prácticas que se necesitan en la economía del siglo XXI. ¿Qué universidad puede darse el lujo de impulsar egresados en lenguas muertas? Una vez que la escuela se gane la reputación de tener egresados desempleados y buenos para nada, se acabó la fiesta. Por otro lado, están los clasicistas en sí. Ese «inmenso abismo entre la vitalidad de los griegos y la timidez de aquellos que son responsables de preservar a los griegos, entre la claridad y exuberancia de los primeros y la poca claridad y monotonía de los segundos».[38]

Es una combinación brutal. Entre los burócratas y los ratones de biblioteca, a nuestras instituciones de enseñanza superior se les ha retirado por completo lo mismo que las creó en primer lugar: el latín y el griego. En la mayor parte de la historia occidental, estudiar esas lenguas antiguas era la única cosa que se *podía* hacer en una universidad. Desde el Renacimiento, la educación superior ha sido sinónimo en buena parte del dominio de los clásicos. Pensemos en el «culto a la Antigüedad» que propiciaron las primeras generaciones de estadounidenses.[39] La opinión de John Adams de que Atenas y Roma habían «honrado más a nuestra especie (la humanidad) que todo lo demás» no era única a finales del siglo XVIII.[40] El principal redactor de la Declaración de Independencia, Thomas Jefferson, consideraba la literatura clásica como «la fuente última de deleite e instrucción por igual».[41] El historiador Carl Richard explica que la «gramática» de las *grammar schools* anglosajonas de enseñanza secundaria de hecho se refiere a la gramática griega y latina. La opinión que prevalecía en la época era que el salón de clases debía estar reservado para «temas académicos serios como las lenguas clásicas», en vez de desperdiciarse en las cosas que un niño podría aprender con facilidad en casa, como la gramática del inglés.[42]

No obstante, en los años subsecuentes, nuevas materias «utilitarias» se abrieron paso por primera vez en el plan de estudios: las ciencias físicas, las lenguas modernas, la historia y la geografía.[43] Noah Webster, el «padre de la erudición y educación estadounidense», responsable también del famoso diccionario homónimo, quería ir al grano: «¿Qué ventaja puede encontrar un mercader, un mecánico o un agricultor en conocer las lenguas griega y romana?». Después de la Segunda Guerra Mundial, muchas universidades quitaron por completo el griego del plan de estudios general, con lo cual se volvió posible graduarse sin tener ningún conocimiento de la lengua materna de la civilización occidental. Escuchamos a Hanson y Heath recordando los días de gloria, preparándose para lo inevitable:

> Mientras la lectura, la expresión oral y escrita pulcra, la familiaridad con la política y los sistemas sociales y un conjunto común de presunciones éticas incambiables fueran los objetivos principales de una educación en artes liberales, mientras la educación en sí exigiera cierta memorización y estructura de parte del estudiante, los clásicos no desaparecerían —incluso a medida que las inscripciones en las lenguas clásicas vieran su declive cíclico acostumbrado—... El estudio de los clásicos siempre había estado en el centro de la educación occidental, siempre había afrontado el reto y había respondido a los cargos de irrelevancia, falta de sentido práctico e iniquidad de inspiración pagana. La universidad en sí, recordemos, fue una idea griega, y toda su estructura, nomenclatura y operación esencialmente grecorromanas... Mentes del siglo xx tan diversas como T. S. Eliot, Ezra Pound, Picasso y Winston Churchill demostraron el valor de los clásicos para el conocimiento, la expresión y elocuencia ante radicales y reaccionarios por igual.[44]

Después, según el dúo de Stanford, llegó la «moralista» década de 1960. El mismo movimiento contracultural que dio lugar a protestas pacifistas, el *rock* clásico y las sustancias psicodélicas también puso una enorme presión en un modelo de educación anticuado —uno que ya había superado su fecha de expiración—. Las lenguas muertas simplemente no concordaban con la época, en la que «el crecimiento personal y la autocomplacencia» llevaban a más estudiantes a las artes o las ciencias sociales como política, economía y psicología, y menos al pasado antiguo.[45] La autoridad y tradición debían cuestionarse a toda costa. Nadie quería estudiar sintaxis y gramática inútiles con un montón de viejos veteranos blancos de la Primera Guerra Mundial.

Si el Vaticano mismo estaba a punto de retirar el latín de la misa, por el amor de Dios, no había esperanza para la universidad estadounidense.[46] Y así fue como, después de más de 2 500 años, Homero finalmente se extinguió.

En años recientes, las inscripciones al griego antiguo se han desplomado.[47] No se trata de su «declive cíclico acostumbrado». Resulta que Hanson y Heath le dieron al clavo. Vieron las señales claras y lo predijeron con precisión desde 2001:

> Los griegos, ajenos al público en general, también están muertos en la universidad misma. Hoy en día, los estudios clásicos abarcan un corpus de conocimiento y una manera de ver el mundo prácticamente desconocidos, y una especie casi extinta incluso en su propio hábitat preciado, el departamento académico. Los clasicistas somos los dodos de la academia; cuando nos retiramos o morimos, nuestros puestos se eliminan o se reemplazan por ayudantes temporales y de medio tiempo.

Yo fui uno de los afortunados, supongo. Tuve la oportunidad de ver esa rara especie en persona y de cerca, antes de su última y bien merecida reverencia. Fundada en 1851, la preparatoria Saint Joseph no era el lugar adecuado para un sabelotodo del enclave de cuello azul del noreste de Filadelfia cuya única cercanía con esas instituciones provenía de haber visto *La sociedad de los poetas muertos* y *School Ties*. A veces maldije la beca fortuita que me llevó a la preparatoria de varones más lujosa de la ciudad. Pero había dos cosas en el manual jesuita que rápidamente me volvieron un auténtico miembro del círculo interno: el latín y el griego. Fue amor a primera vista.

Cuatro años después, convencido por completo de que mi destino era ser profesor de estudios clásicos o sacerdote, la Universidad de Brown me reclutó para continuar mi estudio inútil del mundo antiguo. Como la primera persona de mi familia en ir a la universidad, decidí extender la oportunidad de las lenguas muertas y aprendí sánscrito de paso. Viajé cuatro años más de vuelta en el tiempo, directo a la fuente: *ad fontes,* sin que nada se perdiera en la traducción, directo de las mentes de quienes dieron origen a la civilización occidental y redactaron el Nuevo Testamento. Mis clases en la histórica casa Macfarlane en College Hill raramente tenían más de cinco alumnos. Y sin embargo, nunca se me ocurrió que estaba lamentablemente poco preparado para la vida en el mundo real. Eso cambió cuando escuché a los estudiantes de posgrado quejarse del mercado laboral y lamentar la sombría realidad resumida por Hanson y Heath: «Tantos doctores en estudios clásicos y tan poco empleo... porque casi no hay alumnos, porque realmente no hay ningún interés en los griegos dentro o fuera de la universidad».[48]

Repleto de conocimiento inútil y sin ninguna habilidad rentable, hice la única cosa para la que estaba calificado en ese momento. Me uní a la profesión legal. Después de graduarme de la escuela de leyes y pasar el examen de la Barra de Nueva York, traté de instalarme en mi nueva vida en Wall Street en Milbank, Tweed, Hadley & McCloy. Con la esperanza de que aprendiera algo sobre finanzas corporativas internacionales, los socios hicieron que me suscribiera a *The Economist*. En el verano de 2007, tomé al azar un número de la pila creciente de revistas sin leer en una esquina de mi oficina. El título del artículo que cambiaría mi vida para siempre me golpeó en la cara: «The God Pill» [La píldora de Dios].

Era un reportaje breve sobre el primer experimento con psilocibina en Hopkins.[49] Nunca olvidaré el momento en el que leí la estadística de los dos tercios de voluntarios que contaban su única dosis de la droga entre las experiencias más significativas de su vida entera. Un etnomicólogo con el nombre de R. Gordon Wasson se mencionaba en la primera línea del artículo: era la inspiración detrás del disparo de salida del renacimiento psicodélico que culminaría en los cincuenta artículos revisados por pares de la Unidad de Investigación Psicodélica de Johns Hopkins.

Al instante recordé un libro titulado *El camino a Eleusis: una solución al enigma de los misterios*, publicado por primera vez en 1978. Lo había leído en Brown, junto con todos los libros de la biblioteca John D. Rockefeller Jr. que tuvieran algo que ver con la religión griega antigua. En coautoría con Albert Hofmann y Carl Ruck, Wasson afirmaba que había una potente sustancia psicodélica detrás de la visión transformadora que se vivió universalmente a lo largo de milenios en Eleusis, la capital espiritual griega, a unos 20 km al noroeste de Atenas. Desde la Universidad de Boston, Ruck después sugeriría que el cristianismo en sí también estaba basado de manera similar en drogas. Sin duda, era una línea de pensamiento poco convencional. Por desgracia, en ese momento, había muy poca investigación académica dedicada en específico al uso de drogas en la Antigua Grecia o en el cristianismo temprano. Sin manera de ir más a fondo, me vi forzado a abandonar la idea por muchos años, hasta que William Richards y Roland Griffiths, los jefes de investigación en Hopkins, lo trajeron de nuevo al frente de mi atención de la manera menos esperada de todas: por medio del laboratorio.

Inicié sesión en mi nueva cuenta de Amazon y usé mi salario del despacho de abogados para ordenar todo lo que Wasson, Hofmann o Ruck habían escrito. Después pasé los siguientes 12 años investigando para este libro, mientras que una hipótesis de treinta años se volvía una hipótesis de cuarenta años a la que nadie había prestado atención. Hasta el día de hoy, nunca he tenido una experiencia personal con sustancias psicodélicas, con el objetivo consciente de dejar que la evidencia objetiva guíe la investigación que ha consumido mi vida adulta.

Mientras que los datos de Hopkins y NYU eran convincentes desde una perspectiva circunstancial, la evidencia concreta que vinculara a los griegos antiguos o paleocristianos con un sacramento psicodélico era muy elusiva. Por ello, me dediqué al estudio en las noches y los fines de semana, cuando no ejercía el derecho, mientras comenzaban a surgir nuevos datos de otras disciplinas científicas como la arqueobotánica y la arqueoquímica, que ahora han demostrado la existencia de cervezas y vinos alucinógenos en el Mediterráneo antiguo, al igual que su posible consumo con propósitos rituales. Al fin, sesenta años después de que Aldous Huxley publicara por primera vez su manifiesto para una nueva Reforma, la hipótesis de continuidad pagana con un giro psicodélico es puesta a prueba en el siglo XXI. Y el público debe enterarse.

El problema es que se trata de un material muy denso. Y lo dice quien alguna vez fue aspirante a clasicista: Google no ayudará. Las fuentes originales que informan la hipótesis de continuidad pagana son tan especializadas, tan oscuras y tan condenadamente difíciles de encontrar que la única manera de separar los hechos de la ficción es remangarte la camisa y rastrearlas a la antigua: en bibliotecas, museos y archivos. Muchas están escondidas en otros continentes, en los que las barreras lingüísticas modernas y antiguas provocan que el material sea en extremo inaccesible. Después, están los sitios arqueológicos repartidos por el Mediterráneo, algunos de los cuales contienen pistas que solo se pueden descifrar en persona. Quizá lo más importante de todo son los expertos en sí, quienes dedican sus vidas a las múltiples disciplinas con interés en esta búsqueda. No siempre dejan un registro escrito de todo lo que saben. Por esta razón, una simple visita para acceder a lo que piensan puede tener resultados increíbles.

Durante todo el año pasado viajé por Grecia, Alemania, España, Francia e Italia para llegar de una vez por todas al fondo del secreto mejor guardado de la historia. Si un sacramento psicodélico fue esencial para el nacimiento de la civilización occidental y el cristianismo, ¿dónde está la prueba? Me senté a hablar con ministros de Gobierno, curadores y archivistas cuya misión es guardar reliquias valiosas que rara vez ven la luz del día. Interrogué a los arqueólogos, arqueobotánicos y arqueoquímicos que están en campo y en el laboratorio ahora mismo, sacando a la luz nueva evidencia del uso ritual de drogas por parte de nuestros ancestros para someterla a una batería de instrumentos de alta tecnología. También viajé en el tiempo con clasicistas, historiadores y estudiosos de la Biblia que tratan de encontrarle sentido a todo.

Esta investigación me ha llevado a conclusiones que no podría haber previsto hace 12 años. No solo hay evidencia de cervezas y vinos psicodélicos en el seno de los misterios griegos y cristianos, sino también evidencia de su supresión por las autoridades religiosas. Pasé una gran cantidad de tiempo en el Vaticano, cultivando una relación de trabajo con la Comisión Pontificia para la Arqueología Sagrada. Inspeccioné las catacumbas paleocristianas controladas por el papa, bajo las calles de Roma. Descendí a la necrópolis vaticana bajo la basílica de San Pedro de la que nunca se habla en la escuela católica. Analicé artefactos poco conocidos con los curadores de los Museos Vaticanos. Y también pasé buena parte de un año cultivando una amistad genuina con el bibliotecario de Dios en los Archivos Secretos del Vaticano, en donde logré hurgar entre manuscritos que muy pocos han tocado. El clímax del tiempo que pasé en la Santa Sede fue la oportunidad de revisar los archivos de la Inquisición recientemente abiertos —con el objetivo de buscar documentos clave que nunca antes se han traducido al inglés—. El resultado es una confrontación impactante con el papel crucial que las mujeres tenían en la preparación de la eucaristía original, y su supervivencia entre las sectas heréticas cristianas: una guerra de poder que continúa hasta hoy.

Las páginas siguientes rastrean mi completa inmersión en el misterio. Exploro una Antigua Grecia que está en serio peligro de desaparecer de los planes de estudios universitarios y una forma secreta y temprana del cristianismo que ha sido borrada de los registros. Presento cada parte de la evidencia que, en conjunto, terminó por convencerme de la realidad psicodélica detrás de la religión original de la civilización occidental. Un ritual prehistórico que puede que hubiera sobrevivido milenios en total ausencia de la palabra escrita antes de encontrar un buen hogar entre los griegos. Una tradición que después podría haber sido heredada por los primeros cristianos hablantes de griego, en especial en Italia, en donde fueron atacados por los Padres de la Iglesia. Un vasto conocimiento de drogas que pudo mantenerse vivo en la Edad Media gracias a paganos y herejes, hasta que las brujas del mundo fueron cazadas por siglos, lo cual borró toda memoria de la religión más longeva que el planeta haya visto. Esta no tiene nombre, y probablemente nunca lo tuvo. Pero una cosa es segura: que la tensión legendaria entre los místicos y los burócratas ha llegado a un punto de quiebre. Para poder encontrar nuestra alma de nuevo, un brote popular de misticismo podría ser justo lo que el médico había recetado.

Y la receta podría ser exactamente lo que era en un inicio: morir antes de morir, con una buena dosis de la religión que lo comenzó todo.

La religión sin nombre.

Primera parte

LA ELABORACIÓN DE LA CERVEZA PSICODÉLICA

I

Crisis de identidad

Aunque somos propensos a olvidarlo, la civilización occidental no se fundó como una empresa cristiana. La Antigua Grecia que inventó la democracia y originó todas las artes y ciencias que ahora damos por hecho nunca escuchó de Jesús. Antes de Jerusalén, antes de Roma, antes de la Meca, estaba Eleusis. Si la Atenas de los siglos v y iv a. C. fue la auténtica fuente de la vida occidental en el siglo xxi, entonces Eleusis fue nuestra primera e indiscutible capital intelectual. A lo largo de la Antigüedad clásica, el pintoresco pueblo portuario fue el epicentro de generaciones de buscadores espirituales. Pero su religión no duraría por siempre. En la batalla por el legado sagrado de Occidente, Eleusis fue un deceso espectacular. Su muerte a manos del recién cristianizado Imperio romano en el siglo iv d. C. marcó el comienzo de una crisis de identidad que persiste hasta el día de hoy.

¿Somos griegos o somos cristianos?

Desde la perspectiva tradicional, puede que nuestros ancestros griegos hayan construido el mundo como lo conocemos, pero el cristianismo salvó su alma. Como hijos de padres divorciados, tratamos de no elegir favoritos ni tomar partido, e ignoramos en buena medida el hecho de que los griegos lograron encontrar la salvación mucho antes de que el cristianismo apareciera —una omisión del todo razonable, pues el antiguo centro del universo mediterráneo ahora está dispersado en ruinas—. Hoy en día, el sitio arqueológico de Eleusis es poco más que ruinas de mármol y piedra caliza. Y desde 1882, las excavaciones solo han suscitado más preguntas que respuestas.[1] ¿Por qué tantos peregrinos acudieron a su templo durante dos mil años en busca de vida más allá de la tumba? ¿Por qué el antiguo ritual se llevaba a cabo al abrigo de la oscuridad? ¿Por qué la poción mágica estaba oculta? Y ¿por qué los cristianos lo clausuraron?

Si no se tiene cuidado, el acertijo sin resolver más antiguo de la historia de la civilización occidental se te puede colar hasta los huesos. En vista de que tanta genialidad suya ha sobrevivido, simplemente no tiene sentido que la religión del pueblo que creó la cultura occidental se desvaneciera como si nada. Debe de haber más sobre los misterios de Eleusis, la tradición espiritual más longeva y más prominente en la Antigua Grecia.[2] Por desgracia, se vio envuelta en secretismo desde el comienzo, razón por la cual no dejó nada más que indicios y pistas sobre lo que realmente ocurrió dentro del recinto sagrado. Aristóteles alguna vez dijo que los iniciados iban a Eleusis no a *aprender* algo, sino a *experimentar* algo.[3] Sea cual fuere esa experiencia, ha logrado eludir a los estudiosos desde hace siglos. Así se diseñó el acertijo, después de todo. Es posible reconstruir fragmentos de los extraños ritos y ceremonias, pero la atracción principal aún se desconoce. Año tras año, ¿cómo fueron capaces los misterios de seguir cumpliendo una promesa imposible?

Si vienes a Eleusis, nunca morirás.

Es una afirmación audaz, desde luego. Es difícil de creer hoy en día. Pero por alguna razón, nuestros ancestros creían en ella. De hecho, no podían imaginar un mundo sin ese suceso excepcional. Se decía que los misterios entrañaban «a toda la raza humana junta».[4] La vida en sí sería «invivible» en su ausencia.[5] Entre todas las preguntas sin responder sobre Eleusis, un hecho insoslayable mantiene a los investigadores pegados al oscuro rincón del sur de Grecia que fue tan cercano a millones: resistió la prueba del tiempo.

Mucho antes de que Jesús caminara en las orillas de Galilea, Eleusis fue un rayo de esperanza en una terrible época de incertidumbre, cuando la esperanza de vida promedio era mucho más baja que en la actualidad. La mitad de la población podía no alcanzar los 5 años.[6] Para aquellos que sobrevivían a una niñez traumática y lograban evitar el esclavismo, los desastres naturales, la escasez de alimentos, la violencia, el descontento social, pestes mortíferas y enfermedades infecciosas, la existencia era mucho más horrible que la nuestra, pues hasta el 60% del mundo grecorromano sucumbió ante bacterias y virus que ahora están controlados en gran medida.[7] Si el COVID-19 ofrece alguna perspectiva sobre el pasado, es el costo psicológico y emocional de una pandemia, y el sentido de desamparo que debió de ser insoportable para nuestros ancestros. Pero mientras los misterios se celebraran una vez al año cerca del equinoccio de otoño, todo estaría en orden. Era una fórmula a prueba de fallas que continuó sin interrupciones desde cerca de 1500 a. C. hasta 392 d. C., cuando de pronto se volvieron ilegales por mandato del emperador romano Teodosio, cristiano acérrimo.

Es mucho tiempo como para que las personas no protestaran, y para que tan poca información se haya filtrado en los registros históricos. Pero cualquiera que cruzara el umbral sagrado entendía el precio de la admisión. La palabra *misterio* proviene del griego *muo* (μύω), que literalmente significa «cerrar los ojos». Bajo pena de muerte, todos los visitantes tenían explícitamente prohibido revelar lo que habían visto adentro.[8] Lo que pasara en Eleusis, se quedaba en Eleusis. Aunque eso pueda resultarles frustrante a los historiadores modernos, la política ayudó a los misterios. El muro de silencio no hizo más que alimentar el misticismo y garantizar fanáticos de alta alcurnia.

En sus mejores tiempos, el templo atraía a los mejores y más brillantes atenienses, entre ellos Platón. Para mantener su experiencia en confidencialidad, el padrino de la filosofía occidental usó un lenguaje vago y críptico para describir «la visión dichosa» que presenció «en un estado de perfección»: el clímax de su iniciación al «más sagrado de los misterios».[9] Al igual que todos los viajeros, Platón quedó transformado de manera permanente por lo que sea que haya observado en Eleusis. Fue el último de un largo linaje de visionarios, hombres y mujeres, que tuvieron acceso exclusivo a verdades cósmicas. Después de beber un elíxir inusual llamado *ciceón* (*kukeon/* κυκεών) y una noche de espectáculos en el templo, cada peregrino se ganaba el título honorario de *epoptes* (ἐπόπτης), que significa algo como «aquel que lo ha visto todo». Más allá de cualquier duda, según afirmaban, la muerte no era el fin de nuestra travesía humana. De hecho, sobrevivimos al cuerpo humano. Y debajo de esta ropa mortal, todos somos inmortales disfrazados: dioses y diosas destinados a las estrellas para la eternidad.

¿Todo eso después de una sola noche en Eleusis?

Cuando lo dicen personas que suelen ser racionales y sobrias, suena como una locura.

Para encontrarle sentido a Platón, debemos recordar la perspectiva de los antiguos griegos de la vida después de la muerte. En esa época, la mayor parte de la gente creía que el alma bajaba a las regiones lúgubres y nebulosas del Hades. Si esta iba a vivir ahí para siempre o si con el tiempo se desvanecería no estaba del todo claro, e importaba poco. La muerte no era algo que se ansiara. Cuando Odiseo visitó la tierra de los muertos, su compañero caído Aquiles se queja célebremente de lo siguiente: «Preferiría ser labrador y servir a otro, a un hombre indigente que tuviera pocos recursos para mantenerse, a reinar sobre todos los muertos».[10]

A menos que hayas sido iniciado en los misterios, desde luego, en los que ver es creer. Una inscripción que se encuentra en el sitio dice: «La muerte ya no es más un mal para los mortales, sino una bendición».[11] Píndaro, tal vez el más grandioso poeta lírico de la Antigua Grecia e iniciado también, escribió en el siglo V a. C.: «¡Feliz el que, después de haberlos visto, desciende a la tierra; feliz el que conoce el fin de la vida, y conoce el comienzo [de una nueva vida] que otorgan los dioses!».[12] Para Sófocles, uno de los dramaturgos más renombrados de la época, el mundo podía dividirse en aquellos que habían estado en Eleusis y aquellos que no. Al igual que Platón y Píndaro, hace énfasis en la naturaleza visual de la experiencia: «¡Tres veces felices serán aquellos de los mortales que tras haber contemplado estos misterios al Hades se encaminen. Pues solo a estos [les] es posible allí vivir [después de la muerte], mientras que a los demás disponer de todo tipo de desgracias!».[13]

Sin divulgar el gran secreto, buena parte de los testimonios antiguos —los pocos que quedan— aplauden la visión sublime que resultó ser un suceso único en la vida para cada peregrino.[14] Es claro que los griegos tenían un profundo sistema religioso a su disposición. Uno que parece igualar la grandeza y sofisticación de sus múltiples logros, los múltiples regalos que dichosamente heredamos para construir una civilización desde los cimientos. Eleusis era una tradición duradera, y se decía que proporcionaba respuestas concretas a dudas atemporales y optimismo ante el olvido. Es ineludible: había una religión real antes del cristianismo, lo cual contradice el supuesto actual de que la espiritualidad griega era poco informada y ridícula.

Si a ustedes les enseñaron una versión caricaturesca de la mitología griega en la preparatoria, o incluso antes, puede que ahí haya comenzado la confusión. Seguramente se preguntaron cómo era posible que el pueblo que no solo nos dio la palabra *escepticismo* —del griego *skeptomai* (σκέπτομαι), que significa «mirar con cuidado»—, sino que de hecho practicaba lo que pregonaba, pudiera creer en cuentos de hadas. ¿Zeus está a cargo del trueno? ¿Poseidón domina los mares? ¿Todo mal provenía de la caja de Pandora? Si los griegos parecían tener demasiada sensatez para tales cosas, es porque así era. Demos crédito a quien lo merece.

Como una especie de Big Bang cultural, todos los grandes éxitos de pronto aparecieron en escena hace unos 2 500 años. Donde había caos, los antiguos griegos nos dieron significado a través de la historia, el civismo y la ética. Donde había superstición, crearon las primeras disciplinas científicas, como la física, la biología y las matemáticas. Sus estados y teatros se volvieron nuestras industrias del deporte y del entretenimiento. Codificaron el derecho, la medicina y las finanzas, y sentaron las bases para la tecnología que consume nuestra vida. La palabra *tecnología* en sí proviene del griego *techne* (τέχνη) que significa «habilidad», «astucia» o «trabajo manual». Las redes sociales nos han arrastrado a una conversación hiperconectada y global que se basa por completo en la expresión individual y el libre intercambio de ideas —los derechos fundamentales que eran prácticamente desconocidos antes de las academias de la Antigua Grecia—. Cada vez que abrimos Twitter, Instagram o Facebook, aprovechamos esa maravillosa herencia celebrada en la icónica *Escuela de Atenas* de Rafael: Platón y Aristóteles rodeados por sus brillantes colegas griegos, creando nuestro mundo mediante el pensamiento. ¿Acaso creeremos que la sabiduría reunida en esos escalones tuvo todos esos aciertos pero se quedó corta en las preguntas más importantes de todas?: ¿Por qué estamos aquí? ¿Qué pasa cuando morimos? ¿Qué sentido tiene todo?

En general, el sacrificio de animales, libaciones sin fin y oraciones formularias eran la clase de cosas que parecían complacer a los 12 dioses del monte Olimpo para mantener a raya los desastres. Y para muchos griegos antiguos, eso era la religión. Pero esto no respondía las grandes preguntas. Para el nivel de genialidad que se muestra en *La escuela de Atenas*, los sacrificios sangrientos a dioses imaginarios en cumbres lejanas no bastaban del todo.

Ahí es donde entraban los misterios de Eleusis —una de las muchas llamadas *religiones mistéricas* que fascinaron a la mente mediterránea en la Antigüedad—. Para las almas curiosas que necesitan un poco más de sustancia y un poco menos de sinsentidos, la Grecia antigua tenía un menú completo de alternativas espirituales que resultaban más satisfactorias que la dieta tradicional. En el núcleo de las religiones mistéricas estaba «un

encuentro inmediato o místico con lo divino» que implicaba «un acercamiento a la muerte y un retorno a la vida».[15] Al igual que los místicos que se
infiltrarían en el cristianismo, el judaísmo y el islam en los milenios subsecuentes, los griegos conocían el secreto antiguo de morir antes de morir. Sin
embargo, esta reunión frente a frente con Dios estaba diseñada, eso es lo
que Aristóteles quería decir con que los iniciados descienden a Eleusis no
para *aprender* algo, sino para *experimentar* algo. Esos griegos inquisitivos y
cínicos buscaban evidencia auténtica: prueba del más allá. Nunca se confor-
maban ciegamente con promesas vacías de una vida futura entre los cielos.
Tenían que echar un vistazo detrás de la cortina para ver de primera mano
si eso tenía algo de cierto. Para ellos como para nosotros, ¿cómo podría ser
otra cosa la religión auténtica?

La escuela de Atenas, pintada por Rafael entre 1509 y 1511, actualmente en el Palacio
Apostólico del Vaticano.

Cuando un imperio reemplazó al otro, el valor de esa experiencia no se
perdió en los romanos, quienes adoptaron el templo griego en Eleusis como
propio. Cicerón, el gran orador y estadista del siglo I a. C., dejó registro de
su opinión para la posteridad:

Pues me parece que entre las muchas cosas excepcionales y divinas que su Atenas ha producido y contribuido a la vida humana, nada es mejor que esos misterios. Pues gracias a ellos hemos pasado de una vida agreste y salvaje al estado de humanidad, y se nos ha civilizado. Del mismo modo que se les llama iniciaciones, de hecho hemos aprendido de ellas los fundamentos de la vida, y hemos comprendido la base no solo de cómo vivir con alegría, sino de morir con mayor esperanza.[16]

En el siglo II d. C., el emperador Marco Aurelio estudió en Atenas y después fue iniciado en Eleusis.[17] Se dice que es el único lego al que se le ha permitido entrar al *anaktoron* (ἀνάκτορον), el más sagrado entre los sagrados dentro del templo principal, o *telesterion* (τελεστήριον). Se ganó el privilegio. El Filósofo, como se le llamaba, supervisó un enorme proyecto de construcción para restaurar el sitio después de que casi lo destruyeran los bárbaros costobocios en el año 170 a. C. Marco Aurelio reconstruyó metódicamente con estándares romanos lo que los invasores habían incendiado, para asegurar que los misterios nunca volvieran a sufrir otra profanación. Todavía pueden verse trozos empequeñecidos de las 42 columnas que alguna vez sostuvieron al santuario de 52 m². Cerca de tres mil personas se habrían reunido en los escalones que cubren su interior para presenciar los secretos para cuya observación se habían preparado entre un año y un año y medio.[18] No era sino hasta la segunda visita a Eleusis cuando un iniciado potencial o *mustes* (μύστης) de hecho entraba al santuario para volverse un *epoptes* completo.[19]

Para mantener a los ojos profanos alejados de los asuntos sagrados, el Filósofo también construyó un portal monumental de mármol pentélico y un vasto jardín en la entrada del sitio, ahora conocido como el *gran propileo*. Un busto imponente y majestuoso de Marco Aurelio ha sobrevivido todo este tiempo, con la imagen desfigurada de una gorgona con cabeza de serpiente estampada en el pecho del Filósofo. El monstruo decapitado era una forma común de ahuyentar al mal en esos días.[20] Una advertencia firme a futuros saqueadores: esto es tierra sagrada.

Por un tiempo, funcionó. Hasta que el cristianismo reunió la fuerza suficiente para darle el golpe de gracia. Con el tiempo, la gorgona sería destruida y reemplazada con una cruz gigante, tallada con placer directamente en el corazón de Marco Aurelio. Los soldados de cristo tenían un mensaje propio: esta era una tierra sin Dios, viciada por demonios. Es un ejemplo diminuto de un período perturbador de la historia que hasta ahora comienza a recibir atención crítica sincera. El libro de Catherine Nixey *La edad de la penumbra: cómo el cristianismo destruyó el mundo clásico* sienta las bases para nuestra investigación:

> En un arranque de destrucción nunca antes visto —y uno que impactó a muchos no cristianos que lo presenciaron— durante los siglos IV y V [d. C.], la Iglesia cristiana demolió, vandalizó y fundió una cantidad abrumadora de obras de arte. Se derribó de sus plintos a muchas estatuas clásicas para desfigurarlas, mancillarlas y descuartizarlas. Los templos fueron destruidos y mutilados hasta sus cimientos... Los asaltos violentos de este período no fueron obra exclusiva de locos y excéntricos. Los ataques contra los monumentos de los paganos «locos», «condenables» y «dementes» fueron motivados y dirigidos por hombres en el seno mismo de la Iglesia católica. El gran san Agustín mismo declaró ante una congregación en Cartago: «¡Toda la superstición de paganos e infieles debe ser aniquilada, es lo que Dios quiere, lo que Dios exige, lo que Dios proclama!».[21]

El busto colosal del emperador romano y patrón de los misterios, Marco Aurelio (121-180 d. C.), junto al propileo mayor y la entrada actual al sitio arqueológico de Eleusis. Los cuatro puntos de la cruz cristiana pueden verse en la cabeza de la gorgona alguna vez proyectada desde el pecho del emperador. *Cortesía del Museo Arqueológico de Eleusis, éforo de antigüedades — Ática occidental (© Ministerio Helénico de Cultura y Deporte).*

Cuando los muros alguna vez santificados de Eleusis fueron destrozados en el año 395 d. C., puede que los visigodos hayan puesto la dinamita, pero la Iglesia encendió la mecha. Después de la bendición de Constantino en años anteriores de ese mismo siglo, el emperador Teodosio ya había hecho del cristianismo la religión oficial de Estado del Imperio romano en 380 d. C. Doce años después, declaró ilegales los misterios, lo cual marcó un límite claro. Con el tiempo, la civilización cosecharía los beneficios seculares de toda la herencia griega, pero desde ese momento, el cristianismo serviría como la fe por defecto en el mundo occidental. En cuestiones espirituales, era mejor fingir que esos infieles griegos y sus rituales satánicos nunca habían existido. Para una religión secreta como Eleusis que se negaba a conservar registros escritos, la extinción fue pronta y exhaustiva. Antes de que terminara el siglo IV d. C., el Padre de la Iglesia san Juan Crisóstomo declaró una victoria total: «La tradición de los antepasados se ha destruido, la costumbre profundamente arraigada se ha arrancado, la tiranía de la dicha [y] los festivales detestables... han quedado borrados como humo».[22]

Desde finales del siglo IV d. C. hasta hace más o menos doscientos años, la historia del cristianismo y la historia de Occidente fueron esencialmente una y la misma: la coronación de Carlomagno por el papa León III como *Imperator Romanorum* y padre de Europa en la basílica de San Pedro en Navidad del año 800, lo cual dio pie a una larga línea de sacros emperadores romanos que duraría hasta 1806; el cisma entre Oriente y Occidente de 1054 entre el patriarca ortodoxo de Constantinopla y la Iglesia católica en Roma, que dividiría para siempre Europa; las cruzadas que precedieron al Renacimiento, cuando el redescubrimiento de los clásicos llevaría a la Reforma y la Contrarreforma. En la Era de los Descubrimientos, del siglo XV al final del siglo XVIII, el cristianismo salió de Europa y Oriente Próximo para volverse la marca global indomable que es ahora. Se enviaron misioneros a cada rincón del planeta para convertir grupos indígenas locales en África, Asia y América Latina. Puesto que no había una verdadera separación entre la Iglesia y el Estado, la memoria de Jesús y la esperanza de su regreso inminente fueron la fuerza que guio esta empresa. En especial en Norteamérica, que fue el mayor lienzo en blanco para los cristianos. Las colonias estaban repletas de denominaciones protestantes de toda clase, que buscaban la libertad espiritual para adorar a *su* propia versión de Jesús. Ya entrado el siglo XIX, la doctrina del destino manifiesto declaró a los anglosajones la raza superior, elegida por Dios para llevar «el cristianismo a los continentes americanos y al mundo».[23]

Este legado es el que vemos celebrado en *La última cena* de Da Vinci. El momento en el que se dice que Jesús se ofreció a sus amigos más cercanos en forma de pan y vino. Un indicio de la crucifixión que sufriría al día siguiente, según la tradición, para la salvación de toda la humanidad. Esta cena íntima se volvió el sacramento definitorio del cristianismo, la eucaristía. «Hagan esto en memoria mía», registran los Evangelios. Es un momento que se recrea hasta el día de hoy, múltiples veces al día, en iglesias de cada continente para cientos de miles de fieles. Para creyentes y no creyentes por igual, Jesús y sus primeros seguidores cambiaron por sí solos el rumbo de la historia.

Si una sola imagen pudiera contarnos la historia de nuestros orígenes humildes, ¿sería *La escuela de Atenas* o *La última cena*? Dos de las pinturas más reconocibles de todos los tiempos. Dos imágenes muy distintas de nuestro pasado. De nuevo, ¿somos griegos o cristianos? ¿Dónde termina la Iglesia y dónde comienza el Estado?

¿Qué mejor contradicción que el juramento de un presidente estadounidense? En tiempos recientes, la pomposa ceremonia tiene lugar en el frente occidental del Capitolio de los Estados Unidos, un homenaje explícito al panteón grecorromano en Roma. Su creador quería establecer una relación entre «la nueva república y el mundo clásico y sus ideas de virtud cívica y gobierno autónomo».[24] En el extremo opuesto de la Explanada Nacional, más allá del obelisco egipcio, Abraham Lincoln vigila la inauguración desde su réplica reluciente del Partenón situado en la cima de la Acrópolis en Atenas. De nuevo, el arquitecto sintió que «un monumento dedicado a un hombre que defendió la democracia debía basarse en una estructura hallada en la cuna de la democracia».[25] Rodeados de mármol neoclásico por todos lados, el mismo mármol pagano que esas hordas cristianas trataron de borrar de la memoria hace 1 600 años, los presidentes alzan la mano derecha para hacer su juramento del cargo… sobre una Biblia. Por si las dudas, los últimos tres presidentes de hecho han usado dos Biblias. Después del asesinato de Kennedy, Lyndon B. Johnson hizo su juramento a bordo del Air Force One con un misal romano católico. Desde luego, nada de esto se estipula en la Constitución de los Estados Unidos, solo es esa vieja crisis de identidad asomándose.

La última cena, pintada por Leonardo da Vinci entre 1495 y 1498, se encuentra en el refectorio del convento de Santa Maria delle Grazie en Milán, Italia.

Puede que todo parezca insignificante, pero en la raíz de este debate de lo griego contra lo cristiano hay algunas preguntas muy profundas. ¿Somos un pueblo de razón o de fe? ¿Nuestra sociedad está fundada en la ciencia o la religión? Trátese del problema del cambio climático, los derechos reproductivos o una pandemia global, esa clara división entre *La escuela de Atenas* y *La última cena* sigue enmarcando la conversación nacional sobre asuntos de vida o muerte. Durante las protestas por el confinamiento nacional nunca antes visto en abril de 2020, un tractocamión verde se acercó al Capitolio del Estado de Pensilvania, tocando el claxon, con un lema desafiante recién pintado en el capó: «Jesús es mi vacuna».

Con más de 2 500 años adentrados en este experimento que llamamos Occidente, ¿hay alguna posibilidad de reconciliar las dos visiones del mundo que chocaron con tal dramatismo a finales del siglo iv d. C.? Si es así, entonces, como en cualquier conciliación, habrá bastantes decepciones para ambos lados. Las personas del lado de la razón tendrían que conceder que la ciencia moderna tiene sus límites. No todas las cosas valiosas pueden pesarse y medirse. Las personas del lado de la fe tendrían que admitir que ya no podemos darnos el lujo de preferir la leyenda por sobre la historia, o la obediencia por sobre la curiosidad. En un mundo que se acelera con rapidez, la gran religión no ha podido seguir el ritmo de una generación más joven que prefiere los hechos en vez de la ficción. Pero la gran ciencia y la gran tecnología quizá vayan demasiado rápido, lo cual nos distrae de la antigua búsqueda de significado que definió la religión original de la civilización occidental. ¿Cómo cerramos la brecha?

El objetivo más importante de esta investigación es poner a prueba un teoría excéntrica que ha sido ampliamente ridiculizada e incluso censurada por el *establishment* académico. Cuando un clasicista desventurado llamado Carl Ruck en la Universidad de Boston se hizo cargo de la hipótesis de continuidad pagana con un giro psicodélico a finales de la década de 1970, comenzó con la afirmación de que la poción sacramental conocida como *ciceón* era un tipo de brebaje visionario. Y que el secretismo inviolable que rodeaba los misterios de Eleusis estaba estrechamente relacionado con la protección de la receta psicodélica que le garantizaba la inmortalidad al mundo de habla griega. Cuando esta hipótesis apareció por primera vez, en *The Road to Eleusis*, hace cuarenta años, antes de que yo hubiera nacido siquiera, sin duda fue una idea incorrecta en el momento incorrecto. Habían transcurrido exactamente dos décadas desde el toque de trompeta de Aldous Huxley para la nueva Reforma en 1958. Y durante ese tiempo, las sustancias psicodélicas habían pasado de ser un tema respetable de investigación intelectual entre caballeros británicos como Huxley a uno de los temas más polémicos en Estados Unidos. Sin mencionar el hecho de que eran completamente ilegales. Ni siquiera las mejores universidades del país pudieron escaparse del largo brazo de la guerra contra las drogas.

Pero eso era solo la mitad de la herejía. Los griegos tuvieron que inventar la eucaristía psicodélica, y luego los cristianos tuvieron que albergarla. Entonces, para responder la segunda pregunta integrada en la predicción revolucionaria de Huxley sobre el «resurgimiento de la religión», el mismo clasicista de la Universidad de Boston después afirmó que alguna versión del sacramento helenístico de hecho se había incorporado a la fe incipiente de los grupos de hablantes de griego entre los paleocristianos a lo largo de todo el Imperio romano, y que por lo tanto su eucaristía original era intensamente psicodélica. Al igual que la obsesión de Erasmo y Martín Lutero por el griego del Nuevo Testamento, este análisis controvertido sobre el verdadero sacramento que mantenían las comunidades cristianas tempranas a fin de cuentas era un intento de redescubrir los verdaderos orígenes de la religión más grande del mundo, y la visión real del ser humano más famoso que haya vivido. Lo deja claro la *Encyclopedia Britannica*: «Para el humanismo, recuperar a los clásicos era equivalente a recuperar la realidad».[26] Y el intento actual lleva a una conclusión no menos revolucionaria que la violenta controversia que provocó Lutero durante la Reforma del siglo XVI.

Cuando miramos *La última cena*, quizá no veamos el evento fundador del cristianismo. Quizá tan solo sea un vistazo de la misteriosa religión que practicaban Platón, Píndaro, Sófocles y el resto de la brigada ateniense. Y quizás este sea el drástico final de nuestra crisis de identidad: un giro argumental psicodélico. ¿Acaso, en vez de comenzar una nueva religión, Jesús tan solo trataba de preservar, o copiar, el «más sangrado de los misterios» de la Antigua Grecia? O, de manera más puntual, ¿es eso lo que querían creer sus seguidores de habla griega? Si la respuesta es sí, entonces tenemos un gran problema, pues Jesús sería más un filósofo-mago griego que un mesías judío. Eso significaría que el lugar de Jesús no está detrás de la mesa de Leonardo, sino en los escalones de *La escuela de Atenas* con sus colegas iniciados. Porque las primeras y más auténticas comunidades de paleocristianos habrían considerado al hacedor de milagros de Nazaret como alguien que sabía el secreto que Eleusis trató de ocultar con tanto ahínco por miles de años. Un secreto que con facilidad podía ganar nuevos adeptos a la fe, pero un secreto que la Iglesia después trataría de suprimir, según la teoría, y un secreto que volvería prácticamente obsoleta toda la infraestructura del cristianismo actual, provocando el desarraigo de 2 420 millones de seguidores en todo el mundo.[27]

Volviendo al jardín del Edén, quizás el fruto prohibido estaba prohibido por una razón. ¿Quién necesita un lujoso edificio, al sacerdote y todo lo demás —incluso la Biblia— si lo único que hace falta en realidad es el fruto?

2

Caída en desgracia

La búsqueda de los orígenes psicodélicos de la civilización occidental tiene que comenzar con Eleusis. Era una de las tradiciones religiosas más remotas de la Antigua Grecia y podría decirse que la más famosa. Pero el momento es crucial. Hace cuarenta años, el *establishment* clásico no estaba en posición de considerar con seriedad la controvertida relación de los misterios y las drogas. Mucho menos la posibilidad de que los cristianos tempranos heredaran un sacramento visionario de sus ancestros griegos. El único académico que se atrevió a cuestionarlo todo pagó terribles consecuencias por su pecado original. Como un completo paria, está al acecho de señales de redención de parte de una nueva generación de arqueólogos y científicos. Pero la excomunión ha sido larga y solitaria.

Todo comenzó en abril de 1978. Las alertas sonaron en las torres de la academia cuando una pandilla de tres inadaptados anunció lo impensable. Se había descifrado el código. Lo que el historiador de la religión Huston Smith llamó «el secreto mejor guardado» de la historia ya no era un secreto. Después de siglos de pistas falsas y callejones sin salida, el insólito equipo al fin se había infiltrado en el sanctasanctórum de los misterios de Eleusis. Habían descubierto lo que *en verdad* movía a los griegos. Por fin habían desenterrado la verdadera fuente de la poesía y filosofía de nuestros ancestros. Quizá la inspiración oculta detrás del mundo como lo conocemos. Y estaban seguros de que la respuesta era una poción mágica llena de drogas psicodélicas.

«El veredicto de muchos será que es tan perverso como poco convincente». Así comenzaba una reseña feroz de *El camino a Eleusis*. En un solo párrafo, el avezado crítico pronto zanjaba la cuestión con un duro golpe: «Todo está tremendamente fuera de control».[1]

Cuando se acusa a los fundadores de la civilización occidental de drogarse hasta alcanzar estados alterados, para luego transformar ese evento alucinatorio en su religión más atesorada, es de esperarse que haya cierta resistencia. Pero los autores de esta provocativa afirmación no pudieron elegir un peor momento en la historia de los Estados Unidos para publicar sus hallazgos. Si bien la mayoría de los excesos e histeria de la década de 1960 se habían calmado, la guerra contra las drogas comenzaba a cobrar impulso. En una conferencia de prensa nacional el 17 de junio de 1971, el presidente Nixon se había parado frente a las cámaras para declarar que las drogas eran «el enemigo público número uno», y prometía «emprender una ofensiva total» a lo largo y ancho del país y el mundo entero.[2] Las drogas se volvieron el chivo expiatorio de un peligro real y presente —al parecer, de mayor preocupación que la Unión Soviética y el prospecto de un holocausto nuclear—. Muy pronto, el evangelista fugitivo del LSD y gurú contracultural, Timothy Leary se volvió «el hombre más peligroso de Estados Unidos».[3]

A finales de la década de 1970, antes de que el mandato de Reagan y la campaña de «Simplemente di que no» (*Just say no*) de mi juventud pusiera al crack, la cocaína y la heroína en la mira, las drogas psicodélicas ya habían pasado toda una década en el foco mediático.[4] De todas las maneras de freírte el cerebro, ninguna era peor que las drogas psicodélicas. Durante un momento breve, la «locura debida al LSD» se volvió una defensa criminal popular.[5] La droga no solo se consideraba como la principal amenaza a nuestra salud y seguridad públicas, sino también como el máximo escape de la realidad. Era una locura total sugerir que esos compuestos riesgosos y con un potencial letal fueran la clave faltante de los misterios que desde hacía tanto tiempo se buscaba.

Aunque estos inadaptados ofendieron a la academia dominante con su hipótesis «perversa», no fue porque no hicieran su tarea. En *The Road to Eleusis*, Gordon Wasson, Albert Hofmann y Carl Ruck presentaron un argumento detallado y apasionado de por qué el ciceón, la bebida sacramental de los misterios, podría haber estado enriquecido con una o más sustancias psicodélicas. Y lo hicieron con verdadera interdisciplinariedad, lo cual era prácticamente desconocido en el pesado campo de los estudios clásicos de esa época.

Wasson era un banquero de J. P. Morgan convertido en cazador de hongos aficionado o, como él preferiría que lo llamaran, etnomicólogo: alguien que estudia la relación entre los pueblos y los hongos. Su trabajo de campo antropológico global lo había convencido de que los hongos alucinógenos habían tenido un papel fundamental en el origen y desarrollo de la conciencia espiritual de la humanidad. Y una experiencia alucinante en particular era la que cerraba el trato.

En el corazón de la Sierra Mazateca, una curandera tradicional llamada María Sabina había accedido a guiar a Wasson en un camino de sanación, una iniciación que ningún forastero había intentado. Wasson estaba obsesionado con capturar la ceremonia nunca antes documentada. A las 10:30 p. m., una tarde de 1955, al fin le dieron el visto bueno. Según la costumbre, María limpió y le dio la bendición a la *Psilocybe mexicana* fresca que Wasson había cosechado ese mismo día. Ella le dio la instrucción de consumir seis de los hongos, lo cual inundaría su sistema con el agente activo psilocibina. Después de media hora de un silencio abrumador y en total oscuridad, la aventura al fin comenzó.

En el curso de las siguientes cinco horas, Wasson relató: «Las visiones llegaban sin importar si teníamos los ojos abiertos o cerrados». Vio desde «palacios resplandecientes cubiertos de piedras semipreciosas» hasta «una bestia mitológica que tiraba de un carruaje real». En algún momento presenció cómo su espíritu dejó su cuerpo y se lanzó a los cielos. De manera extraña, el viaje entero quedó grabado en la memoria de Wasson como la cosa más *real* que jamás hubiera vivido. Registró su gran epifanía en un artículo titulado: «Seeking the Magic Mushroom» [En busca del hongo mágico]. Se publicó el 13 de mayo de 1957 en un número de la revista *Life*:

> Las visiones no eran borrosas o inciertas. Tenían un enfoque nítido, las líneas y colores eran tan nítidos que me parecieron más reales que cualquier cosa que hubiera visto antes con mis propios ojos. Sentí que ahora tenía una vista pura, mientras que la visión ordinaria nos da una perspectiva imperfecta; veía los

arquetipos, las ideas platónicas que subyacen a las imágenes imperfectas de la vida diaria... Me pasó por la mente: «¿Podría ser que los hongos divinos sean el secreto que está detrás de los misterios antiguos?».[6]

Como individuo culto que era, Wasson estaba familiarizado con el testimonio de Eleusis. Al instante se identificó con los antiguos iniciados, con absoluta certeza de que había encontrado algo que les había aportado un increíble significado a nuestros ancestros, pero de algún modo se les había escapado a los académicos modernos. Cómo el eco de un ritual griego había sobrevivido en las montañas de México se volvió una pregunta apremiante a cuya respuesta Wasson dedicaría el resto de su vida. Sin embargo, mientras tanto, la preocupación más inmediata era poder catalogar científicamente los hongos de María Sabina. Wasson envió algunas esporas a Suiza para que las cultivara su amigo y futuro coautor.

Albert Hofmann ya era un químico de renombre internacional. En 1938 había dado en el clavo psicodélico en su laboratorio de investigación en Basilea al extraer LSD de cultivos especiales de cornezuelo, un hongo que se encuentra en la naturaleza. A partir de las muestras de Wasson, Hofmann fue capaz de aislar con éxito la psilocibina también, lo cual sentó las bases para los experimentos en Hopkins y NYU en años recientes. Juntos, Wasson y Hofmann involuntariamente desatarían la revolución psicodélica pop que estaba por venir, gracias no en poca medida a Aldous Huxley y su elocuente difusión en *Las puertas de la percepción*. Millones de personas leerían el ensayo de Wasson en *Life*; y decenas de millones lo verían en el programa de noticias de CBS *Person to Person*.[7] A comienzos de la década de 1960, muchos *hippies* y *beatniks* viajaron a México para probar personalmente la expansión de la conciencia al estilo María Sabina. Se rumora que personalidades como Bob Dylan, Led Zeppelin y los Rolling Stones siguieron el ejemplo de Wasson.[8]

Pero no fue sino hasta julio de 1975, veinte años después de su momento de lucidez en México, cuando Wasson reclutó de manera formal a Hofmann para poner al descubierto el misterio de los misterios de una vez por todas. Sus probabilidades eran tan buenas como las de todos los demás. Ante la ausencia de datos concretos, toda clase de teorías excéntricas se habían propuesto a lo largo de los años. A mediados del siglo XIX, el gran clasicista alemán Ludwig Preller había propuesto que Eleusis no era más que una representación teatral elaborada, con todo e himnos, bailes sagrados y utilería. A finales del siglo XIX, Percy Gardner, profesor de arqueología en la Universidad de Cambridge, estaba seguro de que había marionetas involucradas, «algunas quizá de tamaño considerable, montadas para impresionar los nervios alterados de los presentes».[9] ¿Esa era la sublime visión reportada por Platón, Píndaro y Sófocles? No se trataba más que de humo y espejos. Y Muppets. En las condiciones correctas, la imaginación puede volar.

A comienzos del siglo XX, la clasicista inglesa Jane Ellen Harrison tocó una fibra que tendría eco en las décadas posteriores. Ella consideraba a Eleusis como un rito de fertilidad primitivo, una burda forma de magia simpática. Para asegurar una cosecha propicia, el iniciado supuestamente se sometía a un largo proceso de purificación y ayuno antes de consumir los primeros frutos.[10] En este caso eran los granos de cebada, los ingredientes principales del ciceón. Al igual que el folclor prehistórico que los precedió, los griegos se abstenían de comer los frutos de los campos hasta que estuvieran maduros y listos. En un festival de cosecha como los misterios eleusinos, ese tabú al parecer se rompía. La primera probada de la cosecha recién cortada «con facilidad llegaría a considerarse especialmente sagrada y con una virtud sacramental».[11] De este modo, Harrison entendió el ciceón como una poción ritualizada. Incluso se atrevió a sugerir que esas pociones llevaban a una «intoxicación espiritual» con «momentos de iluminación súbita, de una lucidez más amplia y profunda, de una mayor caridad y comprensión humanas».[12] Pero nunca se acercó al territorio psicodélico.

A diferencia de los múltiples académicos augustos que los precedieron, el etnomicólogo y el químico se adentraron de lleno a la tierra de árboles de mandarina y cielos de mermelada. Esa sublime visión *tenía que* haberse generado de manera interna, no externa, según su razonamiento. En una sola línea de texto griego antiguo del siglo VII a. C., Wasson y Hofmann notaron algo que había sido pasado por alto desde hacía más de 2 500 años. El *Himno homérico a Deméter* es una de esas pistas fortuitas que de algún modo lograron trascender el muro de silencio que rodeaba a Eleusis. Se trata de un poema bellamente escrito que cuenta la leyenda de la búsqueda épica de Deméter por su hija Perséfone, las dos diosas a las que se consagraban los misterios.

Cuenta la leyenda que la joven Perséfone estaba recogiendo flores salvajes cuando Hades la raptó y la llevó a su reino subterráneo. La niña inocente habría estado condenada a la eternidad como la reina de los muertos de no haber sido por la tenacidad y coraje de su madre. Después de buscar por todas partes a su hija perdida, la afligida Deméter terminó en Eleusis, donde continuó su pena. Por orden de Deméter, el rey y la reina del pueblo arcaico erigieron el templo en su honor. Pero no había manera de consolar a la diosa de los granos. Furiosa, escondió cada semilla del arado griego, marchitó los campos y desató una hambruna en todo el territorio. La humanidad estaba al borde de la inanición cuando Zeus al fin cedió ante las demandas de Deméter. Le ordenó a su hermano Hades liberar a Perséfone de una buena vez. El rey de los muertos obedeció, pero no sin antes forzar a Perséfone a tragarse una semilla de granada como una especie de encantamiento. Desde ese momento, Perséfone pasaría un tercio del año en el inframundo, a cambio de dos tercios del año en la tierra con Deméter.

Cuando madre e hija se reunieron, la llanura tracia adyacente a Eleusis permanecía «estéril y árida», pero a medida que la primavera floreció, la cebada blanca «ondearía orejas largas de granos como una melena en el viento». Muy pronto, «todo el mundo se cubrió con un espeso follaje y flores».[13] El mito que se conserva casi a la perfección es un tributo obvio a las estaciones, pero también contiene una gran cantidad de elementos que ya estaban incorporados en los ritos y ceremonias de los misterios. Es un relato original que proporciona un buen precedente para los *legomena* (λεγόμενα) o «cosas dichas», los *dromena* (δρώμενα) o «cosas hechas» y los *deiknumena* (δεικνύμενα) o «cosas mostradas» durante la iniciación.

Si se buscan códigos, la cebada aparece muy claramente. El *Himno a Deméter* estima los campos de Eleusis por sobre cualesquiera otros del planeta. En la llanura tracia es donde la vida vuelve por primera vez a la tierra después de la sequía. Su cebada es única, y se menciona en repetidas ocasiones en los 496 versos del poema. El ejemplo más notable está en el verso 209, donde se presenta el famoso ciceón.

El rey y la reina de Eleusis, Celeo y Metanira acaban de invitar a Deméter a su mansión real para darle ánimos a la madre en pena. La diosa no ha comido ni bebido nada en días. Metanira le ofrece vino tinto «dulce como la miel», pero Deméter lo rechaza, pues afirma que sería un «sacrilegio» romper su ayuno con una bebida que era más del gusto de Dioniso, el dios del vino, el teatro, el éxtasis y el arrobamiento místico, que disolvía los límites. De manera apropiada, la diosa de los granos prefería la cerveza. Solicitó un brebaje hecho a base de cebada, el ciceón, que simplemente significa «mezcla» o «combinado» en griego. Para evitar cualquier ambigüedad, después recita la receta de la poción mágica que se usará en sus rituales por siglos: cebada y agua mezclada con «hojas tiernas de menta» o *blechon* (βλήχων).[14]

El nivel de detalle no sirve para que avance la trama, lo cual provoca que el pasaje resalte por su discordancia. Otro rasgo peculiar es el salto en el manuscrito original que corta esta sección a media oración. Faltan hasta 26 versos, es el salto más grande de todo el poema. ¿Acaso el autor antiguo había revelado demasiado y un escriba posterior trató de corregir el error? ¿El *Himno a Deméter* original incluía otros ingredientes activos del ciceón? En el siguiente capítulo, exploraremos el descubrimiento lingüístico que coloca la construcción formularia de esta lección de cocina en un contexto mucho más amplio y antiguo. Son los restos de una ceremonia litúrgica que se extienden mucho más allá de la lengua griega en muchas partes del mundo antiguo.

Pero Hofmann no era lingüista. Solo pudo interpretar el poema desde una perspectiva científica. Y como químico, sabía algo que muchos no —al menos ningún clasicista o historiador—. Donde hay cebada, hay cornezuelo, el parásito fúngico que ya mencionamos, también conocido como *Claviceps purpurea*. Suele infectar a cereales como la cebada, al igual que el trigo y el centeno. Pero el cornezuelo es notablemente venenoso. Es más probable que provoque gangrena y convulsiones que un maravilloso viaje interno para descubrir el significado de la vida. A lo largo de Europa en la Edad Media, de hecho, el pan contaminado solía provocar brotes de envenenamiento por cornezuelo, o ergotismo. Se conocía como el fuego de san Antonio, en referencia a los monjes de la orden de san Antonio, que demostraron ser hábiles para tratar a los afectados.

Para evitar los efectos secundarios tóxicos y desagradables, ¿es posible que los antiguos griegos hayan descubierto alguna manera burda de aislar de manera química un alucinógeno puro y poderoso a partir del cornezuelo? Hasta donde Hofmann sabía, él había sido el primero en lograr esa delicada hazaña en 1938. Lo interesante es que Hofmann no estaba buscando psicodélicos en absoluto, solo era un científico aburrido que hacía su trabajo aburrido. Había sintetizado LSD por accidente mientras trataba de crear un nuevo remedio para desórdenes respiratorios y del sistema circulatorio. Su perfil psicoactivo no se descubrió sino hasta años después, en 1943, cuando Hofmann decidió experimentar él mismo con 250 microgramos de LSD-25, su denominado «niño problema».[15] ¿Qué tan imposible sería que un protocientífico curioso del pasado distante pudiera descifrar el mismo secreto que Hofmann en 1938? En especial cuando el LSD-25 de ninguna manera era el único químico presente que alteraba la mente. A finales de la década de 1970, más de treinta alcaloides se habían aislado del cornezuelo.[16] Los alcaloides, que se encuentran en plantas y hongos, son compuestos orgánicos basados en nitrógeno que pueden interferir con el sistema nervioso humano. Algunos, como la cocaína, la cafeína y la nicotina, actúan como estimulantes. Otros pueden ser psicotrópicos, y producir una gama de efectos, entre ellos visiones. Ese honguito loco, el cornezuelo, estaba repleto de posibilidades.

Brotes de cornezuelo (*Claviceps purpurea*) que crecen en una espiga floreciente de grano de cereal. Una vez que el espolón endurecido conocido como *esclerocio* cae al suelo, el hongo comenzará su fase de fructificación en condiciones cálidas y húmedas, durante la cual produce hongos diminutos de color morado. *Cortesía de la Biodiversity Heritage Library. De Sämmtliche Giftgewächse Deutschlands de Eduard Winkler, publicado en 1854. Ilustración © Cameron Jones.*

Por solicitud de Wasson, Hofmann rastreó y analizó el cornezuelo del trigo y la cebada, pues ambos abundaban en la planicie de Rario que se presentaba de manera tan explícita en el *Himno a Deméter*. Hofmann encontró que de hecho contenían dos alcaloides psicoactivos: ergonovina y amida de ácido lisérgico. Ambos son solubles en agua, es decir, que «con las técnicas y equipos disponibles en la Antigüedad era por tanto fácil preparar un extracto alucinógeno».[17] Eso si suponemos, claro, que «los herbolarios de la Antigua Grecia eran tan inteligentes y creativos como los herbolarios del México previo a la conquista».[18] De manera sorprendente, la corazonada de Wasson veinte años antes había sido atinada. No hay ninguna razón psicofarmacológica para que el antiguo cornezuelo de Eleusis no pueda haber tenido el mismo efecto que sus primos químicos, el LSD-25 de Hofmann o la psilocibina que reside en los hongos de María Sabina. A fin de cuentas, todos son hongos.

No obstante, ¿en verdad es esta la razón por la cual la cebada figura con tal notoriedad en el *Himno a Deméter*? Hasta 1978, esta siempre se había interpretado como un símbolo típico de fertilidad: la muerte de Perséfone en invierno y su resurrección en primavera. ¿Acaso la diosa de los granos de hecho reveló los contenidos de la elusiva poción que atraería a peregrinos a Eleusis por dos mil años como polillas a una flama? Cuando Deméter dijo *cebada*, ¿en realidad hablaba de cebada con cornezuelos, una alusión en clave que solo entenderían los iniciados? Quizás esto explica los tres ingredientes específicos de la receta mágica: 1) cebada con cornezuelo, rebosante de toda clase de alcaloides, algunos psicoactivos; 2) agua para separar los alcaloides útiles de los tóxicos, y 3) menta para aminorar el sabor amargo y acre que se sabe acompaña las mezclas de alcaloides.

Sin escasez de campos fértiles, los griegos podrían haber elegido *cualquier lugar* para albergar los misterios. ¿Acaso eligieron a Eleusis como el sitio final debido a que su cebada era especialmente propensa a la infección por cornezuelos? ¿Y eran la clase de cornezuelos que producían los alcaloides *correctos*, temporada tras temporada, como un reloj? Un verso solitario de un poema del siglo VII a. C. parece una evidencia muy endeble, pero con ella comienza este rompecabezas.

Wasson y Hofmann pensaron que habían hecho un gran descubrimiento, pero tenían que admitir sus deficiencias. Tenían que enfrentarse a la disciplina más antigua y pedante de la academia, y necesitaban cada mínimo dato literario y arqueológico que pudiera apoyar su teoría novedosa. Para ser sinceros, la situación los superaba. El cazador de hongos y el creador de drogas no podían provocar más que carcajadas a menos que hicieran equipo con un clasicista legítimo para elaborar una defensa sólida. Después de que les cerraran muchas puertas en la cara, al fin encontraron a su defensor en el egresado de Harvard y Yale, Carl Ruck, quien después tuvo una cátedra en el departamento de Estudios Clásicos en la Universidad de Boston.

En una época previa a Google o Wikipedia —previa a cualquier búsqueda computarizada, de hecho—, Ruck realizó un estudio magistral de la literatura griega antigua que, hasta ese momento, había recibido poca atención. También compiló un registro exhaustivo de artefactos arqueológicos ignorados, algunos provenientes de excavaciones del siglo xix. En unos pocos meses, Ruck tuvo suficiente evidencia para completar *The Road to Eleusis*. Wasson escribió el primer capítulo, Hofmann el segundo, y Ruck completó el resto del libro con una cantidad impactante de investigación bien fundamentada. Hay algunas páginas, quizá demasiadas, en las que las minúsculas notas a pie superan en volumen al cuerpo del texto. En ocasiones parece la lectura de una edición anotada de Milton o Shakespeare.

Izquierda: Albert Hofmann (izq.) y R. Gordon Wasson (der.). Derecha: Carl Ruck (izq.) y su difunto esposo, Danny Staples (der.). Ambas imágenes se tomaron durante la Segunda Conferencia Internacional sobre Hongos Alucinógenos en Port Townsend, Washington, en octubre de 1977. *Fotografías: © Jeremy Bigwood.*

Ni Wasson ni Hofmann tenían mucho que perder. Wasson, que en ese entonces tenía 79 años de edad, poseía una riqueza que le permitía independencia de la política y las limitantes del sistema universitario. Hofmann, que entonces tenía 72, se había retirado cómodamente de los laboratorios Sandoz en Suiza, hoy en día llamados Novartis —una compañía multinacional líder en la industria farmacéutica—. Ruck, el miembro más joven del trío, con 42 años, tenía todo que perder al asociarse con el «enemigo público número uno». Y vaya que lo perdió.

En ninguna parte del material y las conferencias publicadas pude encontrar los detalles precisos de la caída en desgracia de Ruck, ni de qué provocó una reacción tan despiadada por parte de sus colegas. Y después de casi una década de obsesionarme con su investigación, al fin contacté al profesor solitario a comienzos del verano de 2018. Mientras disfrutábamos de ostras fritas y varias rondas de cervezas frías, conocí a Ruck en el restaurante Jake's en Nantasket Beach, cerca de su casa de la época prerrevolucionaria en Hull, Massachusetts. Hablamos por horas después del atardecer, hasta que los empleados del restaurante nos echaron. Después de guardárselo por treinta años, el clasicista larguirucho con ojos vivos color zafiro y una barba de candado entrecana habló con elocuencia de la difícil relación que tuvo con un antiguo némesis. El único hombre que tenía el poder y brío para extinguir la hipótesis psicodélica antes de que tuviera una oportunidad: John Silber.

—Era como un monstruo —dijo Ruck acercándose a su cerveza, con su voz barítona y refinado acento de una Nueva Inglaterra en desaparición—. John era muy conservador. La gente tenía problemas para tratar con él.

Silber, un implacable texano conservador de raíces presbiterianas, fue rector de la Universidad de Boston desde 1971 hasta 1996. Quien alguna vez fue candidato a la gubernatura se volvería uno de los rectores mejor pagados en Estados Unidos, y tener el papel del jefe le daba un gran placer. En una ocasión se refirió al evangelio de iluminación psicodélica propugnado por Leary, su mayor profeta y el hombre más peligroso de Estados Unidos, como «hedonismo endulzado con nihilismo».[19] Ese solo hecho ponía a la teoría osada de Ruck entre los sospechosos. Pero Silber también tenía un historial de castigar las perspectivas alternativas de la historia. Los admiradores de Howard Zinn y su revolucionaria obra *La otra historia de los Estados Unidos* (1980) recordarán el tiempo que pasó en la Universidad de Boston, cuando tuvo el gusto de ser profesor por 24 años junto a Ruck. Era bien sabido que Silber solía negarle sabáticos, ascensos y aumentos de sueldo al autodenominado marxista.

Puede que la historia revisionista de Zinn haya puesto en tela de juicio su patriotismo, pero lo que hizo Ruck ponía en juego su cordura. Había puesto al descubierto un defecto fatal en los cimientos de la civilización occidental, y a Silber no le gustó en absoluto. A pesar de que Ruck y Silber nunca hablaron de *The Road to Eleusis* con detalle, el clasicista no vacila en parafrasear el único comentario del rector sobre el asunto: «Los griegos simplemente no habrían hecho esa clase de cosas». De manera trágica, Ruck mismo había predicho ese tipo de respuesta. En la página 61 de *The Road to Eleusis*, expresa su confianza en la evidencia que con mucho ahínco reunió para apoyar a Wasson y Hofmann. Pero un reto más grande, el mayor reto de todos, sería convencer a la gente de que «los griegos racionales, y de hecho algunos de los más famosos e inteligentes entre ellos, podían experimentar y participar plenamente en esa clase de irracionalidad».[20]

Por un lado está la irracionalidad estadounidense clásica, como el gusto de los vaqueros por el *whisky* y los cigarros. Y por el otro, los psicodélicos. A finales de la década de 1970, pocas cosas se consideraban más irracionales, más antipatrióticas o más «perversas». Para Silber, representaban un completo rechazo de las cosas mismas que nuestros ancestros griegos y Padres Fundadores se habían esforzado por establecer: las cosas con propósito como la ley y el orden, el sentido común y la vida sana. ¿El hecho de que saliera a la luz que las grandes mentes del mundo antiguo eran ávidas usuarias de drogas, no les daría licencia a todos esos *hippies* adoradores del LSD, comedores de hongos y fumadores de marihuana?

Al instante, Silber declaró a Ruck *persona non grata*, lo bajó de puesto y lo aisló de alumnos y colegas por igual. Era un distintivo que incluso Zinn había logrado evitar. Poco después de la publicación de la bomba, Ruck fue destituido de su cátedra en el departamento de Estudios Clásicos y se le prohibió ser profesor en seminarios de posgrado. Como era profesor titular, no podían despedirlo; pero sin duda podían alejarlo, fuera del alcance de la siguiente generación de clasicistas jóvenes y de mente abierta, y aún más del ojo público. Se les pidió a los contactos de Ruck en otros departamentos que lo evitaran, con lo cual impedirían cualquier esfuerzo interdisciplinar. Si quería seguir con esa línea de investigación, Ruck tendría que hacerlo solo. De la noche a la mañana, pareciera, el profesor bien calificado pasó a ser un exiliado, una suerte de la que nunca pudo escapar.

Cuarenta años después, en el presente, los ánimos se enfriaron. De vez en cuando, algún otro académico se detiene a ponerle sal a la herida, como esta frase de un manual reciente: «Para el poder de la experiencia eleusina, el teatro parece un mejor lugar al cual recurrir que la cocina o la cervecería».[21] Pero ahora hay maniobras más efectivas que han reemplazado los insultos y la intriga, como el silencio. Después de todo, no hay mucho de qué preocuparse en este momento. La teoría provocativa se contuvo muy bien hace mucho tiempo. Seguramente los alumnos de hoy no han escuchado del libro incendiario que alguna vez sacudió al mundo de los estudios clásicos. Además, los autores originales se han apagado poco a poco. Wasson murió en 1986 a la avanzada edad de 88 años. Hofmann en 2008, a la aún más tardía edad de 102 años. Ruck es el último que queda, y a sus 84, no representa una gran amenaza.

Como excéntrico en la Universidad de Boston, a Ruck se le considera como un viejo loco inofensivo, guardado en los canales alternativos del internet. El debate alguna vez legítimo de nuestras raíces ahora es una forma de entretenimiento para historiadores aficionados en YouTube. Ruck todavía es profesor de una o dos clases universitarias al semestre, pero está lejos de los futuros líderes profesionales en estudios clásicos. Nunca asiste a conferencias con sus colegas y rara vez se reúne con ellos de manera informal. Es fácil para ellos pasar por alto el hecho de que en lugar de someterse, ha publicado libros y artículos a un ritmo furioso. Su currículum, disponible en el sitio web de la Universidad de Boston, tiene ocho páginas.[22]

Con una misión clara desde que se publicó por primera vez *The Road to Eleusis,* Ruck ha pasado las últimas cuatro décadas tratando obsesivamente de demostrar que los griegos encontraron a Dios en un coctel que alteraba la mente, preparado por brujas. Sí, era una escuela de élite de sacerdotisas la que preparaba y administraba la poción en Eleusis. ¿Deméter lo habría querido de otra forma? ¿La diosa de los granos que hizo que el machista de Zeus y su hermano el raptor y violador se arrodillaran? Los misterios siempre fueron un ámbito de mujeres. En un inicio, de hecho, las mujeres eran las *únicas* que podían ser iniciadas. Este curioso detalle podría estar relacionado con el nacimiento y difusión del cristianismo, cosa de la que pronto se dio cuenta Ruck.[23]

Entonces, cuando los clasicistas estaban más que escandalizados, Ruck comenzó a investigar a Jesús. A comienzos de la década de 2000, comenzó a publicar años de investigación sobre los orígenes primitivos del cristianismo. Al igual que Erasmo y Martín Lutero durante el movimiento humanista del siglo XVI, Ruck acudió directamente a las fuentes (*ad fontes*). Simplemente no hay un camino hacia Jesús —y no hay manera de entender su mensaje real— sin analizar el lenguaje original del Nuevo Testamento.[24] Cada uno de los cuatro redactores del Evangelio —Mateo, Marcos, Lucas y Juan— escribió en griego. San Pablo, que es prácticamente el único responsable del éxito de la Iglesia temprana, poseía un dominio total del idioma. No podía ser de otra forma. Desde la década de los treinta hasta mediados de los cincuenta del siglo I a. C., Pablo fundó un buen número de comunidades cristianas alrededor del mar Egeo. Sus cartas, o epístolas, a esos grupos de fe griegos o hablantes de griego constituyen 21 de los 27 libros del Nuevo Testamento. Puede que los nombres suenen conocidos.

Se trata de la primera y la segunda epístolas de Pablo a los tesalonicenses, que viven en la actual Tesalónica, ahora la segunda ciudad más grande de Grecia; la epístola de Pablo a los filipenses, más al este en Filipos, una ciudad que ya no existe al norte de la isla griega de Tasos; las epístolas de Pablo a los efesios, colosenses y gálatas, cruzando el mar en lo que hoy en día es Turquía; y la primera y la segunda epístolas de Pablo a los corintios, a menos de una hora en auto de los restos arqueológicos de Eleusis.

En el análisis de Ruck de los Evangelios, las epístolas de Pablo, así como otros documentos en griego de la época, las primeras generaciones de cristianos heredaron de los griegos un sacramento que alteraba la mente y reemplazaba la cerveza de Deméter con el vino de Dioniso como el vehículo para el efecto psicodélico. Para que el cristianismo compitiera con la experiencia reveladora de Eleusis o el éxtasis dionisiaco que se propagaban por las montañas y bosques del Mediterráneo antiguo, necesitaba un gancho. En ese momento, ¿qué podía ser más atractivo que el legendario ciceón o el elíxir de uva enriquecido de Dioniso, a quien estaban dedicados un tercio de todos los festivales de la Antigua Grecia? En vez de restringir su uso a un sitio de peregrinación específico o las regiones salvajes de Grecia e Italia, ¿la Iglesia temprana domesticó la poción antigua?

Una vez que dejó de estar encerrada en el templo de Deméter en Eleusis o derramada en los árboles y rocas del campo dionisiaco, la protomisa pudo entonces celebrarse en las iglesias caseras y catacumbas subterráneas que definieron el cristianismo temprano en los primeros tres siglos posteriores a la muerte de Jesús. Fue ahí, en casas privadas y tumbas, donde los paleocristianos solían reunirse para ingerir su alimento sagrado de pan y vino antes del surgimiento de las primeras basílicas en el siglo IV d. C. Y fue ahí en donde la eucaristía original fue alimentada no en poca medida por las mujeres, cuando un nuevo sacramento griego reemplazó el viejo sacramento griego; y no una vez al año, sino cada semana, si así les placía a los paleocristianos —a veces incluso todos los días—. La eucaristía que alteraba la mente resultaría una excelente herramienta de reclutamiento para los conversos paganos, que habían crecido con rumores de los misterios eleusinos y dionisiacos de sus padres y abuelos, misterios que un día aspirarían a ver ellos mismos, ¡en especial si los futuros cristianos en Grecia literalmente podían llegar caminando a Eleusis desde Corinto! O bien, los futuros cristianos en Roma podían escabullirse una noche para unirse a cualquiera de las bacanales lideradas por mujeres que seguían practicándose en todo su esplendor a lo largo del sur de Italia.

Los estudios psicodélicos de Ruck sobre los griegos antiguos no son lo único que lo vuelve una anomalía fantástica entre la especie en peligro de extinción conocida como los clasicistas. Podría pensarse que su intento de reconstruir las prácticas tempranas y más auténticas de las primeras generaciones del cristianismo sería un poco más fácil de apreciar para sus colegas. Era el resultado natural de alguien con una vida de experiencia en el idioma y la cultura de la Antigua Grecia que se acerca al tema con ojos frescos. Sin embargo, en esa búsqueda, Ruck es prácticamente el único. Vale la pena preguntarse por qué tan pocos clasicistas han decidido retomar el reto que planteó Aldous Huxley en 1958 de reunir la clase de evidencia que apoyaría en términos históricos una nueva Reforma.

La verdad es que a los clasicistas en general no les importa el cristianismo. Los estudios clásicos y la teología son dos departamentos académicos distintos por una razón. Las personas que se enamoran de la Antigua Grecia no asisten al seminario a estudiar el griego relativamente simple de la Biblia o los Padres de la Iglesia. Y sin duda no se vuelven pastores y sacerdotes. Más bien, van a Harvard o Yale a estudiar a Homero, Platón y Eurípides, y a escribir artículos cada vez más esotéricos sobre los *verdaderos* fundadores de la civilización occidental. Luchan a brazo partido por una de las pocas plazas que quedan en alguna universidad de élite, porque ahí es donde siempre ha estado el prestigio. Como lo comentó el filólogo clásico Roy J. Deferrari en 1918:

Los hombres de la Iglesia siempre han estudiado minuciosamente la literatura cristiana griega y latina, pero solo como la fuente de su teología. Los clasicistas, en cambio, se han precipitado a dejarla de lado en cuanto no contiene nada más que información para el teólogo. El resultado ha sido que la literatura y la civilización de una parte muy extensa de la historia del mundo han sido prácticamente ignoradas por aquellos que están mejor preparados para investigarlas.[25]

Entonces, incluso entre los clasicistas, Ruck es un refugiado en el mundo olvidado y en vías de desaparición de las lenguas muertas, que es incluso más anticuado hoy en día de lo que ya era hace una generación. Ni queriendo podría haber ideado un mejor plan para permanecer en la oscuridad. Como Hanson y Heath detallaron en *Who Killed Homer?*..., ya nadie aprende griego antiguo, al menos nadie que quiera poder pagar las cuentas. Y aunque alguien sí decidiera subirse a ese barco que se está hundiendo, podría terminar un doctorado en estudios clásicos y ni una sola vez encontrarse con el nombre de Ruck. Así que todo está bien. La guardia académica puede respirar con alivio mientras el erudito caído en desgracia camina en silencio hacia la noche, y con él, una idea «perversa» y desacreditada que alguna vez tuvo el potencial de trastornar por completo la historia.

Pero ¿y si tiene razón? ¿Y si la investigación de Ruck, desdeñada y marginada por cuarenta años, al fin pudiera responder a las acusaciones de «irrelevancia» y «falta de practicidad» que amenazan con eliminar las lenguas muertas de los planes de estudios universitarios por completo? ¿Y si este marginado, sin lugar en la academia, pudiera una vez más demostrar la importancia crítica de los clásicos en una época en la que el mundo quizá más lo necesita? Aunque parezca improbable, la historia nos demuestra otra cosa.

A finales del siglo xix, cuando las ciencias sociales amenazaban con desbancar a los clásicos, el millonario por esfuerzo propio y desertor de preparatoria Heinrich Schliemann salvó el día. Descubrió la verdadera ciudad de Troya, que hasta entonces la mayoría de los académicos había rechazado como un puro mito, una fantasía ideada por Homero. Schliemann se volvería el «padre de la arqueología mediterránea».[26] A finales de la década de 1920, cuando el aislamiento de posguerra y la inminente depresión ponían en duda el viejo modelo de educación, Milman Parry se vio forzado a acudir a la Sorbona de París, cuando ninguna universidad estadounidense estuvo dispuesta a financiar sus audaces teorías lingüísticas. Pero fue Parry quien resolvió el enigma de Homero, al demostrar que el «autor» más antiguo de la civilización occidental de hecho no era más que un «bardo iletrado». En sus cortos 33 años de vida, Parry demolió un siglo previo de estudios académicos clásicos.[27] Finalmente, en la década de 1950, justo antes de que el campo de estudio comenzara su decadencia descontrolada, Michael Ventris logró descifrar la exótica escritura conocida como Lineal B, los primeros caracteres griegos de los que se tiene registro y el sistema de escritura más antiguo de Europa. El arquitecto desconocido de Londres logró resolver en su tiempo libre lo que los profesionales pagados no habían conseguido. Semanas antes de la publicación de su obra maestra, Ventris murió en un accidente de auto a la edad de 34 años.[28]

Y así ha sido siempre. Los soñadores y románticos son quienes resucitan una y otra vez a Homero de la morgue. Cada vez que un Schliemann, Parry o Ventris aparece, los estudios clásicos reciben un impulso inesperado. Los periódicos se llenan de titulares sobre el descubrimiento reciente, el público muestra interés y los administradores de las universidades tienen una excusa para contratar a un nuevo clasicista ingenuo que esperaba su oportunidad.

The Road to Eleusis sin duda fue el libro incorrecto en el momento incorrecto. Pero los tiempos han cambiado. Mientras que las sustancias psicodélicas siguen siendo ilegales en el nivel federal en Estados Unidos y buena parte del mundo, la investigación clínica ha tenido un auge de dimensiones nunca antes vistas. Además de los equipos de Hopkins y NYU, científicos en la Universidad de Yale, el Centro Médico Harbor-UCLA y otras instituciones investigan activamente el potencial de sustancias como la psilocibina, el LSD y la MDMA para dar un alivio asistido por psicodélicos para una variedad de padecimientos, entre ellos el alcoholismo, la adicción a la nicotina, el síndrome de estrés postraumático, el autismo, la ansiedad, la depresión y la angustia al final de la vida.[29] En abril de 2019, se anunció la creación de la primera institución del mundo dedicada al estudio riguroso de las sustancias psicodélicas, el Centro Imperial para la Investigación Psicodélica, por el Imperial College London.[30] En septiembre de 2019, el equipo de Hopkins lanzó el Centro para la Investigación Psicodélica y de la Conciencia, lo cual fue posible gracias a donaciones privadas cercanas a los 17 millones de dólares. Y es cuestión de tiempo antes de que más ciudades se suban al tren psicodélico que pusieron en marcha Denver, Oakland y Santa Cruz entre mayo de 2019 y enero de 2020. La legalización en el nivel estatal vendrá después de la despenalización en el nivel local, del mismo modo que ocurrió hace poco con el *cannabis*, que ahora es legal para uso personal médico en

33 de los cincuenta estados de la Unión Americana. Todo esto era impensable en 1978.

Otra cosa que también era impensable era el hecho de que el 27% de los estadounidenses hoy en día se identifiquen como espirituales pero no religiosos (SBNR, por sus siglas en inglés), junto con el 40% de mi generación. Para las decenas de millones de personas que ya están en el campo SBNR, y los millones más que se identifican con una religión organizada, pero no han sentido el éxtasis en años (si es que lo han sentido), la investigación controvertida de Ruck sobre el cristianismo llegará a oídos receptivos. Incluso entre los devotos religiosos, difícilmente podría esperarse que la evidencia arqueológica concreta que ayuda a contextualizar las prácticas sacramentales de los primeros cristianos provoque la misma reacción que en años pasados. La generación más joven está lista para algo diferente, y los experimentos con psilocibina en Hopkins y NYU señalan el camino hacia el misticismo responsable y práctico que Huxley predijo se volvería ampliamente disponible gracias a «descubrimientos bioquímicos» futuros. Al igual que Watts con su «brote popular de misticismo», Huxley previó una época en la que grandes grupos de personas serían capaces de lograr «autotrascendencia radical y una comprensión más profunda de la naturaleza de las cosas». Todo indica que el momento ha llegado.

Pero el precedente importa. El resurgimiento que predijo Huxley comienza a cobrar forma, y se siente extrañamente familiar. ¿Y si ya habíamos recorrido este camino? ¿Y si hay lecciones por aprender de la religión sin nombre que interesó a las mentes más brillantes de la Antigua Grecia y las primeras generaciones de cristianos? No parece que ninguno haya tenido problemas para adentrarse en la clase de irracionalidad que es ilegal hoy en día. Entonces, ahora me dirijo a hablar con la única persona en la Grecia moderna con la autoridad para decirme si Ruck está a punto de rescatar a los clásicos al resucitar una fe antigua, o si él y Homero están destinados al mismo final tan poco glorioso.

3

Harina de cebada y hojas de laurel

Un día en Atenas puede cambiarlo todo.

Tomó semanas agendar una reunión en septiembre de 2018 con la doctora Polyxeni Adam-Veleni, jefa de la Dirección General de Antigüedades y Herencia Cultural en Grecia. Cuando se trata del legado de la civilización que dio forma al mundo moderno, ella es quien manda. La directora es responsable de asegurarse de que nadie olvide la Grecia antigua, que tiene que competir no solo con materias más prácticas en universidades de Estados Unidos y el mundo, sino también con el desarrollo de la Grecia contemporánea, un país en el que las ruinas y las reliquias suelen estorbarle al progreso económico. Como arqueóloga e investigadora, Adam-Veleni es una académica poco común cuyo trabajo exige un acto de equilibrio diario para salvaguardar el pasado al mismo tiempo que promueve el futuro. Si alguien podía opinar sobre la investigación de Ruck con sentido común y serenidad, era ella.

Llamé a la oficina de la directora todos los días para asegurarle a su equipo que no era un loco y que de hecho tenía un asunto importante que discutir. Repetí la misma rutina una docena de veces antes de poder agendar la reunión. La asistente de Adam-Veleni me preguntaba con cortesía sobre la universidad o institución gubernamental a la que yo representaba. Cuando no le daba una, su tono se volvía incómodo, casi incrédulo. «Quiero discutir los misterios de Eleusis», le decía en la línea llena de estática que conectaba a Washington D. C. con Atenas. Es como llamar a la dirección de la CIA y decir que tienes algunas dudas sobre el asesinato de Kennedy que te gustaría despejar.

Con todo, después de una serie de llamadas similares y correos electrónicos sinceros, al fin me dieron luz verde el mismo día en que me encontraba abordando el vuelo de Lufthansa a Atenas. Después de un vuelo nocturno sin dormir y una siesta breve, me dirigí en taxi a las oficinas deterioradas que albergan el Ministerio de Cultura y Deporte, frente al Museo Nacional de Arqueología. Los guardias de seguridad me enviaron a la oficina de Adam-Veleni en la esquina del cuarto piso. La directora entró de prisa después de una reunión del consejo que había tenido lugar en la planta baja. Me explicó rápidamente cómo la secretaria general del Ministerio acababa de ponerla a cargo de todas las antigüedades de Grecia, lo cual implicaba que toda la Junta Directiva de Museos, con sus 242 museos arqueológicos ahora dependía directamente de ella, al igual que las 53 oficinas regionales del país, que se encargan de operar cada una de las excavaciones arqueológicas actuales en Grecia.

—¿Así que está ocupada? —anticipé.

—Estoy *muy* ocupada —dijo Adam-Veleni con una risa—. Aquí halla antigüedades *en todas partes*. En Grecia se les teme a los arqueólogos, porque si una desarrolladora planea construir algo, como el metro, por ejemplo, tienen que pagar una excavación primero, lo cual podría durar años, y costar millones de dólares. En verdad es muy caro. Pero es nuestro deber proteger las antigüedades y mostrárselas a la gente.

Una vez que rompimos el hielo y el hilo de la conversación lo permitió, le pregunté a la directora sobre la exposición reciente en el impactante y moderno Museo de la Acrópolis, diez minutos al sur de donde nos encontrábamos. Me había perdido de una muestra llamada *Eleusis: Los grandes misterios,* pero el sitio web del museo todavía mostraba una página que explicaba la decisión de presentarla: «El objetivo del Museo es presentar temas inusuales que intrigarán al visitante actual y al mismo tiempo lo inspirarán a visitar los lugares que dieron origen a las exposiciones».[1]

—¿Por qué uno de sus museos presentaría una exposición como esta? —pregunté—. ¿Se trata solo de un ejercicio histórico, de preservación cultural, o hay un sentimiento entre usted y sus colegas de que el misterio sigue vivo? Esa era *la* religión que interesó a las mentes más grandes que produjo este país, y quizás el mundo. Sin embargo, no tenemos idea del porqué. Ni siquiera después de tantos años. Más allá de la prohibición de hablarlo, y todas las sombras y secretos, parece que algo se perdió en la traducción.

—Así es. Gracias al cristianismo —la directora me interrumpió con algo que no esperaba—. Esa es la razón. Es así de simple. No hay nada más. Ellos cambiaron todo.

Ese nivel de sinceridad sobre el papel del cristianismo en la muerte de la civilización clásica rara vez se escucha en mi país, ni siquiera entre académicos. Para los clasicistas estadounidenses, el cristianismo es el elefante en la habitación. El choque de religiones que tuvo lugar a finales del siglo IV d. C. se acepta perfectamente como parte de la historia de la civilización occidental, pero puede considerarse descortés hablar de lo evidente. Hay algo en esa reticencia a elegir entre la Constitución y la Biblia —y las afirmaciones nostálgicas de que los Estados Unidos se fundaron como una nación cristiana— que politiza una realidad innegable. Por ello, en vez de ofender a los teólogos, los clasicistas estadounidenses suelen retirarse a su rincón y dejar «una parte muy extensa de la historia del mundo», como lo dijo Deferrari en 1918, «prácticamente ignorada por aquellos que están mejor preparados para investigarla». En Adam-Veleni encontré a un espíritu afín dispuesto a hablar de sucesos que nunca había podido discutir de manera abierta en la universidad. Mientras trataba de pensar en otra pregunta, se lanzó de manera directa y espontánea con dos ejemplos de lo que tenía en mente.

—La destrucción de la Gran Biblioteca de Alejandría —continuó— es una gran pérdida, la más grande del mundo, en mi opinión. Las cosas serían muy distintas si tuviéramos todas esas fuentes, todos esos textos antiguos. Tenemos muy pocas cosas de la Antigüedad.

En el año 392 d. C., el mismo año en que el emperador Teodosio volvió ilegales los misterios, el obispo Teófilo de Alejandría guio a una multitud enfurecida al «edifico más hermoso del mundo» y arrasó con él.[2] No está claro si Teófilo (que en griego significa «amado por Dios») y los cristianos que instó en verdad buscaban la estatua deslumbrante del dios greco-egipcio Serapis o la vasta colección de la biblioteca que albergaba en el recinto de su templo. De cualquier modo, el libro *The Darkening Age: The Christian Destruction of the Classical World* de Catherine Nixey —que enmarcó esta investigación en el primer capítulo— nos da detalles exquisitos sobre la aniquilación de «la primera biblioteca pública del mundo» y sus «cientos de miles de volúmenes».

Los cristianos «gritaron con regocijo» mientras «un hacha de doble filo» le partía la cara a Serapis. El cuerpo de la estatua pagana después fue rostizado en el anfiteatro central como una forma de «humillación pública», «quemado hasta las cenizas ante los ojos de Alejandría, que lo había adorado». Insaciables, los mercenarios «beligerantes» de Jesús después destrozaron el templo piedra por piedra «derribando las inmensas columnas de mármol, lo que provocó que los muros colapsaran».[3] No sabemos exactamente qué pasó con los contenidos de la Gran Biblioteca, pero nunca se los volvió a ver. Nixey concluye:

> Una guerra contra los templos paganos también era una guerra contra los libros que a menudo se almacenaban dentro de ellos para salvaguardarlos —un concepto que ahora solo puede recordarse con ironía—. Si estos [los libros en la Gran Biblioteca] fueron quemados, entonces se trató de un momento significativo en lo que [el académico italiano Luciano] Canfora ha llamado «las experiencias melancólicas de la guerra que el cristianismo emprendió contra la cultura anterior y sus santuarios: es decir, contra las bibliotecas».

Después de la destrucción del templo, el alboroto cristiano avanzó por el pueblo y atacó otros 2 500 «santuarios, templos y sitios religiosos».[4] En Alejandría, y en otros lugares, esta clase de tumulto descontrolado era parte de una campaña más amplia de guerra espiritual —o «psicológica», como diríamos hoy en día—. Teófilo reemplazaría el antiguo templo de Serapis con una iglesia para albergar algunas reliquias de Juan Bautista que había adquirido en Palestina. Era una «provocación planeada a conciencia». El objetivo, «de manera inconfundible», era afirmar la posesión exclusiva del «tejido físico y simbólico de la ciudad y capital de Egipto» que «ahora les pertenecía a Cristo y al Dios de los cristianos».[5] Eunapio, un historiador griego de la época, dijo que los cristianos «se jactaban de haber superado a los dioses, y consideraban que podían vanagloriarse de su sacrilegio e impiedad».[6]

La directora y yo hablamos de sucesos del pasado distante, pero no es difícil trazar un paralelo con la época moderna. En años recientes, siempre que los esbirros de ISIS arrasaban con un sitio asirio antiguo o destruían artefactos invaluables en el Museo Mosul de Irak, los expertos occidentales lamentaban por todos los medios la pérdida de una herencia cultural. Nuestro patrimonio colectivo está en jaque, decían. «Con una hoja en blanco», opinó un comentador, «ISIS busca presentar a las futuras generaciones una nueva versión de la historia, en la que pueda florecer la narrativa binaria de héroes del ISIS que luchan contra el mal. Arrasar con los sitios históricos es un intento de crear una hoja en blanco para que ISIS escriba un nuevo comienzo».[7]

¿Qué tan diferentes eran los motivos de los fanáticos religiosos en Alejandría o Eleusis?

Adam-Veleni después citó su segundo ejemplo: la increíble cantidad de literatura que ha desaparecido.

—Solo mira cuántas tragedias teatrales tenemos. Nada más 33 y media —me dijo—. Cuando la producción fue mucho más alta.

Desde luego, solo 19 de 77 obras atribuidas a Eurípides han sobrevivido. Para Esquilo, quien alguna vez fue perseguido por revelar los secretos eleusinos, solo hay 7 de 99. También del otro místico eleusino, Sófocles, solo quedan 7 de las más de 120. No se sabe si Eurípides era un iniciado, pero sus obras contienen pequeños detalles posiblemente alucinógenos sobre la noche mágica en Eleusis.[8] Imaginen cuántas otras pistas podrían haber insertado los dramaturgos en el resto de su trabajo. Todo eso quedó borrado de la memoria, junto con innumerables registros más de la Antigüedad. No se puede culpar de todo a los cristianos, desde luego, pero los investigadores estiman que «quizás el 1%» de *toda* la literatura clásica ha sobrevivido hasta el día de hoy.[9] Pensemos en eso. Absolutamente todo lo que conocemos del mundo antiguo se basa en una fracción mínima de la producción real. Durante siglos, los clasicistas han tratado de volver a armar un rompecabezas de un millón de piezas con lo que Ezra Pound alguna vez llamó «dos estatuas burdas» y «algunos miles de libros maltratados».[10] Con razón Eleusis se rehúsa a revelar su magia.

Mientras procesaba las cifras, fui al grano. Metí la mano a mi bolsa de cuero marrón y saqué mi preciado ejemplar de *The Road to Eleusis*, la oveja negra del patrimonio clasicista. Suponiendo que la directora no había escuchado del libro, le expliqué a grandes rasgos la hipótesis de cuarenta años sobre cómo el ciceón era el secreto central y psicodélico de los misterios. Le dije que Wasson y Hofmann ya habían fallecido, pero que Ruck seguía perseverando en la Universidad de Boston, convencido aún de estar en lo correcto.

—Ruck… Ruck —musitó para sí misma la directora, pero se quedó en blanco. Sacudió la cabeza en señal de que, en efecto, nunca había escuchado el nombre.

—Bueno, pero sin entrar mucho en detalle, ¿la idea le parece extraña? ¿Es ofensivo que Ruck diga que los fundadores de la civilización occidental consumían drogas? ¿Le molestaría a usted si, quizás una vez en la vida, los griegos antiguos bebieran una poción psicodélica para hablar con Perséfone…, para comunicarse con Dios?

—No, no, no —respondió rápidamente la directora, moviendo la mano en el aire para indicar lo absurdo de la pregunta—. ¡Claro que no!

—Pero eso parece molestar a muchas personas.

De pronto recordé una conversación reciente con el eminente clasicista suizo, Fritz Graf, en la Universidad Estatal de Ohio. Pasé el verano persiguiendo a cualquier erudito en Grecia que me concediera un momento de su día. Graf fue sumamente considerado desde el comienzo, aunque estaba en total desacuerdo con la hipótesis psicodélica. El primer correo electrónico que me envió en julio de 2018 contenía la frase inolvidable: «Para ser franco: considero que la teoría de Wasson-Ruck es muy descabellada».[11]

A pesar de ello, Graf accedió a una llamada telefónica, una rara oportunidad para beber de la fuente de la sabiduría europea central que domina los estudios clásicos. Graf obtuvo su doctorado en la Universidad de Zúrich bajo la supervisión del alemán de nacimiento Walter Burkert, a quien se considera como una especie de semidiós en el campo. En 1977, un año antes de la publicación de *El camino a Eleusis,* escribió *Griechische Religion der archaischen und klassischen Epoche,* publicado en inglés por Harvard University Press en 1985 como *Greek Religion* [y en español, como *Religión griega. Arcaica y clásica*]. Es el estándar de referencia para cualquier aspirante a clasicista. Yo tuve que leerlo dos veces. Gracias a proezas como las de Burkert, ningún alumno serio pasa mucho tiempo aprendiendo griego sin tener una comprensión básica del alemán. Burkert murió en 2015. Por lo tanto, de muchas maneras, hablar con su alumno era mi audiencia personal con la vieja escuela en su máximo esplendor. Cuando le pregunté por qué encontraba que la relación entre Eleusis y las sustancias psicodélicas era «muy descabellada», Graf habló pausada y deliberadamente para asegurarse de que escuchara cada sílaba. «Lo principal es… que no hay ni una pizca de evidencia en nuestras fuentes».

Sin embargo, sentado con Adam-Veleni en Atenas, esa clase de escepticismo estuvo por completo ausente. Ella saltó directamente a la controversia:

—De hecho, creo que sí consumían drogas. Porque querían tener, eh…, ¿cómo se dice? Ilusiones.

—¿Visiones? —sugerí.

—¡Visiones! Sí. En la Antigüedad, eso no era extraño. Por ejemplo, ¿cómo se llama esa planta, la que tiene morfina?

—¿Morfina? Ah, la amapola.

—Sí, la amapola —repitió la directora—. La amapola está por todas partes. Y también tenemos a Delfos. ¿Dicen que las pitonisas comían hojas de qué? De laurel. Este también provocaba visiones. Porque tiene hojas aceitosas. Y el aceite es, de cierto modo, una droga.

Hasta el día de hoy, el debate continúa sobre qué inspiraba las famosas profecías del oráculo de Delfos, a unos 160 km al noroeste de la oficina en la que estábamos. Lo que es seguro es que las mujeres dirigían el espectáculo, al igual que en Eleusis. En todo momento habría tres pitonisas, o sumas sacerdotisas, y cada una dedicaba su vida a servir como canal o vocera del dios Apolo. Los peticionarios se reunían en torno a las pitonisas para conocer su destino. Las constituciones estatales de Esparta y Atenas fueron sometidas a su aprobación por Licurgo y Clístenes, respectivamente.[12] En la obra de Sófocles, fueron las pitonisas quienes le dieron a Edipo la mala noticia de que él mismo mataría a su padre y se casaría con su madre. Walter Burkert incluye esta fascinante descripción en *Greek Religion*:

> Después de darse un baño en la fuente de Castalia y después del sacrificio preliminar de una cabra, ella entra al templo, que se fumiga con harina de cebada y hojas de laurel en la *hestia* [«hogar» en griego] que arde eternamente, y desciende al *adyton*, el área hundida al fondo del templo interior. Ahí es donde está el ónfalo [«ombligo» en griego, que era la piedra redondeada que se pensaba estaba en el centro del mundo y permitía la comunicación directa con los dioses] y donde, sobre una abertura redonda similar a un pozo en el suelo, se coloca el caldero trípode… Sentada sobre el abismo, rodeada de los vapores que suben, y ondeando una rama recién cortada de laurel, entra en un trance.[13]

Se han propuesto varias teorías para explicar cómo se inducía el trance de las pitonisas. Burkert estaba de acuerdo con la edición de 1948 del Diccionario Clásico Oxford, que notaba cómo «puesto que los humos volcánicos [que surgían] de la tierra se han desmentido en términos geológicos; el éxtasis es autoinducido».[14] Puede que haya sido un clasicista ejemplar, pero Burkert no era científico de la tierra. Mientras geólogos del pasado trataban de desmentir la teoría de los «vapores que subían», un equipo interdisciplinario nuevo apareció en 2002 con dos décadas de evidencia. Un geólogo, un arqueólogo, un químico y un toxicólogo demostraron que las sacerdotisas de Apolo probablemente se encontraban bajo los efectos del etileno: un «gas con olor dulce que solía usarse como anestésico» que puede producir sentimientos de «euforia distante».[15]

En 1981, dos fallas geológicas ocultas fueron descubiertas por casualidad cuando el Gobierno griego decidió cavar en la colina al este de Delfos para abrir espacio para autobuses turísticos. En 1996, mucho después de la publicación de *Greek Religion* de Burkert, el nuevo equipo al fin investigó el sitio y reveló que debajo del santuario «los estratos eran de piedra caliza bituminosa con un contenido de hasta 20% de aceites negruzcos».[16] No era gracias al vulcanismo, sino a petroquímicos como el etileno que la tarea podía lograrse. El gas psicoactivo se liberaba en las aguas del templo cada vez que el bitumen se calentaba por una «simple acción geológica».[17] En el año 2000, el toxicólogo del equipo, el doctor Henry A. Spiller, proporcionó más evidencia para la teoría después de un análisis farmacológico de una muestra del lecho rocoso del sitio. Para él, los efectos del etileno eran bien conocidos. En las primeras etapas, produce una euforia incorpórea, un estado mental alterado y una sensación placentera. Es lo que en las calles se conoce como «volar». Cuanto más alta sea la dosis, más profundo es el viaje.[18]

Todo esto para demostrar tres simples puntos. En primer lugar, los clásicos están en una mejor posición cuando expertos y especialistas de una amplia gama de disciplinas son capaces de converger en un mismo problema espinoso. Ese rompecabezas de un millón de piezas necesita toda la ayuda que pueda conseguir. En segundo lugar, tal como vimos en el capítulo pasado con Heinrich Schliemann, Milman Parry y Michael Ventris, no siempre son los profesionales experimentados quienes encuentran la respuesta correcta. Siempre hay nuevos hallazgos y nuevos datos a la vuelta de la esquina, y nunca se sabe dónde surgirán después. Y en tercer lugar, cuando se trata de las drogas, los clasicistas simplemente están fuera de su campo. Más allá del etileno, no hay nada que descarte la «harina de cebada» o las «hojas de laurel» como herramientas adicionales para provocar o potenciar el estado alterado de conciencia de las pitonisas. Plutarco y Esquilo solían asociar las plantas con Delfos. Sin embargo, en un punto ciego, un investigador tan formidable como Burkert omitió comentar las propiedades psicoactivas potenciales del «laurel» de la Antigua Grecia de la manera en que Adam-Veleni lo hizo: como una mera ocurrencia.[19]

Por cierto, no es que Burkert estuviera cerrado a la idea en general. En la página inmediata anterior en *Greek Religion,* cuando se discuten las visiones fantasmales reportadas en el oráculo de los muertos en Éfira, especula que «quizás el consumo de ciertas clases de granos tenía un efecto alucinógeno».[20] Me gusta la palabra *quizás:* muy lejos de «el éxtasis *es* [énfasis mío] autoinducido». Esa clase de absolutismo puede frenar soluciones creativas que aporten toda la evidencia. Con eso en mente, *quizás* el humo denso del incienso de «harina de cebada» sea otro indicio secreto para los iniciados, como el que notaron Wasson y Hofmann en el *Himno a Deméter.* Puede que la magia similar a la del LSD y la psilocibina del cornezuelo, un hongo relativamente común, no sobreviva al calor, pero una hierba de brujería que terminara en la harina de cebada sin duda podría haber fungido como incienso alucinógeno. O *quizás* en realidad fueron las hojas de laurel las que provocaron el efecto.

Fuera de la especulación, quedan muchas interrogantes en cuanto a las drogas en el mundo antiguo. La investigación académica rigurosa en este campo sigue estando ausente en gran medida del plan de los estudios clásicos, e incluso se considera tabú. Uno de los únicos clasicistas que retomaron el trabajo de Ruck es el doctor David Hillman, quien también cuenta con una maestría en bacteriología. Para terminar su doctorado sobre el uso de drogas medicinales en la República romana, su asesor de tesis le recomendó que eliminara todas las referencias al uso recreativo de narcóticos, estimulantes y psicodélicos en la Antigüedad. Hillman obedeció y publicó sus hallazgos controvertidos más tarde en *The Chemical Muse: Drug Use and the Roots of Western Civilization* [La musa química: El consumo de drogas y las raíces de la civilización occidental] en 2008. El *Times* de Londres se refirió a este estudio como «la última frontera audaz de los estudios clásicos».

En correspondencia personal, Hillman me explicó que los textos médicos y farmacéuticos que contienen evidencia de drogas antiguas simplemente son de una complejidad que rebasa a los clasicistas, pues requieren conocimientos en «biología, botánica, anatomía, fisiología, patología, epidemiología y farmacología». Como ejemplo, Hillman citó a Galeno, el médico personal de Marco Aurelio que escribió ampliamente sobre las drogas. Nacido de padres griegos en Pérgamo alrededor del año 130 d. C., la prolífica producción de Galeno en griego guio la práctica de la medicina occidental hasta la guerra de Secesión estadounidense y tuvo una influencia particular en el Imperio bizantino y el mundo islámico.[21] A pesar de que sobrevivieron más obras de Galeno que de Homero, Píndaro, Heródoto, Sófocles, Aristófanes, Eurípides, Platón y Aristóteles juntos, ninguno de sus tratados farmacéuticos se ha traducido *jamás* al inglés.[22]

El punto ciego que afectó a Burkert y que sigue fastidiando a la mayoría de los clasicistas hoy en día no parece haber empañado el juicio de la directora Adam-Veleni. Cuando le pregunté por qué creía que había drogas involucradas en Eleusis o Delfos, respondió:

—¡Soy griega! Eso es de conocimiento común.

—Entonces, ¿aquí no es controvertido? —pensé en todos los alemanes o suizos que pondrían los ojos en blanco al escuchar algo así, a excepción de Albert Hofmann, desde luego.

—No, para nada. Aquí es algo muy natural.

En ese momento, sonó el teléfono de la directora, y ella atendió asuntos urgentes. Por primera vez desde que nos habíamos sentado, recordé dónde estaba y con quién estaba hablando. Consideré que lo mejor sería dejar que Adam-Veleni continuara preservando las antigüedades de las ciudades más antiguas de Europa, en lugar de responder preguntas cualesquiera de un estadounidense cualquiera. Pero no sin un regalo o poesía de despedida.

Mientras la directora charlaba a la velocidad de la luz en griego moderno, metí la mano de nuevo a mi bolsa y saqué mi Homero de la bolsa de plástico con cierre hermético que lo protegía. Esa edición en griego antiguo de *La Odisea* con la sobrecubierta azul cielo, que publicó Oxford University Press por primera vez en 1971. Las únicas letras no griegas en todo el libro son la página legal, en inglés, y la introducción de Thomas W. Allen, escrita en latín sin ninguna razón en particular. Así se hacían las cosas en los días de gloria. De ninguna manera pensaba ir a Atenas sin mi libro de la universidad. Llevaba demasiado tiempo esperando para hablar de una pista que noté en el griego hace más de veinte años. Y la directora acababa de darme la entrada que tanto esperaba al referirse al uso de drogas en la Antigüedad como algo de «conocimiento común» y «natural». Algo que, quizás, había estado ahí desde el comienzo. Algo tan arraigado en la manera en que la religión solía practicarse que tiene poco sentido cuestionar, a pesar del sesgo antinatural que los clasicistas e historiadores estadounidenses del siglo XX puedan tener con respecto a las drogas.

Una página del viejo libro de la universidad del autor. En este pasaje fundamental en griego antiguo del Canto X de *La Odisea* de Homero, la bruja Circe usa sus drogas para transformar a los hombres de Odiseo en cerdos. Garabateada en 1999, la palabra «poción» sigue visible en el margen izquierdo.

Abrí *La Odisea* en el Canto X, donde las brujas de Eleusis y Delfos ya encontraron a su ídolo, la hechicera superestrella que comenzó todo. Temida y respetada por muchos por su conocimiento enciclopédico de plantas y hierbas, la diosa Circe obtiene el papel protagónico en la obra más antigua que ha sobrevivido en la literatura occidental. Una historia que, según lo demostró Milman Parry, fue el legado escrito de una tradición oral más profunda que se remontaba a una época anterior a los siglos VIII o VII a. C. (las fechas convencionales de Homero). Después de haber escapado por poco a los lestrigones gigantes, Odiseo y su equipo terminan en la isla mitológica de Eea (no se preocupen, ningún clasicista sabe cómo se pronuncia tampoco). Circe droga a los hombres del héroe y los transforma en cerdos, para poder disponer a su gusto de Odiseo. Con un poco de ayuda del dios Hermes, que proporciona un antídoto herbal para proteger al simple mortal, Odiseo logra vencer a Circe en su propio juego de abracadabra. Inmune a sus encantos, somete a la hechicera y libera a sus amigos del embrujo malvado. Por diversión, Odiseo pasa un año en Eea como amante de Circe, bebiendo «dulce vino» con sus amigos.

Al igual que el *Himno a Deméter,* el Canto X de *La Odisea* contiene una receta. Homero revela los contenidos del elíxir que Circe preparó para volver cerdos a los hombres, una pieza clave de evidencia que cita Ruck en *The Road to Eleusis.* El pasaje siempre me había intrigado. Mientras me preparaba para mi clase un día en la universidad, había garabateado la palabra *poción* en el margen del texto griego antiguo. Mi escritura minúscula era una sospecha temprana de que esos pocos versos tenían algo que ver no solo con Eleusis, sino también con un rompecabezas mucho más extenso sobre los orígenes de la religión en general. Mientras la directora concluía su llamada, le informé sobre una línea de investigación muy poco conocida que compromete a la Antigua Grecia en una red de drogas que alguna vez podría haber conectado al mundo antiguo entero.

—Cuando dice «natural»…, esa idea de que las drogas son «naturales».

—Sí, nos resulta muy familiar a nosotros —agregó Adam-Veleni.

—Bueno, creo que podría ser «natural» o «familiar» porque proviene del texto fundador de la civilización occidental. Cuando Circe mezcla los *pharmaka.*

—Sí. *Pharmaka*…, drogas —añadió, traduciendo la palabra griega φάρμακα que nos dio la palabra *fármaco.* Mientras le pasaba la característica edición de Oxford, la directora levantó las cejas:

—¡Conque hablas griego antiguo!

—Observe el verso 290 en el que Homero menciona los *pharmaka.* Incluso usa el sustantivo *kukeo* para «la poción mixta» que Circe usa para transformar a los hombres en cerdos. Igual que el ciceón de Eleusis.

La directora sabía exactamente a qué pasaje me refería y comenzó a leer el hexámetro antiguo en voz alta. La música de la lengua me transportó a mi época juvenil. En español, la clásica advertencia de Hermes a Odiseo reza lo siguiente: «Ella [Circe] te preparará una poción [*kukeo*] y echará drogas [*pharmaka*] en el manjar». Le pedí a la directora que retrocediera una página, a la derecha de mi breve nota personal «poción». Examinó los ingredientes frescos del ciceón de Circe incrustados en los versos 233 a 236.

En esa parte, Homero nos cuenta cómo la Gran Bruja «confeccionó» (*anemisge/* ἀνέμισγε) las «drogas perniciosas» (*pharmaka lugra/*φάρμακα λύγρ') en la comida de los hombres, después de haber «confeccionado» o «mezclado» una poción especial para la ocasión. Se usa el verbo griego *ekuka* (ἐκύκα), que proviene de la misma raíz que *ciceón*. La poción consiste en queso, cebada, miel y vino de Pramnio (un vino seco y fuerte de la isla griega de Icaria).[23] Ahí aparece la cebada otra vez. Incluso en ese momento, hace un par de décadas, pensé que podía ser un pista significativa. En el proceso de leer *The Road to Eleusis*, descubrí que Ruck hacía referencia a un artículo titulado «Let Us Now Praise Famous Grains» [Alabemos ahora los granos famosos], publicado en *Proceedings of the American Philosophical Society* en febrero de 1978 por Calvert Watkins. De inmediato me llamó la atención, pues Watkins, profesor emérito de Lingüística y Estudios Clásicos en Harvard, había aparecido en mis estudios de sánscrito. No sabía que trabajaba con Eleusis también.

El artículo de Watkins defiende de manera brillante el verdadero origen de la magia de Circe. A pesar de que es prácticamente imposible de leer para no especialistas, el académico «omnisciente», que murió en 2013 como una «figura encumbrada», reúne una artillería de no menos de 12 lenguas indoeuropeas.[24] ¡Doce! Es un esfuerzo por demostrar por qué este y otros pasajes de *La Ilíada* y *La Odisea* coinciden en «exacta correspondencia» con los rasgos esenciales de un ritual bien documentado de la India antigua.[25] Un ritual que sin duda es más antiguo que Eleusis y, en opinión de Watkins, influyó tanto en el ciceón real de Deméter usado en los misterios como en el ciceón mítico de Circe que retrata Homero.

La misteriosa lengua perdida que conecta a la India con Grecia se conoce como protoindoeuropeo. Su lugar de origen exacto se desconoce. Sin embargo, a medida que se transformó con el tiempo y la distancia, la lengua retuvo ciertos vínculos esenciales en vocabulario y gramática con su fuente original. Esta habilidad inquietante del protoindoeuropeo para adaptarse a su ambiente hizo de la familia indoeuropea «la familia lingüística más exitosa de la historia», pues actualmente la mitad de los habitantes del planeta son hablantes nativos de una u otra lengua que pertenece a ella.[26] En el frente occidental, los indoeuropeos darían origen a las lenguas bálticas, eslavas, germánicas, helénicas, celtas e itálicas, y brindaron al mundo antiguo el griego y el latín. Hoy en día, esa rama de la familia incluye a lenguas que van desde el ruso y el alemán hasta el español y el inglés. Al avanzar hacia el oriente desde su hogar en Eurasia, los mismos indoeuropeos se mezclarían con poblaciones totalmente diferentes para producir las lenguas indoiranias. En nuestros días, esas raíces arcaicas evolucionaron en el hindi, urdu, bengalí, punyabí y persa. En la Antigüedad clásica, el sobreviviente mejor documentado de esta rama oriental es la lengua sánscrita que logró atravesar los Himalayas hasta la India.

En mi primer día de la clase de sánscrito en la universidad, conocí la siguiente cita de 1785 del filólogo anglo-galés sir William Jones:

> La lengua sánscrita, sea cual sea su antigüedad, cuenta con una maravillosa estructura; más perfecta que el griego, más copiosa que el latín y más exquisitamente refinada que cualquiera de los dos, al mismo tiempo que guarda con ellos una afinidad más fuerte, tanto en las raíces de los verbos como en las formas de la gramática, de la que podría haberse generado por accidente; tan fuerte de hecho que ningún filólogo podría examinar las tres sin creer que se originaron en una fuente común, la cual, quizá, ya no existe.

El sánscrito era una lengua sagrada con un propósito místico, cuyo ejemplo escrito más temprano es el Rigveda, una colección de himnos sagrados compuestos desde el año 1700 a. C. Quizás estos representen la literatura existente más antigua de *cualquier* lengua indoeuropea. Si *La Ilíada* y *La Odisea* son los textos madre de la civilización occidental, entonces el Rigveda es nuestra abuela. Y ahí encontramos la «poción mixta», una bebida sacramental conocida como *soma* (सोम). En el Rigveda, el soma es tanto una planta como el dios que reside en la planta. Igual que el viceón de Circe y Deméter, la preparación del soma suele estar atada a la «presencia femenina».[27] Para referirse a ella se habla de «elíxir de vida». Y *explícitamente* se la caracteriza como *madira*, el término en sánscrito que Watkins traduce como «intoxicante» o «alucinógeno». Un verso particularmente memorable del Rigveda reza: «Hemos bebido soma y nos hemos vuelto inmortales; hemos alcanzado la luz, descubierto a los dioses».[28]

Después de investigar los datos lingüísticos, Watkins concluye que las similitudes entre el ritual del soma de la Rigveda y el «acto ritual de comunión de los misterios eleusinos, de mujeres para mujeres» no pueden ser mera coincidencia: «[Son] tan notables que no es plausible [que se trate de] una semejanza fortuita». Y mientras que el pasaje de Circe ya mencionado parece un cuento infantil bobo sobre brujas y cerdos, Homero, de hecho, «describe un ritual religioso», «un acto litúrgico de data indoeuropea, idéntico al ritual del soma de la India védica».[29] Para que el lenguaje espiritual de los griegos antiguos y los indios estuviera interconectado de manera tan profunda, la sospecha de sir William Jones sobre la «fuente común» del helénico y el sánscrito debe de haber sido correcta. Más adelante en esta investigación volveremos al debate acalorado sobre los orígenes prehistóricos del protoindoeuropeo, la lengua madre que parece haber introducido el uso religioso de drogas tanto a Grecia como la India, al expandirse a un triángulo global antiguo que unía a la Islandia moderna con Siberia y Sri Lanka. Una farmacología secreta que de algún modo logró llegar a las catacumbas subterráneas que visitamos en Roma y ahora están bajo la jurisdicción exclusiva del Vaticano.

¿Es posible que el éxito lingüístico del indoeuropeo tuviera algo que ver con este «ritual religioso» o «acto litúrgico» que sus hablantes llevaron a través del planeta? Si el soma era innegablemente «alucinógeno», ¿quizás el ciceón también lo era? Sin duda alguna, Wasson pensaba que sí. Y si él no pudo identificar la especie desconocida detrás del soma, el ciceón podría encajar también. No obstante, en vez de una planta, Wasson sugirió al hongo visionario *Amanita muscaria* como la abuela de todos los rituales psicodélicos. Antes de que hiciera equipo con Hofmann y Ruck, el etnomicólogo publicó su propio estudio revelador en 1968, *Soma: Divine Mushroom of Immortality* [soma: hongo divino de la inmortalidad]. Si estaba en lo correcto o no sobre el sacramento indio no es lo primordial. Cuando Adam-Veleni dice que la relación entre las drogas y la religión es «natural», creo que a eso se refiere. Después de todo, el soma y el ciceón han existido por mucho más tiempo que la guerra contra las drogas.

La directora estuvo de acuerdo conmigo y con el sentido general de la investigación de Watkins sobre los orígenes del sacramento griego. Pero me dijo que si estaba en busca de las raíces de los misterios, solo había una persona que podía ayudar en mi investigación. Así, mientras me disponía a irme, la directora me dio el contacto personal de su amiga y colega Kalliope Papangeli, la jefa de excavaciones en Eleusis durante las últimas décadas. Después de varias semanas de fallar en el intento de comunicarme con la arqueóloga elusiva, al fin obtuve el contacto.

En cuanto me fui de la oficina de la directora, me paré en un rincón del Museo Nacional de Arqueología y llamé al celular de Papangeli tres veces, esperando un milagro. Después le escribí un mensaje, rogándole que me concediera una reunión antes de tener que volar de vuelta a Washington. Me abrí paso hasta un bar pequeño y cómodo llamado Oinoscent, a unas cuadras de mi departamento en el distrito de Plaka. Mientras me bebía una segunda copa de Limnio del viñedo de los cícones, llamado así en honor a la antigua tribu que fabricaba vino en el lugar que Homero llamaba Tracia, algo en mi bolsillo vibró.

Mi reunión con Papangeli estaba agendada para la mañana siguiente en Eleusis.

4

El secreto de los secretos

Me encontraba parado frente al deslumbrante Museo de la Acrópolis. Concebido por el arquitecto suizo-francés Bernard Tschumi, el diseño recibió altos honores del Instituto Americano de Arquitectos en 2011. Y con toda razón. La estructura entera flota de manera majestuosa sobre las excavaciones que existen, todas visibles bajo tus pies mientras asciendes por una rampa traslúcida hacia la entrada frontal. La luz natural inunda el interior con techos altos y la planta baja, resultado del uso de Tschumi de «tecnología contemporánea en vidrio para proteger contra el calor y exposición excesivos».[1] El efecto es absolutamente hipnótico en el piso superior, donde 48 columnas modernas crean una columnata en la configuración exacta que habría formado la *cella* original del antiguo Partenón. En el sol brillan los mármoles originales y prístinos del friso del templo, la mitad que no robó lord Elgin para depositarlos en el Museo Británico a comienzos del siglo xix. Por desgracia, no me encontraba ahí para disfrutar todo eso por mucho tiempo.

Antes de mi reunión con Kalliope Papangeli en Eleusis, la única cosa que había entrado a buscar era una guía. Esperaba tener un poco más de contexto sobre la exposición reciente que acababa de perderme, *Eleusis: Los grandes misterios*. Compré un ejemplar del elegantísimo catálogo anaranjado oscuro de la exhibición en la tienda del museo al aire libre y me dirigí a una de las bancas de madera en el espacioso vestíbulo. En la portada figura un inserto de cartón de 10 por 18 cm de Deméter, con su túnica y cetro, de perfil hacia la derecha. Es una fotografía en primer plano de la estela de mármol que está en el Museo Nacional de Arqueología, que data de los años 470 a 450 a. C. La mano derecha de la diosa no se ve en la imagen, pero la original sostiene una gavilla de tallos de cereales.

Deméter que adorna la portada de la guía de la exposición de 2018 del Museo de la Acrópolis, *Eleusis: Los grandes misterios. Cortesía del Museo de la Acrópolis y el Museo Arqueológico de Eleusis, éforo de antigüedades — Ática occidental (© Ministerio Helénico de Cultura y Deporte).*

En su introducción al catálogo, el doctor Demetrios Pandermalis, presidente del Museo de la Acrópolis, llama a Eleusis «el más prominente» de todos los cultos mistéricos visionarios, que promete «prosperidad personal en la vida y felicidad después de la muerte». Incluso, incluye un esbozo somero del ciceón que daría orgullo a Fritz Graf: «Los iniciados potenciales romperían el ayuno al beber el *kykeon* [una manera alternativa de escribirlo], una mezcla de agua, harina y menta real». Es todo. Después, mientras Pandermalis cierra su resumen de los misterios, algo me llama la atención: «Esperamos que esta exposición sea el heraldo del año conmemorativo 2021, cuando Eleusis sirva como capital cultural de Europa. Dentro del silencio sagrado y cautivador de ese sitio esperamos el ruido del bullicio de nuevos iniciados».

Un vistazo rápido a eleusis2021.eu confirmó lo que para mí era una noticia de última hora. La directora Adam-Veleni había mencionado algo de dicho festival de paso, pero supongo que me distrajo la conversación sobre la Gran Biblioteca, el 99% faltante de la literatura clásica y las brujas psicodélicas. Después de más de 1 600 años en las sombras, Eleusis una vez más encabezaría la escena internacional. Esta vez en una serie de iniciativas educativas y artísticas financiadas por la Unión Europea a lo largo de cuatro temas principales:

> El programa «Deméter–Madre Tierra» se centra en nuestra relación con la comida. El programa «Perséfone» se centra en nuestra relación con las áreas verdes urbanas, los jardines y las flores. El programa de «Ecocultura» se centra en el cambio climático, la energía y el reciclaje. Por último, el programa «Naturaleza femenina» se centra en la herencia cultural y la feminidad.

En el sitio web, una carta del alcalde de Eleusis, Giorgos Tsoukalas, lamenta la industrialización que invadió a la ciudad antigua a finales del siglo XIX, lo cual dejó una «huella poderosa en forma de una serie de fábricas abandonadas a lo largo de la costa» que ahora da a las aguas antes cristalinas del golfo de Eleusis.[2] Por si la Iglesia no había terminado de borrar del mapa el santuario en el siglo IV d. C., Tsoukalas cita a Nikos Gatsos, un poeta griego del siglo XX, para capturar el alcance de la profanación moderna: «Donde los iniciados juntaban las manos en reverencia antes de entrar al santuario / ahora los turistas tiran sus colillas de cigarrillos / y visitan la nueva refinería. / Duerme, Perséfone, en el abrazo de la noche / no vuelvas a salir al balcón del mundo».[3]

Cuando ya no había esperanza para el pueblo deteriorado, los diplomáticos de Bruselas trajeron un regalo esencialmente eleusino: la resurrección. Un festival público conocido como «Los misterios contemporáneos» se está planeando, junto con numerosos eventos y actividades en torno al tema muy propio del siglo XXI de reencontrarse con la naturaleza. Llega en el momento de una crisis global nunca antes vista, acelerada por el cambio climático. El declive de mamíferos, aves, peces, reptiles y anfibios en un promedio de 60% desde 1970 «amenaza la supervivencia de la civilización humana».[4] Algunos científicos lo llaman el «sexto evento de extinción masiva»; los otros cinco ocurrieron en los últimos 443 millones de años. En el pasado, estos eventos podían haber resultado en la desaparición del 95% de la vida en la Tierra.[5]

Somos una especie frágil en un planeta frágil.

Los antiguos griegos lo sabían bien. La muerte siempre estaba a la vuelta de la esquina. Pero Eleusis estaba ahí para defenderlos de cualquier palabra griega que se prefiera: *cataclismo, catástrofe, holocausto, apocalipsis*. Mientras navegaba en mi teléfono en el vestíbulo del museo, no pude evitar pensar en Vetio Agorio Pretextato, un alto aristócrata del siglo IV d. C. Como prefecto, cónsul y *hierofante* (literalmente, un sacerdote que «muestra las cosas sagradas»), ocupó varios cargos políticos y religiosos respetados en el Imperio romano. Y al igual que Cicerón y Marco Aurelio antes de él, Pretextato también estaba iniciado en los misterios. Era la clase de romano cosmopolita que sentía que había algo extraordinario en Eleusis. Sea cual fuere la visión sublime que ahí se revelaba sobre la naturaleza de la existencia, había más en juego que la simple salvación personal. Mucho más.

En el año 364 d. C., el emperador cristiano Valentiniano abolió todas las celebraciones nocturnas en un esfuerzo por clausurar los misterios. La peregrinación que desde hacía casi dos mil años se realizaba a Eleusis estuvo en riesgo de detenerse por completo. El historiador griego Zósimo da crédito a Pretextato de lograr convencer al poderoso Valentiniano de retractarse y permitir «que el rito entero se realizara de la manera que se heredó de los ancestros». Pero, de entre todas las cosas extrañas sobre Eleusis, la que el iniciado le dijo al emperador siempre me ha parecido la más extraña por mucho. Es una especie de profecía. Al enfrentarse a la aniquilación de «los más sagrados misterios», Pretextato declaró que la medida corta de miras «habría hecho que la vida de los griegos fuera invivible». Tras haber bebido el ciceón y experimentado la visión él mismo, el sacerdote señala a Eleusis como el único lugar que «contiene a toda la raza humana junta».[6]

La palabra griega para «invivible» es *abiotos* (ἀβίοτος): literalmente, la ausencia o lo opuesto de «vida» (*bios*). Es una palabra rara y evocativa. El inminente estudioso húngaro Karl Kerényi muestra su fascinación por ella en su libro fundamental de 1962 sobre los misterios, escrito en alemán, *Die Mysterien von Eleusis* [Los misterios de Eleusis]. Kerényi concluye que la palabra se eligió de manera consciente para informar a las generaciones posteriores que los misterios «estaban conectados no solo con la existencia ateniense y griega, sino también con la existencia humana en general».[7] La profecía llega en un momento crítico de la historia de la civilización occidental en el que muy pocas cosas se interponían entre Eleusis y las antorchas y trinches de las turbas cristianas.

«Más allá de cualquier duda», según Kerényi, hay un contraste marcado entre los amantes de Deméter y Jesús: «La agudeza con la que se formula la trascendencia de Eleusis, que no tiene paralelo en documentos anteriores, proviene del conflicto entre la religión griega y el cristianismo».[8] En la batalla épica de fes en competencia que estallaría en la crisis de identidad que sufrimos hasta el día de hoy, los misterios eran *lo único* que podía garantizar un futuro sostenible para la especie humana y el planeta. De acuerdo con Pretextato, el templo de Deméter albergaba algo indispensable de lo que carecía por completo la fe cristiana. Sin ese sacramento original «heredado de los ancestros», todos estaríamos condenados.

¿Por qué? ¿De qué manera Deméter evitaba que no solo la existencia griega, sino también la existencia humana se volvieran «invivibles»? ¿Cómo logró la diosa a la que Ruck se refiere como la «Madre Tierra» poner a nuestra especie en armonía con la naturaleza? Para el clasicista caído en desgracia, todo era cuestión del *secreto de los secretos*, una expresión que acuñó para describir la tradición arcaica de conocimiento agrícola y bioquímico que de alguna manera lograba elaborar el ciceón año tras año. Un vasto tesoro de sabiduría misteriosa «pasada de boca en boca de herborista a aprendiz» durante la larga vida de los misterios.[9] Se cree que la cosecha del grano infestado de cornezuelo y la confección del sacramento representan «el origen de toda la ciencia humana» que revela el misterio de la muerte y el renacimiento.[10] Pero debido a las propiedades volátiles del cornezuelo, la producción de la poción mágica solo es posible cuando lo salvaje vive en armonía con lo domesticado: ese equilibrio distintivo entre el yin y el yang que los griegos identificaban como *chaos* y *cosmos*. Literalmente, *chaos* (χάος) es «la oscuridad infinita» de «materia informe» que existía en «el primer estadio del universo»; mientras que *cosmos* (κόσμος) es el «orden natural» del producto final que ahora podemos ver en el cielo nocturno.

Instruidas por las decanas, las sacerdotisas habrían supervisado el cultivo de los campos en Eleusis. Ruck considera que ese proceso minucioso se encontraba en el límite entre las costumbres «salvajes, nómadas» de una era prehistórica y las «instituciones civilizadas» que se originaron en la biotecnología de los griegos.[11] Los cereales en sí son una criatura curiosa que «evolucionó con cuidado a partir de pastos más primitivos».[12] Cuando las cosechas no se «atienden con el cuidado adecuado», una hierba peligrosa comienza a crecer. Es la hermanastra malvada de la cebada, la cizaña. Su nombre científico es *Lolium temulentum*. Su nombre en griego antiguo era *aira* (αἶρα): una planta asociada con el «frenesí divino». Lo curioso de la cizaña o *aira* es que funciona de maravilla como huésped para nada más ni nada menos que el cornezuelo. El trabajo de las sacerdotisas, afirma Ruck, habría sido supervisar de cerca el crecimiento de la cizaña y el cornezuelo para que ninguno se saliera de control. Si se volvían excesivos, la hierba letal y el hongo podían echar a perder la cosecha entera y así poner en riesgo la vida misma. Si había muy poco, no se contaría con el ingrediente activo del ciceón. Solo cuando el caos y el cosmos trabajan juntos se produce la materia prima psicodélica. Y solo cuando la psique ordenada y racional se ve abrumada con una dosis apropiada de alcaloides derivados del cornezuelo, puede producirse una visión irracional y disruptiva, «una visión que hace que toda visión previa parezca ceguera»,[13] o lo que Ruck llama «la experiencia culminante de una vida entera».[14]

Bajo el hechizo visionario del ciceón, se cree que Perséfone les reveló el misterio de la muerte y el renacimiento *directamente* a los iniciados. Esa era la razón por la cual Deméter planeaba los misterios de Eleusis en primer lugar, para que Perséfone pudiera establecer una relación personal con cada uno de los peregrinos. De acuerdo con Ruck, se encontrarían con ella cara a cara en el espacio liminar entre esta vida y la siguiente, convencidos de que se les había dado acceso a la verdadera naturaleza de la realidad. En el inframundo que había invadido el templo de Deméter, presenciarían cómo Perséfone daba a luz a un Hijo Sagrado. Se desconoce si Perséfone estaba presente en carne y hueso, quizás era representada por una sacerdotisa griega, o era un producto cabal del ojo de la mente. Quizás había alguna combinación especial de ambos que el cornezuelo facilitaba. Lo importante es que los iniciados *lo creían*.

Al parecer, no podían explicar la visión como tan solo alucinaciones estrafalarias, química cerebral alterada o pensamientos ilusorios. Para aquellos que habían bebido el ciceón, era un vistazo a otra realidad autónoma, similar a la que Gordon Wasson describió en la década de 1950 como más nítida, clara, brillante y «más real» que la visión «imperfecta» en blanco y negro que aceptamos sin cuestionar día tras día. En *Variedades de la experiencia religiosa: un estudio de la naturaleza humana* de 1902, el psicólogo

William James usó el término «cualidad noética» para capturar esos escasos momentos de claridad «en las profundidades de una verdad inexplorada por el intelecto discursivo».[15] El místico puede experimentar «iluminaciones, revelaciones, llenas de significado e importancia, que aunque están inarticuladas, permanecen; y como regla general conllevan un curioso sentido de autoridad para el futuro».[16] Quizá lo que los misterios ofrecían era una clase de iluminación que disolvía el ego, siempre apreciada por los místicos cristianos y suprimida por el *establishment* cristiano. Una vez que alguien se vuelve místico, no puede volver al momento anterior a haber visto a Dios.

Después de un roce con lo que Aldous Huxley llama «el misterio inconmensurable», las cosas nunca vuelven a lo que eran antes, tampoco para los iniciados modernos. De manera generalizada, los voluntarios en los experimentos de Hopkins y NYU reportan haberse vuelto una mejor versión de sí mismos: más abiertos, más compasivos, más clementes, más cariñosos.[17] «Bañada en el amor de Dios» la atea Dinah Bazer al fin fue capaz de apreciar y acercarse a las personas en un nivel profundo por primera vez en su vida. Cuando hablé con ella, describió cómo se enamoró de su familia nuevamente. Recordó cuánto la sorprendió la bondad pura de los demás: «¡No creo haberme dado cuenta de cuán genuina era la gente hasta que pasé por esta experiencia!».

Pero no fue una entusiasta *new age* egocéntrica quien salió de la sesión de psilocibina, alguien en la búsqueda narcisista de *su* felicidad y bienestar personal; fue una Dinah «con conciencia social», que experimentó un sentido de pertenencia nato como miembro de pleno derecho de la tribu humana, apasionadamente preocupada por el futuro del planeta que la generación de sus nietos heredará. Algunos han comenzado a referirse a este efecto como «la ciencia del asombro». Un artículo reciente en *Psychology Today* explica el fenómeno como un «sentido de integración a comunidades humanas y un aumento en comportamientos prosociales como la bondad, el sacrificio propio, la cooperación y el compartir recursos. Las experiencias que suscitan asombro pueden ayudarnos a reconceptualizar nuestro sentido de identidad, nuestro papel en la sociedad y, desde una perspectiva más cósmica, nuestro lugar en el universo».[18]

El psicólogo clínico William Richards, el colaborador de larga trayectoria de las pruebas con psilocibina en Hopkins, concluye que la ética y la moral son innatas, «quizá codificadas genéticamente» en el organismo humano.[19]

La psilocibina parece desbloquear ese código al entrar directamente a lo que los místicos han tratado de obtener a lo largo de la historia del cristianismo con sus cantos, meditación, ayuno y rezo, y lo que las autoridades religiosas tratan de inculcarles a los niños a punta de golpes. Como si la decencia y la virtud fueran cosas que se *aprenden* en vez de impulsos naturales que se expresan con un poco de motivación.

¿A esto se refería Pretextato con que Eleusis contenía a «toda la raza humana junta»? ¿Y que la vida se vuelva «invisible» en su ausencia? ¿Acaso el viaje interno transformador que desencadenaba el viceón nos recordaba cómo cuidarnos unos a otros y también al planeta? ¿Es esta la verdadera tecnología sobre la cual se construyó la civilización occidental? ¿Una sociedad que no logra incorporar esta experiencia mística tiene una falla fundamental si sus instituciones están desprovistas de la visión compartida que hizo que en verdad funcionara la primera democracia del mundo?

Si la respuesta es *sí*, eso bien podría explicar la obvia distinción que Pretextato trataba de marcar entre Eleusis y el cristianismo. Para el siglo IV d. C., la eucaristía establecida de la Iglesia con pan y vino ordinarios había reemplazado a cualesquiera sacramentos heréticos que hubiera antes, como exploraremos a fondo en la segunda parte de este libro. Pero otra parte de la campaña para librar al mundo de la influencia pagana, argumenta Ruck, fue la exclusión de las mujeres de puestos de liderazgo en el cristianismo: las mismas mujeres, las abuelas, que eran integrales para sostener el secreto de los secretos en la Antigua Grecia.

Como muchas culturas precristianas, los griegos adoraban a la diosa en tres formas principales: la virgen joven (Perséfone), la madre adulta (Deméter) y la vieja bruja (Deméter una vez que Perséfone hubo dado a luz durante el clímax de los misterios). De acuerdo con Ruck, la transición de Deméter a abuela la acerca a la muerte y le confiere un misterioso «poder sobre las plantas». A medida que madura, solo *entonces* se perfecciona el «poder religioso femenino antiguo», «a través de su asombroso pacto con las terribles fuentes metafísicas de la vida».[20] Al igual que las pitonisas en el oráculo de Delfos, que el historiador griego Diodoro Sículo dijo que siempre tenían más de 50 años, Deméter, en su nueva encarnación como la «bruja prototípica», también inspiró a la sacerdotisa eleusina.[21]

¿No es extraño que la sagrada familia cristiana —Padre, Hijo y Espíritu Santo— sea un conjunto masculino? ¿Y no es aún más extraño que la única mujer venerada junto a la Trinidad nunca se vuelve abuela? La Iglesia apreciaría la virginidad de María y su calidad de madre por sobre todas las cosas. En vez de maravillarse ante la sabiduría botánica de las abuelas, la Iglesia la demonizó. Después del siglo IV d. C., Deméter y el arquetipo de vieja bruja desaparecieron lentamente. Con el tiempo, la misma mujer que la Inquisición cazaba se volvería la mujer tenebrosa que mezcla engrudo verde en calderos, la que aparece en nuestros libros de Halloween y películas de Disney. La hechicera malvada que no trama nada bueno. Pero de acuerdo con Maria Tatar, quien encabeza la cátedra del programa de folclor y mitología de la Universidad de Harvard, «las mujeres viejas en los cuentos de hadas y el folclor prácticamente mantienen unida a la civilización. Juzgan, recompensan, hieren y sanan. A menudo son los personajes más fascinantes de la historia».[22] Y son los personajes de la vida real más fascinantes de esta investigación, como veremos con detalle en el Dicasterio para la Doctrina de la Fe en el Vaticano.

Volví a guardar mi teléfono en el bolsillo y me quedé mirando la «Madre Tierra» de Ruck en la portada del catálogo de la exposición. Conque *por eso* el Museo de la Acrópolis decidió albergar la exposición «Eleusis: Los grandes misterios», para dar un poco de impulso a la metamorfosis del antiguo santuario en la capital europea de la cultura en 2021. Cuando la Unión Europea habló de reactivar nuestra relación con Deméter y Perséfone y reavivar la «naturaleza femenina» de Eleusis, dudo que tuviera en mente la teoría de cuarenta años de Ruck sobre una sororidad secreta de sacerdotisas psicodélicas. Nadie en el festival de «misterios contemporáneos» beberá una poción de cebada enriquecida con cornezuelo. De todos modos, no logro entender por qué alguien le presta atención a Eleusis, un pequeño pueblo de unos treinta mil habitantes. ¿Por qué ahora? Un sitio que alguna vez se consagró a la Madre Naturaleza y hoy está sofocado por refinerías de petróleo y cementeras. Entiendo la metáfora. Pero para quienes estamos atrapados en el pasado, hay mucho más significado en ello.

Salí del edificio al sol cegador de un viernes perfecto para seguir meditando sobre la profecía de Pretextato y para visitar el único lugar de Atenas en el que los antiguos griegos se entregaban al asombroso poder de la Tierra, o a su ilimitado suministro de drogas naturales.

Me dirigí unos metros hacia el norte del perímetro de la ciudadela rocosa que sobresale del suelo, con el Partenón en su cima. Los turistas ya habían llegado, lo cual hacía que el paseo fuera algo menos placentero que el de la mañana. Pero mientras llegaba al primer teatro del mundo, insertado en la ladera sur de la Acrópolis, las multitudes se disiparon. Tomé asiento en una de las bancas de piedra en la terraza semicircular que da al escenario ausente. Había matas de pasto entre los tronos de mármol en la primera fila, donde el sacerdote de Dioniso y otros invitados distinguidos puede que hayan disfrutado del espectáculo experimentando el mismo trance inducido por drogas al igual que los griegos en los asientos de hasta atrás.

Eurípides, Esquilo, Sófocles, Aristófanes: todos competían para congraciarse con el dios del éxtasis durante la gran Dionisiaca al comienzo de la primavera. A diferencia de nosotros en la actualidad, los griegos no tenían un límite claro entre la religión y el entretenimiento.[23] La importancia del espectáculo era «acercarse a la presencia de su divinidad».[24] No era diferente de Eleusis. Dioniso no era *simbolizado* por el vino…, él *era* el vino. Cuando una oficiante griega ingería el fruto de la vid, ingería al dios mismo. ¿De qué otra manera explicamos el concepto de «entusiasmo» (que se deriva de *entheos* [ἔνθεος] que significa «frenesí divino» o «inspiración poseída por un dios»), considerada la «única cualidad… más que ninguna otra» que dio origen a la tragedia?[25] El académico británico Peter Hoyle describió mejor cómo «en el momento de intenso arrobamiento», las ménades o devotas de Dioniso «se identificaban con el dios mismo… Se llenaban de su espíritu y adquirían poderes divinos».[26]

De acuerdo con Ruck, «la naturaleza de la experiencia en el teatro era una de posesión espiritual masiva», cuyo origen se remonta a rituales chamánicos «en las tumbas de personas heroicas» en los que el espíritu del fallecido se apoderaba del sacerdote o sacerdotisa y hablaba a través de él o ella para contar el mito o historia del fallecido».[27] Los griegos llevaron esa «intoxicación peligrosa del dios» desde el campo primitivo que estaba frente a mí hasta el centro mismo de nuestra antigua democracia, en donde la poesía del drama transformó al dialecto ateniense único —conocido como *koiné* (κοινῆ) o griego «común»— en la lengua del Nuevo Testamento. Nuestros ancestros podían citar el griego pronunciado en este anfiteatro con la misma facilidad con la que nosotros citaríamos nuestras frases favoritas de Hollywood. Entonces el *koiné* persistió mucho más allá de los Evangelios y se volvió la *lingua franca* de los Padres de la Iglesia y el Imperio bizantino temprano. Hasta el día de hoy, sigue siendo la lengua litúrgica de la Iglesia ortodoxa griega.

Detrás de todo estaba el vino especial que se servía en este teatro: *trimma* (τρῖμμα), que literalmente significa que algo se «frota» o se «muele». Ruck explica que la bebida obtuvo su nombre de los aditivos que se molían en la poción para producir un «sentido comunal de unidad» entre los espectadores, «con su identidad cultural compartida y con los espíritus que eran los aliados metafísicos de la ciudad en el otro mundo».[28] El «embrujo» que comenzaba con los actores, que improvisaban a sus personajes etéreos a través del magnetismo del maquillaje y el vestuario, pronto se transferiría al público, que estaba «en sintonía con la posesión fantasmal».

Solo pude imaginar la atmósfera en el año 405 a. C., cuando *Las bacantes* de Eurípides debutaron en ese lugar, poco después de la muerte del dramaturgo. ¿Cómo pudo haberse perdido el espectáculo que se volvería el mayor tributo a los misterios dionisiacos que la Antigüedad jamás produciría? Sabemos casi tan poco sobre las ceremonias secretas del dios del vino —o las pociones crípticas que las nutrían— como sobre Eleusis. Pero como una biblia para las ménades que de otra manera prosperaban en un mundo de tradición oral silenciada, *Las bacantes* dejó tras de sí una estela espesa de pistas que comenzaremos a explorar más adelante en este libro. Pistas que llevan a una versión mágica de Jesús: sanador natural, iniciador de misterios y mezclador de un vino con drogas, a partes iguales. Esta versión, desconocida para muchos fieles actuales, es una que coloca al fundador del cristianismo en la clase de contexto histórico detallado que habría sido evidente para las primeras generaciones de paleocristianos hablantes de griego.

Por fortuna, nuestra investigación da justo en el blanco, porque uno difícilmente puede acercarse al dios del éxtasis sin primero desentrañar los misterios eleusinos. Antes de seducir a los fanáticos de este mismo teatro a adentrarse en montañas y bosques salvajes que conformarían sus iglesias improvisadas a la intemperie a lo largo de todo el Mediterráneo hasta entrado el período romano, Dioniso se escabulló en Eleusis como hijo de Perséfone. No siempre había sido de ese modo, pero el milagroso nacimiento del Hijo Sagrado, llamado Yaco, que concluía los misterios en el templo de Deméter, pasó a asociarse cada vez más con el dios del éxtasis.[29]

En su tesis doctoral de 1974, Fritz Graf redactó el estudio definitivo sobre cómo el delirio, el frenesí y la locura asociados con el dios del éxtasis dejaron huella en Eleusis.[30] A pesar de que no es partidario de la hipótesis psicodélica, Graf admite sin reservas los aspectos irracionales de los ritos que alguna vez pertenecieron a Deméter y Perséfone. Durante nuestra conversación en el verano, Graf me dijo: «De hecho, no hay duda de que los iniciados en Eleusis puedan haber tenido, digamos, experiencias extáticas. O algo similar. Para mí, el argumento más convincente es que Yaco, el dios que guiaba la procesión a Eleusis, ya es entendido como una forma de Dioniso por Sófocles en el siglo v. Entonces, si Dioniso está presente en Eleusis, eso sugiere experiencias que para los iniciados nativos eran comparables con lo que se experimentaría durante los ritos dionisiacos».[31]

De pronto, volví a pensar en Pretextato. ¿Por qué llegó a rastras aquí, desde su lujoso hogar en Roma? ¿Realmente habría entrenado por un año y medio, ayunado por días y caminado el medio maratón de Atenas a Eleusis —¡por segunda vez!— tan solo para presenciar una *metáfora*? Al igual que cualquier peregrino, nos recordará Pretextato, él llegó para lamentarse con Deméter y espiar a Perséfone y Dioniso en persona. Y si Ruck tiene razón, no solo fue para probar una poción inocua. Acudió para absorber la divinidad, del mismo modo en que las *entusiastas* pitonisas podrían encontrar a Apolo en el laurel que les alteraba la mente, o que Dioniso podría deslizarse por medio del *trimma* para poseer a sus devotos. Así, Pretextato podría volverse uno con la sagrada familia original, cuando el límite entre todas las cosas vivientes se disolvía para siempre con lo que William James llamaría «un curioso sentido de autoridad».

El clasicista E. R. Dodds pone de relieve los efectos secundarios del sacramento dionisiaco original que, de manera similar al ciceón de Eleusis, parece haber hecho que la vida fuera «vivible» al reunir a la especie humana y a la Madre Naturaleza en un abrazo compartido:

una fusión de la conciencia individual en una conciencia grupal: el adorador θιασεύεται ψυχάν [«une su alma al grupo»], se vuelve uno no solo con el Maestro de la Vida, sino también con sus compañeros adoradores; y se vuelve uno también con la vida de la tierra.[32]

¿Qué le pasó a ese sacramento? En medio de nuestro evidente suceso de extinción global, ¿lograría Pretextato tener su momento «se los dije»? Él nos advirtió hace más de 1 600 años que si los misterios morían…, *nosotros* moriríamos. Que lo que fuera que ofrecía el cristianismo no se comparaba con la eucaristía de la cerveza enriquecida de Deméter o Perséfone o del vino enriquecido de la eucaristía de Dioniso. ¿Cuánto tiempo más podemos soportar fingiendo que todo está bien hasta que la vida en verdad se vuelva «invivible»? Estamos caminando como sonámbulos hacia un precipicio, dicen los científicos, y a nadie parece importarle.[33] Pretextato se divertiría mucho viendo a los activistas del clima y ecologistas darse de topes con la pared al tratar de explicarnos a los demás la gravedad de la situación. La vulnerabilidad de esta roca solitaria que se precipita por el espacio. La importancia de la Madre Naturaleza.

Quizás el fundador del Consejo Nacional para la Defensa de los Recursos de Estados Unidos, Gus Speth lo dijo mejor: «Solía pensar que los problemas ambientales más apremiantes que el mundo enfrentaba eran el calentamiento global, la degradación del medio ambiente y el colapso de los ecosistemas, y que los científicos arreglarían esos problemas con suficiente ciencia. Pero me equivoqué. El problema real no son esos tres elementos, sino la codicia, el egoísmo y la apatía. Y para eso necesitamos una transformación espiritual y cultural. Y nosotros los científicos no sabemos cómo hacer eso».[34]

Pero tal vez los griegos sí sabían. Quizás la aniquilación momentánea del ego que Pretextato y sus compañeros iniciados experimentaban en Eleusis, o que las ménades encontraban en el éxtasis del vino enriquecido, era suficiente para vislumbrar el panorama completo. Para entender que la Tierra es nuestro hogar solitario por el momento, que estamos en esto juntos, y que maltratar a la Madre Naturaleza es más un suicidio que un asesinato. Me pregunto cómo reaccionaría Pretextato al nombramiento de la joya de la corona de la Antigua Grecia como *capital europea de la cultura* después de siglos en el basurero de la historia. Como cualquier buen iniciado, constantemente en busca de presagios y señales, ¿interpretaría el sacerdote romano el evento de 2021 como el discreto albor de un muy esperado regreso? Justo cuando la humanidad se enfrenta a la clase de amenaza que solo sobreviene cada cien millones de años, ¿es esta la última oportunidad para una civilización en crisis?

Para alguien como Pretextato que había experimentado la magia visionaria de Eleusis, puede que todo tuviera sentido. Del mismo modo que lo tuvo para Albert Hofmann, quien unos meses antes de su muerte en abril de 2008 dejó un pensamiento concluyente sobre la futura promesa de las sustancias psicodélicas:

> La enajenación de la naturaleza y la pérdida de la experiencia de ser parte de la creación viviente es la mayor tragedia de nuestra era materialista. Es el motivo causante de la devastación ecológica y el cambio climático. Por lo tanto, le atribuyo la más alta importancia al cambio de conciencia. Considero las sustancias psicodélicas como catalizadores para ello. Son herramientas que guían nuestra percepción hacia otras áreas más profundas de la existencia humana, para que de nuevo podamos volvernos conscientes de nuestra esencia espiritual. Las experiencias psicodélicas en un contexto seguro pueden ayudar a que nuestra conciencia se abra a esta sensación de conexión y de ser uno con la naturaleza. El LSD y las sustancias relacionadas no son drogas en el sentido usual de la palabra, más bien forman parte de las sustancias sagradas que se han usado por miles de años en contextos rituales.[35]

Entre otros precedentes, Hofmann por supuesto se refería a su larga obsesión con Eleusis. En el posfacio de la edición del 30 aniversario de *The Road to Eleusis,* también publicada en 2008, el químico suizo invocó al mismo dios del éxtasis que su compatriota, Fritz Graf. «Los misterios eleusinos estaban estrechamente vinculados con los ritos y festividades en honor al dios Dioniso», escribió. «En esencia, llevaban a una sanación, a la trascendencia de la división entre la humanidad y la naturaleza; podría decirse que a la abolición de la separación entre creador y creación. Esta era la propuesta real y más importante de los misterios eleusinos».[36]

No obstante, el punto en el que el químico y el clasicista difieren es precisamente en cómo se lograba esa trascendencia. Cuando hablé con Graf, este se enfocó en el poder neuroquímico de las endorfinas que acompañaba a los iniciados después de la procesión ritual y el ayuno de varios días. Le gustó mi expresión: «Una experiencia extática producida de manera endógena». Pero Hofmann prefería algo más como la euforia del corredor. Como vimos en el capítulo 2 al analizar los argumentos principales de *The Road to Eleusis,* él afirmaba que la poción alucinógena de cornezuelo habría sido fácil de preparar «con las técnicas y el equipo disponibles en la Antigüedad».

Aun así, a pesar de esa convicción y varios intentos obstinados a lo largo de los últimos cuarenta años, nadie ha sido capaz de reproducir con éxito la supuesta bebida psicodélica en un laboratorio moderno, o al menos nada que produzca la clase de experiencia documentada en Eleusis. Si uno de esos treinta alcaloides del cornezuelo en verdad lograba el cometido, aún no sabemos cuál es.

La única manera de determinar qué académico suizo tiene la razón es caminar 21 km por el Camino Sagrado para ver si la religión original de la civilización occidental por fin está dispuesta a ceder alguno de sus preciados secretos. Según Pretextato y Albert Hofmann, el destino del mundo depende de ello.

5

La visión beatífica

«Los misterios eleusinos y el cristianismo tienen mucho en común. Cuando guío a la gente a través de este sitio arqueológico, me gusta hacer énfasis en las similitudes entre lo antiguo y lo moderno», dijo Kalliope Papangeli con un cadencioso acento griego. Al fin me encontraba sentado con las piernas cruzadas en el suelo calcáreo afuera del Museo Arqueológico de Eleusis con la mujer que más tiempo ha pasado entre las ruinas debajo de nosotros que cualquier persona viva en la actualidad. Conocida para algunos como *Popi*, Papangeli es la jefa de excavaciones en Eleusis y la experta mundial en la religión original de la civilización occidental. Desde hacía una hora había sido mi acompañante a través de ese vasto complejo olvidado: es diez veces más grande de lo que lo había imaginado.

Ya el acrobático recorrido entre los enormes bloques y rocas a través del escarpado sitio me había dejado sin aliento. Ahora me sentía mareado después de subir con dificultad por la pendiente que lleva al museo. Papangeli, enjuta y delgadísima, llevaba décadas haciéndolo. Sin inmutarse, avanzaba con su camiseta polo roja y pantalones caqui azul marino. Nos refugiamos del sol abrasador debajo de una pérgola de madera. Papangeli se acomodó en la banca junto a un sarcófago de mármol del siglo II a. C. Como maestro y alumno de griego antiguo, yo me deleitaba con la vista mientras la erudita descargaba un torrente de información. A mi derecha, el golfo de Eleusis brillaba con un magnífico tono de azul que no recordaba haber visto antes. Al fondo de la inclinada pendiente a mi izquierda, los restos del templo de Deméter yacían en silencio, azotados por fuertes ráfagas de viento. El santuario estaba rodeado de tierra excavada por todos los flancos en una ondulante huella enorme. Si tan solo esas columnas desgastadas pudieran hablar...

Pensé que había viajado hasta ese lugar en busca de respuestas a una muy pagana interrogante griega: ¿consumían los iniciados una poción psicodélica o no? En caso de que sí, ¿de dónde provenía? Para demostrar la hipótesis de la continuidad pagana, tenemos que comenzar con los antiguos griegos y sus prehistóricos ancestros. Mi conversación con la directora Adam-Veleni y una lectura atenta de los gigantes del siglo xx en el campo de los estudios clásicos —Walter Burkert y Karl Kerényi— me habían convencido de que la investigación de Ruck era menos controvertida de lo que sugiere su reputación. De ese modo, me había preparado por meses para entablar una discusión seria con Papangeli, esperando desentrañar cuarenta años de sesgos académicos contra las drogas. Solo después de que el ciceón visionario quedara establecido sería legítima la posibilidad de que los primeros cristianos heredaron la biotecnología correspondiente. Pero por alguna razón, Papangeli no dejaba de adelantarse al sanador de Galilea. Sin ninguna preocupación por la relación obvia entre el culto de Deméter, Perséfone y Dioniso por un lado y el culto de Jesús por el otro, la arqueóloga pasó toda la mañana guiándome por algunos de los ejemplos más concretos en su sitio. Me mostró de cerca cómo los elementos clave de los antiguos misterios no desaparecieron nunca, sino que simplemente se pusieron los zapatos de la cristiandad y siguieron avanzando.

La primera lección espontánea de continuidad pagana llegó al comienzo de nuestro recorrido, cuando Papangeli apareció en el patio de Marco Aurelio con unas elegantes gafas de sol. Mientras cruzábamos el Propileo Mayor, la monumental entrada a las áreas más sagradas del recinto, la arqueóloga señaló el mármol bien conservado de otra entrada anterior a la derecha: el Propileo Menor. Tallada en el siglo I a. C., el arquitrabe o viga que alguna vez se encontró sobre las dobles columnas del portal ahora está acomodada en el suelo en fragmentos voluminosos. Los símbolos de los misterios se pueden distinguir con claridad en alto relieve.

De izquierda a derecha, en un trozo de piedra que me llegaba al pecho, pude observar gavillas de cereales, una roseta y la cesta sagrada o *cista mys-*

tica, como se le conoce en latín. En una pieza más dañada a su derecha, noté el bucráneo: un cráneo que representa al toro, en ocasiones asociado con Dioniso, que sería sacrificado en el festín que duraría toda la noche después de que los iniciados hubieran logrado su visión y completado la iniciación. En una tercera y última pieza de mármol: otra *cista mystica* y una roseta. Si en verdad hubo un sacramento psicodélico, este tuvo que haber llegado de Atenas a Eleusis de algún modo. Y los candidatos principales eran los contenedores tallados que tenía frente a mí.

Arquitrabe de mármol del propileo menor, en los escalones finales del Camino Sagrado que conecta a Atenas con Eleusis. De izquierda a derecha: las gavillas de cereales, la roseta y la cesta sagrada (*cysta mystica*). *Cortesía del Museo Arqueológico de Eleusis, éforo de antigüedades — Ática occidental (© Ministerio Helénico de Cultura y Deporte).*

—En esta *ciste* (κίστη) —explicó Papangeli, usando la palabra original en griego para cesta o canasta—, cargaban los objetos sagrados. Se dice que solo eran algunos granos. Otros creen que dentro de la *ciste* había pequeños ídolos micénicos de arcilla. De cualquier manera, era algo ligero, porque las sacerdotisas tenían que transportarlo a Atenas y luego de regreso, así que era algo no tan pesado.[1]

—Tenía que ser portátil, ¿cierto? —sugerí.

—Sí —respondió la arqueóloga.

—¿Quizás un sacramento portátil?

—Sí, podría ser.

—¿Cree que pueda haber contenido algunos de los ingredientes del ciceón?

—Puede ser..., tal vez sí —concedió Papangeli. Mientras el viento silbaba a través de las grietas en el mármol clásico, sentí que agregaría algo—. ¿Sabes? En la Iglesia ortodoxa también tenemos una poción.

El relieve de mármol del Museo Arqueológico de Eleusis (arriba). El *skyphos* de figuras rojas del Museo Británico (página siguiente). En ambas imágenes, el misionario divino de los misterios, Triptólemo, se representa sobre su carruaje alado de serpientes voladoras. A su lado están tanto Deméter como Perséfone. *Cortesía del Museo Arqueológico de Eleusis, éforo de antigüedades — Ática occidental (© Ministerio Helénico de Cultura y Deporte).*

La arqueóloga se refería, por supuesto, a la eucaristía. Cuanto más pensaba en ello, la relación casual que ella había hecho entre los sacramentos paganos y los cristianos no era en absoluto fortuita. Nunca antes se me había ocurrido, pero el hecho de que la *cista mystica* se transportara de manera ritual los 21 km desde Atenas para ser presentada aquí a las sacerdotisas que consagrarían el ciceón, de pronto me hizo pensar en una procesión de ofrendas de escala mucho mayor. Se trata del momento de la misa católica en el que observaba a mis compañeros de la primaria nerviosos mientras presentaban los «obsequios» eucarísticos en el altar, caminando graciosamente por el pasillo central de la iglesia con las hostias no consagradas de la comunión y las vinajeras de agua y vino. Detrás de ellos, en especial los domingos, estaban las cestas de asas amplias llenas de dinero en las que los ujieres recién habían recolectado las dádivas de los feligreses. El significado es claro. Para que el sacerdote pudiera cumplir con sus deberes —transformar el pan y el vino en el cuerpo y la sangre de Jesús—, el pueblo debe primero proporcionar las materias primas y recursos financieros para el acto fundamental de la misa. ¿De qué sirve una Iglesia sin su congregación?

La idea se instaló aquí por primera vez, desde luego. La *cista mystica*, llena de secretos, no era lo único que los iniciados aportaban. También pagaban cuotas a los oficiantes y dedicaban sus ahorros a los sacrificios animales que tendrían lugar a lo largo del evento, relegando la participación en los misterios a «los estratos menos pobres de la población».[2] Además, Papangeli señaló el enorme silo de cereales que se encontraba de nuestro lado izquierdo.

—Cada ciudad de Grecia enviaba una parte de su producción de cereales al santuario de Deméter —dijo—, porque, según la leyenda, Deméter fue quien le había enseñado al pueblo cómo cultivar la tierra.

Cortesía de The British Museum Images (© Directiva del Museo Británico).

En el *Himno a Deméter*, la diosa del grano envía al príncipe real y semidiós Triptólemo a enseñar el arte de la agricultura a los griegos en todos lados. Más que una lección de agricultura, Ruck se refiere a los viajes de Triptólemo a lo largo del Mediterráneo antiguo como una «misión proselitista» que era «análoga a la de Dioniso, pues ambos viajan a lo largo y ancho del mundo en carruajes alados tirados por serpientes para difundir sus respectivos evangelios de la planta de la vid y el cereal».[3] En el museo a nuestras espaldas, hay un relieve de mármol del siglo IV a. C. que retrata a Triptólemo y su carruaje de dragón volador.

Una escena muy similar aparece en un *skyphos* o copa para beber de comienzos del siglo V a. C. Fue creado en los alrededores de Atenas y descubierto en Capua, Italia, al norte de Nápoles, y ahora se encuentra en el Museo Británico. Triptólemo, que sostiene cinco gavillas de cereales en la mano izquierda, está acompañado por Deméter y Perséfone, cada una con una antorcha. El Hijo Sagrado Yaco, claramente marcado como «Dionysos» (ΔΙΟΝΙΣΟΣ), es retratado en una línea de procesión detrás del príncipe. La diosa del grano está a punto de verter un líquido al amplio cuenco que se encuentra en la mano derecha de Triptólemo. Si es el ciceón o un sacramento similar al ciceón, ¿acaso ese gesto indica que la poción verdadera de Deméter logró llegar a los antiguos colonizadores griegos separados de la madre patria, que estaban en lugares tan lejanos como Italia o en sitios incluso más occidentales? ¿Se habrían arriesgado a la ira de la diosa al celebrar sus ritos sagrados fuera del santuario eleusino?[4] De cualquier manera, el silo de cereales en el sitio confirma que Eleusis fue el eje de una rueda que encerraba a todo el mundo hablante de griego. Los primeros frutos de cada cosecha siempre lograban llegar aquí, el extraordinario terreno que contenía a «toda la raza humana junta».

La siguiente lección de continuidad pagana sobrevino un minuto después, mientras Papangeli señalaba la pequeña roca incrustada en el suelo en los últimos escalones del Camino Sagrado que llevaba a los iniciados por una leve gradiente hacia el ahora desaparecido templo de Deméter.

—Quizás esta es la Roca sin alegría —indicó la arqueóloga, refiriéndose a la llamada *agelastos petra* (ἀγέλαστος πέτρα), en la que, según se dice, Deméter se sentó a lamentarse, esperando a que Perséfone volviera de las profundidades del infierno—. Sabemos que hubo una representación durante los misterios. Entonces, podemos imaginar que nuestra sacerdotisa de Deméter se sentó aquí, muy triste por la pérdida de su hija, y alguna otra sacerdotisa de Perséfone llegó por allá —señaló el refugio rocoso que estaba como a veinte pasos, conocido como el Plutonio que acabábamos de inspeccionar. Señalando la pendiente ahuecada que se yergue por encima del sitio arqueológico y desde la cual se ve el templo de Deméter que está debajo, Papangeli me mostró dónde se resucitaba a Perséfone de las sombras subterráneas cada año. Un grupo de neopaganos acababa de dejar unas ofrendas para la reina de los muertos en una grieta estrecha: una granada, un pastel de semillas de sésamo, almendras, nueces y varias ramas de olivo.

—Y aquí ante los ojos de los iniciados —continuó Papangeli—, tenemos la reunión de madre e hija. Así como los cristianos tenemos a la Virgen Madre que perdió a su hijo.

—*Mater dolorosa.*

Esperaba convencer a la guardiana de los secretos de que yo era un miembro fidedigno de la agonizante especie de lingüistas antiguos. La anterior es una frase latina para el motivo de «la madre que sufre» en la devoción cristiana, Nuestra Señora de los Dolores. El óleo sobre panel del siglo xv del pintor flamenco de estilo primitivo Dieric Bouts, que actualmente se encuentra en el Instituto de Arte de Chicago, es uno de los ejemplos más famosos de la llorosa María con ojos enrojecidos.[5]

—*Mater dolorosa.* ¡Exacto! —confirmó Papangeli—. María también tuvo un hijo único que fue al inframundo y después volvió.

—Es interesante, ¿verdad? Toda la hipótesis de continuidad pagana. Esos temas universales que el cristianismo parece haber absorbido de Eleusis, o *robado,* podría decirse.

—Sí, robaron muchas cosas de Eleusis.

—¿Quizás incluso las *reciclaron*?

—Sí —reiteró Papangeli—. Lo que no pueden extinguir... se lo quedan. Es una táctica muy inteligente.

El Mediterráneo antiguo del siglo I d. C. era un verdadero crisol. Ninguna fe nace en un vacío. Los redactores de los Evangelios y san Pablo, quizás incluso el mismo Jesús, habrían hallado inspiración en el paisaje espiritual de la época. No obstante, en algunos círculos religiosos conservadores, la teoría todavía huele a herejía. Menoscaba el carácter único y original de lo que se supone que es la intervención singular de Jesús en la historia de la humanidad, con un pacto nuevo y sin precedentes que vincula a la humanidad con Dios a través de, entre otras cosas, el sacramento de la eucaristía. Si la Iglesia simplemente les robó todo a los griegos, podría argumentarse que toda la empresa cristiana es fatalmente defectuosa. Y su mandato único en su género, el de salvar a la especie humana de la condena eterna, pasa de ser algo en verdad excepcional a algo completamente ordinario.

De este modo, el debate entre las autoridades religiosas y los estudiosos seculares sobre los verdaderos orígenes de los ritos y prácticas del cristianismo primitivo es muy importante y tiene consecuencias enormes. La primera línea de la contribución del historiador estadounidense Preserved Smith al número de abril de 1918 de la revista filosófica *The Monist* es un excelente ejemplo: «Aquellos que han asistido a la celebración de una misa han presenciado la supervivencia más vetusta de una Antigüedad lejana». Smith hizo particular énfasis en la palabra *sacramento* (del latín *sacramentum*) que originalmente significaba «juramento» u «obligación solemne». Sin embargo, en las primeras décadas posteriores a la muerte de Jesús, ya se había vuelto la traducción común para la palabra griega *musterion* (μυστήριον): «La iniciación a los secretos sagrados y prácticas mágicas características de todas las "religiones mistéricas", incluida el cristianismo».[6]

Por lo tanto, al igual que los misterios griegos, lo que hayan hecho los primeros seguidores de Jesús a puertas cerradas en sus celebraciones eucarísticas originales parece haber incluido ritos místicos ocultos y verdades reveladas. Smith identificó una influencia especialmente pagana en las llamadas iglesias gnósticas de la época: las sectas esotéricas cristianas que proliferaron en los siglos II y III d. C. que después fueron consideradas heréticas y borradas de la historia de la fe. *Gnóstico* se deriva de la palabra griega *gnosis* (γνῶσις), que significa «conocimiento». Mas no era un conocimiento ordinario. Estos cristianos buscaban algo mucho más profundo que el conocimiento racional y aterrizado que a menudo se piensa es sinónimo de nuestros ancestros griegos.

La mayor autoridad actual en esta tradición perdida es la académica de Princeton Elaine Pagels. Su definición de *gnosis* de 1979 sigue siendo la mejor:

> La lengua griega distingue entre conocimiento científico o reflexivo («Él sabe matemática») y el conocimiento a través de la observación o experiencia («Él me conoce»), que es *gnosis*. La manera en que los gnósticos usan el término

podría traducirse como «intuición», pues la *gnosis* implica un proceso intuitivo de conocerse a sí mismo. Y conocerse a sí mismo, afirmaban [los gnósticos], es conocer la naturaleza y el destino de la humanidad...[,] conocerse a sí mismo, en el nivel más profundo, es al mismo tiempo conocer a Dios; ese es el secreto de la *gnosis*... Los judíos y cristianos ortodoxos insisten en que un abismo separa a la humanidad de su creador: Dios es totalmente otro. Pero algunos de los gnósticos que escribieron esos evangelios contradicen esto: el autoconocimiento es el conocimiento de Dios; el ser y lo divino son idénticos.[7]

En *Los evangelios gnósticos*, Pagels hace referencia a muchos de los 52 textos gnósticos que fueron desenterrados en 1945 en Nag Hammadi, Egipto, como una enorme bomba de tiempo. Debido a que estaban escritos en lengua copta, una forma tardía de egipcio escrito con el alfabeto griego, las primeras traducciones completas de los «evangelios» recuperados no se publicaron sino hasta 1977.[8] Desde entonces, la Iglesia se ha visto forzada a defender el llamado furibundo del arzobispo Atanasio de Alejandría en el año 367 d. C. a «limpiar a la Iglesia de cualquier profanación» al rechazar esos «libros apócrifos» que están «llenos de mitos».[9] Una decisión reaccionaria que también se basa en la conclusión de Ireneo doscientos años antes. El obispo de lo que ahora es Lyon en el sureste de Francia había determinado en el año 170 d. C. que solo cuatro evangelios —Mateo, Marcos, Lucas y Juan— eran dignos de incluirse en el Nuevo Testamento definitivo. Era difícil contradecir su lógica inexpugnable: «Hay cuatro vientos principales, y cuatro rincones del universo, y cuatro pilares que sostienen el cielo, así que solo puede haber cuatro evangelios».[10] Sin embargo, de acuerdo con Pagels, fue el impacto «potencialmente subversivo» de la cosmovisión gnóstica lo que preocupaba a Ireneo y a otros Padres de la Iglesia: «Esta afirmaba ofrecer a cada iniciado un acceso directo a Dios, del cual los obispos y sacerdotes podrían ser ignorantes».[11] En efecto, «todos los que habían recibido *gnosis*, decían, habían ido más allá de la enseñanza de la Iglesia y habían trascendido la autoridad de su jerarquía».[12]

De hecho, es exactamente de esa manera que un texto gnóstico, el evangelio de Tomás, comienza su relato alternativo acerca del fundador del cristianismo: «Quien descubra la interpretación de estos dichos no probará la muerte».[13] Como algo salido de los misterios griegos, el antiguo autor no hace ninguna mención a un sacerdocio completamente masculino ni a su control absoluto sobre el sacramento definitorio de la Iglesia del pan y el vino. En vez de ello, a los gnósticos se les invita a lo que Pagels llama «un estado de conciencia transformada», en el que adquieren una entrada personal y sin mediadores al reino de los cielos que suele negárseles a los no iniciados. Con un simple cambio de percepción, descubren que el cosmos está impregnado de un nuevo significado. Lo invisible se vuelve visible. «Reconozcan lo que está ante sus ojos», dice el evangelio de Tomás, «y lo que está oculto les será revelado».[14] Al igual que la sacerdotisa en Eleusis, el Jesús gnóstico era como un mentor en el camino hacia el autodescubrimiento que Pagels compara con la psicoterapia: «Ambos reconocen la necesidad de una guía, pero solo como medida provisional. El propósito de aceptar la autoridad es aprender a superarla».

Es claro que este estilo descentralizado y despreocupado del cristianismo no sobrevivió mucho tiempo. Es uno de los muchos aspectos de los misterios griegos que los Padres de la Iglesia lograron «extinguir», como dijo Papangeli. Pero no se deshicieron de todos los elementos. Aún había mucho espacio para los secretos en el culto a Jesús, siempre y cuando los sacerdotes estuvieran presentes para protegerlos de intrusos indignos. Después de todo, el muy puritano y canónigo Evangelio de san Marcos revela en términos nada inciertos por qué Jesús decidió cumplir con su ministerio público con tantas de las enigmáticas parábolas registradas en el Nuevo Testamento —el hijo pródigo, el rico insensato, la semilla de mostaza—. ¿Por qué no hablar llanamente? Porque «a ustedes se les ha concedido conocer los misterios del reino de los cielos, pero a ellos no [los no iniciados]». La palabra que Marcos usa es *musteria* (μυστήρια), los misterios. El *Greek-English Lexicon of the New Testament* de Thayer, publicado por primera vez en 1889, da una definición aún mejor: «Secretos religiosos, confiados únicamente a los iniciados y que no deben ser cominicados por ellos a los mortales ordinarios».[15]

Y al igual que lo que ofrecía el templo de Deméter —que estaba a unos metros de mí—, la iniciación cristiana real estaba incompleta sin una visión sublime. Pagels describe cómo san Pablo, por ejemplo, sobrepasó a los «mortales ordinarios» para volverse uno de los inmortales selectos como Jesús:

> Después de la crucifixión, ellos [los gnósticos] alegan que el Cristo resucitado continuó revelándose a ciertos discípulos, abriéndoles, a través de visiones,

nuevas percepciones sobre los misterios divinos. Pablo, refiriéndose a sí mismo de manera indirecta en tercera persona, dice que fue «arrebatado hasta el tercer cielo. Si fue en el cuerpo o fuera del cuerpo, eso no lo sé». Ahí, en un trance extático, escuchó «palabras que no pueden decirse, que el hombre no puede pronunciar». A través de su comunicación espiritual con Cristo, Pablo dice que descubrió «misterios ocultos» y «sabiduría secreta» que, según explica, comparte solo con los cristianos que considera «maduros», no con cualquiera.[16]

Queda muy claro que el cristianismo nació con toda la parafernalia de un culto mistérico. No obstante, a medida que la religión creció, la relación entre los iniciados y los no iniciados se volvió un punto de contienda. ¿Quién debería beneficiarse de los secretos más profundos de la fe joven, el pueblo o los sacerdotes? Mientras Papangeli y yo nos acercábamos al templo de Deméter, y al fin pude ver con mis propios ojos el santuario de 52 m² donde Platón espió «el más sagrado de los misterios», el desfase entre la iniciación griega antigua y la iniciación cristiana me impactó de manera visceral. Era lo último que yo esperaba encontrar ahí. Pero ahí estaba, erigido sobre el precipicio que daba al sitio entero con el plutonio en la base.

—¿Qué rayos es eso?

—Ah, esto es interesante —se animó la arqueóloga—. Es una pequeña iglesia cristiana, posbizantina, dedicada a nuestra Virgen Madre. *Mater dolorosa* también.

—¿En serio? ¿No es un poco extraño?

—Sí —estuvo de acuerdo Papangeli. Pero había más—. Su festival también es en otoño. Y las mujeres de Eleusis vienen aquí con hogazas de pan para que el sacerdote las bendiga.

—¿Igual que Deméter, la diosa de los granos? Es la misma historia…, pero con otro nombre. Por dos mil años.

—¡Por dos mil años, sí!

Papangeli entonces comenzó a explicar cómo la patrona de la capilla, Panagia Mesosporitissa, literalmente significa «nuestra virgen de la media cosecha». En la Iglesia griega ortodoxa, la biografía de la Virgen se acerca mucho a la temporada de cultivo tradicional, lo cual vuelve a esta virgen específica la madrina de los agricultores. Se dice que María murió el 15 de agosto y fue sepultada el 23 de agosto, lo cual coincide tanto con el fin del calendario agrícola como con el del calendario litúrgico en Grecia. Es cuando

128

la «madre de Dios desciende al inframundo solo para volver a comienzos del otoño, cuando comienza un nuevo ciclo agrario».[17] Con la llegada de las lluvias de otoño, los jornaleros comienzan a trabajar sembrando y cuidando la tierra. Terminan la mitad del trabajo el 21 de noviembre, cuando el festival que mencionó Papangeli tiene lugar en ese humilde edificio rectangular que se encuentra sobre la entrada primitiva al infierno.

—¿Y desfilan como si nada por el sitio arqueológico? —pregunté sobre las participantes en el festival cristiano.

—Sí. Es la costumbre.

Temprano en la tarde, en los escalones de la capilla frente al campanario del siglo XIX coronado por una cruz, las fieles —pues en su mayoría son mujeres— presentan sus hogazas redondas de *prosphoro*, o «pan sagrado», en una *cista mystica* del siglo XXI para la bendición clerical. También hierven una mezcla de semillas de cereales y legumbres conocida como *polysporia* o «semillas variadas». Se ha reportado que el sacerdote oficiante se para «ante un mar de panes y veladoras».[18] Bendice de forma simbólica una hogaza, después de lo cual las mujeres reparten los productos de cereal a todos para una sabrosa comunión, y según esperan, para una próspera segunda mitad de temporada de cultivo. Muchos elementos de los misterios permanecen; pero la visión, la transformación interna y la responsabilidad personal con el propio desarrollo espiritual han desaparecido. El destino del alma se ha colocado en manos de un sacerdote. Al igual que en las demás 9 792 parroquias o iglesias conventuales a lo largo de Grecia, o cualquiera de las innumerables basílicas romanas católicas y catedrales a lo largo y ancho del planeta, el sacerdote tiene el poder y gestiona la bendición.[19]

En el clímax de la ceremonia de ordenación griega ortodoxa —cuando se otorga el poder mágico, sacramental al sacerdote recién ordenado—, el obispo levanta sus nuevas vestimentas sagradas una por una, mientras proclama *Axios!* (Ἄξιός) en griego, que significa «digno». La congregación responde con un fuerte *Axios!* De hecho, solo el sacerdote es merecedor de los «misterios» o *musteria* (μυστήρια) de la iniciación. Para cerrar la misa, el obispo pone la eucaristía consagrada en las manos del sacerdote propiamente admitido, mientras dice: «Recibe esta encomienda divina y guárdala hasta la segunda venida de nuestro Señor Jesucristo, que es cuando Él te la pedirá».[20]

Es el club de hombres más antiguo de la civilización occidental. Hermanos de sangre, jurados como los porteros de Dios hasta el fin de los tiempos.

¿Qué valiosos secretos han protegido durante dos mil años? Podrían ser los mismos que Papangeli quisiera resguardar de las mentes curiosas que tal vez no sepan apreciar plenamente la santidad del sitio, o el legado espiritual genuino que sigue atrayendo a personas de todo el mundo.

Turistas y peregrinos son dos categorías muy distintas de visitantes. Por más que me esforcé en presentarme como miembro de la segunda, Papangeli no estaba convencida. Mencioné el hecho de que había querido explorar ese lugar desde que era adolescente. Y que elegí el equinoccio de otoño a propósito para mi misión, justo cuando los antiguos iniciados habrían llegado al Propileo Mayor. Incluso identifiqué correctamente su nombre, Kalliope, como la musa de la poesía épica y recité el primer verso de *La Odisea* en griego antiguo, donde Homero invoca a la misma diosa. Pero al final, Papangeli parecía estar en desacuerdo con la premisa misma de mi investigación.

—Buena suerte —me dijo de manera burlona al inicio—, pero dejemos que los misterios sigan siendo misterios.

No obstante, bajo la sombra de la pérgola al final de nuestro recorrido, la arqueóloga me complació con mis preguntas sobre drogas. Y al fin empezamos a conversar sobre la investigación de Ruck que me llevó ahí en primer lugar. Acababa de mostrarle mi ejemplar de *The Road to Eleusis,* que ella conocía muy bien. Cuando el libro de Ruck se tradujo al griego moderno hace cerca de una década, Papangeli supervisó la traducción. Ella había revisado detalladamente los argumentos del viejo profesor. Y se enorgullecía de no estar convencida.

—No estoy de acuerdo —dijo llanamente, mientras observaba la portada—. A las personas modernas les cuesta trabajo creer que los antiguos pudieran alcanzar una condición espiritual más elevada sin beber ninguna sustancia psicodélica.

—Desde luego. Hay muchos caminos hacia lo divino.

Pensé en la «experiencia extática producida de manera endógena» de Fritz Graf, que no puede ignorarse. Los iniciados *sí* llegaban hambrientos, sedientos y exhaustos, atizados por todo el frenesí y entusiasmo del desfile de 21 km. Sin mencionar el año y medio de preparación y anticipación. Además, el registro antropológico está lleno de incontables métodos, a veces crueles, para lograr estados alterados de conciencia en ausencia de compuestos psicoactivos. Consideremos los suplicios rituales a menudo presentes en los ritos de iniciación tradicionales: ayunos, escarificaciones, tatuajes, perforaciones, caminar sobre fuego, azotes, privación del sueño y de la luz, suspensión en el aire, amputaciones de dedos.[21] El erudito rumano Mircea Eliade se refirió a ellos como «las técnicas arcaicas del éxtasis», empleadas desde tiempos inmemoriales en «ritos de iniciación tribales» o «de admisión a una sociedad secreta».[22] Además de las austeridades más rudas, las enfermedades de origen natural, los ataques de epilepsia y las alucinaciones también pueden «determinar la carrera de un chamán en un tiempo muy breve».[23]

Otros procedimientos son aún más extraños. Consideremos el rito de iniciación de los inuit de Igloolik, que está abierto a cualquier «mortal ordinario» dispuesto a soportar una cirugía psíquica. El *angakok*, o chamán maestro, de algún modo «extrae» el alma del candidato de sus ojos, cerebro e intestinos, separándola del cuerpo. En opinión de Eliade, «estas experiencias de muerte y resurrección rituales son ritos "extáticos"».[24] Después de «muchas horas de espera» y estar «sentado en una banca en su choza», al futuro chamán se le otorga la clase de visión a la que se hace alusión en el evangelio de Tomás, para que lo invisible se vuelva visible. Esta nueva visión se llama *luz* o *iluminación*. Se describe como un «faro inexplicable» o «fuego luminoso» en el cerebro:

> Incluso con los ojos cerrados, [el iniciado puede] ver a través de la oscuridad y percibir cosas y eventos futuros que están ocultos para los demás; de este modo, ven el futuro y los secretos de otros… Ve a gran distancia al frente, a través de montañas, como si la tierra fuera una gran planicie, y sus ojos pudieran alcanzar el final de la tierra. Ya nada está oculto para él; no solo puede ver cosas muy, muy lejanas, sino que también puede descubrir almas, almas robadas, que bien están ocultas en tierras lejanas y extrañas o que han sido llevadas hacia arriba o abajo a la tierra de los muertos.[25]

Algo similar a esto ocurrió en Eleusis durante casi dos mil años, hasta que el emperador Teodosio prohibió los misterios a finales del siglo IV d. C. En 1962 Kerényi llamó a esto *visio beatifica* o «visión beatífica». Tomó prestado el término que fue «acuñado para designar el objetivo supremo» del cristianismo: «Aquellos que obtienen esta visión son transportados a un estado de beatitud eterna».[26] Kerényi se sintió cómodo con la comparación, dada «la innegable evidencia de que la *epopteia* confería felicidad». Y al igual que los místicos cristianos bendecidos con «la visión inmediata de Dios» en la larga historia de la Iglesia, el estimado investigador sentía que la visión eleusina era algo en verdad milagroso, algo que se podía presenciar «con los ojos abiertos o cerrados».[27] Por increíble que pueda sonar, la *visio beatifica* era tan excepcional y tan diferente de la visión ordinaria que incluso los ciegos podían tomar parte en ella.

Se dice que el relieve votivo de Éucrates registra la visión beatífica de los misterios eleusinos, en la que hasta los ciegos podrían aprender a ver. *Cortesía del Museo Arqueológico Nacional (© Ministerio Helénico de Cultura y Deporte).*

En el Museo Arqueológico Nacional de Atenas hay una placa de mármol conocida como el relieve votivo de Éucrates, que data del siglo V a. C. y fue encontrada en el mismo templo de Deméter. En la parte superior, se representa a una diosa del cuello para arriba, con rayos de sol bruñidos que emanan de su rostro. Debajo, dos misteriosos ojos almendrados nos miran fijamente desde hace milenios. Aparte de la nariz y las cejas, el resto del rostro del iniciado ya no existe. La inscripción en griego en la parte inferior dice: «Para Deméter, [de] Éucrates». Cuando su dueño contempló la cabeza de la diosa, dice Kerényi, «seguramente le recordó la epifanía de Perséfone» que curó su ceguera.[28] No estaba permitido escribir el nombre de ella, así que

Éucrates lo reemplazó con «Deméter» para registrar cuidadosamente su *visio beatifica* para la posteridad.

La interpretación de Kerényi es provocativa, aunque imposible de demostrar. Pero vale la pena mencionar un artículo poco conocido que se publicó en la *Journal of Near-Death Studies* en 1997, «Near-Death and Out-of-Body Experiences in the Blind: A Study of Apparent Eyeless Vision» [Experiencias cercanas a la muerte y extracorpóreas en los ciegos: un estudio de la aparente visión sin ojos]. Los autores, Kenneth Ring y Sharon Cooper, encuestaron a 31 personas ciegas, entre ellas, algunas de nacimiento. La mayoría reportó una percepción visual nítida y detallada durante su momento de crisis. De manera sorprendente, las historias de estos invidentes resultaron ser

> indistinguibles de aquellas de personas videntes con respecto a los elementos que sirven para definir el patrón clásico de una ECM [experiencia cercana a la muerte], tales como sentimientos de gran paz y bienestar presentes en la experiencia, el sentido de separación del cuerpo físico, la experiencia de viajar a través de un túnel o un espacio oscuro, el encuentro con la luz, la revisión de la vida, etcétera.[29]

Uno de los entrevistados, que perdió la vista en un accidente automovilístico a los 19 años, habló de una «visión reconfortante de su abuela fallecida al otro lado de un valle» durante su ECM. Aunque no puede explicar cómo pasó, sabe lo que vio: «Claro que no tenía vista, porque mis ojos quedaron completamente destruidos en el accidente, pero [mi visión] era muy clara y definida..., tenía visión perfecta en esa experiencia».[30] Dado el testimonio similar de los demás participantes, los autores concluyeron que «acercarse a la muerte parece restaurar su vista a una agudeza normal, y quizás incluso superior».[31]

El fenómeno es casi idéntico a la *visio beatifica* que presenció Gordon Wasson durante su viaje con psilocibina en México en 1955: «Las visiones llegaban sin importar si teníamos los ojos abiertos o cerrados». Y al igual que en la visión de rayos X cercana a la muerte de los chamanes inuit que podían «ver a través de la oscuridad» y explorar «la tierra de los muertos», las hiperrealistas imágenes mentales desencadenadas por la psilocibina le dieron a Wasson la impresión clara de que había sido liberado del cuerpo físico: «Un ojo desencarnado, invisible, incorpóreo, que ve, pero no es visto».[32]

Las múltiples décadas de experimentos psicodélicos controlados están repletas de relatos similares, que incluyen «alucinaciones complejas» en los ciegos y encuentros inesperados con «seres queridos y ancestros».[33] En su libro *Sacred Knowledge: Psychedelics and Religious Experiences,* el investigador de Hopkins William Richards constata lo evidente:

> La literatura sobre las experiencias cercanas a la muerte, los reportes de aquellos que han entrado en los procesos físicos de la muerte y fueron resucitados, contienen muchas historias intrigantes para considerarse que a menudo son muy similares a experiencias psicodélicas, que incluyen reportes de avanzar por túneles, encontrarse con seres visionarios y sentirse atraídos a reinos sagrados de luz.[34]

Desestimar los vínculos evidentes entre las experiencias extáticas, cercanas a la muerte y psicodélicas es tan productivo como ignorar la continuidad entre las tradiciones pagana y cristiana que siguen sobreponiéndose en ese sitio antiguo. En vez de enemistar a Albert Hofmann y Fritz Graf, ¿no es posible que ambos tuvieran razón? Los iniciados eleusinos podrían haber sufrido las exigencias físicas de un rito de iniciación tradicional *al mismo tiempo* que recibían una poción psicodélica cuidadosamente dosificada para amplificar lo que fuera que experimentaran dentro del templo de Deméter. Las dos teorías no se excluyen mutuamente.

Quería que Papangeli apreciara mi propio enfoque tentativo hacia Wasson, Hofmann y Ruck, a quienes le he dedicado una década verificando sus afirmaciones. Le dije con toda transparencia que tenía mis propias reservas con respecto a sus hipótesis y que a menudo apelo a las voces razonables, como el mentor de Graf e ícono de los estudios clásicos Walter Burkert. Le leí unas cuantas líneas de su edición inglesa de 1985 de *Greek Religion* que capturé con mi teléfono justo antes del vuelo a Atenas. Hay un pasaje impactante de su capítulo sobre los «misterios y ascetismo» que muchos historiadores han pasado por alto sin pensarlo:

> Deméter y Dioniso son dioses de misterios importantes; el beber la poción de cebada o el beber el vino son ceremonias centrales. Sin embargo, derivar misterios de magia agraria es cuando mucho una conjetura sobre la prehistoria... Sería mejor preguntarse, incluso sin el prospecto de una respuesta certera, si en el fundamento de los misterios había rituales prehistóricos con drogas, algún

festival de inmortalidad que, a través de la expansión de la conciencia, pareciera garantizar algún más allá psicodélico... Un ritual puede persistir incluso cuando la droga original ha sido olvidada desde hace mucho y reemplazada por sustancias inofensivas. Quizá la noche de los misterios no era muy diferente de un festival de Pascua ortodoxo o la Navidad occidental.[35]

El interés de Papangeli aumentó.

—He leído todos sus libros.

—Yo también, pero por alguna razón, nunca antes había notado ese pasaje. Cuando lo leí por segunda vez, el profesor Burkert me abrió la mente a una posibilidad. Una posibilidad con la que *él* también simpatizaba, según pronto descubrí.

Desde mi posición en cuclillas en el suelo, le acerqué un ejemplar del libro de Kerényi, *Eleusis: imagen arquetípica de la madre y la hija*, escrito originalmente en alemán, igual que la obra maestra de Burkert.

—¡Ah, Kerényi! —exclamó Papangeli, como si hubiera visto a un viejo amigo.

—¿Sabía que hay un apéndice en esta edición dedicado a lo que Kerényi llama «la cuestión farmacológica»?

La arqueóloga pareció sorprendida. Cuando lo noté por primera vez, yo sentí lo mismo. El último nombre que esperaba encontrar en ese prestigioso texto de Kerényi sobre el santuario en el que nos encontrábamos era el de Albert Hofmann. Años antes de que hiciera equipo con Wasson y Ruck, el químico suizo compartió algunas de sus ideas interdisciplinarias con su colega europeo. En lugar del cornezuelo, Kerényi se enfocó en el tercer ingrediente del ciceón del *Himno a Deméter*, la menta. Hoy se le llama *Mentha pulegium*. No estamos del todo seguros de qué especie tenían en mente los griegos con *blechon* (βλήχων). Así que el académico teutón se enfocó en un equivalente moderno, con una amplia aplicación desde Norteamérica hasta Europa Central. Él creía que una forma de poleo podría haber estado involucrada en los misterios; se sabe que su aceite y hojas poseen propiedades medicinales. Kerényi cita una carta personal que recibió de Hofmann a mediados de la década de 1960: «El ingrediente principal del aceite de poleo *(Oleum pulegii)*, que se prepara como aromático en el sur de Europa y se obtiene al destilar la planta silvestre [*Mentha pulegium*], es la sustancia aromática pulegona…, en dosis altas puede inducir delirio, pérdida del conocimiento y espasmos».[36]

La voluntad de Kerényi por defender la hipótesis psicodélica puede haber allanado el camino para la especulación anterior de Burkert sobre el «más allá psicodélico» en 1977, un año antes de la publicación de *The Road to Eleusis*. Antes de que las sustancias psicodélicas se volvieran controvertidas y tabú, la colaboración temprana de Kerényi con el descubridor del LSD se lee como una conciliación justa:

> Es posible que el biceón en Eleusis confiriera no solo el «impulso inicial», sino también la paz interna necesaria y quizás otros requisitos previos para la visión. Las palabras del doctor Hofmann son: «Los aceites volátiles contenidos en el aceite de poleo (*Oleum pulegii*) bien podrían, después de ser añadidos al contenido malcohólico del ciceón, haber producido alucinaciones en personas cuya sensibilidad estuviera agudizada por el ayuno».[37]

Mientras resumía los hallazgos de estos autores, Papangeli se quedó impávida. Cuando se lee en el contexto de la élite de estudios clásicos que lo precedieron, en realidad Ruck no parece estar tan loco.

—¿Cree usted que Eleusis pueda haber comenzado como un «ritual prehistórico con drogas» como lo llama Burkert? —le pregunté.

—Sí —respondió sin dudar—. Quizá comenzó como un festival agrario, y después empezó a tener esos significados escatológicos para el más allá.

—Pero para cuando el festival prehistórico llegó aquí, a Eleusis, ¿había perdido la droga? Así que ¿el ciceón no era más que una poción inocua?

—Sí —respondió de nuevo.

—¿Igual que la comunión?

Mientras la palabra *comunión* salía de mi boca, como si Dios hubiera estado escuchando, comenzó a repicar la campana de la torre del siglo XIX que se encontraba a unos cuantos metros. Doce campanadas rítmicas que marcaban el mediodía, justo al lado de la capilla de Panagia Mesosporitissa.

—Exacto. Una comunión.

—Ahí está.

Decidí no forzar mi suerte con la hipótesis psicodélica. Al igual que Burkert, la arqueóloga al menos estaba dispuesta a aceptar la noción de que sustancias alucinógenas potentes alguna vez formaron parte de alguna versión de los misterios en la Edad de Piedra. Sin importar dónde se practicaran en la prehistoria remota, mucho antes de los griegos, Papangeli puede imaginarse que esos ritos que alteran la mente pudieron llegar en alguna forma diluida al desierto complejo en el que nos encontrábamos. Y eso fue suficiente para mí. Porque en los cuarenta años que han pasado desde que *The Road to Eleusis* dio forma a la primera especulación de Burkert y Kerényi sobre los ingredientes activos del ciceón, un nuevo ámbito científico se ha desarrollado para confirmar o negar la antigua inestable hipótesis de una vez por todas.

Como veremos en el siguiente capítulo, los clasicistas conservadores ya no necesitan ir a tientas en la oscuridad «sin el prospecto de una respuesta certera», como escribió Burkert. Los límites de la arqueología tradicional, en especial en cuanto a descifrar las bebidas, festines y otros hábitos rituales de culturas antiguas, se han vuelto evidentes. Los primeros excavadores recurren cada vez con mayor frecuencia a otras especialidades para apoyar su oficio, lo cual dio como resultado el rápido crecimiento de una rudimentaria y joven disciplina llamada *química arqueológica*.

Durante las últimas décadas, se ha facilitado el acceso a tecnologías de punta como la espectroscopía infrarroja transformada de Fourier (FTIR, por sus siglas en inglés), la cromatografía líquida de alta resolución (HPLC, por sus siglas en inglés) y la cromatografía de gases acoplada a espectrometría de masas (CG-MS, por sus siglas en inglés). Ahora los científicos son capaces de identificar lo que nuestros ancestros bebían al extraer las marcas químicas del residuo orgánico que sobrevivió intacto en vasijas excavadas o que fue absorbido por los materiales porosos de su cerámica.[38] Los pocos investigadores que dedican sus carreras a esta búsqueda de vanguardia de estupefacientes han anunciado algunos hallazgos increíbles, con descubrimientos que se remontan incluso a hace 13 000 años.[39]

La época de la especulación se acabó.

Mientras preparaba mis cosas para irme, recordé los múltiples cálices que fueron extraídos de la tierra sobre la que estaba. Papangeli acababa de darme un recorrido por una docena de muestras protegidas por vidrio, en la última sala del Museo Arqueológico de Eleusis.

—Con respecto a esas vasijas, ¿estaría dispuesta a que les realizaran pruebas científicas?

—Tenemos la ambición de encontrar un *kernos* con algo adentro, para que en verdad podamos hacer un experimento —respondió, refiriéndose a la loza de barro o vasijas de metal que suelen asociarse con los misterios. En el sitio se han encontrado varias lozas con un tazón central rodeado de contenedores más pequeños.

Citando a un autor antiguo, Kerényi enlista los alimentos que pudieron haber estado en los contenedores segundarios: «Salvia, semillas de amapola blanca, granos de trigo y cebada, chícharos, veza común, semillas de okra, lentejas, frijoles, trigo-arroz, avena, fruta comprimida, miel, aceite, vino, leche, huevo y lana sin lavar».[40] Una mezcla anárquica que brinda mucho más detalles que el *Himno a Deméter*, a pesar de que Ruck piensa que el *kernos* era más bien simbólico. Además, su forma lo habría hecho «incómodo como vasija para beber».[41] Es más probable que se usara como un «cáliz que contenía algún ingrediente importante para la ceremonia de mezcla» que tenía lugar en el templo de abajo, quizá cebada con cornezuelo o menta mágica. Una vez que la vasija se consagraba, el hierofante llevaba a cabo la iniciación al «alzar su *kernos* en el aire» y probar los contenidos.[42] Los iniciados hacían lo mismo, bebiendo de vasijas que probablemente se parecían a los otros contenedores acomodados con cuidado en el museo detrás de nosotros. Esperando a que sus antiguos y microscópicos contenidos pudieran ser transportados por avión a incontables laboratorios que aprovecharían la oportunidad para resolver el secreto mejor guardado de la historia de la civilización occidental. Me sorprendió que Papangeli, escéptica como estaba del trabajo de Ruck, estuviera de acuerdo.

—¿Y por qué no han hecho pruebas con ellas entonces?

—Porque fueron tratadas…, fueron limpiadas. Esa es la razón. Desde luego, tenemos más en las bodegas —añadió—. Pero también fueron tratadas para conservarlas. Las vasijas fueron encontradas a finales del siglo xix o comienzos del siglo xx —me informó para recordarme la peculiar historia arqueológica de Eleusis.

—¿Todas fueron desenterradas hace cien años? ¿Y no han encontrado ninguna desde entonces?

—Ya no excavamos dentro del sitio. Excavamos fuera de él, dentro de la ciudad moderna de Eleusis, que se encuentra sobre la ciudad antigua. Encontramos tumbas y cosas por el estilo.

—¿Pero nada de vasijas?

—Ninguna vasija ceremonial.

Vasijas ceremoniales excavadas en el sitio y dispuestas para exhibición en el Museo Arqueológico de Eleusis. Los cálices como estos se usaban para mezclar o consumir el ciceón durante los misterios. *Cortesía del Museo Arqueológico de Eleusis, éforo de antigüedades — Ática occidental (© Ministerio Helénico de Cultura y Deporte).*

—Entonces, ¿es posible que todavía haya vasijas *aquí*? —señalé con la mano las ruinas debajo de nosotros.

—Creo que ya lo exploraron todo.

—¿De verdad? ¿Cree que esos arqueólogos locos de comienzos de siglo recuperaron todas las vasijas ceremoniales? Ellos no sabían lo que hacían —exageraba, pero uno de los credos principales en arqueología no podía quedar sin mencionarse: excavar es destruir. Las excavaciones modernas que comenzaron ahí en 1882 quizá fueron metódicas comparadas con lo que se había hecho antes, pero cualquier exploración del sitio es inherentemente destructiva. Igual que en cualquier otra parte, los registros incompletos de excavación y hallazgo son un problema en Eleusis—.[43] Quizá nunca sepamos la respuesta si no podemos hacerle pruebas a una de esas vasijas, ¿cierto?

—Sí —asintió Papangeli de manera pensativa.

—Así que el misterio continúa.

—Sí..., ¡espero! —dijo con una risita. Ambos soltamos una carcajada mientras nuestra partida de ajedrez llegaba al mismo punto muerto en el que hemos estado por miles de años.

—¿Por qué no quiere resolverlo?

—Tenemos distintos objetivos, Brian.

—Prefiere que el misterio se mantenga vivo. ¿Por qué?

—A todo el mundo le gustan los misterios. Fue el misterio lo que te atrajo *a ti* a esta historia, ¿no es así? Deja que las siguientes generaciones vengan atraídas por el misterio también —me aconsejó Papangeli para después desaparecer en el museo.

Al igual que el gran Walter Burkert, puede que Papangeli tenga razón en que «un ritual puede persistir incluso cuando la droga original ha sido olvidad y reemplazada por sustancias inofensivas». Sin embargo, todos los testimonios antiguos de Platón, Píndaro, Sófocles, Cicerón y Pretextato indican que durante dos milenios los iniciados acudían en multitud a Eleusis por una razón convincente. Y lo que fuera que pasaba dentro del templo de Deméter a unos metros era todo menos la clase de ritual de bendición vacío que ocurre cada mes de noviembre en la Panagia Mesosporitissa. No hay duda de que la eucaristía moderna es un asunto psicodélico «inofensivo», pero, de nuevo, no nos dice nada del sacramento que quizá acompañó a la Iglesia en su infancia hace dos mil años. En los misterios griegos y cristianos por igual, quizá los practicantes clásicos no quisieron abandonar la poción enriquecida de sus ancestros prehistóricos por un mero placebo.

Si no podemos hacer pruebas con los cálices de Eleusis, tenemos que buscar pistas en otro lugar. Por fortuna, mi esperada reunión con la elusiva Papangeli al menos redujo el alcance de esta investigación. Quizá la pregunta ya no sea *si* se usaban pociones que alteraban la mente en la clase de rituales que precedieron a Eleusis, sino *cuándo*, si acaso, la «droga original» de Burkert fue «olvidada» y «reemplazada» con un placebo.

Para decepción de muchos grandes clasicistas e historiadores, parece que la civilización comenzó con un brindis. Y la fiesta nunca terminó. Justo al este de la cuna de la democracia, nació un ritual prehistórico en un país tan entrelazado con la historia de Grecia que una batalla épica entre sus pueblos se convirtió en la epopeya fundadora de Homero sobre la civilización occidental. Hacia finales de la última Edad de Hielo, mucho antes de la guerra de Troya, la antigua tierra ahora conocida como Turquía era famosa por otra cosa.

Por el nacimiento de la religión misma.

Y la religión sin nombre que surgió de su tierra puede haber sido la religión ebria y alucinógena que hizo posibles los misterios.

6

Cerveza de cementerio

Mientras me acercaba a la cervecería más antigua en funcionamiento en el mundo, el gigante barbudo me esperaba bajo la ligera lluvia bávara. El doctor Martin Zarnkow es el jefe de investigación y desarrollo del Centro de Investigación Weihenstephan para la Elaboración de Cerveza y Calidad de los Alimentos de la Universidad Técnica de Múnich. Su laboratorio es el centro del universo de la cerveza en Frisinga, Alemania, a tan solo unos minutos del Aeropuerto Internacional de Múnich. Este comenzó sus operaciones desde el año 1 040 d. C., antes de las cruzadas, y los primeros barriles que salieron de este antiguo monasterio fueron preparados por los benedictinos. Y ahí mismo, al pie de Weihenstephan en 1516, el duque Guillermo IV de Baviera promulgó la Ley de pureza que inmortalizó para siempre los tres ingredientes principales de la cerveza: cebada, agua y lúpulo.[1] Con cualquier otro elemento, no podía llamarse «cerveza», una bebida complicada con un pasado complicado que se remonta a la Edad de Piedra. De hecho, los resultados iniciales de algunos hallazgos recientes en arqueobotánica y arqueoquímica señalan un vínculo prehistórico entre la religión y las bebidas psicoactivas como la verdadera fuerza que impulsa a la civilización moderna. En un ámbito que alguna vez fue de pura especulación entre estudiosos como Walter Burkert y otros, ahora hay evidencia concreta de rituales de intoxicación previos a Eleusis por miles de años. Rituales que incluían sacramentos parecidos a beber ciceón.

Pocos pueden relatar la historia como Zarnkow, el científico de la cerveza más prominente del mundo. Logré reunirme con él en una tarde fría de viernes en noviembre de 2018, entre sus viajes a Turquía, la India y Brasil, lugares donde el maestro cervecero es altamente solicitado para enseñar los métodos de alta tecnología que ha introducido a este original arte bávaro. Ya sea que se trate de cultivar la levadura de cerveza perfecta o desarrollar una cerveza sin gluten, Zarnkow puede arreglarlo. Además, resulta que es un increíble historiador. Una vez que estuvimos a salvo de la lluvia y nos acomodamos en su relajante y espaciosa oficina, el orgulloso alemán me llevó directamente a los estantes abarrotados que cubrían la pared trasera. Vi una sección entera dedicada a las ediciones tempranas de algunas joyas antiguas: *Oeconomia Ruralis Et Domestica* (1645) de Johann Coler, *Georgica Curiosa* (1687) y *Monumenta Boica* (1767) de Wolf Helmhardt von Hohberg.

Vestido de camisa azul marino y pantalones verde oliva, el fornido científico se hundió en su silla ergonómica y cruzó los brazos sobre el pecho. Habíamos intercambiado algunos correos electrónicos, así que ya sabía de mi interés por los orígenes de la bebida que consume su vida. Pero no estaba seguro de por qué había volado hasta Múnich para hablar con él, así que comenzó con una pregunta.

—¿Qué te viene a la mente si piensas en el proceso de fabricación de la cerveza?

—No lo sé —dudé, sintiendo que él ya sabía lo que buscaba. Imaginé mi refrigerador en Washington D. C., surtido con unas 12 cervezas de fabricación local: Nanticoke Nectar, Double Duckpin, Surrender Dorothy. Mi favorita, Nimble Giant, tiene un lúpulo de caricatura dibujado en la lata de 450 ml—. Imagino grandes tinas de cobre que contienen líquido. Pienso en maltear y aplastar y fermentar. Pienso en calor.

—Sí, en eso piensa la mayoría de la gente. Pero eso es moderno. Eso vino a partir de la época medieval, cuando comenzamos a fabricar cerveza *hirviéndola* —comenzó el experto, dándome una explicación rápida de la fabricación antigua.

Se lanzó de lleno a la prehistoria del elíxir dorado que ocupa botellas de colores llamativos en toda su oficina. Y planteó una postura clara sobre el debate entre la cerveza y el pan que ha circulado en la comunidad arqueológica por más de seis décadas: ¿Cuál merece el título de la biotecnología más antigua de la humanidad?

En 1953, J. D. Sauer del departamento de botánica de la Universidad de Wisconsin propuso la única respuesta sensata: la cerveza. A diferencia de su colega Robert Braidwood, académico líder en la prehistoria del Medio Oriente de la Universidad de Chicago, Sauer creía que los natufienses —que vivieron en lo que ahora es Siria, Líbano, Israel, Palestina y Jordania de 13000 a 9500 a. C.— fabricaron una cerveza primitiva antes de siquiera hornear su primera hogaza de pan. Las hoces, los morteros y pistilos reciéntemente descubiertos tenían que ser la evidencia de las habilidades de los natufienses para elaborar cerveza.[2] Al contrario de la postura que prevalecía en la época, no fue el hombre quien domesticó al grano salvaje, sino al revés. Y de acuerdo con Sauer, los primeros agricultores no atrajeron a los cazadores y recolectores que pasaban hacia su riesgosa iniciativa agrícola con un pedazo de pan duro y seco. Debió de tratarse de una poción que alterara la mente.

Zarnkow, que está de acuerdo, explicó por qué fabricar cerveza es mucho más fácil que hornear pan. Transformar granos no procesados en pan requiere algo de trabajo. Primero, el grano debe molerse para producir suficiente masa. En segundo lugar, se tiene que romper la cubierta dura que lo recubre, porque los granos no se liberan solos de su cascarilla durante la cosecha. Y en tercer lugar, hornear requiere temperaturas altas.

—Ese es uno de los mayores errores que comete la gente cuando piensa en la fabricación antigua de la cerveza. No necesariamente implica calor. Solo hay que tomar el cereal y ponerlo en agua, es todo.

—¿Y eso se fermentará?

—Sí, y la levadura proviene de tu mano —respondió el cervecero.

— ¿Y en verdad hay suficiente para poner en marcha el proceso de fermentación?

—Sí, tienes suficiente. Si la levadura está lo bastante viva y activa, entonces la fermentación comienza. Porque tu cuerpo tiene todo un microbioma en la piel.

El debate de la cerveza vs. el pan es muy acalorado, porque tiene implicaciones para los fundamentos del mundo actual. Si la cerveza en verdad es la biotecnología más antigua, bien podría ser responsable de lo que los arqueólogos llaman «uno de los hitos más significativos en la historia de la humanidad».[3] Se trata del cambio repentino de la caza y recolección a un estilo de vida sedentario y comunitario conocido como el Neolítico o la Revolución Agrícola.

Sabemos que el momento en el que domesticamos plantas y animales comenzó en las cercanías del Creciente Fértil alrededor del año 10200 a. C., mientras la Edad de Piedra antigua (Paleolítico) daba paso a la Edad de Piedra nueva (Neolítico). Pero no sabemos por qué ocurrió. Si bien es cierto que la transición a la agricultura nos permitió reunir conocimiento y recursos —lo cual llevó a la familia humana a las grandes civilizaciones urbanas que han florecido desde entonces—, no carecía de fallas. A medida que la dieta se volvía menos diversa y balanceada, reducida a «algunos cultivos ricos en almidón», nuestra salud en general se deterioró. Nos volvimos notablemente menos altos. Y debido a las condiciones hacinadas e insalubres que llevaron a que los primeros recolectores tuvieran un contacto prolongado con otros recolectores y con sus animales inmundos por primera vez, los parásitos y las enfermedades infecciosas causaron estragos. Por esa razón, el historiador Jared Diamond se ha referido a la Revolución Agrícola como «el peor error en la historia de la humanidad».[4] Durante las decenas de miles de años del Paleolítico temprano que la precedió, éramos altos, resilientes, felices y sanos. ¿Por qué renunciar a eso?

Por un suministro constante de cerveza, por supuesto. Tal como Zarnkow acababa de argumentar, todo lo que se necesitaba era arrancar el cereal del suelo y remojarlo en agua. Sin moler, sin descascarillar, sin usar calor. Si la elaboración de cerveza en verdad fue anterior a la elaboración de pan, entonces los orígenes misteriosos de la poco entendida Revolución Agrícola deberían reescribirse como la revolución de la cerveza. Y para el propósito de esta investigación, esto al fin pondría una poción a base de cebada como el ciceón en el contexto apropiado. Si los humanos prehistóricos bebían cerveza hace más de 12000 años, entonces los estados alterados de conciencia han tenido un papel mucho más grande en el desarrollo de nuestra especie de lo que se reconocía anteriormente. Y tenemos que ser conscientes de que la cerveza del ayer era muy diferente de la cerveza de hoy. Es casi seguro que lo que sea que haya provocado que abandonáramos las cuevas por las ciudades tuvo algún significado religioso, lo cual elevó la cerveza de bebida cotidiana a sacramento. Un sacramento que, para cuando llegó a Eleusis como cerveza mentolada alrededor del año 1500 a. C., habría tenido ya una historia asombrosamente larga. Mucho más de lo que jamás creímos posible.

El debate continúa, pero al menos una razón por la que Zarnkow está del lado de Sauer y no de Braidwood es la investigación reciente de Brian Hayden, profesor emérito en la Universidad Simon Fraser.[5] En un giro del siglo xxi al razonamiento de Sauer, Hayden resalta los «esfuerzos inusuales» que emplearon los natufienses por cultivar granos salvajes como la escanda y el farro, que son algunos de los primeros cultivos domesticados en el Oriente Próximo. Se han recuperado muestras paleobotánicas de varios sitios natufienses ubicados a la distancia apropiada de la fuente original de los granos —en algunos casos, hasta 100 km—.[6] Entonces, es evidente que las plantas poseían cierto valor especial. Según el «modelo del festín» de Hayden, mientras los asentamientos agrícolas crecían y competían por el trabajo manual necesario para sostenerlos, la persona que organizara las mejores fiestas con cerveza podía ganar seguidores fieles. Quienes beben juntos, se quedan juntos. Pero la bebida en la prehistoria no siempre fue un evento recreativo.

Recientemente un equipo de investigadores guiado por la Universidad de Stanford aportó datos duros a la teoría favorita de Sauer y Hayden. Pero en el proceso, también desenterraron la misteriosa razón por la que nuestros ancestros se convirtieron a la religión de la cerveza en primer lugar. Como se describe en el artículo «Fermented beverage and food storage in 13 000 y-old Stone mortars al Raqefet Cave, Israel: Investigating Natufian ritual feasting» [Almacenamiento de bebidas fermentadas en morteros de piedra de 13 000 años de antigüedad en la cueva Raqefet, Israel: investigando los festines rituales natufienses], publicado en el *Journal of Archaeological Science* en octubre de 2018, la arqueóloga Li Liu examinó tres morteros de piedra caliza de una cámara funeraria en el que hoy en día es el monte Carmelo, a las afueras de Haifa, Israel. Entre 11700 y 9700 a. C., cerca de treinta individuos fueron sepultados en la cueva Raqefet. El sitio contiene «indicios claros» de actividad ritual, con tumbas cubiertas de flores y huesos de animales consumidos durante «festines funerarios».[7]

Después de recolectar y analizar el residuo botánico de los morteros, Liu y su equipo identificaron varias plantas, entre ellas trigo salvaje y/o cebada (*Triticeae*), avena (*Avena* spp.), juncia (*Cyperus* sp.), lirio (*Lilium* sp.), linaza (*Linum usitatissimum*) y varias legumbres. Se encontró que algunos de los microrrestos «exhibían los rasgos característicos del daño típico que se realiza al maltearlos», cuando el grano crudo recibe suficiente agua para germinar, lo cual produce las enzimas necesarias para el proceso de elaboración de cerveza. Otros aparecían ahuecados e hinchados, señales inequívocas de «gelatinización por maceración» cuando las cadenas de almidón en la malta se rompen y los azúcares fermentables se liberan. Para el equipo de Stanford, los resultados son evidencia concluyente de que los morteros de piedra se usaron para elaborar cerveza, «el experimento más antiguo que se conoce en la fabricación de bebidas fermentadas en el mundo».[8]

Pero en la cueva Raqefet, esta bebida de la Edad de Piedra era una receta

Foto de campo de un mortero de piedra de 13000 años, que al parecer se usaba para elaborar cerveza prehistórica en el sitio de entierro dentro de la cueva Raqefet en Israel. *Dror Maayan. Cortesía de Dani Nadel, Instituto Zinman de Arqueología, Universidad de Haifa, Israel.*

artesanal, «seguramente con legumbres y otras plantas y aditivos». Y en lugar de compartirse durante una hora feliz natufiense, la poción parece haber sido una especie de sacramento. De manera interesante, Liu dice que los natufienses incorporaron de manera consciente esta cerveza de cementerio a sus «ritos mortuorios para venerar a los muertos», lo que demostraba «los lazos emocionales que vinculan a los cazadores-recolectores con sus ancestros».[9]

Zarnkow me entregó una copia del artículo de Liu. Estaba leyéndolo antes de que yo llegara. Notó un dato crítico que faltaba. La evidencia de maltear y moler no necesariamente implica que hubiera fermentación. Pues hay ciertas marcas químicas fuera del dominio de los paleobotánicos que son mejor detectadas por químicos arqueólogos. La indicación primaria de fermentación de cerveza es a través de un precipitado conocido como *oxalato de calcio*, o *beerstone*. En la elaboración moderna, el residuo no es más que una molestia, pues se requiere limpieza intensiva para los tanques más viejos. Pero para un detective arqueológico como Zarnkow, encontrar oxalato de calcio en equipos de elaboración suficientemente antiguos podría ser la prueba irrefutable de que la cerveza en verdad es la biotecnología más antigua del mundo. Y si se descubriera oxalato de calcio en un contexto tan profundamente espiritual como la cueva Raqefet, esto también marcaría un vínculo sacramental, si bien delicado, entre la cerveza prehistórica y el ciceón psicoactivo en Eleusis.

Eso es exactamente lo que ocurre ahora mismo en el famoso sitio al que el Instituto Smithsoniano se refiere como «el primer templo del mundo».[10] Y Zarnkow está justo en medio de un misterio colosal que sorprende tanto a arqueólogos como a historiadores en todo el mundo. De las cosas más extraordinarias sobre Göbekli Tepe en el sureste de Turquía, lo más extraordinario es el hecho de que siquiera exista. Situado discretamente junto a la frontera con Siria, el enorme santuario de piedra no debería seguir ahí. Redescubierto por el fallecido Klaus Schmidt del Instituto Arqueológico Alemán en 1994, el origen del templo se ha ubicado con confianza hacia finales de la última Edad de Hielo: hace nada menos que 12000 años, contemporáneo de los natufienses. Pero docenas de pilares en forma de «T» se erigieron en Göbekli Tepe, a diferencia de los sitios prehistóricos en Israel. Es la arquitectura megalítica más antigua del mundo.

Algunos de los pilares pesan 50 t y se alzan más de 6 m en el aire. Están acomodados en círculos conocidos como *recintos*, con dos monolitos centrales rodeados de anillos independientes de piedra caliza igualmente gigantescos. Mientras que cuatro recintos de ese tipo se han encontrado hasta la fecha, las investigaciones geofísicas han confirmado que hay al menos 16 más ocultos bajo tierra. El equipo arqueológico actual ha descrito los principales pilares con forma de «T» como «de forma decididamente humana», pues las «T» representan hombros o cabezas.[11] En bajorrelieve, brazos largos y alargados se envuelven a ambos lados de las piedras; manos humanas con dedos cónicos se unen al frente, inmóviles sobre cinturones decorativos. Schmidt alguna vez los llamó «seres muy poderosos», que pudieron ser ancestros o deidades: «Si los dioses existían en la mente de los pueblos neolíticos, hay una enorme probabilidad de que la forma en "T" sea la primera representación monumental conocida de dioses».[12]

En algún momento después del año 8000 a. C., el complejo entero se rellenó con grava, herramientas de pedernal y huesos —un mensaje prehistórico en una botella—, razón por la cual el sitio y sus pilares cuidadosamente tallados quedaron preservados de manera tan impecable. Y por eso Göbekli Tepe ahora pone en duda todos nuestros supuestos sobre los cazadores-recolectores que encabezaron la Revolución Agrícola, pues alguna vez se pensó que eran incapaces de tales logros ingenieriles. Para poner en contexto a Göbekli Tepe, sus megalitos son previos a Stonehenge por al menos seis mil años. Son anteriores a las primeras civilizaciones letradas de Egipto, Sumeria, India y Creta por mucho más. Sacar a la luz un desarrollo tan refinado y tan antiguo es como si supiéramos que nuestros abuelos se dedicaban a programar aplicaciones y comerciar con criptomonedas a escondidas de todos.

Esta excavación única en el siglo ha dado un giro al mundo de la arqueología. Alguna vez se pensó que la agricultura era anterior a las ciudades, que a su vez eran anteriores a los templos. Supuestamente, Dios llegó al último, una vez que nuestros ancestros arcaicos tuvieron suficiente tiempo libre para contemplar cosas tan poco prácticas. Sin embargo, la «catedral en una colina» de Schmidt demuestra todo lo contrario.[13] La religión no era un derivado de la civilización. Era el motor. Y debido a su ubicación en la región de la Alta Mesopotamia conocida como la «cuna de la agricultura», Göbekli Tepe surge como catalizador tanto de la agricultura como de la urbanización, precisamente lo que mueve al mundo hoy en día.[14] Resulta extraño que el lugar sagrado no muestre ningún signo de establecimiento permanente. Era un destino de peregrinación. Si los arquitectos del templo no habían decidido echar raíces, ¿por qué invertir tanto tiempo y energía en la construcción de ese inmenso sitio de casi 9 ha? ¿Y por qué volver, durante ciertas temporadas, a lo largo de los 1 600 años en los que Göbekli Tepe estuvo en uso durante el noveno y décimo mileno a. C.?

Al igual que la cueva Raqefet, tiene algo que ver con el más allá. Por su parte, Schmidt creía que Göbekli Tepe era un sitio de entierro sagrado para una sociedad perdida de cazadores —«el centro de un culto a la muerte»—. La ubicación, que significa «colina panzuda» en turco y se yergue 15 m por sobre sus alrededores, puede haber sido elegida a propósito. «Desde ahí, los muertos pueden apreciar la vista ideal», notó Schmidt. «Desde ahí observan el sueño de un cazador».[15] Además de los ancestros humanoides o dioses, los pilares de los recintos están tallados con una variedad de imágenes realistas en alto y bajo relieve: zorros, jabalíes, uros, serpientes, escorpiones y hienas. Hay buitres, cabezas humanas y cuerpos decapitados también. Es la clase de iconografía que en otras partes se asocia con «descarnar» cuerpos y otros ritos de entierro extraños del Neolítico.

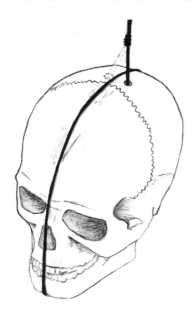

Reconstrucción de cómo los cráneos en Göbekli Tepe podrían haberse colocado para uso ritual. Una cuerda se habría insertado en el agujero taladrado en la parte superior del cráneo, y después se le habría dado una vuelta en sentido longitudinal alrededor del cráneo sobre surcos de hueso cincelado para estabilizar al artefacto religioso. *Cortesía de Juliane Haelm (©Deutsches Archäologisches Institut, DAI).*

En Göbekli Tepe, el equipo arqueológico ve evidencia única de un «culto al cráneo»: cráneos humanos con «cortes repetidos y sustanciales» realizados justo después de la muerte. Un cráneo como estos tenía un agujero taladrado en el hueso parietal «cuya posición fue elegida con cuidado de manera que el cráneo pudiera colgar verticalmente y ver de frente al ser suspendido».[16] Los surcos hendidos podrían haber evitado que la cuerda que estabilizaba el cráneo se deslizara, lo cual sugiere su uso como un ícono en lo que el equipo describe como «veneración de ancestros». Y junto con la cerveza de cementerio en la cueva Raqefet, «el primer templo del mundo» puede haber sido también el primer bar del mundo.

En el artículo «The role of cult and feasting in the emergence of Neolithic communities. New evidence from Göbekli Tepe, south-eastern Turkey» [El papel del culto y el festín en el surgimiento de comunidades neolíticas. Nueva evidencia de Göbekli Tepe, al sureste de Turquía], publicado en la revista académica *Antiquity* en 2012, Zarnkow y el equipo del Instituto Arqueológico Alemán develaron los resultados de su análisis químico sobre los «residuos negros grisáceos» encontrados en seis enormes recipientes de piedra caliza repartidos en todo el sitio. Algunos son redondos, como barriles, otros más rectangulares, como pilas. Datan del noveno milenio y son considerados «partes estáticas e integrales de habitaciones en particular», los barriles y las pilas podrían contener 190 l de líquido. Fragmentos de recipientes similares se han encontrado en todos los estratos de Göbekli Tepe, lo cual da muestra de su amplio uso en «festines de gran escala» con un «fuerte significado cultual».[17]

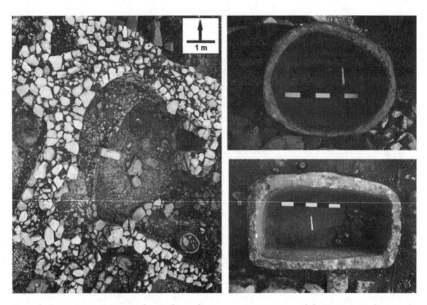

Dos de los seis recipientes de piedra caliza que se excavaron del sitio arqueológico de Göbekli Tepe en Turquía. Algunos como este barril (arriba a la derecha) y pila (abajo a la derecha) podrían haber contenido hasta 190 l de cerveza prehistórica. *K. Schmidt, N. Becker. Cortesía de Jens Notroff (©Deutsches Archäologisches Institut, DAI).*

El equipo arqueológico nota la «sorprendente cantidad de huesos de animales» usados para rellenar el sitio, al igual que los abundantes molinos, morteros y pistilos dedicados al procesamiento de plantas. En un eco del «modelo del festín» de Hayden, los excavadores visualizan que el santuario albergaba «eventos de trabajo colectivo» que incluían danzas rituales que podrían haber

inducido un «estado alterado de conciencia». Y, desde luego, cerveza de
cementerio como equivalente a la poción de la cueva Raqefet, que quizá
permitía una comunión «extática» con los ancestros.[18] ¿Göbekli Tepe era el
escenario de un festín funerario ebrio y de adoración de cráneos? ¿Acaso el
objetivo de la primera bebida ritual de la humanidad era facilitar lo que Julia
Gresky del Instituto Arqueológico Alemán llama «la interacción de los vivos
con los muertos»?[19]

—Diría que es poco concluyente —me dijo Zarnkow, aludiendo a los
resultados prometedores pero dispares de las pruebas de laboratorio.

Usando lo que se conoce *como pruebas a la gota de Feigl*, el científico de
la cerveza agregó una gota de un reactivo químico a varias muestras tomadas
por el equipo de campo en Göbekli Tepe. Cuando el oxalato de calcio está
presente, el residuo cambia de color. En la primera ronda, ninguna de las
muestras resultó positiva. En la segunda, hubo una señal de oxalato de calcio,
seguida por otras dos señales en la tercera ronda.

—Por eso queremos volver —continuó Zarnkow. La próxima vez quiere
recolectar el residuo él mismo, para estar seguro de que no hay contaminación con los barriles y pilas de piedra caliza—. Se necesitan condiciones
estériles, absolutamente, al momento de recolectar las muestras. ¡Y estamos
hablando de hace diez mil años! Así que no es nada fácil. Pero tenemos que
repetir las pruebas.

Mientras tanto, los primeros resultados de la cueva Raqefet y Göbekli
Tepe han aportado ciencia de vanguardia al debate entre la cerveza y el pan.
Si análisis químicos posteriores confirman la fermentación de cerveza en el
Creciente Fértil, eso significaría que la Revolución Agrícola fue, de hecho,
la revolución de la cerveza. Y que la civilización en sí podría haber comenzado con una poción ritual. Un sacramento apropiado para las primeras
celebraciones en el ámbito comunitario de los muertos. Sus efectos intoxicantes podrían haber creado un sentido de cohesión entre los vivos al mismo
tiempo que mantenían un vínculo con sus ancestros gracias a la alteración de
la mente. Con una devoción espiritual a los cereales, una noción compartida
de peregrinaje y una obsesión evidente con el más allá, esta tradición prehistórica de Anatolia en lo que ahora es Turquía bien podría haber sentado las
bases para Eleusis, al otro lado del mar Egeo. Si esta religión sin nombre era
la inspiración de la Edad de Piedra para los misterios antiguos, ciertamente
no habría tenido que viajar muy lejos.

152

Todo esto plantea la fascinante posibilidad de que la cerveza de cementerio de la cueva Raqefet y Göbekli Tepe fuera una especie de precursora de la Edad de Piedra del ciceón a base de cebada. Antes del redescubrimiento por parte de Klaus Scmidt, ¿Göbekli Tepe y sus ceremonias sobrenaturales que Walter Burkert tenía en mente como los «rituales prehistóricos con drogas» fueron la base de Eleusis? ¿Fue este el «festival de inmortalidad que, a través de la expansión de la conciencia, parecía garantizar un más allá psicodélico»? Si ese fuera el caso, eso nos deja con dos preguntas apremiantes: ¿cómo logró sobrevivir miles de años —en total ausencia de la palabra escrita— de la Anatolia neolítica a la Antigua Grecia? Y, lo más importante, ¿dónde están las drogas?

Gracias a análisis de ADN recientes, puede que un equipo internacional de la Universidad de Washington, la escuela de medicina de Harvard y el Instituto Max Planck para la Ciencia de la Historia Humana de hecho haya respondido la primera pregunta. Los habitantes de Turquía en la Edad de Piedra no solo *influyeron* en los habitantes de la Edad de Piedra de Grecia. Ellos *se convirtieron* en los griegos. Y la evidencia en el ADN ahora muestra por qué los anatolios gozaron de tanta popularidad con sus vecinos al occidente. Resulta que la edad de la señal de ADN coincide con el momento mismo en el que los descendientes de los primeros agricultores en el Creciente Fértil comenzaron a llevar los negocios familiares más allá del mar: no solo hacia Grecia, sino hacia toda Europa.

Esto nos lleva otra vez a los misteriosos protoindoeuropeos de los que hablé con la directora Adam-Veleni en Atenas. Como vimos en el capítulo 3, Calvert Watkins de Harvard encontró que las similitudes notables entre los rituales eleusinos y védicos se remontan a una fuente protoindoeuropea que argumenta en su artículo de 1978 «Let us now praise famous grains» [Alabemos ahora los granos famosos]. Si alguien pensaba meter drogas a escondidas a Europa, eran los protoindoeuropeos que exportaban soma a la India —el elíxir védico explícitamente caracterizado por Watkins como «alucinógeno». Por alguna razón, los académicos occidentales no se escandalizaron de la posibilidad de que los indios antiguos consumieran drogas. La rama oriental de nuestra familia indoeuropea nos parece exótica y lejana, separada de nuestros fundamentos griegos. Pero si vamos más a fondo, el problema permanece: ¿de dónde provino el soma? ¿Por qué el sacramento original de la civilización occidental lograría viajar hasta los Himalayas, pero de algún modo se perdió en camino a Eleusis? Si la mitad de la tradición protoindoeuropea fue al oriente hacia la India y la otra mitad fue al occidente hacia Grecia, entonces la fuente común de ambos contendría la respuesta a todo este asunto psicodélico.

Todo depende de la tierra natal.

La mayoría de los lingüistas apoya la teoría que ubica la génesis de los protoindoeuropeos en algún lugar de las estepas prehistóricas al norte del mar Negro y el mar Caspio, donde hoy en día el sur de Rusia separa a Ucrania y Kazajistán. Se cree que la tribu nómada de pastores se desprendió de esta supuesta tierra natal en algún momento posterior al año 4000 a. C., con lo que lentamente envió olas de migrantes al oriente a través de Asia y al occidente a través de Europa.[20] Otra escuela de pensamiento ha pasado las últimas tres décadas recolectando evidencia de una tierra natal en competencia y una fecha mucho más antigua para la diáspora. Como parte de esta hipótesis de Anatolia, publicada por primera vez en 1987, el respetado arqueólogo Colin Renfrew de la Universidad de Cambridge trató de ubicar el mecanismo verdadero que les habría permitido a los primeros indoeuropeos reemplazar las lenguas existentes en un área geográfica tan amplia, desde Islandia hasta Siberia y Sri Lanka.[21] Para Renfrew tuvo que haber algo en el Neolítico inicial que desencadenara la expansión inicial hacia occidente de la familia de lenguas más rica en la historia de la humanidad. Tenía que haber algún gancho. Su respuesta es lo que el arqueólogo británico apoda «dispersión agrícola».

Desde el año 7000 a. C., los cultivadores de la Edad de Piedra habrían comenzado a compartir sus conocimientos fuera de la tierra natal protoindoeuropea, Anatolia, donde las plantas salvajes y domesticadas se conocieron por primera vez en la cuna de la agricultura que rodeaba a Göbekli Tepe. En vez de invadir de manera violenta el continente europeo, puede que estos primeros indoeuropeos se hayan dispersado del Creciente Fértil con conocimiento valioso que compartir. La tecnología del cultivo podría haber dado pie a un proceso más fluido y sostenible de aculturación. Según esta hipótesis, en cada lugar en el que se adoptaba esa tecnología en un nuevo «nicho ecológico», la lengua materna de los protoindoeuropeos los seguía.[22] Quizás así fue como esta protolengua extinta y su culto de muerte nativo pudieron dar el salto hacia el territorio de la diosa de los granos, mucho antes de lo que los lingüistas están dispuestos a aceptar.[23]

154

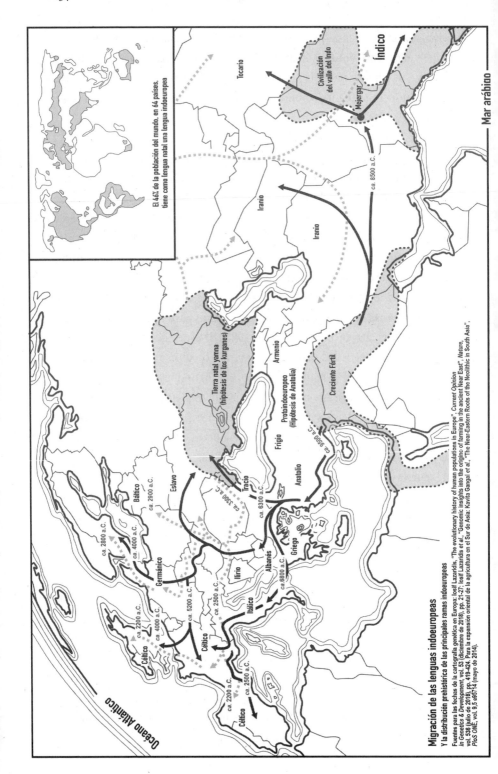

Migración de las lenguas indoeuropeas
Y la distribución prehistórica de las principales ramas indoeuropeas

Fuentes para las fechas de la cartografía genética en Europa: Iosif Lazaridis, "The evolutionary history of human populations in Europe", *Current Opinion in Genetics & Development*, vol. 53 (diciembre de 2018), pp. 21-27; Iosif Lazaridis et al., "Genomic insights into the origine of farming in the ancient Near East", *Nature*, vol. 536 (julio de 2016), pp. 419-424. Para la expansión oriental de la agricultura en el Sur de Asia: Kavita Gangal et al., "The Near-Eastern Roots of the Neolithic in South Asia", *PloS ONE*, vol. 9,5 e95714 (mayo de 2014).

El 46% de la población del mundo, en 64 países, tiene como lengua natal una lengua indoeuropea

Mar arábigo

Índico

Tocario

Civilización del valle del Indo

Mejergar

ca. 8500 a.C.

Iranio

Iranio

Tierra natal yamna (hipótesis de los kurganes)

Armenio

Protoindoeuropeo (Hipótesis de Anatolia)

Creciente Fértil

Frigio

Anatolio

ca. 9500 a.C.

Báltico
ca. 2900 a.C.

Eslavo

Tracio
ca. 6300 a.C.

ca. 3300 a.C.

Germánico
ca. 4000 a.C.

ca. 2800 a.C.

Griego

Ilirio

Albanés
ca. 6800 a.C.

Céltico
ca. 5200 a.C.

ca. 2500 a.C.

Itálico

Céltico
ca. 4000 a.C.

ca. 2200 a.C.

Céltico
ca. 2200 a.C.

ca. 2500 a.C.

Océano Atlántico

Grecia se ha jactado de ser «el primer asentamiento agrícola» en Europa, que data del 6500 a. C. No obstante, más allá de eso, no se sabe mucho de sus agricultores prehistóricos. Esto cambió cuando se obtuvo la evidencia de ADN, que tuvo un resultado impactante. En «Genetic origins of the Minoans and Mycenaeans» [Orígenes genéticos de los minoicos y micénicos], publicado en la prestigiosa revista académica *Nature* en 2017, un equipo interdisciplinario de 34 científicos y arqueólogos de una amplia gama de especialidades presentó la primera secuencia de ADN del genoma completo de los habitantes griegos de la Edad del Bronce. Como los primeros europeos letrados, el origen de los primeros minoicos suele datarse al tercer milenio a. C. Antes de que los micénicos los siguieran a Grecia continental, siempre se había considerado a los residentes arcaicos de Creta como los ancestros más antiguos de los griegos y los europeos en general. Y resulta que de hecho sí son muy antiguos. Más del 75% del ADN recuperado de especímenes antiguos minoicos y micénicos pertenecían a «los primeros agricultores neolíticos» de Anatolia, que al parecer comenzaron a sembrar en Grecia en el séptimo milenio a. C.: cuatro mil años *antes* que la fecha tradicional de los minoicos. Los datos coinciden con sorprendente precisión con la hipótesis de Anatolia de Renfrew.[24] Después de su primera parada en Grecia, los anatolios viajarían más al oeste. Y para el año 4000 a. C., su ADN se encontraría en toda Europa.[25]

Si la tierra natal indoeuropea al fin se ha encontrado, entonces el sacramento que proviniera de Anatolia sería considerado la fuente probable, aunque distante, tanto del piceón griego como del soma indio. Tan implausible como parezca, la cerveza de cementerio anatolia podría ser la inspiración secreta detrás de la civilización europea. Si la elaboración de la cerveza fue la causa de la Revolución Agrícola misma, entonces también podría haber dado origen al movimiento que reemplazó para siempre a los cazadores y recolectores de Europa por los citadinos de hoy. Todo ocurrió entre el séptimo y cuarto milenios a. C. Pero ¿por qué? Además de la nueva tecnología de la agricultura en general, quizá la elaboración de la cerveza fuera el mecanismo *específico* mediante el cual los protoindoeuropeos fueron capaces de entrar al continente europeo durante el Neolítico. En lo que concierne a la Antigua Grecia, la evidencia arqueoquímica más reciente es clara como el agua. Las pociones de un culto a la muerte eran una realidad fidedigna. Y eran consumidas en Grecia exactamente cuando los misterios llegaron a Eleusis.

Tuve una llamada telefónica larga y productiva con Patrick McGovern, el director del Proyecto de Arqueología Biomolecular en la Universidad de Pensilvania. Quizás el químico arqueológico más famoso del mundo, McGovern fue quien me recomendó subir al avión para ir a Múnich en primer lugar. El científico barbudo y afable sin duda se ha ganado su reputación como el «Indiana Jones de las bebidas extremas» y el «Lázaro de las libaciones». Todavía conserva el récord por la identificación indiscutida más antigua de oxalato de calcio.[26] Ese hallazgo ocurrió a principios de la década de 1990, a partir de una jarra de boca ancha de 50 l del sitio neolítico de Godin Tepe en Irán, un puesto comercial de importancia histórica con vínculos hacia occidente por las ciudades-Estado mesopotámicas del valle del Tigris y el Éufrates. El oxalato de calcio databa de 3500 a. C. La marca química equivalente para la fermentación del vino es el ácido tartárico. En 2017, McGovern encontró la evidencia más antigua en Eurasia para ese compuesto en Georgia, de aproximadamente 6000 a. C.[27] La química no nos ha permitido llegar hasta Göbekli Tepe todavía, pero sí confirma las coordenadas generales de lo que McGovern llama un «semillero de experimentación» en el área circundante de Göbekli Tepe.[28]

La cerveza sin duda puede fermentarse sola, como Zarnkow me acababa de enseñar. Pero este proceso es más rápido y más fácil en la presencia de *Saccharomyces cerevisiae*, la levadura que suele unirse a la fruta y la miel. Es probable que, a medida que la cerveza de cementerio de la cueva Raqefet y Göbekli Tepe evolucionó se haya combinado con vino o aguamiel, para volverse una bebida más fuerte y sabrosa. Sin importar cuándo haya migrado este sacramento de Anatolia, la química arqueológica ahora ha demostrado que los minoicos y micénicos definitivamente contaban con un brebaje especial, uno con «un claro significado ceremonial o religioso». Y aunque la cerveza de la Edad de Piedra se haya enriquecido con un poco de vino y aguamiel en el camino, nunca dejó atrás el cementerio.

En dos experimentos de finales de la década de 1990, el laboratorio de McGovern demostró que habría cerveza de cementerio a ambos lados del Egeo durante el período histórico, después de, al fin, haber entrado a Europa en la forma de Lineal B, la evidencia más antigua de griego escrito que se ha descifrado.[29] Primero, McGovern analizó un «tarro de cerveza de cerámica», descubierto junto con la llamada copa dorada de Néstor en el Círculo de tumbas A en Micenas. Situado en el Peloponeso del noreste separado de Eleusis por el golfo Sarónico, el sitio arqueológico que excavó Heinrich Schliemann data del siglo XVI a. C., y es contemporáneo del inicio de los misterios. El tarro fue encontrado en una excavación cerca de la ciudadela que se considera el palacio del legendario Agamenón de los poemas épicos de Homero. En la prueba, dio positivo a elementos de un licor mezclado que consistía en cerveza de cebada, vino de uva y aguamiel. Debido a una bebida similar que había identificado hacía poco en Creta en «números increíblemente grandes» en «contextos cultuales», McGovern lo llamó «un coctel ritual minoico».[30]

El tarro de cerámica que alguna vez contuvo un coctel ritual minoico (izquierda). La copa dorada de Néstor encontrada en el Círculo de tumbas A en Micenas (derecha). Ambos datan del siglo XVI a. C., y son un testimonio de la prevalencia de la cerveza de cementerio y otras bebidas extremas en los cultos religiosos de los minoicos y micénicos, los ancestros de la Edad del Bronce de los griegos clásicos. IZQUIERDA: *Cortesía del Museo Arqueológico Nacional, éforo de antigüedades — Argólida (© Ministerio Helénico de Cultura y Deporte)* DERECHA: *Cortesía del Museo Arqueológico Nacional (© Ministerio Helénico de Cultura y Deporte).*

Después, McGovern pasó dos años probando un cuarto de los 160 recipientes de bronce que se habían recuperado de una tumba real en Gordio, la capital antigua de Frigia en la aparente tierra natal de los protoindoeuropeos en Anatolia. Los calderos, jarras y tazones para beber se usaron en el siglo VIII a. C. como parte de una despedida ceremonial, probablemente para el padre del rey Midas, Gordias. Los residuos «de un intenso color amarillo» en

el interior de los recipientes eran los restos de una poción ritual con la cual el
fallecido «era introducido regiamente en el más allá», dice McGovern, «para
darle sustento por toda la eternidad».[31]

En un análisis pionero en su clase para una disciplina que según el químico arqueólogo «seguía en su infancia», McGovern sometió 16 muestras a
una batería de herramientas de alta tecnología, entre ellas la cromatografía
líquida acoplada a la espectrometría de masas en tándem (LC-MS/MS, por sus
siglas en inglés) y la cromatografía de gases (GC, por sus siglas en inglés),
«usando una unidad de desorción térmica que capturaba compuestos volátiles de bajo peso molecular». Los resultados fueron una mezcla hasta cierto
punto predecible de oxalato de calcio (cerveza), ácido tartárico (vino) y
gluconato de potasio (aguamiel): el mismo «coctel ritual minoico» que disfrutaban los micénicos siglos antes al otro lado del Egeo. En septiembre de
2000, McGovern hizo equipo con Sam Calagione de la productora de cerveza
Dogfish Head Brewery para resucitar la cerveza de cementerio para consumo
masivo. Su recreación, que sigue disponible a la venta como Midas Touch, fue
presentada en un festín funerario anatolio que la Universidad de Pensilvania
organizó en Filadelfia en su Museo de Arqueología y Antropología. El ciceón
fluyó en todo el evento, y dejó a mi ciudad natal con una resaca antigua.

¿Acaso estos hallazgos arqueoquímicos de Creta, Micenas y Anatolia
son la evidencia que tanto hemos buscado de que los mismos protoindoeuropeos que dieron origen al soma también exportaron una bebida visionaria
a Grecia? A pesar de que todavía no ha encontrado una señal psicodélica
manifiesta en estas muestras, incluso el mismo McGovern tiene que preguntarse sobre la manera en que la cerveza griega de cementerio alteraba la
mente:

> Las propiedades farmacológicas de este brebaje —no queda claro si son anal-
> gésicas o psicoactivas, pero sin duda exceden lo que puede atribuirse a un alto
> contenido alcohólico— se dan a entender en el relato de Néstor, al igual que en
> pasajes de Homero (por ejemplo, cuando Circe convirtió a los compañeros de
> Odiseo en cerdos con ciceón y con fármacos en La Odisea)... Lo más impor-
> tante es que la bebida fermentada mezclada o «coctel ritual minoico» que ahora
> se ha identificado químicamente, probablemente guarda cierta relación con el
> ciceón de los heroicos tiempos griegos.[32]

Es imposible trazar una línea recta desde Göbekli Tepe hasta Creta, Micenas y Eleusis. Diez mil años de historia laberíntica no se resuelven con facilidad. Pero la confirmación química de una poción a base de cerveza dentro de un contexto funerario sí vincula potencialmente al «primer templo del mundo» en la Anatolia de la Edad de Piedra con el «coctel ritual» de los minoicos y los micénicos, sin mencionar al rey Midas —nada menos que ocho mil años después—. Y los datos del ADN sí establecen cierta continuidad a lo largo de los milenios prehistóricos, con lo cual la hipótesis de Anatolia de Renfrew es una candidata fuerte para cómo los descendientes del culto a la muerte de Göbekli Tepe difundieron su lengua protoindoeuropea en los hombros del conocimiento botánico y un supuesto sacramento en las ciudades más antiguas de Europa en la Grecia del Neolítico.

Pero todavía no hemos discutido la pregunta del millón de dólares, la que me hizo volar a Múnich para planteársela a Zarnkow: ¿Dónde están las drogas?

¿Acaso una Budweiser tibia con poco alcohol en verdad merece el crédito por la Revolución Agrícola? Si los primeros agricultores bebían sus cosechas en vez de comérselas, seguramente tenían una buena razón. Los investigadores de Stanford determinaron que el brebaje en la cueva Raqefet estaba mezclado con otros «aditivos». ¿Es posible que una de las cervezas de cementerio originales en el Creciente Fértil estuviera enriquecida con un secreto psicodélico? ¿O que se haya desarrollado más tarde, en algún momento de los miles de años que separan a los fundadores de los misterios eleusinos de sus ancestros protoindoeuropeos de Anatolia?

Le mostré *The Road to Eleusis* a Zarnkow. No conocía el libro, así que le presenté la hipótesis psicodélica de la mejor manera que pude, con un énfasis en la visión universalmente presenciada en el sitio. Le relaté cómo la diosa del grano rechaza el vino cuando la reina Metanira ofrece algo para refrescar a la diosa sedienta. A pesar del «coctel ritual» de cerveza, vino y aguamiel que prosperaba entre los minoicos y micénicos, Deméter era purista. En el *Himno a Deméter* la diosa exige una bebida cuyos ingredientes —cebada, agua y menta— parecen una receta simple de cerveza. El científico estuvo de acuerdo.

—Cuanto más leía su investigación y la de McGovern —le revelo—, más empezaba a considerar al alcohol como un vehículo potencial para mantener vivas esas tradiciones mistéricas prehistóricas, en el sentido de un sacramento religioso. Entonces, sin importar si existía cerveza en Göbekli Tepe, sabemos que la tradición de elaboración de cerveza entró a Grecia en una fecha muy temprana, quizás antes que el vino. Y que provino del oriente.[33] La hipótesis de Wasson, Hofmann y Ruck es que el hongo cornezuelo que se produce naturalmente, derivado de la cebada, había potenciado el ciceón.

Me costó trabajo traducir *cornezuelo*, palabra que me parecía graciosa, incluso en mi idioma. Entonces Zarnkow buscó el término en Google en su computadora de escritorio y empezó a desplazarse por las primeras imágenes en la pantalla.

—Ah, sí —gruñó tras reconocer al instante la plaga—. Es LSD.

—¡Vaya! ¿Cómo lo sabe?

—Es *purpureum* —añadió Zarnkow, citando la palabra latina para «púrpura» o «negruzco», el color del esclerocio, la masa delgada y endurecida que se proyecta del cereal como un cuerno o espolón. De ahí la clasificación moderna del hongo: *Claviceps purpurea*.

—Es peligroso para nosotros. Debemos tener mucho cuidado. Menos mal que es negro y tiene otra densidad y tamaño. Así podemos separarlo del grano para elaborar la cerveza. Si lo remojamos al principio del malteado, flota. El cornezuelo es *absolutamente* común. En alemán lo llamamos *Mutterkorn* (maíz madre).

Zarnkow me recordó que ahí en la capital mundial de la cerveza, de hecho hay muchas palabras para llamar al cornezuelo en alemán. Albert Hofmann, el padre del LSD, incluyó varias en *The Road to Eleusis*, para dar cuenta de la larga relación del parásito con los cereales: *Rockenmutter, Afterkorn, Todtenkorn* y *Tollkorn*. Incluso de pequeño, el químico suizo había tenido contacto con las ricas leyendas sobre el cornezuelo que sobrevivieron en Europa Central. Resulta que su hipótesis del cornezuelo no era tan estrafalaria para alguien cuya lengua natal tenía múltiples palabras para un hongo mortal que ningún cervecero podía darse el lujo de ignorar. «En el folclor alemán, había una creencia de que cuando el maíz ondeaba en el viento», escribió Hofmann, «la madre maíz (un demonio) pasaba por el campo, y sus hijos eran los lobos de centeno (cornezuelo)». Hofmann pensaba que la palabra *Tollkorn* (grano loco) en particular demostraba una «conciencia folclórica» de «los efectos psicotrópicos del cornezuelo», «profundamente arraigada en las tradiciones europeas».[34]

—¿Cree que haya una posibilidad de que la cerveza antigua incluyera un poco de ese hongo malo que usted evita, el LSD? —le pregunté a Zarnkow—. ¿Y si las personas de Eleusis y sus ancestros prehistóricos lo incluyeron a propósito... para inducir esa famosa visión?

—En principio, creería que sí. Porque es imposible tener condiciones estériles en los campos. El *Mutterkorn* aún aparece. Hoy es fácil separarlo. Pero antes no era tan fácil. Y además del *Mutterkorn*, tenemos microorganismos en la superficie de los cereales también. Estos influyen en *cada* atributo del grano. Esas cosas producen vitaminas, inhibidores, ácidos y enzimas. Por ejemplo, en Egipto encontraron un esqueleto con muchos antibióticos en los huesos. Una teoría dice que provenían de cerveza de cebada, que estaba contaminada con diferentes hongos.

Zarnkow se refería al estudio publicado en el *American Journal of Physical Anthropology* en 2010 y reportado en los medios de comunicación populares con titulares tan entretenidos como «Antiguos fabricantes de cerveza descubrieron los secretos de las drogas» y «Toma dos cervezas y llámame en 1 600 años».[35] Bajo un microscopio fluorescente, los huesos nubios antiguos que databan de 350 a 500 d. C. revelaron la presencia de tetraciclina, que se produce por la bacteria similar al hongo *Streptomyces* (que significa «hongo retorcido» en griego). Mucho antes del descubrimiento de la estreptomicina, el primer antibiótico usado para tratar la tuberculosis en la década de 1940, el jefe de investigación, George Armelagos, de la Universidad Emory vinculó el uso de la tetraciclina por los nubios con su particular manera de elaborar cerveza: «El *Streptomyces* produce una colonia dorada de bacterias, y si flotaba en una tina de cerveza, seguramente les pareció impresionante a los pueblos antiguos que veneraban el oro».[36] Con la firme creencia de que «el complejo arte de la fermentación de antibióticos probablemente estaba muy extendido en tiempos antiguos, y se pasaba de generación en generación», Armelagos agregó: «No tengo ninguna duda de que sabían lo que hacían».[37]

Pero, desde luego, Zarnkow estaba convencido de que la biotecnología asociada con la elaboración de cerveza se remontaba a tiempos por mucho anteriores a Egipto.

—Y por eso yo digo que las mascotas más antiguas de los humanos no son los perros, sino las bacterias del ácido láctico en las levaduras —me informó—. Domesticamos muchas cosas por accidente en tiempos pasados. Pero no sabíamos que era un organismo pequeñísimo. Fue Luis Pasteur, tan solo hace 150 años, quien nos lo dijo. Y no solo es una enzima o un grupo de enzimas. Hay una pared celular que lo rodea y lo vuelve un organismo. Y ese organismo se llama levadura.

El mismo ingenio que permitió desarrollar cualquier número de levaduras y antibióticos en nuestro pasado lejano podría haber confeccionado también una cerveza alucinógena. Quizá no fuera diferente de las cervezas psicodélicas conocidas como *gruit* que se cocinaban bajo el auspicio de la Iglesia católica en los muchos años previos a la Reforma protestante. La Ley de pureza que se promulgó en 1516 en la fábrica Weihenstephan en la que me encontraba no se trataba de qué *incluir* la cerveza, sino de qué *excluir*.

Hasta el siglo XVI, la cerveza local era una mezcla compleja de plantas, hierbas y especias, «su composición era un misterio para las personas comunes, y en todo caso, un secreto comercial para el productor privilegiado».[38] Antes de limitarse estrictamente a sus tres partes esenciales —cebada, agua y lúpulo—, la cerveza de la época era una receta «altamente intoxicante», «narcótica, afrodisiaca y psicotrópica al consumirse en cantidad suficiente». Algunos han usado la palabra «alucinógena».[39] En el comercio del *gruit* había mucho dinero, y la Iglesia católica ejercía un «verdadero monopolio eclesiástico» sobre su mina de oro gravable.[40] Es probable que no sea una coincidencia que la Ley de pureza se creara justo antes de que el teólogo alemán Martín Lutero fuera excomulgado de la Iglesia católica en 1520, atizando la Reforma. En esencia, la presión bávara por lúpulo libre de impuestos era una protesta espiritual contra la codicia y autocomplacencia percibidas del clérigo del Vaticano y su cerveza con drogas.[41] Con el tiempo, la revuelta bávara ganó la batalla e hizo del inocente lúpulo (*Humulus lupulus*) el único aditivo socialmente aceptable que podía servir a la industria de la cerveza ahora global. Pero antes de eso, quizás incluso en la Edad de Piedra, la cerveza era una locura.

—Nunca probé el *Mutterkorn* —admitió el científico—, pero sé que es sumamente peligroso. Y te puede poner muy loco. Tuvimos muchos problemas con eso en la época medieval.

—Cierto, el ergotismo del fuego de san Antonio. Lo llamaban *ignis sacer*: el «fuego sagrado» que causaba convulsiones y alucinaciones.

—Pero ellos eran profesionales —continuó Zarnkow, refiriéndose a los fabricantes de cerveza prehistóricos—, y los que sabían de medicinas y cosas así podrían hacer una contaminación controlada de *Mutterkorn*. Así que si teníamos cerveza para los festines y cervezas medicinales, ¿por qué no ese tipo especial de bebida? Creo plenamente que teníamos cervezas de ese tipo antes.

Después comparó el cornezuelo de un ciceón psicodélico con un *koji* moderno, el hongo *Aspergillus oryzae* que se usa en Japón para fermentar la soya y el arroz, lo cual produce salsa de soya y el *sake* alcohólico. Cuando se vigilan y se cosechan apropiadamente, las aplicaciones creativas de los hongos, antibióticos y otros microorganismos —las «primeras mascotas» de la humanidad— parecen infinitas. Su relación simbiótica con los granos ya estaba bien establecida desde el comienzo de la aparente revolución de la cerveza hace 13 000 años.

Desde el festín funerario en la Universidad de Pensilvania en el año 2000, hemos adquirido un conocimiento sin precedentes de las bebidas extremas de la Antigua Grecia y el alcance prehistórico de la cerveza de cementerio que podría haber inspirado los misterios, o quizás a la civilización occidental en conjunto. Sabemos por datos químicos que un brebaje griego circulaba en el Egeo antiguo. Gracias a los análisis recientes en la cueva Raqefet y Göbekli Tepe, hay datos sólidos que sugieren que el elíxir tenía raíces en la Edad de Piedra. Y ahora sé de buena fuente, del científico de la cerveza más prominente del mundo, en el corazón de Baviera, que los antiguos fabricantes de cerveza bien podrían haber creado una poción psicodélica enriquecida con cornezuelo. Pero esto no nos acerca a una respuesta definitiva en Eleusis. Si ninguno de los contenedores de Kalliope Papangeli en el sitio arqueológico de Grecia puede someterse a pruebas, quizá nunca sepamos cuál era el contenido real del ciceón.

Ya que el cielo se oscurecía y la lluvia no paraba desde que había llegado, Zarnkow tuvo la amabilidad de dejarme en la estación de trenes de Frisinga. Me sugirió que fuera a Augustiner-Bräu, la fábrica de cerveza independiente más antigua de Múnich, fundada en 1328, donde me indicó que probara la *lager* Edelstoff. Cerca de una hora más tarde, me dejé caer sobre uno de los bancos de madera en el comedor repleto de gente, temblando aún por el intenso frío. Mientras bebía la *golden helles* de una gran jarra de cerveza alemana, no dejaba de pensar en un nombre.

Triptólemo.

El semidiós real que fue personalmente enviado por la diosa de los granos a civilizar el Mediterráneo. De acuerdo con el *Himno a Deméter,* él debía enseñar el arte de la agricultura a toda la humanidad. Pero sabemos por el ADN y la evidencia material que la agricultura ya se había esparcido por Europa miles de años antes de que se erigiera el templo de Deméter en Eleusis. Las personas ya sabían cómo ocuparse de la tierra. Entonces, ¿cuál fue su trabajo real?

A los eumólpidas y cérices, los oficiantes hereditarios que controlaban los misterios y cobraban sus deudas clericales desde el comienzo, probablemente no les agradó, pero Triptólemo partió en su carruaje tirado por un dragón volador en una «misión proselitista». Para aquellos peregrinos que podían darse el lujo, el viaje a Eleusis siempre tuvo posibilidad de ocurrir durante los dos mil años de actividad del sitio. Pero para aquellos que no, tenía que haber alternativas. Después de las conquistas de Alejandro Magno, la influencia helénica en el mundo antiguo se extendió desde la que hoy en día es España en occidente hasta Afganistán en el oriente. Cualquier hablante de griego habría sido bienvenido en los misterios, pero para algunos, la distancia era un impedimento. Entonces, quizás el interés de Triptólemo no estaba en los granos, sino en lo que *crece* en los granos. Y en cómo el cornezuelo y las «primeras mascotas» de la humanidad podían manipularse a través de la «contaminación controlada» de la que hablaba Zarnkow para obtener una poción que prometía la inmortalidad. Si la elaboración de cerveza en verdad es la biotecnología más antigua del planeta, y si se mezclaban sustancias alucinógenas potencialmente fatales, entonces se habría requerido de especialistas altamente capacitados para transmitir la habilidad.

Si el ciceón logró salir del recinto sagrado de Eleusis, entonces la evidencia arqueobotánica concreta de la bebida ritual debió de sobrevivir en alguna parte del vasto mundo de habla griega del Mediterráneo antiguo. Y si Wasson, Hofmann y Ruck tenían razón sobre el cornezuelo como ingrediente activo, entonces también debería haber evidencia de ello. Es lo único que podría zanjar el debate encarnizado sobre el secreto mejor guardado de la historia de la civilización occidental. Durante siglos, todos los profesionales en la búsqueda incansable del ciceón se han quedado con las manos vacías. Y no han dejado ningún lugar sin inspeccionar. Pero si Heinrich Schliemann, Milman Parry o Michael Ventris dejaron algún legado con sus brillantes descubrimientos que cambiaron los paradigmas, es que los profesionales no siempre buscan en el lugar correcto.

Ni hablan la lengua correcta.

Sin importar cuán avanzado sea tu conocimiento del griego antiguo, si se descubre algo en un sitio arqueológico en un remoto rincón del Mediterráneo con una lengua moderna que suele evitarse, puede que los profesionales nunca se enteren de ello. Ni el público, en tal caso. En ocasiones la evidencia debe permanecer ahí veinte años hasta que alguien se dé cuenta.

7

El ciceón de Cataluña

Mientras me acercaba al monasterio benedictino de Sant Pere de Galligants, hice una pausa para disfrutar el sol de febrero que atravesaba los cipreses y se reflejaba en los sillares brillantes de piedra caliza de la fachada rectangular. Bajo un gran rosetón, la entrada principal de la iglesia cuenta con cinco arquivoltas que se hunden en la oscuridad medieval. En el punto en que se unen con columnas en espiral a algunos metros arriba, gárgolas de piedra me invitan a pasar a un interior frío y húmedo. Ahí en Girona, a una hora y media de Barcelona por la costa española, la construcción de esa edificación románica comenzó en 1131.[1] La rama local del Museo Arqueológico de Cataluña eligió ese monumento pintoresco como su sede en 1857. Después me enteraría de que *Game of Thrones* se filmó ahí, lo cual tiene sentido en retrospectiva.[2] El monasterio entero parece salido de una fábula: el foro ideal para encontrarse cara a cara con secretos muy antiguos.

Es penosamente difícil localizar evidencia concreta e indiscutida de la cerveza alucinógena en el Mediterráneo durante la vida de los misterios (*ca.* de 1500 a. C. a 392 d. C.). Pero después de días de búsqueda y meses de arduo estudio de una monografía olvidada en la biblioteca más grande del mundo en mi ciudad, Washington D. C., al fin di con la mina de oro.

Desde mi reunión con Martin Zarnkow en Alemania, le envié correos electrónicos a la doctora Enriqueta Pons, la antigua jefa de ese museo y directora de excavaciones desde hacía largo tiempo en un sitio arqueológico a media hora al norte llamado Mas Castellar de Pontós. De 450 a 400 a. C., los colonos griegos construyeron las estructuras más antiguas en el antiguo complejo que se alza sobre la planicie del Ampurdán en un altiplano cubierto de hierba a 17 km de la costa de la actual Ampurias. Los griegos antiguos la llamaban Emporion, fundado en 575 a. C. por pioneros de la ciudad portuaria anatolia de Focea en Jonia, la costa occidental de la Turquía moderna. Como eran expertos en el comercio a larga distancia, los mismos focenses —llamados los «vikingos de la Antigüedad»— establecieron por primera vez Massalia (ahora Marsella en Francia) alrededor del año 600 a. C.[3] Y después de Emporion, se mudarían a Elea (ahora Velia en el sur de Italia) alrededor del año 530 a. C.

Al parecer, los vikingos griegos se llevaban bien con la comunidad indígena ibérica, los indigetes, quienes disfrutaban de los productos exóticos que sus nuevos amigos marineros les llevaban del oriente. Por su parte, los focenses ganaron otro punto de apoyo importante en la red creciente de colonias en el Mediterráneo occidental.[4] Eran un pueblo de una intensa espiritualidad. No es de sorprender que la religión surgiera en Emporion desde el comienzo.

En la Antigüedad, la ciudad era conocida por su templo dedicado a Artemisa de Éfeso, que todavía no se ha excavado. Una estatua cultual de Asclepio, el dios griego de la curación y la medicina, ha sobrevivido de este santuario antiguo. El mármol pentélico y pariaque, que solo pudo haberse importado de la tierra natal griega, se presenta con orgullo en el Museo Arqueológico de Ampurias. Varios *dracma*, o monedas griegas, se han recuperado en el área también. Desde el siglo III a. C., muestran la cara de Perséfone.

En 2008, un *kernos* de cerámica fue descubierto durante una de las excavaciones en curso. Es una variación colonial de los mismos recipientes que se usaban para mezclar el ciceón, que ahora están en exhibición en el Museo Arqueológico de Eleusis. El *kernos* de Ampurias tiene tres copas sobre una base circular y data del siglo V a. C. Los curadores creen que el descubrimiento de tantos recipientes en esta región de España es evidencia intrigante de un culto mistérico antiguo vinculado con Deméter y Perséfone.[5]

En algún momento, elementos de esta religión focense viajaron al interior del continente a Mas Castellar de Pontós, donde se intensifican los ecos de los misterios eleusinos. Siguiendo el asentamiento griego original en el siglo v a. C., los ibéricos indígenas añadieron un puesto de avanzada fortificado a comienzos del siglo iv. Posteriormente, lo que Pons llama una «alquería helenística» dominó el sitio bajo una fuerte influencia griega, que floreció desde cerca de 250 hasta 180 a. C., cuando probablemente fue destruida por los romanos. Las tres fases de ocupación —colonos griegos, pobladores ibéricos y agricultores helénicos— pueden verse con claridad en las excavaciones sistemáticas de Pons que comenzaron en la década de 1990.[6]

Un dracma encontrado en la colonia griega de Emporion, que data del siglo iii a. C. Rodeada de delfines, la cara de Perséfone (izquierda) y un Pegaso (derecha), emblemático del vuelo extático. Los símbolos tenían un significado sagrado para los marineros focenses, los vikingos de la Antigüedad de Anatolia y sus principales socios comerciales en Cartago en el Norte de África. *Anna Hervera. Cortesía de Soler y Llach S. L.*

Durante los últimos treinta años, Pons ha desenterrado un buen número de silos subterráneos, un complejo de vivienda «densamente urbanizado» que se encuentra en la cima de un campo amplio y abierto rodeado de bosque. Aunque gran parte del sitio de 2.5 ha permanece sin explorar, la investigación de Pons indica que hay hasta 2 500 silos que siguen bajo tierra. Concluye que «el asentamiento fungió como un lugar para la concentración, distribución y comercio de excedentes agrícolas».[7] Al igual que el vivo comercio de importaciones y exportaciones en Emprion, o el enorme silo de granos que Kalliope Papangeli me mostró en el sitio arqueológico de Eleusis a 2 400 km al este, Mas Castellar de Pontós era un hogar adecuado para la diosa de los granos y su hija, la reina de los muertos.

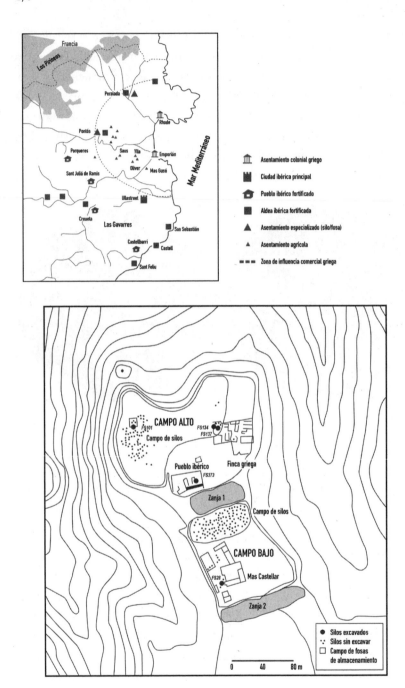

Mapa de la influencia griega en Cataluña, que irradia de las principales colonias griegas antiguas de Emporion y Rodas en el noreste de España (arriba). Plano del sitio de los trabajos arqueológicos en Mas Castellar de Pontós (abajo). *Cortesía de Enriqueta Pons*

A decir verdad, los vínculos entre la finca griega y Eleusis son difíciles de evitar. En uno de los silos excavados, con el número 101, Pons descubrió la cabeza de terracota sin cuerpo de una deidad femenina.[8] El rostro está ligeramente ladeado a la derecha con el cabello recogido en un moño. Junto con ella se depositó un *unguentarium,* o contenedor de aceite, que en otros lugares suele asociarse con cementerios. Se identificaron los vestigios de una hoguera, con tres diferentes tipos de madera: abeto blanco, roble y pino silvestre. Cada una de las especies crece en las montañas, a cierta distancia del sitio arqueológico. Mezclados con los árboles había restos de olivo, mijo y cebada. Junto con los artículos rituales, Pons encontró un tesoro de artefactos que datan del siglo III a. C., entre los que se incluyen nueve ánforas grecoitálicas. La diosa de terracota y el contenedor de aceite parecen haber sido enterrados intencionalmente en el silo como una ofrenda al más allá, lo cual llevó a Pons a identificar la cabeza como Deméter o Perséfone (a veces llamada Kore). La arqueóloga dice que el silo similar a una cueva, que alguna vez se usó para almacenar granos, se había convertido en una cámara sagrada subterránea. Es extrañamente parecida al refugio de roca ahuecada bajo la iglesia ortodoxa griega que se encuentra sobre las ruinas de Eleusis, donde se decía que Perséfone emergía del Hades durante la recreación de los misterios.

Dos hallazgos relacionados confirmaron aún más la conexión con Eleusis. En otro silo, con el número 28, cinco *thymiateria* o incensarios de cerámica fueron encontrados en 1979. Uno de ellos se ha restaurado a la perfección, y muestra el busto de una deidad femenina. El artefacto, que data del siglo III a. C., muestra el rostro de una mujer centrado entre dos aletas a cada lado de la vasija, cuya parte superior es una cesta poco profunda para capturar el incienso.[9] Pons identifica a la diosa como Deméter, aunque no puede descartarse a Perséfone. Además, cierta relación entre Mas Castellar de Pontós y los misterios parece casi segura con el descubrimiento de un *kalathos,* o un recipiente de almacenamiento griego, en el sitio cercano de Sant Julià de Ramis, al norte de Girona. La pieza de cerámica, que data de entre 225 y 175 a. C., está agrietada y rota, pero el relieve iconográfico que se proyecta de su superficie está bien conservado. Bajo un asa a la derecha, surge la cabeza de una mujer desde la parte lateral del recipiente. Ella también se asemeja a Deméter o Perséfone, principalmente debido a la figura que monta un carruaje tirado por un dragón volador a su izquierda.

Cabeza de terracota de Deméter o Perséfone (arriba a la izquierda); foto de campo
de nueve ánforas grecoitalianas (abajo a la
izquierda); y un incensario de cerámica
(*thymiateria*) de una diosa griega (arriba
a la derecha). *Cortesía de M. Solé.* Todas
fueron encontradas en el sitio arqueológico
de Mas Castellar de Pontós, y todas datan
del siglo III a. C. *Cortesía de Enriqueta Pons
y Museu de Arqueologia de Catalunya-Girona.*

Es el mismo Triptólemo en el mismo carruaje alado tirado por una serpiente que vi durante mi visita al Museo Arqueológico de Eleusis. No es diferente del Triptólemo retratado en el *skyphos* de Capua, Italia, que se encuentra
en el Museo Británico. ¿Qué hace él en España?

Desde luego, las imágenes del misionero real de Deméter son comunes
en Grecia. Y las reliquias de los cultos mistéricos griegos en la parte sur de
Italia conocida como Magna Grecia (Gran Grecia) no son inusuales en absoluto. Desde el siglo VIII a. C., la región era el objetivo principal de la colonización griega antigua.[10] Pero ¿España? Eso es un asunto aparte. Si Kalliope

Papangeli colgara este Triptólemo ibérico junto a su Triptólemo griego en Eleusis, nadie podría creer que estaban a un mundo de distancia. ¿Cómo terminó ese recipiente ahí, en las orillas recluidas del mundo de habla griega? ¿Significa que los misterios, o alguna interpretación local de ellos, de hecho se celebraron a una distancia tan grande de Eleusis?

Recipiente de almacenamiento de cerámica (*kalathos*) que muestra al misionero divino de los misterios, Triptólemo, montado en su carruaje alado de serpientes voladoras. Compárese con el relieve de mármol de Eleusis (página 120) y el *skyphos* de figuras rojas de Triptólemo de Capua, Italia (página 121). *Cortesía del Museu de Arqueologia de Catalunya-Girona.*

La mayoría de los clasicistas ni siquiera tiene la formación necesaria para plantearse esa pregunta. Además de Magna Grecia, los asentamientos fronterizos de la Antigua Grecia se han abandonado de manera deplorable en el plan de estudios tradicional. Yo nunca había oído de Emporion o Mas Castellar de Pontós hasta que emprendí la búsqueda de cervezas de cementerio de inspiración griega en la zona del Mediterráneo. ¿Por qué buscar más allá de Grecia cuando uno podría pasar una vida leyendo la abrumadora cantidad de literatura que se produjo durante la Edad de Oro de Atenas? Es comprensible, pues la educación se centra en eso y ahí se aterriza la investigación. Pero el costo es terrible. Para un secreto tan difícil de rastrear como Eleusis, tenemos que pensar más allá de lo que se espera y explorar cada rincón del mundo antiguo. Por fortuna, algunos clasicistas al menos están abiertos a la posibilidad de que el sur de Italia no fuera el único ambiente rico en iniciados potenciales de los misterios.

A pesar de que ella no escribe sobre Mas Castellar de Pontós con ningún detalle, la doctora Denise Demetriou de la Universidad de California en San Diego sí describe a Emporion como «un centro económico principal» y «un ambiente multiétnico» cuya «existencia misma estimulaba las interacciones interculturales con las poblaciones indígenas».[11] Al igual que con otros ejes de comercio y actividad mercantil a lo largo del Mediterráneo que solían hablar griego, una «mezcla particular» de influencias religiosas era lo más natural en Cataluña. Lejos de Atenas, sería el lugar ideal para la experimentación, y, tal vez, para la revelación de la receta psicodélica del ciceón que los funcionarios en Eleusis trataron de proteger con tanto ahínco. Según Demetriou, la religión en una capital cosmopolita como Emporion era «más flexible» que en un hogar en Grecia, lo cual significaba que la «exclusividad usual de culto» no se aplicaba siempre con tanta rigidez. Ella señala Delfos y Olimpia como ejemplos de «santuarios de acceso abierto» en donde las visitas de los inexpertos podían facilitarse por intermediarios especiales.[12]

Si Mas Castellar de Pontós era un santuario de acceso abierto, entonces los misterios de Eleusis habrían sido los ritos más lógicos con los que los griegos y los locales habrían encontrado un punto en común. Según el clasicista François de Polignac, los cultos del inframundo como el de Deméter, con sus «connotaciones agrarias o incluso funerarias», tenían una cualidad universal. Al igual que el culto de cráneos prehistórico de Anatolia, los misterios prometían «un retorno temporal a una vida más primitiva y un período previo al establecimiento de la ciudad». Por su parte, el dúo de madre e hija de Deméter y Perséfone ofrecía «un rostro conocido» a los locales que quizá las conocían por otro nombre.[13] No obstante, para poder iniciar a los griegos que extrañaban su hogar o a los catalanes curiosos en los secretos de Eleusis, un santuario dedicado habría sido integral para la experiencia ritual.

Resulta que la doctora Enriqueta Pons descubrió exactamente eso.

En 1997, ya había hecho un progreso excelente en el área residencial de la finca griega. Una calle principal corre por el centro y separa dos viviendas a cada lado. Una de las unidades más grandes mide casi 23 m² y es descrita por Pons como una «capilla doméstica» para un «culto agrario». Ubicada en una casa privada, la cámara era manejada por mujeres y estaba equipada para actividades domésticas. Pero también estaba diseñada para volverse el sitio de rituales de iniciación, en los que Deméter y Perséfone podrían aparecérseles a los devotos, junto con sus ancestros fallecidos. La arqueóloga lo llama un «espacio compartido» para que los humanos tuvieran contacto con lo divino, o los muertos pudieran hablar con los vivos. Los métodos por medio de los cuales este culto mistérico perdido podría comunicarse con el inframundo pueden reconstruirse bastante bien con los hallazgos materiales.

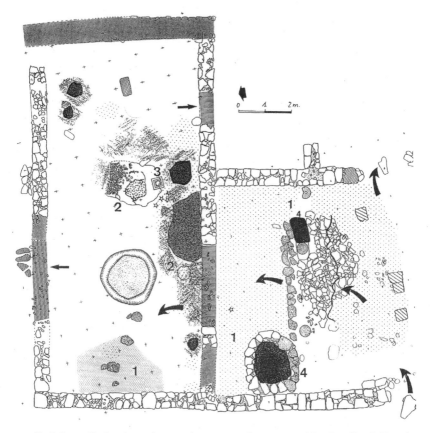

Detalle de la capilla doméstica (cuarto 3) y cuartos adyacentes en Mas Castellar de Pontós. 1) Áreas para actividad doméstica, que incluyen procesamiento de granos y elaboración de cerveza. 2) Áreas para actividad ritual. 3) Ubicación del altar de mármol pentélico. 4) Horno casero. *Cortesía de Enriqueta Pons.*

Cinco vasijas miniatura descubiertas en Mas Castellar de Pontós. *Cortesía de Enriqueta Pons y Museu de Arqueologia de Catalunya-Girona.*

En el centro de la habitación, Pons descubrió un fogón rectangular grande, para el cual usa la palabra griega *eschara* (ἐσχάρα). Los huesos quemados de tres perras se encontraban en una zanja circular cubierta de barro, de cerca de 2 m de diámetro. Piezas de una columna elegantemente tallada de mármol pentélico, junto con un capitel jónico, se reacomodaron para formar un altar de 60 cm. Encima, en una cavidad rectangular carbonizada por flamas mostraba señales de cortes de cuchillo y hacha: evidencia de un «sacrificio sangriento». Al igual que la estatua de Asclepio en Ampurias, se demostró por medio de un análisis petrográfico que el mármol costoso se originó en la cantera del monte Pentélico a las afueras de Atenas.[14] De modo interesante, diez cálices miniatura estaban desperdigados en toda la capilla y los cuartos adyacentes.[15] Y se encontraron dos molinos junto con la vajilla, no solo para la molienda y preparación de los granos, sino también para la elaboración de una cerveza muy especial.

En conjunto, Pons interpreta la «capilla doméstica» como un lugar sagrado en el que el sacrificio de perros se combinaba con purificaciones ceremoniales y bebidas rituales. En otras partes de la Iberia de la Edad del Bronce, la arqueóloga señala que «se solía enterrar a los perros en las tumbas como parte de los ajuares funerarios».[16] En la Antigua Grecia, también se asociaba a los perros con el más allá, pues marcaban las tres fases separadas del viaje inmortal, «el paso de la vida a la muerte», «el tiempo en el inframundo» y «el retorno a la vida como espíritu».[17] El sabueso del infierno más conocido era Cerbero, el monstruo de tres cabezas que le pertenecía a Hécate.[18] Como madre de Circe y patrona de la hechicería, Hécate tenía una variedad de epítetos caninos, «la consumidora de perros» (*kunosphages*/κυνοσφαγής), la «líder de los perros» (*kunegetis*/κυνηγέτης), la «amante de los perros» (*philoskulax*/φιλοσκύλαξ) y la «perra negra» (*kuon melaina*/κύον μέλαινα).

Los sacrificios caninos en su honor eran comunes en la Antigua Grecia.[19] Pero Hécate también tenía una profunda relación con los misterios. En el *Himno a Deméter*, Hécate, con sus «antorchas ardientes», es la única diosa que ayuda a Deméter en la búsqueda desesperada por su hija desaparecida. Y solo ella puede acompañar a Perséfone a lo largo de la tierra de los muertos.[20]

Para tratar de descifrar lo que todo ello significaba, Pons continuó su riguroso trabajo sobre la peculiar «capilla doméstica» durante años. Es hablante nativa de catalán, así que la mayoría de sus hallazgos se publicaron primero en la lengua que es motivo de gran orgullo entre los fervientemente autónomos catalanes. El pueblo que le dio al mundo a Antoni Gaudí y Salvador Dalí declaró su independencia unilateral de España en un referendo de 2017 que provocó que encarcelaran a una docena de líderes catalanes. Mientras su juicio público seguía en proceso durante mi visita, surgían protestas y manifestaciones a lo largo de toda España.[21] A lo largo de su carrera, la decisión férrea de Pons de escribir en catalán ha sido un acto de rebeldía que pone su investigación en severo riesgo de quedar ignorada por la comunidad académica global, en la que la *lingua franca* de los estudios clásicos, la historia y la arqueología es el inglés, el francés y el alemán. Incluso entre las lenguas romances, el catalán es tan solo la sexta más hablada, detrás del español, el portugués, el francés, el italiano y el rumano.

En un esfuerzo por llamar la atención a esta colonia griega en la Cataluña rural, Pons al fin cedió. En 2010 publicó un breve artículo sobre el sacrificio de perros en una revista científica francesa, seguido en 2016 por un tratamiento más largo en inglés, que se volvió el capítulo de un libro editado por la Universidad Estatal de Nueva York (SUNY, por sus siglas en inglés). En él, la arqueóloga detalla los resultados de las excavaciones en silos subterráneos adicionales. En un caso (el silo 137), se hallaron «numerosos recipientes para beber» que sugerían «una celebración que consistía en un banquete colectivo».[22] Esto nos recuerda al «modelo del festín» de Brian Hayden del capítulo previo. Desde la Edad de Piedra, quienes beben juntos, se mantienen juntos. Pero también hay un aspecto espiritual en esto. Entre la cebada y los restos de animales carbonizados había un *krater* o jarrón espectacular en forma de campana que presentaba un *komos*: la procesión ritual nocturna llamada en honor al hijo y escanciador de Dioniso. Este *krater*, más apropiado para un comedor ateniense que para una cámara subterránea en la Cataluña antigua, muestra al dios del éxtasis como el invitado de honor de este desfile de ebrios.

Krater con forma de campana encontrado en el silo 137 en Mas Castellar de Pontós, que data de finales del siglo v a. C. Cuatro figuras masculinas marchan en el desfile místico dedicado a Dioniso conocido como el *komos*. Varios de ellos llevan báculos mágicos y antorchas. Un hombre barbudo (el segundo a la izquierda) con una guirnalda de hiedra toca la lira. *Cortesía de Enriqueta Pons y Museu de Arqueologia de Catalunya-Girona.*

Si analizamos en retrospectiva los últimos treinta años de las excavaciones de Pons, la intersección de los misterios eleusinos y Mas Castellar de Pontós, es sobrecogedora: los 2 500 silos de granos; la cabeza de terracota y el incensario que retratan a Deméter/Perséfone; la vasija de cerámica de su misionero en jefe, Triptólemo; el simposio ebrio en el jarrón dionisiaco; la evidencia abundante de ofrendas al inframundo y el sacrificio de perros dentro de la «capilla doméstica» y fosas subterráneas, relacionados con la compañera de la diosa, Hécate. El elenco eleusino complejo de personajes está presente. Extrañamente, yo no sabía nada sobre esto cuando contacté a Pons en noviembre de 2018. La única razón por la que la contacté en primer lugar fue para asegurarme de que mi comprensión del catalán no me estuviera engañando. ¿En verdad ella había encontrado evidencia arqueobotánica de una cerveza psicodélica? ¿Y por qué ninguna otra persona que supuestamente sabía de esas cosas estaba al tanto? Ni Zarnkow ni McGovern. Ni Fritz Graf ni ninguno de los clasicistas de alto nivel a los que yo había consultado por años. Ni siquiera Ruck.

A diferencia de su trabajo sobre el ritual canino, la bomba potencial de Pons nunca se publicó en ninguna de las revistas académicas principales para hablantes de inglés, francés o alemán. Muchos meses antes de que yo fuera personalmente a Cataluña, encontré su descubrimiento oscuro solo por accidente, durante mi búsqueda lenta, tediosa y a menudo desalentadora de datos duros sobre cervezas alucinógenas de cementerio en el Mediterráneo antiguo. Esa investigación tomó años por sí sola, y siempre se sentía como un callejón sin salida. Pero seguí adelante. Porque cuando estuve a punto de perder la esperanza, comenzó a surgir un patrón muy tenue. Y por alguna inexplicable razón, todas las pistas apuntaban en la misma dirección. España.

Hubo un hallazgo intrigante en Eberdingen-Hochdorf, un asentamiento celta al sureste de Stuttgart que data de los siglos v y iv a. C. Con muestras de tierra, el eminente arqueobotánico Hans-Peter Stika, de la Universidad de Hohenheim, identificó semillas del beleño (*Hyoscyamus niger*), que induce visiones, junto con los granos descascarillados y germinados de cebada. Sugería un brebaje psicodélico, en especial debido a que ese mismo beleño se usaría después en el *gruit* alucinógeno previo a la Reforma en la misma región de Alemania. Sin embargo, la combinación y el consumo de los dos ingredientes, cebada y beleño, no necesariamente podía demostrarse. En su publicación de 2010, Stika pensó a fin de cuentas que una cerveza enriquecida con beleño era pura especulación.[23] Pero es una vía razonable de seguir.

Plinio dio crédito por la aparición del beleño a la mascota de Hécate, Cerbero, de cuya orina surgió la primera planta en la tierra. El naturalista romano se refirió a la planta como «*Herba Apollinaris*» (hierba de Apolo), y afirmó que las sacerdotisas pitonisas de Delfos inhalaron el humo de las semillas ardientes de beleño para producir sus visiones oraculares. Otro término antiguo para la especie, *Pythonion*, afianza el vínculo.[24] Entonces, sumamos el beleño a la harina de cebada y hojas de laurel de las que hablamos antes como un candidato más para la magia en Delfos.

El beleño es parte de la familia de las solanáceas, que además del tomate, la papa y el tabaco que son más familiares, también incluye a la mandrágora (*Mandragora officinarum*), la belladona (*Atropa belladonna*) y la hierba mora (*Solanum nigrum*). Las solanáceas están entre las plantas más venenosas de

Europa. Desde Hécate y las pitonisas en la Antigua Grecia, se volvieron tan sinónimas de magia negra en la Edad Media y el Renacimiento que, incluso a lo largo del siglo xix, las solanáceas todavía «se antropomorfizaban fácilmente como brujas y rameras».[25] También eran consideradas como los ingredientes psicodélicos clave de los ungüentos voladores de las brujas que veremos en la siguiente parte de esta investigación.

Después de la pista del beleño, encontré tres reportes interesantes de España, de comienzos de la década de 2000, todos publicados en español o catalán. Primero, una fosa ritual en Prats en Andorra, el país diminuto entre Francia y España, arrojó evidencia arqueoquímica de oxalato de calcio, o *beerstone*, en varios recipientes de cerámica. Además, los investigadores descubrieron una especie de «hongos envueltos en hojas de helecho» que no se pudieron identificar y ocho semillas de estramonio (*Datura stramonium*).[26] Al igual que su hermana la belladona, el estramonio contiene diversos alcaloides tropánicos visionarios y potencialmente fatales: atropina, escopolamina y hiosciamina.[27] Es un hallazgo intrigante, pero el sitio era muy anterior (1600 a. C.) como para tratarse de colonización griega.[28]

El segundo reporte se remontaba todavía más atrás. El alcaloide hiosciamina y rastros de cerveza de cebada se recuperaron de la cueva sepulcral inalterada en Calvari d'Amposta en Tarragona, al sur de Barcelona. La hiosciamina podría haber provenido de cualquiera de las solanáceas hermanas. Ya que datan de 2340 a. C., los restos se interpretaron como «una cerveza alucinógena que se consumía durante las ceremonias mortuorias».[29]

El tercer reporte es el más emocionante. Como parte de una mezcla similar a base de cebada, la misma hiosciamina de brujas se detectó de nuevo en una tumba lujosa en la necrópolis de Las Ruedas en el centro norte de España, a las afueras de Valladolid. A diferencia de los otros, estos restos datan de la población celta prerromana conocida como los vacceos, del siglo II a. C.[30] La profundidad del contacto entre las colonias costeras griegas en España y la tribu local en el sitio arqueológico de Pintia, tan adentro en el continente, se desconocen. Pero por alguna razón, el brebaje especial estaba escondido en otra versión ibérica más del *kernos* eleusino.[31] No fue el único *kernos* que se recuperó del sitio, pero fue el único que tras las pruebas resultó ser una cerveza psicodélica de cementerio. Al igual que el *kernos* de Ampurias descubierto en 2008, los recipientes de Pintia instantáneamente apuntan a los misterios.[32]

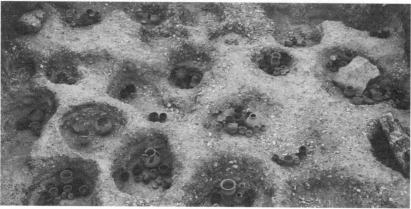

La necrópolis de Las Ruedas en el sitio arqueológico de Pintia en el centro norte de España. Hasta ahora se han identificado unas trescientas tumbas, que datan desde el siglo v a. C. hasta el siglo II d. C. Docenas de recipientes sagrados colocados en sus tumbas de origen durante las excavaciones de 2009 (abajo); un *kernos* recién descubierto (arriba), similar al cáliz griego que tras las pruebas resultó ser una cerveza psicodélica consumida durante los rituales funerarios vacceos. *Cortesía del Centro de Estudios Vascos Federico Wattenberg, Universidad de Valladolid, España.*

Al fin se habían visto recompensados los años de búsqueda de un espécimen antiguo de cerveza alucinógena. Cuando ubiqué la evidencia en la necrópolis de Las Ruedas, que ostentaba un vínculo griego explícito, fijé la vista en España. Con los datos arqueobotánicos y arqueoquímicos de Prats y Tarragona que establecían varios miles de años de elaboración de cerveza extrema en esa parte del mundo antiguo, mi interés se exacerbó. Los excavadores de la necrópolis de Las Ruedas no escatimaron en palabras en la publicación de

2003 de su análisis de los residuos orgánicos: la cerveza «psicotrópica» era consumida por «una clase de élite de guerreros» durante un festín funerario, con la «clara intención» de provocar un viaje sobrenatural «al más allá».[33] El equipo interpreta la tumba específica en la que el *kernos* psicodélico se usó como el sitio de una *devotio* ibérica, un ritual extraño en el que los soldados se quitaban la vida en una tradición mística que garantizaba «la protección divina de su jefe o general».[34]

Eran indoeuropeos occidentales con un culto a la muerte y a la cerveza psicodélica de cementerio, contemporáneos de Eleusis. ¡Qué maravillosa confluencia de ideas! Es tentador reconocer en la necrópolis de Las Ruedas un precedente de la Edad de Piedra para el sacramento. La pista podría extenderse si no hasta la cueva de Raqefet y Göbekli Tepe, al menos hasta los expertos botánicos desconocidos de la Anatolia prehistórica. Quizá sean los mismos que inspiraron el «coctel ritual minoico» que Patrick McGovern confirmó químicamente en el Círculo de tumbas A en Micenas, o la poción que resucitó de la tumba frigia en Gordio, con la cual el rey fallecido «era introducido regiamente en el más allá» con un toque de Midas psicoactivo. Los antiguos griegos no eran los únicos indoeuropeos que habrían heredado el brebaje único, después de todo. Cualquiera de los celtas indoeuropeos, como los vacceos, bien podrían haber fungido como custodios de la tradición.[35]

De manera interesante, estudios recientes de ADN han demostrado que los catalanes pueden remontar sus raíces a «la llegada de la herencia anatolia asociada al Neolítico», una «colonización pionera» de agricultores del este que se establecieron en la península desde 5475 a. C.[36] La genética de los españoles modernos se deriva de esos agricultores de la Edad de Piedra.[37] Y resulta aún más interesante que la evidencia arqueobotánica y arqueoquímica más antigua para el consumo de cerveza en toda Europa fuera descubierta en 2006 en el mismo lugar que esta señal anatolia apareció en el ADN ibérico antiguo: la cueva sepulcral de Can Sadurní, al suroeste de Barcelona. Junto con granos malteados en un martillo y yunque de piedra, se recuperó oxalato de calcio de una jarra en el sitio que data de alrededor de 3470 a. C.[38]

La cerveza de Can Sadurní rivaliza con algunos de los hallazgos de cerveza más antiguos en el antiguo Egipto y Mesopotamia, el mismo período que coincide con el desarrollo de la palabra escrita alrededor de 3200 a. C., cuando comenzó la historia como la conocemos. ¿La cerveza ibérica viajó junto con esos agricultores anatolios cuyo ADN se registró en Europa occidental dos mil años antes? Según la hipótesis de Anatolia de Colin Renfrew, los vacceos celtas de la necrópolis de Las Ruedas podrían haber heredado no solo el idioma, sino también la biotecnología y la religión peculiar que los protoindoeuropeos habían perfeccionado en su tierra natal en la Turquía de la Edad de Piedra.[39]

Cuando Triptólemo llegó a las orillas de Cataluña después de la fundación de los misterios eleusinos, puede que le haya sorprendido enterarse de que sus servicios no eran requeridos. Los lugareños ya sabían elaborar cerveza y enriquecerla con la clase de plantas mágicas que les permitirían acompañar a sus seres queridos fallecidos al más allá, aunque solo fuera temporalmente. Además de Magna Grecia, si hubo algún público cautivo para los misterios en el continente europeo, fue el noreste de España. Toda la materia prima ya se encontraba ahí. Como si fueran primos distantes que intercambiaron recetas heredadas por un ancestro en común, puede que los colonos griegos indoeuropeos de Focea que tocaron tierra en Emporion en el siglo VI a. C. —y se infiltraron en Cataluña por siglos— hayan recordado a los ibéricos indoeuropeos una técnica muy delicada. Es lo que Ruck llama «el secreto de los secretos» y a lo que Martin Zarnkow se refiere como la «contaminación controlada» de un parásito fúngico volátil que transforma los granos sanos en «granos locos» (*Tollkorn* en alemán) para producir cerveza de LSD. Un buen complemento a todas las cervezas de belladona en la región. En el proceso, parece que los parientes reunidos han construido la Eleusis de occidente para cualquier lugareño que no tuviera los medios para hacer el viaje a Atenas.

En todos los estudios relevantes de comienzos de la década de 2000, el nombre de un joven arqueobotánico aparece una y otra vez: Jordi Juan-Tresserras de la Universidad de Barcelona.[40] En el verano de 2018, empecé a leer todo lo que él escribió, y de pronto encontré un artículo de 2000 en la revista científica revisada por pares en español llamada *Complutum*.[41] Era un resumen de los hallazgos arqueológicos suyos y de otros investigadores a lo largo de Iberia. Entre los párrafos del artículo de nueve páginas, había uno sobre un descubrimiento en apariencia anodino, «los restos de esclerocios de cornezuelo» en Mas Castellar de Pontós, en no uno sino dos artefactos distintos relacionados con la icónica «capilla doméstica» de Pons.

El hongo se encontró incrustado entre varios dientes de una mandíbula humana. Después, se identificó evidencia microscópica del mismo organismo en uno de los cálices miniatura que en algún momento contuvieron una «cerveza especial». Dado el contexto «cultual» del área en la que ambas reliquias fueron encontradas en 1997, Tresserras relacionó la poción que llenaba la copa diminuta con el consumo del ciceón» durante los misterios de Eleusis. Después de todo, el cornezuelo tenía un «papel fundamental» en los ritos antiguos griegos según Gordon Wasson. Y el científico experto que era Albert Hofmann había explicado cómo los «alcaloides enteógenos» del cornezuelo, como la ergina soluble en agua y la ergonovina, podrían haberse separado con facilidad de los alcaloides tóxicos. En su bibliografía, Juan-Tresserras listó una versión en español de *The Road to Eleusis* publicada en México en 1980 cuya existencia yo desconocía.

En vista de todas las pistas de los últimos veinte años que indicaban que la cerveza psicodélica de cementerio había surgido en la Iberia antigua, no me sentí del todo sorprendido. Pero la identificación científica del cornezuelo fue algo completamente único, y casi demasiado bueno para ser verdad. Entonces seguí el débil camino de migajas de pan hacia el único material publicado que había presentado el contexto arqueológico completo del ciceón catalán: un tomo enorme de 635 páginas publicado en 2002 como registro completo del trabajo tenaz de Enriqueta Pons en Pontós de 1990 a 1998. Al día de hoy, la monografía está publicada solo en catalán. Pude encontrar un ejemplar en la Biblioteca del Congreso, donde me sumergí en una de las lenguas indoeuropeas más distintivas durante días.

Junto al altar de mármol pentélico, entre los esqueletos carbonizados de perros sacrificados, el equipo de Pons tuvo la suerte de encontrar la mandíbula derecha de un humano adulto de entre 20 y 25 años. Había cuatro dientes intactos y tres dientes faltantes. Databan de entre 200 y 175 a. C. Juan-Tresserras analizó dos muestras de sarro en busca de residuos vegetales. Junto con minerales como cuarzo y basalto, los fitolitos de sílice, cristales de oxalato de calcio, granos de almidón y microcarbonos indicaban una dieta a base de cereales.[42]

Pero lo más intrigante para el arqueobotánico fue la presencia en ambas muestras de cornezuelo (*Claviceps* spp.), que se llama *sègol banyut* en catalán. ¿Cómo explicar esta mandíbula fuera de lugar en una cámara ceremonial que Juan-Tresserras llama «un santuario dedicado a Deméter y Kore-Perséfone»?[43] Parece claro que el cornezuelo era ingerido, lo cual llevó al científico a solo dos interpretaciones posibles: consumo accidental o intencional. La primera opción habría ocurrido luego de una cosecha infectada, del mismo modo que en los brotes frecuentes de ergotismo o el fuego de san Antonio durante la Edad Media. La segunda opción, claro, tendría sentido como parte de un «ritual asociado con bebidas enteogénicas como el ciceón».[44]

Resulta interesante que Juan-Tresserras no detectó cornezuelo en los dos molinos en los que Pons cree que se preparaban los granos y se elaboraba la cerveza. Entonces, no parece que haya habido un brote accidental de cornezuelo. La hipótesis del consumo intencional cobra fuerza desde la existencia de la mandíbula en un «recinto sagrado» en el que no se encontraron otros restos humanos. Siempre que surge un cráneo, hay alguna religión antigua presente. A lo largo de un par de densas páginas en la monografía catalana, Juan-Tresserras enlista los diversos cultos a la muerte que se han catalogado arqueológicamente a lo largo de los fuertes celtas de las islas británicas, Bélgica, Francia y España —donde se ha confirmado la descarnación de cadáveres, la decapitación ritual y los cráneos decorativos—.[45] Contempla la posibilidad de que la mandíbula de la «capilla doméstica» le perteneciera a una «persona excepcional», alguien «iniciado», cuyo cráneo tuviera algún significado especial para los miembros del culto. En el mismo sentido, Pons cree que la mandíbula se usaba en rituales para mantener el contacto con ancestros muertos. Sin importar lo que ocurriera en el santuario, ella encuentra una mezcla de influencias griegas, celtas e indígenas ibéricas.[46]

Como lugar de reunión para primos indoeuropeos lejanos, ¿podría Mas Castellar de Pontós ser evidencia del mismo culto de cráneos descubierto en Göbekli Tepe? El Instituto Arqueológico Alemán cree que los cráneos en «el primer templo del mundo» se manipulaban deliberadamente para ser expuestos de manera ritual. Se piensa que los cráneos prehistóricos, que datan de ocho a nueve mil años antes de las excavaciones de Pons en Cataluña, representan una versión primitiva de veneración a los ancestros e «interacción de los vivos con los muertos».[47] Exactamente lo que Pons ve en Iberia. Según la hipótesis de Anatolia de Colin Renfrew, ¿en verdad sobrevivieron elementos de la religión de la Edad de Piedra por miles de años por medio de una lengua protoindoeuropea faltante, para terminar al otro lado del continente europeo? ¿Y la cerveza de cementerio es la clave elusiva que al fin descifra los misterios más profundos y el verdadero propósito de sitios antiguos tan diversos como Göbekli Tepe, Eleusis y Mas Castellar de Pontós?

Todo se reduce al cáliz miniatura y su «cerveza especial». Desapercibido entre los académicos profesionales que básicamente ignoran cualquier
cosa publicada en catalán, Juan-Tresserras fue capaz de diseccionar una pista
arqueobotánica que podría reivindicar una hipótesis despreciada de 1978
sobre los contenidos originales del siceón griego antiguo y el secreto mejor
guardado en la historia de la civilización occidental. La intuición de Martin
Zarnkow de que los fabricantes de cerveza prehistóricos podrían haber creado
una cerveza enriquecida con cornezuelo para ocasiones especiales parecía
bien fundamentada. Es especulación informada, pero sigue siendo especulación. Sin embargo, cuando al fin leí el análisis de Juan-Tresserras de los contenidos antiguos de la pequeña copa encontrada cerca de la mandíbula, todo
cambió. En el domo dorado de la sala de lectura principal de la Biblioteca del
Congreso, la figura femenina de la linterna —un símbolo de entendimiento
humano— es retratada levantando el velo de la ignorancia de su rostro. Podía
sentir cómo ella me miraba, mientras la primera evidencia concreta de la
hipótesis que hundió la carrera de Ruck me golpeaba en el pecho.

Al final de sus estudios de doctorado, Juan-Tresserras tuvo acceso a uno
de los laboratorios de investigación y desarrollo más equipados de Europa
en la Universidad de Barcelona. Los ahora llamados Centros Científicos y
Tecnológicos, o CCITUB, con instalaciones repartidas en cuatro campus, se
especializan en química, ciencia de materiales y biociencias. Acaban de celebrar su trigésimo aniversario en 2018. Usando tanto un microscopio óptico
como un microscopio electrónico de barrido, el arqueobotánico reveló los
resultados de su estudio de 1997 en un catalán poético:

Se han detectado en buenas cantidades residuos asociados con algún tipo de
cerveza: restos de almidones gelatinizados, almidones con signos de ataque
enzimático, levaduras, frústulas de diatomeas —algo bastante extraño en un
recipiente tan pequeño—. Este hallazgo puede interpretarse ya sea como una
ofrenda de sedimento de cerveza, o bien como el residuo de un producto que
se usaba o se consumía… No obstante, el elemento que hay que destacar es la
presencia de restos de esclerocios de cornezuelo (*Claviceps* sp.), también identificados en una de las mandíbulas humanas… Este hongo de color púrpura
también se ha asociado con Deméter, en especial debido a que el color se asocia
con la diosa, y también porque este hongo pasa por un ciclo similar al mito de
Deméter y Perséfone. Después de infectar la planta de granos con ascosporas,
comienza a formarse el esclerocio de color púrpura que envuelve las espigas del

grano maduro. Al principio, el esclerocio cae al suelo, donde pasa el invierno y da fruto en las primeras lluvias de primavera, formando pequeños hongos de color púrpura que liberan ascosporas que, usando el viento a su favor, terminan por infectar las espigas. La cosecha de las espigas infectadas de esclerocios y su posterior proceso contamina el grano con alcaloides tóxicos. Los alcaloides psicoactivos de cornezuelo son básicamente derivados de ácido lisérgico y tienen efectos alucinógenos.[48]

De inmediato contacté tanto a Enriqueta Pons como a Jordi Juan-Tresserras. Los dos expresaron la misma sorpresa por mi interés en un descubrimiento de hacía veinte años que había recibido solo una referencia de paso durante un momento pasado de sus carreras. Pons seguía guiando las excavaciones en Mas Castellar de Pontós, el mismo lugar en el que empezó en 1990. Me dijo que era bienvenido a visitar el monasterio benedictino de Sant Pere de Galligants. Tenía que ver con mis propios ojos el cáliz miniatura y otros artefactos. Pero solo había una persona en el mundo que merecía una cita a ciegas con esa prueba irrefutable. Así que llamé a un viejo profesor loco de la Universidad de Boston y le pedí que me acompañara en un viaje en carretera.

Pasé bajo las gárgolas a saludar a Pons, baja y canosa, y al director actual del Museo Arqueológico de Girona, Ramon Buxó. Nos comunicamos en español, pero pude escuchar el acento catalán detrás de la mayoría de las sílabas. Unos minutos después, Ruck se acercó a la entrada con su colaborador de tiempo atrás, Mark Hoffman, quien acababa de acompañar al clasicista de 83 años del único lugar de estacionamiento que pudimos encontrar, a kilómetro y medio de las calles estrechas que rodean el monasterio medieval. Presenté a Ruck con la humilde arqueóloga que hacía veinte años había encontrado la evidencia para apoyar una teoría de hacía cuarenta años en el último lugar en que alguien esperaría encontrarla. El ahora envejecido investigador y Pons se dieron un cálido abrazo. Con 1.90 m de estatura, Ruck era mucho más alto que la arqueóloga.

Los cinco salimos de la nave de la basílica románica y nos dirigimos al claustro rectangular a la derecha. Subimos al segundo piso sobre la sacristía, donde se encuentra el museo arqueológico, y nos acomodamos en una sala de conferencias sin ventanas. Ahí, en un escritorio discreto con un mantel azul marino, esperando nuestra visita, se encontraba la diosa: el incensario y la cabeza de terracota con el cabello recogido —ambos rescatados de los silos de granos subterráneos e identificados como Deméter/Perséfone—. Junto a estos estaba el cáliz miniatura de tan solo unos centímetros de alto, con un asa a cada lado. Los griegos lo llamaban *kantharos*, la copa ritual que llevaba Dioniso para inducir su éxtasis.

Pons llenó la mesa con tres décadas de datos de la finca griega a 32 km al norte de nosotros. En una página tras otra de impresiones a color preparadas con cuidado, nos dio un recorrido a Ruck, Mark y a mí por cada aspecto concebible de la topografía del sitio: esquemas, investigaciones de campo, fotografías aéreas. Incluso me dio una USB con una grabación en dron para que la viera después. La arqueóloga señaló los cientos de silos subterráneos al oeste del área residencial en el altiplano. Después nos dio un recorrido virtual de la «capilla doméstica», para explicarnos en dónde se habían descubierto el cáliz miniatura y la mandíbula, y dónde se había preparado el grano para el sacramento de la cerveza. Tuvo la gentileza de darme un ejemplar de la monografía de 635 páginas que desde ese momento ya no tendría que ir a consultar a la Biblioteca del Congreso. En media hora, sentía que mi cerebro iba a estallar por tener que traducir sin parar en tiempo real para mantener a Ruck al tanto.

Buxó se colocó un par de guantes azules de látex y con cuidado puso el recipiente diminuto en la palma de su mano. Se lo ofreció a Ruck para que lo inspeccionara de la misma manera que un sumiller ofrecería el vino añejo más costoso de la cava. De todo el trabajo de campo arqueológico y análisis científicos llevados a cabo hasta entonces, Ruck se quedó mirando el contenedor antiguo de una cerveza de cementerio psicodélica que fue elaborada a comienzos del siglo II a. C. por brujas griegas desplazadas o sus aprendices. ¿Iniciados de los misterios de Eleusis? Tal vez. ¿Magos, sanadores y profetas con un pedigrí griego noble? Sin duda alguna, tal como estábamos a punto de averiguar.

Ruck estaba retraído. Quería saber qué pensaba él de la copa solitaria por la cual tuvo que atravesar un océano y cuatro décadas. Pero decidí dejarlo procesar la situación durante unos minutos.

Estiramos las piernas y deambulamos por el museo únicamente para examinar el altar de mármol pentélico, extraído de la cantera a las afueras de Atenas y enviado hasta ese lugar para preparar a las víctimas caninas de Hécate. A su izquierda, en una vitrina dedicada a la religión, vi un artefacto que, más que otro, me hizo pensar en los misterios: Triptólemo. Mientras estudiaba el artefacto, recordé la idea de la doctora Denise Demetriou sobre cómo los centros de comercio como Emporion o Mas Castellar de Pontós bien podrían haber servido como santuarios de acceso abierto, que prometían un raro vistazo a los misterios eleusinos de la Antigua Grecia. Si el misionario de Deméter estaba ahí, casi sin duda significaba que el ciceón estaba con él.

El director del Museo Arqueológico de Girona, Ramon Buxó, revelando el recipiente miniatura griego (*kantharos*) descubierto en Mas Castellar de Pontós, para inspección de Carl Ruck. Bajo el microscopio óptico y el microscopio de barrido de electrones de Jordi Juan-Tresserras, este recipiente dio positivo a rastros de cerveza con cornezuelo en 1997. *Cortesía de Ramon Buxó y Museu de Arqueologia de Catalunya-Girona.*

Según los datos arqueobotánicos y arqueoquímicos en Prats, Tarragona y la necrópolis de Las Ruedas, parece que los ibéricos antiguos preferían las solanáceas alucinógenas que comulgar con la diosa de los granos y sus ancestros fallecidos. En ese caso, ¿fue una mano griega la culpable de la presencia del cornezuelo en ese diminuto recipiente griego descubierto en la finca griega? ¿Acaso Pons y Juan-Tresserras encontraron evidencia concreta del ingrediente elusivo del que los iniciados en los misterios tenían prohibido hablar bajo pena de muerte por casi dos milenios? En ausencia de algún análisis de los múltiples recipientes recuperados en la misma Eleusis, ¿es así como concluye el juego de escondidas más largo de la historia?

Volteé a ver al viejo profesor loco y lo acompañé a la sala de conferencias sin ventanas para estar a solas con el cáliz miniatura. Todos le habíamos hecho preguntas dispersas a Pons durante la última hora, así que ya era momento de saber la reacción de Ruck. Le di mi ejemplar de *The Road to Eleusis* y comencé.

—Muy bien, profesor. ¿Qué opina de todo esto?

Los engranes de la mente de Ruck se habían puesto en marcha desde el momento en el que entramos al monasterio oscuro. Su respuesta surgió en una oración larga, como si fuera 1978 y el profesor todavía respetado estuviera en la oficina de su casa en Hull, Massachusetts, mecanografiando un pensamiento final para el preciado manuscrito que reescribiría la historia.

—Bueno, la parte más importante es dónde fue encontrado —comenzó Ruck con su acento barítono de Nueva Inglaterra, mirando el cáliz—. Era un lugar sagrado para rituales. La forma del recipiente solo se usa para la copa de la que bebía el dios Dioniso mismo. Y considerando dónde los encontraron —refiriéndose a los otros cálices repartidos en la capilla doméstica—, no son juguetes. Son recipientes para beber. Y el tamaño minúsculo de los recipientes indicaría que lo que se bebía era alguna especie de poción muy poderosa. El tamaño lo vuelve obvio: una cucharada era suficiente. No era una fiesta de vino y canapés. Y considerando el hecho de que se encontró residuo de cornezuelo, parecería sustentar la idea de que alguna clase de ceremonia visionaria para la diosa de los granos o Perséfone se celebraba en un santuario casero.

—Si todo esto sale a la luz, ¿qué haremos frente al hecho de que algunos colonos griegos en un centro de culto importante del mundo antiguo, contemporáneos a los misterios clásicos, usaban drogas para hallar a Dios?

—No tendremos problema con ello —respondió Ruck—. Es hora de que reconozcamos nuestra herencia.

Eso fue todo. Sin malicia ni resentimiento. Solo un pequeño ajuste a lo que Walter Burkert propuso un año antes de que *The Road to Eleusis* escandalizara la disciplina más antigua en la academia. La misma teoría que Fritz Graf y Kalliope Papangeli en meses recientes mencionaron sobre un Eleusis sin drogas. En 1977, cuando Brukert especuló sobre los «rituales prehistóricos con drogas» como base de los misterios, no hablaba solo por corazonada. Si la revolución neolítica en verdad fue la revolución de la cerveza, entonces la biotecnología más antigua de la humanidad podría haber existido casi diez mil años antes que los misterios griegos. Aún no sabemos exactamente cuándo, pero los hallazgos iniciales de la cueva Raqefet y Göbekli Tepe han empujado las fechas cada vez más hacia la última Edad de Hielo. Es la clase de antigüedad que era impensable para la generación de Burkert. Pero, incluso sin el beneficio de la arqueobotánica y la arqueoquímica actuales, el estimado alemán siguió dispuesto a atribuir un conocimiento botánico avanzado a los ancestros arcaicos de los griegos, sin importar quiénes resultaran ser, y sin importar cuándo sus recetas creativas hubieran transformado la elaboración de cerveza ordinaria en un evento psicodélico.

Por definición, la difusión de la agricultura necesariamente tenía que ver con una relación profunda con el mundo natural. Pero la familiaridad con la flora que altera la conciencia humana estaba casi asegurada antes en la historia prolongada de nuestra especie, que al menos tiene 300 000 años de edad y contando.[49] «Esto no necesariamente es sorprendente», dice el arqueólogo Scott M. Fitzpatrick, «dado que hemos sido cazadores y recolectores durante el 99% de la historia humana y pudimos haber tenido contacto con una gran variedad de plantas, pudimos haberlas consumido y experimentado con ellas».[50] Pero no fuimos los primeros en la escena.

Ahora sabemos a ciencia cierta que el dominio de la farmacopea paleolítica trascendió incluso a nuestra especie. Nuestros parientes más cercanos extintos, los neandertales, vivieron desde hace 43 000 años hasta hace 40 000 años. En 2012, los dientes de cinco individuos de esa especie, descubiertos en la cueva de El Sidrón en el noroeste de España, se sometieron a desorción térmica-cromatografía de gases-espectrometría de masas (TD-GC-MS, por sus siglas en inglés) y pirólisis-cromatografía de gases-espectrometría de masas (PY-GC-MS, por sus siglas en inglés). Los dientes proporcionaron datos moleculares del acto de cocinar e inhalar humo en una hoguera de madera, al igual que «la primera evidencia para el uso de plantas medicinales por parte de un neandertal». Las marcas químicas de milenrama y manzanilla databan de hace 50 000 años, sorprendentemente.[51]

> Esta nueva evidencia de cálculo dental tiende a apoyar suposiciones anteriores sobre el uso de plantas psicoactivas medicinales, o al menos higiénicas, si no es que motivadas espiritualmente, por parte de los neandertales desde el Pleistoceno [de hace 2.58 millones de años al año 9700 a. C.]... «Es sumamente probable que, como naturalistas en ejercicio (¿y ecologistas de los primeros tiempos?), los neandertales hayan conocido y apreciado todo su entorno, pues su existencia misma dependía de ello»...[,] y de este modo, «experiencias» tanto positivas como negativas «con diversas plantas se habrían transmitido como parte de un conocimiento ecológico neandertal».[52]

Según Burkert, el conocimiento transmitido durante decenas de miles de años de neandertal a neandertal, y de *Homo sapiens* de la Edad de Piedra a *Homo sapiens* de la Edad de Piedra, de algún modo se detuvo por completo en el templo de Deméter. Sin explicar de qué modo, el académico alemán sugirió que para cuando esos ritos primitivos llegaron a Eleusis, las drogas de algún modo habían desaparecido del «festival de la inmortalidad» que «parecía garantizar un más allá psicodélico». Esa «expansión de la conciencia» —un escape autocomplaciente de la realidad— simplemente era un episodio vergonzoso del pasado prehelénico. Como John Silber le diría a Ruck en 1978, «los griegos simplemente no habrían hecho esa clase de cosas».

Los datos duros de la cerveza alucinógena en Mas Castellar de Pontós indican otra cosa. En vez de verse reemplazados por una de las «sustancias inofensivas» de Burkert, el sacramento original de la Edad de Piedra parece haber sobrevivido hasta ese período histórico con ciertas tradiciones indoeuropeas. No solo en la rama oriental, con los indios exóticos y su soma psicodélico; no solo en la rama occidental, entre los celtas vacceos sedientos de sangre con su cerveza de cementerio en la necrópolis de Las Ruedas, sino también entre los auténticos griegos que adoraban desde Focea como los vikingos de la antigüedad con un linaje bien definido.

Puede que algunos académicos intercedan para objetar que la cerveza enriquecida con cornezuelo de la finca griega de Pons no tenía nada que ver con Grecia. Que al igual que Prats, Tarragona y la necrópolis de Las Ruedas, se trata solo de un ejemplo más de extravagancia celta e ibérica, que difícilmente es emblemático de los arquitectos de la civilización occidental. Los griegos estaban en mala compañía. Pero además de los hallazgos arqueológicos que demuestran que Mas Castellar de Pontós estaba inmersa en un contexto innegablemente griego, sería sensato recordar la sofisticación espiritual de los colonos que fundaron Emporion en primer lugar.

Distaban de ser mercaderes o comerciantes en el sentido ordinario. Los focenses colocaron un relieve de Perséfone en sus monedas por una razón. Pasaron muchos siglos sembrando en Cataluña ideas muy griegas sobre su inframundo y, lo que es mucho más importante, sobre cómo tener acceso a él. Pero España no era su única empresa extraterritorial. Al inicio de este capítulo, Massalia fue señalada como la primera colonia de los focenses alrededor del año 600 a. C. Pronto siguió Emporion, alrededor del año 575 a. C. Antes de que su hogar en la costa anatolia fuera ocupado por los invasores persas, Heródoto dice que los focenses empacaron «las estatuas y demás adornos que tenían en sus templos» y zarparon.[53] Con el tiempo, establecerían su sede central en el corazón de Magna Grecia. El asentamiento ahora difunto de Velia, Italia, data del año 530 a. C.

Ahí, los focenses engendrarían a un filósofo. Pero no cualquier filósofo. Se trataba de un mago, sanador y profeta. Según el investigador Peter Kingsley, uno de los pocos clasicistas a los que vale la pena leer además de Ruck, el genio griego conocido como Parménides «era parte de la primera generación de niños criados por padres focenses en Velia, con los recuerdos de Focea y el viaje de Focea aún frescos en su sangre».[54] ¿Por qué importa eso? Porque la región conocida como Jonia, donde se localizaba Focea, dejó una marca indeleble en el mundo moderno: lo que el astrofísico Carl Sagan alguna vez describió como el «despertar glorioso» a las leyes de la naturaleza que ocurrió entre los años 600 y 400 a. C. en «las islas remotas y ensenadas del Mediterráneo oriental».[55] Tales, Anaximandro, Teodoro de Samos, «los más antiguos pioneros de la ciencia» eran hijos de mercaderes. «El legado prolongado de los jónicos son las herramientas y técnicas que desarrollaron», dice Sagan, «que siguen siendo la base de la tecnología moderna».

Pero el legado de los llamados presocráticos no se detuvo ahí. Quizá ningún individuo ha hecho más para la imagen griega en los últimos 2 500 años que Parménides. Platón afirmó que el mago de Velia era su gurú personal. Para Kingsley no existe la hipérbole cuando se trata de Parménides:

> Y no hay cómo entender la historia de la filosofía o la sabiduría en Occidente sin entenderlo a él. Se encuentra en la vía central de nuestra cultura. Entrar en contacto con él implica entrar en contacto con todo lo demás. Se dice que él creó la idea de la metafísica. Se dice que inventó la lógica: la base de nuestro razonamiento, el fundamento de cada una de las disciplinas que han existido en Occidente. Su influencia en Platón fue inmensa. Un dicho muy conocido dice que la historia entera de la filosofía occidental no es más que una serie de notas al pie a Platón. Con la misma justificación, la filosofía de Platón se desarrolló en lo que podía llamarse una serie de notas a pie a ese hombre.[56]

Sin Parménides, no existirían Sócrates, Platón ni Aristóteles. Pero al igual que los primeros científicos de Jonia y los fundadores de Emporion, el hombre nació de padres focenses en el sur de Italia y no provenía de Atenas. Simplemente no fue esa la manera en que Grecia llegó a exacerbar la imaginación de la civilización occidental. Quizás a eso se refiere Ruck cuando dice que es hora de «reconocer nuestra herencia». Las mismas personas que inventaron la ciencia también inventaron técnicas para entrar al inframundo y tener contacto con los inmortales, ya fueran dioses, diosas o ancestros. Es decir, técnicas para volverse inmortales ellos mismos.

Todas las grandes religiones de la Antigüedad convergían en Jonia, donde los focenses eran los beneficiarios de la sabiduría colectiva de la humanidad. Se encontraban al final del llamado Camino Real que llevaba por Anatolia y Siria al golfo Pérsico, la «ruta de caravanas» que Kingsley llama «un punto clave en el contacto entre el Oriente y Occidente antiguos».[57] Los focenses estaban en el umbral de la historia. Absorbían ideas tanto de las tierras natales indoeuropeas propuestas —los vástagos de los agricultores neolíticos, al igual que los chamanes nómadas de Asia Central—. Tenían contacto regular con las altas culturas de Egipto, Babilonia, Persia y la India. En el agitado mercado jónico de ideas, parece que los focenses perfeccionaron un truco esencial para engañar al más allá. Un truco que llevaron al resto del mundo, al atravesar el estrecho de Gibraltar, según la leyenda. «Fueron los colonos de Focea», escribe Kingsley, «quienes navegaron por la costa occidental de África y luego hacia Francia e Inglaterra, Escocia y más allá». Pero, hasta donde sabemos, solo tres colonias mediterráneas tuvieron la suerte de recibir este truco: Massalia, Emporion y Velia.

En la conclusión de esta investigación, volveremos a Velia. En un extraño giro en una historia ya de por sí extraña, la comunidad focense en Magna Grecia sobrevivió intacta por cientos de años después de Parménides. Cuando los primeros cristianos comenzaron a celebrar su eucaristía al norte, en Roma, los habitantes de Velia se introdujeron hasta los cimientos de esa reciente religión mistérica, en la que las primeras generaciones de cristianos, llamados paleocristianos, practicaban el valioso secreto de cómo morir antes de morir, y después este fue suprimido por la creciente burocracia de una fe que decidió negar su herencia griega.

Ruck lo sabe, desde luego. Proveniente de una familia católica, ha investigado los orígenes del cristianismo durante toda su carrera y ha escrito al respecto desde comienzos de la década de 2000. La evidencia en Emporion no solamente implica a los antiguos griegos. También implica su ciudad hermana focense en Velia. Y por medio de una línea de sucesión documentada que vamos a explorar, eso implica a Roma. Para los devotos de Jesús y la

Iglesia católica en especial, la noción de que su religión fue creada por místicos italianos que hablaban griego con una eucaristía alucinógena podría resultar un trago muy amargo. Pero Ruck ya conoce ese camino. Así que aunque tome algo de tiempo para que la evidencia salga a la luz, el profesor anciano confía en que una nueva generación de arqueoquímicos sea capaz de confirmar científicamente la verdadera naturaleza de la eucaristía original en los años por venir. Y en el proceso, esperamos que expliquen por qué los paleocristianos en el sur de Italia y otros enclaves de habla griega del Mediterráneo antiguo decidieron adoptar la religión de Jesús no como algo inusual o único, sino como una versión conveniente de los mismos misterios que habían inspirado a sus primos griegos en Mas Castellar de Pontós a crear su propio templo casero con su propio brebaje casero. Más de doscientos años antes de que Jesús y su última cena llevaran los misterios al comedor, los griegos en Iberia ya estaban en eso. Ellos y sus amigas brujas en el sur de Italia estaban allanando el camino para que la religión más grande del mundo pudiera encontrar conversos fácilmente en cada cocina del Imperio romano.

En 1978, un clasicista solitario de la Universidad de Boston trató de contarle al mundo esta idea «perversa». Pero el mundo no estaba listo todavía. Antes de irnos del monasterio benedictino de Sant Pere de Galligants, tuve que hacerle una última pregunta a Ruck:

—¿Usted cree que esto reivindique los últimos cuarenta años de su vida atormentada?

—Bueno, sin duda molestará a mucha gente, ¿no es así? —Sonrió.

Epílogo a la primera parte

Ningún abogado termina su búsqueda de 12 años por evidencia sin llamar a testigos expertos. En mayo de 2020, cuando este libro ya estaba escrito y nos encontrábamos en mitad de un experimento global de distanciamiento, llamé al padrino. Además de ser uno de los seres humanos más inteligentes que he conocido, Greg Nagy también es uno de los más amables. Normalmente, tan solo hubiera ido a la institución líder en el mundo en el estudio de la antigua Grecia aquí en Washington D. C. Pero el COVID-19 nos metió en aguas inexploradas. Así que no conduciría veinte minutos por la avenida Massachusetts, junto a la embajada del Vaticano y la mansión neogeorgiana de la familia Clinton en la calle Whitehaven para ver a uno de los profesores más estimados de Harvard en literatura griega clásica. Desde el año 2000, Nagy ha sido el director del Centro de Estudios Helénicos, que se encuentra en un terreno espectacular que la familia Mellon donó a Harvard en 1961. Y desde que nos conocimos en 2015, siempre que no estaba dando clases en Boston, Nagy estaba disponible para responder las confusas preguntas del alguna vez aspirante a clasicista que incansablemente tocaba a su puerta con cada nuevo descubrimiento.

Cuando volví a contactar al profesor legendario con mi idea de poner a prueba la hipótesis absurda de Ruck en el siglo XXI, Nagy de inmediato fue receptivo. Para mí era una novedad, pero él y Ruck, que era egresado de Harvard, habían sido amigos en el pasado. La esposa de Nagy alguna vez fue alumna de Ruck. Boston era un mundo más pequeño en las décadas de 1970 y 1980. No obstante, después de la publicación de *The Road to Eleusis,* los dos clasicistas se separaron y perdieron el contacto. Nagy ascendió a lo más alto de la profesión. Ruck, por su pecado original, se desplazó hacia la oscuridad. Como un «indoeuropeísta afiliado», Nagy siempre había sentido simpatía por el trabajo de Wasson sobre el soma. Y desde el comienzo, le causó muy poco conflicto —al menos en términos conceptuales— que un sacramento como ese se encontrara entre los griegos antiguos. A pesar de tener la mente abierta, Nagy no toleraba la mala investigación. Entonces, para ayudar con la mía, tuvo la generosidad de darme acceso a su biblioteca privada con 35 000 volúmenes en el Centro de Estudios Helénicos, y se encargó de que pudiera obtener material en préstamo del minicampus igualmente exclusivo en Dumbarton Oaks en Georgetown.

Después de años de seguir mi progreso, la llamada a Nagy llevaba mucho tiempo gestándose. Ya le había enviado todas mis actualizaciones de España, junto con los datos arqueobotánicos sobre la cerveza con cornezuelo de 2 200 años. La presencia helénica en Mas Castellar de Pontós era evidente. Y me sentí aliviado cuando el meticuloso trabajo de campo de Enriqueta Pons me permitió una lectura interdisciplinaria de esos misterios greco-ibéricos como un eco curioso de los misterios eleusinos que Nagy en general encontraba convincente. Pero la pregunta más difícil era si Jordi Juan-Tresserras había sido suficientemente riguroso. Para ello, Nagy prefirió llamar a otro testigo al estrado.

Entonces, hice una reunión de cuarentena con Patrick McGovern, quien se había refugiado en Filadelfia. Necesitaba la opinión del arqueoquímico cuya recreación del «coctel ritual minoico» y la cerveza Midas Touch habían hecho que la búsqueda del viceón original no pareciera un completo desperdicio de mi vida adulta. Él ya conocía muchas de las especificidades. Cuando le avisé por primera vez del análisis de Jordi en abril de 2019, McGovern tuvo a bien revisar «un reporte arqueobotánico detallado» y las fotomicrografías originales que Jordi había tomado del cornezuelo bajo un microscopio óptico y un microscopio de barrido de electrones hace más de veinte años. McGovern me recordó que el camino a la gloria arqueobotánica está tapizado de los cadáveres de falsos positivos e interpretaciones erróneas.[1] Así que tuve que proceder con cautela.

Como un ejemplo entre muchos, considérese el consenso sobre la drogadicción de Shakespeare. En 2015, cuando se reportó una marca química de *cannabis* en los fragmentos de una pipa encontrada en el jardín del escritor más celebrado de la lengua inglesa, los titulares no se contuvieron: «¿William Shakespeare estaba drogado cuando escribió sus obras?».[2] La mayoría de los medios de comunicación ignoraron el hecho de que la identificación original de cannabinoides por medio de cromatografía de gases acoplada a espectrometría de masas (CG-MS) databa de 2001 y meramente «sugería» *cannabis*. Los resultados más definitivos, de los que poco se habló, arrojaron nicotina, cocaína y ácido mirístico (probablemente derivado de la nuez moscada, que es psicodélica en dosis altas) —hecho que apoya la perspectiva de que «al menos una sustancia alucinógena era accesible» a Shakespeare en el siglo XVII—.[3] Sin embargo, a menos que exhumemos el cadáver del Bardo de Avon, demostrar que en verdad fumaba más que tabaco es difícil de lograr con el 100% de confianza.

Durante el siguiente año, acosé profesionalmente a Jordi para que recorriera sus archivos físicos y de computadora para buscar cualquier trozo de papel o kilobyte de datos que tuvieran algo que ver con la cerveza con cornezuelo en Mas Castellar de Pontós. A mediados de la década de 2000, Jordi dejó la carrera de la arqueoquímica para dedicarse a la gestión del patrimonio cultural, así que pedirle que dejara todo por un estadounidense terco no fue tarea fácil. Pero para darle crédito, en las visitas infrecuentes a la casa de playa que resguardaban los registros científicos de Jordi, se adentraba en la montaña de cajas polvorientas con la esperanza de encontrar algo de valor.

Mientras tanto, contacté al antiguo mentor de Jordi, el respetado arqueólogo doctor Josep Maria Fullola, también parte del personal de los Centros Científicos y Tecnológicos de la Universidad de Barcelona, donde se llevó a cabo el análisis original. Fullola me envió una copia impresa de la tesis no publicada de Jordi de 1997, en la que el joven arqueoquímico incluía un desglose de las dos muestras obtenidas de la mandíbula del «iniciado». La presencia de cornezuelo se documenta con claridad en la capilla doméstica en la que se cree que los misterios tuvieron lugar. Pero eso no bastaba. Entonces, a fines de 2019 y comienzos de 2020, le rogué a Jordi que buscara por última vez el «reporte arqueobotánico detallado» de McGovern durante las vacaciones.

Un par de semanas después: ¡eureka! Después de más de dos décadas de permanecer oculto bajo un altero de notas, Jordi me envió su análisis completo, tanto de la mandíbula como del cáliz miniatura, que incluía una buena descripción de su metodología, instrumentos y resultados. Una vez más, la presencia del cornezuelo estaba claramente documentada. No solo en el recipiente en sí, como en la pipa de Shakespeare, sino en el cráneo humano. Todo apunta a una especie de cerveza alucinógena que no solo se preparaba sino que se consumía. Lo que ni Jordi ni la Universidad de Barcelona pudieron encontrar fueron las fotomicrografías: imágenes del cornezuelo microscópico que nos permitirían ver lo que él vio y confirmar el éxito. Una vez más, ¿cómo podrían terminar los misterios sin un misterio?

En la llamada durante la cuarentena, McGovern dijo que la ausencia de esas imágenes originales añade un elemento de incertidumbre a la identificación del cornezuelo que hizo Jordi. McGovern había escrito en otra parte que un botánico o químico por definición siempre exigirá pruebas «más definitivas».[4] Pero también reconoció que a pesar de los avances tecnológicos, la arqueoquímica sigue siendo una disciplina que todavía trata de «encontrar su sitio». Y hasta el día de hoy, no es del todo inusual que se pierdan muestras y datos, incluso en la Universidad de Pensilvania y las instituciones de mayor prestigio en Europa. También fue reconfortante escuchar que McGovern no tuvo ningún problema con la buena fe de Jordi. Desde mediados de la década de 1990 hasta mediados de la de 2000, el arqueoquímico español fue prolífico. Contribuyó en docenas de publicaciones académicas y revisadas por pares, entre ellas algunas que mencionan la cerveza de cementerio de Mas Castellar de Pontós de paso.[5] Jordi era conocido. Tal como el mismo McGovern indica en su libro *Uncorking the Past* [Descorchando el pasado], los dos incluso disfrutaron juntos de algunos tragos durante el primer Congreso Internacional sobre la Cerveza en la Prehistoria y la Antigüedad, que se llevó a cabo en Barcelona en 2004.[6]

Además de la mala investigación, si hay una cosa que Greg Nagy no tolera es el lenguaje descuidado. Así que como deferencia al clasicista de Harvard por excelencia, quiero ser riguroso pero justo. El hallazgo arqueobotánico en Cataluña no implica automáticamente que Platón y los millones de iniciados peregrinaran a Eleusis durante dos mil años para beber cerveza enriquecida con cornezuelo. Pero en vista del material que fue recuperado en Mas Castellar de Pontós y sus alrededores durante los últimos treinta años por la arqueóloga dedicada y responsable que es Enriqueta Pons, sí considero que hay una actividad cultual sobre el inframundo que recuerda mucho a los misterios griegos. Y en vista del trabajo intrépido del reputado

Jordi Juan-Tresserras, no tengo ninguna razón para dudar de sus datos. No creo que él mienta, y no creo que alguien de su calibre haya confundido otra cosa con cornezuelo. ¿Podemos decir con plena confianza que la finca griega fue fundada por magos, sanadores y profetas como la Eleusis del Occidente con el objetivo claro de beber cerveza alucinógena regularmente? No más de lo que podemos decir que *Macbeth* fue escrito durante una aventura psicodélica. Las ciencias históricas no funcionan de ese modo. Pero *alguien* sí consumió drogas en el jardín de Shakespeare. Y no es una locura sugerir que Mas Castellar de Pontós era una puerta trasera al templo de Deméter en Eleusis.

Si tenemos suerte, los misterios siempre podrían decidir darnos más pistas. Cuando este libro iba camino a la imprenta, Jordi nos compartió una última sorpresa: las muestras originales de cornezuelo sí podrían estar almacenadas en la Universidad de Barcelona, según me dijo, en espera de un nuevo análisis con el equipo de laboratorio actual más avanzado. En cuanto las cosas mejoren en España, uno de los países que más ha sufrido hasta ahora por la pandemia, la caza se reanudará. Y la saga continuará.

Mientras tanto, Ruck está convencido de que Pons y Jordi encontraron la prueba irrefutable. Además del contexto arqueológico en sí, el descubrimiento de la cerveza enriquecida con cornezuelo en Mas Castellar de Pontós encaja en un patrón general de cervezas extremas en Europa, lo cual ya era evidente en las cervezas de belladona que se detectaron en otros lugares de España y Andorra sin controversias. Los datos de Tarragona (2340 a. C.), Prats (1600 a. C.) y la necrópolis de Las Ruedas (siglo II a. C.) muestran que la cerveza antigua se combinó con alcaloides visionarios durante miles de años. Hasta donde yo sé y hasta que se demuestre lo contrario, las cervezas de cementerio de Mas Castellar de Pontós y la necrópolis de Las Ruedas representan los primeros datos científicos para el uso ritual de drogas psicodélicas en la Antigüedad clásica.[7]

Si bien parece que faltan datos similares del resto del continente, es importante recordar que la cerveza del ayer era muy diferente de la cerveza actual. En ausencia de los azúcares fermentables de las uvas que eran más abundantes en oriente, los antiguos fabricantes al norte y occidente de Europa recurrían a la miel, las moras y otras frutas. Constantemente experimentaban con diferentes ingredientes para crear bebidas más intoxicantes. Entonces, además de las hierbas moras, ¿por qué no otros compuestos que alteraran la mente? En un correo electrónico personal, Hans-Peter Stika del

Instituto de Botánica de la Universidad de Hohenheim me aseguró que «el análisis de recipientes de cerámica es muy reciente». Ya que siguen encontrándose y analizándose restos arqueoquímicos de cerveza fuera de España, dice, «podemos esperar nuevos resultados». Resultados psicodélicos.

A lo largo de la mayor parte de Europa, la cultura de la cerveza ha durado desde el Neolítico —cuando llegó por primera vez el sacramento indoeuropeo de la Edad de Piedra, probablemente de Anatolia— hasta el ascenso del cristianismo. De hecho, la conquista romana de lugares como lo que hoy son territorios de España y Francia en los dos siglos previos al nacimiento de Jesús fue tanto cultural como política; y el vino de los romanos se consideraba la única «bebida de elección» civilizada.[8] Y una herramienta poderosa. Quizá la mejor manera de educar a los europeos occidentales salvajes como los celtas era deshacerse de toda su cerveza arcaica y bárbara.

Los romanos heredaron su gusto por el vino de los griegos.[9] Y los griegos lo habían aprendido de los cananeos y fenicios, que administraban un activo comercio de vino a través de la mitad oriental del Mediterráneo en el primero y segundo milenios a. C. Desde su hogar en el Creciente Fértil y el Oriente Próximo, la elaboración de vino puede haber seguido a la elaboración de cerveza que encontramos en sitios como la cueva Raqefet y Göbekli Tepe. Pero ya desde la Edad del Bronce con los micénicos y su «coctel ritual minoico», el beber vino cobraba popularidad. A medida que los griegos comenzaron a colonizar Italia en el siglo VIII a. C. y la Atenas clásica empezó a ser reconocida, el vino superó a su rival prehistórico en las partes del Mediterráneo en las que se pueden cultivar uvas y que siguen siendo famosas por sus viñedos hasta hoy en día.[10] En Anatolia, Grecia e Italia, la cerveza desapareció lentamente, y el vino se volvió el nuevo sacramento para un nuevo milenio. Al igual que las cervezas visionarias en la parte occidental, ni siquiera el ciceón pudo escapar de esa tendencia.

Ninguna religión dura mucho tiempo sin que reformadores y revolucionarios aparezcan para agitar un poco las cosas. Si un santuario de acceso abierto como Mas Castellar de Pontós pone algo en evidencia es que la receta secreta no pudo conservarse herméticamente en Eleusis para siempre. Aunque los eumólpidas y los cérices quisieran mantener su monopolio sobre los ritos primordiales en Eleusis, las drogas estaban destinadas a escaparse en algún momento. Y las dos líneas hereditarias de oficiantes encontraron competencia extranjera, como también en casa. Había griegos antiguos que no necesariamente querían poner su vida en pausa durante un par de años para soportar la prolongada iniciación a los misterios.

¿Por qué realizar un viaje tan costoso para probar una cerveza de cementerio de la Edad de Piedra cuando había otro sacramento disponible en el teatro de Dioniso en el centro de Atenas? Y no solo ahí, sino en cualquier montaña o bosque en el que los devotos del dios del vino se reunieran a beber la poción de uva. Es probable que así fuera como Dioniso se abrió paso por los procesos eleusinos en un principio.[11] En mis conversaciones con el clasicista suizo Fritz Graf, él confirmó cómo el santuario que siempre le había pertenecido a la diosa prehistórica de pronto asumió un aspecto dionisiaco en el siglo v a. C. Si el dios del éxtasis se volvió el Hijo Sagrado nacido de Perséfone solo para evitar que sus admiradores rebeldes abandonaran el templo de Deméter, fue una decisión inteligente. Pero no fue suficiente.

Con el tiempo, los peregrinos se dieron cuenta de que no tenían que hacer el viaje a Eleusis. Eleusis llegaría a ellos. Y los ingredientes activos que al parecer nutrieron a los misterios por milenios podían disolverse con la misma facilidad en el sacramento que prefirieran. Según Ruck, la llamada profanación de los misterios es evidencia clara del movimiento que reemplazaría a la cerveza con el vino como vehículo para las drogas. En una serie de incidentes que ocurrieron en 414 a. C., se encontró que varios de quienes habían asistido a los misterios iniciaban a sus invitados a cenar en los secretos más sagrados. Cada ceremonia se consideraba una copia descarada de Eleusis, y un sacrilegio que merecía la muerte. Los detalles de los relatos revelan que alguna especie de sacramento se consumía en los hogares adinerados de toda Atenas. Sin importar lo que fuera, el vino era esencial en la mezcla.[12] Uno de los discípulos más famosos de Sócrates, Alcibíades, estuvo involucrado en el escándalo. Como si fuera un Edward Snowden de la Grecia antigua, lo forzaron al exilio y confiscaron todas sus propiedades. Si hubiera vuelto a Atenas, Alcibíades se hubiera arriesgado a que lo ejecutaran por revelar el gran secreto de Deméter y Perséfone. El Estado griego trató con mano dura a esos herejes. Sin embargo, una vez que el amor de Dioniso y su vino fue puesto en marcha, no se pudo detener.

Después de todo, no hay razón para no servir cerveza en cualquier iglesia católica, ortodoxa o protestante hoy en día. Si Jesús hubiera nacido algunos miles de años antes, los cristianos del mundo actual consumirían una versión cristianizada del biceón cada domingo. Pero no era ese su destino. Tal como exploraremos en la segunda parte de este libro, Jesús nació en la región vinícola de Galilea durante el milenio del vino. Y no con menos influencia del accidente histórico que hizo del vino la bebida más importante del momento, los primeros cristianos en Anatolia, Grecia e Italia ya habían abandonado sus granos por el vino en un momento en que —al igual que la cerveza prehistórica que hemos logrado descubrir hasta ahora— el vino era una cosa muy distinta.

Si Ruck tiene razón sobre la cerveza con drogas en Eleusis, entonces su investigación sobre el vino con drogas en la Antigua Grecia cobra un significado totalmente nuevo. Pues fue precisamente ese vino, según argumenta él, el que se usó en las primeras y más auténticas celebraciones de la eucaristía cristiana por personas como Alcibíades. Eran personas que no tenían la paciencia para Eleusis, pero estaban en busca de una experiencia religiosa real, costara lo que costara. Si los amantes de la cerveza en Mas Castellar de Pontós pudieron elaborar su propio sacramento artesanal, entonces los amantes del vino en cualquier parte podrían mezclar su propio néctar de los dioses. De acuerdo con Ruck, era el mismo público que los redactores de los Evangelios y san Pablo buscaron a lo largo de la mitad oriental del Mediterráneo de habla griega en el siglo I d. C. Y el mismo público que fue especialmente buscado por los gnósticos de habla griega cuyos textos nunca llegaron al Nuevo Testamento y cuya tradición oral al parecer transmitía un secreto farmacológico. Todos usaron la lengua griega para crear una nueva religión que —ahora igual que entonces— vive y muere por la habilidad de convencer a sus creyentes de que el vino cristiano no es un vino ordinario. Es la sangre de Dios que abre las puertas de la eternidad y promete inmortalidad instantánea.

¿Cómo logró eso? ¿Cómo tuvo éxito el cristianismo en un mundo mediterráneo que ya estaba lleno de vino mágico? Aprovechando parte de esa magia, según lo que opina Ruck. Si hay alguna prueba de que la eucaristía original de hecho era psicodélica, entonces la evidencia concreta debería estar en algún lado, rondando en algún ático o sótano del Viejo Mundo, en donde ya nadie se molesta en buscar.

Así que decidí viajar a París y Roma para encontrarlo.

O perderme en los archivos en el intento.

Segunda parte

LA MEZCLA DEL VINO
PSICODÉLICO

8

La droga de la inmortalidad

Me encontraba a la sombra de la pirámide brillante de vidrio y metal que ocupa mil metros cuadrados en la vasta Cour Napoléon. Comencé a abrirme paso entre los visitantes, que eran menos de los que esperaba para un viernes tan perfecto en París. Después recordé que era mitad de febrero y el brote reciente de protestas de los «chalecos amarillos» no le había hecho un favor al sector turístico de ahí en 2019. El movimiento contra el Gobierno que comenzó por los precios del combustible vio las manifestaciones más violentas del país desde la década de 1960, y evocó comparaciones con la Revolución francesa. Hacía apenas unas semanas, las autoridades habían desplegado a 89 000 elementos de seguridad en todo el país.[1] Como una medida de precaución nunca antes vista, se pidió que el museo de arte más grande del mundo cerrara su entrada icónica. Aun así, ese día las calles estaban en silencio. Y tuvimos la suerte de que la doctora Alexandra Kardianou, la curadora de cerámica griega en el Louvre, tuviera la amabilidad de invitarnos a mí y a un acompañante especial a examinar dos vasijas de figuras rojas del siglo v a. C. Había esperado años para verlas personalmente y de cerca.

Si los primeros cristianos de habla griega en verdad habían heredado un sacramento psicodélico de los iniciados en los misterios, la relación tuvo que haber comenzado en alguna parte. Entonces, para poner a prueba definitivamente esa hipótesis de continuidad pagana, fuimos en busca de cualquier cosa que relacionara a los griegos antiguos de los últimos siglos antes de Cristo con los paleocristianos de los primeros siglos después de Cristo. El vínculo obvio es el vino. Si el cristianismo en verdad basó la eucaristía en una bebida que alteraba la mente que existía en el mundo clásico en la época de Jesús, entonces nuestra primera tarea en esta parte de la investigación era identificar esa poción griega antigua original. Sabemos que los primeros cristianos no traficaban con cerveza. Pero el descubrimiento de un brebaje enriquecido con cornezuelo en Mas Castellar de Pontós sí demuestra la increíble longevidad de las cervezas de cementerio en el continente europeo. Si sobrevivieron desde la Edad de Piedra hasta el nacimiento del cristianismo y el concepto de los brebajes con drogas no es solo producto de la imaginación de Ruck, entonces la larga tradición de ingredientes secretos y recetas ocultas podría fácilmente haber encontrado un hogar entre los admiradores de Dioniso. Si el viceón de Deméter y Perséfone estaba enriquecido con alcaloides psicodélicos, entonces cualquier vino que circulara en la mitad oriental del Mediterráneo en los siglos previos a Jesús podría haber contenido cualquier cantidad de plantas, hierbas y hongos también.

Pero esta vez, no necesariamente buscábamos cornezuelo, que tiene una relación única con los granos. Buscábamos *cualquier* sustancia psicoactiva, debido al simple hecho de que el vino griego de la época no se parecía ni remotamente a nada que actualmente llamaríamos vino. Como veremos muy pronto, Ruck ocupa unas diez páginas de *The Road to Eleusis* con una lista de fuentes antiguas para reavivar la muy misteriosa reputación de la poción que reemplazó a la cerveza como sacramento predeterminado de la civilización occidental. Entre los griegos antiguos, el vino suele describirse como inusualmente intoxicante, con efectos que alteran la mente de manera importante, en ocasiones alucinógeno y potencialmente letal. En una época previa al licor destilado, ¿cómo era esto posible? ¿Por qué era tan fuerte el vino griego? Es bien sabido que la fermentación se detiene cuando el contenido alcohólico del vino o la cerveza se aproxima al 15% por volumen. La mayoría de las levaduras no pueden sobrevivir más allá de esa barrera natural, tan solo mueren, con lo cual bloquean cualquier producción adicional del etanol letal. Entonces, algo más tenía que darle al vino antiguo su potencia infame.

De acuerdo con Ruck, el elíxir conocido como *trimma*, ese vino especial mezclado para el público en el teatro de Dioniso que visitamos en la Acrópolis, era solo un ejemplo de esa sabiduría psicodélica griega. «La lengua griega no distinguía entre locura y embriaguez», escribe en *The Road to Eleusis,* «porque Dioniso era el dios de todas las sustancias embriagantes y no solo del vino».[2] En realidad, si los griegos hubieran estado tan obsesionados con el alcohol, seguramente habrían inventado una palabra para él. Pero no fue así. A diferencia del resto del 60% del vocabulario del inglés que se tomó del griego y el latín, nuestra palabra para «alcohol» proviene del árabe *al-kuhl* (ٱلْكُحْل). La raíz, *kahala,* puede significar «revigorar» o «refrescar». Sin embargo, al igual que los que bebían la cerveza de cementerio en Mas Castellar de Pontós, los griegos querían algo más que un efecto leve. Tal como mencioné unas páginas atrás, el objetivo de las ménades o devotas de Dioniso era el estado de «frenesí divino» o «inspiración poseída por dios». Después de haberse «llenado con el espíritu» del dios del éxtasis y haber «adquirido sus poderes divinos», las sacerdotisas «se identificaban con el dios mismo».[3] Ese sí que era un vino fabuloso.

Para poder participar en la divinidad de Dioniso y volverse inmortales también, las ménades podrían haber mezclado cualquier cantidad de aditivos psicodélicos con su poción de uva. Según la evidencia textual, está claro que tenían un arsenal de drogas en su repertorio. Pero una de las notas al pie ilegibles de Ruck siempre me atormentó. En la minúscula fuente de su bomba de 1978, el viejo profesor menciona brevemente que hay cerámica antigua que retrata la mezcla ritual del vino sagrado. Cada enero en Atenas, otro elíxir similar al *trimma* se preparaba para la celebración de mitad de invierno conocida como el festival de las Leneas. Marcaba la natividad de Dioniso y el comienzo de su temporada de fiestas. Al igual que con toda esa clase de misterios, los detalles son vagos, pero Ruck pensó que había pruebas sugerentes en los ejemplos mejor preservados de cerámica griega:

> Estos jarrones muestran a las devotas del dios en estados mentales extáticos o enloquecidos mientras mezclan el vino en un *krater* o «recipiente para mezclar» en una mesa detrás de la cual se encuentra el pilar enmascarado del dios. Sobre la mesa o colgadas debajo de ella hay varias plantas y hierbas. Un jarrón de hecho muestra a una mujer añadiendo una ramita de alguna hierba al *krater.*[4]

Y ahí termina la nota al pie preinternet. Sin fotos, sin gráficas, sin hipervínculos. Sin indicar una página específica, Ruck cita el libro del investigador alemán August Frickenhaus, *Lenäenvasen,* publicado en Berlín en 1912. En algún momento, la Universidad de Heidelberg hizo una copia digital que está disponible sin costo en línea.[5] Todavía recuerdo claramente haber pasado un domingo entero, hace varios años, estudiando cada una de las imágenes que reproduce Frickenhaus y esperando poder encontrar lo que mencionaba Ruck. Para mi decepción, toda la cerámica se reproduce en blanco y negro. Hay algunas fotografías de los jarrones en cuestión; otras imágenes son el mejor intento del autor alemán por recrear a mano escenas de las Leneas.

Dibujo de línea de G 409. De *Lenäenvasen,* de August Frickenhaus, publicado en 1912.

Hubo una ilustración de Frickenhaus que me llamó la atención: tres mujeres de perfil, al lado de dos *kraters* en una mesa de mezcla. Dos de las mujeres están de pie y observan atentamente la vasija que se encuentra a la izquierda. La figura central extiende la palma derecha hacia el borde del *krater* abierto, mientras que su cómplice revuelve con delicadeza los contenidos con un cucharón alargado. Algún ingrediente desconocido acaba de echarse en el vino aún en fermentación. El posible aditivo es lo que sea que la tercera mujer, sentada a la derecha, empuña debidamente en ambas manos. Sostiene dos especies diferentes. Ninguna se puede identificar del todo, pero alguna podría ser la «ramita de alguna hierba» que describía Ruck. Debajo de su cuidadoso dibujo a mano, Frickenhaus incluyó las palabras «Louvre G 409» entre paréntesis, que supuse era un número de inventario de hace cien años que seguramente no significaba nada en el siglo XXI. Después de una búsqueda exhaustiva por semanas en internet y en cada ejemplar físico o periódico que pude conseguir, no apareció ninguna fotografía de G 409. Un extraño vacío en la literatura para algo de tanta importancia potencial.

Si bien el artista antiguo podría haber inventado por completo el ritual que se pintó en G 409, vale la pena preguntarse: ¿y si preserva los puntos más detallados de una ceremonia de mezcla de vino *verdadera*? ¿Y si G 409 es lo más cerca que estaremos de presenciar el hecho real, tal como se llevó a cabo hace 2 500 años? ¿Y si las dos especies en las manos de la ménade sentada son los ingredientes secretos que enriquecieron el sacramento griego antiguo del vino sagrado? Después de llegar a un callejón sin salida, guardé la imagen de Frickenhaus en mi laptop, confiando en que sería de ayuda en algún momento.

Y resulta que el día había llegado. Justo antes de Navidad, les escribí un correo electrónico a ciegas a varios de los miembros del Departamento de Antigüedades Griegas, Etruscas y Romanas del Louvre. Incluí una foto del G 409, sin estar del todo convencido de que el jarrón no estuviera ahora en otro museo o quizás hubiera desaparecido por completo. Y estaba casi seguro de que la referencia de Frickenhaus, en cualquier caso, no valía mucho. El lunes 7 de enero, Dioniso cobró vida. La doctora Kardianou, griega de naci-miento, me escribió para confirmar que G 409 de hecho seguía siendo G 409, y que tenía un lugar muy digno entre los cerca de 15 000 jarrones griegos del Louvre. También me dijo que probablemente me interesaría otra pieza numerada G 408, «*également décoré d'une scène dionysiaque de culte*» (que también está decorada con una escena dionisiaca de culto). Cuando abrí el archivo adjunto de Kardianou, el resto de la nota al pie de Ruck de hace cuarenta años tuvo completo sentido.[6] En la fotografía del jarrón, hay dos mujeres sirviendo vino de *kraters* en recipientes más pequeños para beber; entre ellas, está el «pilar enmascarado del dios», tal como lo describió Ruck. Curiosamente, hay brotes de hojas que surgen de la cabeza de la efigie bar-buda de Dioniso. Otra gran pista, pero la resolución de la imagen adjunta era muy baja como para descubrir algún detalle.

¿Por qué nadie había publicado una fotografía a color decente de G 408 o G 409? No lo sé. Pero un buen vistazo a lo que esas ménades estuvieran haciendo al fin podría ayudar a explicar cómo el vino griego se había ganado la reputación de alterar la mente. Entonces, Kardianou y yo agendamos una visita privada de sus artefactos. De inmediato contacté a mi experto de confianza en hierbas.

Para descifrar G 408 y G 409 de una vez por todas, se necesitaría a alguien con un perfil muy extraño. Sin embargo, si uno busca un poco, puede encontrar a Francis Tiso en un lugar apartado, Colle Croce, un pueblo pintoresco en las faldas de los montes del Matese en la provincia italiana de Isernia, a unas horas al sureste de Roma. El polímata de 69 años es lingüista antiguo e historiador de religión comparada, formado en la Universidad Cornell y la Universidad de Columbia, con una maestría en teología en Harvard. Es cazador de hongos certificado, ávido jardinero y herborista homeopático al mismo tiempo. Para darle aún más crédito, solía ser el gerente de Santa Ildegarda, una posada en un lugar aún más apartado, Cantalupo nel Sannio. Está dedicada al legado místico de la profetisa benedictina del siglo XII y feminista temprana, santa Hildegarda de Bingen. Ella fue una de las mayores autoridades europeas en remedios herbales.

Parecía que Francis cumplía con todos los requisitos, pero su trabajo diario cumplía con el mayor requisito de todos. Cuando no está meditando o hablando con plantas, el alquimista recibe un sueldo para transformar vino ordinario en vino mágico, como parte de un ritual antiguo cuyos orígenes permanecen rodeados de misterio.

Creí haber visto a mi amigo arrastrando exhausto su maleta por el patio. Bajo la barba entrecana no es posible reconocerlo de inmediato sin el cuello.

—¡*Ciao*, padre Francis! Qué gusto verlo.

El sacerdote romano católico acababa de llegar de Nepal, donde había pasado las últimas tres semanas traduciendo un manuscrito tibetano medieval escrito por un discípulo de Milarepa, el mago negro que después se volvió budista devoto. Encontré al viajero de buen humor, como siempre, aunque un poco desgastado. Con algunos minutos libres antes de nuestra cita a las 2:30 p. m. con Kardianou, tomamos asiento en la cornisa de granito que rodea la fuente alrededor de la pirámide de 21 m de altura. Por fortuna, el padre Francis ya sabía de mi investigación desde hacía tiempo, así que ponerlo al corriente sobre las más recientes aventuras en Grecia, Alemania y España no me costó trabajo.

Nuestro primer contacto había sido en 2015. Sin estar seguro de cómo respondería el padre a mis preguntas, pronto supe que él le daba la suficiente seriedad a la hipótesis de continuidad pagana como para leer mis notas iniciales sobre la *terra sacra*. Nunca olvidaré ese primer correo electrónico.

Hola, Brian:

Pude leer tu artículo, con bolígrafo en mano, mientras esperaba la aparición del papa en la Sala Nervi en el Vaticano el sábado. Estaba con la diócesis de Isernia-Venafro, tuvimos una audiencia especial ese día. Me agrada el artículo en general, pero tengo algunas críticas menores (¡quizás algunas no tan menores!), pero es tarde y mañana debo asistir a un funeral. Te escribiré pronto. El texto está junto a mi laptop aquí en la exótica Colle Croce, ¡cerca del fin del universo! Pero quizá no tan lejos de Eleusis y sus herederos.

Ciao, Francis

Honesto desde el comienzo, supe que era la persona indicada. Pero además, si algún hombre de Dios quisiera emprender esa búsqueda herética, pensé que «el sacerdote más controvertido del mundo» sería una buena apuesta.[7] Es un apodo que el padre Francis se ha ganado por sugerir que la muerte y resurrección de Jesús de hecho no fueron un suceso único —lo cual contradice dos mil años del dogma de la Iglesia—. En *Rainbow Body and Resurrection* [Cuerpo arcoíris y resurrección], de 2016, el intrépido sacerdote publicó los resultados de su investigación de décadas sobre el fenómeno llamado «cuerpo arcoíris» del budismo tibetano. Recorrió todo el subcontinente indio y los Himalayas buscando relatos de testigos oculares de gurús espirituales cuyos cuerpos físicos, según se dice, se encogieron o desaparecieron después de la muerte, y a menudo se transformaron en manifestaciones radiantes de luz multicolor.[8]

«Ya no es posible desacreditar el fenómeno como folclor», dice el padre Francis.[9] Tampoco le encuentra ningún sentido a negar los paralelos con la llamada escena de la transfiguración de los Evangelios, cuando el rostro de Jesús de pronto «brillaba como el sol» y «su ropa se volvió blanca como la luz», con lo que al parecer consolidó su verdadera identidad como el único hijo de Dios. Este cuerpo milagroso de luz se considera una vista previa a la forma superhumana que el Jesús resucitado asumiría después de su ascenso a los cielos.[10] Sin importar cuán iluminados estuvieran, ninguno de los lamas que entrevistó el padre Francis afirmó jamás ser hijo de Dios. Así que si en verdad desaparecieron en el éter como un destello de arcoíris, significa que *cada uno* de nosotros es capaz de la misma hazaña divina.

Cocina del padre Francis, tomada durante la visita del autor a Colle Croce, Italia, en mayo de 2018.

Hasta donde sabe el padre Francis, una lectura con perfecto sentido común del Nuevo Testamento es que el mensaje esencial de Jesús se trataba menos de *sus* habilidades que de las *nuestras*. En vez de buscar un Dios externo, en la lejanía celestial, el padre atípico podría aconsejar a los cristianos más progresistas que se enfoquen en el propio potencial oculto muy dentro de sí mismos. Para los budistas en formación, eso implica una vida de meditación en las montañas. Para todos los demás, quizás haya un atajo. Uno que los primeros cristianos pudieron aprender de mujeres habilidosas que hablaban la lengua de Homero y que siempre llevaban hierbas mágicas en el bolsillo.

Como los contenidos del jardín del padre Francis en Colle Croce.

El currículum del hereje hablaba por sí solo, pero yo tenía que ver personalmente el laboratorio para cumplir con mi deber. Entonces, unos meses antes tomé un tren al sur de Italia para una lección de botánica cerca del fin del universo. El frondoso jardín del complejo prerromano estaba repleto de higos, olivos, avellanos, manzanos y perales. Junto a las alcachofas, orquídeas salvajes y cardos, el padre Francis me mostró su ambrosía, lavanda y uvas de tintilla. En otro huerto, los potenciadores del sistema inmune: milenrama, rizomas de ortiga, equinácea, regaliz y jengibre. Apenas visible, un ramo de hongos boletos anillados.

La cocina de la cabaña de piedra del sacerdote parecía un terreno de pruebas de magos y hechiceros. En un tendedero del ancho del techo, colgaban dos docenas de hierbas distintas, organizadas por tamaño. Había morteros y pistilos apilados con cuidado junto al horno. Las raíces, tallos, flores y frutos de todo lo que surgía de la tierra afuera estaban en goteros de vidrio y botellas de aerosol para tinturas naturales. Notas garabateadas a mano marcaban la última cosecha: angélica, manzanilla, bardana, ajenjo y artemisa. La siguiente cosecha: nuez moscada, pimienta gorda, clavos, ciprés y borraja. No puedo ver un altero de libros sin notar los títulos: *Gray's School and Field Book of Botany*, *The Practical Handbook of Plant Alchemy* [El manual práctico de alquimia vegetal], *The Practical Mushroom Encyclopedia* [La enciclopedia práctica de los hongos], *The Illustrated Herbal* [El herbario ilustrado]. Y mi favorito *Segreti e virtù delle piante medicinali* [Secretos y virtudes de las plantas medicinales]. Ni Merlín habría podido tener un mejor laboratorio.

—¿Qué tan bueno es su griego en estos días? —le dije de broma al clérigo, consciente del alcance de sus conocimientos.

Desde nuestro asiento bañado por el sol en la Cour Napoléon, saqué la edición de Loeb de *Las bacantes* de Eurípides de la misma bolsa de cuero que me acompañó a Atenas, Eleusis, Múnich y Girona. Señalé el verso 274, donde el vidente ciego Tiresias le explica al escéptico rey Penteo de Tebas por qué debe permitir que las mujeres de la ciudad celebren propiamente los ritos de Dioniso. Y por qué este «nuevo dios» pondrá a Grecia en el mapa de las generaciones por venir. El coro de Eurípides lo señala todo: «Ningún dios es superior a Dioniso».[11]

Cuando debutó en 405 a. C., la obra entera fue la manera en que Eurípides dramatizó el movimiento revolucionario de la época, y es un marcado desafío a un culto administrado por el Estado como los misterios de Eleusis. Ya que el ciceón a base de cerveza tenía cada vez más competencia con el sacramento más de moda y elegante del vino, los días de Deméter y Perséfone estaban contados. Y el dios del éxtasis atraía cada vez más a atenienses como Alcibíades, que había profanado a la diosa tan solo unos años antes cuando al parecer sirvió vino enriquecido en su imitación casera de Eleusis. Pero fuera de las ciudades, el verdadero público del dios del vino eran las mujeres, que huían a las montañas y bosques salvajes que servirían como las iglesias al aire libre de Dioniso en toda Grecia.

El padre Francis empezó a recitar en voz alta el texto que precedió al Nuevo Testamento por más o menos cuatro siglos y medio. Su pronunciación era un poco eclesiástica, pero logró un ritmo y cadencia adecuados del griego clásico que se habría recitado ante los aplausos de los intoxicados en el teatro de Dioniso:

> Dos cosas son fundamentales entre los mortales, jovencito: la diosa Deméter —que es la Madre Tierra, pero puedes llamarla con cualquiera de los dos nombres— nutre a los mortales con alimentos secos. Pero aquel que vino después, el hijo de Sémele [Dioniso], descubrió como su complemento la bebida que fluye del racimo de uvas y se la presentó a los mortales. Esta libera a los apurados mortales de su dolor —cuando se sacian con el jugo de la vid—, esa que les brinda el sueño que hace que uno se olvide de los problemas cotidianos: no hay otro tratamiento para la miseria. Él, que es un dios, se ofrece a los dioses en las libaciones.[12]

—Siempre lo entienden mal —le dije al padre Francis refiriéndome a la traducción al inglés de la edición Loeb del pasaje griego que acabábamos de leer—. «No hay otro *tratamiento* para la miseria» —leí de la página a mano derecha—. Suelen decir «remedio» o «medicina» o «tratamiento». Pero nunca dicen lo que es. Veamos la palabra griega para «tratamiento».

El padre Francis analizó el griego que estaba en la página del lado izquierdo y notó exactamente a lo que me refería. Entrecerró los ojos detrás de sus lentes y exhaló las sílabas antiguas:

—¡*Pharmakon!*

La inclusión intencional de Eurípides de la palabra *pharmakon* aquí indica una tradición rica y establecida en la lengua griega, una que no se perdía para el público clásico en Atenas. Ciertamente no se perdió para la directora Polyxeni Adam-Veleni el pasado septiembre, en el Ministerio de Antigüedades en Atenas, cuando leímos sobre las «drogas perniciosas» o *pharmaka lugra* (φάρμακα λύγρ) que Circe «confeccionó» o *anemisge* (ἀνέμισγνε) en los alimentos de los hombres de Odiseo para volverlos cerdos. Recordemos que la base del miceón mágico de Circe era el vino pramniano de la isla griega de Icaria.[13] Desde el comienzo de la cultura literaria griega en el siglo VIII a. C., encontramos evidencia de una farmacología avanzada. Una comprensión de la poderosa combinación de vino y drogas a la que Adam-Veleni se refirió como «conocimiento común» entre los griegos, «natural» entre los suyos. Y esta ciertamente no terminó con Homero.

En un artículo poco conocido de 1980, la clasicista egresada de Harvard Ruth Scodel constató una tradición milenaria que conectaba a Homero con pensadores posteriores como Platón, Plutarco y Nono —todos usaban la palabra *pharmakon* para describir el vino—. Reconoce como un hecho que «el vino suele alabarse convencionalmente como un buen *pharmakon*» en la literatura griega, y lo llama una «fórmula ritual».[14] La reputación del vino como un elíxir complejo viajó desde la Edad Media griega hasta la caída del Imperio romano debido a que en realidad *eso era*: una sustancia versátil que variaba desde lo que Scodel llama una «droga contra el pesar», hasta una herramienta para invocar a dioses del vino tanto antiguos como nuevos.[15]

Si alguna vez están en un juego antiguo de unir los puntos, querrían al padre Francis en su equipo. Al ver a dónde me dirigía con este pasaje de Eurípides, noté otro brillo travieso en sus ojos.

—¿Sabes...? *Nosotros* llamamos a la eucaristía *pharmakon athanasias* —dijo con alegría, usando las palabras en griego antiguo que significan «droga de la inmortalidad». El sacerdote la había mencionado por primera vez durante mi visita previa a Italia en mayo. Pero antes de eso, sinceramente nunca había oído la expresión. Hasta que encontré la fuente griega original, pensé que el católico sesudo me estaba tomando el pelo.

Cuando terminamos *Las bacantes*, estaba a punto de mostrarle al padre Francis una de las muchas impresiones que había guardado en mi bolsa de cuero antes de salir de Washington D. C. Busqué en el fajo de 5 cm y localicé la carta griega que san Ignacio de Antioquía le escribió a la iglesia en Éfeso, en la costa de lo que hoy es Turquía, en el siglo II d. C. Aunque puede que él haya querido distinguir la eucaristía cristiana de su pasado pagano, Ignacio, que era greco-sirio, soltó una frase con muchas implicaciones que parece hecha a la medida de los greco-efesios que no estaban listos para dejar atrás a Dioniso. En su carta poco conocida, Ignacio se refiere inequívocamente a la eucaristía como la «droga de la inmortalidad» (*pharmakon athanasias*): un «antídoto» «remedio» (*antídotos*) para la muerte, capaz de generar vida eterna.

No fue una elección casual de palabras. Con este pequeño ejemplo podemos obtener una inmensa comprensión del mundo muy helenizado del Mediterráneo oriental en el que nacieron Jesús y sus primeros seguidores.

Desde Grecia hasta el norte de África y el Oriente Próximo, una nueva generación de clasicistas ahora se refiere a este crisol de ideas religiosas como el «internet cultural antiguo» que vinculó a una red diversa de hablantes de griego en «una conversación de múltiples voces».[16] Desde su descubrimiento inicial y apego ritual a la vida griega, el vino se percibía nada menos que como una *droga* poderosa con el potencial de asesinar o santificar, tóxica y milagrosa al mismo tiempo. Y en esa zona interconectada, sin importar si estuviera uno en Atenas, Alejandría o Antioquía, Dioniso era el traficante.

Antes, durante y después de la vida de Jesús.

Entonces, si el vino griego era un auténtico *pharmakon,* ¿eso significa que el vino cristiano era un auténtico *pharmakon* también? ¿O acaso Ignacio solo había usado una licencia poética? Antes de continuar con la hipótesis de continuidad pagana, debo ver cómo se hacía el sacramento original. Es hora de verificar los hechos de una nota al pie de hace cuarenta años.

El padre Francis y yo encontramos la fachada oeste de la enorme pirámide. En vez de hacer fila en el laberinto de postes para controlar a la multitud, que para mí son lo más cercano a una pesadilla viviente, avanzamos más al sur por la Cour Napoléon hacia el Pavillon Mollien. Al final de un pórtico tranquilo enmarcado por siete arcos de piedra, la doctora Kardianou nos había pedido que nos presentáramos en el mostrador de seguridad con pasaportes en mano. Nos pasaron por el punto de seguridad y nos dieron nuestros pases especiales «fuera de zona» (*hors zone*), que fueron mi primera pista de que nos esperaba algo grandioso. De pronto apareció una mujer astuta de lentes y cabello platinado, con una chaqueta ligera morada y una bufanda estampada.

La doctora Kardianou nos explicó cómo escudriñó su catálogo de casi 15 000 piezas para buscar ejemplos adicionales de escenas en las que se confeccionara vino, pero salió con las manos vacías. Nada de qué preocuparse: G 408 y G 409 han estado fuera del alcance del público y permanecen bien conservadas. Kardianou acababa de sacarlas de la bodega y las había puesto en la mesa de examen del «almacén».

Después de meter el equipaje del sacerdote en su oficina, Kardianou nos llevó a la Salle du Manège, cuya entrada estaba enmarcada por estatuas gigantescas de Alejandro Magno y Antínoo. Arrancó a un paso furioso y se abrió camino entre la espesura de los turistas como nuestra hada madrina por un laberinto de mármol antiguo. Por el rabillo del ojo pude notar un Baco coronado de uvas a mi derecha; el Dioniso romano alza una copa cuya poción ha desaparecido desde hace tiempo. Mientras salimos del pasillo por unas escaleras, el atrio sirve como una toma cinemática de la pirámide que domina el patio. Pero no hay tiempo para apreciarla.

De inmediato dimos vuelta a la derecha para entrar a la Galerie Daru y nos dirigimos a los 53 escalones que nos guiaban ante lo que el historiador del arte H. W. Janson llamó «la más grande obra maestra de la escultura helenística».[17] La *Victoria alada de Samotracia* de dos metros y medio, hecha de mármol tasio y pario, que alguna vez decoró el Santuario de los Grandes Dioses en la isla de Samotracia al norte del Egeo. Retratada con una destreza del siglo III a. C. que no volvería a aparecer hasta el *David* de Miguel Ángel, la diosa acaba de tocar tierra en la proa de un barco griego, y los pliegues de su túnica todavía ondean en la brisa. De nuevo, no hubo tiempo para entretenerse.

Nos enfilamos entre los turistas para subir otro nivel a la izquierda de la *Victoria alada,* pasamos rápido junto a la Salle des Verres y nos detuvimos. Una cuerda de terciopelo y un guardia de seguridad hastiado parecían estar bloqueando el camino, hasta que Kardianou avanzó sin molestias y nos pidió al sacerdote y a mí hacer lo mismo. Colocó el puño en la pared al nivel del ojo para abrir un compartimiento de madera secreto. La curadora levantó un teléfono. Después de una conversación murmurada en francés, nos encontramos frente a la Sala 659.

Una placa pequeña revelaba por qué el público no tenía permitida la entrada a esa sección del Louvre: «Debido a nuestra campaña de prevención por "riesgo de inundación", esta sala está cerrada temporalmente para proteger las obras de arte que suelen conservarse en el sótano». Supuse que eso explicaba nuestro pequeño maratón. Kardianou metió sus llaves en el portal con filo de oro y nos acompañó a la bodega más deslumbrante que haya visto en mi vida.

—¿Este es el «almacén»? —Giré la cabeza automáticamente para apreciar los techos de siete metros y medio de altura.

El padre Francis sonreía de oreja a oreja. Sensorialmente abrumado, analicé las vitrinas de pared a pared, todas llenas de cerámica griega: *kraters* en forma de campana y alargados para confeccionar el vino, ánforas para transportarlo, *stamnoi* para almacenarlo, y cualquier *kylix* poco profundo concebible para beberlo.

—Tenemos mucho trabajo por delante. ¿Cuántas piezas hay, doctora Kardianou?

—En esta sala, hay alrededor de mil.

—Maravilloso. ¿Y esto nunca está en exposición?

—No. *Era* una sala de exposición. Pero ahora es nuestro almacén —precisó la doctora, aludiendo a la política de prevención por las inundaciones—. Y tenemos *otro* almacén —añadió, haciéndonos señas para que dobláramos a la izquierda en la esquina, en lo que me parece que era la Sala 658.

Parecía del doble del tamaño de la sala vecina. La luz de sol irregular de un día inesperadamente primaveral pasaba a través de la ventana palaciega que da al Quai François Mitterand y el río Sena. Mil recipientes más llenaban las vitrinas decoradas de tres y medio metros que cubrían el perímetro de la sala. Y ahí en una mesa de examen, tal como lo había prometido Kardianou, estaban G 408 y G 409.

La escena entera parecía demasiado buena para ser cierta. Después de todo, era febrero. Debería estar frío, lluvioso y triste. Todos deberían estar de un humor terrible. Y deberíamos haber estado en un sótano. No era para nada lo que esperaba. Sin embargo, mientras me acercaba a los jarrones, sentí que me dio un vuelco el corazón. El dibujo de línea de *Lenäenvasen*, la monografía alemana de un siglo de antigüedad, me pasó por la mente. Siempre me había preguntado por qué no había una fotografía de G 409. Ese Frickenhaus, infeliz.

—¿Qué pasó? —pregunté.

—El problema es que a finales del siglo XIX se imaginaron algo —empezó a relatar Kardianou, señalando el gran hueco triangular en G 409 donde la superficie pintada de la cerámica antigua se había despostillado en algún momento de sus 2 500 años de historia. El ápice del triángulo estaba justo sobre la parte en la que la mano de la ménade sentada muestra el segundo de sus dos ingredientes no identificados. ¿Cuál era la probabilidad de que eso ocurriera? El objeto floral cualquiera que Frickenhaus había dibujado en la mano derecha de la mujer era puro invento. La curadora trató de consolarme—: A veces solo hacen la reconstrucción para crear una imagen bella.

Alexandra Kardianou señalando los detalles de la ménade sentada en G 409. La cerámica antigua está despostillada sobre la mano derecha de la sacerdotisa (izquierda y abajo a la izquierda); la planta, hierba u hongo que lleva en la mano izquierda permanece intacta (abajo a la derecha) *Cortesía del Musée du Louvre.*

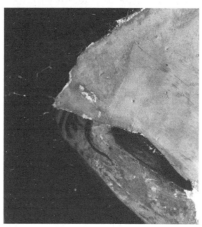
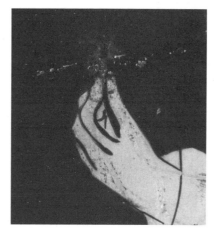

—Pero todavía tenemos *esa* —dije para tranquilizarme, señalando la mano izquierda de la mujer. Por fortuna, el artículo misterioso estaba completamente intacto.

—Sí, en esta… *sí* hay algo. —Kardianou señaló la bien preservada «ramita de alguna hierba» que Ruck mencionaba en la nota al pie de 1978—. Y ahí —continuó, refiriéndose al objeto faltante en la mano derecha— supongo que había una flor, porque aquí puedo ver algo.

—¿Qué ve ahí?

—Ah, veo tres líneas rojas en esta dirección.

La curadora trazó tres arcos separados con el dedo índice, justo en donde la pintura desaparecía en la cerámica dañada. Cuando me acerqué, a 15 cm del jarrón, pude detectar unas marcas muy tenues.

—¿Usted piensa que era una flor?

—No digo que lo piense —dijo Kardianou con una risa—. No estoy segura. Veo tres líneas. *C'est juste mon interprétation* [«Es solo mi interpretación»]. No puedo explicarlo.

Después de eso, la mesa de examen fue toda nuestra. La curadora nos dio permiso de curiosear cuanto quisiéramos, mientras no tomáramos ninguna fotografía de objetos que no estuvieran en exhibición. Debí haber previsto eso, pero convencí a Kardianou de dejarme tomar algunas fotos de cerca de los dos jarrones en cuestión. La doctora desapareció en la sala contigua, otra sala que solía ser de exposición, más al este en la plaza privada del ala Sully. Recuperándonos del asombro por nuestra buena suerte, el padre Francis y yo nos sonreímos con complicidad. El sacerdote se ajustó los anteojos y tomó la silla solitaria frente al G 409.

Con un fuerte suspiro, comencé a proceder en un tono sombrío:

—No puedo creerlo, amigo mío. Digo, *así* es como los misterios siguen siendo misterios.

El padre Francis, que ve el vaso medio lleno, ignoró mis quejas y tomó la lente de aumento retráctil con lámpara incluida. La encendió y la apuntó a la pieza restante de evidencia que *sí* teníamos: la mano izquierda de la ménade sentada. Se quedó inusualmente pensativo durante medio minuto. Mientras el sonido distintivo de una sirena de policía francesa pasó al lado, yo esperé. Hasta que no pude esperar más.

—Entonces, ¿qué cree que sea? —le insistí con impaciencia al sacerdote.

—Parece una morilla o alguna clase de hongo.

—No puede ser. ¡Por favor!

—Ven, míralo —respondió el padre Francis—. También es del tamaño de un hongo.

—No lo sé..., puede ser —dije mientras miraba a través de la lente—. Tiene una forma parecida a la de un hongo, y lo que casi parece un estípite. Podría ser una hierba, supongo. Pero mire qué grueso está el tallo. Eso es un poco raro, ¿no cree?

En su defensa, al parecer Frickenhaus también pensó que era un hongo. Si se examina el dibujo de línea original, se puede ver un estípite definido que sobresale entre el pulgar y el índice de la ménade. Encima se aprecia algo que difícilmente podría ser otra cosa más que el sombrero de un hongo. El espécimen era muy diferente de lo que el autor alemán trató de retratar en la mano derecha de la devota.

Sobre eso, el padre Francis tenía más ideas:

—La parte rota tiene un tipo de pintura muy similar. Igual que el hongo de abajo, aquí se puede ver alguna clase de esmalte, un color pintado, horneado con el jarrón.

—Sin duda había algo ahí, ¿cierto? —señalé las tres líneas rojas que Kardianou había notado.

La máscara barbuda de Dioniso cuelga de un árbol con hojas en G 408, rodeado de las ménades que revuelven el vino. *Brian C. Muraresku; cortesía del Musée du Louvre.*

—Sí. Lo que sostiene aquí —prosiguió el sacerdote, señalando su hongo— y lo que sostiene ahí —dijo pasando a la planta, hierba u hongo ausente de arriba— están pintados del mismo modo. A diferencia, por ejemplo, de la varilla para agitar. No veo *ninguna otra cosa* pintada de ese modo.

Los siguientes 15 minutos de intenso escrutinio y debate nos dejaron en el mismo lugar en el que comenzamos. En la mano izquierda: una bola carmesí que bien podría ser un hongo. En la derecha: ¿quién sabe? De cualquier modo, el sacerdote estuvo de acuerdo en que los ingredientes de la ménade definitivamente estaban destinados al vino, y la manera en la que los ingredientes botánicos estaban pintados acentuaba su papel único en el ritual de confección.

El herborista pasó a G 408. Estaba fascinado por la masa de follaje que salía de la cabeza del «pilar enmascarado del dios». Las ramas se doblaban con el peso de varias docenas de hojas en forma de corazón. Cualquier hoja podría haber terminado por azar o voluntad en los *kraters*, perfectamente posicionados a cada lado del dios del éxtasis. Las hojas eran difíciles de reconocer. El padre Francis pensó que el cornejo macho (*Cornus mas*) era una posibilidad. Pero podían pertenecer a una gran variedad de especies, lo cual seguramente era la idea.

A lo largo de Grecia, al dios del vino también se le conocía como «dios del árbol». Mientras que se le asociaba en particular con el pino, las higueras y los arrayanes, se pensaba que el espíritu de Dioniso ocupaba todas las plantas, hierbas y hongos. Según el clasicista alemán Walter Otto, su «teatro de operación» no era solo la vegetación en general, sino también «un elemento de vida misteriosamente despertado que aparece con inusual claridad en ciertas plantas».[18] Entonces, ¿eso significa que el dios del éxtasis también era el dios de las sustancias psicodélicas?

En lo que concierne a G 408 y G 409, no es concluyente. Nuestro examen no reveló qué drogas merecían agregarse a la poción sagrada de Dioniso. Pero la teoría del hongo del padre Francis me intrigó. Me recordó los hongos de aspecto más obvio que Ruck había identificado en otras piezas de cerámica griega. A partir de esos artefactos, queda claro que había *algo* en el vino griego. Lo que sea que las ménades estuvieran mezclando frente a nosotros era más que solo jugo de uva fermentado. En los puntos que la colección de Kardianou se quedaba corta, la literatura griega antigua completaba los huecos. Bueno, si uno sabe dónde buscar. Después de todo, el universo de aditivos antiguos al vino no se limita nada más a los hongos. Y el sacerdote y yo no fuimos hasta París desde lados opuestos del mundo para que nos derrotaran un par de jarrones.[19]

Tenía planeado discutir mi investigación adicional con el padre Francis afuera, junto a la pirámide, pero el tiempo simplemente no bastaba. Aunque nuestra visita a la bodega secreta del Louvre estaba a punto de terminar, no pude imaginarme un mejor salón de clases para revisar los textos antiguos con un verdadero experto. Mientras el sacerdote estuviera conmigo, quería aprovechar su intelecto todo lo posible. Me estiré para alcanzar mi bolsa de cuero en la mesa de examen. En alguna parte del fajo de 5 cm de hojas había respuestas al rompecabezas del vino griego.

Mientras el padre Francis seguía pegado a la lente, yo encontré la lista de autores griegos que alguna vez compiló Ruck para recordarles a sus colegas que el vino antiguo era potente. Resulta que el profesor no había reproducido la lengua verdadera de las fuentes griegas originales en *The Road to Eleusis* —solo había citas crípticas enterradas en las notas al pie, lo cual dejaba la búsqueda de testimonios antiguos a algún lector futuro inquisitivo—. Por ello, antes de subir al avión a Francia, pasé un mes en la mesa del comedor haciendo justamente eso. En el proceso, agoté felizmente dos cartuchos de tinta para imprimir el griego de cada una de las referencias de 1978.

—Lo que tenemos aquí, padre Francis, es un ritual genuino —comencé, señalando los jarrones—. *Así* es como los griegos se ponían en contacto con lo irracional. *Así* es como se unían al dios del vino. Pero tal como leímos en *Las bacantes* allá afuera: *su* «vino» no es *nuestro* «vino». *Su* vino es un *pharmakon*. El vino antiguo griego se mezclaba de manera ritual con toda clase de cosas: ya fueran toxinas letales o especias y perfumes, o plantas, hierbas y hongos mágicos.

—Ajá —asintió el sacerdote, siguiéndole la corriente a mi disparo de salida.

—Debido a eso, el vino antiguo era usualmente intoxicante y potencialmente letal. Y tenemos prueba escrita de ello —dije mientras le daba al padre Francis un fragmento del *Deipnosophistae* (Banquete de los eruditos).

Escrito por Ateneo de Náucratis en el siglo iii d. C., el *Deipnosophistae* es considerado el recetario más antiguo que sobrevivió de la Antigüedad. Le presenté la historia extraña del filósofo indio Calano, que viajó a través de Persia con Alejandro Magno en el siglo iv a. C. Cuando el sabio murió, Alejandro decidió organizar un concurso de bebida en honor a su camarada fallecido. Pero no cualquier bebida. El vino debía ser «puro» o *akratos* (ἄκρατος), es decir, no diluido. *Akratos* es una expresión muy común en griego antiguo, aunque, sorprendentemente, pocos clasicistas se han detenido a preguntarse por qué este «vino sin diluir» tenía que diluirse para evitar la clase de desastre que ocurrió a continuación.

Leí el reporte de Ateneo en voz alta en la lengua original: «Treinta y cinco de los que bebieron el vino murieron al instante de un resfrío, y otros seis murieron después de pasar un rato breve en sus tiendas. El hombre que bebió más, y que se llevó el premio, consumió cuatro jarras de vino puro». Al parecer, sobrevivió otros cuatro días más antes de «estirar la pata» también. Miré al sacerdote.

—Entonces, ¿cómo es que 42 personas murieron por beber vino?

Perplejo por un momento, el padre Francis frunció el ceño. Pero yo no quería que pensara que beber sin control era la razón de las muertes. Así que rápidamente acudí a otro pasaje del *Deipnosophistae* y guie a mi amigo por el texto griego, deteniéndome en palabras individuales para analizar el significado literal. El sacerdote disfrutó recitar conmigo: «Porque Erasixeno no era un bebedor serio, dos copas seguidas de vino puro claramente acabaron con él». El verbo para «acabaron con él» es *oichomai* (οἴχομαι) que significa dejar a alguien «en la ruina» o «muerto».

Golpeé la página con el dorso de la mano.

—¿Y cómo demonios dos copas de vino podían matar a alguien, padre Francis? Los griegos no tenían licor destilado, ¿cierto?

—Hasta donde sabemos —estuvo de acuerdo el sacerdote. El alcohol destilado no está documentado en general en Europa hasta el siglo XII d. C.[20] Antes de ese siglo, no había manera de aumentar el contenido de etanol del vino sin arriesgarse a exponerse al metanol—. Ese es el problema con el *grappa*, por ejemplo. Cuando se dejan partes leñosas de la vid, algunas se fermentan y se vuelven metanol, que es venenoso. Pero *aquí* —El padre Francis volteó a ver el texto griego— no hablamos de eso, así que, ¿por qué era tan potente el vino?

—Si volvemos a Teofrasto, el misterio comienza a revelarse.

Pasé a mis fragmentos del naturalista griego del siglo IV a. C. En su *Historia plantarum*, el llamado Padre de la Botánica se toma un momento para considerar el *aconiton* (ἀκόνιτον). El acónito, que también es apodado «la reina de los venenos», «el casco del diablo», «capucha de monje» y «matalobos», es extraordinariamente letal. Teofrasto no deja ninguna duda de que los griegos sabían manipular el veneno. Y no queda ninguna duda de que el vino era el método preferido de entrega. En manos de un verdadero maestro, dice el Padre de la Botánica, el vino con acónito podía mezclarse de manera que la muerte llegara entre dos meses y dos años después de que la droga fuera administrada, «cuanto más tiempo pasara, más dolorosa sería la muerte, pues el cuerpo se atrofia».

Tal vez eso fue lo que mató a los 42 concursantes de Erasixeno y Alejandro. Pero una sobredosis de algo que tuviera el objetivo de potenciar la psicoactividad del vino parece más probable. Si el vino con droga era una práctica tan común en la Antigua Grecia, ¿qué podía volverlo más psicoactivo o alucinógeno, al grado de convencer a las ménades de que se habían deshecho de su mortalidad, habían escapado a la muerte y se habían vuelto una con Dioniso? ¿A qué cosa aludían los pintores de los jarrones con esos ingredientes misteriosos en G 408 y G 409? Alguna clase de hongo psicodélico es una buena suposición, pero el mundo griego estaba lleno de otros candidatos.

En el fajo de 5 cm localicé un conjunto de páginas seleccionadas con cuidado que pueden obtenerse de internet.[21] Provienen de un manuscrito médico que data de 1598 y contiene las obras existentes de Dioscórides. El médico y farmacólogo griego vivió desde el año 40 hasta el 90 d. C.: el período exacto en el que los Evangelios fueron redactados. Su obra en cinco volúmenes *De materia medica* (*Acerca de la materia medicinal*), una enciclopedia en griego de la medicina herbal, se volvió la base de todas las farmacopeas modernas.[22] Sin Dioscórides, ningún boticario o farmacia tendría trabajo hoy en día. Puede que Hipócrates sea el Padre de la Medicina, pero fue Dioscórides, el «padre de las drogas», quien resultó ser más popular con el paso del tiempo. Durante dos milenios ininterrumpidos, *De materia medica* de algún modo *nunca* salió de circulación, y funcionó como un puente crucial al mundo antiguo.[23] Dioscórides solo aseguró un sistema coherente de conocimiento botánico a lo largo de Europa «para una generación tras otra a pesar de los cambios sociales y culturales», y saltos enormes en la práctica y teoría médica.[24]

Y al igual que Teofrasto, el genio griego dejó pruebas convincentes de que las ménades en G 408 y G 409 probablemente sabían algo de cómo añadir drogas al vino. El libro IV de la obra magna de Dioscórides está dedicado a «vinos y aguas». Cualquier sustancia mágica que se nos ocurra, el padre de las drogas tenía un coctel a base de vino para nosotros: vino de ajenjo, vino de salvia, vino de eléboro, vino de betónica. Tan solo en esta sección del libro de Dioscórides, hay 56 recetas detalladas, entre las que se incluyen numerosos vinos mezclados con varios miembros de la familia de las solanáceas, las mismas plantas detectadas en los restos arqueobotánicos y arqueoquímicos de las cervezas de cementerio de España.

Alcé el paquete de hojas engrapadas, que tenía una columna del griego original y una columna de la traducción latina, y se lo pasé al padre Francis. Él hurgó en el manual de instrucciones antiguo que bien podría contener la clave para descifrar los misterios tanto de Dioniso como de Jesús. El alquimista estaba como pez en el agua, recorriendo las páginas del texto fundacional de toda receta de fármacos jamás escrita como si hojeara casualmente las notas garabateadas a mano en su *cucina* de Isernia. Sonrió ante las recetas de vino de olíbano y mirra, las resinas perfumadas que se usan en la misa católica hasta hoy en día. Muy pronto, el sacerdote dio con los vinos de solanáceas que inducen visiones.

Dioscórides describe al detalle cómo las semillas de beleño blanco (*Hyoscyamus albus*) pueden molerse en el vino para aliviar «genitales hinchados» y «pechos inflamados».[25] A menos que uno sepa lo que hace, debe evitar el beleño negro (*Hyoscyamus niger*) a como dé lugar, pues «causa delirio y sueño». Una advertencia similar aparece en el vino de mandrágora (*Mandragora officinarum*), que alivia el dolor e induce un «sueño pesado y profundo» en la dosis apropiada. Si las medidas fallan, tan solo una «copa de vino» del brebaje de mandrágora es letal.[26] Es más entretenido el vino mezclado con hierba mora (*Solanum nigrum*). Dioscórides la caracteriza específicamente como psicodélica, e indica que una decocción de su raíz tomada con vino produce «visiones nada desagradables» o *phantasias ou aedeis* (φαντασίας οὐ ἀηδεῖς).[27]

Nada de esto es *vino* como lo conocemos hoy en día. Simplemente no contamos con vocabulario para estas infusiones mezcladas, así que algunos historiadores populares como Philip Mayerson tienen que inventar eufemismos creativos para *drogas*. En su manual de referencia estándar *Classical Mythology in Literature, Art and Music* [Mitología clásica en la literatura, el arte y la música], Mayerson dice: «Por lo tanto, el vino tiene un valor religioso: el adorador de Dioniso que lo bebe —o que bebe cualquier otra bebida sacramental asociada con el dios— ha tomado al dios dentro de sí».[28]

Dejé al padre Francis para que hojeara a Dioscórides y sus «bebidas sacramentales» en paz, mientras yo recuperaba el aliento y deambulaba por el almacén. Podría haberme pasado semanas ahí, inspeccionando el tesoro de los *kraters, amphora, stamnoi* y *kylixes*. Había demasiadas cosas para una sola visita. Cuando el padre Francis terminó con *De materia medica* unos minutos después, tuvo una gran idea.

Para que los griegos pudieran mezclar las peligrosas solanáceas con su vino, tal como los ibéricos antiguos las mezclaban con su cerveza, debían tener un conocimiento increíble de las múltiples plantas, hierbas y hongos a su disposición. El sacerdote volteó a verme y me recordó un viejo dicho de sus estudios: «El verdadero secreto de la farmacología es la posología». Es decir, que cuando se trata de las drogas, nada es más importante que tener la dosis correcta. Con medidas estrictas, un hongo o una solanácea pueden ser terapéuticos; lo que la clasicista Ruth Scodel podría llamar una «droga contra el pesar». En dosis más altas, los mismos ingredientes pronto podrían transformar un vino medicinal en un vino alucinógeno. En dosis todavía más altas, una copa mezclada con demasiados alcaloides podría ser fatal. *De materia medica* es prueba de que los griegos no solo enriquecían sus vinos con drogas, sino que también tenían un ojo agudo para las dosis. Dioscórides se encuentra en el centro de una tradición grecorromana que no solo precedió a Jesús por muchos siglos, pues el concepto de vino con drogas se documentó por Homero incluso desde el siglo VIII a. C., sino que también siguió muchos siglos después de Jesús, hasta la caída del Imperio romano en el siglo V d. C.

Entonces, si había ido al Louvre a buscar un sacramento griego para inducir visiones que pudiera reemplazar al ciceón y potencialmente infiltrarse en el cristianismo, creo que íbamos por buen camino. Mi esperado encuentro cara a cara con G 408 y G 409 me convenció de que *algo* se agregaba al vino durante los rituales dionisiacos en la Antigua Grecia. Aunque no pudimos ubicar con precisión la receta secreta, el padre Francis estuvo de acuerdo en que los pintores de los jarrones trataron de dejar una lección duradera sobre el vino de la época. Una lección que hemos olvidado desde entonces, a pesar de los grandes esfuerzos de Dioscórides por dejar un registro de las recetas para la posteridad. Eso no significa que todo el vino antiguo estuviera enriquecido con otras sustancias, por supuesto. Al menos no el de uso cotidiano. Pero si la ocasión exigía un elíxir medicinal o religioso, o algo más perverso, la biotecnología sin duda estaba ahí.

Más tarde, el sacerdote admitiría que pensó que las «fórmulas de vinos» del padre de las drogas eran «evidencia muy persuasiva» no solo de la experiencia que los griegos tenían con vino psicodélico, sino también de su uso potencial entre los primeros cristianos. A fin de cuentas, los monjes del sur de Italia tenían en muy alta estima a Dioscórides, pues mantuvieron sus manuscritos en circulación durante siglos. Y con ellos, una tradición escrita de farmacología tan antigua como el cristianismo mismo.

Ahora bien, la siguiente pregunta es si el *pharmakon* griego en verdad influyó en la droga de la inmortalidad del paleocristianismo. ¿El vino con drogas de Dioniso se volvió el vino con drogas de Jesús? Y si así fue, ¿cómo? Abriéndose paso en los Evangelios, por supuesto. G 408 y G 409 no son las únicas representaciones de vinos mágicos que se pueden inspeccionar en el Louvre. A la vuelta de la esquina, había otra escena de confección de vino que bien podría ser el vínculo definitivo entre los misterios griegos y cristianos. Como la pintura más grande en el museo de arte más grande del mundo, uno pensaría que más gente lo habría notado.

Pero algunos secretos se esconden a simple vista.

9

Viñedos celestiales

Una hora y media después de la campana de apertura, volvimos a las puertas dobles de seguridad en el vestíbulo debajo de la Salle du Manège. La doctora Kardianou salió con el padre Francis, que todavía sonreía como el gato de Cheshire. Él se fue a una reunión agendada con el Mind and Life Institute, una organización fundada por el dalái lama. La curadora me dejó libre para pasar el resto de la tarde en el museo solo. Entonces, con la placa de *hors zone* aún puesta en el cuello de mi camisa, me dirigí a la mina de oro. En el mundo antiguo, el hecho de que al vino se le añadieran drogas puede haberlo hecho inusualmente intoxicante, capaz de alterar la mente, en ocasiones alucinógeno y potencialmente letal. Pero para aquellos que creían que este vino los haría inmortales, era mucho más que brujería química. Era ni más ni menos que un milagro. Y los griegos contaban leyendas fabulosas sobre el sacramento que los ayudó a burlar a la muerte.

Cada año en el distrito de Élide al oeste del Peloponeso, por ejemplo, tres recipientes de agua vacíos se sellarían durante toda una noche en el santuario dionisiaco a la hora designada.[1] Tal como el escritor de viajes griego Pausanias relata: «En la mañana [los sacerdotes] tienen permitido examinar los sellos, y al entrar al edificio, encuentran los recipientes llenos de vino. Yo no llegué a la hora del festival, pero los ciudadanos más respetados de Élide, y extranjeros también, juraron que lo que dije es la verdad».[2] Del mismo modo, en la isla de Andros, cerca de la Grecia continental, la «aparición» o *epifanía* (ἐπιφάνεια) de Dioniso ocurría en forma de un milagro muy particular el 5 de enero de cada año. Un manantial dentro del templo del dios de pronto se transformaría en vino, que se decía fluía continuamente durante siete días.[3] Según el naturalista Plinio, este suceso increíble todavía ocurría durante el siglo I d. C. E interrumpió su texto en latín para registrar el nombre de esta festividad especial en griego: El día del regalo de dios (*dies theodosia/* Θεοδοσία). De manera deliberada, los cristianos alrededor del mundo celebran *su* epifanía el 6 de enero: el día en el que, según la leyenda, los tres Reyes Magos descendieron a Belén con oro, incienso y mirra para el infante Jesús recientemente encarnado.

La natividad de Dioniso mismo también era algo fuera de este mundo. Además de su epifanía como el Hijo Sagrado de Perséfone en Eleusis, los griegos tenían un mito separado sobre el extraño nacimiento del dios del éxtasis de una mujer ordinaria llamada Sémele. Fue fecundada por Zeus en forma de águila, pero después murió incinerada cuando el rey de los dioses mostró su forma verdadera y mató a la simple mortal con su rayo. Para que el bebé Dioniso pudiera gestarse, Zeus decidió coserse el feto al muslo, y después dio a luz a su propio hijo en Anatolia —donde Dioniso encontró a sus primeros seguidores—. A Sémele ni siquiera sus hermanas le creyeron sobre su supuesto amorío con Zeus. Los mortales no se mezclan con los inmortales. Creían que ella había inventado todo, pero el dios del vino no lo soportó. Para limpiar el nombre de Sémele, la trama entera de *Las bacantes* de Eurípides relata el regreso de este Dioniso exótico oriental a su tierra de origen, Grecia.

Los dos primeros versos de la obra resaltan el vínculo inusual entre el dios del vino y su padre en el cielo. Dioniso se hace llamar «hijo de dios» o *Dios pais* (Διὸς παῖς) y se refiere a su primera madre como «la joven» o *kore* (κόρη), que también podría ser «doncella» o «virgen». De hecho, los mortales *sí* se mezclan con los inmortales. Y como el híbrido por excelencia, el dios del éxtasis es el resultado milagroso, tanto humano como divino. Conforme *Las bacantes* avanza, esos dos lados de Dioniso están en tensión constante. Él quiere presentarles a los griegos un nuevo sacramento para el nuevo milenio, pero no desea repetir el percance de Zeus y el rayo. Así que para evitar matar a todos del susto con la fuerza plena de su capacidad de dios, decide ceder su «forma divina a cambio de una mortal». Y una muy graciosa: un mago de cabello largo. Lo ridiculizan como alguien «de figura afeminada», pues el cabello le llegaba «al borde de [las] mejillas», igual que la «desmelenada cabellera» de Dioniso mismo, quien desdibuja el límite entre masculino y femenino.[4] Entonces el dios del vino incógnito pudo descorchar su poción mágica e iniciar a las mujeres de Grecia en los misterios.

La pintura más grande del Louvre es una extraordinaria interpretación del fenómeno sobrenatural que rodea a la epifanía de Dioniso. Y esa es la única parada en mi recorrido en solitario antes de irme a casa. A un paso notablemente más lento, regresé por donde habíamos pasado a través de la Galerie Daru, hasta que me encontré una vez ante la *Victoria alada de Samotracia*. Esas escaleras no son cualquier cosa. En lugar de dirigirme a la izquierda hacia la bodega secreta, di vuelta a la derecha hacia las *Peintures italiennes*. Después de los menospreciados Botticellis y la *Crucifixión* de Fra Angelico, las cosas se ponen muy cristianas rápidamente. La supernova de vírgenes que comienza en esa esquina del ala Denon fluye hasta la magnífica Gran Galería del Louvre. Es difícil encontrar a un pintor renacentista italiano que no tenga una *Virgen con el niño* en su portafolio. Me deslicé entre todos los duetos de madre e hijo hacia la *Virgen de las rocas* de Leonardo da Vinci y di una vuelta pronunciada a la derecha hacia la Salle del États.

Parece más un hangar que una sala de exposiciones. Antes de que ese lugar sublime se volviera parte del Louvre en 1878, era sede de sesiones legislativas durante el mandato del emperador Napoleón III. En 2005, la sala entera fue remodelada por el arquitecto peruano Lorenzo Piqueras. El proyecto de 3.6 millones de dólares integró un techo de cristal cuadriculado que ahora baña de luz natural el mayor orgullo del museo.[5] Apenas y podía ver a la musa de Leonardo a través de la parvada de bastones para *selfies*. Debió de haber una centena de turistas arremolinados en un semicírculo rabioso luchando por tomar su foto tediosa de *La Gioconda*. Así es como los conciudadanos de Da Vinci se referían a la «dama florentina» con «la sonrisa ligeramente altanera» en el delgado panel de álamo que se encontraba a unos 27 m de mí.[6] Preferí no acercarme a la muchedumbre. No hacía falta. Porque no había ido a ver la *Mona Lisa*.

Giré el cuello decididamente por el arco invisible que saltaba del par de ojos sobre el que «más se ha escrito y más se ha cantado» en la historia de la iconografía occidental. Aterricé en una pintura del siglo XVI del pintor veneciano Paolo Veronese. Ese monstruo de 20 m² que eclipsa la pequeña obra maestra de Da Vinci es la razón por la que fui ahí. Además de *La Gioconda* y de *Júpiter expulsando a los Vicios* de Veronese a mi derecha, es la única obra de arte que se encuentra en la más bien despejada Salle des États. Pero nadie parecía notarlo. Con la multitud a mis espaldas, pronto me di cuenta de que era la única persona en la Sala 711 del Louvre que participaba en ese banquete suntuoso y gigantesco. Me reí ante lo absurdo de mi audiencia privada con el dios del vino.

Reconocería a ese borracho donde fuera.

En esta versión del mito, la madre virgen de algún modo sobrevivió a su embarazo divino. Llevó a su hijo adulto a una boda a pesar de que él no quería. Él acababa de cumplir 30 años y seguramente tenía otros planes para esa tarde fresca de enero. Además, el dios del éxtasis trataba de mantener un perfil bajo. Era muy consciente de que los misterios salvajes y alucinógenos que pronto le presentaría a la gente civilizada no son para todos. Con paciencia heroica, había esperado toda la vida el momento indicado para develar su bebida intoxicante divina ante el mundo. Esa noche no era la indicada. Pero su madre también tenía una reputación de la cual preocuparse. Por tres décadas, había soportado los rumores y el ridículo que asedian a cualquier mujer que afirme haber dado a luz al hijo de un dios. Si tan solo su hijo prodigio, disfrazado de humano ordinario todos esos años, pudiera dar a conocer su condición divina. Con tan solo un pequeño milagro.

En ese preciso momento, el vino se acabó, y la fiesta entró en crisis. ¿Acaso su madre lo planeó desde el inicio? Cuando ella le informó de la situación, el dios del vino sintió que le habían tendido una trampa. En la vieja historia que inspiró la escena frente a mí, el dios del éxtasis le recuerda enojado a su madre en griego antiguo: «¡Mi momento no ha llegado aún!» (*oupo ekei e ora mou*/ οὔπω ἥκει ἡ ὥρα μου).

Pero la Virgen no se inmutó e instruyó a los desventurados meseros que simplemente siguieran las instrucciones de su hijo. El dios del éxtasis notó seis enormes jarrones de piedra para agua a un lado y, contra su sentido común, decidió que era el momento de brillar. Buscó en su repertorio de trucos y realizó una combinación de los milagros anuales de la epifanía del distrito griego de Élide y la isla de Andros. El dios del éxtasis miró a los meseros, hizo una seña a las jarras, y usó un verbo griego grandioso: *gemisate* (Γεμίσατε): «Llénenlas hasta el borde».

Las bodas de Caná, pintada por Paolo Veronese alrededor de 1653, actualmente en el Louvre.

Para que la fiesta siguiera, se les pidió a los ayudantes que llevaran una muestra de inmediato al mayordomo. Veronese lo pinta con una capa esmeralda y un turbante, y su mano carnosa toca una bolsita azul púrpura junto a su daga. Cuando bebe un sorbo de la poción increíble, se queda estupefacto. No porque el agua acabara de transformarse en vino inexplicablemente, cosa que ignora el mayordomo. Simplemente no puede creer lo que se descorchó tan tarde esa noche. Sin saber de dónde provino la cosecha, bromea con el novio algo similar a: «Amigo, la mayoría de la gente no sirve alcohol del bueno cuando todos ya están ebrios».

Congelado en el tiempo, ese es el momento antiguo capturado por Veronese, pero de manera anacrónica está ubicado en la Venecia del siglo XVI. Los invitados ignoran el milagro que ocurre a su alrededor. En la parte inferior derecha del lienzo, un solo sirviente vierte el vino mágico de uno de los jarrones de piedra para agua a un ánfora dorada. Sorprendido y con los ojos abiertos de par en par, el mayordomo acaba de pasarle el primer cáliz del nuevo sacramento al novio para que lo pruebe. Para los iniciados que sin saberlo se habían reunido para esa epifanía, las cosas nunca volverán a ser lo mismo.

Y ahí, en el centro de la mesa descomunal frente a mí, está el mago de cabello largo que orquestó todo. Pero no es Dioniso.

Es el ser humano más famoso del que se ha tenido registro en la historia. Jesús de Nazaret.

Su rostro barbudo brilla. Rayos de luz explotan alrededor de su cabeza en un aro refulgente. Con la mirada fija en una distancia media del punto focal de *Las bodas de Caná* de Veronese, Jesús comienza a transformarse en la luz divina que señala su inmortalidad. Si hubiera estado ahí conmigo, el padre Francis habría notado que solo Jesús y la Virgen María, sentada a su derecha, están pintados con esas mismas aureolas brillantes. De las cerca de 125 figuras en el lienzo abarrotado, solo *ellos* han derrotado a la muerte. Solo *ellos* han activado el cuerpo arcoíris que los transportará por el cosmos cuando dejen sus cuerpos físicos en la tierra. Ahora mismo, en partes remotas de los Himalayas, como me recordaría el sacerdote, hay monjes budistas que se dedican activamente a esa misma búsqueda.

Y yo le recordaría, como acostumbro, que los griegos también lo hacían. Excepto que ellos encontraron cómo evitar una vida de meditación y lo preservaron en los misterios eleusinos. Lo que Cicerón llamó «la cosa más excepcional y divina» que Atenas jamás produjo. Y lo que según Pretextato era crucial para el futuro de nuestra especie. Eleusis contenía «a toda la raza humana junta». Sin eso, la vida sería «invivible». Con el tiempo, Dioniso haría su epifanía en el templo de Deméter como el Hijo Sagrado de Perséfone. Pero eso no les bastaba a sus fanáticos. Querían tenerlo todo el tiempo.

Entonces, para aquellos que no querían gastar tiempo y dinero en la larga iniciación a los misterios eleusinos, comenzaron a aparecer redes secretas en todo el campo griego, en las que el rey del vino y su poción de la inmortalidad de pronto se volvieron mucho más accesibles.

El clasicista y teólogo inglés A. D. Nock, la autoridad líder de Harvard a mediados del siglo xx en religión antigua, lo resumió en su artículo influyente de 1952, «Hellenistic Mysteries and Christian Sacraments» [Misterios helenísticos y sacramentos cristianos]. Nock entendía la *verdadera* atracción del dios del éxtasis:

> A pesar de la institucionalización temprana, su adoración retuvo o pudo recuperar un elemento de elección, movimiento y entusiasmo individual... Además de la devoción de los enfermos a Asclepio, Dioniso proveía el enfoque más fuerte de la piedad pagana espontánea usando formas ceremoniales. Las iniciaciones dionisiacas, como las de Eleusis y Samotracia, no solo conferían un nuevo estatus a los iniciados; también les permitían el ingreso a grupos de personas con una mentalidad similar, que poseían el mismo estatus y a menudo una esperanza similar para el más allá; no exactamente una Iglesia, sino congregaciones que usaban los mismos símbolos y hablaban el mismo idioma.[7]

Nock reconoce a *Las bacantes* de Eurípides como nuestra fuente clásica principal para los misterios de Dioniso. El vocabulario rico y descriptivo de la obra brinda un acceso único a las «congregaciones» nocturnas de buscadores espirituales llenos de dios. En *The Dionysian Gospel* [El evangelio dionisiaco], publicado en 2017, Dennis MacDonald de la Escuela de Teología Claremont compara el griego antiguo de *Las bacantes* con el griego antiguo del Evangelio de san Juan para demostrar que el evangelista era íntimamente cercano a los «símbolos» y el «lenguaje» dionisiacos. Para retratar a Jesús como el hijo de Dios consumado, Juan conocía todos los términos connotativos que le parecerían atractivos a cualquier hablante del griego de la época. Y los usó a lo largo de su evangelio para retratar a Jesús como la segunda venida de Dioniso.

El nacimiento divino es un ejemplo entre muchos otros. Tal como mencioné páginas atrás, Dioniso se refiere a sí mismo como el «hijo de dios» en el primer verso de *Las bacantes,* con una frase que se repite más adelante en la obra. Pero hay muchas maneras de comunicar eso en griego. Eurípides usa en tres diferentes momentos la palabra única *gonos* (γόνος), que literalmente significa «engendrado», aludiendo a que Dioniso salió del muslo de Zeus después de la muerte de su madre virgen, Sémele.[8] En el primer capítulo de Juan, el evangelista usa la palabra griega con un sonido similar *genos* (γένος), no una sino dos veces. Es el único redactor de los Evangelios que describe la natividad de Jesús de este modo. Cuando Juan incluye la frase griega *monogenes theos* (μονογενὴς Θεὸς) en 1:18, se refiere al «único concebido», la «única progenie» de Dios. Pero por si no fuera suficientemente obvio, Juan después dice que Jesús es tan cercano a Dios Padre que reside en su «regazo». El griego *kolpon* (κόλπον), «la región del cuerpo que se extiende del pecho a las piernas, en especial cuando una persona está en posición sentada», no podría ser más claro.[9]

Zeus y Sémele, pintada por Jacques Blanchard cerca de 1632, actualmente en el Museo de Arte de Dallas.

La anunciación, pintada por Fra Angelico cerca de 1426, actualmente en el Museo del Prado en Madrid, España.

Para un hablante de griego de la época, una relación inmediata con el nacimiento único de Dioniso de Zeus está casi garantizada. Lo único que queda poco claro sobre este pasaje es la traducción al inglés, que ignora la palabra *kolpon* por completo, y coloca a Jesús «en la relación más cercana con el Padre».[10] Sin el griego antiguo, la referencia explícita a Dioniso se pierde por completo. Y hoy en día, todo lo que tenemos son historias extrañas de humanos que se reprodujeron con dioses. En una de las escenas reproducidas con más frecuencia en el arte cristiano, la Anunciación nos habla de una joven inmaculada que concibe al hijo de Dios después de tener relaciones inusuales con un pájaro. En vez del águila de Zeus, Dios Padre se manifiesta en forma de paloma, y el Espíritu Santo navega en rayos de luz dorados para fecundar a la Virgen María.

En *The Dionysian Gospel,* Dennis MacDonald examina después todos los «símbolos» y el «lenguaje» clave del Evangelio de san Juan que se perdió en la traducción. Pero el estudioso presta especial atención a la única cosa que en verdad definió al dios del éxtasis durante los siglos previos a Jesús: su sacramento. Sin el vino, no hay Dioniso. Y sin la eucaristía, no hay cristianismo. La poción que se volvería la carta de presentación de la nueva Iglesia comienza justo ahí, en la versión del siglo XVI de Veronese del milagro de la transformación del agua en vino en Caná. *Así* fue como Dioniso entró al cristianismo. Y *así* fue como el *pharmakon* del griego antiguo se transformó en el *pharmakon athanasias*, la droga de la inmortalidad. Todo comenzó precisamente con esa escena del Evangelio de san Juan. En el Louvre, frente a la *Mona Lisa* que acapara toda la atención de la sala, se encuentra el epicentro de la hipótesis de continuidad pagana. Esta coloca a los misterios griegos en la fundación misma del cristianismo.

El Evangelio de san Juan es el *único* que registra este evento: el primer milagro que inaugura la misión pública de Jesús. En Mateo, Jesús comienza su carrera sanando a un leproso.[11] En Marcos y Lucas, realiza un exorcismo.[12] No obstante, desde el comienzo, Juan quería que *su* público griego pudiera asociar de inmediato a Jesús con el dios del éxtasis. Tal como indica MacDonald: «La transformación del agua en vino era el milagro insignia de Dioniso».[13] Después cita al investigador alemán Michael Labahn: «La transformación milagrosa y sobrenatural denota la epifanía de Jesús de acuerdo con el modelo de Dioniso…[,] la yuxtaposición de Jesús y Dioniso retrata a Jesús como un dios». Así como los hablantes de griego de la época no podían escuchar del hijo de dios «engendrado» en el «regazo» del Padre sin pensar en Dioniso, no podían escuchar del primer milagro de Jesús sin pensar en los milagros anuales del distrito griego de Élide y la isla de Andros. Siempre que el vino aparece de la nada en la epifanía, solo se podía pensar en un dios.

Hasta donde sabemos, Juan no quería dejar espacio para la malinterpretación. La palabra griega que usa para esos enormes jarrones de piedra para agua es una muy específica: *hudria* (ὑδρία). A partir de la evidencia material, sabemos que había una industria en plena expansión que producía esos recipientes de piedra caliza. En esa época, el centro de manufactura se encontraba en Jerusalén, donde se usaban para purificación ritual. Cada *hudria* que Jesús ordenó que se llenara con agua podría haber contenido de 75 a 115 l. Puede que no haya sido el río de vino que los andrianos bebían cada año, pero sigue siendo una cantidad obscena de alcohol para beber en una sola noche. Podrían ser hasta 680 l, o mil botellas.[14] ¡Ese sí que es el día del regalo de Dios! Y ya que se dice que la boda de Caná tuvo lugar en enero, el mismo día del milagro de la epifanía en Andros y cerca de la misma fecha en que el ritual de Leneas daba comienzo a la temporada de festivales de Dioniso, puede que los hablantes de griego que leían a Juan se hayan preguntado qué ocurría tras bambalinas.[15] Al igual que las ménades en G 408 y G 409, ¿podría ser que el más reciente dios del vino le hubiera agregado algo al vino para volverlo un poco más milagroso? ¿Qué clase de vino era?

No soy el primero en preguntarse la verdadera naturaleza del brebaje de esa noche. Además del Evangelio de san Juan, el historiador del arte Philip Fehl identificó una fuente alterna para la escena del banquete de Veronese: *La humanidad de Cristo* de Pietro Aretino, publicada en Venecia en 1535. Aretino captura de manera dramática la reacción física del mayordomo ante la primera muestra del nuevo elíxir mágico del cristianismo:

> A medida que olía el buqué de vino que estaba hecho de uvas obtenidas de los viñedos celestiales, fue revivido como un hombre que despierta tras un desmayo después de que le bañaran las muñecas en vinagre. Al probar el vino sintió cómo su dulzura le llegaba hasta los dedos de los pies. Al llenar un vaso de cristal, uno podía jurar que rebosaba de rubíes destilados.[16]

En la tradición griega antigua, el origen de «los viñedos celestiales» podía remontarse al vino milagroso de Élide y Andros. Cada año tenían el honor de producir el sacramento dionisiaco. ¿Qué tenía el vino de Caná que inspiró a Juan el evangelista a redactar *su* leyenda, colocando a Dioniso en la primera página de la historia de los orígenes del cristianismo para la posteridad? Resulta que la decisión de Juan no fue tan arbitraria. La fiesta de presentación de Jesús en Caná se posicionó y se calculó a la perfección para retomar las cosas donde Dioniso las había dejado.

Al buscar «Caná» en Google Maps no se llega muy lejos, pero las coordenadas del pueblo bíblico bien podrían llevar al sitio cristiano de peregrinación de Kafr Kanna en Galilea. A lo largo del período helenístico que culminó en el nacimiento de Jesús, toda la región del norte de lo que ahora es Israel seguía siendo un «centro de comercio importante para la producción y la comercialización» de vino.[17] Vino que bien podría servirles a las ménades de la zona, a quienes el dios del éxtasis ya había convertido mucho antes de que el hijo de María entrara en escena. En esa epifanía ebria en Caná cerca del año 30 d. C., el nuevo dios del vino no se presentó ante un público cualquiera. La esperada aparición de Jesús (*epiphaneia*) en Galilea tuvo la ventaja de jugar en casa.

No muy lejos al sur y al este, la ciudad antigua de Escitópolis fue el legendario lugar de nacimiento de Dioniso mismo. Por esa razón, también se le llamaba Nisa, lo cual daba una solución coherente a la etimología desconocida del nombre del dios del vino: «el dios» (*Dio*) «de Nysa» (*Nysus*). Durante la vida de Jesús, Escitópolis/Nisa fue el centro urbano más grande de los que formaban la llamada Decápolis (en griego, «diez ciudades») en la frontera oriental del Imperio romano.[18] El dios del éxtasis siguió siendo la deidad patronal de la ciudad, y aparecía en todas partes en estatuas, altares, inscripciones y monedas.[19] Hoy en día, el lugar se llama Beit She'an y se encuentra al oeste del río Jordán. Es vecino del pueblo natal de Jesús, Nazaret, que está a unos cuarenta minutos.

Al igual que Jesús, a Dioniso le gustaba vagar por esas partes. Y dejó huella. La bien nombrada «Mona Lisa de Galilea» puede encontrarse en la capital de habla griega de Séforis (también llamada Tzippori), a tan solo veinte minutos de Nazaret.[20] El mosaico espectacular de 5 m² muestra a una mujer con la misma mirada de reojo hipnótica de la Mona Lisa que seguía a mis espaldas en el museo. En una de las 11 escenas que sobreviven en el piso de la sala de banquetes, ella adorna la mansión romana del siglo II d. C. conocida como la «Casa de Dioniso». Los otros mosaicos son viñetas de la vida del dios del éxtasis y su culto.[21] Varios de ellos retratan estados de ebriedad rituales, entre los que se incluyen un concurso de bebida entre Dioniso y Heracles, donde aparece la palabra griega para «ebriedad», *methe* (μέθη).[22] Cuando estas imágenes explícitamente paganas salieron a la luz por primera vez en 1987, Eric Meyers de la Universidad Duke compartió el consenso de la comunidad arqueológica: su sorpresivo descubrimiento en un pueblo judío, en pleno territorio de Jesús, «sin duda asombró a todo el mundo».[23] Supuestamente, los mundos pagano y judeocristiano no se habían cruzado, en especial en una Galilea posterior a Jesús. Pero la evidencia demuestra que Dioniso y Jesús bien pudieron coexistir.

Años después, habría más asombro cuando otro equipo buscaba entre la tierra al otro lado del mar Muerto, rumbo al sur en lo que ahora es Jordania. En 2005, los restos de un salón elaborado se desenterraron en Beidha, a unos kilómetros al norte del sitio arqueológico de Petra, la famosa capital cosmopolita del reino de Nabatea que se extendía hacia la península arábiga durante el Imperio romano. Se definió que la estructura columnada, que también tiene un patio, data del reino de Malicos I, tan solo tres décadas antes del nacimiento de Jesús. La influencia griega en el santuario que sobrevivió hasta el siglo i d. C. es abrumadora, «la arquitectura y escultura demuestran lo bien que los nabateos habían absorbido los motivos helenísticos y los habían mezclado con tradiciones nabateas, entre las que se incluye la tradición de las cenas rituales».[24]

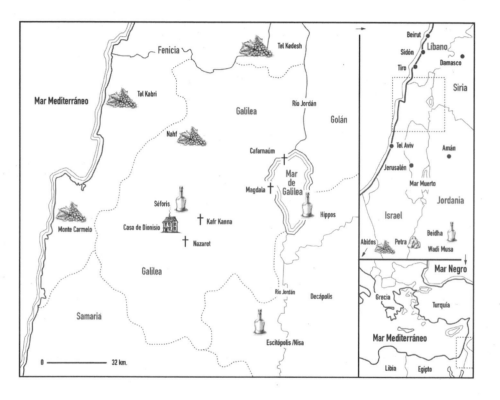

La presencia del «cosmos dionisiaco», en el que se incluyen imágenes de uvas y vides, llevó al equipo del Centro Estadounidense de Investigación Oriental en Amán a imaginar un papel único para este santuario en «el proceso transformador que culmina en la comunión con el dios».[25] El «paisaje rural» de Beidha que da a «viñedos extensos» habría sido un «centro de culto» ideal para la familia real nabatea, que podía buscar una experiencia «trascendente» con Dioniso en su papel de «modelo a seguir y ancestro putativo».

En la iglesia cercana de Petra, se descubrió un *kantharos* hecho de mármol frigio a finales del siglo ɪɪ d. C., la misma clase de recipiente que los que encontró Enriqueta Pons en la capilla doméstica de Mas Castellar de Pontós en España. El complejo de Beidha, que es contemporáneo a Jesús, confirma la presencia «abundantemente documentada» de Dioniso en el patio trasero del fundador del cristianismo. El dios del vino más antiguo podía encontrarse en todo el Levante sur, desde el fuerte de los nabateos en Petra, hasta los sectores helenizados de Escitópolis y Séforis en Galilea.

Después de todo, el dios del éxtasis nunca se alejó tanto de su sacramento. En el siglo ɪ d. C. el área que ahora ocupan Siria, Líbano, Israel, Palestina y Jordania era un hogar perfectamente lógico para Dioniso, quien usualmente provenía del Norte de África o el Oriente Próximo en las múltiples versiones de su mito.[26] ¿Cuál era la razón probable? Ahí fue donde los navegantes cananeos y fenicios comenzaron el comercio de vino en el Mediterráneo durante los dos mil años previos a Jesús. Si buscamos puntos más orientales, también fue ahí donde Patrick McGovern, el Indiana Jones de las bebidas extremas de la Universidad de Pensilvania, encontró los primeros signos de uva cultivada. Varios sitios en el área entre los montes Tauro en el este de Turquía y los montes Zagros al noroeste de Irán habrían dado semillas de uva de la variedad domesticada (*Vitis vinifera*). Resulta interesante que, de acuerdo con la tradición bíblica, este es el mismo terreo que inspiró a Noé a plantar el primer viñedo en el monte Ararat, donde hoy en día el este de Turquía se junta con Armenia (el país que se jacta de tener las primeras instalaciones para fabricar vino en el mundo en Areni, que datan de alrededor del año 4000 a. C.).[27]

Sin embargo, desde el comienzo, la cuna de la viticultura abastecía al Mediterráneo con algo que no era ordinario. Analicé todo el vino que aparece en el lienzo altísimo de Veronese: vertiéndose en el ánfora dorada, centelleando en el cáliz del novio. Incluso la Virgen María ahueca una mano sobre la mesa, esperando ansiosa para probarlo. ¿Qué estaba a punto de desencadenar ese mago de cabello largo entre esa gente?

Cuando decidió que el primer milagro de Jesús fuera un milagro con vino, el Evangelio de san Juan sin duda trató de establecer a Jesús como el nuevo Dioniso, y volver a Caná la nueva Élide y Andros: el lugar en el que ocurren los milagros. Pero al situar su escena en la región vinícola de Galilea, Juan no propuso nada nuevo en absoluto. Meramente ofrecía un recordatorio de la historia del vino en una región que ya estaba íntimamente familiarizada con Dioniso y su extraordinario sacramento. Antes, durante y después de la vida de Jesús en Nazaret, el dios del éxtasis contaba con seguidores fieles en las cercanías. Los hallazgos arqueológicos de Escitópolis y Séforis a Petra dejan eso muy claro. Pero ¿precisamente cuánto tiempo antes de Jesús llegó el vino ahí? Y ¿qué clase de vino era?

El público de Juan habría entendido que la boda de Caná no era solo un truco de fiesta y que el vino no era solo vino de fiesta. Era un *pharmakon* líquido, con una herencia rica detrás. El uso del vino con drogas no solo llegó por accidente a Galilea en el siglo I d. C. Un par de miles de años antes de los griegos, y mucho antes de Jesús y el Evangelio de san Juan, el sacramento que haría que el Mediterráneo pasara de preferir la cerveza al vino no solo visitó de paso los viñedos de Galilea.

Comenzó ahí. Y se quedó ahí.

10

Elíxires santos en Tierra Santa

Las fórmulas de vino de Dioscórides del siglo I d. C. son una prueba contundente de la tradición psicodélica en el mundo griego. Pero al igual que la cerveza enriquecida de la Europa prehistórica, la evidencia física puede ser muy difícil de encontrar. Por el momento, ningún sitio de Grecia ha arrojado datos duros sobre la droga de la inmortalidad. Para los orígenes arcaicos del vino enriquecido, tenemos que voltear al Oriente Próximo, el lugar en el que todo comenzó. En el pasado distante, mucho antes que nadie más, los cananeos y fenicios que ocuparon la Tierra Santa mezclaban de manera ritual un material psicoactivo con su vino. Cuando los griegos tomaron control del área en los siglos previos a Jesús, la vieja tradición seguía viva. Gracias a recipientes recién descubiertos y análisis arqueológicos, ahora sabemos a ciencia cierta que si la antigua Galilea era buena para algo, era para hacer la clase de vino que le daría orgullo a Dioscórides.

En años recientes, la disciplina emergente de la arqueoquímica no solo ha reescrito la historia de la cerveza antigua, sino también la del vino antiguo. Al igual que las cervezas de belladona en España, y quizás incluso las cervezas de cementerio prehistóricas de la cueva Raqefet y de Göbekli Tepe, el vino del ayer ha resultado ser una bebida mucho más compleja y misteriosa de lo que se pensaba. Una vez más, la estrella del *show* es Patrick McGovern. En 2017, como ya mencionamos, él fue quien encontró la evidencia eurasiática más antigua de fermentación de uvas, que data de alrededor del año 6000 a. C., en lo que ahora conocemos como Georgia. Pero este amorío científico con el vino de la Edad de Piedra comenzó algunas décadas antes. En 1996, el análisis de McGovern de dos recipientes de cerámica del sitio de Hajji Firuz Tepe (*ca.* 5400-5000 a. C.) en el extremo oeste de Irán, cerca de la frontera con Turquía e Irak, demostró que al vino del Neolítico se le añadía resina de cornicabra o pino «como conservador y agente médico».[1] En su forma arcaica, el vino no era el producto refinado y moderadamente psicoactivo que proviene de los viñedos actuales. McGovern dice que el entusiasmo por el vino que se consolidó en esta área del Creciente Fértil «podría apodarse más bien como una cultura de una bebida fermentada mixta o de una bebida extrema», al hacer uso de «una amplia variedad» de frutos, granos, miel y aditivos de plantas para su jugo de uva.[2] Para nuestra investigación es pertinente lo que McGovern llama «brebajes especiales» con un propósito ritual, «quizás enriquecidos con una hierba que da sabor o altera la mente».[3] Exactamente lo que haría falta para navegar en la misteriosa barrera entre la vida y la muerte en un viaje a las estrellas imperecederas.

En «Ancient Egyptian Herbal Wines» [Vinos herbales egipcios antiguos], publicado en la prestigiosa revista científica *Proceedings of the National Academy of Sciences* en mayo de 2009, McGovern detalla su análisis del tesoro de la tumba de Abidos que le pertenece al gobernante protodinástico Escorpión. Fue descubierta en 1988 por la rama de El Cairo del Instituto Arqueológico Alemán y data del año 3150 a. C., al comienzo de la línea faraónica que gobernaría el reino de Egipto durante los siguientes tres mil años. Alrededor de setecientas piezas de cerámica de «un tipo extranjero» se encontraron perfectamente intactas, lo cual sumaba 45 000 l de una poción real. Después de aislar el ácido tartárico, el biomarcador clave para el vino y los productos de uva, McGovern decidió buscar el «residuo amarillento y escamoso» dentro de los recipientes para encontrar aditivos herbales. Sus análisis de alta tecnología, que usan microextracción en fase sólida (SPME, por sus siglas en inglés) y cromatografía de gases acoplada a espectrometría de masas (GC-MS), revelaron una serie de monoterpenoides complejos que se dan naturalmente en varias plantas y hierbas diferentes.[4] Entre otros compuestos químicos, se extrajo alcanfor, borneol, carvona y timol de los residuos antiguos. Todos se encuentran en la milenrama (*Achillea*) que McGovern describió en otro escrito como «altamente sugerente de un ritual que involucraba plantas psicoactivas».[5]

Gracias a estas huellas biomoleculares, McGovern también fue capaz de ubicar la fuente geográfica antigua de los aditivos para este brebaje especial:

Prácticamente todas fueron domesticadas o cultivadas en el Levante sur previamente a su introducción a Egipto... A partir de *ca.* 3000 a. C., mientras la vid domesticada se trasplantaba al delta del Nilo, sería razonable sostener la hipótesis de que las hierbas levantinas del sur lo acompañaron o pronto lo siguieron en los jardines y campos del país. Estos desarrollos expandieron de manera considerable la farmacopea egipcia.

En cuanto a los setecientos jarrones, el análisis de McGovern de 35 elementos químicos concluyó con «una probabilidad de hasta el 99%» de que los jarrones «estaban hechos de las mismas arcillas que los que se encuentran en el valle del Jordán, las región montañosa de Cisjordania y Transjordania y la región de Gaza».[6] En otras palabras, se originaron en el territorio que después le pertenecería a Dioniso y Jesús en el siglo I d. C. ¿Por qué Escorpión almacenó tanto vino extranjero en su lecho de muerte? McGovern lo llama una «emulación de élite» o «consumo ostentoso». Como importar «oro líquido», esos elíxires a base de vino del Levante sur «a menudo se intercambiaban entre los reyes del Oriente Próximo como regalos para sellar tratados» o simplemente para «crear buena fe y brindar prestigio a su dominio».[7] Además, McGovern apoya la noción básica de Ruck con respecto a que «era bien sabido que el vino antiguo y otras bebidas alcohólicas eran un excelente medio para disolver y administrar preparaciones herbales de manera externa e interna». Antes de la alta disponibilidad de las medicinas sintéticas modernas, dice McGovern, «las bebidas alcohólicas solían ser el paliativo universal».

Sin embargo, debido a que el vino intoxicante divino tenía la intención de acompañar al faraón egipcio al inframundo, su uso como una biotecnología religiosa avanzada no puede pasarse por alto. Al igual que la cerveza de Mas Castellar de Pontós, el brebaje especial puede haber provocado los estados visionarios que les permitieron a Escorpión I y a reyes egipcios posteriores tanto presenciar a los dioses como volverse uno con ellos. Si bien se piensa que las sacerdotisas fueron las enólogas originales, y «la tradición que rodea al vino lo personifica como una entidad femenina», Osiris probablemente se adelantó a Dioniso como el primer dios del vino masculino.[8]

Según el papiro ilustrado más antiguo que se conserva, que preserva la ceremonia egipcia de coronación con asombroso detalle, el vino se presen-

250

taba como un «ojo de Horus» para curar al rey de su «ceguera espiritual».[9]
Una comida ritual después se ingería como parte de los «ritos secretos» dise-
ñados para transformar al representante en la tierra de Osiris en el dios del
vino mismo. En este acto supremo de «conjunción mística» —beber el vino
para *volverse* el dios—, el rey humano buscaba mezclarse con Osiris como
el señor de la muerte. En preparación para su sueño eterno, se dice que el
iniciado real viajaba al inframundo cósmico y de hecho lo *experimentaba,* y
así recibía «el conocimiento asombroso de lo que está más allá del umbral de
la muerte».[10] Miles de años antes de Jesús o los lamas que entrevistó el padre
Francis, se dice que los faraones egipcios habían adquirido el cuerpo de luz
de un «espíritu brillante» (*akh,* en egipcio) que les permitía atravesar el más
allá lleno de estrellas.[11]

Jarras de vino descubiertas en la cámara 10 de la tumba real de Escorpión I en
Abidos, Egipto, que datan de *ca.* 3150 a. C. El vino era enriquecido con plantas y
hierbas del futuro hogar de Jesús en el Levante sur. (© *Deutsches Archäologisches
Institut Kairo, DAI Cairo*).

¿El vino psicodélico, que primero se importó del sur del Levante, en verdad
brindó los medios, el motivo y la oportunidad para esta empresa religiosa

de tres mil años de duración? Según el difunto arqueólogo y antropólogo el doctor Andrew Sherratt, las «vastas cantidades de vino» que se consumían en los festivales dionisiacos de una semana en el templo de Karnak parecían ameritar una inspección más detallada. Él notó que el mismo loto azul egipcio (*Nymphaea caerulea*) representado en los pilares de Karnak también se encontraba como guirnalda alrededor del cuello dorado de Tutankamón, cuando la tumba del faraón fue abierta por primera vez en 1922.[12] El loto azul egipcio, otra encarnación de Osiris, es ahora sumamente raro en estado salvaje, pero en alguna época abundaba en las orillas poco profundas del Nilo. Se consideraba la planta más sagrada del antiguo Egipto. Y con los compuestos activos de apomorfina y nuciferina, estaba llena de posibilidades psicodélicas.[13]

Como parte de la serie documental *Sacred Weeds* (Hierbas sagradas) que se transmitió en Channel 4 del Reino Unido en 1998, Sherratt y sus colegas (un egiptólogo, un etnobotánico y una farmacóloga) reclutaron a dos voluntarios valientes para beber un brebaje de flores remojadas en vino para la primera recreación televisada del sacramento antiguo. Después de tener un buen ataque de risa, el dúo inquieto es visto divirtiéndose en los jardines lluviosos de Hammerwood Park en Sussex Oriental. Aunque no se registró ninguna visión de Osiris, se demostró que el loto azul egipcio tenía efectos alteradores innegables, incluso en una dosis relativamente baja. El experimento alucinante es muy divertido de ver en YouTube en: youtube.com/watch?v=Vx2AIBgnakI.

Conforme nos acercamos más a los territorios originarios del cristianismo, la trama se pone más interesante. Resulta que la mejor evidencia de vino enriquecido proviene de la Galilea moderna. Ahí, el atractivo mágico del vino que después se presentaría en la boda de Caná y el suceso fundador del cristianismo, la última cena, iba mucho más allá de su contenido alcohólico.

En la Antigüedad, el hogar de Jesús era elogiado por su producción de vino, que se remonta a los cananeos. En 2013, los vagos rumores encontraron datos duros cuando el sitio de Tel Kabri, a una hora al norte de Nazaret, llegó a los titulares internacionales. Cuarenta jarras de vino herbal se descubrieron en lo que se conocería como «la cava de vino más antigua del mundo» que data de alrededor del año 1700 a. C.[14] Residuos orgánicos de cada uno de los jarrones se sometieron a pruebas exhaustivas en el Departamento de Química de la Universidad Brandeis. Los resultados de los análisis por GC-MS mostraron una notable coherencia a lo largo de todas las muestras, lo cual indica «una comprensión avanzada del panorama botánico y el dominio de la farmacopea necesaria para producir una bebida compleja que equilibraba preservación, palatabilidad y psicoactividad».[15]

En su artículo revisado por pares publicado en la revista de código abierto *PLoS ONE* en agosto de 2014, el equipo interdisciplinario identificó diversos compuestos orgánicos en el vino. Andrew Koh (investigador en jefe en el Centro de Investigación de Materiales en Arqueología y Etnología del Instituto Tecnológico de Massachusetts), Assaf Yasur-Landau (profesor de arqueología en la Universidad de Haifa) y Eric Cline (profesor de estudios clásicos, antropología e historia en la Universidad George Washington) notaron la dificultad de tratar de comparar esos biomarcadores recién capturados con sus fuentes orgánicas antiguas. Al igual que McGovern, ellos reconocen que los compuestos están presentes en diversas concentraciones en muchas plantas y hierbas. De cualquier modo, es posible encontrar una correspondencia precisa basada en «la distribución natural de las mercancías antiguas» y «registros documentales que sobreviven» de la Galilea antigua y el área circundante.

Además del griego, muchos idiomas del Oriente Próximo, como el egipcio, el sumerio, el acadio, el elamita, el hitita, el hebreo y el arameo han preservado los nombres de un número vertiginoso de plantas, hierbas y hongos. Ciertas estimaciones calculan que solo el 20% de las especies a las que se hace referencia en los textos antiguos «se han identificado de manera definitiva por género».[16] Por esa razón, por ejemplo, el debate sobre el tipo de «laurel» que empleaban las pitonisas en Delfos puede continuar, pues es posible que la planta antigua no corresponda del todo con nuestra clasificación científica del género *Laurus*, mucho menos la especie *Laurus nobilis*. Pero la evidencia etnobotánica, como las fórmulas del vino de Dioscórides, son solo la mitad del rompecabezas. Para completarlo, se necesita la recolección rigurosa de residuos orgánicos de recipientes antiguos, que después podrán cotejarse con mapas paleoecológicos que tracen dónde crecía en la antigüedad cada una de las especies analizadas. Si bien este esfuerzo interdisciplinario no formó parte de la mentalidad arqueológica sino hasta hace poco, la combinación de textos antiguos, datos químicos y mapas de hábitat al fin arrojan la luz que se necesitaba sobre el arte y la ciencia de la elaboración de vino en la Antigüedad. Y los resultados de lugares como Tel Kabri muestran exactamente de dónde heredaron los griegos su gusto por el vino enriquecido con sustancias que alteran la mente.

Además del ácido tartárico, las lecturas de la GC-MS en Tel Kabri incluían ácido cinámico, ácido oleanólico, eucaliptol, cariofileno y metil siringato. De acuerdo con el equipo, los candidatos más probables que habrían podido enriquecer el vino tinto palaciego de Tel Kabri incluyen la miel, la resina de *Liquidambar orientalis*, resina de trementina (*Pistacia palaestina* o *terebinthus*), raíces de juncia real (*Cyperus rotundus*), aceite de cedro (*Cedrus libani*), bayas de enebro (*Juniperus communis* o *phoenicea*), menta (*Mentha*), arrayán (*Myrtus communis*) y corteza de canelo (*Cinnamomum*). Los numerosos ingredientes de este «brebaje lujoso antiguo» son reconocidos como aditivos del vino en los llamados *Archivos de Mari*, una colección de tablillas mesopotámicas escritas en acadio durante el siglo XVIII a. C. Se puede encontrar evidencia de aditivos herbales similares en las recetas egipcias ampliamente publicadas para hacer *kyphi* (incienso de templo) que comenzaron a circular en el siglo XV a. C.

No se identificó nada similar al loto azul egipcio en la cava real, pero la sala de banquetes contigua da pistas de la naturaleza religiosa de este brebaje especial.[17] Lo mismo sugiere el género *Juniperus*, que cuenta con varias especies veneradas por su psicoactividad. Las bayas de enebro contienen aceites ricos y volátiles con «propiedades antivirales, antibióticas y antifúngicas», que pueden explicar su uso supersticioso para protección en ritos y ceremonias antiguas.[18] A lo largo de la historia, los chamanes de Asia Central han recurrido al enebro con «propósitos rituales, mágicos y medicinales», volviéndolo «uno de los fumigantes más antiguos de la humanidad».[19] El pueblo hunza del Hindú Kush al norte de Pakistán, por ejemplo, dice que el enebro es directamente responsable de los «poderes sobrenaturales» de sus *bitaiyos* (los magos, sanadores y profetas):

> Ellos manifestaban sus habilidades solo tras haber inhalado el humo de ramas ardientes de enebro y haber bebido la sangre tibia de una cabra. Después, bailaban al compás de los tambores, hasta que alcanzaban el estado de trance. Cuando se les preguntaba el futuro, pasaban los mensajes de las hadas en forma de canciones.[20]

Para los cananeos, los aditivos del vino identificados en Tel Kabri podían haber resultado útiles durante su ritual trascendente pero poco estudiado del *marzeah*, un festín funerario dedicado a los muertos en el que se bebía y que podía durar hasta una semana.[21] El *marzeah* estaba reservado de manera exclusiva a la clase más alta de la sociedad del Oriente Próximo. Como si fuera una especie de club de bebida, se ha hecho acreedor a comparaciones con el célebre banquete del vino de la Antigua Grecia, el simposio. McGovern dice: «Música, baile y la recitación de mitos cananeos acompañaban el júbilo, junto con encuentros sexuales comparables con cualquier bacanal romana».[22] Pero el propósito principal del *marzeah*, al igual que el de los cultos al cráneo y las cervezas de cementerio que rastreamos a lo largo de diez mil años desde Israel y Turquía en la Edad de Piedra hasta la Antigua Grecia y la Iberia clásica, era que sus participantes conocieran el más allá y pudieran «asegurar su beatificación después de la muerte».[23]

Algo particularmente fascinante del *marzeah* es la posibilidad de que este actuara como un puente entre las ceremonias para beber más arcaicas de Egipto y el Oriente Próximo, en el que se incluye Tel Kabri, y los misterios posteriores que pertenecían tanto a Dioniso como a Jesús. Algo común a todos estos rituales es el concepto de ingerir una poción especial con un único propósito: trascender el tiempo y espacio ordinario, para alcanzar un estado de conciencia en el que los ancestros todavía viven y respiran, y los dioses y diosas se vuelven reales. Por falta de vocabulario, los estudiosos suelen referirse a este lugar como el «inframundo». Y quizá los iniciados al *marzeah* en verdad creían que iban a alguna parte, al igual que los iniciados de los misterios griegos y cristianos en los siglos sucesivos. Pero, finalmente, solo tratamos de ubicar el mecanismo que creaba la *sensación* de ese viaje a otro mundo, y la convicción capaz de crear religiones enteras como resultado de dichas experiencias místicas inolvidables. Los datos de Mas Castellar de Pontós muestran que la cerveza ordinaria difícilmente puede llevarse todo el crédito por la supervivencia de una tradición de cementerio que probablemente se remonta a la Edad de Piedra. En cuanto al *marzeah*, el vino ordinario tampoco parece ser responsable de su larga historia.

Se encontraron pistas sobre el extraño ritual cananeo en una de las tablillas cuneiformes de Ugarit (hoy en día Siria), compuesta tan solo unos siglos después de que la realeza de Tel Kabri ideara su vino psicoactivo. A pesar de muchos intentos fallidos de descifrar la ceremonia de los muertos, puede que un investigador líder de la religión y el misticismo cananeos al fin lo haya logrado. En «The Marzeah and the Ugaritic Magical Ritual System» [El *marzeah* y el sistema ritual mágico ugarítico], publicado en 2015, Gregorio del Olmo Lete deconstruye el texto conocido como *El festín divino de El*, que se refiere a la deidad principal de este período en el Oriente Próximo. Para Del Olmo Lete, profesor emérito de la Universidad de Barcelona, la traducción literal de *marzeah* es «descenso», lo cual implica un viaje al inframundo. Otra alternativa podría ser «una herramienta que hace que [uno] caiga» o colapse en éxtasis, o simplemente yazca muerto.[24]

En una lectura que hace un paralelo con las cervezas de cementerio indoeuropeas, Del Olmo Lete encuentra evidencia del vino alucinógeno como una biotecnología religiosa avanzada, y llama al *El festín divino de El* un «manual» o «receta» para la «práctica de intoxicación» que induce un «estado cataléptico de trance».[25] En este «estado alterado de conciencia alcanzado por ebriedad», al iniciado se le permite la «aterradora entrada» al misterioso «Otro mundo» de «fantasmas infernales», donde un explorador avezado puede obtener respuestas adivinatorias a las preguntas existenciales de la vida de parte de los espíritus divinos.[26] O quizás eran las «hadas» las que hablaban. Para despertar de esta experiencia cercana a la muerte, el texto ugarítico ordena que el cuerpo paralizado del iniciado se unte de la frente al ombligo con una planta silvestre imposible de identificar.

Cada etiqueta de ADVERTENCIA GUBERNAMENTAL que se encuentra en todas las botellas de Pinot en los Estados Unidos indica una serie de riesgos: defectos de nacimiento, accidentes automovilísticos, desastres con maquinaria. Ni una sola menciona la posibilidad de que tus ancestros muertos toquen a la puerta. Al igual que las fórmulas de vino que escribió Dioscórides, el brebaje especial del *marzeah* no se parece en lo más remoto a lo que nosotros llamaríamos «vino». La «cultura de bebidas extremas» de McGovern en el Mediterráneo oriental había creado un ritual extremo de bebida que acompañaba a su bebida extrema y quizá brindaba el contexto óptimo para demostrar su «comprensión avanzada del panorama botánico» y el «dominio de la farmacopea». Los ingredientes activos que quizá potenciaron la mezcla siguen siendo un completo misterio. Con todo, en vista de los datos arqueológicos duros de las mezclas herbales de Abidos en Egipto y

Tel Kabri en Cananea, podemos estar seguros de que alguien como Andrew Koh en el Instituto Tecnológico de Massachusetts podrá descifrar el *marzeah* en los años venideros.

A los 44 años de edad, Koh es parte de la generación más joven que se benefició del trabajo de McGovern y otros pioneros como Richard Evershed en la Universidad de Bristol. Pero a diferencia de muchos de sus colegas en la disciplina en ciernes de la química arqueológica, Koh tiene una formación adicional en estudios clásicos. Esto le brinda una perspectiva transdisciplinaria única en la búsqueda de bebidas antiguas. Debido a que está familiarizado con la tradición del vino con drogas de Homero a Dioscórides y más allá, Koh es mucho más abierto a la posibilidad de que el *marzeah* vincule a la Galilea de los cananeos en 1700 a. C. con la Galilea de los antiguos griegos y cristianos del siglo I d. C. Por si las dudas, después de mi viaje a París, llamé a su oficina en Boston para asegurarme de que los estudios de Ruck en efecto estuvieran respaldados por la evidencia más reciente.

Koh me contó del descubrimiento reciente de líquidos todavía más lujosos en otro sitio en la Alta Galilea. Su análisis de residuos orgánicos en pequeños recipientes de un edificio administrativo helenístico en Tel Kedesh, en la frontera con Líbano, que pronto se publicará en el *Bulletin of the American Schools of Oriental Research,* reveló que el aceite del emblemático cedro del Líbano (*Cedrus libani*) estaba enriquecido con la misma resina de estoraque (*Liquidambar orientalis*) de la misma región de Rodas que se encontró 1 500 años antes en el vino cananeo de Tel Kabri. Este data del siglo II a. C. y muestra la continuidad de las infusiones psicotrópicas en la región, hasta bien entrado el período en el que la influencia griega se encontraba en su punto más alto. Entonces, aunque todavía no lo ha encontrado, las probabilidades de que Koh con el tiempo asegure la evidencia concreta de un vino explícitamente psicodélico parecen alentadoras. La respuesta química al misterio del *marzeah* es alcanzable.

—Creo que tienes toda la razón —me dijo Koh al teléfono—. Cuando hablamos de vino antiguo, tendemos a enfocarnos en una misma fórmula para todos. Pero si pensamos en la cerveza de nuestros días, por ejemplo, no es solo para beber y ver el futbol. Tenemos cervezas muy complejas con diferentes niveles de alcohol y perfiles de sabor. El vino antiguo era igual. Si observamos con atención los registros históricos, encontramos vino para ocasiones muy informales y vino para eventos muy formales como los misterios. Pero como con todo en la vida, probablemente no es tan binario. Quizá sea por nuestra historia puritana, pero queremos separarlos: el acto de beber por motivos informales y mundanos, y el acto de beber por motivos sagrados y religiosos. Sin embargo, en ese entonces, los límites eran borrosos, y las cosas estaban interrelacionadas.

—¿Como en Tel Kabri o Tel Kedesh? —pregunté—. ¿Y quizás incluso en las primeras comunidades cristianas, que pudieron tener influencia del *marzeah* o los misterios dionisiaco que sabemos estuvieron activos en Galilea en la época de Jesús?

—Claro. A primera vista, la cava de vino de Kabri da la impresión de que las élites adineradas se emborrachaban y la pasaban bien. Pero si miramos con más detenimiento, me parece una respuesta muy simplista. Porque sí le agregaban cosas al vino, y esos ingredientes no eran simples conservadores. No era solo para sentir un efecto por el alcohol. Si echamos un vistazo a la literatura de la época, había festivales en Egipto y el Levante similares al *marzeah* repletos de significado ritual. Literalmente convivían con los dioses y lo divino. Entonces, creo que Kabri *sí* conecta los períodos helenísticos y romanos posteriores, en los que el aspecto mistérico o cultual no hizo más que intensificarse. Creo que en la comunidad arqueológica hemos pasado por alto desde hace un tiempo que el vino es una bebida perfecta (cuando se le añaden los ingredientes correctos) para tener una experiencia religiosa profunda, con un efecto psicotrópico. Así que prefiero llamar «poción» a esa clase de vino, porque no solo es una bebida, sino un sacramento.

Koh confía en que la evidencia irrefutable del vino psicodélico se encuentra en la cuna del cristianismo y que espera pacientemente bajo tierra. Durante muchos siglos, hasta las bodas de Caná y la última cena, el *marzeah* documentado en *El festín divino de El* siguió formando parte esencial de la región, y unía a Israel, Judea y Babilonia antiguas en el «culto al dios del vino» de El. Al igual que los egipcios, cananeos y fenicios previos, los israelitas y sus vecinos estaban tan interesados en el culto de los muertos y su vino especial que pusieron la Tierra Santa en el mapa en primer lugar.

El ritual pagano de hecho se menciona dos veces en el Antiguo Testamento, de manera despectiva, por supuesto, lo cual confirma la supervivencia de esta tradición primordial en los tiempos bíblicos.[27] A pesar de la oposición de los sumos sacerdotes judíos a la sesión de espiritismo permitida por el vino, se han encontrado cantimploras de peregrino, decantadores y ánforas en las tumbas antiguas de Jerusalén y sus alrededores.[28] Y más al sur, más restos de cultos a la muerte han salido a la superficie. En septiembre de 2009, un bloque de piedra arenisca fue encontrado por accidente en Wadi Musa, cerca del templo dionisiaco en Petra. Su inscripción parcialmente legible confirma que el ritual alucinatorio del *marzeah* seguía vivo durante la época en que vivió Jesús. El texto «claramente se remonta» al reino del rey nabateo de alto perfil Aretas IV Philopatris (9 a. C.-40 d. C.). Su hija Phasaelis se casó con el rey Herodes Antipas, el infame tetrarca de Galilea. Para complacer a su segunda esposa después de divorciarse de Phasaelis, Herodes célebremente sirvió la cabeza de Juan el Bautista en un plato.[29]

Nadie sabe bien dónde termina el *marzeah* y dónde comienza el banquete dionisiaco.[30] El dios del éxtasis lentamente se enraizó en el «internet cultural antiguo» del Norte de África y el Levante que Osiris y El habían abonado con su magia durante milenios. Con el tiempo, parte del dios del vino se dirigiría al occidente en Grecia como Dioniso y debutaría en el escenario de Eurípides en el siglo V a. C. con sus ménades asiáticas después de una vuelta por Anatolia. En Atenas, Dioniso se volvería el señor de la muerte igual que sus homólogos en Egipto y el Oriente Próximo, dirigiendo un tren fantasmal anual a la ciudad durante el festival primaveral de Antesterias. Similar a nuestro Halloween, era la época del año en la que, «atraídas por el olor a vino que se alzaba de las *pithoi* abiertas [vasijas de barro] y se esparcía por la ciudad, las almas salían del inframundo».[31] Pero otra parte del dios del vino simplemente se quedaría en el mismo lugar en el que todo comenzó más de tres mil años antes de Jesús, quien se volvería el más reciente dios del éxtasis en haber superado la muerte. El Nazareno conocía muy bien el inframundo por el episodio del descenso a los infiernos que supuestamente tuvo lugar durante los tres días entre su muerte y su resurrección, en el que «el Evangelio ha sido anunciado a muchos que han muerto».[32]

Es una línea de sucesión muy clara: de Osiris a El, Dioniso y Jesús. El elemento crítico que los une a todos es el vino extraordinario que desdibuja los límites entre la vida y la muerte. Pociones de inmortalidad. Pero hay una diferencia fundamental entre Dioniso y Jesús por un lado y sus predecesores divinos por otro: un desacuerdo político. ¿Este vino pertenecía al 1% o al 99%? ¿Era para los faraones, la realeza y la élite? ¿O era para todos? ¿Quién debería tener acceso al néctar de los dioses?

Vasija de figuras blancas (*lekuthos*) de Ática, Grecia, que data de 470 a. C. Contenedores como este solían depositarse con frecuencia en las tumbas antiguas como parte de los rituales funerarios griegos. Se representa al dios Hermes blandiendo su varita mágica en el papel sagrado de psicompompo, escoltando a los recién fallecidos hacia el más allá (izquierda). Desde la boca de la vasija de barro (*pithos*) a medio enterrar, a la derecha de Hermes, se puede ver cómo surgen del vino las almas de los muertos (derecha). Algunas vuelan al inframundo con alas angelicales. Otras, más demoniacas, se meten de nuevo al vino sagrado del que salieron. El festival de Antesterias similar al Halloween ha terminado. Y también ha terminado el momento de beber el elíxir con drogas en honor de Dioniso, el señor de la muerte. *Cortesía de Dennis Graen, Friedrich-Schiller-Universität Jena, Alemania.*

La revolución religiosa se había puesto en marcha en la Galilea precristiana. El vino intoxicante había comenzado a filtrarse desde los palacios y mansiones del Oriente Próximo del mismo modo que el ciceón se había escapado de Eleusis y había viajado a hogares adinerados a lo largo de Atenas durante la escandalosa imitación de los ritos sagrados conocida como la profanación de los misterios. Tal como A. D. Nock notó con astucia en el capítulo pasado, los que tenían curiosidad espiritual se vieron atraídos a esa clase de «piedad pagana espontánea y privada» en la que elementos de «decisión, movimiento y entusiasmo individual» eran preferibles al aburrimiento aplastante que los templos locales pudieran ofrecerles a los residentes paganos y judíos del área. Para la época de Jesús, una tendencia democratizadora liderada por mujeres extáticas había renovado el vino sagrado en lo que Eurípides, cuatro siglos antes, había llamado un sacramento para el «pueblo simple» o *phauloteron* (φαυλότερον): «Igual al rico y al más pobre les ha ofrecido disfrutar del goce del vino que aleja el pesar».[33]

Olvídense de los faraones egipcios. Olvídense de las familias reales de Tel Kabri, Petra y todos los lugares intermedios. Olvídense del *marzeah*, reservado solo a los aristócratas que eran dueños de viñedos con tiempo y dinero para gastar en ese ritual tenebroso y a veces complaciente.[34] Olvídense de los sumos sacerdotes que prohibieron el *marzeah*, con todas sus connotaciones «ocultistas».[35] Y olvídense de los fariseos aguafiestas, que más tarde en los Evangelios llamarían a Jesús «borracho» u *oinopotes* (οἰνοπότης).[36] Las personas añoraban poder probar por sí mismas ese vino milagroso. Y en cuanto a los invitados ya muy borrachos de las bodas de Caná, donde la única manera en la que el Jesús del Evangelio de san Juan podía demostrar su divinidad era realizar el «milagro insignia» de Dioniso, eso fue exactamente lo que obtuvieron: 680 l del vino milagroso.

Al devolver el truco más antiguo de Dioniso a su hogar en el Oriente Próximo, donde el sacramento en sí había nacido en el pasado distante y donde el dios del éxtasis había reestablecido su presencia gracias a la aceptación regional de la cultura griega, el Evangelio de san Juan planteaba un gran desafío a los que pertenecían al 1% en el siglo i d. C. Desde el comienzo, la poción cristiana estaba destinada al consumo masivo, al igual que la poción dionisiaca que había hecho su magia en Grecia y los centros de habla griega del Mediterráneo oriental durante siglos, entre los que se incluyen partes de Galilea. A diferencia de las bebidas rituales previas, el vino de Caná tenía la intención de viajar por todo el mundo antiguo, hacia las manos de personas humildes con esperanzas humildes en el más allá, y también a partes humildes del Imperio romano, aún más al oeste de Grecia, donde el dios del vino que Jesús pronto reemplazaría estaba desesperado por resurgir. Todo gracias a los políticos de Roma.

Mientras salía de la Salle des États, eché un último vistazo a la sonrisa condescendiente de la *Mona Lisa*. Toda la noche, cuando la cubre la luz de la luna, la obra maestra de Da Vinci permanece ahí mirando una total y completa fantasía. No es culpa de Veronese. *Las bodas de Caná* es una buena interpretación del Evangelio de san Juan, pero es casi seguro que esa escena nunca ocurrió en realidad. ¿Por qué ese episodio escandaloso de la antigua Galilea solo se registra en el Evangelio de san Juan y en ninguna otra parte? ¿Y por qué en clara transgresión de las epifanías dionisiacas de Élide y Andros? Estudiosos como Dennis MacDonald han concluido que Juan retrató a Jesús con el mismo molde del dios del éxtasis para enfatizar su carácter divino. Parece razonable, aunque Juan obtiene cero puntos por originalidad. Pero un dios sin vino en el sur del Levante era como un carro sin ruedas, así que quizá Juan no tuvo más opción que incorporar la «bebida extrema» en esa epifanía particular alrededor del año 30 d. C. Sin embargo, la pregunta sigue abierta: ¿cuál es la relación *real* entre Jesús y Dioniso? ¿Y cuál es el mensaje *real* aquí?

A los hablantes de griego que podían reconocer los «símbolos» y el «lenguaje» secretos, como dice A. D. Nock, Juan les tenía muchas más sorpresas preparadas. Caná era tan solo el primer acto. Era un vistazo a la cena real, tres años después, que alteraría para siempre el rumbo de la historia humana, al poner a Jesús a la cabeza de la página principal del «Twitter de nuestra especie» con 2 420 millones de seguidores. La religión más grande que se haya visto. Todo comenzó con la última cena, un asunto un poco más íntimo entre amigos. Cuando el vino se convirtió en sangre y Jesús introdujo la segunda parte del clásico sacramento dionisiaco: la carne viva.

En el tratamiento poético que Juan hace del evento, la combinación sagrada de pan y vino, carne y sangre, representa la biotecnología más avanzada en toda la Antigüedad. Lo que san Ignacio después llamaría el *pharmakon athanasias*, la droga de la inmortalidad que garantizaba una divinidad instantánea y vida eterna. Entre los griegos, este procedimiento mágico era conocido como *apoteosis* o *deificación*. Cualquiera que comiera y bebiera al dios *se convertía* en el dios. El sacramento, que una vez fue propiedad exclusiva de los faraones egipcios y la élite del Oriente Próximo, había fluido por las montañas y bosques del Mediterráneo desde Eurípides. Pero las civilizaciones tienen auges y caídas, y los misterios siempre se las arreglaron para encontrarse en el fuego cruzado. Después de la obsesión inicial con el dios del vino que habían heredado de sus predecesores, en especial en esa parte de habla griega del sur de Italia conocida como Magna Grecia, un pánico moral se apoderó del Imperio romano cuando los hombres comenzaron a unirse a los festivales depravados que antes estaban restringidos a las mujeres.[37] El Senado romano prohibió las bacanales auténticas en 186 a. C., lo cual creó un futuro incierto para el dios del éxtasis.

Cerca del año 20 a. C., el historiador conservador Livio escribió su recuento dramático del escándalo, y lo describió «como una reacción a la repentina infiltración de demasiados elementos romanos en la adoración romana».[38] La gota que derramó el vaso en el Senado romano fue la bruja italiana Paculla Annia, la escandalosa alta sacerdotisa de Baco en Campania —el corazón de Magna Grecia, hogar de Nápoles y Pompeya—.[39] En los años previos a la embestida a los misterios dionisiacos en 186 a. C., Paculla Annia se negó a iniciar a hombres de más de 20 años.[40] «En vez de tener a las mujeres bajo el control de los hombres», dice el doctor Fiachra Mac Góráin, clasicista del University College London, «este culto ponía a hombres jóvenes e impresionables bajo el control de las mujeres».[41] En una sociedad férreamente patriarcal como Roma, eso era un acto de guerra. Entonces, las autoridades provocaron que el caudal de vino mágico se volviera un hilo.

En la época de Jesús, el mundo estaba listo para otra inyección de locura sagrada. Al final, como seguramente aclamaron los fieles, el hijo de Dios había llegado a Galilea. Llámenlo Jesús, si quieren. Pero cuando el Evangelio de san Juan lo llamó el «único hijo» o la «única descendencia» de Dios, que residía en el «regazo» de su Padre, su público sabía a qué se refería. Después de todo, ¿dónde creció Jesús si no en Nazaret? A tan solo minutos del país dionisiaco en Escitópolis. Y a unos pasos de la Mona Lisa de Galilea en Séforis. De todos los lugares que Jesús podía llamar *hogar*, tenía que ser nada menos que el equivalente al valle de Napa para las drogas del mundo antiguo. Ahí donde el vino era un sacramento para el culto de los muertos que encontraba inspiración tanto en el *merzeah* de larga data como en los misterios dionisiacos. Y ahí donde el mago de Nazaret y sus primeros seguidores podrían haber encontrado un suministro infinito de las sustancias alteradoras de la mente que el sur del Levante había proporcionado al área durante tres mil años. Las mismas drogas que pronto serían catalogadas de manera enciclopédica en el manuscrito más consultado y más duradero de los siguientes dos mil años: *De materia medica*.

Menos de una década después de la muerte de Jesús, Dioscórides nació en Cilicia en Asia Menor (cerca de la frontera moderna entre Turquía y Siria). Estudió en la cercana Tarso, el lugar de nacimiento de Pablo, quien antes de ser san Pablo era simplemente Pablo de Tarso. Las plantas, hierbas y hongos que documentó el padre de las drogas en sus extensos viajes con el ejército romano bajo el mando del emperador Nerón están «predominantemente concentradas en el mundo de habla griega del Egeo y el Levante».[42] Era el epicentro de la confección de vino experimental, donde una población altamente pagana extraía cada gota de potencial psicoactivo de su cultivo comercial antiguo. Y donde el nuevo Dioniso había regresado de manera milagrosa con una última misión.

Aunque en la frontera oriental del Imperio romano esto no les agradara, los futuros cristianos sabían que los misterios dionisiacos habían enfrentado una crisis de identidad en Italia, donde hasta seis mil seguidores del dios del éxtasis fueron ejecutados de tajo durante la campaña sangrienta del Senado romano en 186 a. C.[43] Nadie pudo predecir el pánico moral que sobrevendría. El imperio más poderoso del mundo, una empresa totalmente masculina, reprimía una religión del todo femenina que les prometía inmortalidad a sus iniciados. Con tan solo unos mililitros de su poción secreta, esta religión sin nombre al fin había terminado con la exclusividad espiritual de Egipto y el Oriente Próximo, y el monopolio de las familias griegas en Eleusis. Y por razones más que nada políticas, los romanos querían que esta religión peligrosa, lo que Eurípides alguna vez llamó la «más engañosa y corruptora para las mujeres», simplemente desapareciera.[44] Pero los misterios dionisiacos no podían desaparecer sin más. Todos merecían probar la divinidad. Entonces, quizá la única manera de mantener vivo el vino mágico era llenar el mundo antiguo con más mujeres como Pacula Annia de las que el Imperio romano pudiera controlar. Pero la naturaleza no era el lugar más seguro ni más práctico para ganar nuevos conversos al culto griego a la muerte.

El dios del éxtasis tenía que entrar a espacios cerrados.

Y el cristianismo tenía la respuesta. En la costa oriental del Mediterráneo, todo estaba al alcance de cualquiera en el siglo I d. C., cuando el más reciente hijo de Dios, nacido de una virgen, cobró protagonismo. En el Evangelio de san Juan, las bodas de Caná pueden haber liberado la droga de la inmortalidad a las calles de Galilea. Pero fue la última cena la que llevó la eucaristía cristiana a los hogares de la gente. Ni el mismísimo Dioniso había logrado tal cosa.

Además de los festivales públicos, y los pocos atenienses que blasfemaron contra Eleusis durante la profanación de los misterios, las iglesias de Dioniso estaban fuera de los centros urbanos, al aire libre en el campo griego. En cuanto al público de Juan, este nuevo Dioniso le había robado el protagonismo al viejo Dioniso. Y su interpretación del Evangelio de san Juan habría sido muy distinta de la de hoy. El Jesús que habrían visto era un Jesús que no había ido a comenzar una nueva religión, sino un Jesús que había ido a salvar los frágiles misterios con una reaparición épica. Un Jesús que había ido a abrir la fuente del vino mágico a las masas, y terminar el movimiento populista que él mismo había comenzado en Grecia.

Cuando su nombre era Dioniso.

Es imposible entender las raíces del cristianismo sin entender el mundo en el que apareció. Pues durante prácticamente los primeros trescientos años de su existencia, el cristianismo era un culto ilegal. Igual que lo había sido el culto a Dioniso. Al ser atractivo para los pobres, y en especial para las mujeres, Jesús simplemente había retomado las cosas donde las habían dejado los misterios dionisiacos. En el aspecto político, era la misma amenaza al *establishment* romano que Dioniso. Cualquier cosa que dirigiera la atención y lealtad lejos del culto público al emperador y a los dioses romanos tradicionales se consideraba peligrosa, pues, en esa época, separar a hombres jóvenes e idóneos del servicio militar y separar a las madres ocupadas de sus obligaciones familiares trastornaba la cadena de mando. Ninguno de esos dos grupos debía estar en la naturaleza drogándose con el dios de las drogas. Y tampoco debían estar en una boda en la que Jesús develaba el «milagro insignia» de Dioniso. Juan volvió muy explícita la paranoia general cuando registró la reacción de los sumos sacerdotes judíos a la serie de actos mágicos de Jesús después de Caná: «Si lo dejamos que siga así, todos van a creer en él, y luego intervendrán los romanos y destruirán nuestro Lugar Santo y nuestra nación».[45]

Pero los aspectos políticos y legales eran solo una parte de la preocupación. También estaba en juego el orden social entero. Jesús y Dioniso eran lo mismo. Los dos defendían el principio revolucionario de que todos merecían el néctar de los dioses, sin importar su clase social. Mientras los griegos e italianos del sur habían tenido muchos siglos para manejar el equilibrio incómodo entre el 1% y el 99%, la invitación abierta de Jesús a una poción de la inmortalidad como la eucaristía habría sorprendido a los paganos adinerados de Galilea al igual que a las familias judías influyentes de Jerusalén. El vino mágico supuestamente era *su* prerrogativa, tal como lo había sido durante miles de años. La salvación no debía estar en manos de plebeyos. Después de su éxito en la Atenas clásica, Dioniso fue el primero en romper el monopolio en Oriente Próximo. Como un golpe bajo adicional, Jesús llegó unos siglos más tarde con una solución aún más conveniente para cualquiera que estuviera insatisfecho con las religiones antiguas. Una solución que los fabricantes de cerveza casera en Mas Castellar de Pontós ya habían descubierto. Tan solo inviten a algunos amigos a casa y preparen el sacramento ahí mismo.

Al final, Dioniso y Jesús fueron muy malos para el *statu quo*. No es gratuito que la represión de las bacanales por parte del Senado romano en 186 a. C. fuera la primera persecución religiosa a gran escala en la historia europea.[46] Y no es gratuito que el cristianismo siguiera el ejemplo. A los ojos de la clase dirigente, la idea de continuidad entre los misterios griegos y cristianos estaba muy clara. Bárbaros hasta la médula, ambos ofrecían acceso directo al señor de la muerte tras el consumo del dios mismo en forma de vino fortificado. Con sus sacramentos exóticos, los dionisiacos y cristianos encajaban en la misma narrativa vil. De acuerdo con Mary Beard, John North y Simon Price, los historiadores líderes de la religión romana: «El problema se exacerbó por el atractivo del cristianismo para las mujeres. La combinación de estereotipos de lo extranjero y lo femenino, que habían desplegado los griegos clásicos sobre las mujeres orientales fuera de control, siempre había sido especialmente eficaz».[47]

Este es el telón de fondo político y espiritual de la hipótesis de continuidad pagana. Y no puede negarse. Las personas que se sentían atraídas por el culto radical de Dioniso eran las mismas atraídas por el culto de Jesús. No eran tan diferentes de los «espirituales pero no religiosos» de hoy en día, buscadores espirituales de trascendencia. Una experiencia real con significado real, donde la clave de esa experiencia dionisiaca era la clase de vino que se consideraba universalmente como *pharmakon*, llevó a la locura a brujas como Paculla Annia y sus clanes. Las volvía delirantes. Provocaba visiones. Y además de los conservadores religiosos en Atenas que no querían que profanaran sus misterios eleusinos, también enfureció a las autoridades de Roma;

las mismas autoridades que después acusarían a los cristianos de canibalismo y los echarían a los leones.

La poción de la inmortalidad es lo que une a los antiguos griegos de los últimos siglos antes de Cristo con los paleocristianos de los primeros siglos después de Cristo. Como veremos en detalle en el siguiente capítulo, cuanto más pudiera convencer el Evangelio de san Juan a reclutas potenciales de que la eucaristía cristiana era de hecho el mismo *pharmakon*, más posibilidades había de que esta fe en ciernes tuviera éxito en un mundo en el que el sacramento dionisiaco todavía dominaba el Mediterráneo antiguo. Ahí, cada vez que bebían de la copa sagrada, las ménades se arriesgaban a que las tacharan de criminales. Los primeros cristianos corrían el mismo riesgo, desde luego. Pero, para algunos, el precio de la libertad religiosa siempre ha valido el costo.

La manera en que los misterios griegos y cristianos eran señalados por el Imperio romano está bien documentada en los registros históricos. Sin embargo, algo que los investigadores actuales ignoran en gran medida es hasta qué punto el sacramento común del vino motivó la dura supresión de estos movimientos revolucionarios, y si el gran secreto que Dioniso y Jesús tenían en común —el secreto que daba acceso a la llave de la inmortalidad— era, de hecho, vino con drogas.

Había sido una tarde muy larga, y el Louvre estaba por cerrar. Necesitaba unos minutos de paz y tranquilidad para procesar todo lo que había visto ese día. Supe exactamente a dónde ir para escapar de los turistas. Me dirigí en línea recta a la *Victoria alada de Samotracia* y descendí por la gran escalinata hacia la colección griega del nivel inferior al ala Sully. Me escabullí entre la multitud que admiraba la *Venus de Milo* sin brazos para llegar a mi oasis, la Salle des Caryatides. De manera intencional o no, el Louvre construyó un tributo increíble al dios del éxtasis.

La mayor parte de las esculturas de mármol que se encuentran en la sala 348 son romanas, basadas en originales griegos. Como la cabeza italiana de Dioniso del siglo II d. C., con esa «desmelenada cabellera» que alcanzaba el cuello y los hombros del dios. Si alguna vez se han preguntado por qué Jesús era el único hombre judío de la Galilea del siglo I en lucir el mismo peinado que Jim Morrison, esa es la razón.[48] Al otro lado de la sala, el dios del bosque,

Pan, directo de Narnia, tiene un racimo de uvas en la mano. Después de guiar a coros de ninfas por las colinas de Grecia, el confidente del dios del vino siempre tomaba una siesta a mediodía. Cuando un pastor que pasara lo asustaba, Pan daba un alarido aterrador, del que proviene la palabra *pánico*. El hombre-cabra era el último refugio del campesinado iletrado contra el cristianismo que los invadía. Como resultado, nuestra imagen popular de Satanás probablemente proviene de esta deidad cornuda y lujuriosa, «el rústico» (*paganus* en latín, de ahí la palabra *pagano*).[49]

Cabeza de mármol de Dioniso del siglo II d. C., basada en la estatua griega de *ca.* 500 a. C., actualmente en la Salle des Caryatides en el Louvre. El cabello femenino y ondulante del dios del éxtasis inspiró los primeros retratos de Jesús que han persistido desde entonces. Compárese con el *Buen Pastor* en el hipogeo de los Aurelios del siglo III d. C. (p. 320) o la cabeza de Jesús en *Las bodas de Caná* de Veronese del siglo XVI d. C. (p. 235). *Stéphane Maréchalle (© RMN-Grand Palais / Art Resource, N. Y.).*

Di una vuelta alrededor del vaso Borghese. Con su altura de 1.70 m, presume un desfile increíble de bacantes, tallado en el mármol. Aturdidos y confundidos, uno ya perdió la conciencia. Después de desplomarse en éxtasis, un sátiro peludo lo carga junto con un *thyrsos* en la mano —la vara larga y hueca que se usa para llevar los aditivos herbales del dios del vino, según Ruck—.[50] De la mano del celebrante acaba de caerse el *kantharos* que lo dejó inconsciente. Me pregunto qué había en él. La etiqueta didáctica del museo dice que esta pieza «es ampliamente admirada por el fino trabajo artesanal de las

figuras que se muestran en un trance típico de las procesiones dionisiacas».
La placa en inglés llama a Dioniso «el dios del vino y el jolgorio». En francés
es el «dios del vino y la intoxicación» (*dieu du vin et de l'ivresse*). Las barreras
del lenguaje no se detienen.

El vaso Borghese, que data de *ca.* 40 a. C., fue descubierto en Roma cerca
del año 1566 y ahora es una atracción principal de la Salle des Caryatides en el Louvre. El devoto está completamente perdido en el trance,
éxtasis y locura que definía al vino sagrado de Dioniso. Cuando el vino
del sacramento se preparaba y se consumía apropiadamente, podemos
imaginar que la comunión divina con el dios se veía más o menos así.
Hervé Lewandowski (© RMN-Grand Palais / Art Resource, N. Y.).

Con todo, el significado es claro. Detrás de los misterios dionisiacos no había
un vino ordinario. Y el vaso Borghese es una de las mejores representaciones
de la locura que se apoderaba de los iniciados de esta religión. Una locura
que no provenía del *vino* tal como lo conocemos, sino de una *poción* de
infusiones enriquecida con cualquier número de drogas. Lo que G 408 y G
409 trataban de comunicar, y lo que Dioscórides más tarde registró con sus
fórmulas de vinos, ahora es un hecho científico. Los datos arqueoquímicos
más recientes del Oriente Próximo muestran que las hierbas, resinas y otros
aditivos de plantas se mezclaron con el vino desde al menos tres mil años

antes del nacimiento del cristianismo para aumentar su perfil psicoactivo. ¿Por qué esa tradición ancestral se habrá detenido de pronto con Jesús? Mientras navegaba por la Salle des Caryatides, vi una banca. Pero no era cualquier banca. Era un refugio privado, escondido cómodamente en una alcoba apartada. Me dejé caer en ella, cerré los ojos y solté un suspiro sostenido en el santuario dionisiaco. Abrí los ojos ante una escena de crucifixión. Una pobre figura que colgaba de un pino, esperando la muerte. No es el dios del vino de Nazaret.

Marsias colgado (izquierda), basado en un grupo de mármoles helenísticos originales del siglo III a. C., actualmente en la Salle des Caryatides en el Louvre. *Daniel Lebée / Carine Déambrosis (© Musée du Louvre, Dist. RMN-Grand Palais / Daniel Lebée / Carine Déambrosis / Art Resource, N. Y.); Crucifixión*, pintura de Jacob Jordaens (1593-1678) (derecha), actualmente en la catedral de St. Andrew's. *Philippe Lissac.*

Se trata del sileno Marsias, otro compañero cercano de Dioniso. El *Marsyas supplicié* de 2.4 m de altura, a veces llamado *Tormento de Marsias* o *Marsias colgado,* se esculpió originalmente cerca del año 200 a. C. Conmemora la leyenda del sátiro arrogante que desafió al dios Apolo a un concurso de flauta y perdió. Su castigo fue que lo desollaran vivo. Platón nos cuenta que con el pellejo de Marsias después se hizo un odre.[51] Filóstrato va más allá y dice que el sátiro se sentenció a muerte él mismo por tocar desafinado. Marsias «ansiaba el asesinato» para poder renacer en forma de contenedor de la poción de Dioniso, nuestra salvación líquida.[52] Morir para que nosotros viviéramos, este sacrificio en el árbol por el bien de la humanidad ocurrió siglos antes de que Jesús muriera en la cruz.[53] Si a Marsias desnudo se le diera un taparrabo y se lo colgara en una iglesia, me pregunto cuánto tiempo tardaría un feligrés en darse cuenta de que no es Jesús.

Ahí a la vista de todos, una estatua como esa le da toda la atención a la hipótesis de continuidad pagana. ¿Qué tan lejos podemos llevarla? El Evangelio de san Juan ciertamente llevó al dios del éxtasis al cristianismo. ¿Acaso el sexo, drogas y *rock and roll* también se sumaron?

El padre Francis es un tipo muy abierto, pero ¿cómo puedo abrir esa conversación? Mirar cerámica griega de 2 500 años de antigüedad es una cosa. Sugerir que la religión a la que el sacerdote ha dedicado su vida está cincelada en mármol griego y se retomó de las páginas de *Las bacantes* es otra muy distinta. Es mejor hablar de esas cosas con unos tragos.

11

Ebrios con el néctar de la eternidad

El sol se ponía en un hermoso sábado en París con el mismo calor sorprendente del día anterior. Bajé de mi Airbnb en la Île de la Cité y crucé el Pont d'Arcole hacia la telaraña de calles en el cuarto *arrondissement*. Me dirigí a la taberna que me vino a la mente durante mis últimos momentos en el Louvre, cuando estaba frente a Marsias mirando la estatua de mármol de *Apolo Sauróctono*. Después de una caminata rápida, llegué al bar bullicioso para sentarme en la última mesa diminuta que quedaba en el ojo del huracán. Los reptiles metálicos que se escurrían por los ladrillos y mutaban en mosaicos de azulejos en las paredes del baño me aseguraron que había llegado al Lizard Lounge. En medio del barullo de copas que chocaban y conversaciones ebrias en francés, busqué en mi fajo de notas en preparación para mi siguiente enfrentamiento.

Unos minutos después, mi amigo romano católico llegó. Sin usar el cuello aún.

Primero lo primero. Pedimos una hamburguesa de hongos con queso azul y dos muy necesitadas Scottish Brown Ales. El padre Francis me puso al corriente de las reuniones de Mind and Life del día, y yo le mostré mis fotos de la Salle des Caryatides. Para cuando llegó la comida, yo ya me estaba esforzando por convencer al clérigo afable de que mi investigación no era menos hereje que la suya. El hombre renacentista que estaba frente a mí con una camisa de cuello púrpura asomada debajo de un suéter gris oscuro ya estaba muy atento a lo que le decía, aunque no pude distinguir si se reía de mí o conmigo.

El tema de la cena de ese día fue la apoteosis. ¿Qué significa volverse Dios? Si el padre Francis no tenía problema con que los simples mortales como nosotros se convirtieran en arcoíris caleidoscópicos después de décadas de meditación intensa, entonces ¿por qué no tan solo beber la poción sagrada e ir al grano? Finalmente, ¿no hablamos tanto él como yo de esa promesa críptica de Eleusis de superar las limitantes del cuerpo físico y engañar a la muerte? Ese «momento de intenso arrobamiento» que buscaban las ménades de Dioniso, hasta que «se identificaban con el dios mismo». ¿Y no comete él la misma gran herejía que Ruck al sugerir que la verdad original y oscura del cristianismo no tiene nada que ver con *adorar* a Jesús, sino más bien con *volverse* Jesús? ¿No somos todos dioses y diosas en potencia?

Tal vez el concepto de *apoteosis* no suene particularmente herético hoy en día. Pero hace algunos siglos, le causó muchos problemas a Giovanni Pico della Mirandola y sus semejantes. En 1484, el italiano advenedizo tenía tan solo 21 años cuando conoció a Lorenzo de Médici, quien pronto lo invitó a la Academia Florentina que estaba a punto de dar un enorme impulso al Renacimiento. El florentino, que ya estudiaba griego, al igual que latín, hebreo y árabe, pudo comenzar a escribir *Discurso sobre la dignidad del hombre*: el llamado «manifiesto del Renacimiento». Quería que el *Oratio* debutara públicamente, junto con sus *900 Theses*, en Roma, en la epifanía de 1487, el día del regalo de Dios. Pero al papa Inocencio VII no le pareció. Él puso un alto al espectáculo y condenó cada una de las tesis de Pico della Mirandola por «renovar los errores de los filósofos paganos».

Todo por el simple pero revolucionario acto del joven de aplaudir la infinita bondad y el infinito potencial de cada hombre, mujer y niño del planeta. Siguiendo el principio de *ad fontes* («de vuelta a la fuente»), los humanistas apenas comenzaban a aprovechar la sabiduría de los fundadores de la civilización occidental en su lengua original. Siempre que se hace eso, surge una pregunta fastidiosa: si los griegos no necesitaron a Jesús para encontrar la salvación, ¿por qué nosotros sí? En su búsqueda de respuestas, Pico della Mirandola fue mucho más allá del «mosaico y los misterios cristianos» y le dio un respaldo neopagano a Eleusis:

¿Quién no añoraría que se le admitiese en tales misterios? ¿Quién no desearía, tras dejar atrás todas las preocupaciones humanas, desdeñar los bienes de la fortuna y pensar poco en los bienes del cuerpo, y así volverse, mientras sigue siendo un habitante de la tierra, un invitado a la mesa de los dioses y, ebrio con el néctar de la eternidad, recibir, aun siendo mortal, el don de la inmortalidad?

La intervención del Vaticano fue «el primer caso en la historia de un libro impreso prohibido universalmente por la Iglesia».[1] Y Pico della Mirandola pronto fue arrestado por órdenes del papa. Solo después de que Lorenzo movió sus influencias, el joven hereje fue liberado en la custodia protegida de la influyente familia Médici en Florencia. Por ello, cuando digo que esto es herético, lo digo en serio. Quizá ya nadie termine en la cárcel por afirmar que es Dios, pero las puertas del manicomio siempre están abiertas. Además, está bien arraigado en el catolicismo que el único ser humano infalible es el papa. E incluso en ese caso, nunca deja que se le suban los humos. Como el simple sucesor de san Pedro, el sumo pontífice *nunca* se equipararía con Cristo, mucho menos con Dios.

Esta conversación está llena de minas terrestres. Y es especialmente incómoda en compañía de alguien que alguna vez fue profesor de la Pontificia Universidad Gregoriana (la universidad del papa en Roma). Pero necesito que el padre Francis opine de una vez por todas sobre la hipótesis de continuidad pagana. Si el vino con drogas estaba en el camino a la inmortalidad de los griegos, ¿una eucaristía con drogas ofrecía a los cristianos la clase de experiencia que reportaron los participantes en los experimentos con psilocibina en Hopkins y NYU? Si esa eucaristía original podía causar la «disolución del ser» y el «desvanecimiento de las barreras» que mencionó Dinah Bazer —al igual que los místicos judíos, cristianos e islámicos a lo largo de la historia—, entonces todo tiene sentido. Pero sin el sacramento psicodélico genuino heredado de los griegos, ¿cómo podía una eucaristía de solo alcohol convencer a alguien de dejar el paganismo y la religión arraigada de sus ancestros? En tan solo cuatro siglos, ¿cómo pudo el cristianismo pasar de ser un culto oscuro de «unos veinte jornaleros» en una parte olvidada del Mediterráneo a ser la religión oficial de Roma y convertir a la mitad del Imperio, alrededor de treinta millones de personas, en el proceso?[2] ¿Cuál fue el secreto del éxito del cristianismo?

Después de que el mesero puso los platos en la mesa, el sacerdote invitó al Espíritu Santo a que nos acompañara. Ninguna comida puede comenzar sin una bendición. Recitó el mismo rezo que mis compañeros y yo repetíamos en la cafetería, justo antes de cada almuerzo en la iglesia Maternity of the Blessed Virgin Mary en Filadelfia. Mientras el padre Francis repetía discretamente la invocación, sin llamar mucho la atención de los comensales a unos centímetros de distancia a nuestras espaldas, pude escuchar miles de vocecitas católicas que repetían al unísono: «Señor, bendícenos a nosotros y a estos alimentos que recibimos gracias a tu generosidad, a través de Cristo nuestro señor».

—¡Amén! —proclamé.

Le di ventaja al padre Francis. A pesar de cuánto me había ayudado con mi investigación hasta ese momento, recordé que estaba sentado en un bar con un sacerdote que quizá no apreciaría todas las implicaciones de la hipótesis psicodélica de Ruck, para quien Jesús sería tan solo un sanador más en un largo linaje de antiguos maestros que vendían drogas.

En *The Apples of Apollo: Pagan and Christian Mysteries of the Eucharist* [Las manzanas de Apolo: misterios paganos y cristianos de la eucaristía], publicado en 2001, Ruck dedica casi cien páginas a este tema en un capítulo que lleva el título de «Jesús, el hombre de las drogas». De hecho, este epíteto es una traducción decente de «Jesús», a quienes los griegos conocían como *Iesous* (pues ellos no conocían la letra «j»). *Iesous*, a su vez, era una variación de *Iesoue*, la palabra griega para Josué, el líder de los israelitas después de la muerte de Moisés.[3] Pero según Ruck, el verdadero origen del nombre griego de Jesús es la raíz de «droga» o «veneno» (*ios*), que le dio al griego palabras como «doctor» o *iatros* (ἰατρός). Ruck dice «hombre de las drogas». Como sea, es poco probable que un hablante de griego del siglo I d. C. haya escuchado el nombre *Iesous* sin pensar en *Ieso* o *Iaso*, la diosa griega de la sanación e hija de Asclepio, que aprendió el arte de las drogas, encantamientos y pociones de amor del centauro Quirón.[4] Es una asociación que a los redactores de los Evangelios no les molestó aprovechar. Cada uno de ellos usa el verbo *iaomai* (ἰάομαι) para describir los milagros de sanación de Jesús. Una traducción literal sería «curar por medio de drogas».[5] Después de todo, en Mateo 9:12, Marcos 2:17 y Lucas 4:23, Jesús se refiere a sí mismo como *iatros*, que en vez de «hombre de las drogas» suele traducirse como «médico».

Pero no hay manera de que me lance de frente a todo eso. El Evangelio de san Juan es todo lo que necesitábamos esa noche. En la segunda ronda de cerveza, pensé que no podía haber un mejor foro para el estudio bíblico. Metí la mano a mi bolsa de cuero, saqué dos libros de sus cubiertas de plástico y los coloqué en nuestro escritorio sacrílego: la edición Loeb de pasta dura de Eurípides que habíamos leído el día anterior en la Cour Napoléon, y la edición de 1829 del Nuevo Testamento, enteramente en griego. La tenía desde la universidad y fue la primera Biblia que compré. Juntos, eran nuestros dos libros sagrados para la noche. Dioniso el Viejo conoce a Dioniso el Joven.

—Cuanto más lee uno el griego —comienzo—, más extraño se vuelve.

—Aunque el padre Francis no lo sabe, me refiero al sistema secreto de A. D. Nock de «símbolos» y «lenguaje» que Juan usó para dar pistas a los hablantes de griego de la época que eran iniciados o estaban familiarizados con los misterios—. Porque las palabras importan mucho.

—Hay muchas cosas ahí —asiente el padre.

—Si uno lee *Las bacantes* y el Evangelio de san Juan en paralelo, es muy curioso. Aparecen las mismas escenas, a veces incluso las mismas palabras. Hay vocabulario griego que no aparece en ningún otro pasaje de los tres Evangelios sinópticos: Mateo, Marcos o Lucas.

Guie a mi tutor personal por algunos de los mejores ejemplos. Como los 680 l de vino en Caná. O el hijo de Dios en el «regazo» del Padre. O la «corona de espinos» (*akanthinon stephanon*) y el «manto púrpura» (*porporun himation*) que el gobernador romano Poncio Pilato le lanzó a Jesús en Juan 19:5, para humillarlo públicamente como «rey de los judíos». En *Las bacantes,* la corona puntiaguda creada con el fruto de la naturaleza es una manera definitiva de identificar al dios del éxtasis y sus discípulos.[6] Y en el arte griego, Dioniso mismo es visto con dicha corona, junto con su distintivo manto púrpura.[7] En *The Dionysian Gospel*, Dennis MacDonald afirma que la presentación explícita que Pilato hace de Jesús, que porta su color característico, es otra pista consciente para los hablantes de griego de que ambos dioses del vino provenían del mismo molde.

Con una docena más de ejemplos del estudio de MacDonald por discutir, hice una pausa y admití que ninguna de esas similitudes eran gran noticia. De hecho, los primeros Padres de la Iglesia estaban al tanto de la relación desconcertante entre Dioniso y Jesús.

—¡Pues sabían griego! —interrumpió el padre Francis—. Claro que podían leer a Eurípides. ¿Cómo iba alguien a creer que no entendían su propio idioma?

Así que la pregunta no es si esos paralelos existen, sino cómo interpretarlos. O, hasta donde los teólogos antiguos sabían, cómo justificarlos. En el siglo II d. C. la defensa de Justino Mártir fue culpar a Satanás por hacerles creer a los griegos que Dioniso era el verdadero Mesías, y no Jesús. Aunque Dioniso supuestamente había nacido de una virgen, había descubierto el vino y después había «introducido el vino a sus misterios», igual que Jesús, al parecer «el Diablo» había usado al dios de Escitópolis para oscurecer «la profecía anunciada por el patriarca Jacobo y registrada por Moisés».[8] De manera conveniente, Justino pasó por alto el hecho de que Dioniso, o alguna forma del dios del vino, fuera previo a los profetas bíblicos por varios miles de años.[9] Pero una vez más, todo este debate se pierde en aquellos que no entienden griego, al igual que todos los «símbolos» y «lenguaje» secretos en el Evangelio de san Juan.

No hay mejor ejemplo que Juan 6:53-56, la extraña perspectiva del evangelista sobre la eucaristía. Es la referencia dionisiaca más explícita e intencional de todo el Evangelio de san Juan. En español, las palabras fascinantes de Jesús en la sinagoga en Cafarnaúm dicen algo como esto:

> En verdad les digo que a menos que coman la carne del Hijo del Hombre y beban su sangre, no tienen vida en ustedes. Quien sea que coma mi carne y beba mi sangre tiene vida eterna, y yo los levantaré el último día. Porque mi carne es la verdadera comida y mi sangre es la verdadera bebida. Quien sea que coma mi carme y beba mi sangre permanece en mí, y yo en ellos.

Pero en su lengua original es muy distinto. Ningún hablante de griego de la época podría haber leído este pasaje *sin* pensar en Dioniso. En esos pocos versículos en griego, el público de Juan al fin encontraría la clave de los misterios cristianos. La misma clave que ya conocían en los misterios dionisiacos: apoteosis por medio de lo que Juan llama la «verdadera comida» y la «verdadera bebida» que prometen «vida eterna». En una maniobra populista, Jesús invitaría a toda la humanidad a hacer lo mismo que provocaría que el papa arrestara a Pico della Mirandola siglos después: sentarse a la «mesa de los dioses» y recibir «el regalo de la inmortalidad» emborrachándose con el «néctar de la eternidad». Lo único que nos separa de Dios es una copa de vino mágico. Y en lo que dice Juan también queda muy claro que no se necesita que un sacerdote lo mezcle.

Resulta que nadie era más hereje que Jesús.

Pero para poner en contexto la eucaristía de Juan, es importante revisar los orígenes del sacramento mismo. Si bien los estudiosos del Nuevo Testamento afirman que la Biblia no es el registro más exacto de sucesos históricos, tienen dos criterios generales para evaluar la autenticidad: la edad de las fuentes y su multiplicidad. Los Evangelios de Mateo, Marcos, Lucas y Juan fueron escritos entre los años 35 y 100 d. C., y cada uno presenta un relato de la eucaristía. La evidencia escrita más temprana de la última cena, la Carta de Pablo a los Corintios, probablemente fue redactada dos décadas después de la muerte de Jesús, cerca del año 53. Es lo más que podemos acercarnos a la habitación superior de la Tumba del Rey David en Jerusalén, donde se dice que este ritual extraordinario tuvo lugar. Y también incluye la cena. En 1 Corintios 11:25, Pablo cita cómo Jesús les pide a sus discípulos seguir dándose un festín con su cuerpo «en memoria mía» después de su partida.

Entonces de ahí proviene la misa: un arrebato de canibalismo de hace dos mil años recreado hasta nuestros días, múltiples veces al día, en iglesias de todos los continentes para miles de millones de feligreses. El ritual, que alguna vez se percibió como un acto ilegal de sacrificio humano en el Imperio romano, ahora es la eucaristía. Eso a lo que el papa Francisco se ha referido como «el corazón de la Iglesia».[10] Él dice que la misa no solo es una «conmemoración de lo que hizo Jesús en la última cena», un mero símbolo, sino el «más grande regalo» de Dios a la humanidad, «esencial» para la salvación.[11] Al igual que la avanzada biotecnología religiosa del Oriente Próximo que discutimos en el capítulo anterior, el papa identificó explícitamente el «objetivo preciso» de la ceremonia eucarística de Jesús durante una homilía en la plaza de San Pedro en 2015: «Que podamos volvernos uno con él».[12]

Comer al dios para *volverse* el dios. Beber al dios para *volverse* el dios.

Esta práctica, que es por mucho anterior a los egipcios, cananeos, fenicios y nabateos, tiene raíces profundas en la psique humana. Jesús debió de obtener la idea de algún lado. Pero sin duda no fue por su educación judía, pues el devorar carne y sangre «equivale al restablecimiento del sacrificio humano, que en el judaísmo era anatema. De hecho, una gran parte de la Biblia hebrea constituye una campaña contra el sacrificio humano».[13]

Entonces, la especulación comenzó a filtrarse a finales del siglo xix. Uno de los primeros herejes que aportó algo a la hipótesis de continuidad pagana fue sir James George Frazer. Su primera edición de *La rama dorada: magia y religión* (1890) escandalizó al bastante devoto público de esa época. Parte del estudio de Frazer enmarcó las creencias principales del cristianismo como reliquias poco originales de un pasado pagano oscuro. Además, perfeccionó su teoría en los años subsecuentes, y reveló un análisis magistral de todos los ritos primitivos de teofagia (comer al dios) que precedieron por mucho a la eucaristía familiar:

La carne y sangre de hombres muertos suelen comerse y beberse para inspirar valentía, sabiduría u otras cualidades por las que esos mismos hombres se destacaron... Ahora es fácil entender por qué un salvaje desearía consumir la carne de un animal o un hombre al que considera divino. Al comer el cuerpo del dios, comparte los atributos y poderes del dios. Y cuando el dios es un dios del maíz, el maíz es su cuerpo como tal; cuando es un dios del vino, el jugo de la uva es su sangre; y de ese modo, al comer el pan y beber el vino, el devoto comparte el cuerpo y sangre reales de su dios.[14]

Frazer concluyó que «las coincidencias de los festivales cristianos con los paganos se acercan demasiado y son demasiado numerosas como para ser accidentales». La controversia no ha parado desde entonces, enemistando a autoridades de la Iglesia y eruditos seculares en intercambios a menudo acalorados que con el tiempo incluirían a nada menos que el reverendo doctor Martin Luther King Jr. El ministro bautista y futuro líder del movimiento por los derechos civiles, que trató de mediar en su artículo de 1950 «The Influence of the Mystery Religions on Christianity» [La influencia de las religiones mistéricas en el cristianismo].[15] Para el doctor King no tenía caso negar que el cristianismo «había tenido mucha influencia de las religiones mistéricas, desde un punto de vista tanto ritual como doctrinal». Pero más que «una copia deliberada», él prefería «un proceso natural e inconsciente» que puso a la religión de Jesús en contexto histórico, «condicionada por el contacto con otras religiones» y la «tendencia general de la época».

La «tendencia general» en el Mediterráneo oriental del siglo i d. C. era la apoteosis por medio de un vino con drogas y otras sustancias intoxicantes, ya fuera durante el *marzeah* o los misterios dionisiacos. Pero para que Dioniso pudiera pasarle la estafeta a Jesús, no podía haber espacio para la ambigüedad. Entonces, con todo respeto para el doctor King, parece que Juan sí copió deliberadamente el lenguaje de Eurípides para tratar de lograr el mayor reclutamiento de la historia del cristianismo. Y quizás el punto más importante de todo su Evangelio sea que el sacramento de Dioniso y el sacramento de Jesús son uno mismo. Ambos están imbuidos de los mismos ritos primitivos de teofagia que habían transformado a los humanos arcaicos en dioses desde tiempos inmemoriales.

Cuando Jesús anuncia la clave de los misterios cristianos en Juan 6:53-56, deja muy claro que la «verdadera comida» y la «verdadera bebida» de su carne y sangre son nada menos que la carne y sangre de Dioniso. No solo porque las palabras que Juan usa para «carne» (*sarx*/σάρξ) y «sangre» (*haima*/αἷμα) son idénticas a las que Eurípides escribió en *Las bacantes* quinientos años antes, sino por lo que Jesús les pide a sus seguidores que hagan con esa «carne». Dos veces en este pasaje, el evangelista escribe la palabra *trogon* (τρώγων). Pero traducir *trogon* como «comer», como se hace en la mayoría de las traducciones del Evangelio de san Juan, en el mejor de los casos ignora y en el peor de los casos suprime el acto visceral de teofagia que claramente tenía la intención de ser muy evidente. Otra barrera del lenguaje más, tercamente inamovible durante siglos.

Le leí en voz alta la eucaristía de Juan en griego al padre Francis hasta llegar a *trogon*. Me metí la mano al bolsillo, desbloqueé mi iPhone y abrí mi diccionario de griego antiguo. Sí, hay una aplicación para eso. Escribí «trogon» y le mostré la pantalla a mi amigo.

—«Roer, masticar» —afirmó el sacerdote, analizando la densa mezcla de caracteres griegos y latinos en mi teléfono.

La palabra *trogon* solo aparece en la eucaristía de Juan. De hecho, el único momento en el que la palabra *trogon* vuelve a aparecer en todo el Nuevo Testamento es en Mateo 24:38, en referencia al festín pagano de la población previa al diluvio «el día en que Noé entró en el arca». ¿Por qué Jesús pediría a la gente *roer* y *masticar* su *carne* con un lenguaje tan gráfico y bárbaro? En *The Dionysian Gospel*, Dennis MacDonald cree que el griego que usa Juan es una indicación clara al «imaginario del culto dionisiaco en específico el ingerir la carne y la sangre del dios y la inmortalidad que los iniciados adquieren con dicha actividad».[16] ¿Cómo podía algún hablante de griego de la época concluir otra cosa?

El dios del éxtasis vivía en el vino, desde luego, pero había otras maneras de consumir su sangre divina. Tal como Ruck dejó claro en *The Road to Eleusis,* «Dioniso era el dios de todos los intoxicantes y no solo del vino». Además de la flora psicodélica, el dios del éxtasis cambiante podía tomar muchas formas animales distintas. Las cabras estaban entre sus favoritas. De hecho, la raíz para la palabra «tragedia» a la que Dioniso dio origen como el dios del teatro es *tragos* (τράγος), la «cabra» griega que se sacrificaba de manera ritual durante las competencias en Atenas. Entonces, no es de sorprenderse que en *Las bacantes* el sumo sacerdote de los misterios dionisiacos es retratado «buscando la sangre del cabrito inmolado». Él chupaba el fluido directamente del cadáver del animal, royendo y masticando la carne cruda de manera grotesca. Eurípides lo llama «delicia de la carne cruda», el *omophagon charin* (ὠμοφάγον χάριν). Ese *charin* proviene de la misma raíz que el verbo *eucharisteo* (εὐχαριστέω), «agradecer». Aparece 15 veces en el Nuevo Testamento. Y, desde luego, en todas las apariciones de la palabra *eucaristía*.

Pero ¿qué tienen de psicodélico las cabras? En *Entheogens and the Development of Culture: The Anthropology and Neurobiology of Ecstatic Experience* [Enteógenos y el desarrollo de la cultura: la antropología y la neurobiología de la experiencia extática], el investigador Alan Piper escribió un ensayo minuciosamente fundamentado sobre los efectos psicoactivos de la carne, la sangre y otros fluidos de animales que suelen *alimentarse* de plantas, hierbas y hongos psicoactivos.[17] Piper hace especial énfasis en las cabras, junto con su amor por el enebro, lo cual podría explicar por qué los hunza del Hindú Kush en el capítulo pasado bebían «sangre tibia de cabra». Con respecto a la comida dionisiaca, Piper cree que el ritual podría haber facilitado la ingesta de ciertos alcaloides alucinógenos que de otro modo serían venenosos, pero eran mejor metabolizados por los animales de sacrificio, de modo que a menudo era «necesario consumir la carne cruda para preservar o maximizar su potencia psicoactiva».[18]

De cualquier modo, las cabras no le van bien al cristianismo por alguna razón. Son demasiado salvajes, demasiado rústicas. Entonces, en vez de los hombres cabra como Pan y Marsias y el resto de los faunos y sátiros de la Salle des Caryatides del Louvre, el Evangelio de san Juan opta por un sustituto adorable. En su primer capítulo, se refiere a Jesús como «Cordero de Dios» o *amnous tou theou* (ὁ Ἀμνὸυς τοῦ Θεοῦ). Al igual que la boda de Caná, es otro de los inventos de Juan que harían eco durante siglos en el arte cristiano: en el *Políptico de Gante*, por ejemplo, que muestra cómo se drena la sangre sagrada del pecho del cordero todavía vivo directamente al cáliz eucarístico. Es el cáliz de la misa que contiene la sangre de Jesús hasta el día de hoy, al igual que la sangre que alguna vez se derramó de la cabra como la sangre de Dioniso para volverse la eucaristía de la carne cruda (*omophagon charin*) para Eurípides.

Sin importar si uno royera o masticara el cordero, o royera y masticara la cabra, el resultado supuestamente iba a ser el mismo: la inmortalidad. Pero ¿qué significa todo esto?

No tenemos evidencia física del asesinato en masa de corderos psicoactivos en el mundo paleocristiano. Parece que ese grotesco alimento se dejó en el campo, donde pertenecía. Entonces, en Juan 6:53-56, cuando Jesús dice que su carne y sangre son «verdadera comida» y «verdadera bebida», pudo haberse referido tan solo al pan y vino de la eucaristía. Y Juan pudo haber tenido únicamente la intención de que su público griego pensara en la sangre de Dioniso. Cuando Jesús les pidió a sus apóstoles que la bebieran, no fue la primera persona en la historia en proponer la idea. Plutarco registró la creencia egipcia de que el vino era la sangre de aquellos que «habían combatido con los dioses». Incluso en el Antiguo Testamento, al vino se le llama «sangre de uvas». Pero los fanáticos de Dioniso llevaron la imagen a otro nivel. El músico y poeta griego Timoteo de Mileto (*ca.* 446-357 a. C.) se refiere explícitamente al vino sagrado como «la sangre de Dioniso» o *haima Bacchiou* (αἷμα Βακχίου). Beberla era beber la inmortalidad. Este precedente antiguo al vino mágico de Jesús sin duda no se perdió con el gran Walter Burkert. El clasicista reconoció abiertamente que era el dios del éxtasis «cuya sangre representa el acto sacramental de beber vino». Mucho antes de la última cena, «aquel que bebiera el vino [dionisiaco] bebería al dios mismo».[19]

Para el público de Juan, el lenguaje mórbido sobre beber la sangre de Jesús no era un llamado al sacrificio animal. Era un guiño a los iniciados griegos en todas partes: para decir que la comida eucarística cristiana de vanguardia estaba basada en un precedente dionisiaco antiguo. Y, por extensión, conllevaba el mismo potencial para expandir la mente que el *pharmakon* del vino griego. El mismo *pharmakon* que el padre Francis recitó de *Las bacantes* en la Cour Napoléon. Después de todo, era el mismo Jesús quien poco antes en el Evangelio de san Juan había llevado a cabo el milagro en Caná, y quien más tarde se referiría a sí mismo como el «verdadero vino». El mismo Jesús que creció entre los viñedos de Galilea, donde el vino fortificado había sido una realidad química desde los cananeos. El «vino verdadero» no era una bebida ordinaria. Era una herramienta: la droga de la inmortalidad que podría enseñarles a los primeros cristianos a morir antes de morir.

El infante Baco, pintada por el círculo de Hendrik Willem Schweickhardt en el siglo XVIII (arriba). El *Políptico de Gante* o *La adoración del cordero místico*, que completaron Hubert y Jan van Eyck en 1432 (abajo), actualmente en la catedral de San Bavón en Gante, Bélgica. Con el tiempo, los barriles de vino y los racimos de uvas asociados con la sangre de las cabras de Dioniso se transformaron en el vino/sangre del sacramento cristiano que fluye del cordero místico.

El Evangelio de san Juan está lleno de referencias al concepto de la muerte y el renacimiento. En Juan 15:13, Jesús dice: «No hay amor más grande que *dar la vida* por sus amigos». En Juan 3:3, añade: «En verdad te digo que nadie puede ver el Reino de Dios si no *nace de nuevo* desde arriba». Y las visiones celestiales que vienen a continuación de la experiencia mística se enfatizan en repetidas ocasiones. En Juan 9:39: «Los que no ven, *verán*». En Juan 1:51: «En verdad les digo que ustedes *verán* los cielos abiertos y a los ángeles de Dios subiendo y bajando sobre el Hijo del Hombre». El efecto extraño y alucinógeno que Dioniso tiene en sus seguidores es idéntico en *Las bacantes*. «Ahora *ves* lo que debes *ver*», le dice el dios del vino al rey Penteo después de su conversión a la nueva religión del dios del vino.

Y al igual que en los misterios dionisiacos, con su larga tradición del vino con drogas, en el Evangelio de san Juan esta nueva visión no llega por accidente. El acceso al reino de los cielos no se basa en una creencia ciega, ni en el simple acto de aceptar a Jesús como tu salvador personal, como muchas denominaciones cristianas profesan hoy en día. El griego de Jesús no podría ser más explícito que en Juan 6:53-56, cuando reveló la clave de los misterios cristianos. Había que *hacer* algo en realidad. Había que probar la «verdadera bebida». Esa «comunión con el dios, el objetivo de todo misticismo» es mejor lograda a través del fruto del vino, dice el historiador Philip Mayerson: «Una vez que la divinidad entraba al celebrante, la deidad y el devoto se volvían uno, el dios y el hombre se volvían uno».[20]

Al final, Juan dice que los misterios cristianos carecerían de sentido sin su eucaristía al igual que los misterios griegos sin la suya. Uno no se vuelve uno con Dioniso con tan solo *leer* sobre él, o *rezarle* a él. Eso se logra *bebiéndolo*. Incluso en las interpretaciones más convencionales de los misterios dionisiacos, el vino de Dioniso es un *pharmakon* que resulta en la apoteosis.

Si la bebida dionisiaca hacía todo eso, entonces la «verdadera bebida» del Evangelio de san Juan tenía que hacer lo mismo. En Juan 6:53-56 se explica cómo el *pharmakon* griego se volvía el *pharmakon athanasias* cristiano. Si Jesús es el nuevo Dioniso, entonces *su* sacramento necesitaba tener el mismo efecto que el sacramento dionisiaco. *Su* vino debía tener el mismo poder inusual para intoxicar, alterar la mente, provocar alucinaciones en ocasiones y ser potencialmente letal, como todo el vino sagrado de Galilea y Grecia. Y un trago de *su* «verdadera bebida» tenía que transportarlo a uno, al igual que el iniciado del vaso Borghese desplomado por el éxtasis, mientras lo carga un hombre cabra.

En un domingo cualquiera, ¿cuántas personas salen de la iglesia con ese aspecto?

Entonces, esta es la relación real entre Dioniso y Jesús. Y el verdadero significado detrás de todo el imaginario dionisiaco que Juan el Evangelista tanto se esforzó por incluir a lo largo de su Evangelio: los litros de vino en Caná, el hijo de Dios en el «regazo» del Padre, la corona de espinos y el manto púrpura, el Cordero de Dios. El verdadero vino, el *roer* y *masticar* la *carne* de Jesús. Todo indicaba una eucaristía sangrienta que le parecería cercana a los paganos de habla griega que tenían una eucaristía propia perfectamente adecuada y no querían que esta desapareciera bajo el Imperio romano. Y la única manera de hacerlo es con los «símbolos» y «lenguaje» secretos que los iniciados sí entenderían.

Todo tenía sentido para mí. Pero me preguntaba si el sacerdote interpretaría el griego del mismo modo que yo.

Rodeado de bacantes y ménades de habla francesa en el siglo XXI, desahogué todas mis preguntas apremiantes con el padre Francis. ¿Por qué la eucaristía de Juan es tan diferente de los Evangelios sinópticos? ¿Por qué el vocabulario macabro de *roer* y *masticar* el alimento eucarístico de carne cruda y sangre, salido de *Las bacantes*? ¿Por qué la «verdadera bebida»?

El sacerdote notó todas las similitudes entre Jesús y Dioniso, y el extraño lenguaje en Juan 6:53-56. Mientras *Bufallo Soldier* de Bob Marley sonaba a todo volumen sobre las voces del Lizard Lounge y las conversaciones en francés alcanzaban un *crescendo*, el sacerdote me miró directo a los ojos y me advirtió:

—Pero eso no significa que Jesús nunca haya existido… o que Jesús sea Dioniso. Significa que *esa* es la versión de Jesús que Juan decidió presentar. Como una decisión estética.

El padre Francis me recordó que el de Juan fue el último Evangelio en completarse, probablemente a finales del siglo I d. C. Y que él le escribía a una comunidad muy específica de creyentes tempranos en Éfeso, los mismos greco-efesios en la costa occidental de Anatolia a los que el greco-sirio Ignacio pronto dirigiría su carta sobre el *pharmakon athanasias*.[21]

—Solo pensemos en Éfeso —insistía el sacerdote—. Es una de las ciudades más grandes de Asia Menor. Y hay una comunidad cristiana diminuta. Así que sus experiencias místicas son las de un grupo minoritario que está completamente rodeado y consumido por la enorme comunidad pagana, ¿cierto?

En ese ambiente, las palabras que pronunció Jesús en Juan 6:53-56 no le pertenecen verdaderamente a Jesús. Ni siquiera le pertenecen a Juan.

—Se decían como homilías de individuos extáticos que canalizaban a Cristo en la liturgia —continuó el padre Francis, señalando el griego de la Biblia desgastada que estaba en la mesa—. La escena de la última cena de Juan es teología poética que no corresponde en absoluto con la última cena de los Evangelios sinópticos, porque todo proviene de una tradición muy posterior de discurso extático y profético, en la que los seguidores de la comunidad de Juan canalizan la voz de Cristo en *su* época. Porque Cristo está igual de presente en la eucaristía que en Galilea en el año 30. En el año 90, él todavía está resucitado. Todavía está *ahí*.

En cuanto a la hipótesis de continuidad pagana, el padre Francis es un creyente, y me dio gusto saberlo. No niega las similitudes entre los misterios dionisiacos y cristianos. Y con conocimiento del griego, no puede desestimar los «símbolos» y el «lenguaje» secreto que parecen incluidos de manera intencional en el Evangelio de san Juan. Pero lo más importante para él y yo era por qué Juan decidió presentar un Jesús dionisiaco a los místicos griegos en Éfeso. La respuesta obvia es para comunicarse en su nivel, para convencer a los hablantes de griego de que podían encontrar en el cristianismo todo lo que les encantaba de los misterios dionisiacos.

Pero ¿qué hizo que los primeros cristianos creyeran que Jesús podía volver de los muertos para formar parte de su comida ritual? ¿En verdad fue una eucaristía psicodélica? La noción del padre Francis de los paleocristianos poseídos por Jesús que profetizaban en el lenguaje de Eurípides me hizo pensar en las sacerdotisas de Apolo en Delfos, o un aquelarre de ménades poseídas por Dioniso. Además del *marzeah*, también suena extrañamente similar a los cultos al cráneo y las cervezas de cementerio que existieron durante miles de años en Anatolia antes de que llegaran los cristianos. El objetivo principal era entrar al inframundo, para tener contacto con los ancestros fallecidos y dioses y diosas que de otro modo son invisibles. No pude evitar pensar en los focenses, que dejaron su hogar en Jonia a tan solo unas horas al norte de Éfeso para fundar el asentamiento griego en Massalia, Francia, antes de mudarse a Emporion, España y Velia, Italia. Si Juan buscaba a místicos que hablaban griego, Jonia era el lugar indicado.

Los efesios eran la clase de público que quería que sus misterios griegos sobrevivieran. Los mismos que habrían entendido todos los «símbolos» y «lenguaje» sobre *roer* y *masticar* la carne cruda y la sangre de lo único que Juan quería decir. El sacramento dionisiaco y el sacramento cristiano eran uno mismo. Si alguien pudo haber reconocido la increíble innovación que tenía lugar en Juan 6:53-56, eran los efesios. Desafiando a toda la tradición, las iglesias al aire libre de Dioniso se estaban domesticando. Después de siglos en las montañas y bosques salvajes del Mediterráneo oriental, Juan le ofrecía un refugio al vino mágico, invitándolo a pasar a los hogares de la gente. Lo que alguna vez fue un acto sacrílego merecedor de la pena de muerte en la Atenas clásica se estaba volviendo una nueva forma, quizá la única forma, de mantener vivos los misterios griegos en el Imperio romano. Pero esa asombrosa responsabilidad recaía en un género muy específico.

Las mujeres eran las principales beneficiarias del rito primordial de comunión que ponía en contacto a los vivos con los muertos, y que volvía a simples mortales en diosas. En su artículo de 1979 «Ecstasy and Possession: the Attraction of Women to the Cult of Dionysus» [Éxtasis y posesión: la atracción de las mujeres al culto de Dioniso], Ross Kraemer (profesora de estudios religiosos en la Universidad de Brown) acumula toda la evidencia «para los niveles de iniciación cultual» que separaban a hombres y mujeres en el mundo antiguo. Después de revisar los numerosos textos, inscripciones y epigramas que demuestran que estos ritos dionisiacos existieron en el mundo real —y no solo en la imaginación de Eurípides y Juan— Kraemer concluye que los hombres habían formado parte de las «actividades menores», mientras que «la iniciación, con sus prácticas de posesión y sacrificio [les] eran negadas».[22] Excepto, claro, por algún sumo sacerdote ocasional. En ese caso, Kraemer nota una «clara sugerencia de identificación del celebrante masculino con Dioniso…[,] quien en algunos momentos durante el ritual se identificaba con el dios mismo» al unirse a la eucaristía de las mujeres con carne cruda y sangre (*omophagon charin*).[23]

Si Jesús como Cordero de Dios es un Dioniso alternativo, tal como Juan tanto se esforzó por demostrar a lo largo de su Evangelio, ¿qué hay de esos 12 hombres que tradicionalmente se sientan a la mesa en la última cena? ¿Acaso presenciaban el nacimiento de un ritual eucarístico sangriento que más bien estaba indicado para las mujeres?

El padre Francis me recordó los datos demográficos de Éfeso, donde a las mujeres se les otorgaba un honor especial desde sus primeros días. Una de las siete maravillas del mundo antiguo, el templo de Artemisa en Éfeso, desde luego, tenía mucho renombre en la Antigüedad. El sitio original era sagrado para las amazonas, la tribu feroz de mujeres guerreras consideradas como las fundadoras legendarias de la ciudad antigua en la que en alguna época se realizaron rituales.[24] Cuando el Evangelio de san Juan comenzó a circular, las mujeres tenían un papel predominante en los asuntos efesios, y ocupaban puestos privilegiados en instituciones sagradas, como las 15 mujeres que servían como sumas sacerdotisas del culto imperial romano. Era el grupo más grande de líderes religiosas en cualquier parte de la región.[25] ¿Qué mejor lugar para que las mujeres se sintieran bienvenidas y para que las ménades se instalaran?[26] En la biografía de Plutarco del amante de Cleopatra, Marco Antonio, describe a Éfeso como un lugar «lleno de hiedra y tirsos y arpas y flautas», donde el general romano alguna vez fue saludado como Dioniso honorario por mujeres «que entraban en un frenesí báquico».[27] De este modo, los misterios claramente estaban presentes en Éfeso. Sin embargo, la iniciación a sus más profundos secretos no era para todos.

Mientras repasaba rápidamente una vez más el perturbador lenguaje de Juan 6:53-56, todo hizo clic. Al fin.

¿Acaso Juan escribía para las mujeres?

—Si Juan se dirige a un grupo de visionarias jóvenes que se drogan en Éfeso, entonces creo que al fin entiendo su Evangelio —le dije al sacerdote.

El padre Francis soltó una risa. Y una vez más, no pude distinguir si se reía de mí o conmigo. Pero con sus observaciones sobre los místicos paganos que dominaban Éfeso y los cultos de Artemisa y Dioniso que estaban particularmente abiertos a las mujeres en la ciudad antigua, mi amigo había respondido sin saberlo la pregunta más importante que yo tenía sobre los «símbolos» y el «lenguaje» secretos del Evangelio de san Juan. Es el meollo de la hipótesis de continuidad pagana. Si los primeros cristianos que hablaban griego sí heredaron un sacramento psicodélico de los iniciados a los misterios dionisiacos, solo había una manera de que eso ocurriera. Por medio de las mujeres.

Precisamente, por mujeres con una experiencia farmacológica muy seria.

¿Quién más iba a confeccionar la eucaristía?

Hasta donde sabemos, eran usualmente las mujeres quienes estaban a cargo del procedimiento. En Eleusis, Ruck rastreó el origen del secreto de los secretos, la receta para preparar la cerveza con cornezuelo, a la sacerdotisa heredera de Deméter y Perséfone. Para elaborar la cerveza de cementerio en la capilla doméstica de Mas Castellar de Pontós, Enriqueta Pons encontró que también se trataba de mujeres. En su oficina a las afueras de Múnich, el científico de la cerveza más prominente del mundo, Martin Zarnkow, me recordó que las mujeres también se encargaban de esa tarea entre los antiguos egipcios y sumerios, una especialidad que podría datar de los cultos a la muerte de la Edad de Piedra de la cueva Raqefet y de Göbekli Tepe.[28] No fue sino hasta la industrialización de la elaboración de la cerveza durante la Reforma protestante cuando los hombres tomaron control del oficio.

Y lo mismo ocurrió con el vino. Las ménades de G 408 y G 409 eran solo la punta del *iceberg*. Calvert Watkins rastreó la preparación de todos los sacramentos indoeuropeos —el soma, el ciceón e incluso el vino dionisiaco— a un «acto litúrgico» prehistórico, un ritual «de mujeres para mujeres». Con base en la evidencia arqueológica, Patrick McGovern está de acuerdo en que probablemente las mujeres preparaban el «coctel ritual minoico» y el toque de Midas de cerveza, vino y aguamiel que detectó en la Antigua Grecia y Turquía, respectivamente. Postuló una «larga tradición» de mujeres fabricantes de bebidas que bien podría remontarse al Paleolítico superior. Después de todo, en muchas sociedades indígenas de hoy en día, siguen siendo las mujeres las que «generalmente son líderes en recoger los frutos, miel y hierbas para las bebidas alcohólicas que se usan en ritos funerarios, mortuorios y de paso».[29] ¿Por qué habría sido distinto en el paleocristianismo?

Aun así, si algo me enseñaron 13 años en una escuela católica es que para el Vaticano solo hay una cosa más sospechosa que las drogas: las mujeres. El hecho de que estas dos hayan sido fundamentales para un ritual pagano que transformaba a humanos en dioses es lo más herético que se podría discutir con un sacerdote. Así que era momento de un descanso.

Me levanté de la mesa para ir al baño infestado de lagartijas a tratar de encontrarles sentido a algunas de las piezas del rompecabezas. Dejé al padre Francis acompañado de *Las bacantes* y el Nuevo Testamento. Mientras me echaba un poco de agua fría en la cara, pensé en la figura de la prostituta. Las monjas siempre tenían sentimientos encontrados sobre ella, pero ¿por qué otra razón decidiría Juan hacer a María Magdalena la estrella que cierra su Evangelio dionisiaco? En los Evangelios de Mateo, Marcos y Lucas, un grupo de mujeres encabezadas por María Magdalena fueron las primeras en presenciar la imposible resurrección de Jesús tres días después de su muerte y sepulcro. El de Juan es el único Evangelio en el que Jesús resucitado aparece ante María Magdalena sola.

Y tal como Karen Jo Torjesen lo deja claro en su libro *Cuando las mujeres eran sacerdotes: el liderazgo de las mujeres en la Iglesia primitiva y el escándalo de su subordinación con el auge del cristianismo*, «ella no fue la primera en presenciar la resurrección, pero fue directamente comisionada a llevar el mensaje de que Jesús había resucitado de los muertos». Esta información se confió a una mujer visionaria, quizá con la intención de que llegara a mujeres visionarias en Éfeso y otras partes. Juan conocía a su público, y al parecer quería que su Evangelio terminara ahí. Pero un copista posterior agregó un último capítulo adicional en el que Jesús se le aparece por separado a Pedro, el primer papa, y otros discípulos hombres —para ordenar «Apacienta mis corderos» por el resto de la historia humana—. Es un mandato muy claro. Entonces, aunque María Magdalena fuera la primera en escena, así fue como llegaron los hombres a la Iglesia temprana. Las cosas no han cambiado mucho en dos mil años.

Pero yo nunca había entendido el final contradictorio de Juan hasta ahora. En la Antigüedad, las mujeres eran las líderes universales de la fe dionisiaca. Eurípides había descrito los misterios dionisiacos como la cosa «más engañosa y corruptora para las mujeres». Y se culpó a la bruja italiana Paculla Annia por la prohibición de los misterios en el Imperio romano. En el siglo I d. C., las mujeres eran quienes más tenían que perder ante la represión de su religión por parte del Imperio romano. Entonces, ¿por qué el Evangelio de san Juan les hablaba a *ellas*? ¿Y por qué una mujer como María Magdalena tendría la tarea de guiar el nuevo movimiento? Si su Evangelio hubiera terminado como Juan quería, entonces ¿María Magdalena estaba destinada a ser la primera papisa en vez de Pedro? ¿Y se tenía la intención de que las mujeres consagraran la eucaristía desde el comienzo, del mismo modo en que habían confeccionado la cerveza alucinógena y el vino psicoactivo durante miles de años antes de Jesús? ¿Acaso toda la historia patriarcal del cristianismo ha sido una lectura errónea de Juan?

Una autoridad de la talla de Raymond E. Brown, el fallecido sacerdote católico y alguna vez principal estudioso de Juan en el mundo anglófono, respaldó una lectura del Evangelio que de hecho hacía de las mujeres las herederas de Jesús. Aunque no excluían a los hombres, eran sus iguales como «discípulas de primera clase».[30] Su estudio revolucionario de 1975, «Roles of Women in the Fourth Gospel"» [Los papeles de las mujeres en el cuarto Evangelio], describe cómo María Magdalena era considerada «la apóstol de los apóstoles» en una biografía del tardío siglo IX d. C. Aunque los escribas trataron de restarle importancia, no podía ignorarse que una mujer era la primera en el Evangelio de san Juan en presenciar a Jesús resucitado. Durante un momento muy breve, María Magdalena *fue* la Iglesia. No había nadie más. Y eso solo pudo haber significado que las mujeres como ella eran absolutamente esenciales para la empresa del cristianismo. No hay forma de que las místicas de Éfeso y otras partes de Jonia no entendieran esa declaración.

Mientras que el Evangelio de san Juan fue censurado, otros simplemente desaparecieron. En 1896, más o menos cincuenta años antes del descubrimiento de los códices de Nag Hammadi que mencioné durante nuestra visita por las ruinas de Eleusis, otro libro secreto salió a la luz en Egipto. Al igual que toda la literatura gnóstica, el evangelio de María Magdalena no consiguió un lugar en el Nuevo Testamento, pues no encajaba con los propósitos de los Padres de la Iglesia. Este valioso texto preserva a un Jesús que no llegó para ser idolatrado como un Dios externo, sino para revelar la chispa divina que vive en nosotros. Y para liberar nuestra propia «capacidad nata para conocer a Dios», dice la investigadora de Princeton Elaine Pagels: para experimentar verdaderamente esa divinidad aquí y ahora.[31]

En su propio evangelio, María se presenta como una discípula a quien Jesús «amaba» más que a ninguna otra, y con quien Jesús compartía enseñanzas y técnicas ocultas que les escondía intencionalmente a sus seguidores hombres. Es María quien recibe la instrucción personal de Jesús para tener alucinaciones vívidas. Y es *ella* quien le explicó a Pedro cómo se pueden experimentar esas visiones como una parte normal —aunque desconocida— de la conciencia humana. Como algo salido del *Libro tibetano de los Muertos* o del *Libro egipcio de los Muertos*, María después revela información privilegiada sobre la muerte y su proceso. Ella es la guardiana de la inmortalidad. Para Pagels, la conclusión es obvia: «Sin visiones y revelaciones, el movimiento cristiano no habría comenzado».[32]

Pero a pesar de la supresión del final dionisiaco perfecto de Juan y el evangelio de María Magdalena completo, las mujeres entendían su papel vital. Una mirada sincera a la historia del paleocristianismo no deja ninguna duda. Por ejemplo, una mujer llamada Lidia, una exitosa mujer de negocios en Filipos, con mucha influencia a lo largo de un gran sistema de contactos en Grecia, fue la primera conversa de san Pablo en Europa. Pero lo más importante es que era considerada «la gobernante de su hogar». Aunque era raro en la época, las «responsabilidades administrativas, financieras y disciplinarias» de Lidia en la esfera doméstica se traducían en un prestigio público que solía negárseles a las mujeres. Ella podía darse el lujo de recibir a Pablo, con lo que su casa se convirtió en una de las primeras iglesias en las que el cristianismo encontró refugio. Y resultó tener éxito. En la epístola de Pablo a los filipenses aprendimos que el manejo de la Iglesia en Filipos después pasó a otras mujeres llamadas Evodia y Síntique.[33] No fueron las únicas que llevaron la antorcha.

«Cada vez que el cristianismo se extendía», dice la experta Torjesen, «las mujeres eran las líderes de iglesias caseras».[34] Antes de que la religión pasara a tener los ornamentados edificios de adoración que conocemos hoy, estas iglesias caseras eran uno de los dos principales foros en los que los paleocristianos se reunían hasta que se construyeron las basílicas en el siglo IV d. C.[35] Junto con las tumbas familiares en las catacumbas subterráneas desde Italia y Grecia hasta el Norte de África, las iglesias caseras funcionaban como «asociaciones privadas» donde «la centralidad del banquete» se ajustaba a la perfección a la autoridad de las mujeres sobre su hogar, que incluía el «recibir, almacenar y distribuir» todos los ingredientes necesarios para el ritual eucarístico.[36] El Nuevo Testamento está lleno de ejemplos de estas luminarias femeninas.[37]

En Éfeso, fue Priscila quien, de hecho, se menciona en tres de las epístolas de Pablo y los Hechos de los apóstoles. Era una fabricante de tiendas adinerada y estableció una iglesia casera no solo en el territorio extático de Artemisa y Dioniso, sino también después en Roma.[38] Ahí es donde encontramos un profuso liderazgo femenino. Además de Priscila, Pablo menciona a varias por nombre: María, Trifena, Trifosa y Pérsida son nombradas como «colaboradoras». Tres más: cierta Julia —madre de Rufo y hermana de Nereo— disfrutaba de un «perfil alto en la comunidad».[39] Pero fue Junia a quien se adoró como «la principal entre los apóstoles».[40] Se piensa que perteneció a un movimiento de judíos de habla griega que llegaron a Roma en esa época para establecer las raíces permanentes de la futura capital global de la religión.[41]

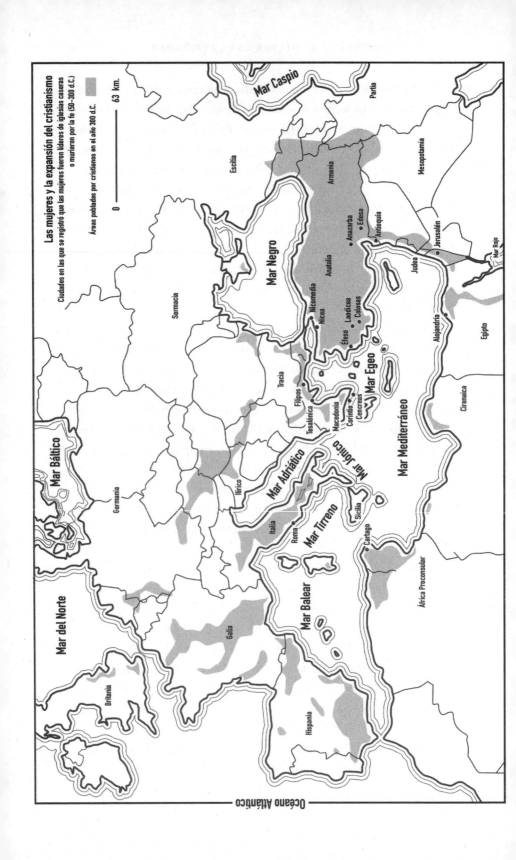

Las mujeres y la expansión del cristianismo

Ciudades en las que se registró que las mujeres fueron líderes de iglesias caseras
o murieron por la fe (50–300 d.C.)

Áreas pobladas por cristianos en el año 300 d.C.

0 ——————— 63 km.

Mar Caspio
Escitia
Partia
Armenia
Mesopotamia
Edesa
Anazarba
Antioquía
Mar Negro
Anatolia
Jerusalén
Judea
Mar Rojo
Nicomedia
Nicea
Laodicea
Éfeso
Colosas
Alejandría
Sarmacia
Mar Egeo
Egipto
Filipos
Tracia
Tesalónica
Macedonia
Corinto
Cencreas
Cirenaica
Mar Jónico
Mar Adriático
Mar Mediterráneo
Ilírico
Germania
Italia
Roma
Sicilia
Cartago
Mar Tirreno
África Proconsular
Mar Báltico
Mar Balear
Galia
Britania
Hispania
Mar del Norte
Océano Atlántico

Desde los primeros viajes de Pablo a mediados del siglo i d. C., mujeres como Junia adoptaron y nutrieron el nuevo sacramento, al igual que la promesa de una apoteosis que después se volvería muy explícita en Juan 6:53-56. Durante los siglos anteriores, la comida ritual de las ménades de carne cruda y sangre junto con vino mágico había tenido lugar de manera poco frecuente en las montañas y bosques del Mediterráneo antiguo, quizá solo una vez cada dos años según algunos estimados. Pero cuando se volvieron más frecuentes y más organizadas, las cosas se pusieron difíciles.

Después de la brutal represión del Senado romano en el año 186 a. C., su religión periférica enfrentó una verdadera crisis existencial en Italia.⁴² Siempre podía volver a ocurrir otra supresión, en especial durante el siglo i d. C., cuando el imperio que se había extendido por todo el Mediterráneo era excesivamente consciente de promover la identidad romana mediante muestras públicas de adoración religiosa. Un culto subversivo dedicado a un dios exótico como Dioniso, definido por reuniones secretas y sacramentos mágicos, permaneció bajo sospecha constante de conspirar tras bambalinas, solo a un paso de emprender una revuelta total contra Roma.⁴³ El emperador podía tolerar los misterios de Eleusis dirigidos por el Estado, con su relativo orden y legado cultural. La devoción inquebrantable de mujeres al dios del éxtasis, con su «deseo inapropiado de conocimiento» y «canibalismo ritual», de acuerdo con los historiadores Beard, North y Price, era una cosa muy distinta: «violaciones fundamentales al código de la humanidad».⁴⁴

Las brujas difícilmente podían estar tranquilas. Pero había esperanza en el aire. De la misma manera en que Dioniso rescató su sacramento de Eleusis y lo devolvió a las masas, Jesús estaba abriendo a todos el vino de la eucaristía, lejos de los palacios y mansiones del Oriente Próximo. La inmortalidad ahora estaba oficialmente abierta a todos. Y no solo en los escondites rurales del Mediterráneo, en donde el dios del éxtasis y sus brujas estaban sometidos, sino también en la comodidad y privacidad de casas de alto nivel a lo largo de todo el imperio. Entonces habría interés cuando alguien con cierta curiosidad espiritual escuchara algo de un nuevo foro para lo que A. D. Nock llamó «piedad pagana privada espontánea». Cuando escucharan que la comida ritual ahora domesticada podía celebrarse en cualquier momento, en cualquier lugar, habría un interés más grande. Pero cuando escucharon el Evangelio de san Juan y se dieron cuenta de que esos nuevos misterios tenían un objetivo *idéntico* al de los misterios dionisiacos —volverse uno con el dios al beberlo—, estarían enganchados.

Sin embargo, para que la religión inexperta tuviera alguna probabilidad de éxito, la eucaristía simplemente *tenía* que involucrar la clase de experiencias místicas genuinas tan bien documentadas en la tradición dionisiaca. A diferencia de la hostia acartonada y el vino barato que se da en la misa de hoy, tenía que dar resultados reales. Cuando el papa Francisco dice que el «objetivo preciso» de la eucaristía es «volverse uno» con Jesús, no estoy seguro de qué quiera decir. Como muchos católicos, he comulgado cientos y cientos de veces en mi vida, y ni una vez he sentido ni una fracción del éxtasis reportado en el arte y la literatura de la Antigua Grecia. Y ni una sola vez he probado la apoteosis que me fue prometida en Juan 6:56: «El que come mi carne y bebe mi sangre permanece en mí y yo en él». Al público de Juan no le importaba si el dios que había pronunciado esas palabras venía de Escitópolis o a media hora en Nazaret. El objetivo del juego místico era «el don de la inmortalidad» a como diera lugar, que es la misma afirmación que Pico della Mirandola difundió a lo largo del mundo cristiano en 1487, y por la cual pondría su vida en riesgo. ¿A quién le importa el Dios que está en la cabecera de la mesa cuando lo único que importa en el banquete es «embriagarse» con el «néctar de la eternidad»?

Y había mucho néctar que beber. Por fortuna, Dioscórides publicó su obra maestra en el mismo período que Lidia y sus sucesoras buscaban llenar de provisiones sus lujosas iglesias caseras en Grecia, igual que Priscila en Anatolia. Quizá Junia y las múltiples mujeres que Pablo reconoce en Roma, donde hay más mujeres documentadas que en ninguna otra iglesia del Mediterráneo, habrían encontrado especialmente útil la obra del padre de las drogas. Las instrucciones paso a paso para crear uno de los elíxires alucinógenos de Ruck, modificados con incontables plantas, hierbas y hongos psicodélicos, estaban a su alcance. Como si fuera un truco corporativo de Amazon Prime, el hijo de Dios de Nazaret acababa de hacer que se volviera perfectamente respetable pedir la droga de la inmortalidad a domicilio. Si los misterios tenían alguna posibilidad de sobrevivir al clima poco amigable del Imperio romano, quizá las mujeres y sus cocinas serían el último refugio para un sacramento riesgoso que necesitaba una póliza de garantía.

Las brujas de Dioniso bien podrían haber pasado el sacramento a las mujeres que dirigían la nueva religión durante esos trescientos años posteriores a Jesús, cuando el paleocristianismo sobrevivió en las iglesias caseras y las catacumbas antes de recibir la bendición de Constantinopla en el siglo IV d. C. Durante algunas generaciones, quizá las brujas de Dioniso y las brujas de Jesús fueran casi indistinguibles. ¿Por qué no podían adorar a los dos dioses del vino? Las mujeres que preparaban la cerveza psicodélica y el vino en los misterios griegos podrían haber sido las mismas mujeres que preparaban la eucaristía original a lo largo del Mediterráneo, donde la línea entre pagano y cristiano aún no existía. Y donde no existiría hasta que todos los hombres en Roma decidieran excluir a las mujeres de los puestos de liderazgo en la Iglesia oficial. Pues si algo habían aprendido los sacerdotes y obispos con la supresión de las bacanales en 186 a. C., era que las mujeres y su sacramento eran la mayor amenaza a la ley y el orden.

La contención no solo era posible, era necesaria.

¿Cómo podía crecer el cristianismo sin una congregación? Si nadie asistía a las nuevas iglesias y basílicas a recibir la eucaristía que solo el clérigo masculino tenía el derecho divino y exclusivo de consagrar —transformando el pan y el vino ordinarios en carne y sangre sobrenaturales—, no podía haber un futuro en la fe. Si cualquiera que tuviera los ingredientes correctos hubiera podido confeccionar su propia eucaristía en casa, y conocer a Jesús en sus propios términos, el cristianismo nunca habría consolidado la riqueza y el poder para reemplazar al Imperio romano como la autoridad gobernante central durante siglos. Una institución patriarcal sucedió a la otra.

Las mujeres y su eucaristía debían desaparecer. Puede que esto haya comenzado con la alteración del Evangelio de san Juan y la eliminación del evangelio de María Magdalena, pero la campaña contra las mujeres y las drogas duraría mucho tiempo. Como veremos hacia el final de esta investigación, es una guerra que continúa hasta el día de hoy.

Mientras me abría paso para volver con el padre Francis en el centro de la acción, obtuvo una calificación muy alta en la prueba de herejía. En vez del Nuevo Testamento, lo encontré husmeando en *Las bacantes*.

—Eurípides nunca decepciona —dije para saludar al padre. Quería compartirle mi epifanía en el baño sobre la brillante táctica de mercadotecnia de Jesús y las místicas que recibían a Dioniso con su vajilla buena en los primeros y más auténticos días de la fe cristiana, pero estaba exhausto después de la sesión de estudio bíblico de la noche. Y sinceramente, no sabía cómo respondería el padre Francis a la noción de que sus predecesores habían suprimido de manera deliberada a las verdaderas creadoras de la eucaristía—. ¡Necesitamos otro trago!

—¿Qué tal un digestivo? —sugirió el padre Francis

Bajamos al bar que estaba en el sótano mal iluminado del Lizard Lounge, llamado de manera apropiada The Underground, y pedimos dos Jameson Black Barrel de triple destilado. Nos sentamos en un rincón agradable junto a la sanguinaria pared cubierta de cráneos de Día de Muertos de inspiración mexicana. Debajo de la serpiente, de un ojo y una flor rosada que sacaba rayos, noté una cruz cristiana al revés.

—Qué cosas tan extrañas se ven en las cavernas subterráneas de estas ciudades europeas antiguas. Qué aperitivo más perfecto para la aventura que tendremos el lunes.

—*Saluti!* —brindó el padre Francis, asintiendo con aprobación.

Él sabía que me refería al itinerario que había estado organizando durante los últimos nueve meses con los guardianes de los secretos más profundos del cristianismo. Si en verdad hubo un sacramento psicodélico confeccionado por fanáticas de Jesús hablantes de griego, entonces solo hay un lugar lógico donde buscar la evidencia. Al igual que Junia, la «principal entre los apóstoles» de Pablo, el sacerdote y yo iríamos a la Ciudad Eterna para ver algunas cosas de las que nunca escuché en la escuela católica. Y a menos que uno hable latín e italiano a la perfección, hay cosas que jamás saldrían del círculo interno de Roma. Navegar por las distintas áreas de la burocracia del Vaticano y ganarme su confianza fue lo menos divertido que había hecho desde mi el examen de la barra de abogados. Pero, si la eucaristía químicamente rica del paleocristianismo fue reemplazada por la versión diluida de hoy en día, y el Vaticano había tenido algo que ver con ello, yo tendría argumentos a favor. Era hora de que el padre Francis se pusiera el cuello y me metiera de contrabando tras las líneas enemigas.

Después de planear la logística de nuestros siguientes días, acompañé al sacerdote a su Uber y recorrí lentamente los cuatro *arrondissements* para bajar un poco el *whisky*. Crucé el Sena en el Pont d'Arcole, divisé el edificio de mi Airbnb, y subí trabajosamente los cuatro pisos de escaleras a mi cómoda habitación.

Al mirar al sur en el aire fresco de la medianoche, me acerqué a la ventana y la abrí para echar un último vistazo de la aguja de 90 m de la catedral de Notre Dame. En menos de dos meses desaparecería, consumida por el infierno despiadado que capturarían legiones de *smartphones* y le daría la vuelta al mundo en tiempo real. La carpintería de roble del techo medieval alimentó las flamas que amenazaban con destruir parte de los tesoros invaluables de la catedral: el trío gótico de vitrales que datan del siglo XIII; los más de ocho mil tubos del gran órgano, considerado uno de los instrumentos musicales más famosos del mundo; y la campana más antigua de Notre Dame, la «Emmanuel» y apodada «abejorro», que célebremente repiqueteó cuando terminó la Segunda Guerra Mundial.[45] Entre los artefactos religiosos más pequeños que los bomberos lograron sacar justo a tiempo se encontraban un trozo de 20 cm de la Vera Cruz y un clavo de 7 cm. Pero no eran la prioridad.

Mientras leía los reportes de noticias los días posteriores al incidente, un nombre aparecía una y otra vez: el del padre Jean-Marc Fournier, el sacerdote temerario que peleó en la guerra de Afganistán y después se volvió capellán de la Brigada de Bomberos de París. Con una misión ese 15 de abril, llegó a la escena y al parecer se abrió paso entre el presidente Emmanuel Macron y el arzobispo de París para salvar las dos reliquias más valiosas e irremplazables de la iglesia.[46] Primero, la corona de espinas que se cree fue la que usó Jesús durante su pasión y muerte. La misma *stephanos* espinosa que usó el dios del éxtasis siglos antes de que naciera el hijo de Dios en Belén. Después de comprarle la corona al emperador Balduino de Constantinopla, el rey Luis IX que participó en las cruzadas francesas recibió la reliquia en el pueblo de Sens en agosto de 1239. Ha estado en Notre Dame desde entonces. El padre Fournier exigió el código de la caja fuerte en la que se había depositado la corona y la sacó de inmediato.

Pero justo cuando las llamas alcanzaban el campanario norte, cuando la aguja ya había caído y «el barco estaba a punto de colapsar», había un último objeto que recuperar entre la «maraña de vigas ardientes» y «gotas de plomo fundido». Con toda seriedad, el sacerdote le dijo al sacristán: «Es hora de sacar a Jesús de su catedral en llamas».[47] El padre Fournier se acercó al tabernáculo del altar de san Jorge y rescató al sacramento más bendito. Según explicó después: «Todo el mundo entiende que la corona de espinas es una reliquia absolutamente única y extraordinaria, pero el sacramento bendito es nuestro Señor, presente en su cuerpo, alma, divinidad y humanidad... Deben entender que es difícil ver a alguien que amas perecer en las llamas... Por eso busqué preservar ante todo la presencia real de Jesucristo nuestro Señor».[48]

En vez de correr por su vida con el material consagrado en mano, el padre Fournier hizo lo impensable. Se detuvo por una bendición. «Ahí estaba, completamente solo en la catedral, rodeado de escombros en llamas que caían del techo. Le pedí a Jesús que combatiera las llamas y preservara el edificio dedicado a su madre».[49] Desde luego, el hijo de Dios fue todo oídos. Los campanarios gemelos se salvaron, y la estructura de la catedral en sí quedó intacta.

El padre Fournier no se metió a una hoguera y arriesgó su vida por una *metáfora*. Aunque quizá Bernard Arnault (el hombre más rico de Europa y dueño de LVMG Moët Hennessey-Louis Vuitton) no sea consciente de ello, su promesa de donación inmediata de 225 millones para reconstruir Notre Dame, en un esfuerzo que podría costar 8000 millones y tomar hasta 15 años, no se usará para albergar un *símbolo*.[50] El «corazón de la Iglesia», según el papa, lo único «esencial» para la salvación, es el *pharmakon athanasias*. Pero la droga de la inmortalidad original *tenía* que significar algo para que el pan y el vino ordinarios de nuestros días tuvieran poder sobre los 1300 millones de católicos como el padre Fournier. Del mismo modo que significó algo para los místicos de habla griega en los siglos previos al cambio de imagen que el cristianismo les dio a los misterios dionisiacos en el siglo I d. C.

Cuando los iniciados ingerían la carne cruda y la sangre de Dioniso y probaban su vino visionario, seguramente experimentaban algo profundo. Lo suficiente para olvidar todas sus obligaciones con la familia, su país y la sociedad romana en general, y escapar como adictos a la naturaleza, donde la inmortalidad estaba disponible en una copa. Cuando decían que bebían al dios del éxtasis y se volvían divinos en sí, hablaban en serio. Y cuando nuevos iniciados bebían de la misma copa, también ellos se convertían. Pues la eucaristía de los misterios dionisiacos era pura magia.

Juan no podía esperar venderle el cristianismo a un mundo escéptico y pagano a menos que la eucaristía de los misterios cristianos fuera igual de mágica. Todo su Evangelio parece diseñado para dejar clara una sola cosa: que el sacramento de Dioniso y el sacramento de Jesús son el mismo. Y parece que todo está dirigido de manera única a las mujeres. Mujeres que entenderían los «símbolos» y el «lenguaje» secretos. Y mujeres que tenían la experiencia farmacológica para huir con la nueva eucaristía a puertas cerradas. Antes de Jesús, el ritual primitivo de beber la sangre de dios para *volverse* el dios había sobrevivido más que nada en la naturaleza. Con el Evangelio de san Juan, la apoteosis entró a la casa. Y se volvió *viral*.

Porque *así* es como nacen las religiones. Y *así* es como florecen las religiones.

Hasta que llegaron los burócratas.

Pero una tecnología tan ancestral y tan avanzada no puede solo evaporarse. Las brujas nunca lo permitirían.

12

Todo esto no era solo un pícnic

—*Via Luigi Luzzati 2B, per favore* —le indico al taxista.

Avanzamos unas cuadras por el vecindario de Trastevere hacia nuestro destino en la parte trasera de la muy *chic* agencia de Fiat en Viale Manzoni, cerca de las vías de ferrocarril que salen en todas direcciones desde la estación Termini. A pesar de que era una mañana nublada de lunes después de un fin de semana soleado en París, en cuanto cruzamos el río Tíber por el Ponte Garibaldi, pronto se volvió evidente por qué se ha descrito a Roma como «un poema al que se forzó a operar como ciudad».

Vestido de pies a cabeza de negro como un Johnny Cash vuelto a nacer, el padre Francis dejaba fluir sus pensamientos y compartía recuerdos de los últimos 34 años que había pasado explorando esas calles ilustres.

—Azienda Tessile Romana —leyó en voz alta de la fachada de una tienda cerca de la Torre Argentina, donde fue asesinado Julio César—. Una grandiosa tienda de telas, para cuando necesito vestiduras. Y si seguimos en esa dirección —el sacerdote señaló hacia el Panteón—, llegaríamos a la librería ASEQ, por supuesto.

Escondido en la Via dei Sediari, el negocio *boutique* es uno de los que el padre Francis me recomendó visitar la última vez que estuve en Roma, pues tiene una colección de primera de literatura esotérica. El año anterior me había pasado dos horas charlando con el dueño, Luca, sobre la supervivencia de los cultos mistéricos griegos al sur en Nápoles, Pompeya y el resto de Magna Grecia. Incluso hoy en día, puede escucharse a una minoría étnica de hablantes de griego conocida como los *griko* hablar en un dialecto extraño pero inequívocamente griego en enclaves de Calabria y Apulia, la punta y el tacón de la bota de Italia. El origen de su idioma y su sangre puede rastrearse hasta los colonos griegos originales de la península del siglo VIII a. C.[1]

—Otro lugar que quiero ver en algún momento está por aquí, la Crypta Balbi —anunció mi compañero mientras avanzábamos a buen paso por la Via delle Botteghe Oscure—. Me sorprende que no esté en tu lista; me encantaría ver qué hay ahí —añadió, haciendo una seña hacia una de las ramas más menospreciadas del Museo Nazionale Romano.

Claro, el padre Francis tenía que encontrarle fallas al itinerario que me había tomado prácticamente un año planear. Después del Campidoglio, la plaza en la cima de una colina con la estrella de 12 picos diseñada por Miguel Ángel, dimos la vuelta a la Piazza Venezia y pasamos el Foro Romano, otro favorito.

—Después están los santos Cosme y Damián, con las puertas originales de bronce. —El sacerdote señaló la basílica en un inicio dedicada a Valerio Rómulo, el hijo del emperador Majencio que experimentó una apoteosis y se volvió dios cuando murió en 309 d. C., y recibió el título de *Divus Romulus* (el dios Rómulo).

El sitio después fue cristianizado en nombre de los gemelos sirios y patrones de los farmacéuticos. Es un saludo apropiado para esta área del Foro conocida por atraer a los semejantes de Galeno, el médico personal de Marco Aurelio que fue prácticamente el sucesor de Dioscórides. Buena parte de su prolífica producción en griego, como los 11 volúmenes de *Sobre las mezclas y poderes de las drogas simples*, no se ha traducido aún.

Así, cuando se trata de drogas, el punto ciego de los clasicistas continúa. Si ni siquiera a los profesionales les importa este tema, ¿qué esperanza hay para el resto de nosotros? ¿Y qué esperanza hay de demostrar o refutar la hipótesis de continuidad pagana y llegar a los orígenes verdaderos del cristianismo, cuando la posible clave de los misterios ha sido ignorada por historiadores tanto seculares como religiosos por tanto tiempo? Porque si alguna vez hubo un eslabón faltante entre los griegos antiguos de los últimos siglos antes de Cristo y los paleocristianos de los primeros siglos después de Cristo es el vino enriquecido que yo llevaba discutiendo con el padre Francis los últimos tres días. Esa larga tradición de pociones con drogas que Aldous

Huxley apenas esbozó en *Las puertas de la percepción* en 1954, y que Ruck ha tratado de revivir desde 1978.

A lo largo de los últimos 12 años, cuanto más investigaba la posibilidad de una eucaristía psicodélica, menos loca me parecía la idea. Y después de mi visita a París, solo se sumaron cartas al asunto: desde G 408 y G 409 hasta las fórmulas para vinos de Dioscórides, el santuario dionisiaco en la Salle des Caryatides del Louvre y los «símbolos» y «lenguaje» secretos de A. D. Nock en el Evangelio de san Juan. Junto con la química arqueológica de Andrew Koh en el Instituto Tecnológico de Massachusetts, todo apoya la premisa básica de un vino capaz de expandir la mente como una empresa de cinco mil años de antigüedad que comenzó en el Oriente Próximo con Osiris y El, y después se abrió paso en la Antigua Grecia con Dioniso, para terminar de nuevo en la Galilea del siglo I con Jesús. Ahí fue donde el vino sangriento de Dioniso se volvió el vino sangriento de Jesús.

Pero la prueba irrefutable aún se escapa. Si bien Patrick McGovern ha estado muy cerca de encontrar evidencia indiscutible del sacramento psicodélico antiguo en la cuna de los misterios griegos, esta aún no ha salido a la luz. Por sugerencia de McGovern incluso hablé con su colega, la doctora Soultana Valamoti, en la Universidad Aristóteles de Tesalónica. Como la experta de Grecia en la realidad arqueológica del uso antiguo de plantas, confirmó varios hallazgos botánicos prehistóricos en el norte del país que apuntan al vino en la creación de «estados de conciencia alterados» en términos similares al *marzeah*, donde un «sanador» podía explotar su «conocimiento de la fermentación del jugo de uva» para «comunicarse con espíritus, ancestros o dioses».[2] Pero a pesar del descubrimiento de restos difusos, entre los que se incluyen uvas, opio, beleño y hierba mora, Valamoti no ha podido encontrar todavía todas las plantas visionarias juntas en un solo contexto ritual. Lo mismo ocurre en Galilea, donde Koh no ha sido capaz de desenterrar ninguna poción abiertamente psicodélica entre algunas pistas muy prometedoras. Entonces, por el momento, las dos ubicaciones más obvias que podían arrojar un sacramento psicodélico para los misterios dionisiacos y cristianos, Grecia y Galilea, no lo han hecho.

En una especie de *déjà vu*, la búsqueda de una eucaristía psicodélica me recordó mucho a la búsqueda de datos duros sobre las cervezas de cementerio. En ausencia de vasijas eleusinas aptas para las pruebas, me vi forzado a ir a las colonias griegas, donde por casualidad me encontré con la larga historia de las cervezas de belladona en España y, al final, con la poción de cornezuelo en Mas Castellar de Pontós. Del mismo modo, toda mi investigación en años recientes me ha llevado a las colonias griegas en Italia, lo cual no es tan sorprendente en realidad. Si el culto de Dioniso y el culto de Jesús iban a encontrarse en algún lugar al oeste de Grecia y Galilea en la Antigüedad, tenía que ser Italia. En el mismo lugar en que los descendientes de la colonia focense en Velia podrían encontrarse con los primeros cristianos en la costa de Roma, o en cualquier lugar en realidad.

Si uno viajara en el tiempo a esta región costera de Magna Grecia en los siglos previos a Jesús, no sería raro pensar que uno había llegado a la Antigua Grecia. El idioma, los templos, las ciudades-Estado: todo era griego. También lo eran los cultos mistéricos dedicados a Deméter, Perséfone y Dioniso que «precedieron y acompañaron al cristianismo en esta área».[3] Puede que las semillas del sacramento de Jesús se hayan plantado en Galilea y Jerusalén, pero echaron raíces ahí, en la que alguna vez fue la capital del Imperio romano y hogar de la institución en funciones más antigua del planeta: la Iglesia católica romana.

Encontrar evidencia del vino psicodélico en esta parte del Mediterráneo al fin uniría a los griegos y a los cristianos en el mismo camino antiguo de muerte y renacimiento. Y haría que la noción de continuidad pagana pasara de ser una mera hipótesis a un hecho histórico y científico. Pero antes de revelar los datos botánicos duros de Pompeya que me llevaron a Italia en primer lugar, es hora de reconstruir cómo se veía el cristianismo en el período entre la muerte de Jesús en el año 33 d. C. y el emperador Teodosio en el siglo IV d. C., cuando el culto ilegal de pronto se volvió la religión oficial del Imperio romano.

Esos tres siglos de paleocristianismo son la esencia de la fe. En una tradición que desde hace mucho quedó descartada y olvidada, Magna Grecia y Roma son los lugares en donde los misterios dionisiacos y cristianos chocaron y explotaron en un híbrido de reuniones secretas y sacramentos mágicos. Ahí, Dioniso o Baco no era temido como el dios del alcohol, una palabra que no significaba nada para los griegos o los romanos hablantes de griego; era el dios de las drogas, es decir, de cualquiera de las plantas, hierbas u hongos que enriquecían el vino que Eurípides llamaba *pharmakon* en 405 a. C. Y ahí, el chico nuevo, Jesús o *Iesous* no era temido como un despreocupado dios del vino de la boda en Caná. Según Ruck, era el «hombre de las drogas» (*iatros*). El sanador de Galilea cuya carne y sangre se volvieron el *pharmakon athanasias*, la droga de la inmortalidad.

La evidencia que pone a Dioniso el Viejo y Dioniso el Joven en el mismo lugar al mismo tiempo estaba debajo de nuestros pies: donde la versión original del cristianismo se ha escondido durante mucho tiempo. Tan solo estaba esperando volver de pronto. Porque ahí es donde toda la magia ocurrió.

Antes de la legalización del cristianismo, y antes de las iglesias públicas y basílicas del siglo IV d. C., había solo dos lugares en los que los paleocristianos se reunían para celebrar su eucaristía secreta. O bien en las catacumbas subterráneas a las que me dirigía con el padre Francis, o en las iglesias caseras, con puertas y cortinas cerradas. Para ver qué tan diferentes eran de la misa de hoy, vale la pena repasar rápidamente las cenas rituales que abundaban en los hogares adinerados a lo largo del Mediterráneo.

No ha sobrevivido mucha evidencia arqueológica de las primeras iglesias caseras del cristianismo; pero la evidencia textual del Nuevo Testamento en sí sugiere que los alimentos no se acompañaban con el tipo de vino que yo he bebido desde mi primera comunión. En los viejos tiempos, las brujas del cristianismo que precedieron a los sacerdotes eran conocidas por servir un brebaje letal. La clase de vino que los antiguos griegos no habrían tenido problema en llamar *pharmakon,* o que Dioscórides bien habría podido incluir como una de sus fórmulas de vinos en *De materia medica.* Juzgando por el griego antiguo de san Pablo, no hay duda de que la eucaristía del ayer era muy diferente de la eucaristía de hoy.

Sobre la tierra, la eucaristía original se consumía como parte de una comida más grande, un banquete pagano de inspiración griega llamado *agape* (ἀγάπη) o «festín de amor», que «a menudo se caracterizaba por un acto de beber en exceso por convivir».[4] De hecho, el mismo Ignacio que acuñó el término de *pharmakon athanasias* a comienzos del siglo II parece haber considerado que la eucaristía cristiana y la *agape* cristiana eran idénticas. Es la clase de maniobra sigilosa que podría proteger la naturaleza ilegal de la religión floreciente. Según un historiador, «es improbable que un vecino pagano pudiera distinguir si los cristianos que llegaban a la casa de al lado [en Roma] se reunían para un *agape* o una eucaristía».[5] Mientras que estos trucos de humo y espejos pueden haber ahuyentado a las autoridades romanas, Pablo y los otros Padres de la Iglesia no estaban tan contentos con confundir la intoxicación sagrada con la profana. Comer y beber a Jesús para *volverse* Jesús era muy distinto a emborracharse.

En vista de esto, desde el comienzo, Pablo tuvo que lidiar con estos «festines del amor» descontrolados. En 1 Corintios 10:21, reprende a la comunidad griega establecida a menos de una hora de Eleusis: «No pueden beber al mismo tiempo de la copa del Señor y de la copa de los demonios, ni pueden tener parte en la mesa del Señor y en la mesa de los demonios». Algunos párrafos más adelante, Pablo establece las reglas para celebrar de manera apropiada la eucaristía. Tal como mencioné en el capítulo pasado, esta es la descripción más antigua del ritual, que data de cerca del año 53 d. C. e incluye una palabra griega muy peculiar que me convenció, más que ninguna otra cosa, de que Ruck en verdad se acercaba a algo importante. Cuando leí por primera vez su traducción de 1 Corintios 11:30 hace unos diez años, recuerdo que me impactó absolutamente lo que al instante se volvió, y sigue siendo hasta el día de hoy, el versículo más fascinante de todo el Nuevo Testamento, en mi opinión. No me dejó ni la más mínima duda de que uno de esos elíxires inusualmente intoxicantes, potencialmente letales que alteraban de manera importante la mente y en ocasiones provocaban alucinaciones se había escabullido en el paleocristianismo.

A mediados del siglo I d. C. no todo iba bien en Corinto. Pablo reprendió a la iglesia repleta de mujeres por dejar que su solemne ceremonia cristiana se volviera una fiesta dionisiaca capaz de alterar la mente. Después de haber condenado *su* visión de la eucaristía como una «copa de demonios», Pablo se queja en 1 Corintios 11:21 de que la comida comunal en la iglesia casera griega parece más bien un *agape*: un festín en el que algunos se exceden y dejan a otros «hambrientos», y que una rutina predecible de «embriagarse» se ha vuelto más común de lo que debería. Esto provoca que el momento de «se los dije» de Pablo en 1 Corintios 11:30 sea mucho más comprensible, si analizamos el griego.

En inglés, este versículo suele traducirse como: «Por eso, muchos de ustedes están débiles y enfermos, y varios de ustedes se han dormido». Sin embargo, en vez de «se han dormido», Ruck traduce la palabra griega *koimontai* (κοιμῶνται) precisamente del modo en que se traduce en otras partes del Antiguo Testamento: «Por eso..., un número considerable de ustedes están *muriendo*». Y explica:

La congregación había caído en facciones rivales, que le debían lealtad individual a quien las hubiera bautizado. Pablo las reprende para que coman con normalidad en casa; y les recuerda la eucaristía que Jesús instituyó, la camaradería en la mesa con el pan y la copa: quien no sea digno de compartirlo será culpable de pecar contra el cuerpo y la sangre del Señor. Claramente no se trata de una comida ordinaria, pues muchos de ellos se han enfermado por consumir el sacramento de manera incorrecta, y algunos incluso han muerto, como si fuera un veneno.[6]

Podemos disculpar a la primaria en la que estudié, pero ¿cómo es posible que los jesuitas en la preparatoria Saint Joseph pasaran por alto ese verbo *koimontai*? ¿Y cómo es posible que ese versículo de la Biblia no sea el tema de cada una de las misas y peroratas tele-evangélicas en todo el mundo? ¿Qué acaso nadie se ha detenido a pensar por qué, hace dos mil años, un «número considerable» (*hikanoi*) de corintios al parecer cayeron muertos como moscas durante la protomisa?

Abrí mi edición de 1829 del Nuevo Testamento en griego y encontré *koimontai*, justo donde Ruck dijo que estaba, en 1 Corintios 11:30. Pero su traducción tenía que estar equivocada. ¿Cómo puede morir la gente por tomar la eucaristía? Entonces revisé el diccionario griego-inglés de Henry George Liddell, Robert Scott y Henry Stuart Jones —también conocido como Liddell-Scott-Jones—, disponible en el sitio web de la Perseus Digital Library, gracias a la cual había logrado graduarme de mis seminarios una década antes. A media página, decía: «El sueño de la muerte», «morir». Encima de todo, el diccionario citaba un ejemplo en el Evangelio de san Juan, donde el mismo verbo *koimao* (κοιμάω) se usa con ese significado *exacto*.[7]

Mientras investigaba más, me di cuenta de que Ruck no fue el único que pensó dos veces en el verbo *koimontai*. El teólogo del siglo XIX Charles John Ellicott, decano de Exeter y obispo de Gloucester, compiló un comentario extenso sobre el Nuevo Testamento en 1878 que aún consultan pastores y estudiantes de la fe hasta el día de hoy. Ellicott sabía griego, por supuesto, y prestó atención a los matices gramaticales que exigen una explicación de algo tan extraño como *koimontai*. Al igual que Ruck, él prefería «y algunos mueren» como la traducción apropiada. Pero el resto de esta frase en 1 Corintios 11:30 es invaluable: «A veces incluso la muerte resultaba de sus orgías ebrias, ya fuese naturalmente o por visita directa de Dios».[8] Me encanta pensar en que Dios Padre bajaba de los cielos a quitarles de un manotazo el vino a los griegos ebrios para darles el toque de la muerte. Qué clímax tan inesperado a una orgía que podría haber sido muy buena.

Tan creativo como era Ellicott, hay maneras mucho más terrestres de descifrar la elección de palabras de Pablo en este punto. El significado llano de *koimontai* no podría estar más claro. Parece que los corintios incorporaron una bebida extrema en su liturgia. Pero el límite entre vino psicodélico y vino venenoso es muy tenue, y puede haber errores fatales en la dosis. ¿Será posible que los que elaboraban la eucaristía potenciada hayan medido mal? ¿Acaso los participantes ingirieron más elíxir del debido? O quizá solo *parecían* muertos, lo cual revelaba la experiencia cercana a la muerte que acercó a los corintios a Jesús y a la comunidad de santos cristianos fallecidos. Si le creemos a Pablo, y en verdad hubo una poción letal en Corinto, ¿quién la confeccionó? ¿Y por qué?

La respuesta una vez más apunta a las mujeres.

Al igual que otras iglesias caseras a lo largo del Mediterráneo, la minoría cristiana vulnerable en Corinto era guiada por profetas carismáticos que «funcionaban como mediadores del Espíritu Santo» y demostraban experiencia para revelar los mensajes de Dios a sus hermanos y hermanas alrededor del «banquete cultual».[9] Siguiendo los pasos de las sacerdotisas que durante siglos se habían unido a Deméter en Eleusis al oriente, a Apolo en Delfos al norte y a Dioniso en las montañas y bosques cercanos, las mujeres en éxtasis tomaron las riendas en Corinto.[10] En *When Women Were Priests*, Karen Jo Torjesen describe una iglesia casera típica en una ciudad griega:

> Primero una se levantaba y decía una bendición, un encomio, una revelación o unas palabras sabias. Antes de que su oráculo terminara, otra se levantaría para dar palabras de aliento, esperanza o exhortación. Entre esas voces se mezclaban las exclamaciones extáticas de gracia, gratitud o alabanza. Para estas nuevas cristianas, la presencia del Espíritu dramatizaba la realización de la profecía [del Antiguo Testamento].[11]

Inspiradas por la divinidad que corría en sus venas, estas mujeres «canalizaban la voz de Cristo en *su* época»: exactamente lo que el padre Francis dijo que los profetas hacían en Éfeso casi medio siglo antes. Para que Jesús estuviera «presente» en la consagración de la eucaristía, ese sentido de posesión tenía que venir de alguna parte, ¿no es así? Al igual que en el culto griego de Mas Castellar de Pontós, quizá las brujas corintias buscaban la poción de cornezuelo de Deméter, pero terminaron con una variación letal en su lugar. O quizá trataban de recrear un coctel psicoactivo de lo que sea que haya puesto a la Pitonisa en contacto con Apolo, con buenas pistas en la harina de cebada, hojas de laurel y semillas de beleño humeantes, la *Herba Apollinaris* o *Pythonion*, de la que se habló en la primera parte de esta investigación. O quizá se trataba de la infusión de las Leneas y otros festivales dionisiacos que combinaba muy bien con la comida eucarística.

Pero cuando se trata de este período turbio del paleocristianismo, tenemos más preguntas que respuestas. Si lo que pasó durante la última cena hubiera sido claro, la fe cristiana no se habría fragmentado en 33 000 denominaciones distintas durante los últimos dos mil años.[12] A pesar del relativo acuerdo entre los autores de los Evangelios y Pablo, hasta que surja más evidencia de Jerusalén, francamente no está claro si la última cena en verdad ocurrió tal como se registra en el Nuevo Testamento, o si ocurrió en realidad.[13] Nadie ha encontrado el santo grial. Y quizá nadie lo encontrará. Para nuestra investigación es mucho más pertinente cómo las primeras tropas cristianas en Corinto y otros lugares decidieron interpretar y recrear lo que ellos *creían* que había pasado esa noche. Y conforme pasaron los años, cobró particular importancia cómo la eucaristía del Evangelio de san Juan, o los textos sagrados y tradiciones orales de los gnósticos, habrían influido en esa interpretación.

A pesar de la observación del doctor Martin Luther King Jr., en 1950, con respecto a que «un proceso natural e inconsciente» podría explicar las similitudes entre los misterios griegos y cristianos, parece que Juan les habló *de manera muy consciente* a las mujeres en Éfeso que estaban predispuestas a una experiencia mística directa de Dios. Había mujeres como ellas en Corinto desde antes, y habría mujeres como ellas en Roma después.[14] Al copiar de manera deliberada el lenguaje de Eurípides, Juan le aseguró a su público meta que la eucaristía pagana de carne de cabra cruda (*omophagon charin*) se había vuelto el Cordero de Dios. Y la «verdadera bebida» de la sangre de Dios continuaría con la tradición ilícita de Dioniso en la seguridad de las iglesias caseras. En ellas, por primera vez, los paleocristianos aprenderían cómo *ver* de verdad: al captar visiones de los ángeles que Jesús mismo prometió en el primer capítulo de Juan.

Si la eucaristía sobre la tierra se confundía con el *agape* griego, las tumbas bajo la tierra resultarían ser los verdaderos crisoles de los sacramentos paganos y cristianos. En vez de depender del griego antiguo de san Pablo, podemos ver la evidencia material que sigue ahí. Evidencia que el Vaticano mismo califica como «los recursos más significativos de la era paleocristiana».[15] Ahí, una vez más, parece que la eucaristía original retuvo su sabor griego antiguo original.

El padre Francis y yo nos dirigimos al este después del Coliseo y nos estacionamos en Via Luigi Luzatti en el vecindario de Esquilino. En Roma, el equivalente subterráneo del *agape* se llamaba *refrigerium*.

En latín, *refrigerium* literalmente significa «enfriamiento», de ahí la palabra *refrigerador*. Pero en la práctica pasó a describir «el rito conmemorativo que tenía la intención de refrescar el alma de los fallecidos en el más allá y asegurar su existencia pacífica en el mundo de los muertos».[16] El Padre de la Iglesia Tertuliano, que vivió de 160 a 220 d. C., cooptó este término para describir el «estado bienaventurado» del que gozaban los ancestros fallecidos mientras esperaban la resurrección de los fieles en el viaje de Jesús a la tierra. El cristianismo temprano no tenía una idea clara de qué debía pasar con los fallecidos en el período entre la muerte y el juicio final en el fin de los tiempos, pero del culto romano de los muertos aprendieron una lección muy valiosa: los espíritus tienen sed.[17]

Donde sea que estén, y sea lo que sea que hagan, los muertos necesitan refrigerios constantemente para evitar que atormenten a los vivos. Por eso, los cristianos empezaron a celebrar la comida *refrigerium* en los sitios de entierro y en los aniversarios de muerte de sus familiares. Se creía que los muertos, que residían en sus tumbas, de hecho estaban presentes para los festines.[18] Ramsay MacMullen, profesor emérito de historia en la Universidad de Yale, ha acuñado un gran término para estas reuniones intoxicadas: una «refrescada» (*chill-out*). Él realiza una recreación vívida de las «creencias y ritos tradicionales» que «prevalecieron entre los cristianos» en Roma:

> Esos momentos llenos de amor en memoria de los muertos duraban todo el tiempo que el ánimo y el vino de los celebrantes alcanzara, incluso «toda la noche», en vigilia. Los muertos mismos participaban. Necesitaban esas con-

memoraciones para tener una existencia tranquila en el más allá. Se les ofrecía la comida que estuviera a la mano, y en especial, un brindis con vino que se vertía sobre su sarcófago o por un tubo que llevaba a la cabecera de su lugar de descanso, sedientos y felices. Un espíritu festivo era esencial. Los participantes, cuando se los confrontaba sobre el mal comportamiento que podía acompañar el comer y beber en exceso, respondían indignados que los pensamientos amorosos, el respeto y el recuerdo de los placeres de la carne que les ofrecían a los ancestros sin duda tenían más efecto que cualquier versión humana de los mismos. Todo esto no era solo un pícnic. Era una religión.[19]

Al igual que el *agape* ebrio en Corinto con su vino letal, los *refrigeria* de toda la noche se descontrolaban a tal grado que la Iglesia tarde o temprano tuvo que imponerse. Las catacumbas romanas están llenas de grafitis que indican que se llevaron a cabo *refrigeria* en suelo sagrado para conmemorar a los discípulos más cercanos de Jesús, como Pedro y Pablo. El usar a los santos y mártires fallecidos como excusa para los banquetes dionisiacos se volvió particularmente problemático en el norte de África. San Agustín, el mismo teólogo que en páginas previas de esta investigación le aseguró a la comunidad cristiana en Cartago que «el que toda la superstición de paganos y herejes sea aniquilada es lo que Dios quiere, lo que Dios manda, lo que Dios proclama», arremetió contra los «disturbios de ebrios en los cementerios» y «orgías sociales» que se habían vuelto un hábito cotidiano en el siglo IV en su arzobispado de Hipona (la ciudad portuaria moderna de Annaba, donde los migrantes argelinos se han reunido en años recientes para buscar partir en bote hacia la isla italiana de Cerdeña).[20]

La palabra latina que Agustín usa para «disturbio de ebrios» es *comissatio*, que el diccionario de latín de Lewis y Short define como «una juerga bacanal y la subsecuente procesión nocturna con antorchas y música» que vimos en el *krater* en forma de campana descubierto en Mas Castellar de Pontós y la vasija Borghese en la Salle des Caryatides. A pesar de los esfuerzos de Agustín y otros por prohibir el culto pagano a los muertos, este continuó por mucho tiempo. Los cementerios alrededor del Mediterráneo solían mantenerse fuera de los muros de las ciudades. Y la celebración de los *refrigeria* los mantuvo ahí. No fue sino hasta el siglo X cuando las iglesias cristianas, y los cementerios que las acompañaban, se mudaron a los centros de los pueblos, y al fin lograron erradicar los cultos rurales a la muerte. A lo largo de la Edad Media, las iglesias y sus cementerios siguieron siendo «el lugar sagrado del pueblo», donde sus obras, bailes, juergas y «borracheras» continuaron con toda su fuerza.[21]

Esto evoca extrañamente los excesos en Corinto que llevaron a que «un número considerable» de personas murieran o parecieran estar muertas. Al hacer un llamado para poner fin a la intoxicación, una «emergencia tan grande y peligrosa», Agustín mismo cita la Primera Carta a los Corintios, donde Pablo reprende la rutina griega de «embriagarse». Si eso no es suficiente para agrupar al *agape* y el *refrigerium* en una sola tradición paleoeucarística que poco a poco cobró forma en los primeros siglos posteriores a Jesús, la *Catholic Encyclopedia* de 1970 elimina cualquier duda. Dice que la eucaristía:

> en su origen, claramente está marcada como funeraria en su intención, un hecho que se confirma por la mayoría de los testimonios antiguos que han llegado hasta nuestros días. Nuestro Señor, al instituir la eucaristía, usó estas palabras: «Cada vez que coman de este pan y beban de esta copa estarán proclamando la muerte del Señor». No podría estar más claro. Nuestro Señor eligió los medios que solían usarse en su época, esto es: el banquete funerario, para unir a los que se mantuvieron fieles a la memoria de Él que se había ido.

Es fácil olvidarlo, incluso para la mayoría de los católicos. Pero, en su esencia, la misa es una sesión de espiritismo, donde los vivos y los muertos se unen a través de la magia de la «verdadera comida» y la «verdadera bebida». El hecho de que Jesús mismo aparezca en la eucaristía es solo la mitad de la historia. De acuerdo con la Conferencia Estadounidense de Arzobispos Católicos, esa parte de la liturgia conocida como las *intercesiones* específicamente le implora a Dios que les conceda a los fallecidos «un lugar para refrescarse» en el más allá. Señala que «la eucaristía se celebra en comunión con toda la Iglesia, tanto en el cielo como en la tierra, y que la ofrenda se hace para ella y todos los miembros, vivos y muertos, que son convocados a participar en la redención y salvación que se adquieren por el cuerpo y la sangre de Cristo».[22] Una vez más, podemos sentir que hay cosas extrañas que sobrevivieron de los cultos al cráneo y las cervezas de cementerio de la Edad Media, al igual que el *marzeah* que tendió un puente entre las antiguas culturas de cerveza y las nuevas culturas de vino en el Oriente Próximo. El mismo *marzeah* podía celebrarse por personas que también celebrarían un banquete dionisiaco en Galilea o Petra durante el siglo I d. C.

Pero antes de que estas tradiciones arcaicas se transformaran en la misa, hubo un último puente que cruzar: el *refrigerium* romano. En él, el vino era una parte esencial para hacer contacto con el más allá. Y eso nos trae de vuelta a la misma pregunta que nos hicimos desde el principio. ¿Qué clase de vino era? ¿Qué mantuvo a estas fiestas de toda la noche vivas durante siglos? ¿Y por qué el culto a la muerte se negó a ceder ante la ortodoxia cristiana?

Yo estaba a punto de descubrirlo.

Mientras el sacerdote y yo le pagamos al taxista, observé por primera vez el modesto portón de hierro forjado con los caracteres «2B» grabados en una piedra gris en el pilar de ladrillo a la derecha. Los tenía grabados en la mente. Durante meses, había intercambiado correos electrónicos sobre esa dirección con la Pontificia Commissione di Archeologia Sacra (la Comisión Pontificia Vaticana para la Arqueología Sagrada), la cual, a su total discreción, controla todo el acceso a las cámaras subterráneas conocidas como el *hipogeo de los Aurelios*.

Descubierto en 1919 cuando la tienda Fiat de la esquina trataba de expandirse hacia una cochera subterránea, este sitio es considerado uno de los monumentos funerarios más importantes de la primera mitad del siglo III d. C., fechado tentativamente entre los años 220 y 250. Mientras que las sucesoras de Junia y las muchas mujeres celebradas en las cartas de Pablo estaban ocupadas en sus iglesias caseras en Roma, esas catacumbas subterráneas cumplían con un papel igualmente importante en los primeros siglos posteriores a Jesús. Durante el pontificado de Ceferino (199-217 d. C.), habían sobrepasado a la necrópolis pagana como el foro preferido para los sitios de sepulcro de la nueva religión, y pronto se expandieron a todas las partes cristianizadas de Italia, Grecia y África del Norte.[23] Tan solo en Roma, las cerca de cuarenta catacumbas encontradas hasta el día de hoy abarcan cientos de kilómetros de túneles húmedos y oscuros bajo tierra: toda una ciudad en las sombras que acoge miles sobre miles de tumbas antiguas.[24]

Solo siete están abiertas al público.[25] Para ver las demás, como la que estaba frente a nosotros en ese momento, se necesita obtener un permiso especial del Vaticano para examinar cómo los paleocristianos entendían su transición al más allá. El premio para cualquiera que cuente con las acreditaciones y la paciencia suficientes, y los 160 euros para compensar por el funcionario de la Santa Sede que te acompañará en la visita, es un vistazo inalterado a algunas de las primeras obras de arte cristiano de las que se tiene registro. Es una verdadera cápsula del tiempo de frescos subterráneos que saltan de la piedra caliza o piedra *tufa*, «una extraordinaria coexistencia de temas» que «demuestra el paso del imaginario pagano al cristiano».[26]

Según Barbara Mazzei, la arqueóloga vaticana responsable de su restauración de 11 años, el hipogeo en particular cuenta con «una de las escenas más controvertidas en el arte de las catacumbas».[27] Develada por primera vez en 2011 en alta definición, esta guarida subterránea contiene la clave de lo que en verdad ocurría en el culto secreto a Jesús antes de que Constantino le diera su bendición en el año 313 a. C. y así el cristianismo pudiera volverse la religión más grande del mundo.

—¿Vienen al hipogeo de los Aurelios? —preguntó una mujer delgada con una chaqueta negra, pantalones de mezclilla y lentes italianos de diseñador.

—Sí.

—*Buongiorno, piacere. Sono Giovanna* —dijo para presentarse.

Le presenté al padre Francis a la arqueóloga vaticana, que no tenía en absoluto el aspecto intimidante que esperé que tendría un funcionario que custodia esta bóveda recluida. Giovanna nos abrió el portón de hierro forjado del 2B y nos indicó con la mano que pasáramos junto a un limonero a la clase de compuerta de metal pesado que podía estar en un submarino nuclear. Sacó una llave maestra medieval e hizo ruido con la cerradura durante un minuto. Le tomé una foto al padre Francis con la misma sonrisa de gato de Cheshire que noté cuando estábamos en el almacén de la doctora Alexandra Kardianou. De acuerdo con la política que la Comisión Pontificia para la Arqueología Sagrada nos había enviado por escrito hacía unas semanas, esa sería la última foto que podría tomar en las siguientes dos horas. Si Giovanna me atrapara rompiendo las reglas, eso significaría la «suspensión inmediata» (*l'immediata sospensione*) de nuestra visita.

La puerta se abrió de golpe con un rechinido siniestro. Entramos al inframundo. La primera sala estaba a nivel del suelo, un semi-hipogeo, un piso arriba de las dos cámaras subterráneas que estaban bajando las escaleras frente a nosotros. A nuestra izquierda estaba la primera de las 32 tumbas originalmente cortadas en la roca del monumento. Se desconoce cuál era la relación de sus habitantes con los tres Aurelios que crearon el hipogeo, y cuyos nombres se encuentran grabados en una inscripción en mosaico. Dos hombres y una mujer: Onésimo, Papirio y Prima.

No sabemos casi nada de ellos, pero el título honorario «Aurelio» solía ser para antiguos esclavos que se habían ganado la libertad. En el sistema romano, los esclavos podían estar altamente calificados y tener una educación muy amplia; por ejemplo, un *paedagogus* raptado de la parte más sofisticada del imperio para iniciar a niños privilegiados en el conocimiento, lo cual hacía que los tutores griegos tuvieran tanta demanda.[28] Una de las grandes ironías del Imperio romano es que al mismo tiempo sometía y se inclinaba ante la supremacía cultural mediterránea de habla griega.[29] El poeta lírico Horacio (65-8 a. C.) alguna vez escribió sobre el destino que ataba a los latinos y a los griegos: «Grecia, la cautiva, conquistó a su vencedor salvaje, y llevó las artes a la rústica Latium [la región del oeste de Italia donde se fundó Roma, ahora llamada Lacio]».[30]

Entonces, la procedencia griega de los Aurelios es una pista tentadora para descifrar el misterio de las pinturas que adornan los muros cavernosos más adentro bajo tierra, parte de los primeros símbolos cristianos jamás producidos. Hay algunas imágenes de baja calidad disponibles en línea. Pero hasta ahora, lo más cerca que me he podido acercar a los detalles fue con una monografía de gran tamaño que compré en el Vaticano mismo. Entre los muchos frescos comisionados por los Aurelios, hay tres en particular que había ido a analizar y discutir con el padre Francis.

El primero muestra la coexistencia del *refrigerium* pagano y la eucaristía cristiana. Dos comidas fantasmales en una.

El segundo revela cuál fue el sacramento griego que dio origen a los dos.

Y el tercero lo explica todo, al poner al descubierto la fuente última de la actividad ritual que ocurrió dentro del hipogeo. Ahí, tanto los «símbolos» como el «lenguaje» secretos del Evangelio de san Juan y la comprensión muy gnóstica de Jesús continuó haciéndose eco entre los cristianos hablantes de griego en Roma.

Y sobre todo, con un grupo principal de iniciadas dionisiacas: las mujeres.

13

El santo grial

—¿Detecta usted una escena de banquete aquí? —le pregunté a nuestra guía vaticana, Giovanna.

Nos adentramos de lleno en la primera de las dos cámaras subterráneas. Era más espaciosa y mucho menos claustrofóbica de lo que esperaba. Cuando nuestros pies no hacían crujir el piso de tierra y piedras, había una ausencia casi estremecedora de ruido. Aunque estábamos varios metros bajo las calles de Roma, ese agujero mohoso en la tierra daba una sensación extrañamente acogedora. Era un buen lugar para «refrescarse» con los muertos, tal como lo que estaba representado en el fresco en la parte alta del muro que tenía enfrente.

—Sí. Este es el *stibadium*, el asiento circular frente a la mesa —respondió Giovanna—. Ahí están los hombres sentados alrededor. Los sirvientes con vasos y vasijas están en primer plano. Y hay una joven en el fondo. Estas escenas son muy comunes en el siglo III en la tradición romana. Y a ella la consideran Aurelia Prima —dijo la arqueóloga vaticana mientras señalaba la figura femenina en la parte superior de la pintura—, que acaba de llegar al banquete celestial.

El color y los matices de las múltiples figuras sentadas a la mesa estaban nítidos y bien conservados. Pude distinguir con facilidad a los tres sirvientes, descalzos y con túnicas blancas, que acercaban la cena con las bebidas en la

318

mano. El del centro acababa de alzar su cáliz en la mano derecha. Es difícil distinguir qué cosa están mirando, pero parece que todos los invitados quedaron paralizados por la extraña maniobra.

El fresco del banquete funerario en la primera cámara subterránea del hipogeo de los Aurelios. Esta comida sagrada para los muertos podría interpretarse de manera alternativa como un *refrigerium* romano o una eucaristía cristiana. O quizás ambas. (© *Pontificia Commissione di archeologia Sacra; cortesía del Archivio* PCAS).

—Lo alza de manera ceremoniosa —sugerí, refiriéndome al cáliz dorado—. Bueno, parece una pose práctica. Así no se sirve el vino, ¿cierto?

—Cierto —dijo el padre Francis—. Está presentándolo con los dedos abiertos, y en la otra mano también tiene los dedos extendidos. Creo que debe de ser un tipo de gesto ritual intencional.

—¿Sería exagerado decir que es una «consagración»? —pregunté, refiriéndome al procedimiento mágico mediante el cual el sacerdote católico es capaz de transformar pan y vino ordinarios en el cuerpo y la sangre de Jesús. Hay un momento en la misa actual en el que el padre Francis sostiene la copa eucarística en el aire, del mismo modo que ese sirviente, en cuanto el vino se ha transustanciado en la sangre que da vida. Se le llama «elevación» del más sagrado sacramento.[1]

—Creo que es una «designación» —respondió mi amigo, de manera muy específica—. Él quiere decir: «Esto *es* algo importante».

—Claro, pero sigue siendo un acto ritual. Al igual que los Evangelios con *touto estin* —le suelto la frase griega que significa «esto es» (τοῦτό ἐστιν).

En Mateo, Marcos, Lucas y Pablo, Jesús usa esa misma fórmula para consagrar la eucaristía por primera vez en la última cena: «Este es (*touto estin*) mi cuerpo... Esta es (*touto estin*) mi sangre».[2] El significado fundamental de ese lenguaje y de su brazo alzado, antiguo y moderno, es el mismo: esto no es jugo de uva. El dios está presente en este líquido. Y una vez que lo bebas, el dios estará presente en tu interior. Así que procede con precaución.

—Sí, tienes razón —concedió el padre Francis, percibiendo mi interpretación del fresco—. Entonces, ¿cuántas personas tenemos aquí? —El sacerdote empezó a contar a los invitados acomodados en un semicírculo en torno a la mesa, y soltó una risa sonora cuando llegó al número final—. Vaya, parece que tenemos a 12 personas.

Como un modelo arcaico de la obra maestra de Da Vinci en Milán, el fresco invoca la santidad de la última cena. Quizá sea el ejemplo más antiguo en existencia pintado por manos cristianas. Pero no todo el mundo lo ve de ese modo.

—¿El Vaticano tiene alguna opinión respecto a esto, Giovanna? —inquirí.

—Es una escena de un banquete funerario. Es tan solo una familia que realiza un festín por los fallecidos. *Con* los fallecidos, probablemente —dijo para corregir.

En vista de algunos de los motivos más evidentes que estábamos a punto de examinar en los frescos vecinos, la Iglesia tiene sus reservas para llamar a esa comida una eucaristía. Sin embargo, habíamos pasado la última media hora analizando algunos de los símbolos cristianos más claros en la cámara. Detrás de nosotros, en la pared contraria, estaba el paisaje bucólico de un pastor y sus cabras, posiblemente la descripción que Juan hace de Jesús como el «buen pastor». Por qué cuida cabras en vez de corderos no queda muy claro. Quien quiera que sea, sin duda luce el mismo estilo de pelo largo de Jesús. Además, vimos el retrato de un hombre barbudo, que el padre Francis y otros han sugerido que es san Pablo. También examinamos un camino tapizado de rosas que lleva a las puertas de un vasto paisaje urbano, quizá la entrada de Jesús a Jerusalén el Domingo de Ramos.

El fresco del Buen Pastor en la primera cámara subterránea del hipogeo de los Aurelios. En Juan 10:11, Jesús se refiere a sí mismo como el Buen Pastor que «da su vida por las ovejas». Pero la presencia de cabras aquí elimina este imaginario de los Evangelios. Si esta escena en verdad tuviera la intención de retratar a Jesús, lo relacionaría instantáneamente con las cabras de Dioniso (© *Pontificia Commissione di Archeologia Sacra; cortesía del Archivio*).

Fresco que retrata a un hombre barbudo desconocido en la primera cámara subterránea del hipogeo de los Aurelios. Si bien san Pablo es una posibilidad, las imágenes como estas nos recuerdan al filósofo pagano Plotino, del siglo III d. C. Estos retratos inspiraron la iconografía posterior en torno a san Pablo (© *Pontificia Commissione di Archeologia Sacra; cortesía del Archivio* PCAS).

—No me parece que una interpretación cristiana sea tan alocada —dije en desacuerdo después de una breve pausa.

Si 12 personas se juntan para una cena sagrada y comienzan a beber vino sacramental en una tumba que está bajo la autoridad exclusiva del Vaticano, ¿qué más podríamos pensar?

—Pero en este caso, yo no diría que es la última cena —dijo de pronto el padre Francis. Él no ve a Jesús y a los apóstoles, pero *sí* su legado—. Sin importar qué grupo sea este —continuó—, deben de estar celebrando un banquete similar. Un banquete ritual con el santo grial —dijo el sacerdote mientras me señalaba el cáliz brillante que él piensa contiene la sangre de Jesús.

Giovanna no estaba convencida de que el *refrigerium* romano y la eucaristía cristiana pudieran intercambiarse tan fácilmente. Si en verdad era una misa primitiva, entonces ¿por qué hay una mujer muerta caminando? Repitió su observación sobre Aurelia Prima que desciende al banquete desde el fondo, y reflexiona que los 12 hombres sentados alrededor de la mesa podrían ser sus parientes vivos. Vuelvo a mirar la delicada figura de una mujer, con su vestido pintado de rojo con un borde negro que desaparece en el yeso blancuzco. Es la decimotercera persona en el festín, y la única mujer.

—¿Lo interpreta usted como una especie de *refrigerium*? —preguntó el padre Francis.

—Sí —respondió Giovanna.

—¿Por qué un *refrigerium*? —pregunté, tratando de descifrar qué distinguía a esa escena de una eucaristía.

—Porque es el ritual romano durante el funeral. Llevaban comida a las tumbas. Daban un banquete para las *parentalia* —añadió ella, refiriéndose a la celebración de nueve días de los ancestros en Roma, durante la cual se habría fomentado en particular la noche ebria de los muertos vivientes y que «duraba lo que el ánimo de los celebrantes y el vino», de acuerdo con Ramsay MacMullen, de Yale.

—Una comida sobrenatural —añadí.

Empezamos a perdernos en el significado de las cosas y a marcar límites donde casi no los había en el siglo III: entre lo griego y lo romano, lo cristiano y lo pagano, lo sagrado y lo profano. La principal autoridad en esta tradición perdida, el erudito secular MacMullen, no tiene problema en confirmar la continuidad pagana entre el *refrigerium* y la eucaristía. Él afirma que estas reuniones familiares en un contexto cristiano «no son imaginarias» y cita los «testimonios tangibles» de las excavaciones en la basílica papal de San Lorenzo, construida en honor a uno de los primeros siete diáconos de Roma que fueron martirizados en el año 258 d. C. Se encontraron varios mausoleos con «trozos de vasijas para cocinar y comer», objetos que MacMullen atribuye al servicio de «*refrigeria* cristianos». De todo esto, hay más evidencia en las inscripciones que quedaron a lo largo de la antigua ciudad, que registran una «adoración a los ancestros» en forma de promesas o deudas a los cristianos fallecidos: «Dalmacio prometió un pícnic de comunión, un *refrigerium*, como voto»; «Tomius Coelius ofreció un pícnic de comunión para Pedro y Pablo».[3]

Establecer un canal de comunicación con el más allá tenía un beneficio mutuo. Por una parte, los muertos recibirían el alimento que necesitaban mientras esperaban el juicio final y no se perderían en el limbo. Por otra parte, los vivos podían acercarse un poco a su Creador, «puesto que se creía que los héroes martirizados de la congregación tenían una influencia especial como peticionarios ante el trono de Dios».[4]

En la basílica de San Pedro, a 15 minutos en auto al oeste de donde nos encontrábamos, la situación era idéntica. Bajo la catedral cristiana más grande del mundo, la sede del papado y centro neurálgico de los católicos alrededor del mundo, se descubrió un santuario del siglo II conocido como *edículo*, dedicado a san Pedro mismo. A su alrededor, incrustados en la tierra, había montones de huesos de animales domésticos. Un sarcófago cercano estaba equipado con un tubo de libación para que el vino pudiera llegar al fallecido. MacMullen confirma que «los huesos solo pudieron haberse dejado de pícnics religiosos; el tubo claramente servía para propósitos de comunión memorial».[5] La «basílica construida entre los muertos» siguió hospedando *chill outs* por años después de la construcción inicial de Constantino en el siglo IV, donde «el vino en adoración fluía libremente y no solo en el festival de los santos».[6] ¿Y por qué no? Con «cientos de sepulturas bajo el suelo», dice MacMullen, «una u otra familia volvería para rememorar cada uno de los días del año».[7] No debería sorprendernos que la eucaristía misma se celebrara en la basílica de San Pedro como parte de las «fiestas de comunión». Un clérigo sorprendido afirmó en esa época que «sus tumbas [de mártires] son vistas como altares de Cristo».[8] Imaginen la fiesta intoxicada que duraba toda la noche que prometía una aparición en persona de tus parientes muertos, los santos y quizás el Señor mismo; todo posible gracias a la comida funeraria eucarística que sentó las bases mismas de la misa católica.

Para los rituales puramente paganos que precedieron al cristianismo, todo se trataba también de adorar a los ancestros. Los romanos designaban a sus parientes muertos como «dioses» (*dii* o *divi* en latín, a veces agregando *immortales*), de manera similar a como un hablante de griego los llamaría «dioses» o *theoi* (θεοί).[9] Los fallecidos ya no estaban limitados por un cuerpo físico. Tenían acceso a información cósmica más allá del tiempo y espacio. Tenían respuestas. Una vez más, no pude evitar pensar en los cultos a la muerte de la Edad de Piedra de la cueva Raqefet y Göbekli Tepe. O el *marzeah* que alteraba la mente y que sobrevivió por miles de años en el Oriente Próximo antiguo: desde los cananeos hasta Aretas IV Philopatris, el rey de los nabateos, cuya hija se casó con el archienemigo de Jesús, Herodes Antipas de Galilea.

Al descifrar el ugarítico cuneiforme, el profesor Gregorio del Olmo Lete interpretó este ritual tradicional como un viaje al inframundo. Una clave para la experiencia completa era el consumo de vino visionario, fabricado conscientemente según un «manual» o «receta» para inducir un trance similar a la muerte. En el «estado alterado de conciencia que se alcanzaba con la ebriedad», los vivos y los muertos podían coexistir. Una vez que los espíritus de los bebedores se disociaban temporalmente del cuerpo físico, en esencia estaban sin vida, libres para comunicarse con los inmortales al otro lado. Sin importar si su nombre fuera Osiris, El, Dioniso o Jesús. ¿Qué mejor manera de hacer contacto con el señor de la muerte?

¿Fue alguna clase de biotecnología la que permitió que el fantasma de Aurelia Prima llegara a esta comida paleoeucarística en el hipogeo? Puede trazarse una línea recta desde su cabeza cubierta a medias por un velo hasta el santo grial del padre Francis. El cáliz dorado es el elemento que une a todo el fresco. Tiene que significar algo. Sin importar lo que ocurra en él, sin importar el ritual que sea, el vino lo hace posible. Si se trata de un *refrigerium* puramente pagano, entonces hay 12 parientes que convocan a la fallecida Aurelia Prima del inframundo. Si es una eucaristía cristiana, entonces 12 cristianos que querían retratarse como los 12 apóstoles que asistieron a la última cena están invocando a una cristiana muerta desde el reino de los cielos para que sea su intermediaria en el más allá. De acuerdo con Ramsay MacMullen, los rituales paganos y cristianos podían coexistir y sobreponerse. Los cristianos sí realizaban el *refrigerium*. Y el vino era esencial para la magia.

Ahí en las profundidades mohosas de la toba calcárea, mientras la arqueóloga vaticana comenzaba a preguntarse qué tramaban en verdad ese sacerdote romano católico y su compinche, ¿estaba yo acaso viendo la primera representación artística de la droga de la inmortalidad? En tal caso, ¿qué había en ese cáliz? Creo que la respuesta estaba en el segundo fresco que inspeccioné, a pocos metros a la derecha.

La escena frente a mí, que cubría buena parte de la pared como un mural, fue revelada por primera vez en 2011, después de una restauración laboriosa de 11 años. Según reconoce el Vaticano mismo, pronto se volvió una de las escenas más controvertidas de todas las catacumbas romanas. Antes de eso, era difícil saber qué tenían en mente los Aurelios para el fresco, que está dividido en dos secciones. En el registro inferior, pude ver a tres hombres. Parece que los tomaron por sorpresa. A su derecha, un hombre barbudo levanta su imponente mano derecha, con los dedos abiertos, hacia una mujer que se encuentra junto a un telar. El hombre está descalzo, sentado y lleva una túnica. La mujer está de pie y lleva un vestido ondeante que le deja descubiertos los tobillos. En el registro superior, noté los animales de granja: ovejas, vacas, un burro, un caballo e incluso un camello. Detrás de ellos, en el fondo, puede verse a una mujer delante de un edificio rústico con tejados inclinados y doseles. A su lado, hay dos figuras masculinas que yacen en un ataúd o féretro abierto.

Según el Vaticano mismo, la clave para descifrar este imaginario sin pies ni cabeza se encuentra en el telar. La Comisión Pontificia Vaticana para la Arqueología Sagrada detalla todo en la hermosa monografía que publicaron en 2011, justo después de la restauración del fresco, que cuenta con 79 láminas. En esta, la doctora Alexia Latini le dedica un capítulo entero a esa única escena compuesta. Es el único capítulo que redactó la arqueóloga clásica de la Universidad Roma Tres, una institución de investigación pública italiana, sin afiliación a la Santa Sede. Cuando lo leí por primera vez en la sala de lectura principal de la Biblioteca del Congreso el pasado mes de noviembre (porque no podía sentarme durante semanas a esperar el ejemplar que había ordenado directamente del Vaticano), pensé que era un error.

Un error muy grave. Al resolver el acertijo, Latini suelta una bomba que tuve que leer tres veces para estar seguro de no haber leído mal el italiano.

El capítulo se titula «Quadro Omerico» (Pintura homérica). Para una investigadora que sin duda sabe griego y latín, el telar fue una señal muy clara. Cuando se trata de tejer, solo se puede pensar en una mujer mítica. Y hay un telar en los manuscritos existentes que se ve tal cual el que estaba frente a mí. Está apaciblemente resguardado en la Biblioteca Apostólica Vaticana, la biblioteca personal del papa que se encuentra al lado de los Archivos Secretos Vaticanos. Pero si uno entra al sitio web de la Biblioteca Vaticana Digital y escribe «Vat. Lat. 3225», uno puede encontrar una copia a color del mismo códice maravillosamente bien conservado, el *Vergilius Vaticanos,* creado en algún momento entre los años 400 y 430.

El fresco homérico en la primera cámara subterránea del hipogeo de los Aurelios. (© *Pontificia Commissione di Archeologia Sacra; cortesía del Archivio* PCAS).

Este contiene viñetas selectas de *La Eneida,* la adaptación épica de Virgilio de *La Ilíada* y *La Odisea* de Homero, que fue escrita en latín unas décadas antes del nacimiento de Jesús. Al igual que Odiseo, el personaje principal, Eneas, sufre una serie interminable de pruebas y adversidades en su viaje fantástico por el Mediterráneo. Al final, a Eneas se le da crédito por la fundación de Roma, pero no antes de hacer una parada técnica en Circeo. Alguna vez fue una isla y ahora es el promontorio moderno de San Felice Circeo, unas horas al sur de Roma, donde el monte Circeo y el faro del Capo Circeo vigilan el mar Tirreno. Los griegos podrían llamarlo Eea. Y tal como implica su nombre, los romanos creían que era el hogar de la bruja más famosa de la Antigüedad, Circe.

Detalle del Folio 58 del manuscrito iluminado *Vergilius Vaticanus* (izquierda), creado en Roma alrededor del año 400 d. C., actualmente se encuentra en la Biblioteca Apostólica del Vaticano (© *Biblioteca Apostolica Vaticana*). El telar de Circe se parece mucho al telar del fresco homérico en el hipogeo de los Aurelios (derecha). Para los Aurelios, y quizá para otros paleocristianos en Roma, la bruja antigua griega y sus drogas tenían un significado oculto gracias a una doctrina secreta que solo los hablantes de griego conocían. (© *Pontificia Commissione di Archeologia Sacra; cortesía del Archivio* PCAS).

Latini llamó mi atención al Folio 58 del *Vergilius Vaticanus,* en el que se representa a Circe cuidando un telar gigante que se parece mucho al que está pintado en la pared del hipogeo. Ella nota que ambos son «grandes y están equipados con montantes enormes, pies sólidos y dos vigas».[10] Pero el trabajo de restauración de la doctora Barbara Mazzei había revelado algo aún más increíble en el registro superior del fresco.

Desde su descubrimiento en 1919, la gruesa capa de carbonato de calcio que se había cristalizado sobre la pintura durante los siglos previos había evitado que se pudiera ver claramente la mujer en la casa rústica. Después de su preciso trabajo de limpieza de la roca con una tecnología de ablación, Mazzei notó que el área circundante al rancho «parecía disimulada por una capa de color ocre de particular firmeza y uniformidad».[11] Se trataba de cinabrio, el sulfuro de mercurio (HgS) que alguna vez se usó como pigmento rojo. Los microinstrumentos tuvieron que calibrarse de manera especial para evitar exponer el mineral a radiación, lo cual habría destruido el fresco. Con todo, después de años de trabajo cuidadoso, su restauración tuvo éxito. «La ablación láser nos permitió reconocer con certidumbre la historia de Odiseo y la diosa-bruja Circe..., lo cual excluye la hipótesis alternativa de un episodio en la vida del profeta Job».

El pigmento distintivo era otro indicativo claro. En su capítulo de la monografía vaticana, Latino explica que el cinabrio rojo debió de haberse usado de modo intencional para indicar la misma escena de brujería del Canto X de *La Odisea*, donde el héroe griego nota que sale un «humo ardiente» de los aposentos de Circe «a través de la maleza y el bosque espeso». Al igual que el telar de más abajo, la «vegetación densa» (*folto della vegetazione*) de arriba es una pista inconfundible para Latini. Junto con estos símbolos reveladores, todos los animales que deambulan por ahí apuntan a la «diosa cruel» Circe, quien, según Virgilio, les había robado a sus prisioneros «su forma humana con hierbas potentes» (*potentibus herbis*).

Pero según cuenta la tradición, no eran cualquier clase de «hierbas» las que Circe arrancó de su jardín, las cuales están retratadas en el fresco que tenía frente a mí. De manera increíble, Latini hace referencia a *exactamente* los mismos versos de *La Odisea* de Homero que había leído con la directora Polyxeni Adam-Veleni en el Ministerio de Antigüedades en Atenas. La investigadora italiana dice que la maestra hechicera:

a los desafortunados [compañeros de Odiseo] que habían caído en su hogar, les dio el ciceón, una mezcla a base de vino en la que se disolvían queso de cabra, harina de cebada y miel, a la cual agregó *phármaka* extraordinarios [*portentosi phármaka*] capaces de inducir el olvido. Con la ayuda de una *rhábdos*, una varita mágica, después los transformó en cerdos, y los encerró en un establo.[12]

Esas fueron las líneas que tuve que leer tres veces para poder procesarlas. ¿Cómo es que la bruja Circe y su vino mágico con drogas se habían escabullido en una tumba paleocristiana bajo control exclusivo del Vaticano? La cual, además, estaba justo al lado del *refrigerium* pagano que había traído a Aurelia Prima de vuelta de entre los muertos con una eucaristía paleocristiana. De los 27 803 versos de *La Ilíada* y *La Odisea* de Homero y los 9 896 versos de *La Eneida*, ¿por qué los Aurelios habían incluido esa única escena para su iglesia subterránea ilegal? Al igual que el santo grial a su izquierda, este fresco homérico debe significar algo.

Eso sin duda explica a los tres hombres desnudos a la izquierda del telar. Latini espía su «metamorfosis recién completada» (*metamorfosi appena compiuta*) de cerdos a humanos otra vez una fracción de segundo antes. El hombre barbudo que está junto a Circe, que exige la liberación de sus amigos, debe entonces ser Odiseo. Después de su victoria, el héroe debe emprender una misión más: consultar a las «tribus de los muertos» en «la casa de Hades y la fallecida Perséfone, para buscar una profecía del fantasma de Tiresias el Tebano», el mismo adivino ciego de *Las bacantes* de Eurípides.[13] Para atraer a los espíritus al inframundo, Circe le instruye a Odiseo que ofrezca algunas libaciones: leche y miel, seguidos de «vino dulce», agua con un toque de «cebada blanca»: la receta final de la bruja.

Se trata de un episodio memorable en la literatura antigua que desde luego sobrevivió hasta la Roma del siglo III, donde Latini caracteriza la epopeya de Homero como un *bestseller*, a la par de *La Eneida* de Virgilio.[14] Para un hablante de griego cualquiera de la época, Homero era mucho más que un poeta. Era «un sabio divino con conocimiento revelado del destino de las almas y la estructura de la realidad».[15] En *Homer the Theologian* [Homero el teólogo], Robert Lamberton, el clasicista egresado de Harvard y Yale traza una línea del tiempo del desarrollo filosófico en un Imperio romano de los siglos II y III que reformula la narrativa de Homero como una alegoría religiosa con una «doctrina secreta». Más que una enseñanza «fija e inmutable» grabada en papel, Lamberton dice que la tradición se refiere «a una "contemplación" o un modo de ver místico y privilegiado».[16]

Él lo llama «el extraño ámbito» del neopitagorismo influido por Platón, cuyo mejor representante quizá sea un pensador enigmático como Plotino (*ca.* 205-270), que nació en Egipto y murió en la región italiana de Campania en Magna Grecia. Aún se desconoce si Plotino era de origen romano, griego o egipcio helenizado, pero eso no importa. Es un ejemplo más del crisol intelectual de esa época. En su introducción a la monografía vaticana, Fabrizio Bisconti, el superintendente de las catacumbas cristianas, de hecho menciona a Plotino. ¿Recuerdan esa figura barbuda en la pared que estaba detrás de mí, que el padre Francis y otros han comparado con san Pablo? Bueno, Bisconti dice que los Aurelios seguramente se habían inspirado en los retratos de mármol de Plotino que se habían puesto de moda y que tuvieron una gran influencia en la iconografía paulina posterior.[17]

En los últimos 17 años de su vida, Plotino escribió un tratado enorme en seis partes y en griego llamado *Las Enéadas*, que reempaquetaba al genio griego Pitágoras para un público completamente nuevo. En un pasaje que reconoce a toda *La Odisea* como una parábola de la liberación espiritual, y que describe en específico el griego de la narración del escape de Odiseo de la isla de Circe como lleno de «significado oculto». Plotino compara nuestro viaje a lo largo de la vida (y el más allá) con el del personaje principal de Homero. Sin embargo, la verdadera aventura es interna. Nuestro enfoque debería dirigirse a lo interno. «No debemos observar, sino más bien cerrar los ojos y cambiar nuestra facultad de visión por otra. Debemos despertar esta facultad que todo el mundo posee, pero poca gente usa».[18]

Lamberton rastrea el origen de esta técnica visionaria hasta «la leyenda de la muerte temporal y resurrección de Pitágoras».[19] Se dice que esta ocurrió en una cueva en la isla de Samos, donde al parecer el sabio descubrió su famoso teorema matemático, el que nos enseñaron a todos en la escuela: $a^2 + b^2 = c^2$. Lo que no nos enseñaron fue el estado alterado de conciencia que al parecer dio origen a este adelanto en Jonia, a poca distancia de los místicos en Focea y Éfeso. Pitágoras después compartiría un procedimiento con las llamadas mujeres pitagóricas: las esposas, madres, hermanas e hijas con las que el filósofo-mago se encontraría en sus extensos viajes por Magna Grecia, antes de su muerte en Metaponto en la suela de la bota italiana alrededor del año 495 a. C.[20] Y bien, ¿qué les enseñó Pitágoras exactamente?

En «The Cave of Euripides» [La cueva de Eurípides], publicado en la revista interdisciplinaria revisada por pares *Time and Mind* en 2015, Ruck compara la práctica extraña de Pitágoras con la propia reclusión de Eurípides en una cueva en la isla de Salamina, a un golfo de distancia de Eleusis. El anticuario romano del siglo II Aulo Gelio una vez visitó el sitio en el que se piensa que el dramaturgo creó obras tales como *Las bacantes*, lo cual confirma su atractivo como un lugar de peregrinaje literario entre los romanos refinados de la época, «un santuario cultural de adoración de los héroes».[21]

Fiel a sus cuarenta años de estudio en el tema, Ruck sugirió que tanto Pitágoras como Eurípides entraron en «estados deificados de éxtasis» en sus cámaras respectivas a lo largo del «camino dionisiaco» de las drogas sagradas. Especula que «los ritos místicos celebrados en la cueva» de Eurípides, en particular, «seguramente involucraban al dramaturgo y su compañía teatral en un frenesí subterráneo en el que se unían al dios [Dioniso], quien impregnaba con su personalidad divina al líder en una liturgia eucarística a la que asistía un conjunto de élite de sus devotas bacanales».[22] En sus observaciones concluyentes, Ruck anticipa la visita que realizamos ese día al hipogeo:

> Los primeros cristianos pobres del Imperio romano solían reunirse en las catacumbas subterráneas para celebrar la eucaristía. No lo hacían para evitar la persecución, pues era probable que pasaran desapercibidos, y hacerlo tampoco suscitaría menos sospechas que reunirse sobre la tierra en hogares privados. Las pinturas en las paredes de la catacumba indican que ahí se celebraban fiestas con bebidas, al parecer, para invitar a los fallecidos a materializarse y tomar parte en el banquete… Este festín de bebida subterráneo entre los espíritus resucitados continuaba una tradición que se remonta a la clase de ritos que se celebraban en la Cueva de Eurípides.[23]

Es una teoría atractiva, pero nunca supe bien cómo interpretarla. Y nunca supe cómo la «doctrina secreta» de Lamberton pudo haber sobrevivido como una tradición oral en Magna Grecia desde Pitágoras en el siglo v a. C. hasta Plotino en el siglo III. Pero al fin lo entendí. ¿Acaso ese fresco homérico demuestra que los rituales subterráneos de muerte y resurrección no solo florecieron en el sur de Italia en los siglos previos y posteriores a Jesús, sino que también entraron al paleocristianismo a través de hablantes de griego como los Aurelios? ¿Y sugiere que las drogas eran esenciales en ese proceso? Con incontables escenas homéricas para escoger, la presencia de los *pharmaka* de Circe en esta cámara húmeda difícilmente podrían ser una coincidencia.

Reflexioné de nuevo en mi reunión con la directora Adam-Veleni y el trabajo de Calvert Watkins, esa «figura encumbrada» de mis días de estudio de sánscrito que analizó una docena de lenguas indoeuropeas para al fin concluir que el ritual del soma del Rigveda y «el acto ritual de comunión de los misterios eleusinos, de mujeres para mujeres» eran uno mismo, «tan notables que no es plausible una semejanza fortuita». A partir de ese mismo pasaje de Homero sobre el ciceón de Circe y sus cerdos, Watkins fue capaz de extraer el lenguaje sagrado «que describe un ritual religioso». Lo llamó «un acto litúrgico» que se remontaba a miles de años atrás, quizás a los protoindoeuropeos cuyas cervezas de cementerio conquistaron Europa durante la Edad de Piedra. En el caso de la receta final del inframundo de Circe —leche con miel, vino y agua de cebada—, Watkins la llamó un «ritual para llamar a los muertos», con influencias persas.[24] Detrás de todos esos elíxires indoeuropeos, creía él, había drogas psicodélicas.

Con soma, fue el jugo de un sacramento proveniente de una planta o un hongo lo que Watkins caracterizó de manera explícita como «la fuente del agente alucinógeno».[25] Con los griegos, no estaba seguro. Pero al igual que Gordon Wasson, pensaba que el hongo *Amanita muscaria* era un buen candidato. Los datos duros de Mas Castellar de Pontós sugieren que otro hongo, el cornezuelo, enriquecía el ciceón a base de cerveza en Eleusis. En cuanto al vino dionisiaco que reemplazó la cerveza de Deméter y Perséfone, Watkins dijo: «Claramente, no era un vino ordinario».[26] Los datos duros para *eso*, directamente desde Italia, surgirán después en esta investigación. Para la época de Jesús, los sacramentos griegos separados del grano y el vino se combinaron en el sacramento más sagrado de todos, la droga de la inmortalidad. Al igual que el soma, el ciceón y el vino dionisiaco previo a ellos, la eucaristía era atractiva para mujeres alrededor del Mediterráneo en las comidas *agape* de las iglesias caseras dirigidas por mujeres (en especial, en Corinto), y los *refrigeria* junto a las tumbas del paleocristianismo (en especial, en Roma y la ciudad de Agustín, Hipona).

Pero quizás el ritual inducido por drogas encontró su más grande expresión en una cámara subterránea tal como ese hipogeo, en donde las técnicas legendarias de cuevas de Pitágoras y Eurípides podían poner a prueba la «doctrina secreta» de Plotino. Ahí, la «facultad de visión» que «todo el mundo posee, pero poca gente usa» podía despertarse. Y ahí, las puertas al más allá podrían abrirse con un gran trago del santo grial. Quizá la fallecida Aurelia Prima podía atravesar el portal. Quizá Dioniso, encabezando el mismo tren fantasma que condujo a lo largo de Atenas durante el primer festival anual de Antesterias, el Halloween griego. Quizá Jesús mismo, después de haber descendido a los infiernos, con algunos santos y mártires tras él. Lo que haya ocurrido en la escena del banquete que se encontraba a mi izquierda no era un pícnic.

Tal como Ramsay MacMullen nos recordaría: «Esto era religión».

Una religión que podría parecer una historia infantil boba sobre brujas y cerdos. Pero para aquellos que como Plotino tenían ojos para ver, Circe es una imagen codificada para los *pharmaka* que ofrecían acceso al reino de los cielos. Si el vino que alimentaba este ritual subterráneo era psicodélico, tal como Calvert Watkins concluyó en su análisis del pasaje homérico descrito en este lugar, entonces no era cualquier religión nada más. Era la religión sin nombre.

Este fresco recién restaurado podría explicar por fin cómo el culto a los muertos y las «fiestas de comunión» que duraban toda la noche se negaron a rendirse ante la ortodoxia cristiana. Puesto que si había visiones transformadoras del más allá involucradas desde los primeros días del cristianismo, desde las iglesias caseras en Corinto hasta estas catacumbas en Roma, la más nueva religión mistérica no podía simplemente contar con un grupo de conversos dispuestos entre la población pagana de habla griega a lo largo del Mediterráneo, sino que también habría mantenido a los cristianos rurales pegados a los cementerios de sus iglesias rurales durante los siguientes mil años. Después de todo, eso es lo que la visión beatífica al parecer hacía en Eleusis. Llevaba a los más distinguidos y brillantes al templo de Deméter, año tras año durante dos milenios, con un principio básico: ver es creer.

¿Habrían usado los Aurelios el fresco homérico para demostrar su conocimiento íntimo de la tradición mística griega que los vinculaba con personajes como Pitágoras, y Plotino en Magna Grecia? Y siguiendo el ejemplo tanto del Evangelio de san Juan como del gnosticismo en general, ¿trataron de fusionar la «doctrina secreta» única en esta parte de Italia con la eucaristía de la nueva religión mistérica de Roma? ¿Cuál era el objetivo real de la «verdadera bebida» en Juan 6:53-56? El pueblo de Galilea sin duda no lo entendía. Después de que Jesús reveló la clave de los misterios cristianos en la sinagoga en Cafarnaúm, algunos de sus seguidores judíos fueron sintiendo repulsión después de escuchar la instrucción críptica de beber su sangre. No tenían estómago para soportar el canibalismo. Dijeron que era demasiado «duro» o *skleros* (Σκληρός).[27] Con ese final curioso a esta escena tan extraña, Juan claramente dice que *su* eucaristía tiene un significado oculto. La intención no era que tuviera sentido a primera vista. Solo aquellos versados en los «símbolos» y «lenguaje» secretos de Dioniso podrían entenderlo. Solo ellos podrían reconocer al Jesús gnóstico griego.

Se trataba de mujeres como María Magdalena, la «apóstol de los apóstoles», quien debía llevar el cristianismo a las masas como la primera testigo de la resurrección de Jesús. Y cuyo evangelio le daba seguridad a mujeres en todas partes de que *ellas* habían recibido la información visionaria que se les negaba a los hombres, y *ellas* eran las guardianas de la inmortalidad. Al igual que Junia, la «principal entre los apóstoles», quien hizo de la Iglesia en Roma una realidad.

O Aurelia Prima.

Tras haber terminado con el santo grial y el fresco homérico, subimos siete escalones de ladrillo hacia el vestíbulo central del hipogeo y bajamos otros siete a la segunda cámara subterránea. Era momento de inspeccionar el tercer y último fresco que me había llevado a ese lugar ese día. Mientras entrábamos a la cripta, el sacerdote y yo soltamos un grito de asombro al unísono.

Prácticamente cada superficie de la minúscula sala, más parecida a una cueva que la primera, estaba cubierta de imágenes que estimulaban la imaginación: pavorreales, machos cabríos voladores, cupidos, genios y demonios coronados con flores. La paleta de colores verde y rojo parecía recién pintada. Aprecié los tres *arcosalia*, nichos arqueados cortados en la piedra caliza suave para servir como tumbas. En cada uno de ellos había 12 figuras de pie, hombro a hombro. Por supuesto, los romanos tenían 12 dioses principales, los *Dii Consentes* inmortalizados en el Partenón vecino, para coincidir con los 12 dioses olímpicos griegos. Pero es difícil ver a 12 humanos en atuendos del siglo III sin pensar en la escena del banquete que estaba al lado, o la última cena en la que parece haberse basado.

Pero la razón por la que en verdad había ido ahí era el techo. Un círculo perfecto dentro de otro círculo perfecto, separados por menos de un metro de yeso color hueso. La esfera interna y la externa están conectadas por cuatro rayos rectangulares que le dan a toda la escena el efecto de una cruz griega, o el halo cruciforme que aparecería detrás de la cabeza de Jesús en un ícono ortodoxo. En cada uno de los cuatro rayos, hay una pluma de pavorreal. Entre ellos, en cada una de las cuatro cuñas que forman la esfera externa, la misma imagen se repite cuatro veces: un hombre con una túnica y un *pallium* (la capa rectangular larga que usaban tradicionalmente los filósofos griegos, que ahora está en las célebres vestiduras papales). Este sostiene un pergamino en la mano derecha. En una especie de funda que lleva a la cintura hay un objeto largo y delgado que parece casi una espada. Si se inspecciona más de cerca, más bien parece una varita.

El fresco en el techo de la segunda cámara subterránea del hipogeo de los Aurelios. En el centro de la cruz griega, la iniciada tiene un velo blanco. ¿Le están dando la bienvenida a los misterios de Dioniso o los misterios de Jesús? (© *Pontificia Commissione di Archeologia Sacra; cortesía del Archivio* PCAS).

En un *non sequitur* total, el hombre barbudo distinguido está parado sobre una especie de planta o arreglo fúngico gigantesco que se divide en tres pedicelos. Parece que todos tienen hojas, lo cual llevó al padre Francis a identificar las cubiertas planas en forma de disco como umbelíferas. Pero yo no podía dejar de pensar en la oruga que fuma un narguile en *Alicia en el país de las maravillas* sobre un hongo. Me quedé mirando los cuatro calcos de la vegetación alucinante hasta que mi cuello ya no pudo más.

Al centro de los círculos, el punto focal de toda la cámara, hay dos hombres junto a una mujer con un velo. Ella lleva una bata blanca que la cubre de pies a cabeza. Lo único que puede verse es su rostro. Los hombres están vestidos igual que los surfistas de hongos que los rodean, con elaboradas sandalias. El de la derecha sostiene la misma varita que lleva cada uno de los cuatro hombres que lo rodean. La sostiene sobre la cabeza de la mujer. Además de las cinco figuras en el techo, hay dos más en las paredes, que sostienen la varita exactamente en la misma posición. Ellos también aparecen en otras partes del hipogeo, aunque no los había notado antes. Al igual que el telar de Circe en la sala vecina, la varita es la clave para descifrar el significado de esa escena, y quizá del hipogeo completo.

Dejémosle a una monografía alemana sumamente oscura la tarea de descifrarlo. Publicada en 1975 por el respetado arqueólogo clásico Nikolaus Himmelmann, *Das Hypogäum der Aurelier am Viale Manzoni: Ikonographische Beobachtungen* (El hipogeo de los Aurelios en Viale Manzoni: Observaciones iconográficas) nos da la respuesta.[28] Según el autor alemán, el propósito de la varita es inequívoco. Puede extraerse con facilidad del «registro literario de su época», que está «lleno de reportes de prácticas mágicas de la "filosofía" popular con cargas religiosas»:

> La varita mágica que lleva en las manos arroja luz sobre la «filosofía» irracional que se enseña en la tumba de los Aurelios. Para los magos inexplicablemente numerosos, según sé, no hay ningún paralelo certero en la iconografía de los filósofos antiguos. Incluso si la varita mágica aparece con Moisés, Ezequiel, Cristo y Pablo, eso no basta para interpretar las figuras de la tumba en Viale Manzoni como cristianas… Esto parece representar un ritual de iniciación, más conocido en contextos dionisiacos y eleusinos.[29]

Al igual que el fresco homérico en la sala previa, este medallón en el techo de la pintura mejor conservada del hipogeo nos remonta directamente a los misterios griegos. O quizá, trae a los misterios y la «filosofía irracional» practicada por Pitágoras, Eurípides, Plotino y sus semejantes hasta el corazón de Roma. Y, les guste o no, en custodia del Vaticano. Para la conexión con Eleusis, Himmelmann cita las «ramas de bendición» (*Segenszweige*) que se reporta llevaban los iniciados en «las versiones más antiguas» de los ritos.[30] Pero las influencias dionisiacas son las más convincentes.

Detalle del fresco en el techo de la segunda cámara subterránea del hipogeo de los Aurelios. Uno de los muchos magos con su varita mágica, parado sobre una misteriosa planta u hongo gigante. (© *Pontificia Commissione di Archeologia Sacra; cortesía del Archivio* PCAS).

El investigador alemán dirige al lector a la llamada Villa de los Misterios que se ubica al sur de donde estábamos, afuera de una de las puertas principales de Pompeya. El complejo de casi 4000 m² sobrevivió de algún modo a la furia del Vesubio en el año 79 d. C. Cinco metros de ceniza volcánica protegían los murales espectacularmente vívidos del comedor que fueron descubiertos en 1909. Datan del siglo I a. C. y se les considera entre las mejores representaciones existentes de una iniciación al culto grecorromano del dios del vino. Todos los símbolos dionisiacos estaban en la secuencia ritual: la iniciada con su corona de laurel, un sátiro que toca la flauta, una ninfa que amamanta a una cabra, un tazón de la poción mágica, y el mismo Baco. Pero un fresco en particular en el fondo bermellón le recordó a Himmelmann lo que se mostraba sobre nosotros.

La sexta escena en la Villa de los Misterios muestra a cuatro mujeres. Ahí está la iniciada semidesnuda en su bata de color púrpura brillante, arrodillada en el regazo de una mujer mayor que podría ser su nodriza.[31] Después, a su derecha, una ménade completamente desnuda toca los címbalos en el aire, mientras que la cuarta mujer está a punto de darle a la iniciada el *thyrsos* que simboliza que su iniciación ha concluido. De acuerdo con Ruck, las ménades solían esconder las drogas en la punta de esos bastones, y es probable que de ahí saliera nuestra noción de una varita mágica.[32]

Inmediatamente a la izquierda de esa escena, una mujer alada acaba de azotar a la iniciada, y puede verse el látigo arqueado detrás de ella, como si estuviera listo para azotar otra vez. Pero al igual que con la varita en la mano del «mago» de Himmelmann que estaba sobre mí, la flagelación literal no era el secreto real de la iniciación dionisiaca. Más bien, el largo aguijón es el *kentros* griego, que «azota» en sentido figurado a los iniciados hasta el éxtasis.[33] Tal como lo dijo la egresada de Harvard Olga Levaniouk, el aguijón podría representar mejor «el carácter repentino e inexplicable» de la locura que era el verdadero sello distintivo de los ritos, «experiencias frenéticas vistas a través de [un] código visual, acústico y emocional».[34]

Saqué mi iPhone y busqué el álbum fotográfico que había creado específicamente para ese momento. Alterné una y otra vez entre dos fotos: la escena de Pompeya, donde el *thyrsos* se encuentra sobre la cabeza de la iniciada, y el relieve del vaso Borghese del Louvre, donde el bacante aturdido y confundido está doblado en el éxtasis, mientras lo carga un sátiro con un *thyrsos* en la mano. En cada caso, el ángulo del gesto es idéntico a la iniciación que estaba en el techo.

—Sí, parece que ese ángulo se repite una y otra vez —concede el padre Francis, refiriéndose a la manera en que los instrumentos aparecen en diagonal sobre la cabeza del iniciado.

Con razón Himmelmann relacionó con tanta confianza este fresco con los misterios dionisiacos. También ayudaban las máscaras y el *kantharos* dionisiaco, el recipiente ritual del dios del éxtasis, que estaban pintados en la pared de la primera cámara. Los noté junto al «Buen Pastor» y sus cabras en cuanto entramos al hipogeo.

—Es extraordinario que el Vaticano conserve todo este material —le anuncié a Giovanna—. Entiendo por qué querían guardar esta sala para el último.

—Sí, la *virga* es muy interesante —respondió, usando la palabra en latín para «varita mágica». Añadió que todo el arte del hipogeo, cuyas dos cámaras acabábamos de analizar, probablemente tenía la intención de apreciarse en conjunto como un tema combinado.

No me atreví a decírselo a la arqueóloga vaticana, pero yo estaba completamente de acuerdo. Y solo pude pensar en dos palabras para el tema que había notado durante las últimas horas: *Mujeres* y *drogas*.

Detalle del vaso Borghese (izquierda); fresco en el techo del hipogeo de los Aurelios (centro); y detalle de la Villa de los Misterios en Pompeya, Italia (derecha). Las iniciaciones dionisiacas retratadas en el vaso Borghese y la Villa de los Misterios son anteriores al hipogeo de los Aurelios por al menos dos siglos y medio. *Cortesía de* RMN (© *Musée du Louvre*) *(izquierda); (*© *Pontificia Commissione di Archeologia Sacra; cortesía del Archivio* PCAS) *(centro).*

Durante dos mil años, ha habido dos enormes piedras en el zapato de la Iglesia. Ambas borradas a la fuerza de los orígenes de la fe, tal como pude presenciar en el hipogeo.

El primer fresco muestra cómo el *refrigerium* romano y la eucaristía cristiana pudieron vivir al mismo tiempo, ambos eran una sesión espiritista con el objetivo de entrar al inframundo. En los cultos a la muerte previos a esta protomisa por miles de años, la cerveza enriquecida y el vino mezclado eran lo que podría haber invocado al señor de la muerte desde las profundidades, con los ancestros a cuestas. Si se supone que el santo grial es la droga de la inmortalidad, entonces el segundo fresco añade cierta intriga. La propia confirmación del Vaticano de Circe y sus drogas involucra a la «doctrina secreta» de Homero que conecta a los Aurelios con luminarias como Pitágoras y Plotino de la cercana Magna Grecia. Esta escena de *La Odisea* también implica el «acto litúrgico» que Calvert Watkins vinculó con un biceón psicodélico y un vino dionisiaco con drogas. Se trata de sacramentos que siempre fueron preparados por mujeres, tal como sugiere el tercer fresco. Con la iniciación de Aurelia Prima en los misterios dionisiacos, la secuencia entera no deja ninguna duda de que las mujeres gozaban de una posición privilegiada en el cristianismo temprano. ¿Era su habilidad de fabricar una eucaristía capaz de alterar la mente lo que mantenía vivo el éxtasis en las iglesias caseras y catacumbas subterráneas de la nueva fe? ¿Y en una época muy peligrosa en el Imperio romano, cuando los fanáticos tanto de Dioniso como de Jesús tenían que cuidarse las espaldas?

Mientras empacábamos nuestras cosas y nos preparábamos para salir a la luz, el padre Francis me ofreció un pensamiento a manera de conclusión sobre la política de la situación.

—Queda muy claro que los Aurelios trataron de registrar su estatus de élite autoproclamado. Pero debemos recordar las persecuciones de esa época. Como cristianos, habrían tratado de representar sus creencias bajo el velo de otros símbolos más aceptables. Pues no podían simplemente *decir* que eran cristianos. Para quienes lo sabían, las imágenes podían interpretarse como cristianas: el Buen Pastor y san Pablo, por ejemplo. El banquete del *refrigerium*, por supuesto, resuena con las narrativas del Nuevo Testamento de la última cena. Pero para quienes no eran cristianos, tan solo parecería un *refrigerium*. Este engaño está diseñado de manera deliberada como una presentación externa que sería aceptable en una sociedad en la que el cristianismo no era una religión permitida por la ley. Pero incluso sus amigos cristianos que llegaran a este lugar tendrían que reconocer la persistencia de *esta* tradición —dijo, señalando el techo—, de esta visión dionisiaca del mundo. ¿Lo ves? Esa es la paradoja de un encuentro intercultural.

Me parece razonable. Algo que me impactó, por mi formación religiosa, es que el Vaticano va todavía más allá y llama a escenas como las del santo grial, el fresco homérico y la iniciación extática de Aurelia Prima, «la evidencia más explícita y concreta de los orígenes del cristianismo». Esa es la frase que usa monseñor Giovanni Carrù, el secretario de la Comisión Pontificia para la Arqueología Sagrada. En el prefacio a la monografía del Vaticano de 2011, explica en una elegante prosa en italiano:

Puesto que las primeras iglesias desaparecieron, aniquiladas por construcciones subsecuentes, las catacumbas, que ya estaban abandonadas en el siglo v, constituyen los recursos más valiosos de la era paleocristiana... Estamos frente a un monumento de frontera, en el que el pensamiento pagano y el pensamiento cristiano se unen, lo cual da pie a una especie de sincretismo... Y de ese modo, los monumentos de los muertos nos hablan sobre la comunidad del pueblo de Dios. Con el hipogeo de los Aurelios, la parábola de la «cristianización» no ha encontrado aún su solución final, pero presenta todas las peculiaridades de un proceso cultural en progreso.[35]

Sin embargo, al colocar el tipo peculiar y sincrético de paleocristianismo de los Aurelios bajo su jurisdicción exclusiva, el Vaticano necesita reconsiderar la razón *verdadera* por la cual la gente acudió en masa a esta nueva religión mistérica en los siglos posteriores a Jesús. Quizá los primeros y más auténticos cristianos no estaban entusiasmados por una «solución final», lo que sea que eso signifique, cuando la burocracia de la Iglesia acabaría con la clase de experiencia mística privada que ocurría en el hipogeo. Una experiencia en la que las mujeres y las drogas parecen ser la fuerza que impulsa todo. Quizás el paleocristianismo estaba bien tal como era; si no era la visión original del sacramento definitorio de la Iglesia, entonces al menos la de Juan. O la de los gnósticos. Sus ceremonias secretas y técnicas visionarias, griegas en su origen, sin duda concuerdan con la clase de evidencia de iniciación que se encuentra en el hipogeo.

Cuando los Aurelios pintaron a Aurelia Prima uniéndose a su banquete eucarístico, yo me inclino a creer que eso en verdad ocurrió, solo que en sus mentes empapadas de drogas. Para que los *agape* y *refrigeria* intoxicantes sobrevivieran el tiempo que lo hicieron, *algo* debió de haber hecho creer a los iniciados cristianos que habían ingerido al hijo de Dios y se habían vuelto uno con él.

Una vez que uno ve el hipogeo, no hay vuelta atrás. Si esos son los orígenes verdaderos del cristianismo, entonces necesito ver más de la «evidencia más explícita y concreta» oculta bajo tierra para asegurarme de que los Aurelios no eran los únicos paleocristianos enamorados de los misterios griegos. Los frescos que acababa de inspeccionar le añadieron mucho color al vino letal que san Pablo acusó a la iglesia casera de Corinto de administrar. Tanto sobre la tierra como bajo la tierra, la eucaristía del ayer parece haber sido muy distinta de la eucaristía de hoy. La explicación más simple es que los cristianos de los primeros trescientos años posteriores a Jesús se vieron envueltos en lo que el padre Francis acaba de describir como un «encuentro intercultural». Las brujas que sentían atracción por la «doctrina secreta» visionaria y los misterios dionisiacos en Magna Grecia eran las mismas brujas que sentían atracción por la idea de la eucaristía original y su promesa de inmortalidad instantánea, en especial tal como la captura el Evangelio de san Juan y la tradición gnóstica. Para ellas, que se inspiraron adicionalmente en los *refrigeria* de toda la noche con los muertos romanos, el vino de Dioniso y el vino de Jesús podrían haber sido intercambiables hasta cierto punto.

Antes de que los Padres de la Iglesia marcaran un límite claro entre el paganismo y el cristianismo en el siglo iv d. C., lo que ocurría en el hipogeo de los Aurelios no era poco usual. Para los paleocristianos que desaparecieron hace mucho tiempo era la norma. Y la evidencia se encuentra justo debajo de los pies del papa.

Tal como los humanistas aclamarían: *ad fontes!* Ante la duda, más vale ir directo a la fuente.

14

Una eucaristía gnóstica

El conductor de Uber aceleró a través de la Ciudad Eterna, rodeando el Coliseo y acercándose al Tíber. El padre Francis y yo nos dirigíamos a nuestra segunda cita del día. Justo después del jardín de rosas en el monte Aventino, el sacerdote habló de otro lugar histórico que sabía que despertaría mi interés en Via della Greca (calle griega). Hoy en día, la iglesia de ritos griegos de Santa María en Cosmedin es donde los turistas hacen fila para tomarse una foto trillada metiendo la mano en la boca de piedra de la Bocca della Verità, la máscara de mármol gastado que hicieron famosa Audrey Hepburn y Gregory Peck en la película de 1953, *La princesa que quería vivir*. Originalmente, era el sitio de una parroquia de habla griega del siglo VI. Desde Constantino, los griegos que acaparaban esta parte de Roma transformaron todo el vecindario en la *ripa Graeca* (el banco griego).

Pero la lengua que fundó la civilización occidental llegó mucho antes, desde luego. Después de plantarse en Magna Grecia en el siglo VIII a. C., los griegos y sus cultos viajaron al norte hacia Roma siglos antes de que naciera Jesús. Para el año 150 d. C., a medida que el Evangelio de san Juan empezaba a circular entre los hablantes de griego en la capital del imperio, los místicos seguían ahí, ansiosos por mantener vivos sus misterios ante la oposición de todas las demás partes. La supresión política del dios del éxtasis por parte del Senado romano fue solo parte del problema. En ese momento, el cristianismo en sí ya comenzaba a fracturarse. Había algunos que, como los Aurelios y los gnósticos, por una parte, pensaban que la iniciación a los secretos más grandes del cristianismo le pertenecían a cualquiera que consumiera la «verdadera comida» y la «verdadera bebida» del señor de la muerte, tal como Juan lo prometió. Y había otros que, como los Padres de la Iglesia, por otra parte, pensaban que solo algunos hombres dentro del 1% tenían el llamado único de Dios a manejar la eucaristía, lo cual perpetuaba una tradición de elitismo que había existido entre los faraones egipcios, la realeza de Oriente Próximo, y los sumos sacerdotes de Jerusalén durante miles de años.

Rastros de la historia enmarañada, en la que las mujeres y las drogas alguna vez compitieron por la supervivencia de su versión del cristianismo, quedaron preservados de manera maravillosa en el edificio que la clasicista Helen F. North alguna vez describió como «la razón por la cual Roma sigue siendo el centro del mundo civilizado».[1]

La basílica de San Pedro.

El padre Francis y yo estábamos a punto de conocer al guardián de la Ciudad de los Muertos que yace debajo de la iglesia más grande del planeta. Los cimientos del cristianismo literalmente se construyeron sobre un culto a la muerte. Lo cual incluye el vino de cementerio equiparable a las cervezas de cementerio que bien podrían haber desencadenado la Revolución Agrícola en nuestra prehistoria. ¿La droga de la inmortalidad fue la chispa de la revolución cristiana que volvería el culto a Jesús la religión que colonizó el mundo? Al fin pude ir a ver la evidencia en persona, ahí donde la continuidad entre Dioniso y Jesús está oculta bajo tierra. Y ahí donde los dramas entre los místicos griegos y los burócratas griegos tuvieron lugar bajo el mayor altar del catolicismo, recordando una época perdida cuando la lengua sagrada de la Iglesia era el griego.

Mientras el auto aceleraba por la orilla este del Tíber, y los pinos y cipreses marcaban el camino, el padre Francis me recordó que los primeros papas eran, de hecho, hablantes de griego. Entre ellos se incluyen el papa Clemente I (ca. 88-89 d. C.), quien de hecho murió en Grecia; el papa Telésforo (ca. 126-137 d. C.), quien provenía de una familia griega en Calabria, al sur; y el papa Aniceto (ca. 155-160 d. C.), cuyo nombre significa «inconquistable» en griego. Después de todo, ¿de qué servía un papa que no pudiera leer el griego del Nuevo Testamento? ¿O que no pudiera descifrar las enseñanzas ocultas de Jesús a las que incluso el Evangelio de san Marcos se había referido sin más como *musteria*, «secretos religiosos, confiados únicamente a los iniciados y que ellos no debían comunicar a los mortales ordinarios»?[2] Pero lo más importante era que los papas y la nueva ortodoxia de la Iglesia debían ser capaces de defenderse ante todos los místicos que afirmaban ser los verdaderos herederos del Jesús dionisiaco. Ya fuera que hubieran penetrado los «símbolos» y el «lenguaje» del Evangelio de san Juan para entrar en posesión de la eucaristía *verdadera* o que hubieran tenido contacto con la versión gnóstica de Jesús, los místicos querían el *pharmakon* que les abriría el reino de los cielos.

En los primeros siglos de la fe, hubo muchos cristianos en Roma que profesaban el conocimiento de la «verdadera bebida». Ruck menciona a varios en su capítulo «Jesús, el hombre de las drogas» en *The Apples of Apollo: Pagan and Christian Mysteries of the Eucharist*. El primer ejemplo de alto perfil es Simón el Mago, el hechicero samaritano del siglo I d. C. que viajó a Roma desde el rincón de Jesús en lo que hoy en día es Israel. Se supone que él estableció una «secta rival» a la Iglesia principal, con lo cual se volvió «el fundador de todas las herejías, con seguidores religiosos simonianos que lo consideraban un dios».[3] Su compañera era una María Magdalena alterna llamada Helena, una prostituta a quien Simón el Mago había recogido de un burdel en Tiro. Ella afirmaba ser la reencarnación de Helena de Troya. El historiador de la Iglesia Eusebio (263-339 d. C.) relata cómo Simón el Mago se ganó a «muchos de los habitantes de Roma» gracias a su «magia». Justino Mártir afirmó que una estatua se erigió en su honor en una isla en el Tíber, que estaba a nuestra izquierda, con la inscripción: SIMONI DEO SANCTO (a Simón, un dios santo).[4]

En lugar del pan y vino ordinarios, escribió Eusebio, los seguidores de la «filosofía cristiana» falsa usaban «incienso» y «libaciones» especiales en sus «ritos secretos» que resultaron en un «arrojo a las maravillas» o *thambothesesthai* (θαμβωθήσεσθαι) en la manera más dionisiaca posible, con un «éxtasis» (*ekstaseos*/ἐκστάσεως) supremo y «frenesí» (*manias*/ μανιάς).[5] El Padre de la Iglesia Ireneo (*ca.* 130-202 d. C.) dijo que los sacramentos de los simonianos no eran más que «encantos de amor» (*filtra*/φίλτρα) y «pociones de amor» (*agogima*/ἀγώγιμα).[6] En los *Hechos de Pedro,* un texto apócrifo griego del siglo II d. C., se dramatiza la muerte de su líder cautivador. Un día en que Simón el Mago estaba levitando en el foro romano, san Pedro rezó para que Dios todopoderoso mismo detuviera al hereje máximo en el aire.

Sin dilación, Simón el Mago cayó al suelo y se rompió la pierna en el sitio de la actual basílica de Santa Francesca Romana.

Y así comenzó el gnosticismo. Cobró particular popularidad en Roma durante los siglos II y III d. C. Tal como lo mencioné anteriormente, la investigadora de Princeton Elaine Pagels ha escrito mucho sobre la naturaleza prohibida de la *gnosis* (conocimiento) griega que era el objetivo primordial de los gnósticos. «El conocimiento de uno mismo es el conocimiento de Dios; lo propio y lo divino son idénticos». Pagels considera a Valentín (100-160 d. C.), que recibió educación griega, como el más famoso e influyente de los primeros gnósticos, un «maestro espiritual» que estableció su escuela en la Ciudad Eterna cerca del año 140 d. C.[7] Al igual que Simón el Mago, Valentín trataba de guiar a los romanos hacia la *verdadera* versión del cristianismo. Afirmaba haber sido iniciado por Teudas, un discípulo directo de san Pablo, «en una doctrina secreta de Dios».[8] Pagels explica la posición: «Pablo mismo le enseñó su sabiduría secreta, según dice [Valentín], no a todo el mundo y no de manera pública, sino solo a unos pocos que consideraba espiritualmente maduros».[9]

Con razón el Evangelio de san Juan se volvió el Evangelio favorito de los gnósticos en Roma. En especial entre los valentinianos, que escribieron los comentarios registrados más antiguos sobre el griego de Juan, incluso antes de que los Padres de la Iglesia lo hicieran.[10] El registro de sus prácticas espirituales añade un peso enorme a la observación de Dennis MacDonald sobre el lenguaje griego de Juan 6:53-56, que el evangelista describe como «imágenes del culto dionisiaco», «en específico la ingesta de la carne y la sangre del dios y la inmortalidad que los iniciados adquieren con dicha actividad». En perfecta concordancia con las palabras que eligió Juan: el *roer* y *masticar* la *carne* de Jesús, tal como la eucaristía dionisiaca de carne cruda y sangre (*omophagon charin*) de Eurípides: parte de la «doctrina secreta» que al parecer pasó de Jesús a Pablo, a Teudas y a Valentín, era una eucaristía mágica con drogas.

Y fue el alumno de Valentín, Marcos el Mago, quien liberó el *pharmakon* en el Mediterráneo antiguo en los años de su actividad, entre 160 y 180 d. C. Ruck nota que «a pesar de que todas las sectas heréticas tenían la reputación de practicar herbolaria y hechicería, el mismo Marcos al parecer fue notable por su experiencia con las drogas: por ello, Ireneo lo acusó de brujería farmacológica».[11] De manera similar a Simón el Mago, Marcos al parecer sedujo a la esposa de uno de los diáconos de Ireneo a que se volviera marcosiana con una «poción de amor» blasfema. Por alguna razón inexplicable, tanto Ireneo como otro Padre de la Iglesia llamado Hipólito (*ca.* 170-235 d. C.) se esforzaron mucho por documentar el procedimiento con el cual se realizó el sacramento secreto, y cómo las mujeres, en vez de cocinar sobras para los niños, estaban ocupadas cocinando una dosis saludable de vino con drogas. En la misa de Marcos, se invitaba a las mujeres a realizar su propia consagración del vino sagrado. Después de que el hereje les entregaba un cáliz más pequeño, cada mujer ofrecía la «oración eucarística» para bendecir el elíxir púrpura rojizo que había sido enriquecido con un *pharmakon* desconocido. En su recuento de la ceremonia marcosiana, ¡Hipólito usa la palabra griega para «droga» al menos siete veces![12] Después las mujeres le pasaban sus copas de vuelta a Marcos, quien vertía los contenidos en un cáliz más grande que parecía estar milagrosamente rebosante con más vino del que se le había añadido, un truco clásico de epifanía digno tanto de Dioniso como de Jesús. Marcos después invocaría a la diosa griega Gracia o *Charis* (Χάρις) por su nombre, la misma palabra griega que usó Eurípides para capturar la eucaristía durante cuatrocientos años antes del nacimiento de Jesús, *omophagon charin*. En el lenguaje de los misterios, Marcos llamaba a Charis aquella «que trasciende todo conocimiento y habla».[13] Después de que las «mujeres bobas» habían bebido del cáliz central y las habían «azotado hasta el frenesí» y el «éxtasis» como un montón de ménades, entonces empezarían a profetizar.[14]

Ecos del vino letal de Corinto. Y el santo grial de Aurelia Prima.

Durante una época, las eucaristías herejes de los simonianos, valentinianos y marcosianos fueron una amenaza genuina para la Iglesia. Pero al igual que los misterios griegos en sí, el gnosticismo en cualquier forma robusta no sobreviviría más allá del siglo IV d. C. Un movimiento basado en ritos de iniciación clandestinos, dirigido solo a los «espiritualmente maduros», no podía seguirle el paso a la burocracia en expansión de la religión de Constantino: aquellas «estructuras sociales y políticas que identifican y unen al pueblo en una afiliación común».[15] Para Pagels, las prácticas sombrías de los gnósticos simplemente «no se prestaban a una religión de masas».[16] Puede que la eucaristía del Evangelio de san Juan estuviera dirigida al 99%, pero los místicos cristianos de habla griega tuvieron el mismo problema que sus hermanas dionisiacas siglos atrás. Era difícil volver populares esas cosas.

Si el vino con drogas era el secreto verdadero detrás de los misterios griegos y gnósticos, entonces encontrar a suficientes mujeres con la habilidad necesaria para producir el sacramento de manera segura y confiable debió de ser muy difícil. Con razón la Iglesia se decidió por la oblea acartonada y el jugo de uva. Al sentir que tenían la ventaja, los Padres de la Iglesia hicieron todo lo que estaba en su poder para abolir a la competencia. «El marco del canon, el credo y la jerarquía eclesiástica que Ireneo y otros comenzaron a forjar en la encrucijada de la persecución» durante el siglo ii, dice Pagels, fue lo que volvió al cristianismo la fe por defecto de la civilización occidental en el siglo iv y más allá.[17]

Para el momento de la muerte de Eleusis en el año 392 d. C., la eucaristía de las iglesias caseras dirigidas por mujeres y los *refrigeria* subterráneos ya no existían. En una imitación perfecta del Gobierno y la ley romana, las mujeres habían sido excluidas sistemáticamente del sacerdocio. Y el obispo se había transformado para parecerse cada vez más a un monarca, sentado en su trono a la cabeza de basílicas sobre el nivel del suelo. Al igual que los súbditos reales, los feligreses llenaban los bancos para presenciar la consagración de pan y vino muy ordinarios por hombres muy ordinarios sin ninguna experiencia farmacológica particular. En una mezcla de filosofía griega malinterpretada y un razonamiento bíblico lamentable, san Agustín (354-430 d. C.) y otros culparon al cuerpo femenino por las pasiones y apetitos para distanciar a las mujeres de la vida religiosa. Libres de las cadenas del ciclo menstrual, la maternidad y la lactancia, solo los hombres podían controlar y aprovechar de manera apropiada el aspecto racional del alma que liberaba a la especie masculina de su propio carácter físico irracional, para llevarlos a un cielo espiritual.

«El equiparar a las mujeres con la sexualidad», dice Karen Jo Torjensen en *When Women Were Priests*, «significaba que estaban tanto subordinadas a los hombres como alejadas de Dios».[18] Nada ha cambiado en más de 1 600 años. En 1976, la Congregación Sagrada para la Doctrina de la Fe reafirmó la doctrina infalible de que las mujeres estaban prohibidas en el sacerdocio «de acuerdo con el plan de Dios».[19] «La encarnación de la palabra tuvo lugar de acuerdo con el sexo masculino», proclamaba en una declaración oficial que después respaldó el papa Juan Pablo II en 1994 y de nuevo el papa Francisco en 2016.[20] Jesús era hombre y sus apóstoles eran hombres. No se puede confiar la eucaristía a las mujeres. Fin de la historia.

La declaración de 1976 menciona en específico la admisión de las mujeres al sacerdocio por parte de «algunas sectas heréticas durante los primeros siglos, en especial las gnósticas».[21] Pero esa «innovación», nota el Vaticano, pronto fue condenada por los Padres de la Iglesia. Con los textos de Nag Hammadi, el evangelio de María Magdalena y otros escritos gnósticos prohibidos de manera estratégica en la versión final del Nuevo Testamento que adoptaron los consejos eclesiásticos tanto en el Occidente católico como en el Oriente ortodoxo durante los siglos iv y v d. C., toda la memoria de los gnósticos fue «extirpada de la historia de la Iglesia de Roma», de acuerdo con Ruck.

Pero las pistas siguen ahí. Y cada vez nos acercábamos más a ellas.

El Uber atravesó el Ponte Vittorio Emanuele II hacia el sector majestuoso de Roma que me atrajo una vez más como un imán de tierras raras. Mientras avanzábamos lentamente por Borgo Santo Spirito, y apareció la primera de las 284 columnas dóricas que rodean la plaza de San Pedro, sentí un cosquilleo. Los mismos sentimientos encontrados que me recorren la espalda cada vez que estoy a punto de pisar el país más pequeño del mundo. Asombro, nostalgia y miedo. Sin importar cuán cálidos y hospitalarios hubieran sido los empleados del Vaticano cuando me habían abierto las puertas durante el año anterior, con los brazos abiertos, no pude evitarlo. Tenía el estómago hecho un nudo. El niño católico dentro de mí estaba a un paso en falso de la excomunión.

¿En verdad iba a acusar a la Iglesia que me había criado de servir un placebo durante la mayor parte de dos mil años? ¿Y de suprimir las visiones celestiales prometidas en el primer capítulo del Evangelio de san Juan: «En verdad les digo que ustedes verán los cielos abiertos y a los ángeles de Dios subiendo y bajando sobre el Hijo del Hombre»?

Siempre que paso un rato sin verlo, el primer vistazo al domo de Miguel Ángel en lo alto de la basílica me da escalofríos. Es el ejemplo más renombrado de la arquitectura renacentista que sirvió de modelo para la catedral de San Pablo en Londres, Los inválidos en París y el Capitolio de los Estados Unidos en mi ciudad, Washington D. C., pero pocos saben por qué esa estructura tan icónica se encuentra precisamente ahí.

La construcción original comenzó en el siglo iv bajo el mando de Constantino para marcar la tumba legendaria de san Pedro, quien al parecer fue crucificado al revés en el circo de Nerón cerca del año 64 d. C. Después, se reporta que el apóstol fue enterrado en la necrópolis romana existente, sobre la cual se yergue esa basílica hoy en día. Para aplanar el sitio de esta iglesia monumental, Constantino enterró algunas de las tumbas antiguas, y dejó la de san Pedro intacta. Para el Renacimiento, el santuario avejentado necesitaba una remodelación. Cuando Miguel Ángel tomó el control después de Bramante y Rafael en 1547 a la edad de 72 años, descartó sus diseños de la basílica, pero conservó la posición general de la cúpula, sobre los supuestos restos de san Pedro. Después de la muerte del maestro, la responsabilidad de conmemorar el lugar exacto en el que la tumba subterránea del primer papa toca el espacio debajo de la cúpula de Miguel Ángel pasó a manos de Bernini. Bernini marcó el vórtice en el dosel de bronce de la basílica conocido como el Baldaquino.

Directamente sobre el altar en el que solo el papa está autorizado para transustanciar el pan y el vino durante la liturgia de la eucaristía, Bernini incluyó balcones que daban a reliquias valiosas de la bodega: la cabeza de san Andrés (el hermano de Pedro) y fragmentos de la Vera Cruz, que se dice que data de la crucifixión de Jesús, al igual que la pieza de Notre Dame. En la época, todo fue parte del plan del papa Urbano VIII. «Estas reliquias, colocadas en una ubicación centralizada en la tumba de Pedro, implicaban una relación directa entre el papa, Cristo y los primeros mártires, lo cual reforzaba su posición en la Iglesia y como el medio entre el cielo y la tierra».[22] Una línea vertical que soldaba el pasado ancestral no solo con el presente, sino también con el futuro. Pues cada vez que la eucaristía se consagra como parte del «banquete funerario» que es la misa, los fieles conmemoran al mismo tiempo la última cena y prevén el fin del mundo: cuando «Cristo vuelva en gloria a juzgar a los vivos y a los muertos». De acuerdo con el *Catecismo de la Iglesia católica*: «Por esta razón los cristianos piden, sobre todo en la Eucaristía, que se apresure el retorno de Cristo cuando suplican: "Ven, Señor Jesús"».[23]

La basílica de San Pedro es donde el pasado, el presente y el futuro convergen.

Y donde Jesús como el señor de la muerte invita tanto a los vivos como a los muertos a participar en la eucaristía que le brinda inmortalidad instantánea a todo aquel que la consume.

Es la sesión espiritista más larga del mundo en la tierra más sagrada del catolicismo.

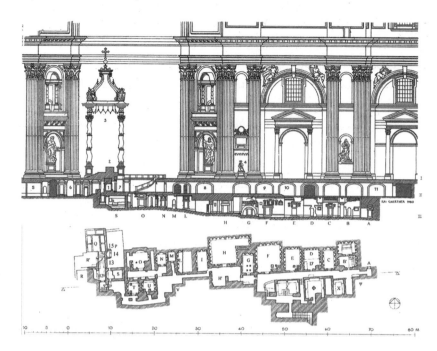

Vista transversal de la basílica de San Pedro, que muestra la posición relativa de los diversos elementos subterráneos de la necrópolis vaticana. *Con el amable permiso de la Fabbrica di San Pietro in Vatican.*

De este modo, hay mucho en juego bajo la cúpula acanalada de Miguel Ángel, que con 136 m de altura es la más alta del mundo. Pero hasta la década de 1940, ningún papa se había molestado en investigarla, en parte debido a una maldición milenaria «registrada en documentos sagrados y apocalípticos» que traería destrucción a quien se atreviera a molestar el lugar de descanso de san Pedro.[24] Para Pío XII, su deseo de ser enterrado tan cerca como fuera posible del fundador de la Iglesia católica al parecer era más fuerte que las supersticiones. Durante la década siguiente, las excavaciones papales al fin desenterraron el complejo subterráneo ahora conocido como la necrópolis vaticana, la Ciudad de los Muertos. Al final se encontraron 22 mausoleos, que albergaban más de mil tumbas que databan principalmente de los siglos II y III d. C.

Siguiendo el ejemplo de los romanos, los primeros cristianos fueron a visitar a san Pedro en los *refrigeria* intoxicados cerca de su edículo o santuario del siglo II. Ese fue el lugar en el que el investigador de Yale Ramsay Mac-

Mullen citó evidencia para los «pícnics religiosos» o «fiestas de comunión» en forma de huesos de animales y un tubo de vino. Parte del descubrimiento del Vaticano en la década de 1940 incluía una gran losa de mármol travertino con patas de piedra. Era un altar. Una pista de lo que los paleocristianos bebían en sus fiestas de toda la noche para invitar a Pedro y a sus ancestros muertos a volver de la tumba surgió de un monumento vecino identificado como Mausoleo M, la Tumba de los Julios, originalmente construido para la familia Julia en las vísperas del siglo III.

El padre Francis y yo habíamos ido a echar un vistazo. Entonces le mandé un correo electrónico a Pietro Zander, el arqueólogo que escribió el libro vaticano sobre la Ciudad de los Muertos y que sigue siendo el líder en investigación en la necrópolis y las antigüedades clásicas relacionadas para la Fabbrica di San Pietro, el departamento del papa responsable de la conservación y el manejo de la basílica de San Pedro.[25] La Fabbrica ha organizado recorridos especiales por la necrópolis desde hace varios años a través del Ufficio Scavi (Oficina de Excavaciones). Pero a mí solamente me interesaba el Mausoleo M, el único sepulcro que Zander califica de manera explícita como «cristiano», al mismo tiempo que reconoce el origen pagano de los depósitos artísticos en las tumbas subterráneas que quedan. Si bien Zander no pudo acompañarnos ese día, tuvo la gentileza de agendarnos una cita con su colega Carlo Colonna.

Mientras el padre Francis y yo nos abríamos paso hacia el Cancello Petriano, junto a la plaza de San Pedro, para pasar por un filtro de seguridad de los guardias suizos, me coloqué la identificación de seguridad con fotografía emitida por los Archivos Secretos del Vaticano, que visitaremos en el próximo capítulo. Me había convencido a mí mismo de que era una placa de invencibilidad. Necesitaba algo para ahuyentar a los soldados con atuendos renacentistas en sus trajes distintivos de bufón color azul y amarillo con mangas rojas y boinas ridículas. Alcé la identificación con fotografía con la mano izquierda y una copia del correo electrónico de Zander en la derecha, con lo cual obtuve un doble saludo de la fuerza militar del papa. A la izquierda, pasamos la Sala Nervi, donde el padre Francis por primera vez leyó mi propuesta para esta aventura disparatada hacía cuatro años. Después de caminar un poco más llegamos puntualmente al Ufficio Scavi octagonal a nuestra derecha.

Detalle de un sarcófago de mármol de la llamada Tumba de los Egipcios (Tumba Z) en la necrópolis vaticana. Una ménade con su varita mágica o *thyrsos* (izquierda); Dioniso, ebrio y coronado con hiedra, con una varita mágica similar en la mano izquierda y una jarra de vino en la derecha (centro); y un hombre-cabra o sátiro, que mece al infante Dioniso en los brazos (derecha). *Con el amable permiso de la Fabbrica di San Pietro in Vaticano.*

Vestido con traje y corbata italianos impecables, Carlo estaba listo con un sobre de cuatro fotografías que amablemente había imprimido antes de nuestra cita. Juntos, observamos las reproducciones de 21.5 por 28 cm de los mosaicos de principios del siglo III que decoran el interior del Mausoleo M. El padre Francis se maravilló en particular por las fotografías del techo, que me pareció que él no había visto con tanto detalle antes. Carlo hizo énfasis en la política estricta de no tomar fotografías y nos guio hacia la entrada principal, a la Ciudad de los Muertos a través de la Tumba Z, justo al lado de su oficina.

Al pasar por las puertas corredizas automáticas de cristal que se abrieron mientras nos acercábamos, apenas y pude resistir el impulso de detenerme a apreciar la clase de cámara de entierro que tendría más sentido en la planicie de Giza. En la pared está pintado un Horus con cabeza de halcón que lleva un largo bastón mágico y el *ankh*, la cruz de tau con un bucle arriba, que simboliza la inmortalidad.[26] También había una imagen de Toth, el dios egipcio de la magia y la sabiduría, que suele equipararse al dios griego Hermes. Toth-Hermes está representado de perfil, hacia la derecha, en la postura sentada de un babuino. Un sarcófago de mármol que alguna vez albergó al habitante de esa cripta contiene un extraño capricho. Tallado en relieve, Dioniso está al centro «ebrio y semidesnudo» entre dos pilares acanalados. Al igual que la ménade a su derecha, que nos da la espalda, el dios del éxtasis sostiene su varita mágica con la punta de cono de pino.

Nos adentramos en los confines fríos y húmedos de la necrópolis en sí, que despedía un olor que entonces ya me era familiar y que reconocí del hipogeo de los Aurelios. Dimos vuelta a la izquierda después del Mausoleo H en un pasillo estrecho, apenas más ancho que nuestros hombros, no apto para claustrofóbicos. Maniobramos con cuidado alrededor de un grupo en una visita guiada, y algunos de los presentes dieron el saludo reglamentario al padre Francis. En medio minuto, nos detuvimos frente a la entrada estrecha del Mausoleo M. Carlo abrió la doble cerradura que protegía esa jaula diminuta de las miradas indiscretas. Me divirtió ver al padre Francis subir por la escotilla, que se elevaba a unos 60 a 90 cm por encima del suelo. Carlo se quedó afuera cómodamente, pues decidió no realizar las acrobacias.

Cuando el sacerdote y yo logramos entrar con dificultad a la cripta, pudimos ponernos de pie, pero el techo no se alejaba mucho de nuestras cabezas. La cámara entera no medía más de 3 m². Nuestras voces de inmediato comenzaron a provocar un eco en las rocas mohosas mientras examinábamos los tres mosaicos que el vaticano interpretó con toda confianza como cristianos durante las excavaciones iniciales en la década de 1940: un pescador en la pared norte, un pastor en la pared oeste, y en la pared este había dos hombres en un bote sobre una tercera figura que era tragada por una especie de monstruo marino. El primero es una lectura razonable de Mateo 4:19, cuando Jesús les instruye a Pedro y Andrés volverse «pescadores de hombres». El motivo del Buen Pastor, aunque estaba más degradado ahí que en el hipogeo de los Aurelios, también encaja con las descripciones del Evangelio. Y el tercer mosaico bien podría ser una representación del profeta Jonás del Antiguo Testamento, con los brazos alzados en desesperación, al entrar al estómago de la ballena. Pero el techo fue lo que me hizo dudar.

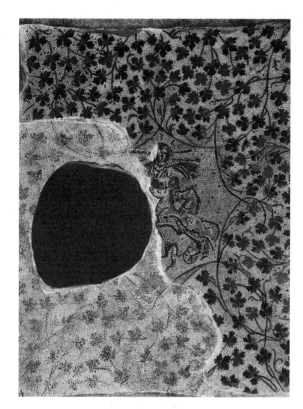

El mosaico del techo de la llamada Tumba de los Julios (Mausoleo M) en la necrópolis vaticana. Las vides se enredan en torno a la figura central, que puede interpretarse como el dios romano *Sol Invictus* (Sol invencible) o el cristiano *Cristo-Sole* (Cristo-Sol). *Con el amable permiso de la Fabbrica di San Pietro in Vaticano.*

Cientos de teselas, o azulejos diminutos, que se juntan para formar la imagen de un auriga oscurecido en parte por dos caballos parados en las patas traseras. Lleva una túnica blanca y una capa ondulante. Siete rayos de luz se extienden desde la aureola que rodea la cabeza de la figura, lo cual sugiere al dios romano *Sol Invictus* (Sol Invencible). No obstante, algunos investigadores defienden de manera convincente que se trata de Jesús. El artista antiguo quizá quería retratar al mago de Nazaret como el «Sol de la justicia» o la «Nueva luz».[27] Al igual que los emperadores deificados que adoptaban el aspecto del *Sol Invictus* para señalar su propia apoteosis, el jinete lleva en la mano izquierda un globo armado de manera delicada que bien podría representar el «dominio eterno» y «mundial» de Jesús, la supremacía de «la creencia cristiana en el Dios resucitado».[28] En el *Protréptico*, incluso Clemente de Alejandría se refiere a Jesús como «el sol de la justicia», que «sobrevuela el universo» para acabar con la oscuridad y la muerte. Rodeado de escenas probables del Antiguo y Nuevo Testamento, el Mausoleo M bien podría ser la bóveda cristiana más antigua del mundo, que contiene los mosaicos cristianos más antiguos que se han descubierto.

En ese caso, quería saber qué hacían todas las vides ahí.

Había zarcillos verdes entretejidos en las teselas doradas que componen el fondo intenso y llamativo del mosaico en el techo, en caminos serpentinos hacia todas las direcciones posibles. De cada uno brotan hojas de vid de colores brillantes por docenas. Si bien cerca del 40% de las teselas del techo han desaparecido, la marca de las enredaderas y las hojas todavía puede verse en colores apagados en la superficie de roca. Y no solo alrededor del Jesús ecuestre, sino también en las tres escenas de los lados, alrededor del pescador, el pastor y los marineros. Ahí, en una habitación diminuta a tan solo unos metros de la supuesta tumba de san Pedro, bajo el domo de Miguel Ángel que dirige la luz del sol al mayor altar del catolicismo y el Baldaquino de arriba…, estábamos atrapados en un viñedo subterráneo.

En griego hay una palabra para todas esas plantas. Metí la mano a mi bolsa de cuero marrón y saqué la edición de 1829 del Nuevo Testamento y la edición de Loeb de *Las bacantes* de Eurípides, que felizmente sobrevivieron al Lizard Lounge en París.

—Padre, ¿por qué no lee de su libro sagrado y yo del mío? —le propuse, acercándole el Evangelio de san Juan abierto al comienzo del capítulo 15.

El padre Francis entrecerró los ojos en la luz artificial tenue de la catacumba mientras Carlo esperaba inquieto junto a la entrada, curioso por escuchar lo que pasaría después.

—*Ego eimi he ampelos he alethine* —comenzó a leer el padre, mientras el griego antiguo hacía eco en la cámara—: «Soy la vid verdadera».

La palabra griega para «vid» es *ampelos* (ἄμπελος). Al igual que los 680 l de vino en Caná, el hijo de dios en el «regazo» del Padre, la corona de espinas y la capa púrpura, el Cordero de Dios y el *roer* y *masticar* la *carne* de Jesús, el verdadero vino es otro de los símbolos dionisiacos que es único en este Evangelio. El pasaje completo dice lo siguiente:

> Yo soy la vid verdadera y mi Padre es el labrador. Toda rama que no da fruto en mí la corta. Y todo sarmiento que da fruto lo limpia para que dé más fruto…, pero permanezcan en mí como yo permanezco en ustedes. Un sarmiento no puede producir fruto por sí mismo si no permanece unido a la vid; tampoco ustedes pueden producir fruto si no permanecen en mí.

Para Zander, el experto del Vaticano en la Ciudad de los Muertos, la masa de vegetación apoya aún más la interpretación cristiana tradicional del Mausoleo M. La manera en la que el pescador está «enmarcado de manera significativa por sarmientos suaves» *(significativamente incorniciata da flessuori tralci di vite)* es una «referencia obvia» *(evidente richiamo)* al pasaje citado del Evangelio de san Juan.[29] Sin embargo, otros pueden reconocer la continuidad pagana aquí: un motivo que es previo a las pinturas en el hipogeo de los Aurelios por varias décadas, que establece un buen precedente para la iniciación de Aurelia Prima a los misterios híbridos dionisiacos y cristianos. Si la bruja Circe en el fresco homérico al otro lado de la ciudad es evidencia de un sacramento alucinógeno griego, ¿estas vides son pistas sutiles de lo mismo? ¿En el epicentro mismo del universo católico?

En su análisis del arte del Mausoleo M, el historiador del arte John Beckwith dice: «La vid exuberante de Dioniso se ha vuelto la vid verdadera de Cristo».[30] Claro, pero ¿por qué? ¿Qué significa todo esto? En el Evangelio de san Juan, el propósito de los «símbolos» y el «lenguaje» secretos postulados por el eminente A. D. Nock e identificados de manera sistemática por el estudioso de la Biblia Dennis MacDonald es vincular a Jesús con una bebida sacramental intoxicante mucho más antigua que el cristianismo en sí. Para la mente griega, y para cualquier romano de habla griega que pudiera haber acampado toda la noche en la Ciudad de los Muertos para unirse con sus ancestros y su dios del vino, la vid no solo representaba al dios del éxtasis. La vid *era* el dios del éxtasis. Desde incluso el siglo XVI a. C., el testimonio de la alfarería griega a lo largo del Mediterráneo es muy claro: «En contraste con el dios en sí, sus seguidores o adoradores no son representados cargando ramas de vid. La rama de vid con racimos de uvas no es un símbolo general del culto o la adoración de Dioniso. Más bien es un símbolo específico de la vid en sí, que es apta solo para el dios».[31]

Yo abrí *Las bacantes* en el mismo pasaje que leí con el sacerdote en la Cour Napoléon en el Louvre el viernes anterior. Olí el papel y pensé en Eurípides, quien murió antes de poder ver su obra maestra representada en el Teatro de Dioniso en el año 405 a. C. Si Homero había emprendido el viaje desde la Antigua Grecia hasta el hipogeo de los Aurelios, ¿por qué Eurípides no podía terminar ahí también? Quizás alguno de los paleocristianos que bajaron a esta caverna lúgubre tenía un ejemplar de la obra de la que Juan había tomado su lenguaje para la vid verdadera, y donde el artista del mosaico había tomado prestados los zarcillos verdes que se deslizaban sobre cada centímetro cuadrado de esa cápsula del tiempo. Habría sido apropiado realizar una lectura. En voz alta, canté el griego que llevó la eucaristía a la basílica de San Pedro en primer lugar:

> Esta libera a los apurados mortales de su dolor
> cuando se sacian con el jugo de la vid (*ampelou*)[,]
> esa que les brinda el sueño que hace que uno se olvide de los problemas
> cotidianos:
> no hay otra droga (*pharmakon*) para la miseria.
> Él [Dioniso], que es un dios, se ofrece a los dioses en las libaciones.

Ahí estaba, más simple imposible. La misma *ampelos* o vid de Juan 15:1, descrita siglos antes como *pharmakon*. Cuando una antigua romana iba a ese lugar a llorar a sus muertos con su eucaristía, ¿qué vino habría elegido? ¿La sangre inmortal del Dioniso que vi antes de entrar aquí o la sangre inmortal de Jesús? Durante este período único del paleocristianismo, ¿había una diferencia real? ¿Y no era el *refrigerium* romano el ritual perfecto para unir a los dos? ¿No es esta ceremonia de toda la noche el pegamento que unió al *pharmakon* griego con el *pharmakon athanasias* cristiano? ¿Y no comenzó todo ahí, antes de que Constantino construyera su basílica sobre el santuario de san Pedro, lo cual enterró para siempre la Ciudad de los Muertos y el legado de su vino enriquecido?

Si el Mausoleo M en verdad es cristiano, tal como sostiene el Vaticano, entonces el símbolo inequívoco de la vid verdadera señala a una comunidad dedicada únicamente al libro favorito de los gnósticos, el Evangelio de san Juan. Una comunidad que bien podría haber heredado la misma «doctrina secreta» que vinculaba a Marcos el Mago con su maestro espiritual y el gnóstico más famoso de la época, Valentín. Una tradición de vino con drogas que al parecer unió a Valentín, a través de Teudas y Pablo, con Jesús mismo. Quienes se reunieran en esta cripta para echar un vistazo al más allá bien podrían haber usado la misma eucaristía gnóstica que fue tan bien documentada por los Padres de la Iglesia Ireneo e Hipólito. A tan solo unos metros sobre nosotros, donde el papa Francisco bendice el jugo de uva diluido que es «el corazón de la Iglesia», la idea de una eucaristía con drogas ahora es llamada «herejía». Y así ha sido durante 1 800 años. Pero ahí abajo, en un momento olvidado, antes de que el Vaticano creciera tanto, se le llamaba «cristianismo». Y antes de eso, durante muchos miles de años, fue una religión sin nombre.

En ese búnker silencioso, donde los vivos y los muertos se habrían tomado de la mano durante más de dos mil años sin interrupción, pude sentir a los espíritus que se reunían alrededor de las vides, que trepan por la columna invisible que se alza hacia el domo de Miguel Ángel. Si este no fue el origen de la religión en los capítulos primigenios de la historia de nuestra especie, entonces no sé qué pudo ser. Los romanos no inventaron el *refrigerium* más de lo que los cananeos, fenicios y nabateos inventaron el *marzeah*. Del mismo modo que los hablantes de indoeuropeo del Neolítico tampoco inventaron sus cultos a los cráneos que luego pasaron a la capilla doméstica en Mas Castellar de Pontós. Todos heredaron una tradición común que parece ser al menos tan antigua como la cueva Raqefet y Göbekli Tepe, pero probablemente mucho más antigua que ellos.

Está en nuestro ADN añorar a los fallecidos, y querer que vuelvan con un deseo visceral. Pero a diferencia de las religiones mansas de la actualidad, la mente antigua se rehusaba a dejar sin explorar el misterio de la muerte. Ellos centraron sus esfuerzos en el arte y la ciencia de morir antes de morir, para lograr ese vistazo momentáneo al más allá por el bien propio y de sus ancestros. Lo suficiente para que Aurelia Prima pudiera aparecerse en el banquete eucarístico del santo grial. O para que san Pedro compartiera el festín con los paleocristianos en el santuario que se encontraba a unos metros al oeste de nosotros.

Si bien Dioniso y Jesús querían abrir esa experiencia a todos, la tradición no duró. Los altos burócratas griegos ganaron la batalla. Y los místicos griegos se quedaron en la Ciudad de los Muertos, donde era su lugar, junto con las sacerdotisas originales de la religión más grande del mundo, donde el país más pequeño del mundo puede fingir que nunca existieron.

Después de la visita a la basílica de San Pedro, fui a inspeccionar dos catacumbas más que me habían fascinado por años. Antes de ese viaje atareado a Roma, nunca había podido verlas en persona. Pero después de hacerlo, las pistas subterráneas que había recolectado sobre la marca gnóstica de inspiración griega del cristianismo lograron unirse para contar una historia coherente. Al igual que los simonianos, valentinianos y marcosianos que las precedieron, las mujeres no eran solo miembros de iglesias subterráneas que seguían desdibujando los límites entre la misa y el *refrigerium*; ellas estaban a cargo. Pues ya entrado el siglo IV d. C., siempre que se necesitaba una eucaristía para invocar a los muertos, solo un género podía encargarse de dicha tarea.

La primera parada fue una visita en solitario a las catacumbas de Priscila, localizadas en la Via Salaria (Ruta de la Sal) que sale al norte de Roma. Me enteré por las malas que no era posible hacer una cita previamente. Es necesario ir en horario laboral, y las hermanas benedictinas que están a cargo de la propiedad en nombre del Vaticano te dan un amable recorrido. En especial si llevas un gafete de acceso de los Archivos Secretos, que olvidé quitarme. Por la cara que puso sor Irene, pareciera que pensó que me había enviado el papa Francisco mismo.

Nombradas en honor a la esposa de un senador romano, las catacumbas fueron cavadas en una antigua cantera que hace que el hipogeo de los Aurelios y la necrópolis vaticana parezcan cosa de nada. El laberinto de pozos y cámaras se extiende a lo largo de casi 13 km debajo de lo que ahora es la Villa Ada Savoia, un parque público de tamaño considerable.[32] Alguna vez fue conocida como «la reina de las catacumbas» debido al número de papas y mártires que fueron enterrados ahí a lo largo de los años. Hay mucho que explorar en las cuarenta mil tumbas, sin duda, pero mi único objetivo era la Capella Greca (Capilla Griega), un recinto cuadrado del siglo III que cuenta con varias escenas del Antiguo y Nuevo Testamento. Entre ellas se incluyen frescos que representan el sacrificio de Isaac, Daniel entre los leones y la resurrección de Lázaro por Jesús. Cuatro rostros sin cuerpo alguna vez decoraron los rincones del techo para representar las estaciones; pero solo una de dichas imágenes paganas sobrevive, y su cabeza de aspecto dionisiaco está coronada de hojas. Una banca larga de piedra corre a lo largo de toda la cámara, la cual se habría usado para los banquetes funerarios que tuvieron lugar ahí en la «iglesia de cementerio» (*Chiesa cimiteriale*).[33]

Así fue como el jesuita historiador del arte Joseph Wilpert se refirió a la sala ceremonial, con su escasez de tumbas. Si la Capilla Griega no se usaba para enterrar personas, entonces debió de usarse para consumir la eucaristía. Para Wilpert, esa fue la única conclusión lógica en 1894, después de que pudo eliminar químicamente la gruesa capa de estalactitas que cubrían el escandaloso fresco *Fractio Panis* (la fracción del pan) en el arco central de la iglesia subterránea.

Hay siete figuras sentadas alrededor de un *stibadium* o asiento semicircular típico. Hay cuatro cestas de mimbre a su derecha, tres a su izquierda, lo cual nos recuerda el famoso milagro de «la multiplicación de los panes», cuando el nazareno logró alimentar a cinco mil galileos hambrientos con tan solo cinco hogazas de pan y dos míseros pescados. La figura en el extremo izquierdo está menos relajada que las demás, se inclina al frente en el acto de partir el pan, o quizá de consagrar el cáliz cercano. Las otras seis personas estiran los brazos hacia dos platones colocados en la mesa, en señal de celebración conjunta. La figura del extremo izquierdo claramente es la que oficia el ritual, por lo cual su género es de importancia primordial. Wilpert al parecer alcanzó a ver una barba. Pero por alguna extraña razón, el rostro de la figura está manchado, lo cual ha llevado a algunos a creer que los jesuitas o algunos colegas vaticanos desfiguraron intencionalmente la imagen.

El fresco *Fractio Panis* (la fracción del pan) en la Capilla Griega de las catacumbas de Priscila. (© *Pontificia Commissione di Archeologia Sacra; cortesía del Archivio* PCAS).

Sin dar más crédito a teorías de conspiración, la investigadora Dorothy Irvin ofreció una lectura alternativa de la escena. En «The Ministry of Women in the Early Church: the Archeological Evidence» [El ministerio de las mujeres en la Iglesia temprana: la evidencia arqueológica], publicado en la revista *Duke Divinity School Review* en 1980, hace un análisis microscópico de las siete figuras fantasmales de blanco y concluye que todo el grupo es «inequívocamente femenino», «una lleva un velo, y todas están caracterizadas por cabello recogido, un cuello delgado con hombros inclinados, y el indicio de pendientes».[34] En cuanto al sacerdote «varón» de Wilpert, Irvin nota «la sombra del pecho debajo del brazo estirado». Adicionalmente, analiza el largo de la falda de la figura. En esa época, la túnica de un hombre nunca llegaría más debajo de la parte superior de la pantorrilla. Sin embargo, las faldas de las mujeres colgaban a unos 3 cm del piso. Irvin nota cómo la pantorrilla de la oficiante está completamente cubierta por la falda, que se «arruga alrededor del tobillo».[35]

En fotos más antiguas, la falda de la líder puede verse claramente. En las más recientes, parece haberse desvanecido, lo cual la vuelve más enigmática. Durante mi visita a la Capilla Griega, un portón de hierro me mantuvo a raya para evitar la inspección más cercana. De cualquier modo, el Vaticano sigue sin estar convencido de la investigación de Irvin. En el manual publicado por la Comisión Pontificia para la Arqueología Sagrada en 2016, Raffaella Giuliani repite la interpretación original de Wilpert, y dice que la persona sentada en la cabecera de la mesa en la «posición de honor» (*posto d'onore*) es claramente «un hombre barbudo que lleva una túnica y un *pallium*» (*un uomo barbato indossante tunica e pallio*).[36] Él habría sido el «obispo que preside» (*vescovo celebrante*) en esta comida ritual a la que asistieron cinco hombres más. Para no discriminar, Giuliani reconoce a una única mujer en un velo, la tercera figura desde la derecha.

Desde la «lectura eucarística evocativa» (*suggestiva lettura eucaristica*) de Wilpert, la Iglesia ha dado marcha atrás, al notar que durante los estudios posteriores, la interpretación predominante ahora relaciona a este banquete con la tradición pagana del *refrigerium*.[37] Pero incluso el Vaticano se da cuenta de que la barrera entre las prácticas paganas y cristianas era porosa en esta coyuntura crítica en el desarrollo de la fe. Además de las cestas de mimbre, la comida simbólica dispuesta en la mesa no puede descartarse fácilmente: un solo cáliz junto a un platón con cinco hogazas de pan, y otro con dos pescados. Este fresco lleva a la Iglesia a la observación innegable de que el vino, el pan y el pescado señalan el «sacramento de la eucaristía» y ciertos pasajes del Evangelio que se refieren a este, entre ellos el de la multiplicación de los panes, la boda de Caná y la última cena. En efecto, el altar está lleno de «símbolos cristianos y eucarísticos por excelencia».[38] Es una concesión interesante. Pero para Irvin, no es suficiente. Al igual que el fresco del santo grial en el hipogeo de los Aurelios y el mosaico en el Mausoleo M, la identidad de la eucaristía original está en juego aquí. Una lectura adecuada del *Fractio Panis* debe explicar la ausencia de la clase de alimento y bebida que se habrían consumido normalmente en el contexto puramente pagano de un *refrigerium*. Incluso el Vaticano admite que la mesa en su mayoría vacía le brinda cierto «carácter litúrgico» (*carattere liturgico*) a este banquete.[39] Si las siete mujeres no están en un simple pícnic, entonces deben de estar en mitad de un ritual importante que se celebraba ahí, en las profundidades subterráneas de Roma, por alguna razón.

La dedicatoria inscrita en la pared de esta capilla está escrita en griego, y le da su nombre a la cámara cuadrada. Registra la muerte de una mujer llamada Nestoriana.[40] Al igual que Néstor (el rey peloponesio de la Grecia micénica de *La Odisea* de Homero), señala a los devotos griegos. Si la tradición eucarística en verdad se importó de las partes helenizadas del Mediterráneo antiguo, o del sur de Magna Grecia, entonces el vino representado aquí no puede ser un vino ordinario. Bien podría ser parte de la misma «doctrina secreta» que vincula a Aurelia Prima con personas como Pitágoras y Plotino en Magna Grecia. O la misma «doctrina secreta» cristiana que vincula a los gnósticos con Jesús y la eucaristía con drogas original. En ambos casos, el denominador común eran ciertas técnicas visionarias que encontraron su más alta expresión en estas catacumbas similares a cuevas. En ellas, parece que las mujeres desempeñaron el papel definitorio.

A mediados del siglo III, cuando el *Fractio Panis* probablemente surgió, la Capilla Griega habría sido el foro ideal para que ambas tradiciones, griega y cristiana, se fusionaran en la clase de culto mistérico que atraería a seguidores tanto de Dioniso como de Jesús. Irvin defiende su punto de vista:

> Esta escena particular tiene un inmenso valor como un testimonio sumamente temprano de la eucaristía, o más bien, un tipo de eucaristía. Esta pieza de arte religioso en una catacumba no nos muestra el *agape* comunitario, sino más bien otra costumbre, la vigilia eucarística. Se representa en las catacumbas porque ahí era donde esta vigilia se llevaba a cabo en el aniversario de la muerte de un

cristiano. Esta parece haber incluido el pasar la noche en el sitio de sepulcro, y celebrar la eucaristía ahí en memoria del fallecido. Únicamente era una eucaristía, no una comida completa, y esa es la razón por la cual no hay otros alimentos en la mesa.

Si en verdad hay siete mujeres retratadas aquí, eso concordaría a la perfección con la conclusión de la clasicista Ross Kraemer, a quien se mencionó antes, durante mi cena con el padre Francis en París. Su revisión de la evidencia material para los misterios dionisiacos encontró que la «iniciación con sus prácticas de posesión y sacrificio» se le negaba de manera ordinaria a los hombres en la tradición griega. Una lectura atenta de todos los «símbolos» y el «lenguaje» en el Evangelio de san Juan y el significado llano del evangelio de María Magdalena deja ver que ambos sugieren lo mismo. Lo mismo puede decirse a partir del trabajo respetado de Raymond E. Brown, el fallecido sacerdote católico que notó la reputación duradera de María Magdalena como «apóstol de los apóstoles». Cualquier hablante de griego podría haber considerado a la primera persona que atestiguó la resurrección de Jesús como una figura divina. Y con toda razón, eso justificaría su preparación de la clase de eucaristía que tendría sentido para los gnósticos de habla griega.

No solo en esta Capilla Griega, sino en toda Roma.

Para la segunda aventura, el padre Francis me acompañó a las catacumbas de San Marcelino y San Pedro. Ubicadas afuera de la Porta Maggiore de Roma en la Via Casilina que lleva al sur hacia Magna Grecia, las tumbas están alejadas del itinerario romano típico. Al igual que en las catacumbas de Priscila, la llegada no es solo un descenso simple de algunos metros en la penumbra subterránea. Más bien se requiere la exploración de 5 500 m² de galerías y túneles en las entrañas de la tierra, que dan vida a cámaras funerarias que se entrecruzan en una disposición vertiginosa lejos de la superficie.[41]

Para nuestra investigación tienen particular interés ocho frescos que se encuentran ahí: escenas de banquete que datan de finales del siglo III o comienzos del siglo IV d. C., en las que las mujeres muy claramente controlan la copa eucarística.[42] Las excavaciones arqueológicas han descubierto 33 *mensae*, o mesas pequeñas, que incluyen «fragmentos de platos de vidrio y cerámica», lo cual confirma que se organizaron comidas funerarias ahí entre las sombras.[43] En «Women Leaders in Family Funerary Banquets» [Mujeres líderes en banquetes funerarios familiares] de 2005, la investigadora Janet Tulloch dice: «Es probable que la acción representada haya sido una práctica aceptada durante cierto tiempo entre la comunidad cristiana temprana, y la representación del comportamiento es posterior a la práctica en sí».[44] Y a pesar del estigma romano averso a que las «mujeres respetables» bebieran vino en exceso, el auspicio de Constantino al cristianismo años antes, en ese mismo siglo, habría fomentado la «convención visual» que se ve en estas catacumbas, «una práctica que ya era familiar para los cristianos en la vida real», y una que sirve como «un índice del estatus de las mujeres y la moral en la formación de la Iglesia temprana».[45]

En siete de las ocho escenas de banquetes, de manera extraña, las palabras griegas *Apape* (amor) e *Irene* (paz) aparecen en alfabeto latino. Un ejemplo claro es la cámara 78, en la parte más recóndita de las catacumbas. Pintada en la misma clase de nichos arqueados que vimos en el hipogeo de los Aurelios, los colores están extraordinariamente bien conservados. Una mujer descalza, cubierta a medias por un velo, está de pie con una bata larga de rojos y amarillos apagados ceñida en la parte alta de la cintura a la manera de un fraile medieval. Alza una copa de modo ceremonioso en la mano derecha, la cual sostiene con delicadeza con su pulgar y dos dedos. Los cuatro hombres sentados en el asiento circular lo notan, y algunos señalan hacia la mesa de banquete en el centro, donde parece haber un único pescado.

La reacción es aún más pronunciada en la cámara 45, donde se representa una escena muy similar, aunque el fresco está un poco más dañado por el tiempo. La oficiante en una bata de color similar al púrpura alza el cáliz en la mano derecha para un grupo de cuatro adultos y dos niños. Todos están impactados por el gesto, en especial el hombre con los ojos bien abiertos que está a la izquierda de la mujer, quien parece hallarse casi en estado de *shock*. Me recordó a las 12 figuras del fresco del santo grial que daban la bienvenida a Aurelia que había regresado de entre los muertos, hipnotizados por cómo alzaba la copa. Para Tulloch, las miradas y gestos exagerados de los comensales resaltan «la importancia de este rito particular de bebida» que es «el momento cumbre del banquete funerario».[46]

Como la oficiante, la mujer era quien pronunciaba la palabra *agape*. Tulloch interpreta el resto de la inscripción en latín como una especie de refrán de los invitados, que de nuevo recuerda el «carácter litúrgico» de estas comidas. Entonces, en la cámara 78 la mujer grita algo similar a: «¡Por el

366

amor!». Y los hombres responden: «*Misce!*» o «¡Mézclalo!». En la cámara 45, el latín es igualmente claro: «*Misce nobis!*» o «¡Mézclalo por nosotros!». A diferencia de la consagración sutil en la Capilla Griega, a veinte minutos al norte, este latín deja perfectamente claro lo que los hablantes de griego de la «iglesia de cementerio» en las catacumbas de Priscila trataban de comunicar visualmente. La mujer está a cargo no solo de elevar, designar o presentar el vino, sino también de *mezclar* el vino. Y esto, al igual que los rituales de mezclar el vino que analizamos en G 408 y G 409 en el Louvre, plantea la posibilidad muy real de que no se consumiera un vino ordinario en esas comidas paleocristianas rituales que dieron origen a la misa como la conocemos.

Fresco de un banquete funerario de la cámara 78 de las catacumbas de San Marcelino y San Pedro (arriba). El latín que está sobre la sacerdotisa dice: «*Agape*» (¡Por el amor!), «*Misce*» (¡Mézclalo!). Otra escena de un banquete funerario de la cámara 76 de las catacumbas de San Marcelino y San Pedro (abajo). El latín dice: «*Misce mi*» (¡Mézclalo por mí!), «*Irene*» (¡Por la paz!). (© *Pontificia Commissione di Archeologia Sacra; cortesía del Archivio* PCAS)

De hecho, las mujeres de habla griega de la Roma del siglo III d. C. habrían tenido acceso a un tesoro de conocimiento herbolario, no solo del padre de las drogas mismo, Dioscórides, sino también de su sucesor. El farmacólogo Galeno, que sirvió a varios emperadores antes de su muerte a comienzos del siglo III d. C., y que alababa a la ciudad de Roma por su «excelente suministro de drogas», dejó una cantidad impresionante de material escrito en griego que hasta el día de hoy —como ya mencioné anteriormente— no se ha traducido al inglés.[47] Su producción enciclopédica sin duda pudo haber inspirado una eucaristía cristiana que fuera igual de poderosa que la eucaristía griega que la había inspirado.

Fresco de un banquete funerario de la cámara 45 de las catacumbas de San Marcelino y San Pedro (arriba). El latín sobre la cabeza de la sacerdotisa a la izquierda dice: «*Agape*» (¡Por el amor!), «*Misce nobis*» (¡Mézclalo por nosotros!). El latín sobre la segunda figura de la derecha dice: «*Porge calda*» (Da lo caliente). Una última escena de un banquete funerario de la cámara 39 de las catacumbas de San Marcelino y San Pedro (abajo). El latín a la izquierda dice: «*Irene*» (¡Por la paz!) «*Da calda*» (Da lo caliente). (© *Pontificia Commissione di Archeologia Sacra; cortesía del Archivio* PCAS)

Y la evidencia está escrita ahí mismo, en la pared, para cualquiera que decida adentrarse en las profundidades de las catacumbas del Vaticano. En la cámara 39, una última frase en latín queda registrada en la parte izquierda del fresco. Pintada con claridad en la pared se puede leer «*Da calda!*» o «Da lo caliente». En latín, *calda* es una palabra curiosa. Fuera de las catacumbas, aparece en jarrones del mismo período. Tulloch traduce *calda* como «una mezcla caliente de vino con agua».[48] En el libro *Pagan and Christian Rome* [Roma pagana y cristiana] de Rodolfo Lanciani, publicado en 1893, nos da un poco más de detalle:

> El significado de la palabra *calda* no es definitivo. No hay duda… de que los antiguos tenían algo que correspondía a nuestro té; pero el *calda* parece haber sido más que una infusión; al parecer, era una mezcla de agua caliente, vino y drogas, es decir, una especie de ponche, que solía beberse principalmente en invierno.

Una vez más, otro tema familiar nos devuelve a los temas con los que comenzamos: las mujeres y las drogas. Y con eso, mi recorrido de las catacumbas romanas llegó a su fin.

Si el objetivo era resucitar las reuniones secretas y sacramentos mágicos de los primeros cristianos en ese período crucial entre la muerte de Jesús alrededor del año 33 y el año 380, cuando Teodosio hizo del cristianismo la religión estatal oficial del Imperio romano, entonces la misión tuvo éxito.

Con la presión del Estado romano y los Padres de la Iglesia, no es de sorprender que el cristianismo mantuviera las iglesias caseras y las catacumbas durante más de tres siglos. Pues la eucaristía original pudo haber florecido en la comodidad y privacidad de cualquier hogar o cementerio que pudiera conseguir el vino mágico, lejos de la intrusión de las autoridades políticas y religiosas. Pero la única pregunta que he querido responder desde el Louvre es si la tradición de los sacramentos alucinógenos griegos, cuyo origen encontramos en Mas Castellar de Pontós, en verdad entró al cristianismo durante los siglos posteriores a Jesús. Y si fue así, ¿de qué modo? ¿La hipótesis de continuidad pagana con un giro psicodélico tiene algún mérito?

En Grecia, cuando san Pablo acusó a la iglesia casera de Corinto de servir una poción letal, el cambio desató una serie de pistas que llevaban a Magna Grecia y Roma, quizás el refugio predilecto de los visionarios griegos en cualquier parte del Mediterráneo antiguo. Sin tener mucha evidencia arqueológica de las iglesias caseras mismas, recurrimos al único otro lugar en el que podría aparecer una eucaristía psicodélica. Lo que el Vaticano caracteriza como «la evidencia más explícita y concreta» de los orígenes verdaderos del cristianismo: las criptas subterráneas.

En la Ciudad de los Muertos bajo la basílica de San Pedro, vimos los mosaicos cristianos más antiguos del mundo. De finales del siglo II a comienzos del siglo III d. C, el sarcófago del dios del éxtasis en la Tumba Z y la «vid verdadera» en el Mausoleo M son una prueba contundente de que los cimientos de la Iglesia católica literalmente se construyeron sobre Dioniso, tal como el Evangelio de san Juan trató de comunicar con todos esos «símbolos» y «lenguaje» secretos que terminan con la verdadera bebida que promete la inmortalidad. Es imposible saber qué clase de poción se consumía en la necrópolis vaticana antes de que Constantino la cubriera. Pero si esta se parecía a la eucaristía mágica de los gnósticos que atesoraban el Evangelio de san Juan sobre cualquier otro, entonces los festines de toda la noche entre los vivos y los muertos habrían sido un asunto mucho más psicodélico que la misa actual, donde la sangre de Dioniso y la sangre de Jesús podrían ser una y la misma.

Al otro lado de la ciudad en el hipogeo de los Aurelios de mediados del siglo III d. C., la bruja psicodélica Circe resalta en un fresco homérico: el símbolo perdido de una tradición de la Edad de Piedra que habría tenido significado para los iniciados de los misterios griegos. Los mismos iniciados que espiarían cómo Aurelia Prima completa su apoteosis en la cámara final y después regresa de la muerte en lo que quizá sea la representación más antigua de la última cena como un *refrigerium*. Al igual que las mujeres iniciadas en el aquelarre de Dioniso por siglos y siglos antes que ella, desde Italia hasta Grecia y desde Éfeso hasta Galilea, Aurelia Prima asume su papel como guardiana del secreto de los secretos. Pero era un estorbo para el progreso. Antes de que los sacerdotes pudieran tomar el control del cristianismo, tenían que deshacerse de las brujas.

Se trata de brujas que podrían haber venerado a María Magdalena como la «apóstol de los apóstoles», tal como era la intención original del Evangelio de san Juan y el evangelio de María Magdalena. Brujas que podrían haber seguido a Junia, «la principal entre los apóstoles», a la Ciudad Eterna. Brujas que, generaciones después de Aurelia Prima, seguían consagrando su eucaristía especial para los ancestros en la «iglesia de cementerio» de la Capilla Griega, en las profundidades de las catacumbas de Priscila. Y brujas que gritaban «Paz» y «Amor» en griego antiguo mientras mezclaban su vino con drogas para espectadores tanto vivos como muertos en las catacumbas de Marcelino y Pedro.

Por lo tanto, esta es la historia ignorada del paleocristianismo. Durante casi trescientos años, fue un culto mistérico ilegal, con mujeres en la Italia de habla griega que guiaban banquetes funerarios en el inframundo que se decía ofrecían acceso al otro lado. Pero, «de acuerdo con el plan de Dios», como el Vaticano proclamó en 1976, las brujas y su eucaristía nunca lograron salir de la Ciudad de los Muertos. La eucaristía era un trabajo para hombres. Y sigue siéndolo. Y al igual que la cerveza de cementerio que parece haber llevado a la humanidad de la Edad de Piedra de las cuevas a las ciudades, el vino de cementerio que construyó el cristianismo es cosa del pasado.

Quizá quedó enterrado.

Pero milagrosamente conservado. Frente a todas las adversidades.

A la sombra del volcán más peligroso del mundo.

15

La Ruta de la Costa Mistérica

Tenía que aparecer en algún lugar, supongo. Pero, en parte, siempre me costó creerlo. Si la búsqueda del ciceón psicodélico me había enseñado algo había sido a expandir mi definición estrecha de los misterios griegos. Siempre que visualizaba los misterios de Eleusis, pensaba en el sitio arqueológico en Eleusis. Y nada más. Eso cambió cuando me di cuenta de que las cosas no funcionaban de esa manera en el «internet cultural antiguo» del Mediterráneo. Aunque no pudimos hacer pruebas con los recipientes del museo y bodega de Kalliope Papangeli en Grecia, eso no significaba que la búsqueda de un espécimen decente se hubiera terminado.

Siempre supe que solo había una manera de demostrar que la eucaristía original era, de hecho, psicodélica. Pero localizar cualquier dato científico duro para un vino alucinógeno antiguo en los misterios de Dioniso o Jesús fue un fracaso total. Si una poción similar sí había asistido al nacimiento del cristianismo, sin duda no estaba donde yo pensaba. Ninguno de los químicos arqueólogos en Grecia, Anatolia o Galilea habían logrado dar resultados. Hay pistas interesantes, por supuesto, de Andrew Koh en el Instituto Tecnológico de Massachusetts, cuando anunció la mezcla psicoactiva de Tel Kabri en 2014 y compartió las noticias no publicadas sobre Tel Kedesh en 2019. Pero ambos casos eran anteriores al surgimiento del cristianismo.

Las coordenadas principales de mi búsqueda fueron los sitios en los que Dioniso y Jesús se sobrepusieron en los primeros siglos después de Cristo.

Me centré en particular en lugares como Corinto, donde una iglesia casera original podría contener un recipiente cristiano que alguna vez haya contenido la eucaristía letal. O la primera audiencia de Juan en Éfeso, donde frascos tanto paganos como cristianos fueron descubiertos en la misma necrópolis conocida como la Cueva de los Siete Durmientes.[1] O Escitópolis en lo que ahora es Israel, donde se han encontrado figurillas dionisiacas junto con artefactos cristianos en el Cementerio del Norte.[2] Pero nada salió a la luz.

Tuve que recordarme a mí mismo que nadie se dedica a buscar vino cristiano psicodélico. No es un campo de estudio. A decir verdad, Koh es el único investigador con el que he hablado del tema que tiene la formación doble en letras clásicas y química como para siquiera considerar los méritos de la búsqueda. Entonces, después de años de buscar la prueba irrefutable en revistas académicas, me di por vencido por un tiempo y me apegué a los sacramentos griegos de los años previos a Cristo: el ciceón y el vino dionisiaco. Los años posteriores a Cristo quedaron en segundo plano, hasta que los datos de Mas Castellar de Pontós en España me recordaron que siguiera a los dioses y diosas griegos en sus viajes hacia el occidente. De manera intermitente los seguí hacia una zona obvia que había ignorado por demasiado tiempo.

Magna Grecia.

De todos los lugares en el Mediterráneo antiguo que estuvieron ocultos por siglos, esperando a que los arqueólogos llegaran a husmear entre los recipientes intactos, no debería sorprenderme que el sur de Italia se llevara el premio. Fue ahí donde al fin pude ubicar los datos más confiables de vino psicodélico que jamás había visto. Fue ahí donde los restos del brebaje fabulosamente complejo databan sin duda del momento perfecto en la historia, el siglo I d. C. Y fue ahí donde la poción mágica estaba oculta en el lugar perfecto. La región en la que las deidades griegas desembarcaron en el pasado arcaico de Italia. Y precisamente el lugar que llamó al pueblo que definió el concepto del misticismo griego y dio origen a la civilización occidental tal como la conocemos.

Los focenses.

Los mismos focenses que llevaron el culto de Deméter y Perséfone desde Anatolia para fundar la colonia griega de Emporion en España. La misma colonia que importó el vaso dionisiaco con la escena de una fiesta con vino embriagador, el cual Enriqueta Pons encontró en uno de los múltiples silos en Mas Castellar de Pontós. La misma colonia que parece haberles presentado a los ibéricos clásicos la cerveza de cementerio llena de cornezuelo que abría las puertas del inframundo. Y la misma colonia que se reencontró con sus primos indoeuropeos en un culto a los cráneos con raíces en la Edad de Piedra. La historia rara vez es clara y fácil de descifrar. Pero de vez en cuando, el dios del éxtasis nos da regalos.

Tal como discutimos durante nuestra visita a Girona, los focenses, que eran los «vikingos de la Antigüedad», zarparon de Jonia en la costa oeste de lo que hoy es Turquía para fundar tres colonias duraderas: Massalia (*ca.* 600 a. C.), Emporion (*ca.* 575 a. C.) y Velia (*ca.* 530 a. C.). Ubicada en Magna Grecia, a unas cuatro horas al sur de Roma, Velia y sus místicos griegos siempre estuvieron presentes en mi mente. Por alguna razón, su influjo potencial en el cristianismo nunca me pasó por la cabeza. Sin embargo, en retrospectiva, no había mejores candidatos para inundar Roma con la magia de la inmortalidad que los maestros mismos.

Como mencioné anteriormente, el clasicista Peter Kingsley es el experto mundial en la tradición esotérica que sedujo a Italia después del gurú de Platón, Parménides, quien nació en Velia en el año 515 a. C. Fueron los parientes de Parménides quienes llevaron a Magna Grecia sus prácticas culturales de la tierra natal focense al oriente. La comunidad de habla griega en Focea era la beneficiaria de influencias espirituales de las culturas más antiguas y grandes del mundo: desde las tierras natales indoeuropeas propuestas tanto de Anatolia como de Asia Central, hasta los egipcios, babilonios, persas e indios. El crisol que creó a los primeros científicos de la civilización occidental entre 600 y 400 a. C., que sentó la base para toda la tecnología del mundo moderno, también creó una tradición secreta de magos, sanadores y profetas que perfeccionaron el arte antiguo de morir antes de morir.

La verdadera filosofía no tiene nada que ver con libros. El punto de partida de la racionalidad y la lógica que se asocia en exceso con el pensamiento occidental era todo menos las réplicas sagaces y los educados argumentos que llenan los diálogos de Platón. Detrás de toda la gimnasia mental había una enseñanza atemporal, mencionada solo brevemente en el *Fedón* de Platón: «Aquellos que emprenden la filosofía de manera correcta practican nada menos que el morir y estar muertos».[3]

Y Velia era la fuente de todo. El epicentro de un ejercicio que se enfocaba en el inframundo, en el que el objetivo era entrar en un «estado de muerte aparente, de animación suspendida, cuando el pulso está tan callado que apenas y se siente».[4] En un lenguaje que sorprende por cuánto se parece al testimonio de los voluntarios de los experimentos con psilocibina de Hopkins y NYU, sin mencionar el ritual del *marzeah* de Oriente Próximo, Kingsley describe el objetivo supremo de Parménides y sus discípulos como un estado de trance «cataléptico» en «un mundo más allá de los sentidos», en el que «el tiempo y espacio no significan nada» y «el pasado y el futuro están igual de presentes que el presente para nosotros».[5] El resumen de Kingsley de la tradición ignorada que muchos clasicistas tan solo evitan es el patio de juegos de cualquier místico judío, cristiano o musulmán que se atrevió a explorar el núcleo central de su fe. «Bajar al inframundo en la muerte es una cosa», dice Kingsley. «Bajar en vida, preparado y consciente, y después aprender de esa experiencia, eso es algo muy distinto».[6]

Para los focenses, morir antes de morir era la única manera de entrar en contacto con la verdadera estructura subyacente del cosmos. Tal como explica Kingsley:

> La vigilia es una forma de conciencia, soñar es otra. Y sin embargo, esto es lo que podemos vivir por mil años[,] pero nunca descubrir, lo que podemos teorizar o sobre lo cual podemos especular sin nunca acercarnos: la conciencia misma. Es lo que mantiene todo junto y no cambia. Una vez que uno experimenta esta conciencia, sabe lo que es no es estar dormido ni despierto, ni vivo ni muerto, y estar en casa no solo en este mundo de los sentidos[,] sino en otra realidad también.[7]

Para lograr este estado especial de conciencia, según Kingsley, no había necesidad de drogas. Lo único que había que hacer era entrar en una cueva y recostarse «completamente quieto, sin comida, durante varios días, tal como los animales en una guarida».[8] Así fue como el historiador griego antiguo Estrabón (63 a. C.-29 d. C.) definió la técnica conocida como «incubación» que tuvo lugar en Charonium, una cueva famosa en la región de Caria (al sur de Focea y Éfeso) dedicada a Plutón y Perséfone. Al igual que el refugio de roca entre las ruinas de Eleusis, era considerada una entrada al inframundo. A lo largo de Anatolia, a menudo se construían templos a Apolo sobre dichas cuevas, lo cual le daba acceso al mundo de los muertos a los iniciados valientes. Pero Asclepio se volvería el dios más famoso de la incubación griega, una probable razón por la que su estatua se encuentra en el Museo Arqueológico de Ampurias, cerca de la finca griega en Mas Castellar de Pontós.[9]

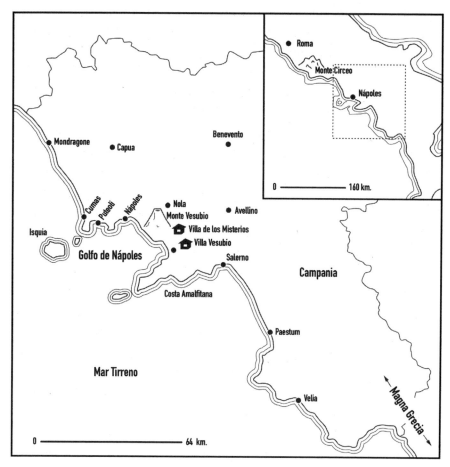

La Ruta de la Costa Mistérica
Región de Campania en Italia

Kingsley cree que Magna Grecia era otro hogar obvio de la práctica antigua de la incubación. Incluso antes de que Parménides llegara a Campania, la región italiana que se extiende desde Nápoles y Pompeya al norte hasta Velia al sur, Pitágoras también estaba obsesionado con Perséfone. Eso explica por qué construyó su hogar en el sur de Italia como un templo literal, que contaba incluso con «una habitación subterránea especial a la que iba para permanecer quieto durante largos períodos de tiempo».[10] ¿Fue un romance focense con la misma diosa lo que dio origen a esos 2 500 silos subterráneos a lo largo del sitio arqueológico de Mas Castellar de Pontós? ¿Y eso también llevó a los primeros cristianos al viñedo subterráneo de Dioniso bajo la basílica de San Pedro, donde la primera eucaristía fue celebrada en la Ciudad de los Muertos? ¿O a las muchas catacumbas alrededor de Roma, donde las brujas de habla griega dominaban la noche?

Si ese es el caso, ¿los paleocristianos tan solo caían al suelo como osos en hibernación, o una poción mágica en ocasiones lubricaba los episodios de incubación? Para los habitantes de Velia, recostarse unos cuantos días en una cueva oscurecida pudo haber sido tan natural como respirar. Pero quizá los romanos al norte de ellos necesitaban un pequeño empujón. Y quizá los mismos focenses que llevaron la cerveza psicodélica a Pontós bajaron a Roma con el vino correcto para lograrlo. Si hay algo de cierto en este acertijo antiguo sobre los arquitectos secretos de la civilización occidental, tiene que encontrarse en esa costa gloriosa a lo largo del mar Tirreno en el oeste de Italia, en los 350 kilómetros que separan a Velia de Roma.

Es por ello que es bautizada como la Ruta de la Costa Mistérica.

Reclutadas de sus hogares en Velia, las sacerdotisas de Perséfone de hecho tomarían la ruta al norte por cientos de años después de Parménides. Quinientos años antes de Jesús, esas mujeres hicieron peregrinaciones generación tras generación para cumplir con su deber sagrado en el templo de Deméter y Perséfone que se había construido en Roma con estándares griegos. Al igual que las sacerdotisas, los dioses y diosas griegos mismos iban y venían de Campania también. En *The Cults of Campania* [Los cultos de Campania], publicado por primera vez en 1919, el clasicista Roy Merle Peterson ubica el origen de la veneración romana a Apolo y los oráculos sibilinos de inspiración divina en la comunidad griega de Magna Grecia por vía de Cumas, al oeste de Nápoles.[11] Después, Peterson data la introducción de los cultos de Deméter, Perséfone y Dioniso a Roma en el año 493 a. C., cuando los granos de Campania se necesitaron para detener una hambruna en Roma.[12] Una vez que la influencia de Cumas decreció, las hermanas en Nápoles y Velia asumieron el control religioso de la Ciudad Eterna. Para el año 340 a. C., los seis dioses estampados en las primeras monedas de bronce «eran dioses griegos cuyo culto se había introducido desde el sur o eran divinidades griegas que ahora se identificaban con las romanas».[13]

En este panorama helénico místico que conectaba a Roma con Campania llegó Paculla Annia, la controvertida suma sacerdotisa de Baco que Livio señaló como la razón principal para la prohibición de los misterios dionisiacos en 186 a. C. Ella se rehusaba a admitir a hombres mayores de

20 años de edad en las festividades exclusivamente femeninas que le robaban al ejército ansiosos soldados, lo cual provocó al Senado romano. Pero Peterson nota de inmediato, claro, que el culto «caracterizado por devoción mística al dios del vino no cesó por completo».[14] En realidad, para los comienzos de la era cristiana, Peterson hace una crónica de una Campania en la que «el mundo pagano está en la cúspide de su poder» con «incontables santuarios apartados y domésticos», una región «tan llena de dioses que era más fácil encontrar dioses que hombres».[15]

Para los siglos II y III d. C., el nuevo culto mistérico dedicado al dios del vino de Galilea empezaba a reemplazar el viejo en Magna Grecia. Se centraba en las ciudades de Nápoles y Puteoli en la parte oeste de Campania, cerca del sitio arqueológico de Cumas, donde «los conversos de alto rango, en especial las mujeres, no eran desconocidos en las épocas tempranas».[16] Tal como el padre Francis me recordó, las capas más viejas de la Iglesia en Roma sin duda son griegas. Era lo único que los burócratas de habla griega como los papas y los Padres de la Iglesia tenían en común con los místicos de habla griega como los gnósticos. Puede que difirieran diametralmente en su interpretación del Evangelio de san Juan, el valor de los textos gnósticos y la dirección final de la Iglesia, pero todos sabían griego. Para el año 251 d. C., cuando el papa Cornelio convocó un sínodo de sesenta obispos para confirmar su posición como el heredero legítimo del trono de san Pedro, la mayoría de los obispos provenía del sur. En el siglo IV d. C., Constantino mismo erigió solo dos basílicas fuera de Roma: una en Nápoles y otra al norte, en Capua, la misma ciudad que alguna vez albergó el *skyphos* en el Museo Británico que presenta a Triptólemo con Deméter, Perséfone y Dioniso.

De entre todos los lugares en el mundo en los que Pedro y Pablo podrían establecerse, y en los que los papas posteriores podían regir el cristianismo hasta la llegada de Martín Lutero en el siglo XVI, eligieron Roma. Desde su capital a lo largo de la Ruta de la Costa Mistérica, ahí fue donde el cristianismo entró en las iglesias caseras y catacumbas por trescientos años antes de erigir las edificaciones que ahora dan la bienvenida a 2 420 millones de cristianos de cada rincón del planeta.

La historia espiritual de la civilización occidental comienza en Anatolia con los protoindoeuropeos y, muchos miles de años después, los focenses. Y termina en Magna Grecia, donde las sacerdotisas de Velia viajarían constantemente de Roma a Campania. Ahí, en las décadas posteriores a la muerte de Jesús, el conocimiento secreto se compartiría con las mujeres a cargo del culto mistérico más nuevo. Y de ahí pudo haberse obtenido la eucaristía psicodélica perfeccionada, apegada a las recetas que el padre de las drogas, Dioscórides (*ca.* 40-90 d. C.), y el farmacólogo líder de Roma, Galeno (*ca.* 130-210 d. C.), habían conservado para las brujas de habla griega que descendían a cuevas subterráneas para guiar los rituales del cristianismo. Al igual que Aurelia Prima en el hipogeo de los Aurelios, o todas las hermanas del vino de las catacumbas de Priscila o las catacumbas de Marcelino y Pedro.

En su viaje de Velia a Roma, algunas paradas ideales aparecen en el mapa de las sacerdotisas de Campania. Una sería Paestum, a menos de 50 km al norte de Velia, con sus tres templos griegos majestuosos. El más antiguo, dedicado a Hera, data del año 550 a. C. y está tan bien conservado que los primeros arqueólogos pensaron que era romano. Otro lugar en el que las brujas podían descansar habría sido Pompeya. A los místicos griegos les gustaban los volcanes. De acuerdo con Peter Kingsley, «veían el fuego volcánico como una luz en las tinieblas»; era purificador, transformador y capaz de inmortalizar». Si bien la erupción del monte Vesubio en el año 79 d. C. no fue más que un desastre para los residentes antiguos, les ha dado a los excavadores modernos información clave sin precedentes del pasado. Cinco metros de ceniza volcánica que mantuvieron la Villa de los Misterios en perfecto estado, lo cual le permitió al investigador alemán Nikolaus Himmelmann notar las similitudes entre los frescos dionisiacos en Pompeya y la tercera cámara del hipogeo de los Aurelios, donde Aurelia Prima es iniciada a los misterios griegos.

Durante casi dos mil años, la misma ceniza de la misma explosión en la región volcánica más densamente poblada del planeta conservó otro secreto: evidencia botánica concreta de uno de los vinos extraordinariamente intoxicantes, muy psicoactivos y en ocasiones alucinógenos y potencialmente letales de los que habla Ruck.

En el otoño de 2018, mientras Enriqueta Pons y yo comenzamos a escribirnos diariamente sobre el descubrimiento de cornezuelo en Mas Castellar de Pontós, al fin pude empezar a unir los puntos. Si los focenses en verdad fueron los arquitectos secretos de la civilización occidental, y en verdad hubo drogas involucradas, entonces Emporion no sería el único lugar en el que dejaron una serie de pistas. Si los vikingos de la Antigüedad pudieron sembrar cultos del inframundo de Deméter y Perséfone en la lejana Iberia al oeste,

¿por qué no más cerca de casa en Magna Grecia? O, si no fueron ellos, ¿por qué no otros maestros griegos que harían de Italia su hogar durante siglos después de la fundación de Velia? Solo como un ejemplo, consideremos al discípulo estrella de Parménides, Empédocles (495-435 a. C.), que vivió en la ciudad griega de Agrigento en Sicilia. Él dejó un fragmento enigmático sobre el uso mágico de *pharmaka* como un «remedio para la muerte». Para un chamán experimentado como Empédocles, la familiaridad con estas drogas indeterminadas señala a «una persona capaz de descender al inframundo y volver de él a voluntad».[17] Si alguien buscaba una experiencia mística con Deméter, Perséfone o Dioniso en la época, previa, simultánea y posterior al nacimiento de Jesús, era muy difícil que encontrara un mejor lugar que Magna Grecia.

Desde Washington D. C., empecé a investigar las revistas científicas fenomenalmente aburridas de arqueobotánica a las que me había suscrito en línea y en las que había desperdiciado dinero por no leerlas. Esto cambió unos días después, cuando un estudio elusivo apareció en el universo de los datos. Desde los albores del cristianismo en el territorio griego sagrado, el elíxir psicodélico estaba exactamente en donde debía estar. Y esta vez ni siquiera tuve que salir de mi sótano para ir a la Biblioteca del Congreso. Todo estaba en internet. Y, extrañamente, todo estaba escrito en inglés. ¿Cómo pude pasarlo por alto durante tanto tiempo?

En 1996, una casa de campo de 30 m² llamada Villa Vesubio fue descubierta en una excavación en Scafati, a las afueras de Pompeya, por la distinguida arqueóloga italiana Marisa de' Spagnolis. Debido a la gruesa capa de piedra pómez y *lapilli* (fragmentos volcánicos) que cubre el sitio junto al río Sarno, se encontraba «perfectamente sellada» y con confianza puede decirse que data del año 79 d. C. Al igual que otros hogares modestos en el área, la estructura presentaba un campo de trillar, un trujal (*torcularium*), y una cava (*cella vinaria*).[18] Se descubrieron también siete recipientes grandes llamados *dolia*. Un «sedimento orgánico grueso» se descubrió al fondo de cada uno. Pero la «matriz amarilla y espumosa» de un recipiente en particular contenía una variedad fascinante de restos vegetales y animales.

En «Drug Preparation in Evidence? An unusual plant and bone assemblage from the Pompeian countryside, Italy» [¿Evidencia de preparación de drogas?: Un ensamble inusual de plantas y huesos del campo de Pompeya, Italia] publicado en el año 2000 en la revista científica revisada por pares

Vegetation History and Archeobotany, la arqueobotánica Marina Ciaraldi reveló los resultados del análisis en el que encontró más de cincuenta especies de plantas, hierbas y árboles en la muestra. Los macrorrestos se hallaban en tan buen estado que los químicos ni siquiera tuvieron que involucrarse. El equipo de botánicos pudo identificar con facilidad todas las especies con sus semillas o frutos: sauce (*Salix* sp.), haya (*Fagus sylvatica*), durazno (*Prunus pérsica*) y nuez de Castilla (*Juglans regia*), entre otras. De manera sorprendente el 58% de los especímenes botánicos pertenecían a grupos taxonómicos con propiedades medicinales. Entre ellos estaban el alcanfor (*Symphytum officinale*) y la verbena (*Verbena officinalis*), que se han asociado tradicionalmente con la magia y la brujería.

Pero lo más interesante fue la peculiar mezcla de opio (*Papaver somniferum*), cannabis (*Cannabis sativa*), y dos miembros de la familia de las solanáceas: beleño blanco (*Hyoscyamus albus*) y hierba mora (*Solanum nigrum*). La inclusión de las solanáceas bien podría haber salido de las páginas de Dioscórides, quien alababa específicamente las propiedades psicodélicas de la hierba mora con sus «visiones nada desagradables». El opio y el *cannabis*, ambos profundamente psicoactivos en dosis altas, son solo la cereza del pastel. Algo que llevó la mezcla extraña todavía más hacia territorios de brujería fue que había restos óseos de lagartijas (*Podarcis* sp.), ranas (*Rana* sp.) y sapos (*Bufo* sp.). Zarcillos y moras de la uva domesticada (*Vitis vinifera* L.) se encontraron junto a una profusión de semillas de uva, lo cual sugiere que la combinación de plantas, reptiles y anfibios se remojaba en vino.

A diferencia de los hallazgos bien documentados dentro y alrededor de Mas Castellar de Pontós que ubican los misterios griegos en la finca griega en España (hallazgos que incluyen las cabezas de terracota de Deméter/Perséfone, la cerámica de Triptólemo y el jarrón dionisiaco), los descubrimientos en Villa Vesubio son más crípticos. Simplemente no hay suficiente contexto para descartar explicaciones más pedestres para la mezcla psicotrópica. La misma Ciaraldi piensa que la poción podría representar también los brebajes medicinales antiguos conocidos como *mithridatium* o *theriac*, drogas compuestas para curar todo tipo de males de las que se tienen incontables recetas registradas en la literatura de la época.

El *mithridatium* con frecuencia consistía en opio y lagartijas.[19] El *theriac* usualmente se mezclaba con el preciado vino falerno de Campania.[20] A pesar de que los reptiles eran un componente esencial de las dos, las serpientes y las lagartijas nunca se combinaban en el *theriac*; esto «podría explicar por qué en nuestro ensamble encontramos solo lagartijas», escribe Ciaraldi.[21] De hecho, no menos de sesenta fragmentos óseos de lagartijas estaban presentes en el recipiente, lo cual indica un vino de lo más inusual. Gracias a una pequeña olla localizada en la Villa Vesubio, además, la arqueóloga encuentra evidencia fuerte de «preparación de drogas»:

> La localización de actividades medicinales en el campo era bien conocida en el mundo griego y se exportó con éxito al mundo romano... La presencia de una «farmacia» en el campo de Pompeya sugiere que actividades muy especializadas no relacionadas directamente con la producción agrícola podrían no haberse limitado a la ciudad nada más. Prácticas que implicaban un conocimiento profundo de las propiedades medicinales de las plantas podrían haber seguido en manos de aquellos que vivían más cerca de su entorno natural.[22]

¿Es demasiado romántico imaginar a la Villa Vesubio como un laboratorio para la producción de un sacramento dionisiaco que pudo haberse usado en la Villa de los Misterios que estaba a una distancia caminable, al oeste de Pompeya? O, mejor aún, ¿podría la humilde casa de campo haber sido proveedora para las sacerdotisas de Velia y otros místicos griegos que rutinariamente llegaban de Magna Grecia a las iglesias caseras y catacumbas de Roma para iniciar a los devotos del más reciente dios del éxtasis en una antigua tradición de Magna Grecia con una eucaristía casera? ¿Un sacramento que garantizaba enviar a las hermanas paleocristianas al mismo mundo de los muertos que Empédocles parece haber explorado con sus propios *pharmaka*?

Igual que con la cerveza con cornezuelo en Mas Castellar de Pontós, me aseguré de llamar a mis testigos expertos. Durante la pandemia en mayo de 2020, contacté a Patrick McGovern en cuarentena en Filadelfia, al igual que a los arqueobotánicos líderes en Europa: Hans-Peter Stika en la Universidad de Hohenheim en Alemania, Soultana Valamoti en la Universidad Aristóteles de Tesalónica en Grecia y Assunta Florenzano en la Universidad de Módena y Reggio Emilia en Italia. Pero solo recibí otra respuesta inquietante de los profesionales. Ninguno había oído de la Villa Vesubio ni de este vino extraordinario.

Stika, el alemán, me advirtió que las semillas, por sí solas, no indican «obligatoriamente» un vino psicodélico. Y el signo de interrogación en el título del artículo de Marina Ciaraldi es un reflejo justo de lo que se desconoce. Le insistí sobre las lagartijas y las 17 semillas que hacen que esta mezcla difícilmente sea un accidente: dos semillas de opio, nueve semillas de *cannabis*, cuatro semillas de beleño y dos semillas de hierba mora. Valamoti, la griega, tomó nota y dijo: «Como arqueóloga, siempre soy cauta. Pero no sería demasiado cauto decir que las plantas no se usaron por sus propiedades medicinales o alucinógenas». McGovern, estadounidense, encontró un punto medio y dijo que el descubrimiento sin duda era «intrigante», como algo salido del brebaje de las brujas en Macbeth. Pero sugirió de manera acertada que su credibilidad «depende en buena medida de la experiencia arqueobotánica de Marina Ciaraldi», que ha desaparecido de la escena. A pesar de todos mis esfuerzos, nunca pude localizarla.

Entonces, contacté a la mujer a cargo de la excavación de 1996, Marisa de' Spagnolis. Al igual que Enriqueta Pons en España, De' Spagnolis es quien de hecho estuvo en el terreno. Y ella sigue siendo la autoridad en cuanto al contexto arqueológico completo. Activa en el campo desde 1973, con diez años en Pompeya, De' Spagnolis apoya absolutamente el análisis de Ciaraldi. Y tuvo que decírmelo por correo electrónico durante la cuarentena en Roma: «Para mí, la Villa Vesubio era una finca pequeña específicamente diseñada para la producción de drogas». Después, la arqueóloga tuvo la gentileza de compartir algunos detalles que nunca antes se habían publicado. A diferencia de otras fincas en el área, la Villa Vesubio solo estaba equipada para «una producción muy limitada de vino». Al igual que la producción casera en Mas Castellar de Pontós, parece tratarse de un vino *boutique* casero que no estaba pensado para consumo masivo. Las pilas de materiales orgánicos en el exterior indican un jardín de plantas y hierbas selectas. A medida que las excavaciones continuaban, De' Spagnolis descubriría un «tanque de maceración para *cannabis*» en forma de V, el cual apoya aún más su postura. Como toque final, también logró descifrar un grafiti solitario bajo el yeso que solo le da un carácter más romántico al sitio. En latín, dice: *Scito: ama et aude millia.* «Sabe: ama y atrévete (a amar) mil veces». ¿Tal vez se trata de una poción de amor?

A la mitad de este entretenido debate, una cosa es segura. Así como Ruck parece haber predicho correctamente la cerveza enriquecida con cornezuelo en Eleusis, ahora hay datos duros que sugieren que un vino psicodélico sí existió en los primeros días del cristianismo, en el preciso lugar en el que los misterios de Dioniso y Jesús tuvieron contacto. Y en el mismo lugar en el que los paleocristianos lo habrían necesitado más, en los centros crecientes de la fe: Nápoles, Puteoli y Capua. En su artículo, Ciaraldi no puede descartar la posibilidad de que el brebaje extraño en la Villa Vesubio, si no es un ejemplo del *mithridatium* o *theriac*, bien podría ser uno de los «vinos aromáticos o herbales» que documentó Dioscórides, o una «sorpresa de vino especiado» que detalla el gastrónomo romano del siglo I Apicio.[23] No obstante, admite abiertamente que eso no explica todas las lagartijas, que añaden una cualidad más mágica en general a la poción.

Muy pronto, descubriría que las lagartijas seguirían reptando por los archivos legendarios del Vaticano. Pero no nos adelantemos.

Lo que alguna vez fue especulación informada, basada puramente en autores grecorromanos como Dioscórides, Galeno y Apicio para obtener apoyo escrito, ahora es un hecho paleobotánico. Los antiguos italianos manufacturaban un vino con ingredientes que alteraban la mente. El ejemplo solitario que sobrevivió en el campo de Pompeya por gracia del monte Vesubio sin duda no es el único. Hay otros en otras partes. Y mientras arqueólogos de mente más abierta como Andrew Koh sigan cavando para buscar la evidencia, más ejemplos saldrán a la superficie en los años siguientes.

Si la eucaristía original del cristianismo en verdad era psicodélica, entonces muchas de las piezas del rompecabezas al fin comienzan a cobrar forma. El hallazgo de la Villa Vesubio añade aún más detalle a la historia del paleocristianismo que esbozamos en el capítulo anterior. El quién, qué, cuándo, dónde y porqué de los orígenes reales de la religión más grande del mundo.

¿Quién? Mujeres. En específico, mujeres de habla griega con experiencia farmacológica, que quizás usaron la descripción de María Magdalena tanto en el Evangelio de san Juan como en los textos gnósticos para justificar su papel como líderes en el nuevo culto mistérico. Antes de Jesús, generaciones de mujeres elaboraban las cervezas de cementerio y mezclaban los vinos de cementerio en el ritual indoeuropeo que se extendió al este y al oeste de la Anatolia de la Edad de Piedra, el «acto ritual de comunión» que era «de mu-

jeres para mujeres». Después de Jesús, mujeres dominaron las iglesias caseras y catacumbas que definieron la fe, al ofrecer un refugio para el viejo sacramento griego que necesitaba abrigarse de la naturaleza. Las brujas de Perséfone, que eran las misioneras principales del culto secreto focense, tenían todos los incentivos para influir y en algunos casos para incluso *volverse* las brujas del cristianismo. Sus brujas dionisiacas hermanas, a lo largo de Magna Grecia, estaban en la misma situación.

En Jesús —el mago que murió, yació tres días en una cueva y luego renació—, puede que ellas hayan encontrado un hermano del Oriente. Y en el Evangelio de san Juan puede que hayan reconocido la «verdadera bebida» que le garantizaba la misma experiencia a cualquiera que consumiera el vino para derrotar a la muerte. Después de todo, Juan parece escribir para las mujeres en Éfeso, a corta distancia de Focea, al norte de esta. Si alguien iba a entender sus «símbolos» y su «lenguaje» secretos, eran las mujeres de habla griega cuyo trabajo era preservar, proteger y defender la magia que habían heredado de sus ancestros jónicos en Focea. Y si alguien podía identificar a Jesús como el nuevo dios del éxtasis, eran las ménades que habían mantenido vivo el culto a Dioniso en el sur de Italia por generaciones, y para quienes el gnosticismo sería una transición suave a la nueva religión mistérica.

¿Qué? Vino con drogas. Todas esas plantas, hierbas y hongos tan bien documentados por el padre de las drogas en sus fórmulas de vino avanzadas, con las cuales demostraba un profundo conocimiento de las dosis. Con dichas especies tóxicas y letales en juego, la enciclopedia de Dioscórides es la prueba de una larga tradición que podría inducir «visiones nada desagradables» en cantidades de ingredientes botánicos potentes medidos con cuidado. Los hallazgos arqueoquímicos de Tel Kabri y Tel Kedesh eran ejemplos de la vida real de pociones enriquecidas antes del cristianismo. El descubrimiento paleobotánico de la Villa Vesubio consta de datos duros de vino con drogas en la época de Jesús. Y del *pharmakon*, sea cual sea, que el Padre de la Iglesia Hipólito acusó a Marco el Mago y los gnósticos valentinianos de consumir. Y quizás incluso del mismo *pharmakon* que provocaba los viajes griegos antiguos al inframundo en los *refrigeria* cristianos previos a la misa sobre la tierra y que después compitieron con ella.

¿Cuándo? Durante los primeros trescientos años posteriores a la muerte de Jesús. Antes de que el cristianismo se volviera legal por orden de Constantino, era una religión mistérica ilegal que luchaba por sobrevivir en

un mundo hostil y poco amigable. Sus reuniones secretas y sacramentos mágicos provocaban la misma sospecha que los misterios dionisiacos que fueron blanco sistemático del Senado romano en el año 186 a. C. La idea de que el dios del éxtasis aniquilara cualquier lealtad a la familia y al país no era bienvenida en un Imperio romano en mitad de construir una nación. De manera similar, la idea de llevar el vino visionario al alcance de los pobres y las mujeres del 99% era igual de ofensiva para el 1% del *establishment* religioso, el cual había disfrutado de un monopolio sobre el éxtasis religioso durante milenios. Esencialmente, Dioniso y Jesús eran revolucionarios de todo a todo. Desestimar el peligro real y presente de su vino es malentender el mundo en el que los hijos de Dios nacieron, y la naturaleza radical de sus pociones de inmortalidad. Pues el sacramento solo es una amenaza al *statu quo* si vuelve loca a la gente. A nadie le preocupaba el «alcohol» para el que los griegos o romanos ni siquiera encontraron una palabra.

¿Dónde? En Magna Grecia y Roma. El sur de Italia fue el epicentro del misticismo griego en los siglos previos y posteriores a Jesús. Era casi más griego que la misma Grecia. De ahí el nombre *Nápoles*, la «nueva ciudad» en griego. En Pitágoras y Parménides nada más, Magna Grecia se enorgullece de tener al mayor profeta y el mayor filósofo del mundo antiguo. En Empédocles, encontró al más grande mago de la historia de la civilización occidental. Fue ahí donde la «doctrina secreta» de las técnicas de las cuevas floreció al menos hasta el siglo III d. C., cuando Plotino murió en Campania. Fue ahí donde las sacerdotisas de Perséfone practicaban su muerte y renacimiento para la reina de los muertos, alternando entre Roma y Velia a lo largo de la Ruta de la Costa Mistérica. Y fue ahí donde Dioniso, el señor de la muerte, encontró la tierra más rica para sus viñedos, donde sus ménades se esparcieron desde la sede regional en Cumas y revolotearon por mil años entre el siglo VI a. C. y el siglo V d. C.[24]

No es sorprendente que la madurez mística cristiana ocurriera en Campania también: en Nápoles, Puteoli y Capua. Cuando no estaban invocando a su propio señor de la muerte en las criptas subterráneas de Roma, los banquetes funerarios cristianos llenaban las catacumbas bajo Nápoles, el llamado Valle de la Muerte. Y nunca se detuvieron. Hasta la fecha, a pesar de los esfuerzos del Vaticano por prohibir el culto fetichista al cráneo que se apoderó del cementerio Fontanelle, los napolitanos siguen consultando las cabezas de los cuarenta mil «muertos sin nombre» desplegados en el enorme osario. Si alguna vez hubo una sede ideal para un culto a la muerte, era Campania.

Ignorar la historia espiritual de Magna Grecia y Roma es ignorar el ambiente que *de hecho* produjo las primeras generaciones de cristianos y que hizo que la fe fuera lo que es. Dicho de manera simple, la historia del paleocristianismo se trata de místicos de habla griega en el sur de Italia que exigen acceso personal a la eucaristía. No fueron los sacerdotes quienes los atrajeron a Jesús. No fueron los Padres de la Iglesia. Y ciertamente, tampoco fueron la Biblia ni las basílicas, porque ninguna de las dos existía aún. Fue una experiencia de conocer a Dios, libre de doctrinas, dogmas e institución alguna. Sin duda, es algo que las personas de hoy pueden apreciar.

¿Por qué? Por la única razón por la que las religiones encuentran un público: la promesa de una vida en el más allá. La inmortalidad. Están quienes hablan sobre ella o leen sobre ella. Y están los filósofos que de hecho mueren por ella. Vale la pena repetir la mejor observación de Peter Kingsley sobre los focenses que hicieron de Velia su nuevo hogar: «Bajar al inframundo en la muerte es una cosa. Bajar en vida, preparado y consciente, y después aprender de esa experiencia, eso es algo muy distinto». Si lo que ocurría en Mas Castellar de Pontós era lo mismo que se había apoderado de Campania mientras el cristianismo colonizaba Italia, entonces el culto a la muerte de los focenses y otros místicos griegos antiguos podría no solo ser la respuesta al secreto mejor guardado de la Antigua Grecia, sino que podría ser también la respuesta al secreto mejor guardado del cristianismo.

No todo el mundo necesita drogas psicodélicas para morir antes de morir. Quedarse quieto en una cueva durante días sin duda puede lograr el cometido. Pero no todo el mundo tiene tiempo para esa clase de ejercicio. Para eso son los sacramentos. Esa ha sido su función desde siempre, antes de que la burocracia los reemplazara con rituales vacíos y placebos. ¿Será que en sus primeros días el cristianismo resolvió el problema milenario de ofrecer una experiencia mística capaz de cambiar la vida a cuanta gente fuera posible al convidar a un atajo químico hacia la iluminación?

Si así fue, eso nos deja con una sola pregunta en nuestra investigación herética.

Si las brujas de habla griega y su vino con drogas de Magna Grecia fueron tan críticas para el éxito de la religión más grande del mundo en sus primeros trescientos años, ¿qué pasó con sus pociones de inmortalidad? Los Padres de la Iglesia pudieron haberles negado a las mujeres el acceso al sacerdocio, así como prohibir la eucaristía gnóstica con drogas. Pero eso no iba a detener la religión sin nombre que había sobrevivido desde la Edad de Piedra.

Por desgracia, solo hay una manera de silenciar una revolución.

Tarde o temprano, los cuerpos comienzan a arder.

Y si hay una cosa para la que la Iglesia siempre ha sido buena es para cazar brujas.

16

El evangelio del infinito y la eucaristía de sapo

Tras haber eliminado del itinerario la Ciudad de los Muertos de San Pedro y las catacumbas romanas, me quedaba una sola misión en esa semana en el Vaticano: saber cuál había sido el destino final de la eucaristía psicodélica. Si las sacerdotisas focenses y las brujas gnósticas habían ayudado a darle un empujón inicial al cristianismo con una inyección de drogas visionarias, ¿qué pasó cuando el período místico del paleocristianismo llegó a su fin? ¿Quién heredó la tradición griega antigua del vino enriquecido?

Desde el comienzo, cuando san Pablo expresó sus quejas sobre la poción letal en la Carta a los Corintios, siempre hubo una eucaristía correcta y una eucaristía incorrecta. Y la Iglesia siempre estuvo del lado de la variedad libre de drogas. Después del siglo IV d. C., cuando los gnósticos prácticamente desaparecieron, Ruck registra una pelea que iba y venía entre el Vaticano y sus enemigos declarados. Nota «períodos de supresión» seguidos por resurgimientos de «herejías renovadas, sin duda continuaciones neopaganas de ritos clásicos» que culminaron en los «cultos de brujería» durante la Edad Media y el Renacimiento. Rechazado desde hace tiempo por los clasicistas y teólogos, Ruck ha tratado de convencer a sus colegas de que las drogas han sido esenciales en la historia del cristianismo, pero no lo ha logrado.

Pues si no quieren saber nada con respecto a que los fundadores sobrios de la civilización occidental bebieran cerveza enriquecida con LSD, probablemente no quieran saber nada de los devotos cristianos drogándose con vino psicodélico.

Y, para ser sincero, hace 12 años, la idea me pareció absurda a mí también. ¿Una eucaristía secreta alucinógena que una cadena de herejes mantuvo viva a lo largo de la Edad Media, hasta que las grandes cacerías de brujas de la Inquisición los borraron del mapa? Material excelente para trasnochar en YouTube, pero no tanto para una investigación seria. ¿Cómo es posible siquiera comenzar a verificar los hechos? De manera poco sorprendente, los datos científicos duros en los mil años entre la caída del Imperio romano y la Inquisición son increíblemente escasos. Si ya hay pocos arqueoquímicos que buscan sustancias intoxicantes en la Antigüedad, son todavía menos los que estudian las drogas medievales. Por eso supe que nunca habría un Mas Castellar de Pontós o una Villa Vesubio que apoyara las afirmaciones audaces de Ruck. Lo que no sabía es que terminaría recorriendo los museos del Vaticano con el bibliotecario más interesante del mundo.

Después de semanas de viaje, el padre Francis había regresado a Isernia, y me había dejado solo, valiéndome por mí mismo tras las líneas enemigas. Sin embargo, desde el año anterior, yo ya había hecho algunos amigos en esos rumbos. Así que no corría el riesgo de comer solo. El bibliotecario y yo comenzamos la tarde en la Taverna Bavarese Franz, a unas cuadras al este por la calle Borgio Pio. Para digerir la pasta carbonara y el medio litro de vino, caminamos de vuelta al rincón noreste de la Ciudad del Vaticano por las imponentes murallas de ladrillo que bordean el Viale Vaticano. Había pocas multitudes ese miércoles luminoso de comienzos de la primavera en febrero de 2019, así que pasar por los filtros de seguridad del museo fue placentero. Dejamos nuestras mochilas en el guardarropa y subimos por las escaleras eléctricas a la Cortile della Pinacoteca (Patio de la Galería de Arte) para una vista deslumbrante del domo de San Pedro.

A nuestra izquierda, el bibliotecario señaló el ala trasera de lo que se ha llamado una de las «colecciones históricas más imponentes del mundo», el pajar impenetrable de 35 000 volúmenes de catálogo que abarcan 85 km de estanterías. Algunos de los registros empolvados datan del siglo VIII d. C. Al lado de la Capilla Sixtina y cerrado a la vista del público, este repositorio misterioso tiene una reputación única. Para católicos y no católicos por igual, es un completo enigma. Para los adeptos a las teorías de conspiración, es el sitio de las cábalas más escalofriantes y las intrigas más oscuras. Para mi amigo y archivista profesional, Gianfranco Armando, es solo la oficina. Los Archivos Secretos del Vaticano.

Para aprovechar un poco más el clima agradable, nos dirigimos al este por la Cortile della Pigna, llamada de manera apropiada en honor al cono de pino enorme montado en un pedestal de mármol que domina el centro de un nicho alto en el extremo norte de este patio tranquilo. Con su chaqueta color canela, bufanda gris y gorro para lluvia de cuadros —porque a los italianos les encanta usar accesorios aunque no esté lloviendo—, Gianfranco me contó de la vez en que estuvo encerrado en el búnker de los Archivos Secretos. Directamente debajo de nosotros, una parte de los 85 km de material clasificado está almacenada en una bóveda subterránea de dos pisos. La estructura de concreto reforzado a prueba de fuego tiene temperatura y humedad controladas, y está sujeta a vigilancia constante.[1] También hay un sistema de iluminación de emergencia, así que supongo que se había descompuesto ese fatídico día.

—Quedarse solo, sin luz y sin señal de celular —dijo Gianfranco, mientras se reía en retrospectiva— no es una buena experiencia. Créeme.

Aunque conservó la calma y al final pudo escapar volviendo por donde había entrado a través de las estanterías fijas y móviles, no creo que Gianfranco haya perdonado del todo al colega distraído que lo dejó accidentalmente ahí en el inframundo. Otro viaje cercano a la muerte en las cámaras subterráneas de la Ciudad Eterna. Pero es parte del proceso. Cuando entras en los Archivos Secretos, nunca sabes qué esperar.

Yo siempre había querido echar un vistazo personalmente, pero no tenía ni idea de dónde comenzar. De acuerdo con el sitio del Vaticano, nadie puede tener acceso a los archivos del papa sin primero identificar la «serie archivística» de los volúmenes que tenga pensado consultar. Esta es una tarea casi imposible, pues el índice de la colección que se puede consultar en línea no es más que un índice largo e indescifrable que solo está disponible en italiano. Y es imposible buscar por tema. Tan solo hay categorías amplias y generales de documentos viejos, ordenados por encabezados relativamente poco útiles como los nombres de papas de hace siglos, los sitios de varias delegaciones internacionales y listas de órdenes religiosas al azar. Si lo que buscas son drogas, no es tu día de suerte.

Entonces, si yo quería verificar los datos de la noción de Ruck con respecto a que una tradición oculta de herejes traficara con una eucaristía psicodélica durante cientos de años, mucho después de Jesús, necesitaba un enfoque más creativo. Lo que en realidad buscaba era evidencia escrita, producida por el Vaticano, que confrontara esta supuesta red, algo que indicara el uso pasado de drogas en blanco y negro. Tenía que identificar a un hereje individual que yo supiera que el Vaticano había cazado y encontrado. Él o ella tendría que ser particularmente famoso, de un perfil tan alto como para haber captado la atención de la Iglesia en primer lugar. Y también de suficiente relevancia histórica para que el Vaticano haya conservado un registro del escándalo. No es tarea fácil. Pero una figura obvia no dejaba de rondar en mi mente. El mago oculto que había estudiado desde mis días en Brown. El genio incorregible que murió de manera espectacular por sus pecados.

Giordano Bruno.

El monje dominico nació en Nola en 1548, en lo que entonces era el reino de Nápoles en Magna Grecia. Fue hecho prisionero por la Inquisición romana durante siete años, antes de que lo quemaran en la hoguera en el Campo de' Fiori en el año 1600.[2] ¿Su crimen? En una larga lista de herejías adicionales, proclamar el «evangelio del infinito» que proponía la existencia de múltiples Tierras que orbitaban alrededor de múltiples soles a lo largo de la extensión interminable del cosmos.[3] Tierras que podrían contener otras formas de vida humana, destronando así a nuestra especie como la favorita de Dios. Adelantado a su tiempo por cuatrocientos años, el mártir del pensamiento libre de algún modo previó el descubrimiento del primer exoplaneta por el telescopio espacial Kepler de la NASA en 1995.[4]

Desde luego, Bruno no fue el único genio que provocó al Vaticano al plantear grandes preguntas. Unas décadas después de la ejecución del nolano, Galileo Galilei fue sentenciado a arresto domiciliario por afirmar que el Sol, no la Tierra, era el centro del sistema solar, algo «falso y contrario a las Sagradas y Divinas Escrituras».[5] Pero lo más gracioso del padre del método científico, quizás el hereje más famoso de todos los tiempos, es que no estaba considerado entre los más peligrosos. Galileo salió mucho mejor librado que Bruno, pues pudo vivir 11 años más en custodia del Vaticano hasta su muerte natural a los 77 años. Nunca ardió en llamas como el mago del sur que murió a los 52. Y ahora creo saber por qué.

Una cosa es una cosmología blasfema.

Otra muy diferente es una eucaristía blasfema.

En su intento «por regresar a los primeros siglos del cristianismo» al recuperar «los monumentos de la Antigüedad clásica», Bruno añoraba un período perdido de la historia que la brillante erudita Frances Yates llama «una época de oro de la magia» basada en la filosofía griega de supuesto origen egipcio.[6] Al igual que sus ancestros de habla griega de Magna Grecia, el «Mago del Renacimiento» estaba obsesionado con la misma «doctrina secreta» que antes había atraído a Pitágoras, Parménides, Empédocles y Plotino. Sin mencionar a todas las brujas: las sacerdotisas focenses de Perséfone y las ménades dionisiacas que habían sido aplastadas por el Senado romano para darle una lección a Paculla Annia. Todos provenían de Campania. Y todos parecían estar muy familiarizados con las drogas. Tal como Bruno.

En *De gli eroici furori* (*De los heroicos furores*), publicado en Londres en 1585, Bruno se arriesgó de más en un «episodio curioso» que Yates describe como «la culminación de la obra entera». Es una alegoría sobre nueve hombres ciegos en busca de la misma visión beatífica que atrajo a los peregrinos a Eleusis durante dos mil años, la «iluminación más alta y final» que revela el significado de la vida. Los hombres dejan el campo idílico de los años formativos de Bruno en Campania y realizan una peregrinación de tres días al norte por la Ruta de la Costa Mística hacia el monte Circeo. Es el mismo lugar en el que Circe atiende su telar en el manuscrito *Vergilius vaticanus* que ayudó a la doctora Alexia Latini a descifrar el fresco homérico en el hipogeo de los Aurelios de una vez por todas.

Uno de los nueve hombres pide a gritos que Circe prepare un «remedio» para su aflicción, con sus «plantas» (*piante*), «encantos» (*incanti*) y «drogas» (*veneficii*).[7] La palabra que Bruno usa para «drogas» proviene directamente del latín *veneficium*, que el diccionario de Lewis y Short define como «la preparación de pociones mágicas». Los hombres ruegan por las «hierbas mágicas» (*medicami*), pero Circe se mantiene firme. Al fin, les presenta un «elíxir» (*liquor*) que contiene «virtud divina» (*la virtù divina*). Sellada en un jarrón, la poción mágica garantiza la visión de dos objetos estelares. Después de otra década de viaje, tras haber completado su iniciación, los hombres logran abrir el jarrón, revertir su ceguera y percibir la visión prometida de los soles celestiales. Al describir el éxtasis que resulta de presenciar «el más hermoso trabajo de Dios», Bruno se acerca demasiado a exponer su amor por los misterios griegos. «Por un momento fue como ver muchas bacantes en frenesí, embriagadas con aquello que veían tan claramente».

Una vez más un tema familiar: mujeres y drogas.

Bruno estaba tentando al destino al invocar a los archienemigos del Vaticano.

Si el hipogeo de los Aurelios es evidencia de la «doctrina secreta», entonces quizá *De los heroicos furores* lo sea también. Cuando invoca a Circe y sus drogas, ¿es posible que Bruno hable de una tradición *real*? ¿Una que logró abrirse paso desde la antigua Campania hasta la Roma del Renacimiento, gracias a la Ruta de la Costa Mistérica? Todo es parte de un vocabulario clásico que los lectores actuales perdieron por completo: el «corpus de conocimiento» que los clasicistas Hanson y Heath dicen que pasó «prácticamente desapercibido» en el siglo XXI. Pero los inquisidores ciertamente fueron capaces de leer entre esas líneas no tan sutiles. Entendían las connotaciones del trabajo de Bruno para la Iglesia en general, y la eucaristía en particular.

Basta con ver los registros del juicio del hereje. O la falta de ellos.

El Vaticano no solo quería que la nueva marca de neopaganismo de Bruno desapareciera de la faz de la Tierra, también quería que cualquier evidencia de su detención, tortura y muerte desapareciera. Pues en cierto punto de los últimos cuatrocientos años, los registros originales del interrogatorio de Bruno se esfumaron por completo y dejaron tan solo un resumen de 59 páginas de las múltiples herejías de las que se le acusó. En 1817, eso también desapareció por varias décadas, hasta que algún custodio asistente en la década de 1880 encontró por azar el manuscrito del siglo XVI en uno de los armarios secretos de la Secretaría de Estado del Vaticano. En ese momento, el papa León XIII ordenó que los registros fueran aislados del público de inmediato. Tal como la investigadora Maria Luisa Ambrosini alguna vez señaló: «La Iglesia se dio cuenta de que quemar a genios era malo para las relaciones públicas».[8]

En vez de clasificar el material y archivarlo para conservarlo, el cardenal que presidía *deliberadamente* traspapeló los registros del juicio de Bruno entre los archivos personales del predecesor de León, Pío IX. Y ahí se quedaron hasta 1940, cuando el entonces prefecto de los Archivos Secretos del Vaticano, Angelo Mercati, logró localizar el objeto de su obsesión, ¡después de una búsqueda de 15 años! Por alguna razón desconocida, Mercati quería que la gran herejía se conservara, así que catalogó el manuscrito original escrito a mano. Desde la Segunda Guerra Mundial, ha estado oculto en silencio en los Archivos Secretos del Vaticano. Una aguja en un pajar. A pesar de lo impresionante de la colección, también es «una de las más inútiles», de acuerdo con un comentador reciente, «debido a lo inaccesible que es».

De esos 85 km, solo unos cuantos milímetros se han escaneado para que puedan estar disponibles en línea. Menos páginas aún se han transcrito a texto electrónico para poder buscarlas de manera digital. Si uno quiere usar cualquier otra cosa, hay que solicitar acceso especial, ir hasta la lejana Roma y recorrer cada página a mano.

Y eso fue exactamente lo que hice.

Pero entrar no fue nada fácil.

Mi única pista era Angelo Mercati. En 1942, el exprefecto publicó un libro incendiario que incluía una traducción al italiano del manuscrito original de Bruno, con notas al pie y comentarios. Después de una búsqueda creativa en Google en la primavera de 2018, logré localizar la cita específica de los registros de Bruno, la «serie archivística» que los Archivos Secretos exigen antes de siquiera considerar el darle permiso a un estadounidense cualquiera para husmear en sus secretos oscuros. De manera apropiada, los registros de Bruno quedaron ocultos en una sección «miscelánea» de los llamados archivos «Armadi»: Misc., Arm. X, 205.

Con eso, estaba listo para el proceso formal de admisiones. Este fue más bien como una rutina de Abbott y Costello. Necesitaba una carta de recomendación de una «persona calificada en el campo de la investigación histórica», así que le pedí a Ruck que redactara una carta membretada de la Universidad de Boston, esperando que nadie en el Vaticano hiciera su propia búsqueda creativa en Google. Ruck me hizo el favor amablemente. En el rubro de «tema de investigación» del formulario, tuve la cautela de referirme a Giordano Bruno como un «hereje». Unas semanas después, en mayo de 2018, me encontraba con el padre Francis a la sombra de la estatua de Atenea en la sala de lectura principal de los Archivos Secretos del Vaticano. Antes de nuestra visita al Louvre y las catacumbas en los últimos días, había sido nuestra primera aventura juntos.

Bajo la mirada atenta de la diosa griega de la sabiduría y la media docena de custodios de la biblioteca, todos hombres, que no nos quitaron los ojos de encima ni un segundo, el sacerdote y yo pasamos una luz ultravioleta sobre las páginas amarillentas del acta de acusación del mago más famoso jamás capturado por la Iglesia católica. Incluso tuvimos la suerte de conseguir el volumen de 17 cm de grosor que golpeó el escritorio como un saco de papas. Al principio, se me dio acceso solo a una copia digital de los registros del juicio, grabada en un CD-ROM viejo. Para ver el manuscrito en físico, tuve que llenar una solicitud especial de una página que en minutos fue personalmente revisada por el actual prefecto a cargo de los Archivos Secretos, Su Excelencia Sergio Pagano. Sí, su apellido significa lo mismo en italiano que en español.

En otro momento cómico al estilo de Abbott y Costello, el prefecto y yo tuvimos una interacción a través de uno de los custodios que iba y venía, sin nunca vernos cara a cara. El intermediario nervioso y confundido tuvo que realizar tres viajes separados a la oficina del prefecto. Después de mi solicitud inicial, el prefecto quería saber qué «folios» o páginas específicas queríamos inspeccionar el padre Francis y yo. Escribí todos los folios que ya había revisado en formato electrónico, los que mencionaban el «evangelio del infinito» de Bruno y la eucaristía. Pero totalmente fuera de contexto, y por ninguna razón en absoluto, el custodio volvió con una traducción de los registros de Galileo de 1633. Fruncí el ceño y alcé ambas palmas en modo de señal universal de «¿Qué demonios es esto?».

En ese momento, el archivista en jefe del Vaticano, Gianfranco Armando, tuvo la amabilidad de intervenir en nombre nuestro y al fin consiguió el manuscrito elusivo en cuestión. Siempre que un par de estadounidenses bajan a los Archivos Secretos buscando a Giordano Bruno suscitan interés, supongo. Cuando uno de ellos es sacerdote, seguramente hay conversaciones a escondidas en la cafetería que parece cripta de la Cortile della Biblioteca, el frondoso patio que separa los Archivos Secretos del Vaticano de la Biblioteca Apostólica Vaticana, la biblioteca personal del papa que está al lado.

Ahí, bebiendo un *espresso* increíblemente fuerte, le conté sobre mi investigación a Gianfranco. Para mi sorpresa, el bibliotecario de Dios no se inmutó. El hombre alto de la región del Piamonte del norte de Italia se mostró de inmediato receptivo a la búsqueda de cualquier evidencia textual de la supresión de una eucaristía psicodélica por parte del Vaticano. «Cualquier investigación, si se hace de manera seria», me escribió más tarde, «merece atención». Pero yo estaba en el lugar equivocado.

A través de sus lentes transparentes que reposaban sobre una nariz aguileña, y la barba canosa que me hizo preguntarme si él y el padre Francis compartían el mismo barbero, Gianfranco me dijo que tendría más suerte en el Archivo de la Congregación para la Doctrina de la Fe. En un giro irónico muy agradable, los llamados «archivos de represión» —como el historiador Carlo Ginzburg se ha referido a ellos— se encuentran en el Palazzo del Sant'Uffizio al otro lado de la basílica de San Pedro. El mismo lugar que alguna vez fue el calabozo vaticano en el que Bruno mismo estuvo preso por siete años. Ahí al fin encontraría todos los registros de la Suprema Sagrada Congregación de la Romana y Universal Inquisición. Popularmente conocida como el Santo Oficio. No fue sino hasta 1998 cuando el papa Juan Pablo II decidió abrir los contenidos de ese archivo a investigadores seculares. El pajar final e impenetrable para el último capítulo de esta investigación.

Mientras tanto, Gianfranco tuvo razón sobre el manuscrito de Bruno. El padre Francis y yo analizamos la mezcla arcaica de latín e italiano en el resumen del juicio del siglo XVI para encontrar cualquier mención explícita de drogas, y salimos con las manos vacías. Con todo, fue increíble ver de primera mano cómo los inquisidores describían el «evangelio del infinito» del Mago del Renacimiento: «Muchos mundos, muchos soles...[,] incluso con seres humanos [en ellos]» (*plures mundos, plures soles... ac etiam homines*). En el pasaje de la eucaristía, un informante cita a Bruno burlándose del sacramento más bendito, refiriéndose a él como una forma de «bestialidad, blasfemia e idolatría» (*bestialita, bestieme et idolatria*).[9] Al igual que hoy en día, la versión de la eucaristía del siglo XVI difícilmente podía competir con lo que sea que haya inspirado a las iglesias caseras y catacumbas del paleocristianismo, o a los misterios griegos mucho antes que esto. Y Bruno lo sabía.

Después de la Reforma, durante la vida de Bruno, los católicos y protestantes se peleaban activamente por la doctrina de la transustanciación que sigue siendo la postura católica hasta el día de hoy. Esta dice que el pan y el vino de la eucaristía poseen una cualidad invisible e incomprensible que fundamentalmente se transforma en el cuerpo y sangre de Jesús como tal durante la misa, aunque al ojo no avezado le parezca que no han cambiado.[10] De acuerdo con una nueva encuesta en julio de 2019, el 69% de quienes se describen como católicos no creen en ninguna palabra de la enseñanza central de la Iglesia.[11] En vez de ello, ven el pan y el vino de la eucaristía como meros *símbolos* del cuerpo y la sangre de Jesús, y nada más. Tal como el escritor Flannery O'Connor ironizó de manera atinada en 1955: «Bueno, si es un símbolo, al diablo con eso».[12]

Bruno no pudo haber estado más de acuerdo.[13] Como místico práctico, él quería volver a lo básico. Volver a la droga de la inmortalidad que sus ancestros de habla griega en Campania parecían conocer a la perfección. Y la clase de poción psicodélica con lagartijas que se descubrió en la Villa Vesubio, a solo 23 km del pueblo natal de Bruno, Nola. Su eucaristía no era un mero *símbolo*. Y no era un placebo. Era un «elíxir» de «virtud divina», enriquecido con las «plantas», «encantos» y «drogas» de la bruja griega más notable de la Antigüedad, Circe. ¿Así fue como Bruno adquirió su conocimiento inquietante sobre el universo estelar inagotable que predijo con tanta precisión cuatro siglos antes, y que a los cosmólogos modernos les cuesta trabajo explicar? Los santos y videntes natos siempre han reportado experiencias de un despertar cósmico, al igual que aquellos que pasan una vida meditando, como los budistas tibetanos que el padre Francis estudió en los Himalayas. Para nosotros los simples mortales, Bruno dejó algunas pistas que finalmente contribuyeron a su muerte. Pistas sobre *su* eucaristía como un atajo fascinante a la iluminación, la manera más rápida de curar nuestra ceguera a las maravillas del cosmos sublime que nos rodea. Y esto nos trae de vuelta a la única cosa que une a cada tradición mística que hemos revisado hasta ahora.

La visión beatífica.

La visión inmediata de Dios, que motivó al peregrino ciego de Eleusis a dejar un agradecimiento eterno a Perséfone por restablecer su visión: el relieve votivo de Éucrates. Ese efecto extraño y alucinógeno de Dioniso en *Las bacantes*, cuando le dijo a su iniciado más reciente: «Ahora *ves* lo que debes *ver*». Esas palabras de viva voz de Jesús en Juan 9:39, «los que no ven, *verán*» y Juan 1:51: «En verdad les digo que ustedes *verán* los cielos abiertos y a los ángeles de Dios subiendo y bajando». Ese concepto muy griego de la *gnosis* o conocimiento intuitivo que restauraba la verdadera visión a los gnósticos cristianos. «Reconoce lo que está ante tus ojos», decía el evangelio de Tomás, «y lo que está oculto se te revelará». Esa «doctrina secreta» que pasó de Pitágoras, Parménides y Empédocles a Plotino más de seis siglos después, cuando el rostro pintado en la pared del hipogeo de los Aurelios decía: «No debemos observar, sino más bien cerrar los ojos y cambiar nuestra facultad de visión por otra. Debemos despertar esta facultad que todo el mundo posee, pero poca gente usa».

Fue esta misma visión beatífica la que llevó el concepto mismo de sustancias psicodélicas al mundo moderno. Nadie había escuchado de los hongos de psilocibina hasta que Gordon Wasson reportó su alucinante experiencia con María Sabina en la Sierra Mazateca de México. En 1957 escribió que las imágenes de los hongos «eran más reales que cualquier cosa que hubiera visto antes con mis propios ojos». En un lenguaje similar al de los nueve hombres ciegos de Bruno, «embriagados con aquello que veían tan claramente» bajo la influencia de las drogas de Circe, Wasson añadió: «Sentí que ahora tenía una vista pura, mientras que la visión ordinaria nos da una perspectiva imperfecta». De modo increíble, Bruno y Wasson compararon estas experiencias con los misterios griegos.

Pero aún más asombroso es el fenómeno al que me encontré volviendo una y otra vez en mis notas personales, sin ser capaz de darle una explicación: toda esa investigación científica sobre las experiencias cercanas a la muerte mencionadas en el capítulo 5, en las que el acercamiento al más allá de pronto milagrosamente les ofreció ver a los ciegos, incluso a los ciegos de nacimiento. Se encontró que ellos presenciaron las mismas cosas que las personas videntes, «con una agudeza normal, tal vez incluso superior». No es tan diferente de las «alucinaciones complejas» de los ciegos que investigué en la literatura psicodélica. En ambas experiencias, las cercanas a la muerte y las psicodélicas, los encuentros con seres queridos muertos no son inusuales, lo cual brinda una pista importante del poder de los banquetes funerarios cristianos que tenían lugar en las catacumbas romanas. Pero si los ciegos son capaces de participar, entonces la visión beatífica parece ser una expansión de conciencia que no tiene nada que ver con los ojos. Ni con el intelecto. Plotino advirtió que esta extraordinaria «facultad de visión» que «todo el mundo posee, pero poca gente usa» nunca podría «adquirirse por cálculos» o «construirse a base de teoremas».[14] La verdadera religión, tal como Parménides trató de enseñarle a Platón hace tiempo desde Velia, no tiene nada que ver con la lógica, la razón o el pensamiento reflexivo.

Para obtener la visión beatífica, hay que morir por ella.

El ego debe destruirse. Al menos por un rato. Ya sea que se trate de unos minutos, unas horas o unos días, no toma mucho tiempo. Pero todo lo que pensaste que sabías de la vida —todo— tiene que ser aniquilado. No tiene ningún sentido, pero es lo que los místicos han dicho desde siempre. Es ineludible. Es el único consejo que se encuentra en el monasterio de San Pablo en el monte Athos en Grecia, colgado justo en la sala de recepción: «Si mueres antes de morir, no morirás cuando mueras». Lo que no se promociona en el cristianismo actual es la importante nota al pie por la que Bruno sacrificó su vida para que quedara registrada para la posteridad: «Al diablo con los placebos. Bienvenidas las drogas».

Si Bruno se parecía a sus ancestros griegos de Campania, se había ganado el derecho de burlarse de la eucaristía diluida en esas pocas pero reveladoras líneas que leí en el maltratado manuscrito bajo luz ultravioleta. Todo mientras el personal de la institución misma que le dio muerte nos miraba al padre Francis y a mí con total desconcierto. En 2000, el papa Juan Pablo II emitió una disculpa general por el uso de violencia contra los congéneres de Bruno.[15] No obstante, la riña de cuatro siglos del Vaticano contra los revolucionarios pronto fue aclarada por el cardenal Angelo Sodano, quien terminó por defender a los inquisidores por condenar a ese hereje particular de Magna Grecia en un esfuerzo por «servir a la libertad» y «promover el bien común».[16] ¿Puede que ese resentimiento tuviera algo que ver con el hecho de que Bruno y su eucaristía todavía representan una amenaza *existente*?

Si el juicio original de Bruno no hubiera desaparecido de manera conveniente, quizá sabríamos más. Pero, claro, los Archivos Secretos no serían los Archivos Secretos. Si hay una cosa que el Vaticano ha aprendido como la institución más longeva del mundo, es cómo cubrir sus rastros. La «fábrica de obispos» como un reportero se refirió a ella, sabe cómo no dejar un rastro en papel. La Iglesia de los últimos mil años ha sido descrita como «una mezcla de burocracia, movilidad social y redes informales» en la que «no todo está escrito».[17] En la historia profunda de tinta y pluma del Vaticano, la política de retención de información siempre ha conservado un toque medieval. Así que me enfrento a los campeones mundiales.

Por esa razón, desde ese año, me había asegurado de mantener el contacto con el bibliotecario de Dios. Si alguien sabía cómo navegar en los archivos del papa, era mi nuevo amigo de Piamonte. Si él había podido encontrar la salida desde la bóveda de los Archivos Secretos en la total oscuridad, podía ayudarme a mí a encontrar la eucaristía original.

Gianfranco y yo vagamos hacia el este por la Cortile della Pigna. Dimos una vuelta cerrada a la izquierda y subimos los 24 escalones hacia el patio externo octogonal de la colección Pío Clementino, el mejor lugar en el Museo del Vaticano para ver rostros conocidos. En la sección derecha de la antecámara que da a la Sala delle Muse (Sala de las Musas), con toda claridad, hay un Baco coronado de hiedra con un racimo de uvas colgando de la mano izquierda. Mira fijamente el fondo de la copa que lleva en la mano derecha. Se pregunta qué le ha hecho el Vaticano a su *pharmakon*.

Yo también.

Durante los últimos meses, me había obsesionado con el uso de Bruno de la palabra *veneficii* (drogas) en *De los heroicos furores*. Si estaba hablando de una tradición real de Campania, necesitaba establecer todos los detalles. Así que volví al comienzo y usé el único dato concreto que había descubierto como punto de partida, la poción psicodélica de lagartijas de Villa Vesubio. Un vino de lagartija enriquecido con opio, *cannabis*, beleño blanco y hierba mora era una gran pista, aunque algo confusa. Y pronto rindió frutos.

En el Renacimiento, el término latino que Bruno usó para el griego *pharmakon* se asociaba especialmente con la clase de bruja, hechicera o mujer de la medicina, la *venefica*, que era el blanco de la Inquisición por su conocimiento prohibido de sustancias psicotrópicas. Después del nacimiento de Bruno en 1548, incluso el propio equipo del papa hablaba de drogas. Andrés Laguna, farmacólogo y botánico de formación, era el médico personal del papa Julio III. Pasó años en un estudio minucioso de los códices griegos de *De materia medica* de Dioscórides, que había sobrevivido desde el siglo I d. C. Su traducción de la obra maestra de la Antigüedad fue publicada en latín e italiano en 1554 por la misma editorial en Venecia que hizo que el padre de las drogas fuera conocido en toda Europa. La versión de Laguna de *De materia medica* se reimprimió 17 veces para un gran público en Italia, sobre todo gracias a los comentarios y anécdotas suyos que acompañaban al texto. Estos sirven como una ventana excepcional a la experiencia renacentista con las drogas durante el tiempo en que vivió Bruno. Y algo muy importante es que muestran que el relato fabuloso de Bruno sobre Circe y las drogas se basaba en un brebaje muy peligroso y al parecer muy real: el ungüento de las brujas.

En su discusión de un ungüento notable que se decía que las brujas se aplicaban en el cuerpo y en sus escobas para que estas las llevaran a reuniones satánicas en el bosque, Laguna identificó los ingredientes que se encontraron durante una de las operaciones de registro e incautación de la Iglesia:

> Entre otras cosas en el hogar de dichas brujas había un frasco lleno a medias con cierto ungüento verde, hecho de álamo blanco con el cual se cubrían el cuerpo. Su olor era pesado y ofensivo, lo cual demuestra que estaba compuesto de hierbas, frías y soporíferas al máximo grado, tales como cicuta, hierba mora, belladona y mandrágora.[18]

Entre la hierba mora (*Solanum nigrum*) y la cicuta (*Hyoscyamus* spp.), tenemos una pista fascinante que potencialmente relaciona el hallazgo paleobotánico de la Villa Vesubio con la mención de Bruno de las *veneficii* (drogas) que producían la visión beatífica. Pero ¿qué tiene todo esto que ver con escobas voladoras?

Bueno, las brujas nunca volaban a ninguna parte, por supuesto. Como discutimos en nuestro análisis de las cervezas de belladona en la Iberia antigua, la familia de plantas que incluye a la hierba mora y a la belladona es muy conocida por provocar delirio, alucinaciones intensas y experiencias extracorporales.[19] Incluso los comentadores más tempranos sabían que las brujas «no salían de sus hogares», más bien «el diablo entraba en ellas y las privaba de sentido, con lo que caían como muertas y frías».[20] Eso es exactamente lo que le pasó a un conejillo de indias al que le recetaron el ungüento de las brujas para curar su insomnio. Laguna registró la reacción de esta mujer al recobrar la conciencia después de 36 horas completas: «¿Por qué me despertaron en un momento tan inoportuno? Estaba rodeada de todos los deleites del mundo».[21]

Sin duda *suena* como la visión beatífica.

En realidad, cualquiera que haya tomado una muestra de los elíxires mágicos de las brujas podría disfrutar del mismo viaje psicodélico, tal como lo capturó con gracia la xilografía de 1544 de Hans Baldung titulada *El mozo de cuadra embrujado*. En mitad de sus quehaceres, el mozo ha caído «como muerto y frío», vencido por el encantamiento que la bruja de la ventana acababa de preparar.[22] El historiador del arte Walter Strauss cree que el palo bifurcado que se le cayó de las manos al joven era usado para sostener un tazón o caldero sobre el fuego —la clase de recipiente que las brujas solían usar para «mezclar, calentar y almacenar pociones, que tenían la intención de ser bebidas, frotadas sobre la piel como un ungüento, o inhaladas como incienso»—.[23] Una vez más, el motivo recuerda extrañamente el *marzeah* de Oriente Próximo, que el estudioso Gregorio del Olmo Lete describió como un «estado cataléptico de trance» inducido por vino; o la práctica focense de incubación, que Peter Kingsley describió como un viaje «cataléptico» a un «mundo más allá de los sentidos» en el que «el tiempo y espacio no significan nada».

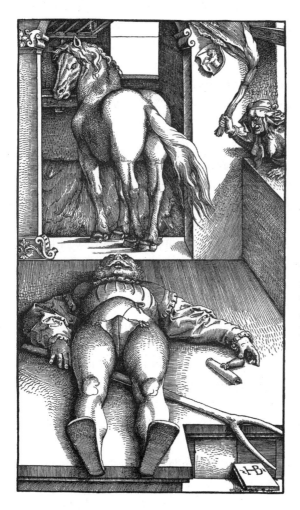

El mozo de cuadra embrujado, xilografía del artista alemán Hans Baldung, creada alrededor del año 1544. En un trance provocado por la bruja, la figura central está «muerta y fría», atrapada en un estado temporal de parálisis psicoactiva.

Entonces, si Bruno estaba al tanto de la tradición farmacológica del siglo XVI, ¿cómo llegó de la Campania antigua a la Roma del Renacimiento hasta el grado de que el médico del papa tenía conocimiento de ella? Mientras me adentraba más profundamente, la evidencia circunstancial comenzaba a acumularse sobre la cadena secreta de herejes de Ruck que unían a los gnósticos con las brujas.

Si la poción psicodélica de lagartijas de la Villa Vesubio es evidencia de un sacramento, quizá fue llevada de contrabando por la Ruta de la Costa Mistérica desde la farmacia en Pompeya hasta las iglesias caseras y catacumbas de Roma para servir como eucaristía herética a los simonianos, valentinianos y marcosianos durante los días de gloria de los gnósticos. En los primeros trescientos años después de Jesús, ¿los congéneres de Aurelia Prima llevaron a escondidas una eucaristía como esta al hipogeo de los Aurelios o la Capilla Griega en las catacumbas de Priscila, o las cámaras de mezcla de las catacumbas de Marcelino y Pedro? ¿Quizás incluso bajo la basílica de San Pedro, donde los *refrigeria* podían llevarse a cabo en la Ciudad de los Muertos cada noche del año? La materia prima alucinógena sin duda estaba disponible. Después del siglo IV d. C., ¿qué pasó con esa misteriosa clase de vino exótico?

Según se dice, desapareció al ser custodiada por herejes anónimos a lo largo de la Ruta de la Costa Mistérica que se perdieron en la historia.[24] Durante los siguientes siglos, quienes buscaran una eucaristía alternativa en Italia podían encontrar consuelo en los cultos a la muerte que habían huido de las catacumbas romanas a las catacumbas napolitanas y a todos los cementerios de las iglesias rurales. Ahí era donde los *refrigeria* continuarían celebrándose —ojos que no ven, corazón que no siente— hasta el siglo X d. C., cuando las fiestas cristianas con vino dieron paso a la reubicación de los cementerios en los centros urbanos.[25] Para el académico de Yale Ramsay MacMullen, ningún ritual pagano tenía el mismo poder de permanencia que la eucaristía de cementerio, que «ofrecía a lo inmortal en los humanos la chispa eterna o espíritu de los muertos». Ahí, los gnósticos solitarios encontrarían buena compañía, «al celebrar festines, beber, cantar, bailar y quedarse despiertos toda la noche; la identidad de un espíritu dichoso, incluso abandonado».[26]

También pudieron haberse refugiado en la práctica focense de incubación que nunca dejó Magna Grecia. A lo largo del Mediterráneo, muchas de las cuevas y templos sagrados de Asclepio fueron reutilizados como *martyria*, sitios de peregrinación para la consulta de los santos y mártires cristianos. Pero en Campania específicamente, MacMullen confirma que la «práctica antigua de recibir visiones de deidades al pernoctar en el santuario» se mantuvo en Nápoles, «donde se acostumbraba que los sacerdotes indagaran sobre los sueños de los suplicantes y los interpretaran, y donde a veces los suplicantes tenían que residir por semanas o meses antes de obtener alivio».[27] Aunque parezca increíble, alguna especie de tradición visionaria griega *sí* sobrevivió en Campania durante muchos siglos, en el mismo lugar en el que empezó con Parménides y las sacerdotisas posteriores a él en Velia. Pero ¿las mujeres y las drogas en verdad eran la clave para la sorprendente longevidad de todos los *refrigeria* cristianizados y los rituales de incubación en la Italia medieval?

Si bien los gnósticos fracasaron en mantener un perfil bajo, las brujas sabían lo que hacían. Algunas obtuvieron acreditaciones serias para evitar las sospechas del Vaticano, al unirse a las «Mujeres de Salerno», grupo de gran influencia en la Escuela Médica Salernitana en la Ruta de la Costa Mistérica al sur de Pompeya, al este de la costa de Amalfi en la península sorrentina. Fundada en algún momento del siglo x bajo la guía de textos griegos, con sabiduría latina, hebrea y arábiga por si fuera poco, fue la institución más importante en su tipo. Eran particularmente veneradas las «enormes colecciones de remedios con drogas».[28] Fue la «única escuela médica en Europa que les abrió las puertas a las mujeres», quienes eran parte del cuerpo docente y desempeñaron un papel vital en la historia de los avances científicos.[29] De todos los lugares en el mundo en los que las mujeres con experiencia en botánica pudieron redefinir la medicina occidental, descrita como «un sistema de práctica médica profesional que ha prevalecido desde entonces en todos los rincones del mundo civilizado», ocurrió en la Ruta de la Costa Mistérica.

Pero no todas las brujas estaban destinadas a la escuela médica. Muchas se apegaban a las costumbres antiguas. Esa tradición arraigada de la medicina popular que sobrevivió por generaciones en Italia, en especial entre las poblaciones rurales, que habían aprendido a cuidarse solas. Parte de la tradición prolongada de independencia férrea y autosuficiencia, según sugiera la evidencia, era una eucaristía casera. El tipo de eucaristía que parece haber circulado entre los cristianos de habla griega desde los primeros días de la fe en todo el Mediterráneo, en la que se incluye la poción letal en la iglesia casera de Corinto.

Mientras que los musulmanes en Tierra Santa mantenían al Vaticano ocupado en otras partes, las cruzadas en Europa también eran una distracción, al igual que los veinte mil hombres, mujeres y niños que fueron asesinados indiscriminadamente en un solo día del año 1209 durante la llamada cruzada albigense contra los cátaros, un grupo de herejes cristianos en Francia.[30] Mientras tanto, una amenaza mucho más grande se gestaba en la Ruta de la Costa Mistérica. Para la década de 1420, el servicio de iglesia nocturna conocido como aquelarre surgía con fuerza por toda la península italiana. En el centro de estas «compañías» diabólicas que se extendían desde los Alpes hasta Sicilia, había encuentros con los personajes de otro mundo conocidos como las «mujeres de afuera» (*donas de fuera*), que tenían patas de gato o pezuñas de caballo en vez de manos y pies humanos. Se dice que mujeres italianas viejas y jóvenes volaban por la noche en machos cabríos con esos «seres femeninos misteriosos» para «ir a banquetes en castillos remotos o en praderas».[31] Los aquelarres eran más bien locales. Pero también tenían una sede, el sitio de peregrinación más sagrado en el mundo de la brujería que atraía a mujeres no solo de Italia sino de todo el continente europeo. Con toda razón, estaba en el centro de Campania.

Las brujas se reunían en el legendario nogal del pueblo de Benevento. Ahí, se divertirían bajo las ramas, que eran sagradas para la diosa griega Artemisa. Formarían un círculo con los brazos entrelazados con un grupo de sátiros dionisiacos, como puede verse en cualquier botella de Strega —un popular licor herbal cuyo nombre es la palabra italiana para «bruja» y que se destila en Benevento desde 1860—. Y rendirían homenaje a una divinidad femenina que recibía muchos nombres: la Matrona, la Maestra, la Sabia Sibilla, la Reina de las Hadas.[32] Y un título que el mismo Bruno debió de haber oído en su pueblo natal de Nola, a tan solo una hora al suroeste de Benevento.

La Señora Griega.

Al igual que todos los aquelarres, el ritual en Benevento era una misa alternativa con una eucaristía alternativa en honor a un dios alternativo. Un tratado en latín de la época, *Los errores de los cátaros*, registra a las brujas mezclando su propio «vino» durante el aquelarre con el propósito expreso de «envilecer el sacramento de la eucaristía y también deshonrarlo».[33] Y eso fue lo que cambió todo. Porque hasta la década de 1420, las brujas eran solo una pandilla de sanadoras populares inofensivas, que desfilaban desnudas de manera inocente por los bosques de Italia. Paganas, quizá, pero paganas que el Vaticano podía darse el lujo de ignorar cuando había amenazas mucho más importantes como los musulmanes y los cátaros. No fue sino hasta que la eucaristía entró en escena cuando la bruja fue ascendida de inconveniente a apóstata, adquiriendo el título de «cátaro», que de pronto se había vuelto un término genérico para los herejes. Y en ese momento la bruja se volvió la prioridad máxima, en verdad merecedora de todo el fuego y la furia de las cacerías de brujas que, incluso según los estimados más conservadores, resultó en 90 000 acusaciones y 45 000 ejecuciones.[34]

«A pesar de que fingían ser buenas cristianas católicas», escribe la historiadora Karen Jolly sobre las muchas mujeres que asistían a los aquelarres, «representaban al más peligroso de todos los enemigos de la raza humana y la Iglesia cristiana».[35] El razonamiento ahora nos parecerá muy familiar. Tal como vimos con los misterios de Dioniso y Jesús, las autoridades políticas y religiosas no estaban preocupadas por el vino como lo conocemos hoy en día. No les importaban el alcohol ni las drogas en sí, que en su mayoría eran legales. Lo que importaba era lo que esas drogas *les hacían* a las personas. En el año 186 a. C., el Senado romano cazó a Paculla Annia y sus ménades porque su sacramento llevaba a buenos ciudadanos a la locura —jóvenes que dejaban todo por una antigua versión de un aquelarre en el bosque; esposas y madres abandonaban a sus familias—. En los siglos II a IV d. C., la burocracia creciente de la Iglesia erradicó a los gnósticos al menos en parte por la misma razón. Las mujeres que probaban el vino con drogas de los valentinianos nunca se conformarían con el ritual vacío o la eucaristía exclusivaemnte alcohólica de los Padres de la Iglesia. Habían probado el fruto prohibido.

Lo mismo les ocurrió a las brujas con su eucaristía casera. En *El ungüento de las brujas: la historia secreta de la magia psicodélica*, publicado en 2015, Thomas Hatsis saca a la luz un dato asombroso. En los Alpes Cotios del norte de Italia en 1387, la tortura de una hereje en el pequeño pueblo de Pinerolo resultó en información impactante sobre una tal Bilia la Castagna. Se reveló que la bruja blasfema había viajado por varios lugares con un pequeño vial que contenía una eucaristía de lo más inusual, «una poción extraña hecha de las emisiones de un sapo grande y las cenizas de cabellos quemados, mezclados [por ella] alrededor de una fogata en mitad de la noche en la víspera de la Epifanía».[36] La misma epifanía en la que Dioniso y Jesús dieron a conocer su vino milagroso. Hatsis menciona que las secreciones de ciertos sapos venenosos pueden contener compuestos psicoactivos como la bufotenina (5-HO-DMT), que es estructuralmente similar al LSD. También está la 5-MEO-DMT, una prima química de la dimetiltriptamina (N,N-DMT) que se encuentra en la ayahuasca, el brebaje sudamericano que a veces es llamado la «liana de los muertos». A una «dosis responsable», se decía que cualquiera que bebiera la eucaristía del sapo «entendería todos los secretos de la secta y cuestionaría por siempre la enseñanza ortodoxa».[37]

Dos brujas montadas en escobas de Le Champion des dames de Martin Le Franc. Las brujas en cuestión se llaman «valdenses», que originalmente se refería a un grupo de herejes cristianos en Francia y el norte de Italia. Bilia la Castagna era miembro de ellas. En el siglo XV, el legado de su eucaristía de sapo se transformaría para pasar de simple magia folclórica a la clase de brujería demoniacas y herejía que la Inquisición perseguía.

Entre el ungüento de las brujas, el «vino» herético y la eucaristía del sapo, el Vaticano tenía todas las razones del mundo para clausurar los aquelarres, incluso si la misa satánica estaba solo en la mente de las brujas. La esposa de un pescador de Palermo, Sicilia, que alguna vez completó el supuesto viaje a Benevento, después fue acorralada por la Inquisición. «A ella le pareció que todo esto ocurría en un sueño, pues cuando despertó, se encontró en su cama, desnuda como cuando se había acostado».[38] Físicamente, puede que estas mujeres no hayan ido a ninguna parte. Pero espiritualmente, iban a todos lados. Y como una visita relámpago a Oz, veían todo. Lo que volvía a la Iglesia y su eucaristía totalmente obsoletas.

De este modo, en el siglo xv, con otro sacramento descontrolado suelto, la historia estaba a punto de repetirse. Solo que esta vez lo que hubiera logrado sobrevivir a la Edad Media sería erradicado, con extremos prejuicios. Y eso silenciaría para siempre a la religión sin nombre que se había negado a morir desde la Edad de Piedra.

Las brujas, xilografía de Hans Baldung, creada alrededor del año 1510. Al igual que su *Mozo de cuadra embrujado* (página 403), el poste bifurcado o bastón mágico aparece de nuevo. Lo lleva en la mano la bruja que vuela por el aire montada en una cabra. Esta vez, el bastón sostiene uno de los calderos burbujeantes que al parecer se usó para cocinar el ungüento de las brujas, junto con otros inciensos y pociones alucinógenas. Otro caldero que hierve aparece en primer plano, en el centro de la composición. Está rodeado por tres brujas desnudas, y tres bastones más. Lo que sea que emane del caldero en nubes de humo es el secreto del vuelo extático de las brujas.

De mayo a junio de 1426, el franciscano itinerante llamado Bernardino de Siena dio una serie de 114 sermones justo en donde yo me encontraba ahora, en la plaza de San Pedro, y a lo largo de la Ciudad Eterna, para volver los rumores y habladurías sobre las brujas y las drogas una declaración política del Vaticano.[39] Cuando Bernardino alertó por primera vez a las multitudes de los «encantamientos de brujas y hechizos» que habían echado raíces en tierras italianas, los romanos pensaron que estaba loco. Pero después amenazó con inculpar de brujería a cualquiera que se negara a incriminar a esas feas herejes. Muy pronto, muchas «viejas con cara de perro» (*vecchia rincagnata*), como Bernardino se refería a ellas, se vieron acusadas y su destino fue puesto en la balanza.[40] De pronto, cobraron vida las cacerías de brujas que continuarían durante trescientos años más.[41] Y desde el comienzo, la evidencia deja ver claramente que las drogas eran una preocupación primordial.

Al consultarlo con el papa, Bernardino decidió que solo las sospechosas de crímenes más serios serían llevadas ante la justicia ese verano, y así fue como la pobre *venefica* llamada Finicella se convirtió en la primera víctima de la guerra contra las mujeres y su farmacopea blasfema. Se dijo que ella usaba el ungüento mágico de las brujas para transformarse en gato y escabullirse en las casas de las personas por la noche para «chupar la sangre fresca» de los 65 niños de cuyo asesinato se le acusó.[42] Los ingredientes activos del ungüento bien podrían haber sido las plantas mágicas que después identificó el médico del papa Andrés Laguna, entre las que se incluía la mandrágora psicodélica, a la que Dioscórides se refería como *Circeium* debido al uso mítico por parte de la misma Circe.[43] Esta clase de conexiones son las que hicieron que el relato fabuloso de Bruno sobre Circe y las drogas fueran tan herético.

Finicella fue estrangulada hasta morir y quemada en la hoguera en Campidoglio, la plaza en la cima de la colina que diseñó Miguel Ángel. Fue un evento macabro que «toda Roma fue a ver».[44] Junto con Finicella, otra bruja sin nombre fue quemada para dejar claro un mensaje. Solo que no tuvo la suerte de ser estrangulada previamente como era la costumbre. La quemaron viva en el primer acto de un genocidio cuya intención era infundirle miedo a cualquier mujer que se atreviera a probar la eucaristía herética y juntarse con la Señora Griega. El investigador italiano líder en esos asuntos, Carlo Ginzburg, ha observado: «Gracias a los sermones de san Bernardino de Siena, una secta hasta ese entonces considerada periférica fue descubierta en Roma en el corazón mismo del cristianismo».[45]

Pero ¿es posible que esta «secta» estuviera ahí todo el tiempo, desde los gnósticos hasta las brujas? ¿Y que una eucaristía psicodélica fuera su más profundo secreto?

¿Y que esta contara con Giordano Bruno entre sus filas?

Después de una pausa de tres horas para almorzar y un paseo despreocupado por los museos del Vaticano, el bibliotecario de Dios tuvo que volver a la oficina. Y fue momento de que yo me preparara para mi cita final en el Vaticano en el Palazzo del Sant'Uffizio, al otro lado de la plaza de San Pedro, donde Bruno fue encarcelado durante siete años, previo a su espantosa muerte.

Antes de separarnos, traté de resumirle a Gianfranco la investigación de Ruck y su teoría maestra. El cómo las sustancias psicodélicas eran el atajo para la iluminación, el fundamento de la civilización occidental: primero en los misterios eleusinos, luego en los misterios dionisiacos. Cómo el paleocristianismo había heredado esta tradición de los antiguos griegos, y después se la habían pasado a las brujas de la Edad Media y el Renacimiento. Y cómo el Vaticano había tratado en repetidas ocasiones de suprimir la eucaristía psicodélica original para impedirles a los cristianos tener la visión beatífica, primero en Europa y luego en todo el mundo después de la colonización católica de África, Asia y América Latina. Una verdadera conspiración global.

El archivista de Piamonte no pudo haber pasado 15 años en los Archivos Secretos sin haber oído nada sobre esos temas. Gianfranco, que ya me había acusado de ser representante de la CIA, el Mossad y los masones, respondió en italiano: «*Credo che sia una stupidaggine pazzesca*», que a grandes rasgos podría traducirse como «Creo que eso es una absoluta tontería».

Es lo mismo que yo también pensaba hace años.

Desde luego, es posible que sea una coincidencia espectacular que el más grande mago del Renacimiento que haya existido naciera en la misma región que atraía a cada bruja de Europa a su bastión mágico en Benevento. Y que cuando escribió sobre las *veneficii* (drogas) que podían obtenerse de la bruja griega Circe después de una larga peregrinación para obtener la visión beatífica, esto no tuviera nada que ver con las *venefica* (brujas) que usaban las drogas visionarias para viajar en espíritu con la Señora Griega entre «todos los deleites del mundo» en lo que parecía ser un sueño. Drogas que el Vaticano percibía como imitaciones heréticas de su propia eucaristía, por cuya blasfemia sentenció específicamente a Bruno y a las brujas. No obstante, eran drogas que se consideraban sin duda tan superiores a la eucaristía cristiana tradicional que el mago y sus hermanas estaban dispuestos a dar su vida a cambio de la «iluminación más alta y final» que solo podía brindar una eucaristía casera.

También podría ser una coincidencia que el hombre de Nola y las mujeres de Benevento provinieran de la misma Campania en la que Parménides y todos sus ancestros de habla griega se habían instalado en el pasado. La Campania que fue hogar de más iniciados que quizá cualquier otro lugar en la Antigüedad. Y la Campania que fue elegida, en opinión de Peter Kingsley, con el único propósito de sembrar en Italia el secreto focense de cómo morir antes de morir. Una técnica para entrar en el mismo trance «cataléptico» similar a la muerte que los comentadores del Renacimiento después les adscribirían a las brujas que habían caído «como muertas y frías». Una técnica que sobrevivió como una «doctrina secreta» durante muchos siglos después, hasta que los cristianos de habla griega comenzaron a mezclar su propia eucaristía en las iglesias caseras y criptas.

Los mismos iniciados que, una vez que los Padres de la Iglesia los expulsaron de Roma, huyeron a las tumbas subterráneas y templos de incubación de Nápoles y la Campania circundante durante muchos siglos más para recibir «visiones de deidades durante el sueño de una noche» en palabras de Ramsay MacMullen. Y entre todos esos gnósticos y las brujas que los siguieron mil años después estaba el único grupo de mujeres en todo el Mediterráneo que usó sus «enormes colecciones de remedios de drogas» para redefinir el concepto mismo de la medicina occidental en la Escuela Médica Salernitana. Era el único lugar en Europa en el que las mujeres podían estudiar y practicar la farmacología.

Y podría ser una coincidencia final el que las drogas descubiertas en la poción psicodélica de lagartijas de la Villa Vesubio en Campania en el año 79 d. C. fueran las mismas drogas nombradas por el experto en drogas del papa en el año 1554 d. C., cuando Giordano Bruno tenía solo 6 años de edad.

Sí, esta clase de coincidencias son posibles.

Pero yo no había ido a buscar coincidencias. Había ido a buscar evidencia.

Evidencia de que la guerra del Vaticano contra las mujeres y las drogas era real.

Evidencia que nunca antes había salido de ese país. Pues no fue sino hasta recientemente cuando se puso a disposición de ojos entrometidos como los míos. Años *muy* recientes, en la línea del tiempo papal. Y es ahí, en los últimos archivos del Vaticano en delatar sus secretos y confesar sus pecados, que estaba a punto de descubrir que las lagartijas nunca pasaron de moda.

I7

Nuestros ojos han sido abiertos

Los ojos del mundo están fijos en el papa esta mañana. Es jueves, 21 de febrero de 2019 y los equipos de camarógrafos están en posición. A mi derecha en la plaza de San Pedro, puedo ver a miembros de los medios de comunicación internacionales sacudiéndose la ropa y revisando sus equipos de audio. Es el primer día de la esperada cumbre vaticana de la Protección de los Menores. Cerca de doscientos delegados de todo el planeta llegaron a Roma para discutir el escándalo más grande que la Iglesia actual enfrenta: el abuso sexual. Pues las acusaciones por conductas inapropiadas por parte del clérigo rara vez se someten a las fuerzas del orden, y muchas víctimas de corta edad terminan suscribiendo acuerdos de conciliación con funcionarios de la diócesis. El costo de estos acuerdos, según algunas estimaciones, alcanza los 2 600 millones de dólares desde 1950.[1] En mayo, el fiscal general de California, Xavier Becerra, emprenderá la investigación más grande que se haya visto sobre este fenómeno global para analizar lo que él llama «el encubrimiento y la conspiración del silencio en los más altos niveles».[2] En una encuesta reciente, el 37% de los católicos estadounidenses ha considerado abandonar la fe debido a esta crisis.[3]

El futuro del Vaticano está en juego. Pero no es la primera vez.

Me encontraba frente al Palazzo del Sant'Uffizio, mirando el palacio de cuatro pisos con ladrillos color azafrán en el que había pasado toda la semana investigando otra conspiración. Siempre que el padre Francis y yo no estuviéramos explorando las catacumbas, disfrutaba de la tranquila sala de lectura en el Archivo de la Congregación para la Doctrina de la Fe, recorriendo los registros de los juicios de los siglos XVI y XVII de brujas muertas hace tiempo. Día tras día, había recolectado todas las pistas que pude descifrar a partir del dialecto toscano de difícil comprensión en el que están escritos los manuscritos renacentistas. Con suficiente paciencia, los detalles salieron a la luz. Y las piezas pequeñas de una operación gigantesca de pronto encajaron.

Para que cualquier parte de la investigación de Ruck sobre el cristianismo se sostuviera, siempre había querido ver la evidencia que pudiera esconderse detrás de las paredes del Vaticano. Podría haber algo ahí, escrito por la misma Iglesia, que eliminara cualquier duda razonable de la audaz teoría de Ruck sobre una cadena secreta de herejes que al parecer habían introducido el legado de drogas de los antiguos griegos en la Edad Media. Mientras que los registros de Giordano Bruno en los Archivos Secretos se quedan cortos, esos tomos empolvados cuentan la historia real de la batalla vaticana de vida contra las mujeres que «representaban al más peligroso de todos los enemigos de la raza humana y la Iglesia católica». Y la Inquisición que las hizo desaparecer, de una vez por todas.

Cabe mencionar que *inquisición* es un término que puede referirse a muchas cosas. Los únicos documentos que hay en Roma le habrían pertenecido a la Inquisición romana, que comenzó como tal después de que Martín Lutero comenzó la Reforma protestante en 1517. Pero ese fue solo uno de varios esfuerzos de la Iglesia por erradicar el disenso durante un período de aproximadamente 650 años. Fue precedido por la Inquisición medieval en 1184, a la que siguieron la Inquisición española de 1478 a 1834, y la Inquisición portuguesa de 1536 a 1821, mediante las cuales los grandes inquisidores seleccionados personalmente por el papa condenaron a muerte a miles en Europa y en las colonias católicas de India y el Nuevo Mundo, entre ellos muchos judíos, musulmanes, hindúes, indígenas americanos y esclavos africanos que se negaban a inclinarse ante la definición romana de Dios.[4] Es posible que cien mil personas más hayan muerto en prisión como resultado de tortura o maltrato.[5] Parece que cada fase de la Inquisición tenía su blanco favorito. Pero con el tiempo, hubo una amenaza especialmente urgente que todos los tribunales eclesiásticos y estatales estuvieron de acuerdo en atacar en conjunto: la bruja.

Como resultado de este esfuerzo mundial, el rastro en papel de las cacerías de brujas está disperso en archivos desde España hasta Portugal y América Latina. La Inquisición romana sí aparece en el registro histórico en Italia, pero la mayor parte de la evidencia se encuentra fuera de Roma, donde los tribunales regionales conservaban sus propios archivos. Algunos están en buenas condiciones, como los archivos del Vaticano en Údine, Florencia y Nápoles.[6] Otros fueron destruidos a propósito, como el archivo arzobispal en la capital de las brujas, Benevento. Para evitar atizar el sentimiento anticlerical rampante durante la unificación de Italia, todos los documentos se esfumaron de manera misteriosa en 1860.[7] Si el Vaticano se había dado cuenta de que «quemar a genios era malo para las relaciones públicas», como dijo la investigadora Maria Luisa Ambrosini sobre la pérdida de los registros originales del juicio de Giordano Bruno, imaginemos al equipo de mercadotecnia del papa tratando de explicar la persecución de miles de abuelas italianas inocentes.

Entonces, si yo quería ver registros de la Inquisición *adentro* del Vaticano, tenía solo una oportunidad. Tal como mi hombre de confianza y archivista maestro Gianfranco Armando me había aconsejado el año anterior en la cafetería con aspecto de cripta que está junto a los Archivos Secretos, tenía que enfocarme en el Archivo de la Congregación para la Doctrina de la Fe. Durante el verano de 2018, había descubierto un registro poco conocido publicado por un equipo de investigadores de la Universidad de Michigan a través de Oxford University Press en 1998, *Vatican Archives: An Inventory and Guide to Historical Documents of the Holy See* [Archivos Vaticanos: Inventario y guía de documentos históricos de la Santa Sede]. Al parecer, es el único catálogo en inglés del catálogo completo del Vaticano. Quisiera haber sabido de su existencia antes, pero Gianfranco me dijo que sus superiores no tienen el hábito de publicitar ese libro en particular a los estadounidenses curiosos. El año en que se publicó, los llamados «archivos de represión» acababan de abrirse a estudiosos seculares, así que sus contenidos ni siquiera pudieron incluirse. En los años subsecuentes, el equipo de Michigan al fin obtuvo acceso al que alguna vez fue el calabozo de Bruno en el Sant'Uffizio, el Santo Oficio. Y en 2003 publicaron un panfleto diminuto dedicado especialmente a todos los actos sucios de la Inquisición romana.[8] ¡Bingo!

Pasé semanas revisando sus notas sobre la Sagrada Congregación del Índice, que controlaba el Índice de Libros Prohibidos, un inventario de toda la literatura que había sido investigada y prohibida por la Iglesia católica. Incluye a pensadores protestantes obvios como Martín Lutero y Juan Calvino, pero también censura desproporcionadamente la obra de botánicos como Otto Brunfels (1488-1534) y Konrad Gesner (1516-1565).[9] Me pregunto por qué el Vaticano le tendría miedo a plantas y hierbas. Sin embargo, mientras continuaba la búsqueda de una eucaristía herética, no surgieron pistas reales. El Vaticano nunca deja que las cosas sean fáciles.

Pronto me enteré de que la historia de la colección fragmentada del Santo Oficio era tan colorida como los registros de Bruno en los Archivos Secretos. La mayor parte de lo que los inquisidores habían acumulado en 1559 fue incinerado cuando una multitud de alborotadores incendió el palacio que se encontraba frente a mí. El almacén en el que Bruno pronto sería detenido y torturado fue despojado de toda la documentación que podría revelar todos los detalles morbosos de la lucha constante del Vaticano por mantener bajo control al rebaño. A medida que continuaban las cacerías de brujas, más datos se evaporarían cuando Napoleón ordenó que todo el archivo fuera enviado a París en 1810. Durante su retorno parcial en 1815, hubo pérdidas incalculables cuando el «agente papal encargado de recuperar el material mandó quemar o vender el papel como desecho, por el dudoso motivo de que el costo de envío de vuelta a Roma era excesivo».[10] Al igual que el 99% de la literatura clásica y las obras invaluables de arte grecorromano que se quemaron en los siglos IV y V d. C., la mayor parte de los pecados de la Iglesia desaparecieron sin dejar rastro. Pero no todos.

Quedó un raro sobreviviente que logró escapar a los secuaces de Napoleón: el *Inquisitio Senensis*. Una colección rara de archivos de la Inquisición de la ciudad toscana de Siena que ha sido descrita como «notable y excepcionalmente completa».[11] Todo el conjunto fue transportado de Toscana al Santo Oficio en 1911, con lo cual se volvió el único archivo regional ahora albergado por la Santa Sede. Si había cualquier evidencia sobre brujas y drogas en alguna parte del Vaticano, tenía que estar en esos 255 volúmenes que abarcan los siglos XVI a XVIII.

Pero ¿por dónde empezar? Durante meses, hurgué en cada fuente secundaria del dominio público que tratara de forma seria los «archivos de la represión», hasta que al fin di con un investigador italiano, Oscar di Simplicio, interesado en las brujas del Renacimiento y su conocimiento en herbolaria. Estaba entre los primeros investigadores que cruzaron el portón de

9 m del Santo Oficio con aspecto de puente levadizo la primera vez que se abrió, ansioso por ver lo que el Vaticano había clasificado como confidencial durante todos esos años. Fue directo al *Inquisitio Senensis* y escribió un libro fabuloso que solo se publicó en italiano en 2000 como *Inquisizione Stregoneria Medicina* [Inquisición, brujería, medicina]. Eran más pistas de las que tendría tiempo de revisar. Eso me dejaba con un último obstáculo.

Convencer al Vaticano de dejarme entrar.

Antes de que el papa Juan Pablo II abriera el archivo, la difunta historiadora Anne Jacobson Schutte reportó una operación misteriosa en la que «las acreditaciones académicas e incluso la afiliación religiosa pesaban menos que los contactos».[12] Antes de volverse papa, el cardenal Joseph Ratzinger fue prefecto de la Congregación Sagrada para la Doctrina de la Fe de 1981 a 2005. Bajo su supervisión, los «pocos que obtuvieron permiso especial para consultar los materiales de la Inquisición fueron capaces de aprovecharse de fuentes extraordinarias de influencia».[13] Todos los que fueran ajenos a este círculo eran rechazados. Ya que el Vaticano es como es, yo no estaba del todo seguro de que esa política se hubiera revertido. Así que tomé mi celular y le escribí un mensaje a mi amigo Gianfranco.

Desde mi primer viaje a los Archivos Secretos, mantuvimos contacto regularmente vía WhatsApp. Cuando no hablábamos sobre mis más recientes descubrimientos, él me mantenía al tanto de sus conferencias y talleres en Italia. Todos los días en la semana previa a Navidad, me enviaba un clip de YouTube de los himnos latinos devocionales conocidos como las *Grandes Antífonas*. En enero me enviaba una foto de su casa de campo cubierta de nieve en San Michele di Cervasca en las montañas de Piamonte. Yo le enviaba una foto de mi esposa y mis hijas en nuestro refugio del invierno en Punta del Este, Uruguay. Si bien Gianfranco no estaba de acuerdo con la investigación de Ruck, sin duda alguna le parecía muy entretenida.

Le pedí que me hiciera el favor de presentarme a su hermano bibliotecario de Dios, el doctor Daniel Ponziani, que está a cargo del Archivo de la Congregación para la Doctrina de la Fe. Gianfranco accedió gentilmente. Pero de cualquier modo me hacía falta una carta de recomendación de «una autoridad eclesiástica o académica». Entonces, igual que antes, Ruck escribió una solicitud formal en papel membretado de la Universidad de Boston dirigida al director del archivo, monseñor Alejandro Cifres. Incluía esta oración común y corrriente: «Según nuestro conocimiento, algunos de los 255 volúmenes del Santo Oficio de Siena contienen información valiosa sobre la historia local de la región toscana». En mi carta al monseñor y a Ponziani un mes antes, les hice saber que me interesaba el conjunto completo de registros de la *Inquisitio Senesis*. Por fortuna, no tuve que especificar nada más allá de eso. Junto con una copia en PDF de mi título en leyes de la Universidad de Georgetown (que me aseguré de señalar como institución jesuita), adjunté mis identificaciones previamente emitidas en los Archivos Secretos y la Biblioteca Apostólica Vaticana. Un día hábil más tarde, una de las 12 sillas chirriantes de la sala de lectura estaba reservada para un buen chico católico con muchas preguntas.

Apilados uno sobre el otro, el grueso par de volúmenes amarillentos golpeó el escritorio con un ruido sordo. Encuadernados con vitela y atados con lo que parecían agujetas del Renacimiento, los manuscritos que había pasado consultando toda la semana tenían la misma altura que el monitor de computadora frente a mí. Estaba sentado en el extremo de la mesa rústica larga, bajo las luces fluorescentes, mi ubicación acostumbrada en la Sala di Studio sin ventanas. Cinco investigadores más me acompañaban en la sala de lectura, hipnotizados por sus propias pilas de papel con siglos de antigüedad. El silencio era absoluto. Y si uno se tomaba un momento para mirar alrededor y a los demás tan descortésmente como había hecho yo, se percibía una sensación colectiva de incredulidad por haber logrado entrar ahí. Como si el papa Francisco fuera a llegar en cualquier momento sin anuncio previo para disculparse y ponerle fin a esa revisión.

Puede que el mundo exterior suponga de manera razonable que los peores crímenes del Vaticano están sellados en los Archivos Secretos. Sin embargo, todo aquel que ha tenido el privilegio de sentarse en el mismo lugar que yo ha llegado a la misma conclusión innegable: las cosas verdaderamente sucias están aquí. Pero irónicamente, a nadie parece importarle. En el Archivo de la Congregación para la Doctrina de la Fe no están las cámaras de circuito cerrado ni los custodios entrometidos que no me quitaban los ojos de encima cuando fui con el padre Francis a los Archivos Secretos. Nada de ir y venir cada vez que quiero poner mis dedos grasientos sobre un registro de un juicio, como sí sucedió con Su Excelencia Sergio Pagano, el prefecto de los Archivos Secretos. Con la condición de que limitara mis solicitudes a dos volúmenes a la vez, pude usar lo que yo quisiera durante el tiempo que se me antojara, sin supervisión. El jefe de archivistas, Ponziani, ocupaba la espaciosa oficina de dos pisos al otro lado de la puerta cerrada que separa a la Sala di Studio del resto del Archivo. El imponente calvo italiano con una sonrisa amable no podría estar menos preocupado por lo que yo hacía ahí, ni ser más complaciente.

Unos días antes de esa misma semana, Ponziani me dio un tutorial rápido para navegar en la base de datos computarizada a la que solo se tiene acceso desde dentro de ese palacio. En cuanto me dejó solo, examiné a gran velocidad el «Archivum Inquisitio Senesis», subcarpeta de SHADES ECCLESIA (Software para la Descripción de Archivos Históricos), usando lo único que desearía haber tenido en los Archivos Secretos: un motor de búsqueda. La primera palabra que escribí en el Google del Vaticano fue *stregoneria* (brujería). De inmediato, arrojó 120 resultados, con bellos resúmenes de las muchas mujeres que fueron juzgadas por la Inquisición romana en Toscana entre 1569 y 1753.

¿Quién había estado a cargo de revisar los 255 montones escritos a mano como los que tenía en mi escritorio, cada uno de 15 o más centímetros de grosor, para reunir y reproducir todos los cargos contra esas herejes? Pero, lo más importante, ¿por qué lo harían? ¿Y por qué existen siquiera esos registros? El Vaticano podría haberse deshecho de ellos hacía tiempo.

Di un clic tras otro a una parte de la evidencia de una extensa campaña que ejecutaría al menos a 45 000 brujas, y torturaría, encarcelaría o exiliaría a incontables más en todo el mundo. En minutos, surgió un patrón. Y salió a la luz una de las tácticas más siniestras de la Iglesia. No solo trataba de librar al cristianismo de curanderas populares. Trataban de borrar un sistema de conocimiento que había sobrevivido por siglos en las sombras. Lo que Ruck podría llamar el *secreto de los secretos*, una tradición de experiencia farmacológica sin duda alguna, y quizá la clase de eucaristía herética cuya existencia yo había tratado de comprobar durante más de una década. De acuerdo con el clasicista de Massachusetts, los secretos se «pasaban de boca en boca de herbolario a aprendiz». Pero para ser más precisos, a menudo las mujeres mayores los compartían a las menores. Pues es la única manera en la que recetas tan complejas, como los más de cincuenta ingredientes de la poción psicodélica de lagartija en la Villa Vesubio, pueden sobrevivir. Y la única manera de eliminar a la escoria multigeneracional es acorralar a madres e hijas.

Víctimas de una competencia espiritual, que hasta ahora habían permanecido en el anonimato.

Como Angelica di Gherardo y su hija Antera, cuyo juicio e interrogatorio duraron cinco extenuantes años, de 1583 a 1588. O Margarita Straccioni y su hija Maddalena, del mismo período. Otra mujer, Angela Mancinelli, fue condenada no con una sino con dos de sus hijas, Livia di Rosato y Meca di Petro. Y luego estuvieron Angela di Cesare y su hija Camilla. De acuerdo con el resumen de una página en mi pantalla, ambas fueron «encarceladas y torturadas» (*carcerate e torturate*) de 1595 a 1596, tan solo unos años antes de que el mismo Giordano Bruno fuera quemado hasta morir en el Campo de' Fiori cruzando el Tíber.

Mientras recorría página tras página de registros de juicios condensados, la lista de atrocidades seguía. Además de la Inquisición romana, imaginen cuántas madres e hijas cayeron en manos de la Inquisición medieval, la española y la portuguesa durante siglos en Europa, India y el Nuevo Mundo: víctimas cuyos nombres *no sobrevivieron* contra todo pronóstico en una conveniente base de datos en el Vaticano. Pero no se trata de la cifra de muertes. En *El tribunal de Dios: la inquisición y la creación del mundo moderno*, el periodista Cullen Murphy llama al énfasis excesivo en las cifras «inútil y de mal gusto».[14] Lo compara con Rudolf Hess, el excomandante de Auschwitz, que, al verse confrontado con una copia de su confesión después de la Segunda Guerra Mundial, tachó la parte en la que se mencionaba a «tres millones» de víctimas para reemplazarla con «dos millones». A fin de cuentas, la única Iglesia católica y apostólica, un aparato global con el mandato universal de difundir el amor de los Evangelios, se lanzó a un sangriento frenesí. Independientemente de cuántas vidas se hayan perdido, Cullen se centra en la «huella psicológica profunda» de una Inquisición que «de alguna manera penalizó a cientos de miles de personas», y en general afectó a millones. Una campaña en la que el «miedo y [la] deshonra provocados por un caso individual, incluso uno menor, se extendía y afectaba a un círculo social más amplio».[15]

Así es como se mata a la religión sin nombre.

A principios de esa misma semana, no me tomó mucho tiempo darme cuenta de que parte de la teoría de Ruck sobre una cadena secreta de herejes estaba totalmente en lo correcto. La Iglesia había librado una guerra psicológica profunda contra las mujeres. Sin duda, las cacerías de brujas se habían desbordado hacia los tribunales estatales, y eran particularmente violentas en jurisdicciones protestantes como la Europa Central de habla alemana, Inglaterra y Escocia.[16] Y no queda ninguna duda de que magos como Giordano Bruno también eran un blanco. Pero la Iglesia católica inició el proceso, y desde el comienzo tenía en la mira a las mujeres. Más de 150 años después de que Bernardino de Siena quemara a la señora de los gatos, Finicella, en Roma en 1426, la gente en su región de origen, Toscana, seguía persiguiendo a las mismas brujas, tratando de eliminar a la plaga desde la raíz. Los archivos de la Inquisición de Siena dejan eso muy claro. Entonces, a menos que los archivistas puedan proporcionar documentación sobre padres e hijos que fueron encarcelados y atormentados con la misma ferocidad que madres e hijas, la evidencia de una despiadada estrategia se encuentra justo ahí en los «archivos de la represión» a la vista de todos.

Entonces, ¿qué hay de la otra parte de la investigación de Ruck? ¿En verdad las mujeres fueron el blanco de la Inquisición porque eran las herederas de una eucaristía casera que provenía de los gnósticos? Será que en su esfuerzo por poner fin a los vuelos de machos cabríos a la capital de la brujería en Benevento, ¿la oficina de campo en Siena tan solo trataba de erradicar todas las drogas en el ungüento de las brujas, como documentó el experto del papa, Andrés Laguna, en 1554? ¿La clase de drogas que podrían haber enriquecido el «vino» del aquelarre, tal como se registró en el siglo previo? ¿O las sustancias alucinógenas que podrían haber impulsado una eucaristía de sapo como la de Bilia la Castagna el siglo anterior?

Tenía dos tomos gruesos en mi escritorio, con al menos *algunas* de las respuestas.

Y le debo todo el crédito a Oscar di Simplicio por haberme permitido llegar tan lejos. Dios sabe cuántos meses debió de haber pasado ahí, encorvado sobre el volumen número 35 de los procedimientos judiciales de Siena (o P35 para abreviar), hasta que algo lo detuvo en la página 556. Al abrir el pesado manuscrito una vez más, leí la letra manuscrita del inquisidor por centésima vez esa semana. Es una fórmula de un vino de 1640, que cocinó un mago de un pequeño pueblo en Toscana llamado Casole. Un testigo declaró que su médico brujo anónimo alguna vez le recetó un «vino blanco» (*vin bianco*) especial a una viuda que estaba maldita. Para quitarle el hechizo, el hombre ordenó que el vino se mezclara con «betónica, ruda, rosa seca y hiedra» (*bettonica, la ruta, rose secche et ellera*). La betónica se ha descrito como «la más apreciada de las hierbas para embrujar», así que no me sorprendió mucho verla por ahí en el campo toscano. Pero *sí* me sorprendió el nivel de detalle en el manuscrito.

Y me sorprende en particular la mención de la hiedra. Además de la vid, es la planta dionisiaca por excelencia. ¿Por qué alguien la mezclaría con su vino? En el siglo I d. C., Dioscórides específicamente dijo que una bebida de hiedra puede «alterar la conciencia » o *tarassousi ten dianoian* (ταράσσουσι τήν διάνοιαν) cuando se toma en dosis altas.[17] De acuerdo con el naturalista romano Plinio, quien identificó veinte variedades de la planta, la hiedra tiene el poder de «trastornar la mente».[18] Y Plutarco dijo que podía hacer que cualquiera que estuviera dispuesto a una «exaltación espiritual» pudiera «perder el sentido», lo cual llevaba a una «ebriedad sin vino».[19] Para absorber su poder alucinógeno, las ménades al parecer «corrían enseguida por hiedra y la troceaban, estrujándola en las manos y mordiéndola con los dientes».[20] Es imposible saber si esta hiedra toscana está relacionada con la hiedra antigua que mencionaban Dioscórides, Plinio y Plutarco, pero es una pista muy extraña.

También es extraña la nota del manuscrito que dice que este médico brujo había heredado su arte como parte de una tradición familiar que se originaba en una pariente notable al oeste de Casole en Volterra. Se llamaba Lucretia. Exactamente la clase de bruja toscana que yo buscaba. Y exactamente la clase de bruja con la que Giordano Bruno pudo haberse encontrado en sus múltiples viajes por Italia. La Inquisición la encontró en 1590, una década antes de la ejecución de Bruno. Por razones que parecen apoyar más la sospecha de Ruck sobre una cadena secreta de herejes, el personal del papa en Siena invirtió una cantidad considerable de tiempo y energía en acabar con Lucretia. Según mis cuentas, recibieron testimonios de no menos de 39 acusadores. Y en el proceso, dejaron un registro fascinante de farmacología renacentista.

Cerré con cuidado el P35 y lo deslicé hacia el investigador que se encontraba a mi derecha. Abrí el volumen de 906 páginas conocido como P2. La mayor parte de la letra manuscrita es imposible. Una nota de un gastroenterólogo zurdo sería más legible. Pero yo tenía la transcripción de Oscar di

Simplicio para guiarme. Y por fortuna, la información que buscaba casualmente estaba en una de las páginas más legibles.

Sin embargo, desde el inicio noté algo que Di Simplicio no publicó. Al reverso de la página 21, hay otra fórmula de una infusión de «vino blanco» (*vin bianco*). La receta pide que la poción se mezcle con «hiedra de un olivo» (*hellera d'ulivo*). Más tarde recibiría una copia en PDF del pasaje por solicitud especial al Vaticano, la cual reenvié al padre Francis para una segunda opinión. Estuvo totalmente de acuerdo conmigo en mi lectura del italiano del siglo XVI. Pero ni él ni yo pudimos explicarlo. ¿Por qué Lucretia mezclaría la locura cruda de la hiedra en un vino potenciado?

Las cosas se tornaron más interesantes cuando di la vuelta a la página 47 del amarillento papel, en la que uno de los acusadores describe que Lucretia mezclaba un «incienso» (*incenso*) enriquecido que contenía «las hierbas de san Ciriaco y muchas [otras] hierbas» (*erba di Santo Ciriaco et di molte erbe*). Una vez más, ni el padre Francis ni yo pudimos identificar las hierbas. Pero si se trata de san Ciriaco el mártir, el santo patrono de la viticultura, los elementos botánicos adquieren una cualidad mística, pues a Ciriaco se le llamaba el «terror del infierno» por su conocimiento íntimo del inframundo y los demonios. No obstante, lo que más me llamó la atención unas líneas atrás fue cómo Lucretia logró hacerse de la base del incienso, la cual enriqueció después con sus propios ingredientes de hechicería. El testigo dice que Lucretia le pidió a alguien que robara el manojo de incienso de la Iglesia. Y no era la primera vez que eso ocurría.

Otro detalle notable surgió en la página 31 del manuscrito P2. En una caligrafía impecable con tinta oscura, los inquisidores describen cómo Lucretia una vez le pidió a otra mujer que robara una «ostia consagrada» (*ostia sacrata*) del sacerdote local en Volterra. La reputación de la bruja la precedía. El manuscrito deja claro que Lucretia tenía que usar a una intermediaria encubierta, pues el sacerdote nunca le hubiera ofrecido la eucaristía a la herbolaria en persona. Después, se da por hecho que Lucretia alteró la eucaristía para usarla en sus pociones curativas y de amor, o en un posible sacramento herético. La práctica no era poco común en la época.

En 1320, una carta a los inquisidores de Francia de un tal cardenal William les dio plena autorización de parte del papa para cazar a practicantes de las artes oscuras «que abusaran del sacramento de la eucaristía o la ostia consagrada y otros sacramentos de la Iglesia al usar estos objetos u otros similares en su hechicería».[21] En *Religion and the Decline of Magic* [La religión y la decadencia de la magia], el historiador Keith Thomas nota cómo la eucaristía se había vuelto «un objeto de potencia sobrenatural» en el Renacimiento. Se creía que era capaz de cualquier cosa, desde curar a los ciegos hasta ahuyentar a las orugas del jardín. Los sacerdotes se creían magos blancos que luchaban contra los magos negros, que hacían fila en la Iglesia para robarse literalmente el cuerpo y la sangre de Jesús, con la intención de usarlos para sus propósitos malvados. Según un comentador del siglo XVI, la eucaristía había caído en manos no solo de brujas como Lucretia, sino también de «hechiceros, encantadores, soñadores, adivinos, nigromantes, conjuradores, buscadores de cruces, criadores de demonios, hacedores de milagros, charlatanes y celestinas».[22]

Entre el vino dionisiaco de hiedra y las hierbas mágicas, lo que surge de este valioso manuscrito es lo que Oscar di Simplicio simplemente llamó la «farmacopea popular» de una bruja hereje que escapa del alcance de la Inquisición y les pasa el conocimiento a sus sucesoras, una generación o dos en el futuro. El detalle increíblemente específico sobre la eucaristía robada vuelve a Lucretia una blasfema de la sustancia más sagrada de la Iglesia. Al igual que Bruno. Y eso los pone en el mismo nivel que las brujas que mezclaban un «vino» personalizado para el aquelarre, o preparaban una eucaristía de sapo, con el propósito expreso de «envilecer el sacramento de la eucaristía y también deshonrarlo». Pero ninguna bruja está completa sin su ungüento. Así que hay un último aspecto de la historia de Lucretia que quiero confirmar con Ponziani.

En un acto que habría provocado que los custodios de los Archivos Secretos me derribaran, alcé el volumen de cuero P2 y me dirigí a la oficina de Ponziani, fuera de la sala de lectura. Lo primero que noté fue el crucifijo de Jesús agonizante, colgado en lo alto del panel de madera en la esquina. Debajo de él había una mesa cubierta de terciopelo verde, que supuse era para investigadores molestos como yo. Entonces, coloqué el volumen ahí donde Jesús pudiera verlo bien y lo abrí en la página 47, donde los inquisidores registraron un ingrediente muy inusual del «ungüento» (*unguento*) de Lucretia. Seguramente traficaba la misma clase de ungüento de brujas que era de uso corriente para todas las mujeres a lo largo de Italia. Desde el pueblo costero de Piombino, toscanas con nombres griegos como *Olimpia* y *Artemisia* acudían a Lucretia buscando alivio para padecimientos tanto

físicos como espirituales. Una mujer en particular llamada *Dionisia* (el femenino de Dioniso) se acercó a la bruja, esperando un milagro. La receta inmediata de Lucretia fue calentar una sartén con aceite, agregar un montón de
«hierbas» (*erbe*) sin especificar, junto con un *lucertole*.

—¿*Dottore Ponziani*? —me dirigí al archivista, mientras él volvía a su
oficina de un encargo. Señalé la tinta desvanecida del papel de cuatrocientos
años— ¿Podría ayudarme a traducir esta palabra?

—*Lucertole... lucertole* —murmuró—. Es una clase de reptil —dijo en
italiano, mientras se dirigía a su computadora de escritorio. Buscó el animal
en Google y me mostró las imágenes de la palabra que no podía traducirme
al inglés.

—¡Lagartija! —grité—. Sí, eso fue lo que pensé. ¿Sabrá usted por qué esta
bruja cocinaría un ungüento con lagartija?

—Evidentemente es alguna clase de poción —respondió Ponziani, sin
dudar.

De inmediato pensé en la poción psicodélica de lagartija de la Villa
Vesubio. Quizá las «hierbas» sin especificar en el ungüento de Lucretia eran
la hierba mora y la belladona que identificó Andrés Laguna en 1554 como
los ingredientes secretos del ungüento de las brujas, junto con la cicuta y la
mandrágora.[23] O quizás eran el opio y *cannabis* de la Pompeya antigua que
todavía eran populares en la Toscana del Renacimiento.

En cuanto a la lagartija, el clasicista A. D. Nock tiene algunas ideas. El
más grande historiador de la religión de Harvard en el siglo xx, que postuló
los «símbolos» y «lenguaje» que unían a los seguidores de Dioniso, alguna
vez escribió un oscuro artículo sobre la magia con lagartijas, el cual solo pude
encontrar de manera física en el Centro de Estudios Helénicos de Harvard
en Washington D. C. Según notó, varios autores griegos antiguos mencionan
la asociación de la lagartija con la visión. Debido a que la ceguera del propio
reptil podía revertirse al «abrirle los ojos frente al sol saliente», se pensaba
que la lagartija podía restaurar la visión humana.[24] También hay una receta
intrigante de los llamados Papiros mágicos griegos. Si una hechicera deseaba
«hacer que el dios apareciera», tan solo ahogaban a una lagartija en aceite.[25]
Tal como hizo Lucretia.

De uno de las estanterías de piso a techo que nos rodeaban, Ponziani
sacó una edición rústica delgada mucho más nueva que los libros vecinos,
pues la mayoría estaban encuadernados con la misma vitela rojiza que el

P2. Era un ejemplar del estudio de Oscar di Simplicio que me había llevado ahí en primer lugar. Yo imaginé que estaría oculto en el Índice de Libros Prohibidos. Pero con este suceso inesperado, decidí hacerle saber al archivista sobre mi investigación. En vista de mi interés en pociones, incienso y ungüentos, Ponziani entonces escribió algunos otros títulos en italiano para que los agregara a mi biblioteca personal. No sé por qué decidió compartirme eso. Pero percibí que, al igual que Gianfranco, todos ellos saben disfrutar de un buen misterio.

No estaba muy seguro de si sus jefes estuvieran de acuerdo. Pero, de nuevo, quizá todos ahí estaban más preocupados por el verdadero escándalo del día. Aquel en el cual el papa discutía con los delegados de protección de menores en un último esfuerzo para evitar que la Iglesia se desbaratara. Nada como un encubrimiento global para captar la atención de la gente. Sobre todo ahora que había más fiscales investigando y cámaras grabando. Ocultar pecados en el siglo XXI no es cosa sencilla. Era mucho más fácil antes.

Si hace algunos siglos el Vaticano había llevado a cabo una conspiración para suprimir una eucaristía psicodélica, ¿cómo podría alguien enterarse de ello?

Salí de nuevo al aire fresco, crucé las columnas dóricas hacia la plaza de San Pedro y me dirigí al este hacia el Tíber. Me quedaba un amigo más que ver antes de volar a casa. Desde que había empezado a ir a Roma casi veinte años antes, siempre lo visitaba brevemente. Pero había estado muy ocupado en las catacumbas y los archivos hasta ese día. Nos haría bien reunirnos.

Mientras cruzaba el Ponte Vittorio Emanuele II, pensaba en todo lo que había aprendido en el Archivo de la Congregación para la Doctrina de la Fe. Ya que no pude tomarme cinco años sabáticos para recorrer cada página de cada uno de los 255 volúmenes de la Inquisición de Siena a mano, quedé muy satisfecho con la semana que me había tomado meses planear. Cuando menos, el juicio de Lucretia demuestra cuánta ansiedad le causaba la farmacología al Vaticano. Este peleó encarnizadamente por evitar que las mujeres tuvieran el papel de médicas. Lucretia no era bienvenida en un mundo en el que los clérigos hombres trataban de presentarse como la primera línea de defensa contra la enfermedad y la muerte. Si el uso de plantas y hierbas como remedios naturales proliferaba y tenía éxito, todos empezarían a cuestionar la magia blanca de la eucaristía que supuestamente lo curaba todo. Y con ello, también cuestionarían al Dios mágico del que dependía el sacramento más bendito.

Durante el Renacimiento, cualquier droga, a excepción de la droga de la inmortalidad, el cuerpo y la sangre de Jesús, era sospechosa. Esa fue la razón por la cual se les pidió a tantos testigos que describieran el trabajo de Lucretia con «hiedra», «incienso», «ungüento» y «muchas hierbas». La locura de los inquisidores tenía un método. Al registrar su farmacopea, el Vaticano tenía evidencia condenatoria de que Lucretia cooperaba con el demonio, la única explicación posible para habilidades que se consideraban sobrenaturales.[26] Sin embargo, por más que la Iglesia trató de convencer a la gente de lo contrario, la fama de mujeres como Lucretia parece bien merecida por testimonios que provenían de lugares tan lejanos como el Londres de la época isabelina en 1593: «¡Ella face más bien en un año que todos esos hombres de las Escrituras farán mientras vivan!».[27]

Pero había algo más con respecto a Lucretia. El detalle sobre su ardid para darle un nuevo propósito a la «eucaristía consagrada» no es fortuito. Este señala hechicería mucho más avanzada y una herejía mucho más profunda. En las manos de una bruja renombrada que sabía mezclar vino de hiedra dionisiaco, enriquecer incienso con sus propias hierbas mágicas y freír un ungüento de lagartija, el cuerpo y la sangre de Jesús eran un arma. Esto coloca a Lucretia en una larga sucesión de herejes que específicamente blasfemaban contra la eucaristía al ofrecer una alternativa peligrosa, como la eucaristía de sapo del siglo XIV, el «vino» de aquelarre del siglo XV y el ungüento de las brujas señalado por Andrés Laguna en 1554. Y esto coloca potencialmente a Lucretia en una sucesión aún más larga de místicos que habían traficado con una eucaristía casera desde incluso antes que los gnósticos.

¿Podría ser que todo esto formara parte de la razón, poco estudiada por los historiadores modernos, por la cual las brujas «representaban el más peligroso de todos los enemigos de la raza humana y la Iglesia cristiana»? ¿Qué es más amenazador para la integridad institucional del Vaticano que una eucaristía que brinde una verdadera visión beatífica? Si Lucretia y sus hermanas podían «consagrar» de manera apropiada una eucaristía para ellas mismas, ¿de qué servía un sacerdote? Y si ellas podían establecer una línea directa con Dios, como quizá siempre debió ser, ¿de qué servía la Iglesia? ¿En verdad hay algo que valga más la pena defender que la eucaristía?

Aunque deseaba que los inquisidores de Siena fueran tan bien versados en Dioscórides como Andrés Laguna, no lo eran. Y aunque deseaba que pudieran especificar qué drogas eran el objetivo en Toscana, no podían. ¿Acaso es pedir demasiado que el Vaticano admita que su eucaristía nunca jamás podría competir con una droga visionaria, y que haría cualquier cosa por suprimir a la competencia?

Tal vez no.

Cuando entré al Campo de' Fiori, rodeé las tiendas blancas que cubrían flores de todos tamaños y colores y me senté en una mesa afuera de Il Nolano Bistrot. Pedí una cerveza artesanal local y una copa de vino tinto, dos de las bebidas más cautivadoras en la historia de la civilización occidental. Una de ellas bien podría haber provocado el comienzo de la Revolución Agrícola hace más de 12 000 años. La otra ayudó a la religión más grande del mundo a colonizar el planeta, llevando a Jesús al Nuevo Mundo. Por desgracia, esa parte del mundo ya tenía una eucaristía. Varias, de hecho. Y a diferencia de la eucaristía herética del Viejo Mundo, no iría a ningún lado.

Saqué un fajo de papeles de mi bolsa de cuero marrón y examiné las notas en las que había estado trabajando por años. Cientos de libros, miles de artículos periodísticos y búsquedas interminables en internet, resumidos en una página en una lista de unos cuantos puntos. Había una frase solitaria escrita en la parte superior: «La Iglesia católica comenzó la guerra contra las drogas».

En 1629, unas décadas después de que la Inquisición lograra contener a Lucretia y Giordano Bruno, un sacerdote local llamado Hernando Ruiz de Alarcón escribió un largo manifiesto al arzobispado de México. Tenía la intención de servir como guía para el trabajo misionero en la población indígena azteca. En su *Tratado de las supersticiones y costumbres gentilicias que hoy viven entre los indios naturales de esta Nueva España*, Ruiz de Alarcón analiza todos los rituales paganos precolombinos que tuvieron que ser eliminados para que la Iglesia pudiera cosechar almas nuevas en el Nuevo Mundo. Desde la primera página, ninguno de los impíos hábitos de los salvajes provoca tanta repugnancia como las bebidas sagradas que contenían *ololiuhqui*, peyote y tabaco. Mientras que los últimos dos son conocidos, *ololiuhqui* probablemente era la droga psicodélica más común usada por los aztecas en esa época. En 1960, fue el mismísimo Albert Hofmann quien identificó la planta como una especie de la familia de las convolvuláceas (*Turbina corymbosa*) que contiene ergina, el alcaloide similar al LSD que también está presente en el cornezuelo.

Ruiz de Alarcón documenta algunas de sus increíbles propiedades. «Como a oraculo [sic] la consultan, para todas quantas cosas desean saber, hasta aquellas a que el conocimiento humano no puede llegar».[28] Como parte de su «hechicería», las brujas aztecas también usaban *ololiuhqui* o peyote para realizar curas milagrosas.[29] «Se hazen estimar por hombres casi divinos», dice el hombre de Dios. Los paganos no sabían que estos sacramentos psicodélicos eran parte de una «antigua ydolatria y culto del demonio».[30] Mientras que los inquisidores tan solo daban rodeos a este problema en el Viejo Mundo, Ruiz de Alarcón ofrece instrucciones meticulosas y detalladas para confiscar las drogas que los locales han aprendido a ocultar de la Iglesia católica romana. Desde desplegar «guardas de satisfacion» en las casas de los parientes (para que no pudieran alertar al culpable), hasta avisarle al arzobispo dónde les gusta guardar su reserva a los aztecas («en alguna olla vieja y sucia»), el sacerdote cubre todos los frentes.

Pero no era suficiente con tan solo asaltar las casas de los adoradores del demonio. Ruiz de Alarcón tenía que cortar el suministro. En una ocasión ordenó con orgullo que se limpiaran los campos de «mucha cantidad de matas que dan dicho fruto».[31] En otra, quema una fanega de semillas en «un dia de fiesta solemne en que concurria todo el beneficio a la solemnidad» en «una grande hoguera» que obligó a los aztecas a salir a presenciar. Con esa clase de estrategia irrestricta, la Iglesia católica ganó una victoria bastante decisiva en el México mayoritariamente católico de hoy, en donde millones se forman para recibir cada domingo una eucaristía no psicodélica.

Pero hubo resistencias. Dos resistencias significativas que rehusaron a ceder su sacramento psicodélico, lo cual alteraría para siempre el curso de la historia.

Primero, la resistencia amerindia. Con el tiempo, el peyote se mudó al norte, al territorio de los Estados Unidos, donde la eucaristía del Nuevo Mundo conservó el mismo honor que tenía en el México de 1629. Por órdenes del Vaticano, los misioneros protestantes y Washington D. C. unieron fuerzas para emprender la primera acción federal para prohibir el uso de una droga. No se trataba del opio o la cocaína, que fueron prohibidos con la Ley de Pureza de Alimentos y Medicinas de 1906 y la Ley de Impuestos sobre Narcóticos de Harrison de 1914. No era el *cannabis*, que permanecería sin regular hasta la Ley de Impuestos sobre la Marihuana de 1937. Sí, todas fueron anteriores a la guerra oficial contra las drogas del presidente Nixon en la década de 1970 como las primeras leyes de prohibición modernas en el planeta. Y todas se inspiraron en un obispo episcopal estadounidense llamado Charles Henry Brent, que formó la llamada Comisión Brent en 1901 para combatir la adicción al opio, acción que resultó en el primer tratado internacional para el control de las drogas en 1912. Pero ninguna de esas sustancias era la prioridad genuina de los cristianos y los burócratas que inventaron la guerra contra las drogas como una Inquisición moderna por razones puramente religiosas. El objetivo de su cacería era el peyote.

En un esfuerzo por borrar el sacramento que había reaparecido en tierra amerindia a lo largo de los Estados Unidos, en particular entre los kiowa y comanches, la Oficina de Asuntos Indígenas (BIA, por sus siglas en inglés) emitió una instrucción a todas las instancias federales el 31 de julio de 1890 de «confiscar y destruir el laurel texano [mescal bean] o cualquier preparación o decocción del mismo, en cualquier lugar de la reserva en el que se encuentre».[32] Como una página salida del manifiesto de Ruiz de Alarcón, se pedía que la operación fuera «rápida, enérgica y persistente» para «erradicar» la práctica maligna» de una vez por todas. Cuando el culto del peyote siguió creciendo en las reservas, hallando a nuevos conversos, el comisionado de la BIA mismo le escribió a uno de sus adjuntos que el sacramento estaba «interfiriendo seriamente con el trabajo de los misioneros».[33]¿Ninguno de los esfuerzos de la Iglesia en México había significado algo desde 1629? No había manera de razonar con los paganos hasta que abandonaran sus viejas costumbres.

Pero los indios norteamericanos no se dieron por vencidos sin luchar. Albert Hensley, miembro de la Iglesia indígena americana y la tribu winnebago de Nebraska, escribió una carta apasionada en 1908 a la BIA que captura los orígenes verdaderos de la guerra contra las drogas. Era nada menos que una guerra contra la religión sin nombre. No se trataba de una preocupación por la salud y la seguridad. No había problemas con el control de la calidad para la protección del consumidor. No era una decisión administrativa. Era un acto de guerra espiritual. Como los inquisidores en el Viejo Mundo que los precedieron, eran misioneros cristianos que trataban de erradicar una eucaristía casera que sí *funcionaba*. Algo que de hecho les daba significado a las palabras de Jesús acerca de la visión beatífica en el Evangelio de san Juan:

«Los que no ven, *verán*... En verdad les digo que ustedes *verán* los cielos abiertos y a los ángeles de Dios subiendo y bajando». Hensley lo registró de esta manera:

> Seguramente ya están al tanto de que el término *mescal* es incorrecto. El nombre correcto para la planta es *peyote*... Nosotros no la llamamos *mescal* ni la llamamos *peyote*. Nuestro término favorito es *medicina* y para nosotros es una porción del cuerpo de Cristo, igual que otras denominaciones cristianas creen que la hostia es una porción del cuerpo de Cristo. Nosotros leímos en la Biblia donde Cristo hablaba de un consuelo que estaba por venir. Hace mucho tiempo, ese consuelo llegó para los blancos, pero no llegó para los indios, hasta que Dios lo envió en forma de esta medicina sagrada. Sabemos de lo que hablamos. Hemos probado a Dios y nuestros ojos han sido abiertos.[34]

Y así fue como la guerra contra las drogas *en verdad* comenzó. Desde que Pablo reprendió a los corintios por consumir una poción letal, la historia entera del cristianismo ha sido una gran batalla épica por la eucaristía. Siempre ha habido una eucaristía correcta y una eucaristía incorrecta. Desde las iglesias caseras y catacumbas del paleocristianismo, hasta los cementerios italianos y templos de incubación de la Edad Media, y los aquelarres del Renacimiento, los místicos siempre han tratado de proteger *su* versión de la droga de la inmortalidad. Y los burócratas siempre han respondido de manera férrea: desde los Padres de la Iglesia hasta los inquisidores, Hernando Ruiz de Alarcón, los misioneros protestantes y el Gobierno federal estadounidense. Cuando el Tío Sam se involucró en 1890, y los tratados internacionales se pusieron en marcha poco después, esta historia parecía resuelta. Si bien tomó algunos miles de años, los burócratas al fin habían logrado deshacerse de la competencia.

Pero hubo una segunda resistencia: los mazatecos. Mientras Hernando Ruiz de Alarcón estaba ocupado quejándose del *ololiuhqui*, el peyote y el tabaco entre los aztecas, otro sacramento psicodélico se ocultaba en las montañas, tan solo un poco más al sur. Nadie sabe cuánto tiempo llevaba ahí. A decir verdad, si no fuera por un intrépido etnomicólogo, sería posible que los «niños santos» siguieran escondidos hasta ahora. Así fue como los llamó la bruja mazateca María Sabina. En 1955, le permitió a Gordon Wasson probar los hongos de psilocibina que provocaban una visión beatífica en términos inequívocos. Wasson creyó al instante que había descifrado los «misterios antiguos». Y en 1957 le hizo saber a todo el mundo un secreto prehistórico que habría matado de un ataque cardiaco a los misioneros españoles.

Para 1959, los misioneros protestantes entre los mazatecos se enteraron del descubrimiento de Wasson. Y sabían *exactamente* lo que se había descubierto. En «Mushroom Ritual versus Christianity» [Rituales con hongos versus el cristianismo] publicado en la revista científica *Practical Anthropology*, Eunice Pike y Florence Cowan redactaron la confesión que yo llevaba años esperando obtener del Vaticano. Un simple reconocimiento que al fin pone en contexto a la perfección todo mi trabajo en los Archivos Secretos y el Archivo de la Congregación para la Doctrina de la Fe:

> Parecería que el comer hongos tiene rasgos en común con la eucaristía cristiana, y esto es una potencial fuente de confusión. Durante la ceremonia de hongos, las personas consumen el hongo al mismo tiempo. Constituyen una unidad de cierto modo al escuchar al chamán y cantar y tener visiones juntos. En su descripción, Wasson utilizó la palabra *agape* para referirse a la ceremonia, y nos han preguntado (personas externas) si los mazatecos la confunden con la última cena. ¿Acaso la ingesta del hongo divino tiene para los mazatecos un valor psicológico comparable con el que la eucaristía tiene para los cristianos? ¿Qué enseñanza debe acompañar la presentación de la última cena del Señor a los mazatecos para evitar que los cristianos entre ellos demanden la misma experiencia con el pan y el vino que han obtenido previamente con el hongo y queden decepcionados?[35]

Sí, exactamente.

Esa decepción tenía que aparecer en algún momento, ¿cierto? Los burócratas no pudieron haber quemado a cada bruja, cada planta y haber encarcelado a cada indígena o *hippie* que quisiera probar a Dios, ¿o sí?

La respuesta de Pike y Cowan a su propia pregunta fue mantener a los «ignorantes» mazatecos ocupados en su estudio de la Biblia. Las autoras les piden a sus colegas misioneros que tengan paciencia, pues la comprensión de la «grandeza de Dios» raramente ocurrirá «después del estudio de algunos pasajes breves» de las Escrituras. En vez de ello, dicen, «parece que se requiere una cantidad considerable antes de que los ojos de una persona sean abiertos».

Pareciera que solo damos vueltas. Algunos prefieren leer sobre Dios. Otros prefieren *experimentar* a Dios. Si ustedes pertenecen al segundo grupo, como el amigo al que fui a visitar en Campo de' Fiori, entonces la única manera de experimentar a Dios es morir antes de morir. Y una de las maneras más confiables de hacerlo, según dicen los herejes, es con la clase de drogas que revelan el cosmos por lo que en realidad es.

Eterno. Atemporal.

Solo entonces los ciegos podrán ver.

Solo entonces los mortales se volverán inmortales.

Porque el iniciado habrá trascendido los conceptos mismos de pasado, presente y futuro. O de vida y muerte. En donde «cada momento es una eternidad en sí misma», como me lo describió alguna vez una atea. ¿Por qué esperar la muerte en sí para experimentar eso? Si uno lo ha experimentado en vida, aunque sea una vez, entonces el último momento de tu vida es un retorno a algo familiar. Los filósofos nos han aconsejado practicar la muerte desde hace 2 500 años. Así, cuando llegue el momento de tu muerte, ni siquiera sentirás las llamas que abrasan todo lo que llegaste a conocer. Esto ya ha pasado, recordarás. Esto no es morir.

Esto es volverse Dios. El Dios que siempre has sido.

El Dios por el que muchos, como mi amigo, tuvieron que ser asesinados. Con la esperanza de que, algún día, el mundo entre en razón y los burócratas dejen de pelearse contra lo inevitable.

Me levanté para brindar con la enorme estatua de bronce de Giordano Bruno en el centro de la plaza. Ese día fue un buen día para los místicos.

Epílogo

Por ahora, este viaje hacia los secretos mejor guardados de la historia debe concluir. Pero queda una vida de trabajo por delante. Justo cuando pensé que había tenido suficientes aventuras y ansiaba que mi horario volviera a la normalidad, abrí mi bandeja de entrada y sentí la dura y fría realidad.

Esto está muy lejos de haber terminado.

El Viejo Mundo llama. Y hay trabajo por hacer.

Porque si los verdaderos orígenes del cristianismo se encuentran en los misterios griegos y su farmacopea sagrada, entonces hay más evidencia científica concreta que espera ser descubierta. Eso si no ha sucedido ya. Y el abogado en mí no se dará por vencido hasta que esa copa, ese cáliz o ese recipiente salgan a la luz. Esa pizca microscópica de datos en el sitio de un ritual cristiano innegable que se perdió en la historia, solo para regresar cuando el mundo necesita algo que al fin pueda sanar la división entre la religión y la ciencia, la fe y la razón. La vieja crisis de identidad que ha roído la conciencia de la civilización occidental durante casi dos mil años: algunos días somos cristianos, otros días somos griegos. Pero la esquizofrenia está envejeciendo. Necesitamos algo de medicina.

Lo bello de la hipótesis de la continuidad pagana con un giro psicodélico es que o es correcta o incorrecta. La idea de que los primeros cristianos y una cadena secreta de herejes heredaron una eucaristía con drogas de sus ancestros prehistóricos y de los de habla griega es algo conocible. Gracias a los avances recientes en arqueobotánica y arqueoquímica, y el equipo de laboratorio de alta tecnología que solo mejora cada vez más, la evidencia del uso de sustancias psicodélicas entre los indoeuropeos de la Edad de Piedra, los antiguos griegos, los paleocristianos e incluso las brujas del Renacimiento ahora es observable, comprobable, repetible y verificable. Así funciona la ciencia, después de todo. El residuo de sustancias intoxicantes seguirá apareciendo en excavaciones futuras, o no.

En las páginas anteriores, he tratado de establecer la evidencia tal como existe al día de hoy, en particular en el sur de Italia, pues en los primeros siglos del cristianismo, fue ahí donde la presencia espiritual griega tuvo mayor fuerza. Y en Roma, y en los límites superiores de la Ruta de la Costa Mistérica, fue donde los primeros conversos a la antigua fe podrían haber tenido fácil acceso a las raíces místicas de sus antepasadas. Y ahí, difícilmente podían evitar la influencia de los focenses y otros iniciados de habla griega que viajaban entre Velia y la Ciudad Eterna, sembrando técnicas arcaicas para poder echar un vistazo al más allá y engañar a la muerte.

Siglos antes del nacimiento de Jesús, esas manos ocultas detrás de la trayectoria de la civilización occidental parecen haber dejado pistas muy sutiles en la antigua Iberia. La cerveza psicodélica de cementerio en Mas Castellar de Pontós bien podría ser la prueba irrefutable que corroboran los cuarenta años de investigación de Ruck sobre los misterios de Eleusis. Solo el tiempo lo decidirá. Por lo pronto, hay muy buen material para un debate serio. Pero si tenemos suerte, Jordi Juan-Tresserras podría descubrir las muestras originales de cornezuelo almacenadas en los archivos de la Universidad de Barcelona. O Enriqueta Pons podría desenterrar un nuevo recipiente en la finca griega en la que queda tanto trabajo por hacer. De muchas maneras, el sacramento de cornezuelo que alguna vez provocó el exilio académico del profesor de edad avanzada de la Universidad de Boston en realidad no es más que la punta del iceberg. Esto reabre el archivo sobre las sustancias alucinógenas que los arqueólogos, clasicistas y estudiosos de la Biblia han estado ignorando por demasiado tiempo.

Mientras las excavaciones continúan en Göbekli Tepe, el primer templo del mundo, Martin Zarnkow seguirá buscando muestras frescas e intactas en esos enormes recipientes de piedra caliza que se cree contienen rastros de la primera cerveza de la humanidad. Según lo que pude deducir de nuestra conversación en las afueras lluviosas de Múnich, no solo buscará oxalato de calcio, el indicio de la fabricación de cerveza, sino también algo aún más mágico: quizá la verdadera razón por la cual abandonamos las cuevas por las ciudades, en busca de la visión beatífica de Dios que en sí hizo posible la civilización. Si la cerveza en verdad precedió al pan hace unos 12 000 años, ¿qué clase de cerveza era?

Al igual que en el caso de Mas Castellar de Pontós, un microscopio electrónico de barrido podría revelar la presencia de cornezuelo en una de las muestras futuras de Zarnkow. Evidencia de lo que el experto llamó una «contaminación controlada» del hongo que, con la bioingeniería apropiada, podría producir visiones similares a las del LSD. O quizá la cromatografía de gases acoplada a espectrometría de masas detectará la marca química de alguna otra planta, hierba u hongo que se agregara al elíxir dorado. Junto con los datos iniciales de la cueva Raqefet en Israel, estos datos arqueoquímicos no solo confirmarían que la cerveza fue el catalizador para la Revolución Agrícola, algo que se ha debatido por décadas, sino que también reescribirían la noción misma de la religión, y de lo que significa ser humano.

¿Habrá Dios descendido del cielo en una copa? ¿Y será esta clase de tecnología, el secreto de los secretos, lo que al fin explique el éxito incomparable de las muchas lenguas indoeuropeas que la mitad del planeta habla hoy en día? ¿Todas basadas en esa extraña lengua desaparecida que se esparció desde el Creciente Fértil, al este y oeste de Anatolia, para transformar a los cazadores y recolectores de la Edad de Piedra en los primeros agricultores de Asia y Europa? ¿Acaso una cerveza psicodélica de cementerio convenció a nuestros ancestros prehistóricos de que sus seres queridos nunca desaparecieron, y de que había vida después de la muerte? Hace unos años, estas eran preguntas absurdas. Pero ahora espero que los arqueólogos más jóvenes sigan el ejemplo de Zarnkow y sean más abiertos de mente. Y espero que siempre que cualquier tipo de contenedor sea desenterrado en cualquier trabajo de campo en esa región, no se escatimen recursos para realizar un análisis exhaustivo de sus frágiles contenidos.

Por fortuna, esa mentalidad interdisciplinaria ha sido adoptada de este lado del Atlántico por quienes ahora siguen los pasos de Patrick McGovern. El coctel ritual minoico de cerveza, vino y aguamiel que él resucitó del siglo XVI a. C. estuvo acompañado de otro impactante hallazgo. Más allá de los minoicos y los micénicos —los ancestros de la Edad del Bronce de los griegos clásicos—, los anatolios al otro lado del Egeo tenían su propia cerveza de cementerio, la Midas Touch psicoactiva del siglo VIII a. C. Ambas pociones

438

fueron identificadas hace veinte años, cuando la química arqueológica, a la que dio origen el Indiana Jones de las bebidas extremas, acababa de nacer. Ahora está en pañales. Y si uno presta atención, puede escuchar cómo comienza a articular sus primeras oraciones. Si los ricos hallazgos químicos de todos los ingredientes que fueron agregados a las jarras de vino de Escorpión I en Egipto (*ca.* 3150 a. C.) y la cava de vino de Tel Kabri en Galilea (*ca.* 1700 a. C.) indican algo, es que el vino antiguo no era el vino de nuestros días. Y los recipientes del ayer contienen más secretos de los que cualquiera habría sospechado hace una generación.

Por lo tanto, hay que tomar en serio la sospecha de McGovern acerca de que las «propiedades farmacológicas» del viceón «sin duda exceden lo que podría atribuirse a un alto contenido de alcohol». A pesar de que ha realizado una búsqueda seria, aún no ha logrado encontrar el o los ingredientes elusivos en los alrededores del hogar de la civilización occidental. Y esto les deja dos retos a los colegas de Andrew Koh y su dedicado equipo, que son algunos de los arqueoquímicos más pioneros en el mundo. A través de su creación OpenARCHEM —una base de datos y repositorio de código abierto que busca integrar mejor el trabajo de campo arqueológico y el análisis científico—, su equipo ataca de manera sistemática las irritantes brechas en nuestra historia colectiva. Y con suficiente financiamiento y apoyo, ellos podrían ser capaces de unir los puntos.

En primer lugar, entre las clases de cerveza que *posiblemente* se elaboraron en la cueva Raqefet y Göbekli Tepe en la Edad de Piedra, y los vinos herbales que *definitivamente* fueron mezclados en la Edad del Bronce. En el Mediterráneo oriental hay miles de años de elaboración de cervezas y vinos sobre los que sabemos muy poco. ¿Es posible que a lo largo de los milenios la cerveza prehistórica y el vino se mezclaran de manera rutinaria con materias psicoactivas, tal como sugieren los depósitos de Escorpión I y Tel Kabri? Y a medida que el vino reemplazó poco a poco a la cerveza como bebida ceremonial, ¿una poción psicodélica de uva retomó las cosas donde una cerveza psicodélica de cementerio las había dejado? ¿Acaso un vino alucinógeno provocaba estados de parálisis similares a un trance que ofrecían acceso al inframundo a los cananeos, fenicios, nabateos y otros místicos del Oriente Próximo en el poco estudiado ritual del *marzeah*? ¿Fue ese festín funerario el puente psicodélico entre la prehistoria y la historia como la conocemos, cuando la escritura se desarrolló entre las primeras altas civilizaciones en el

Antiguo Egipto y Mesopotamia alrededor de 3200 a. C.? ¿Acaso las drogas y las experiencias visionarias eran el vínculo religioso común entre las culturas orales y las literarias durante una increíble extensión de tiempo?

En segundo lugar, Koh y su equipo podrían encontrar el eslabón concluyente entre el vino enriquecido de la Edad del Bronce y el vino sacramental de los misterios griegos y cristianos en la edad de Jesús. Estoy dispuesto a apostar que en algún lugar de Grecia o las áreas de habla griega del Mediterráneo que cayeron bajo el hechizo de Dioniso hay evidencia botánica y química concreta que apoyaría todavía más las pistas psicodélicas que Soultana Valamoti de la Universidad Aristóteles de Tesalónica ya descubrió en parte. Al mismo tiempo, confirmaría su intuición de que el vino con drogas era usado por chamanes griegos antiguos «para comunicarse con espíritus, ancestros o dioses». Y establecería con firmeza lo que nuestra inspección de G 408 y G 409 en el museo del Louvre no logró. Pero, francamente, esto no sorprendería a ningún estudiante serio de la milenaria tradición que une a Homero con la avanzada farmacología de Dioscórides y Galeno. Cuando el vino griego antiguo fue descrito como un *pharmakon,* quizás era exactamente eso: una poción muy intoxicante, capaz de alterar de manera seria la mente, de provocar alucinaciones de vez en cuando y de ser potencialmente letal. Y quizá Dioniso no era tan solo el dios del vino, sino también el dios de las sustancias psicodélicas.

También puedo apostar que, tarde o temprano, surgirá evidencia concreta de alguna iglesia casera, cementerio o necrópolis en alguno de los sitios estratégicos en los que coincidieron los misterios griegos y cristianos en los primeros siglos después de Jesús. Podría ser en cualquiera de los lugares que han capturado mi atención por años: Corinto en Grecia, Éfeso en la costa occidental de Turquía o Escitópolis en Galilea, cerca de la frontera entre Israel y Jordania. Quizás incluso Antioquía cerca de la frontera entre Siria y Turquía, o Alejandría en Egipto. Además de Roma, fueron los dos principales centros del cristianismo antes del auge de Constantinopla; y el dios del éxtasis logró tener presencia en ambos.

Pero en Italia se les tenía un aprecio especial a Dioniso y Perséfone, su madre en los misterios. Y es ahí donde han surgido las mejores pistas hasta ahora. Para mí, la poción psicodélica de lagartija de la Villa Vesubio en Pompeya pone a las catacumbas cristianas de Roma y Campania en el primer lugar de la lista de objetivos. Como el *marzeah* durante la Edad del Bronce en Oriente Próximo. Fue ahí donde el *refrigerium* se practicó durante siglos para invocar a los muertos a salir de sus tumbas. Y después, con suficiente exposición a los misterios griegos de los focenses y otros en Magna Grecia, para conocer al señor de la muerte y a la reina de los muertos. En los primeros siglos después de Cristo, el fenómeno ya tenía al menos 10 000 años de edad, si recordamos el culto al cráneo de los clanes olvidados que alguna vez se reunieron en Göbekli Tepe. Un puente más, no solo entre la prehistoria y la «historia», sino también entre paganos y cristianos. En la misma tierra que el Vaticano todavía llama su hogar.

Si alguna vez hubo un vehículo para relacionar los misterios griegos con los misterios cristianos, fue el *refrigerium* romano que el investigador de Yale Ramsay MacMullen ha documentado de manera rigurosa como una «religión» genuina en términos inequívocos. En estos *refrigeria* bajo tierra, en lo que el Vaticano llama «los recursos más significativos de la era paleocristiana», puede verse cómo mujeres como Aurelia Prima son iniciadas en los secretos más profundos del culto ilegal a Jesús. Y en estos, en un fresco subterráneo tras otro, se muestra a sacerdotisas que sirven una eucaristía de vino con drogas (*calda*) durante el festín funerario de larga tradición. Si han de surgir datos botánicos o químicos de un vino psicodélico, no puedo evitar imaginar que provendrán de alguno de los empolvados cálices que ha recuperado la Comisión Pontificia para la Arqueología Sagrada. Esta controla docenas y docenas de preciosas catacumbas en toda Italia, de Toscana a Sicilia. Cada una de ellas rebosante de valiosos datos empíricos solo a la espera de ser develados. Estos datos podrían sin duda confirmar la existencia de una eucaristía visionaria en el pasado primitivo del cristianismo. Un sacramento que, en lo que concierne a toda la evidencia circunstancial, era preparado por mujeres con experiencia farmacológica. Como las gnósticas registradas por el Padre de la Iglesia Hipólito que usaban un vino con drogas en el siglo III d. C. Un vino que Hipólito describió siete veces como un *pharmakon* para que el alcance de la herejía quedara bien claro. Estas eran las mismas mujeres que fueron excluidas del sacerdocio del cristianismo institucional que finalmente despegó en el siglo IV d. C., y las mismas mujeres que permanecen excluidas del liderazgo de la Iglesia hasta el día de hoy.

Es imposible saber cuántos cálices antiguos posee el Vaticano. Recipientes con historias largas y detalladas que contar sobre su uso en las versiones más tempranas y auténticas de la eucaristía en Roma y sus alrededores. En especial, si a diferencia de los múltiples *kernos* que alguna vez contuvieron el siceón en la bodega de Kalliope Papangeli en Eleusis, los contenedores del papa nunca han sido tratados para preservarlos. En teoría, cualquier residuo orgánico de la época del paleocristianismo podría seguir intacto, sin importar en qué fecha se haya excavado. Por ejemplo, a finales de la década de 1990, cuando Patrick McGovern decidió someter a pruebas las reliquias del festín funerario de Gordio, consiguió sus muestras de Midas Touch de los archivos propios de la Universidad de Pensilvania. Los objetos rituales que contenían rastros de la bebida anatolia habían estado guardados por cuatro décadas desde que fueron recuperados originalmente en Turquía por el arqueólogo de Pensilvania Rodney Young en 1957 y transportados a Filadelfia. Después de 2 700 años, contra todo pronóstico, las muestras estaban en condiciones inmaculadas.

Mientras este libro estaba por comenzarse a imprimir, una sorpresa final demostró de manera dramática la durabilidad de estas muestras. Publicada en mayo de 2020, la primera evidencia arqueoquímica para el uso ritual de drogas en la tradición judeocristiana llegó a los titulares internacionales. En Tel Arad junto al mar Muerto, se detectó la presencia de tetrahidrocannabinol (THC), cannabidiol (CBD) y cannabinol (CBN) por medio de cromatografía de gases acoplada a espectrometría de masas (CG-MS) en un conjunto de restos orgánicos que había sobrevivido en un altar de piedra caliza recuperado en un santuario clave. Fechado en el siglo VIII a. C., el santuario de Tel Arad ha sido descrito como una versión a escala de la descripción bíblica del templo del rey Salomón, lo cual sugiere una «similitud en rituales cultuales» entre ambos. Tras analizar los residuos del incienso sagrado, los autores concluyen: «Parece factible sugerir que el uso de *cannabis* en el altar de Arad tenía un papel psicoactivo deliberado». La llaman «la primera evidencia conocida de [una] sustancia alucinógena encontrada en el reino de Judea».[1] Resulta interesante que el altar con los restos de *cannabis* excavado en 1960 se encontraba en el Museo de Israel en Jerusalén esperando que apareciera la tecnología correcta.

Lo que quiero decir con esto es que los datos pueden sobrevivir. Y pueden ser analizados meticulosamente. El Vaticano podría ser un excelente socio de investigación.

Qué gran oportunidad para una religión en medio de una crisis global de abuso sexual, en riesgo de perder a parte del 69% de católicos estadounidenses que ya no creen en la doctrina de la transustanciación. Los resultados de ese análisis, sin importar cuáles sean, podrían recuperar a un rebaño que está más interesado en los hechos que en la ficción. Para una marea creciente de católicos como yo, la eucaristía no psicodélica se ha vuelto un símbolo vacío. Y el lenguaje de Juan sobre la inmortalidad que puede adquirirse al consumir carne y sangre divinas es tan solo un cuento de hadas. En nuestros días, nadie prueba la eucaristía y ve a Dios. Pero ¿y si el uso de drogas visionarias fue una realidad para pequeños grupos de cristianos, reunidos en las iglesias caseras y catacumbas del Mediterráneo antiguo durante los primeros trescientos años después de Jesús? Si hay algo que prueba el trabajo de Marisa de' Spagnolis en la Villa Vesubio en Pompeya es que las materias primas estaban disponibles.

Si el escenario esbozado en las páginas previas resulta ser verdadero, eso solo confirmaría lo que ya nos dijo el descubrimiento del evangelio de María Magdalena en 1896, y los múltiples evangelios gnósticos encontrados en Nag Hammadi en 1945.

Nunca hubo una forma monolítica de cristianismo.

Desde el principio, siempre hubo distintas versiones de la fe en competencia. Y muchos cristianos sin duda se sintieron atraídos por la misma experiencia que enganchó a los iniciados en los misterios griegos. El viaje psicodélico al inframundo no habría tenido lugar en cualquier iglesia casera o catacumba, desde luego. Y es probable que ni siquiera en la mayoría. Pero el ritual eucarístico del vino enriquecido pudo haberse llevado a cabo por una parte significativa de la población cristiana antigua desde Roma hasta Corinto y Éfeso, un grupo que algunos estudiosos han estimado en el orden de «cientos de miles» a lo largo de muchos siglos.[2] Un movimiento místico que ha sido burdamente pasado por alto tanto por autoridades seculares como religiosas, simplemente debido a un sesgo negativo general en contra de las drogas. Y por una falta general de experiencia técnica —con la que pocos, además de Andrew Koh y su equipo, cuentan— para analizar como es debido los verdaderos secretos botánicos y químicos de esos antiguos sacramentos. Pero son precisamente esos sacramentos los que al fin ayudarían a explicar el secreto del éxito del cristianismo durante los tres primeros siglos posteriores a Jesús.

Desde la Edad de Piedra, la droga de la inmortalidad en sus muchas formas podría haber cumplido con un papel fundamental en el desarrollo de nuestra especie. No todos necesitan una «ayudadita» psicodélica para ver a Dios, pero es mejor que tumbarse en una cueva durante días. En poco tiempo, drogas poderosas pueden hacer que los espiritualmente ciegos se vuelvan videntes. Estas pueden transformar a idiotas religiosos en eruditos religiosos. ¡Funcionan! Incluso el conservador investigador alemán Walter Burkert habló de los «rituales prehistóricos con drogas», que «a través de la expansión de la conciencia parecían garantizar un más allá psicodélico». A medida que mi investigación ha avanzado en los últimos 12 años, el escollo principal se hizo evidente. No se trata de *si* las drogas estuvieron involucradas o no en los ejercicios religiosos que precedieron a los misterios griegos y cristianos, sino *cuándo*, si es que acaso desaparecieron para ser «olvidadas y reemplazadas», como propuso Burkert, «por sustancias inofensivas».

La evidencia que he presentado sugiere que las drogas del Paleolítico superior nunca desaparecieron. Parece que sobrevivieron a los monopolios de las familias reales de Oriente Próximo y a los oficiantes de herencia griega, a la represión del Senado romano, a las difamaciones de san Pablo y al frente unido de los Padres de la Iglesia. Hasta que durante siglos la Inquisición cazó de manera tenaz a las brujas, con lo cual logró borrar buena parte del conocimiento farmacológico del Viejo Mundo. Y hasta que los protestantes siguieron el ejemplo, con una venganza. Esto continuó con la guerra internacional contra las drogas, que comenzó como una prohibición del peyote por parte de los misioneros estadounidenses en territorio indígena a finales del siglo XIX, modelada a la perfección a partir del ejemplo de la campaña de la Iglesia contra los «paganos» amantes de la psicodelia del Nuevo Mundo en México.

Si todo esto es cierto, entonces la religión sin nombre es la tradición espiritual más antigua en funcionamiento que el mundo haya conocido. Lleva 12 000 años y contando, como mínimo. Eclipsa a cualquier religión que exista actualmente. El hecho de que podría haber sobrevivido en ausencia de la palabra escrita durante miles de años ya es lo suficientemente impresionante, igual que su sorprendente habilidad para transformarse con las épocas. Pero el rasgo más increíble de esta religión es que simplemente se rehúsa a morir, y que puede surgir cuando y donde menos lo esperes. Al menos así me pasó en 2007. De hecho, la única razón por la que decidí meterme en este agujero de conejo fue por unos cuantos párrafos en *The Economist*, titulados «The God Pill» [La píldora de Dios].

Desde el momento en que leí ese artículo sobre el primer estudio moderno con psilocibina de la Unidad de Investigación Psicodélica de la Universidad Johns Hopkins, mi primera corazonada no ha cambiado en nada.

La religión sin nombre está de regreso.

Con un ojo en el pasado, nunca he dejado de tener otro en el futuro.

Pues está ocurriendo algo extraordinario y sin precedentes.

Si uno se toma el tiempo para revisar las cincuenta publicaciones revisadas por pares en el sitio recién lanzado del Centro para la Investigación Psicodélica y de la Conciencia (hopkinspsychedelic.org/publications), verá que su estadística digna de reconocimiento ha permanecido increíblemente estable durante los últimos 15 años. Cerca del 75% de los voluntarios de investigación ha afirmado de manera recurrente que su única dosis de psilocibina ha sido la experiencia más significativa de toda su vida, o al menos entre las mejores cinco. Entre toda la jerga especializada se pierde una idea que apenas se vislumbra. Pero si uno se sienta con William Richards en la oficina de su casa en Baltimore, o interroga a Anthony Bossis por horas en la ciudad de Nueva York, esta comienza a revelarse. Y cuando uno habla con alguien como Dinah Bazer y se da cuenta de que está a punto del llanto, de pronto todo queda muy claro.

Estas personas tuvieron la visión beatífica.

Cuando se compara el testimonio de voluntarios que consumieron psilocibina con lo poco que sobrevivió de los iniciados antiguos, el parecido es sorprendente. Si uno ve el video de ocho minutos publicado por el *New York Times* después de la colaboración histórica entre Hopkins y NYU en 2016, es posible escuchar a pacientes al borde de la muerte con una nueva perspectiva de vida, liberados milagrosamente de toda ansiedad con respecto a su mortalidad.[3] Pero lo que yo escucho es a peregrinos en el largo recorrido de vuelta a casa desde Eleusis, luchando por encontrarle sentido a la visión que les había cambiado la vida. Escucho a ménades que regresan de las montañas y los bosques asombradas por Dioniso. Escucho a paleocristianos resucitados de pronto del inframundo, que le agradecen a Jesús por haberles restaurado la vista. Escucho a brujas que despiertan aturdidas después de volar toda la noche hacia el nogal en Benevento, tras haber descubierto «todos los deleites del mundo». Y si ustedes prestan mucha atención, también podrán escuchar lo imposible: cazadores y recolectores de la Edad de Piedra convencidos de su inmortalidad, empeñados en asegurarse de que la religión que acaban de descubrir sobreviva para reconfortar a las incontables generaciones de agricultores futuros. Agricultores que nunca deberían abandonar a los aliados espirituales en sus plantas, hierbas y hongos.

El sueño se desvanecería, por supuesto. La religión sin nombre siempre estuvo amenazada. Después de la invención de la escritura, los faraones egipcios, la élite de Oriente Próximo y los linajes nobles de Eleusis confiscarían la religión del 99%. Hasta que Dioniso la llevó a la naturaleza. Y después Jesús —en un acto castigable con la muerte en el mundo griego— fue un paso más allá, y la invitó a pasar a los comedores de la gente. Pero la revolución no duró mucho. Las autoridades políticas y religiosas siempre han castigado a los visionarios y su eucaristía casera. Poco a poco, el «brote popular de misticismo» que Alan Watts comparó con la «instauración de una democracia en el reino de los cielos» fue sofocado.

Cuando examino en retrospectiva a los psicofarmacólogos y psiquiatras clínicos en Hopkins y NYU desde una perspectiva histórica, hay un pensamiento ineludible que me asalta, como el aspirante a clasicista que fui. Y este habría sorprendido a Gordon Wasson o Albert Hofmann, si siguieran entre nosotros.

¡Por Júpiter, lo lograron! Capturaron un rayo en una botella.

Los equipos de Hopkins y NYU de cierto modo están haciendo lo que los misterios griegos y cristianos nunca fueron capaces de lograr en la Antigüedad. Y lo que Aldous Huxley profetizó en 1958 que resultaría en un «resurgimiento de la religión» más grande que cualquier otra en la historia de la especie. Los científicos actuales han logrado resolver las fallas críticas en la religión sin nombre: seguridad, confiabilidad y adaptación a escala. Proporcionar una experiencia mística profunda de la manera más cautelosa posible, con toda la efectividad posible, al mayor número posible de personas. La tecnología ya está ahí: una sustancia alucinógena segura de grado farmacéutico y un protocolo bien afinado que maximiza el avance espiritual al mismo tiempo que minimiza el riesgo. Estos son los «descubrimientos bioquímicos» que, como Huxley predijo, «harán posible que un gran número de hombres y mujeres logren una autotrascendencia radical y una comprensión más profunda de la naturaleza de las cosas».

Todo concuerda. Salvo por el elefante en la habitación.

Fuera del laboratorio, todo es ilegal. En Estados Unidos y casi en todas partes. Por lo que la religión sin nombre no podrá renacer del todo hasta que todo adulto capaz de consentir tenga la oportunidad de experimentar algo como lo que ocurría en los misterios griegos y cristianos, sin miedo de ir a la cárcel. Por fortuna, la prohibición de sustancias psicodélicas que existen en la naturaleza está llegando a su fin. Pero no creo que estemos camino de vuelta a Woodstock. Según lo que he percibido gracias a Anthony Bossis en años recientes, hay un movimiento más responsable en marcha. Algo que en verdad podrían apreciar los místicos prácticos que son decenas de millones en este país, y con el tiempo cientos de millones alrededor del mundo. Algo que se ha estado gestando durante miles de años. Que solo un griego podría notar.

En mayo de 2020, tuve mi última llamada por Zoom para terminar este libro. Desde su hogar en la ciudad de Nueva York, Bossis se mostró en la pantalla con una maravillosa barba entrecana de confinamiento. Parecía el doble de larga de la de un sacerdote ortodoxo.

—Entonces, ¿qué sigue en la era del COVID, Tony? ¿A dónde va todo esto?

—Pues, por el momento, tenemos pruebas clínicas en centros médicos académicos en todo el mundo, incluyendo Hopkins, NYU, UCLA, el Imperial College London. Dentro de quizá cinco a siete años, con más hallazgos positivos, esperamos que la psilocibina sea el primer medicamento de venta con receta para aplicaciones clínicas restringidas: adicciones, síndrome de estrés postraumático, ansiedad, depresión, angustia por el final de la vida. Pero no sería posible comprarla para uso personal. La receta probablemente estaría vinculada a un centro regulado, con un equipo autorizado, que pudiera administrar la droga en un contexto seguro y terapéutico.

—¿Y luego?

—Y luego, después de una reclasificación nacional de la psilocibina por parte de la FDA, puedo imaginar centros regulados en todo el país, desde ciudades relativamente apartadas hasta barrios marginales, y cualquier cosa intermedia. Lugares que sería posible visitar por una semana o dos. Habría un régimen de psicoterapia, desde luego. Pero también podría haber modalidades complementarias como *mindfulness*, meditación, yoga y cocina saludable en un contexto cómodo similar a un *spa*. Habría una o dos sesiones de psilocibina con equipos clínicos altamente entrenados. Y después volverías a casa. Como era en Eleusis.

Debí haber esperado esa comparación de parte de un orgulloso greco-estadounidense, cuyos abuelos emigraron a Nueva York desde la isla de Lemnos en el mar Egeo. Pero de todos modos suena un poco extraño viniendo de un psicólogo clínico. Cuando señalé la ironía de que un científico griego estuviera a punto de resucitar la religión original de la Antigua Grecia, Bossis buscó en su escritorio su cita favorita de Einstein: «La experiencia religiosa cósmica es la fuerza más poderosa y noble que impulsa la investigación científica». Al referirse a sus colegas como «los sumos sacerdotes de la era moderna», quizá Bossis tenga razón. El objetivo esencial de esas intervenciones con psilocibina, concede, es provocar la misma visión beatífica que se reportó en Eleusis durante milenios. Una tradición que él conoce muy bien. Porque cuanto más robusta sea esa experiencia mística, según demuestran los datos, mayor será la magnitud del cambio clínico.[4] El certificado de buena salud mental se adquiriría solo después de una firma divina. Si bien estos centros regulados cambiarían los paradigmas, ¿qué pasaría con las personas «saludables»? ¿No podríamos todos beneficiarnos de la píldora de Dios?

Si uno le preguntara a Albert Hofmann, él diría que esta es la tecnología que la civilización occidental ha añorado desde que los misterios fueron prohibidos en el siglo IV d. C. Solo algo a esta escala podría sanar la «enajenación de la naturaleza y la pérdida de la experiencia de ser parte de la creación viviente» que él llamó «el motivo causante de la devastación ecológica y el cambio climático». Si uno le preguntara al iniciado romano Pretextato, quizás él estaría de acuerdo. En Eleusis había algo que contenía a «toda la raza humana junta». Sin esto, la vida se ha vuelto «invivible» (*abiotos*), tal como él predijo. ¿Podría un «brote popular de misticismo» sanar nuestro vínculo perdido con la Madre Naturaleza y con los demás?

Si todos muriéramos antes de morir, quizá todos descubriríamos el gran secreto que era conocido por los iniciados en los misterios.

Todos somos Dios.

«El hijo del hombre está dentro de ti», decía el evangelio de María Magdalena. Pero si no mueres ahora, quizá nunca te des cuenta de ello. Quizá nunca entiendas por qué el cielo no es lo que ocurre cuando el cuerpo físico se pudre. Y que no hay una vida después de la muerte. Porque no hay un *después*. Solo hay un aquí, un ahora. «El reino del Padre está extendido en la tierra», decía el evangelio de Tomás, «y las personas no lo ven». Una vez que uno entra en ese «estado de siempre estar», como lo dijo Dinah, la eternidad se abre. Y con ella, la llave de la inmortalidad. La cual para los místicos nunca implicó vivir por siempre dentro del plano del tiempo, siguiendo sin parar hasta que el cosmos implosione. Nunca se trató de la vida *después* de la muerte. Siempre se trató de escapar hacia la *atemporalidad* del presente infinito. «No hay un principio ni un fin», dijo Dinah. «Cada momento es una eternidad única».

¿Cómo es posible que en una conversación una atea me enseñara lo que 13 años en una escuela católica no pudieron? ¿Y lo que los místicos han dicho desde siempre?

La píldora de Dios, por supuesto.

Pero ¿no es demasiado conveniente?

No según Alan Watts. En *Cosmología gozosa: aventuras en la química de la conciencia,* publicado en 1962, escribió: «La reacción de las personas más cultas a la idea de adquirir alguna perspectiva psicológica o filosófica profunda a través de una droga es que es demasiado simple, demasiado artificial e incluso demasiado banal para considerarla seriamente. Una sabiduría que pueda "encenderse" como el interruptor de una lámpara parece insultar la dignidad humana y degradarnos a autómatas químicos».[5] No obstante, después de sus propias experiencias con mescalina, LSD y psilocibina, Watts no pudo encontrar «una diferencia esencial entre las experiencias inducidas, bajo condiciones favorables, por estos químicos y los estados de "conciencia cósmica"» registrados en la literatura mística a lo largo de distintas épocas.

Hay beneficios para el mundo real en toda esta palabrería sobrenatural. Se trata de esa «ciencia del asombro» con su aumento en «comportamientos pro sociales como la bondad, el sacrificio propio, la cooperación y el compartir recursos». Después de todo, no se trata de *estados* alterados, sino de *rasgos* alterados, como Huston Smith expresó cuando resumió el valor de las sustancias psicodélicas. Si tomáramos la píldora de Dios, ¿en verdad todos nos volveríamos mejores personas? ¿Amaríamos más y odiaríamos menos? ¿Haría alguna diferencia?

Solo en la medida en que la experiencia original fuera sagrada. Y se mantuviera sagrada. Y conservara su carácter significativo. Los misterios tenían una manera de asegurar ritualmente las probabilidades de esa transformación de lo mortal a lo inmortal: varias etapas de iniciación, preparación psicológica intensa, una comunidad de mentores, integración de vuelta a la vida cotidiana. Los misterios eran una máquina para fabricar dioses y diosas. Todo desapareció con el auge del cristianismo institucionalizado. Pero puedo imaginar su regreso. Y en la Reforma para acabar con todas las Reformas, al fin puedo imaginar que mi propia crisis de identidad llegue a una buena resolución.

Aunque suene extraño después de todo esto, yo todavía me considero cristiano. Puede que los clásicos me hayan salvado la vida con un boleto gratuito a la Ivy League y la profesión legal. Pero no pasa ni un solo día sin que piense en los jesuitas que lo hicieron todo posible. Su regalo del latín y el griego me ha llevado a cuestionar todo en la historia del cristianismo. Seguramente esa no era la intención. Pero en mi búsqueda de las raíces de la religión más grande del mundo, me gusta pensar que soy motivo de orgullo para ellos. Y me gusta pensar que el primer jesuita en liderar la Iglesia católica apreciaría esta búsqueda existencial. Al igual que todos los mentores espirituales de mi juventud, el papa Francisco es un intelectual cálido y de mente abierta. En abril de 2020, después de un intento fallido previo, creó una nueva comisión para examinar la posibilidad de que las mujeres se vuelvan diaconisas. Esto no les daría a las mujeres la autoridad para consagrar la eucaristía, pero es un paso en la dirección correcta. A mí se me ocurre otro.

Por primera vez en la historia de la Iglesia, la administración de la eucaristía se ha suspendido a escala mundial. En un momento en el que el COVID-19 nos obliga a reconsiderar todo, creo que es hora de reconsiderar la eucaristía. Cuando contemplo la última cena, y las primeras y más auténticas celebraciones de la eucaristía, veo un tema obvio que desapareció hace mucho tiempo. Veo grupos pequeños de personas reunidas en casa. Veo microiglesias. Y tal como sugiere la evidencia inicial de Mas Castellar de Pontós y Villa Vesubio, veo brebajes y vinos caseros que pudieron abrirle paso al paleocristianismo. Quizá nunca sepamos lo que ocurrió en la última cena, pero ahora podemos sentir cómo los hablantes de griego en sus iglesias caseras y catacumbas del Mediterráneo antiguo lo interpretaron. Los misterios se habían domesticado. Y bien, creo que ha llegado el momento de domesticarlos una vez más.

Mientras Bossis siga resucitando los misterios y preparando toda la arquitectura necesaria, yo sugeriré que estos centros regulados de retiro y personal capacitado sean puestos a disposición de cualquier alma curiosa en busca de la visión beatífica. A cualquiera que alguna vez se haya preguntado por el misterio de la vida y la muerte, aquellas iglesias caseras del futuro podrían servirle como nuevas capillas de la religión sin nombre. No son juegos y diversión. Como Alan Watts una vez dijo acerca de la iniciación psicodélica: «Escucha el mensaje, y cuelga el teléfono». Idealmente, se permitiría una visita que le cambie a uno la vida después de haber cumplido los 25 años, después de un período intenso de preparación emocional y psicológica. Tal vez solo un puñado de visitas posteriores, muy infrecuentes, mientras uno envejece y asimila el conocimiento adquirido. Los datos demuestran que cerca del 75% saldría de una iglesia de estas (aprobada por la FDA) transformado para siempre. Y listo para comenzar un viaje espiritual de toda la vida que podría, una vez más, hacer que la vida fuera vivible en este planeta. Esto debería comenzar a ocurrir en el año 2030, si no es que antes.

Mientras tanto, volveré a la microiglesia original.

En el camino de Barcelona a Girona en febrero de 2019, a punto de inspeccionar el cáliz miniatura que dio positivo en la prueba para el sacramento de cornezuelo en Mas Castellar de Pontós, le pregunté a Ruck si todo esto tenía sentido. ¿Querría él traer la religión sin nombre de vuelta al siglo XXI?

—Lo dudo un poco, porque eso te haría un activista. Un profeta religioso. ¡Por Dios, no! No queremos más religiones.

Así que después hicimos un pacto. Un acuerdo entre chicos de escuela católica. No reinventemos la rueda. Cuando la prueba irrefutable surja y demuestre más allá de toda duda razonable que la eucaristía original de hecho era psicodélica, saldremos en el primer vuelo a Roma. Sacaremos al padre Francis de su laboratorio en el sur e iremos todos a beber un cáliz de vino psicodélico en la Ciudad de los Muertos bajo la basílica de San Pedro. Tal como se hacía en el comienzo. Con algunas monjas que manejen la sangre de Cristo.

La primera experiencia psicodélica para mí y el padre Francis.

La última de muchas para Ruck.

Y le insistiremos al papa que nos acompañe.

Notas

Introducción: Una nueva Reforma

1   S. Ross *et al.*, «Rapid and sustained symptom reduction following psilocybin treatment for anxiety and depression in patients with life-threatening cancer: a randomized controlled trial», *Journal of Psychopharmacology*, vol. 30, núm. 12 (diciembre de 2016), pp. 1165-1180, doi: 10.1177/0269881116675512.

2   R. Griffiths *et al.*, «Psilocybin produces substantial and sustained decreases in depression and anxiety in patients with life-threatening cancer: A randomized double-blind trial», *Journal of Psychopharmacology*, vol. 30, núm. 12 (diciembre de 2016), pp. 1181-1197, doi: 10.1177/0269881116675513.

3   «The science of psilocybin and its use to relieve suffering», youtube.com/watch?v=81-v8ePXPd4.

4   En una serie de estudios de 1990 a 1995 en Nuevo México, el doctor Rick Strassman realizó una fascinante investigación sobre el potente compuesto psicodélico N,N-dimetiltriptamina (DMT). Durante este período, también comenzó a trabajar con psilocibina, administrando casi veinte dosis a sujetos de su proyecto sobre DMT original. Este estudio financiado por los Institutos Nacionales de Salud (NIH, por sus siglas en inglés) comenzó describiendo los efectos de varias dosis de psilocibina en voluntarios normales. Más tarde, Strassman compartió estos datos con grupos que planificaban y realizaban su propia investigación posterior sobre la psilocibina: en la Universidad de Arizona, en el tratamiento de pacientes con trastorno obsesivo-compulsivo; en la Universidad de Nuevo México, para un proyecto inicial sobre alcoholismo, y en la Universidad Johns Hopkins, en lo que se convertiría en el estudio distintivo de la experiencia mística publicado en 2006. Véase F. A. Moreno *et al.*, «Safety, tolerability, and efficacy of psilocybin in 9 patients with obsessive-compulsive disorder», *Journal of Clinical Psychiatry*, vol. 67, núm. 11, pp. 1735-1740 (2006), doi.org/10.4088/jcp.v67n1110; M. P. Bogenschutz *et al.*, «Psilocybin-assisted treatment for alcohol dependence: A proof-of-concept study», *Journal of Psychopharmacology*, vol. 29, núm. 3, pp. 289-299 (2015), doi.org/10.1177/0269881114565144; Rick Strassman MD, *DMT: the Spirit Molecule: a Doctor's Revolutionary Research into the Biology of Near-Death and Mystical Experiences* (Rochester, VT: Park Street Press, 2001).

5   William Richards, *Sacred Knowledge: Psychedelics and Religious Experiences* (Nueva York: Columbia University Press, 2015), p. 5.

6   Véase hopkinspsychedelic.org/.

7   «The science of psilocybin».

8   Richards, *Sacred Knowledge*, p. 4.

9   *Ibid.*, p. 46.

10   A. Singer *et al.*, «Symptom trends in the last year of life from 1998 to 2010: a cohort study», *Annals of Internal Medicine*, vol. 162, núm. 3 (3 de febrero de 2015), pp. 175-183, doi: 10.7326/M13-1609.

11   Ashleigh Garrison, «Medicare's most indefensible fraud hotspot: Hospice care» (CNBC, 2 de agosto de 2018), cnbc.com/2018/08/02/medicares-most-despicable-indefensible-fraud-hotspot-hospice-care.html.

12   «Transcendence Through Psilocybin | Anthony Bossis, PhD» (YouTube, 2018), youtube.com/watch?v=jCf3h-F7apM.

13   Richards, *Sacred Knowledge,* pp. 60-61.

14   Véase C. Chiron *et al.*, «The right brain hemisphere is dominant in human infant», *Brain,* vol. 120, núm. 6 (junio de 1997), pp. 1057-1065, doi: 10.1093/brain/120.6.1057; Vinod Goel *et al.*, «Asymmetrical involvement of frontal lobes in social reasoning», *Brain,* vol. 127, núm. 4 (abril de 2004), pp. 783-790, doi: 10.1093/brain/awh086; Leonardo C. de Souza *et al.*, «Frontal lobe neurology and the creative mind», *Frontiers in Psychology,* vol. 5, núm. 761 (23 de julio de 2014), doi: 10.3389/fpsyg.2014.00761.

15   Véase «"Nones" on the Rise» (Pew Research Center, 9 de octubre de 2012), pewrsr.ch/14gdLju. Véase también «Religiously Unaffiliated» (Pew Research Center, 18 de diciembre de 2012), pewrsr.ch/13srrSd; y British Social Attitudes Report, 36.ª ed. (National Centre for Social Research, 2019), bsa.natcen.ac.uk/latest-report/british-social-attitudes-36/religion.aspx.

16   Gregory A. Smith *et al.*, «In U.S., Decline of Christianity Continues at Rapid Pace» (Pew Research Center, 17 de octubre de 2019), pewrsr.ch/33zq8Hc. Véase también Richard Fry, «Millennials to overtake Baby Boomers as America's largest generation» (Pew Research Center), pewrsr.ch/2FgVPwv.

17   Michael Lipka y Claire Gecewicz, «More Americans now say they're spiritual but not religious» (Pew Research Center, 6 de septiembre de 2017), pewrsr.ch/2xP0Y8w.

18   Michael Lipka, «Millennials increasingly are driving growth of "nones"» (Pew Research Center, 12 de mayo de 2015), pewrsr.ch/1H1yXH3.

19   Richard A. Shweder, *Thinking Through Cultures: Expeditions in Cultural Psychology* (Cambridge, MA: Harvard University Press, 1991), p. 68.

20   Ahmad Shameem, *The Fascinating Story of Muhammad* (Bloomington, IN: AuthorHouse, 2014), p. 11.

21   «The Monk and the Rabbi—Mysticism & the Peak Experience», youtube.com/watch?v=4egjKZe4wJs.

22   David Steindl-Rast, «The Mystical Core of Organized Religion», *New Realities,* vol. x, núm. 4 (marzo/abril de 1990), pp. 35-37, gratefulness.org/resource/dsr-mystical-core-religion/.

23   Robert Frager y James Fadiman, eds., *Essential Sufism* (San Francisco: HarperOne, 1999), p. 251.

24   *Ibid.*, p. 249.

25   *Ibid.*, p. 244. Véase también Jane Ciabattari, «Why is Rumi the best-selling poet in the US?» (BBC.com, 21 de octubre de 2014), www.bbc.com/culture/story/20140414-americas-best-selling-poet.

26   Rabino Lawrence Kushner, *The River of Light: Spirituality, Judaism, Consciousness* (Woodstock, VT: Longhill Partners, 1990), p. 131.

27   *Idem.*

28   Reza Shah-Kazemi, *Paths to Transcendence: According to Shankara, Ibn Arabi & Meister Eckhart* (Bloomington, IN: World Wisdom, 2006), 151.

29   *Ibid.*, pp. 156-159.

30   Aldous Huxley, *The Doors of Perception & Heaven and Hell* (Nueva York: Harper Perennial Modern Classics, 2004), p. 26 [Publicado en español como *Las puertas de la percepción / Cielo e infierno,* trad. de Miguel de Hernani (Buenos Aires: Debolsillo, 2018)].

31   *Ibid.*, p. 70.

32   Aldous Huxley, «Drugs That Shape Men's Minds», *Saturday Evening Post,* 18 de octubre de 1958, disponible en hofmann.org/papers/drugstsmms.htm.

33   Alan Watts, *The Joyous Cosmology: Adventures in the Chemistry of Consciousness* (Novato, CA: New World Library, 2013), pp. 108-109 [Publicado en español como *Cosmología Gozosa. Aventuras en la química de la conciencia* (Barcelona: Impressions, 1979)].

34   Robert Tann, «A look inside Denver's International Church of Cannabis», *CU Independent,* 18 de abril de 2019, cuindependent.com/2019/04/18/inside-denvers-international-church-of-cannabis/.

35   David Roach, «How Erasmus' Greek NT changed history», *Western Recorder,* 22 de marzo de 2016, kybaptist.org/how-erasmus-greek-nt-changed-history/.

36   Huxley, *Doors of Perception,* p. 71.

37   Victor Davis Hanson y John Heath, *Who Killed Homer?: The Demise of Classical Education and the Recovery of Greek Wisdom* (Nueva York: Encounter Books, 2001), p. xxiii.

38   *Ibid.,* p. xxii.

39   *Ibid.,* p. 11.

40   Demetrios J. Constantelos, «Thomas Jefferson and His Philhellenism», *Journal of Modern Hellenism,* núms. 12-13 (1995-1996), p. 156.

41   *Ibid.,* p. 160.

42   «Classical Heroes & Villains of the Founders», youtube.com/watch?v=FbW20OhpGDo.

43   Hanson y Heath, *Who Killed Homer?,* p. 12.

44   *Ibid.,* pp. 16, 19.

45   *Ibid.,* p. 83.

46   *Ibid.,* p. 84.

47   Hanson y Heath no han dejado de recibir críticas por su punto de vista tajante sobre este fenómeno, y ha sido todo un melodrama. Pero no hay manera de negar las cifras. Entre 1971 y 1991, el número de alumnos universitarios de estudios clásicos disminuyó en 30%. En 1994 se otorgaron poco más de un millón de títulos de licenciatura, de los cuales solo seiscientos fueron para estudios clásicos. Es 0.06%. Hace unos pocos siglos, se acercaba más al 100%. Entre 2009 y 2013, las inscripciones a Griego Antiguo se desplomaron en un sorprendente 35%, pasando de 20 040 a 12 917 alumnos. Por debajo de todas las otras lenguas, fue la que tuvo, por mucho, un cambio más drástico de entre las 15 lenguas que estudió la Modern Language Association (MLA, por sus siglas en inglés) en su reporte integral de 2016 sobre los programas de idiomas en las universidades estadounidenses. En comparación, 712 240 alumnos estudiaban para obtener un título en español en el último recuento. Todas las inscripciones a coreano, chino y lengua de señas americana estaban al alza. Véase mla.org/content/download/83540/2197676/2016-Enrollments-Short-Report.pdf, p. 17.

48   Hanson y Heath, *Who Killed Homer?,* p. xxi.

49   «The God pill: Hallucinogens induce lasting spiritual highs in the religious», *Economist,* 13 de julio de 2006, economist.com/science-and-technology/2006/07/13/the-god-pill.

1. Crisis de identidad

1   George E. Mylonas, *Eleusis and the Eleusinian Mysteries* (Eleusis, Grecia: Cyceon Tales, 2009), p. 12.x

2   Karl Kerényi, *Eleusis: Archetypal Image of Mother and Daughter* (Princeton, NJ: Princeton University Press, 1967), pp. 20-21 [Publicado en español como *Eleusis. Imagen arquetípica de la madre y la hija*, trad. de María Tabuyo y Agustín López (Madrid: Siruela, 2004)]. Kerényi ve evidencia inicial para el culto entre 1580 y 1500 a. C., con base en las excavaciones de Mylonas. Véase George E. Mylonas, «Excavations at Eleusis, 1932 Preliminary Report», *American Journal of Archaeology,* vol. 37, núm. 2 (abril-junio de 1933), pp. 271-286. Véase también Walter Burkert, *Greek Religion* (Cambridge, MA: Harvard University Press, 1985) [Publicado en español como *Religión griega,* trad. de Alberto Bernabé (Madrid: ABADA editores, 2007)], p. 285: «De acuerdo con Diodoro, la avanzada edad y la intocable pureza del culto eran lo que constituía su fama especial. La posición única de Atenas en la literatura y filosofía griega hizo que esta fama se difundiera a todas partes». Hugh Bowden, *Mystery Cults of the Ancient World* (Princeton, NJ: Princeton University Press, 2010), p. 26: «Los misterios eleusinos fueron los más venerados de todos los cultos mistéricos antiguos».

3   Véase Aristóteles, *Fragmenta,* ed. Valentini Rose, fr. 15. Véase también Regis Laurent, *An Introduction to Aristotle's Metaphysics of Time* (París: Villegagnons-Plaisance Editions, 2015), p. 122: «Los ritos de iniciación ponen en segundo plano el conocimiento conceptual en favor de las visiones icónicas que llevan a los ciudadanos a suspender sus juicios en favor de revelaciones que no necesitan explicación».

4   Kerényi, *Eleusis: Archetypal Image,* p. 12.

5   *Idem.*

6   D. C. A. Hillman, *The Chemical Muse: Drug Use and the Roots of Western Civilization* (Nueva York: Thomas Dunne Books, 2008), pp. 11, 32.

7   *Ibid.,* p. 19.

8   Tucídides, *Historia de la guerra del Peloponeso,* libro 6, p. 61.

9   Platón, *Fedro,* 250b-c.

10   Homero, *La Odisea,* Canto XI, pp. 489-490, trad. de Luis Segalá y Estalella (Barcelona: Espasa, 2012).

11   Hē En Athēnais Archaiologikē Hetaireia ed., *Ephēmeris archaiologikē,* 1883 (Atenas: Carl Beck, 1884), p. 81, disponible en digi.ub.uni-heidelberg.de/diglit/ephemarch1883/0058/image.

12   Píndaro, fragmento 137, en *Odas y fragmentos.,* trad. y notas de Alfonso Ortega (Madrid: Gredos, 1984), p. 359.

13   Sófocles, fragmento 837, en *Fragmentos,* trad. y notas de José María Lucas de Dios (Madrid: Gredos) p. 369.

14   Véase Crinágoras, *Antología griega,* 11.42. En el siglo I a. C. el embajador griego en Roma de 45 a 26 a. C. dijo lo siguiente: «Aunque su vida siempre haya sido sedentaria, y nunca haya navegado en el mar ni recorrido los caminos de la tierra, de igual modo debe ir al Ática, para presenciar aquellas noches del festival de la gran Deméter. Pues entonces su corazón quedará libre de preocupaciones mientras viva, y será más ligero al momento de ir a la tierra de los muertos». Véase también Pausanias, *Descripción de Grecia,* 5.10.1: «Hay muchas cosas que ver en Grecia y hay muchas maravillas que escuchar, pero a ninguna cosa el cielo ha otorgado más cuidado que a los ritos eleusinos».

15   Marvin Meyer, ed., *The Ancient Mysteries: A Sourcebook of Sacred Texts* (Filadelfia: University of Pennsylvania Press, 1999), p. 8. Véase Apuleyo, *Metamorfosis,* 11.23: «Me

acerqué a la frontera de la muerte y al pisar el umbral de Perséfone, fui llevado a través de todos los elementos, después de lo cual volví. En la oscuridad de la noche vi el sol brillar en toda su refulgencia. Me aproximé a los dioses en lo alto y los dioses en lo bajo y los adoré cara a cara».

16 Marco Tulio Cicerón, *De Legibus*, ed. Georges de Plinval, libro 2.14.36: «*Nam mihi cum multa eximia divinaque videntur Athenae tuae peperisse atque in vitam hominum attulisse, tum nihil melius illis mysteriis, quibus ex agresti immanique vita exculti ad humanitatem et mitigati sumus, initiaque ut appellantur, ita re vera principia vitae cognovimus; neque solum cum laetitia vivendi rationem accepimus, sed etiam cum spe meliore moriendi*».

17 Mylonas, *Eleusis and the Eleusinian Mysteries*, pp. 161-162.

18 Kerényi, *Eleusis: Archetypal Image*, p. 48. Aquí Kerényi explica que a mediados del siglo V a. C., las familias nobles que administraban los misterios eleusinos sentían que las «ceremonias secretas» en Agra, que tenían lugar cada febrero a las afueras de Atenas, «constituían una preparación necesaria para sus propios ritos. También hemos notado que estos misterios —y esto nunca se dice expresamente de los misterios eleusinos— tenían un propósito de *instrucción*, lo cual implicaría una preparación para lo que ocurriría más tarde en Eleusis. La progresión de Agra a Eleusis se desarrolló hasta volverse una ley religiosa estricta». De este modo, la guía y mentoría a manos de un mistagogo podría haber ocurrido desde febrero de un año hasta septiembre del año siguiente: un proceso de 18 meses de iniciación a todos los secretos de Eleusis.

19 Ken Dowden, «Grades in the Eleusinian Mysteries», *Revue de l'histoire des religions*, vol. 197, núm. 4 (1980), p. 426. Dowden argumenta que el candidato a iniciado habría participado en los bailes y representaciones sagrados afuera del *telesterion* en su primera peregrinación a Eleusis. De esta manera, «los *mystai* se verían profundamente afectados y parte de la atracción de Eleusis podría comprenderse». Después de este entusiasmo ritual, solo los *epoptai* «tendrían permitida la entrada a la visión en el Telesterion». En opinión de Dowden, el término *misterios menores* podría referirse a la visita inicial a Eleusis y no a los ritos en Agra, mientras que *misterios mayores* podría referirse a la iniciación avanzada que se garantizaba solo a los *epoptai*. De cualquier modo, esto conllevaría un año entero de iniciación.

20 Mylonas, *Eleusis and the Eleusinian Mysteries*, pp. 161-162.

21 Catherine Nixey, *The Darkening Age: The Christian Destruction of the Classical World* (Nueva York: Houghton Mifflin Harcourt, 2018), pp. xxvii-xxix [Publicado en español como *La edad de la penumbra: Cómo el cristianismo destruyó el mundo clásico*, trad. de Ramón González Férriz (Bogotá: Taurus, 2019)]. Véase también Troels Myrup Kristensen, *Making and Breaking the Gods: Christian Responses to Pagan Sculpture in Late Antiquity*, Aarhus Studies in Mediterranean Antiquity (Aarus, DK: Aarhus University Press, 2013).

22 Nixey, *Darkening Age*, p. 221.

23 Reginald Horsman, *Race and Manifest Destiny: the Origins of American Racial Anglo-Saxonism* (Cambridge, MA: Harvard University Press, 1981), p. 2.

24 William C. Allen, *History of the United States Capitol* (Honolulu: University Press of the Pacific, 2005), p. 19: «El domo y el pórtico recordaban al gran templo romano conocido como Panteón construido en el siglo II d. C. por el emperador Adriano. La adaptación de Thornton del Panteón para su Capitolio de los Estados Unidos vinculó a la nueva república con el mundo clásico y sus ideas de virtud cívica y sus ideas de gobierno autónomo».

25 De acuerdo con el Servicio de Parques Nacionales: «El individuo responsable de este diseño fue el arquitecto Henry Bacon, quien modeló el monumento a semejanza del templo griego conocido como el Partenón. Bacon sintió que el monumento a un hombre que defendió la democracia debía basarse en una estructura que se hallara en la cuna

456

de la democracia». Disponible en nps.gov/linc/learn/historyculture/lincoln-memorial-design-and-symbolism.htm.

26 Robert Grudin, «Humanism», *Encyclopedia Britannica*, actualizado por última vez el 29 de noviembre de 2019, britannica.com/topic/humanism.

27 *International Bulletin of Missionary Research*, vol. 39, núm. 1 (enero de 2015): pp. 28-29.

2. Caída en desgracia

1 P. Walcott *et al.*, «Brief reviews», *Greece and Rome*, vol. 26, núm. 1 (1979), p. 104.

2 «President Nixon Declares Drug Abuse "Public Enemy Number One"» (YouTube, 2016), youtu.be/y8TGLLQlD9M.

3 Laura Mansnerus, «Timothy Leary, Pied Piper of Psychedelic 60s, Dies at 75», *New York Times*, 1º de junio de 1996, nytimes.com/1996/06/01/us/timothy-leary-pied-piper-of-psychedelic-60-s-dies-at-75.html.

4 Leigh A. Henderson y William J. Glass, *LSD: Still With Us After All These Years* (San Francisco: Jossey-Bass, 1998), p. 4.

5 *Ibid.*, p. 69.

6 R. Gordon Wasson, «Seeking the Magic Mushroom», *Life*, 13 de mayo de 1957, disponible en psychedelic-library.org/lifep6.htm.

7 Michael Pollan, *How to Change Your Mind* (Nueva York: Penguin Press, 2018), p. 113 [Publicado en español como *Cómo cambiar tu mente*, trad. de Manuel Manzano (Barcelona: Debate, 2019)]. Véase también Stephen Siff, *Acid Hype: American News Media and the Psychedelic Experience* (Champaign, IL: University of Illinois Press, 2015).

8 Benjamin Feinberg, *The Devil's Book of Culture: History, Mushrooms, and Caves in Southern Mexico* (Austin: University of Texas Press, 2003), p. 151.

9 Percy Gardner, *New Chapters in Greek History* (Londres: John Murray, 1892), p. 394, disponible en archive.org/stream/newchaptersingr01gardgoog.

10 Jane Ellen Harrison, *Prolegomena to the Study of Greek Religion* (Cambridge, Reino Unido: Cambridge University Press, 1908), p. 162, disponible en archive.org/stream/prolegomenatostu00harr.

11 *Ibid.*, p. 83.

12 *Ibid.*, p. 453.

13 R. Gordon Wasson, Albert Hofmann y Carl A. P. Ruck, *The Road to Eleusis: Unveiling the Secret of the Mysteries* (Berkeley, CA: North Atlantic Books, 2008), p. 82 [Publicado en español como *El camino a Eleusis*, 2ª ed., trad. de Felipe Garrido y Dennis Peña (México: FCE, 2013)].

14 *Ibid.*, p. 74.

15 Dieter Hagenbach y Lucius Werthmüller, «Turn On, Tune In, Drop Out—and Accidentally Discover LSD», *Scientific American*, 17 de mayo de 2013, scientificamerican.com/article/lsd-finds-its-discoverer/?amp.

16 Wasson, Hofmann, y Ruck, *Road to Eleusis*, p. 37.

17 *Ibid.*, p. 42.

18 *Ibid.*, p. 44.

19 John R. Silber, *Straight Shooting: What's Wrong with America and How to Fix It* (Nueva York: HarperCollins, 1989).

20 Wasson, Hofmann y Ruck, *Road to Eleusis*, p. 61.

21 Bowden, *Mystery Cults*, p. 43.

22 Véase bu.edu/classics/faculty-profiles/carl-ruck/.

23 Harrison, *Prolegomena,* p. 151.
24 Geoffrey W. Bromiley, *The International Standard Bible Encyclopedia* (Grand Rapids, MI: Wm. B. Eerdmans Publishing, 1979), p. 281.
25 Roy J. Deferrari, «The Classics and the Greek Writers of the Early Church: Saint Basil», *Classical Journal,* vol. 13, núm. 8 (mayo de 1918), pp. 579-591.
26 Victor Davis Hanson y John Heath, *Who Killed Homer?: The Demise of Classical Education and the Recovery of Greek Wisdom* (Nueva York: Encounter Books, 2001), p. 14.
27 *Ibid.,* p. 15.
28 *Ibid.,* p. 18.
29 Véase «Psilocybin Studies: In Progress», disponible en la Multidisciplinary Association for Psychedelic Studies (MAPS) en maps.org/category/psilocybin-studies-in-progress/.
30 Ryan O'Hare, «Imperial launches world's first Centre for Psychedelics Research» (Imperial College London, 26 de abril de 2019), imperial.ac.uk/news/190994/imperial-launches-worlds-first-centre-psychedelics/.

3. Harina de cebada y hojas de laurel

1 Véase theacropolismuseum.gr/en/temporary-exhibitions/eleusis-great-mysteries.
2 Catherine Nixey, *The Darkening Age: the Christian Destruction of the Classical World* (Nueva York: Houghton Mifflin Harcourt, 2018), p. 93.
3 *Ibid.,* p. 94.
4 *Ibid.,* p. 141.
5 J. Hahn, «The Conversion of Cult Statues: The Destruction of the Serapeum 392 AD and the Transformation of Alexandria into the "Christ- Loving' City"», en *From Temple to Church: Destruction and Renewal of Local Cultic Topography in Late Antiquity,* eds. J. Hahn *et al.* (Boston: Brill, 2008), pp. 356-357.
6 *Idem.*
7 Mubaraz Ahmed, «Why Does ISIS Destroy Historic Sites?» (Tony Blair Institute for Global Change, 1° de septiembre de 2015), institute.global/policy/why-does-isis-destroy-historic-sites.
8 Mi favorito se encuentra en *Ion,* 1074 *et seq.,* que Ruck interpreta como una visión caleidoscópica inducida de manera psicodélica: «Cuando el cielo estrellado de Zeus también se une al baile y la luna baila, y las cincuenta hijas de Nereo, en el mar y con los remolinos de ríos que fluyen sin cesar, que celebran con su baile a la doncella de la corona dorada [Perséfone] y a su venerada madre [Deméter]». Ruck se pregunta por qué las estrellas y la luna comenzarían a «bailar» o *choreuei* (χορεύει), y cómo alguien podría notar tal espectáculo en el cielo si el templo de Eleusis tenía techo.
9 Rudolf Blum, *Kallimachos: The Alexandrian library and the origins of bibliography* (Madison, WI: University of Wisconsin Press, 1991), con el original alemán de *Kallimachos und die Literaturverzeichnung bei den Griechen: Untersuchungen zur Geschichte der Biobibliographie* (Fráncfort: Buchhändler-Verein GmbH, 1977), trad. de Hans H. Wellisch, p. 8: «La pequeña nación de los griegos fue inmensamente productiva en arte e investigación. A pesar de que es imposible determinar el número total de obras escritas por autores griegos, sin duda había más de las que se ha preservado o se sabe que han existido... De la literatura griega creada antes del año 250 a. C. solo tenemos una parte pequeña, aunque muy valiosa. Ni siquiera tenemos las obras completas de los autores que se incluyeron en las listas de clásicos que compilaron los filólogos alejandrinos. De todas las obras de la literatura pagana griega quizá solo el 1% ha llegado a nosotros. Todas las

demás en parte ya habían quedado en el olvido para el siglo III d. C., o en parte perecieron más tarde, ya fuera porque no se consideró que tuvieran suficiente valor para copiarlas en el nuevo formato de libro, el libro encuadernado (códice), que suplantó al pergamino tradicional en el siglo IV d. C., o bien porque pertenecían a la 'literatura indeseable' en opinión de ciertos grupos cristianos».

10 Ezra Pound, «Hugh Selwyn Mauberley», en Lawrence Rainey, ed., *Modernism: An Anthology* (Malden, MA: Blackwell, 2005), p. 51.

11 Correspondencia por correo electrónico con Fritz Graf, 27 de julio de 2018.

12 Walter Burkert, *Greek Religion* (Cambridge, MA: Harvard University Press, 1985), p. 116.

13 *Idem.*

14 *Idem.*

15 William J. Broad, «For Delphic Oracle, Fumes and Visions», *New York Times,* 19 de marzo de 2002, nytimes.com/2002/03/19/science/for-delphic-oracle-fumes-and-visions.html.

16 *Idem.*

17 *Idem.*

18 *Idem.*

19 Plutarco «Sobre los oráculos en Delfos», 6 / 397A; Esquilo, *Los portadores de la libación,* 1035-1037. Para una posible influencia en Burkert, véase T. K. Oesterreich, *Posssession, Demoniacal and Other, Among Primitive Races, in Antiquity, the Middle Ages and Modern Times* (Londres: Kegan Paul, Trench, Trübner & Co., 1930), p. 319, archive.org/details/possessiondemoni031669mbp: «Sobre el efecto producido por la masticación de hojas de laurel no hay nada circunstancial que decir. Era una práctica habitual por parte de todos los visionarios». En la nota al pie 3, Oesterreich detalla brevemente su experimentación propia, sin explicar necesariamente por qué eligió un centro vacacional suizo al pie de los Alpes como su sitio de prueba: «En Locarno hice experimentos en los que mastiqué hojas de laurel frescas, pero sin resultados de interés». Véase también H. V. Harissis, «A bittersweet story: the true nature of the laurel of the Oracle of Delphi», *Perspectives in Biology and Medicine,* vol. 57, núm. 3 (verano de 2014), pp. 351-360, doi: 10.1353/pbm.2014.0032, donde se ha argumentado de manera convincente que la identificación real del «laurel» antiguo es *Nerium oleander.*

20 Burkert, *Greek Religion,* p. 115.

21 D. C. A. Hillman, *The Chemical Muse: Drug Use and the Roots of Western Civilization* (Nueva York: Thomas Dunne Books, 2008), p. 42.

22 Hillman tuvo la amabilidad de compartir un artículo no publicado con el autor: «Shattering the Victorian Lens of Classical History with Pharmaceutical Precision» en el que agrega: «Galeno redactó muchas obras de anatomía, fisiología, patología humoral, enfermedades y farmacéutica. El *Oxford Greek Lexicon* mismo se basa en gran medida en el increíblemente prolífico griego de Galeno para definir palabras comunes del griego clásico al igual que un conjunto de términos técnicos asociados con la medicina y la filosofía. El primer volumen de la edición estándar moderna de Galeno —la edición de Kuhn— se publicó en 1822. Los clasicistas modernos tienden a concentrarse no en la traducción de Galeno sino en la historia de su influencia profunda. La edición de Kuhn de Galeno está compuesta por 22 volúmenes de más de mil páginas cada uno. Si consideramos que la mitad del Galeno de Kuhn es una traducción latina —y una notablemente mala por cierto— es justo decir que los clasicistas poseen más de diez mil páginas de fuentes no traducidas. ¿Por qué no se dan a esa tarea? Porque no pueden; y tampoco quieren encontrarles sentido a miles de páginas sobre drogas, compuestos de drogas, teoría de drogas y uso de drogas».

23   Véase Christy Constantakopoulou, «Eparchides (437)», *Brill's New Jacoby* (Brill Online, BNJcontributors, 25 de agosto de 2011).

24   Peter Reuell, «Calvert Watkins dies at 80: Pioneer in Indo-European linguistics and poetics, taught at Harvard for decades», *Harvard Gazette,* 28 de marzo de 2013, news. harvard.edu/gazette/story/2013/03/calvert-watkins-dies-at-80/.

25   Calvert Watkins, «Let Us Now Praise Famous Grains», *Proceedings of the American Philosophical Society,* vol. 122, núm. 1 (15 de febrero de 1978), pp. 9-17, en 16.

26   Michael Balter, «Farmers vs. Nomads: Whose Lingo Spread the Farthest». *Scientific American,* 1º de mayo de 2016, scientificamerican.com/article/farmers-vs-nomads-whose-lingo-spread-the-farthest/. Véase el capítulo 6 para una discusión más profunda.

27   Watkins, p. 17.

28   *Rigveda,* 8.48.3.

29   Watkins, p. 16.

4. El secreto de los secretos

1   «New Acropolis Museum Receives 2011 AIA Institute Honor Award for Architecture» (YouTube, 2011), youtu.be/KfaKqoEzvwM.

2   Los detalles de los eventos que rodean a Eleusis como capital europea de la cultura se encuentran en: eleusis2021.eu/.

3   issuu.com/eleusis2021/docs/eleusis_2021-_electronic_form_ecoc_.

4   Véase Damian Carrington, «Earth's sixth mass extinction event under way, scientists warn», *Guardian,* 10 de julio de 2017, theguardian.com/environment/2017/jul/10/ earths-sixth-mass-extinction-event-already-underway-scientists-warn; y Damian Carrington, «Humanity has wiped out 60 percent of animal populations since 1970, report finds», *Guardian,* 29 de octubre de 2018, theguardian.com/environment/2018/oct/30/ humanity-wiped-out-animals-since-1970-major-report-finds.

5   Fred Pearce, «Global Extinction Rates: Why Do Estimates Vary So Wildly?». *Yale Environment 360,* 17 de agosto de 2015, e360.yale.edu/features/global_extinction_rates_why_ do_estimates_vary_so_wildly.

6   Karl Kerényi, *Eleusis: Archetypal Image of Mother and Daughter* (Princeton, NJ: Princeton University Press, 1967), pp. 11-12.

7   *Ibid.,* p. 12.

8   *Idem.*

9   *Ibid.,* pp. 63-64.

10   R. Gordon Wasson, Albert Hofmann y Carl A. P. Ruck, *The Road to Eleusis: Unveiling the Secret of the Mysteries* (Berkeley, CA: North Atlantic Books, 2008), p. 109.

11   *Ibid.,* p. 56.

12   *Idem.*

13   *Ibid.,* p. 61.

14   *Ibid.,* p. 45.

15   William James, *The Varieties of Religious Experience* (Londres: Longmans, Green Co, 1917), 381, disponible en: gutenberg.org/files/621/621-h/621-h.html [Publicado en español como *Variedades de la experiencia religiosa,* trad. de José Francisco Yvars (Madrid: Trotta, 2017)].

16   *Idem.*

17   Véase L. M. Edinger-Schons, «Oneness beliefs and their effect on life satisfaction», *Psychology of Religion and Spirituality* (publicación en línea adelantada, 2019), doi.

org/10.1037/rel0000259. Véase también Roland R. Griffiths *et al.*, «Psilocybin-occasioned mystical-type experience in combination with meditation and other spiritual practices produces enduring positive changes in psychological functioning and in trait measures of prosocial attitudes and behaviors», *Journal of Psychopharmacology*, vol. 32, núm. 1 (2018), pp. 49-69, doi: 10.1177/0269881117731279. «El estudio mostró efectos positivos interactivos robustos de la dosis de psilocibina y apoyo adicional para prácticas espirituales en una amplia gama de medidas longitudinales a los seis meses, entre ellas cercanía interpersonal, gratitud, significado o propósito de la vida, perdón, trascendencia de la muerte, experiencias espirituales diarias, fe religiosa y mecanismos de defensa, y la calificación de los participantes por observadores de la comunidad. Los análisis sugieren que los determinantes de estos efectos eran la intensidad de la experiencia mística provocada por la psilocibina y las tasas de frecuencia de meditación y otras prácticas espirituales».

18   Emma Stone, «The Emerging Science of Awe and Its Benefits», *Psychology Today*, 27 de abril de 2017, psychologytoday.com/us/blog/understanding-awe/201704/the-emerging-science-awe-and-its-benefits. Véase también Jo Marchant, «Awesome awe: The emotion that gives us superpowers», *Scientific American*, 26 de julio de 2017, newscientist.com/article/mg23531360-400-awesome-awe-the-emotion-that-gives-us-superpowers/.

19   William Richards, *Sacred Knowledge: Psychedelics and Religious Experiences* (Nueva York: Columbia University Press, 2015), p. 55.

20   Wasson, Hofmann y Ruck, *Road to Eleusis*, pp. 112-113.

21   Véase Connelly, *Portrait of a Priestess: Women and Ritual in Ancient Greece* (Princeton, NJ: Princeton University Press, 2007), p. 73. Véase también Diodoro Sículo, *Bibliotheca historica*, Libro 16.26, en C. H. Oldfather, trad., *Diodorus of Sicily in twelve volumes with an English translation by C. H. Oldfather*, vols. 4-8 (Cambridge, MA: Harvard University Press, 1989). Véase también Wasson, Hofmann y Ruck, *Road to Eleusis*, pp. 112-113. De hecho, el *Himno a Deméter* anticipa la transición de Deméter de madre a abuela, señala Ruck, en referencia a su conocimiento de «grandes hierbas» y «plantas talismán» que pueden combatir la hechicería.

22   Elizabeth Blair, «Why Are Old Women Often the Face of Evil in Fairy Tales and Folklore?». NPR, escuchado en *Morning Edition*, 28 de octubre de 2015, npr.org/2015/10/28/450657717/why-are-old-women-often-the-face-of-evil-in-fairy-tales-and-folklore.

23   Karl Kerényi, *Dionysos: Archetypal Image of Indestructible Life* (Princeton, NJ: Princeton University Press, 1976), p. 315 [Publicado en español como *Dionisios. Raíz de la vida indestructible*, trad. de Adan Kovacksics (Barcelona: Herder, 2011)], citando a Ortega y Gasset, *Meditaciones del Quijote*: «Si somos sinceros, declararemos que no la entendemos bien. Aún la filología no nos ha adaptado suficientemente el órgano para asistir a una tragedia griega. Acaso no haya producción más entreverada de motivos puramente históricos, transitorios. No se olvide que era en Atenas un oficio religioso. De modo que la obra se verifica más aún que sobre las planchas del teatro, dentro del ánimo de los espectadores. Envolviendo la escena y el público está una atmósfera extrapoética: la religión. Y lo que ha llegado a nosotros es como el libreto de una ópera cuya música no hemos oído nunca, es el revés de un tapiz, cabos de hilos multicolores que llegan de un envés tejido por la fe. Ahora bien: los helenistas se encuentran detenidos ante la fe de los atenienses, no aciertan a reconstruirla. Mientras no lo logren, la tragedia griega será una página escrita en un idioma del que no poseemos diccionario.

24   K. O. Müller, *History of the Literature of Ancient Greece*, trad. de George Cornwall Lewis (Londres: Robert Baldwin, 1840), p. 28.

25   *Ibid.*, p. 288. Resulta interesante que el término griego *entheos* (ἔνθεος) también forma la base de la nomenclatura preferida de Ruck para las drogas visionarias: *enteógenos*. El

término que acuñó en 1978 se traduce a grandes rasgos como «aquello que genera al dios (o la diosa) interno». A lo largo de este libro, uso el término más tradicional de «sustancia *psicodélica*», otro fabuloso neologismo griego propuesto por el psiquiatra Hymphrey Osmond en 1956. Combina el griego de *psyche* (ψυχή) o «ser» con *delos* (δῆλος) o «visible», por lo que *psicodélico* significa algo similar a «aquello que vuelve claros los contenidos de la propia conciencia».

26 Peter Hoyle, *Delphi* (Londres: Cassell and Company, 1967), p. 76.

27 Carl Ruck, *Sacred Mushrooms of the Goddess* (Berkeley, CA: Ronin Publishing, 2006), p. 99.

28 *Ibid.*, p. 100.

29 Kerényi, *Eleusis: Archetypal Image*, p. 9. Yaco estuvo en el comienzo de las festividades también. Una estatua de ese dios juvenil que portaba una antorcha conduciría el desfile de iniciados en cada paso de los 21 kilómetros del Camino Sagrado que llevaba de Atenas a Eleusis. Los «bailes, sacrificios, libaciones, lavados rituales y canto de himnos acompañados por flautas» serían puntuados por cantos rítmicos de «¡Yaco! ¡Yaco!». En *Las ranas*, Aristófanes escribió que su «grito resuena en el inframundo, en el hogar de los bienaventurados que en su vida fueron iniciados en Eleusis». Se cree que la palabra griega *Iacchus* (Ιακχος) puede haber influido en el latín *Bacchus*, la versión romana de Dioniso.

30 Véase Fritz Graf, *Eleusis und die orphische Dichtung Athens in vorhellenistischer Zeit* (Berlin: De Gruyter, 1974).

31 Comunicación personal con Fritz Graf, 30 de julio de 2018.

32 Eurípides, *The Bacchae*, ed. E. R. Dodds (Londres: Clarendon Press, 1987), xx.

33 Carrington, «Humanity has wiped out 60 percent of animal populations».

34 Courtney Woo, «Religion rejuvenates environmentalism», *Miami Herald*, 18 de febrero de 2010, disponible en fore.yale.edu/news/item/religion-rejuvenates-environmentalism/.

35 Véase la introducción en Stanislav Grof, *LSD Psychotherapy* (Santa Cruz, CA: Multidisciplinary Association for Psychedelic Studies, 2008).

36 Wasson, Hofmann y Ruck, *Road to Eleusis*, pp. 144-145.

5. La visión beatífica

1 En *La exhortación a los griegos* 2.19, el Padre de la Iglesia Clemente de Alejandría revela lo que él creía estaba oculto en la *cista mystica*: «¿No son pasteles de sésamo y pasteles piramidales y pasteles globulares y planos cubiertos de relieve, y montones de sal y una serpiente los símbolos de Dioniso Basareo? Y además de eso, ¿no son granadas y ramas y cañas y hojas de hiedra? ¿Y además, pasteles redondos y semillas de amapola? Y más allá, hay símbolos inmencionables de Temis, mejorana, una lámpara, una espada, un peine de mujer, que es un eufemismo y expresión mística de la muliebria».

2 Jan N. Bremmer, «Initiation into the Eleusinian Mysteries: A "Thin" Description», en *Mystery and Secrecy in the Nag Hammadi Collection and Other Ancient Literature: Ideas and Practices*, eds. Christian H. Bull, Liv Lied y John D. Turner (Boston: Brill, 2012), doi.org/10.1163/9789004215122_019.

3 R. Gordon Wasson, Albert Hofmann y Carl A. P. Ruck, *The Road to Eleusis: Unveiling the Secret of the Mysteries* (Berkeley, CA: North Atlantic Books, 2008), p. 123.

4 Véase Hugh Bowden, «Cults of Demeter Eleusinia and the Transmission of Religious Ideas», *Mediterranean Historical Review*, vol. 22, núm. 1 (2007), pp. 71-83, doi: 10.1080/09518960701539182. Bowden destaca varios cultos similares a Eleusis dedicados a Deméter alrededor del Egeo, aunque hay poca evidencia para confirmar «un vínculo formal con el santuario de Deméter en Eleusis».

5   Véase, por ejemplo, *Mater Dolorosa (Virgen afligida)*, pintada por Dieric Bouts entre 1480 y 1500, cuya imagen está disponible aquí: artic.edu/artworks/110673/mater-dolorosa-sorrowing-virgin.

6   Preserved Smith, «Christian Theophagy: An Historical Sketch», *The Monist*, vol. 28, núm. 2 (abril de 1918), pp. 161-208.

7   Elaine Pagels, *The Gnostic Gospels* (Nueva York: Vintage, 1989), pp. xix-xx [Publicado en español como *Los evangelios gnósticos*, trad. de Jordi Beltrán (Barcelona: Crítica, 1982)].

8   *Ibid.*, p. xvii.

9   Elaine Pagels, *Beyond Belief: The Secret Gospel of Thomas* (Nueva York: Vintage, 2004), p. 177 [Publicado en español como *Más allá de la fe. El evangelio secreto de Tomás*, trad. de Mercedes García Garmilla (Barcelona, Crítica, 2004)].

10 Elaine Pagels, *The Origin of Satan: How Christians Demonized Jews, Pagans, and Heretics* (Nueva York: Vintage, 1995), p. 69.

11 Pagels, *Gnostic Gospels*, p. 27.

12 *Ibid.*, p. 25.

13 Pagels, *Beyond Belief*, p. 227.

14 Pagels, *Gnostic Gospels*, p. 126.

15 La definición de *musterion* (μυστήριον) del diccionario de griego de Thayer está disponible aquí: biblehub.com/greek/3466.htm. Para una perspectiva única de los rituales clandestinos del cristianismo temprano, véase Morton Smith, *The Secret Gospel* (Middletown, CA: Dawn Horse Press, 2005), p. 107. En 1958, el historiador egresado de la Escuela de Teología de Harvard estaba excavando en un monasterio ortodoxo al sur de Jerusalén llamado Mar Saba, cuando hizo un descubrimiento único en la vida. Milagrosamente, Smith desenterró el fragmento de dos páginas de un texto perdido que ahora es llamado el evangelio secreto de Marcos. Este menciona un rito encubierto y nocturno de iniciación que Cristo supuestamente reservaba a sus discípulos más cercanos; un «bautismo secreto» que ofrecía al círculo interno acceso directo al reino de los cielos. El evangelio no da suficientes detalles, pero Smith señaló una «técnica de ascensión» que probablemente tenía influencias de las prácticas mágicas griegas y judías de la época, mediante la cual «el discípulo era poseído por el espíritu de Jesús y así se unía con Jesús. Al ser uno con él, participaba por alucinación en el ascenso de Jesús a los cielos» y «entraba al reino de Dios».

16 Pagels, *Gnostic Gospels*, p. 15.

17 «The Virgin Mary, patroness of farmers», Pros-Eleusis, 19 de noviembre de 2018, proseleusis.com/en/the-virgin-mary-patroness-of-farmers/.

18 *Idem.*

19 Apostolos Lakasas, «Greece's many places of worship», *Kathimerini*, 1º de junio de 2017, ekathimerini.com/215056/article/ekathimerini/community/greeces-many-places-of-worship.

20 La Arquidiócesis Griega Ortodoxa de Estados Unidos incluye la liturgia ritual del Sagrado Sacramento del Orden Sacerdotal, disponible aquí: goarch.org/-/the-holy-sacrament-of-ordination-to-the-priesthood.

21 E. M. Lee *et al.*, «Altered States of Consciousness during an Extreme Ritual», *PLoS ONE* vol. 11, núm. 5 (2016): e0153126, doi.org/10.1371/journal.pone.0153126.

22 Mircea Eliade, *Shamanism: Archaic Techniques of Ecstasy* (Princeton, NJ: Princeton University Press, 2004), p. 65.

23 *Ibid.*, p. 35.

24 *Ibid.*, p. 59.

25 *Ibid.*, p. 61.

26 Karl Kerényi, *Eleusis: Archetypal Image of Mother and Daughter* (Princeton, NJ: Princeton University Press, 1967), p. 95.

27 *Ibid.*, p. 96.

28 *Ibid.*, p. 97.

29 Kenneth Ring y Sharon Cooper, «Near-Death and Out-of-Body Experiences in the Blind: A Study of Apparent Eyeless Vision», *Journal of Near-Death Studies,* vol. 16, núm. 2 (1997), pp. 101-147, en 108.

30 *Ibid.*, p. 116.

31 *Ibid.*, p. 119.

32 R. Gordon Wasson, «Seeking the Magic Mushroom», *Life,* 13 de mayo de 1957.

33 William Richards, *Sacred Knowledge: Psychedelics and Religious Experiences* (Nueva York: Columbia University Press, 2015), p. 136. Véase Alex E. Krill *et al.*, «Effects of a Hallucinogenic Agent in Totally Blind Subjects», *Archives of Ophthalmology,* vol. 69 (1963), pp. 180-185, en donde los investigadores administraron LSD a 24 sujetos completamente ciegos. De ellos, 13 reportaron «alteraciones visuales» después del LSD. Once voluntarios las calificaron como «simples», mientras que dos reportaron «alucinaciones complejas». Los científicos afirman que «es evidente que una retina normal no se necesita para la ocurrencia de experiencias visuales inducidas por LSD». Pero tienen mucho cuidado en destacar que todos los sujetos que confirmaron haber experimentado visiones ya tenían, de hecho «una historia de actividad visual espontánea» no relacionada con el LSD.

34 Richards, *Sacred Knowledge,* p. 136.

35 Burkert, *Greek Religion,* pp. 277, 289.

36 Kerényi, *Eleusis: Archetypal Image,* p. 179.

37 *Ibid.,* p. 180.

38 Elisa Guerra-Doce, «Psychoactive Substances in Prehistoric Times: Examining the Archaeological Evidence», *Time and Mind,* vol. 8, núm. 1 (2015), pp. 91-112, doi.org/10. 1080/1751696X.2014.993244.

39 Li Liu *et al.*, «Fermented beverage and food storage in 13,000 y-old stone mortars at Raqefet Cave, Israel: Investigating Natufian ritual feasting», *Journal of Archaeological Science: Reports,* vol. 21 (septiembre de 2018) pp. 783-793, doi.org/10.1016/j.jasrep.2018.08.008.

40 Kerényi, *Eleusis: Archetypal Image,* p. 184.

41 Wasson, Hofmann y Ruck, *Road to Eleusis,* p. 93.

42 *Ibid.,* pp. 93-94.

43 Kevin T. Glowacki, «New Insights into Bronze Age Eleusis and the Formative Stages of the Eleusinian Cults», *American Journal of Archaeology,* vol. 120, núm. 4 (octubre de 2016), pp. 673-677, en 674, doi: 10.3764/aja.120.4.0673.

6. Cerveza de cementerio

1 Véase una breve historia de la Cervecería Estatal Bávara Weihenstephaner aquí: weihenstephaner.es/la-cerveceria/historia/.

2 Robert J. Braidwood *et al.*, «Symposium: Did Man Once Live by Beer Alone? », *American Anthropologist,* nueva serie, vol. 55, núm. 4 (octubre de 1953), pp. 515-526, en 515.

3 O. Dietrich *et al.*, «The role of cult and feasting in the emergence of Neolithic communities. New evidence from Göbekli Tepe, south-eastern Turkey», *Antiquity,* vol. 86, núm. 333 (2012), pp. 674-695, en 692, doi: 10.1017/S0003598X00047840.

4 Jared Diamond, «The Worst Mistake in the History of the Human Race: The advent of agriculture was a watershed moment for the human race. It may also have been our

greatest blunder», *Discover,* 1º de mayo de 1999, discovermagazine.com/planet-earth/the-worst-mistake-in-the-history-of-the-human-race. Según explica Diamond, «Un ejemplo muy claro de lo que los paleopatólogos han aprendido de esqueletos concierne a los cambios históricos en la estatura. Esqueletos de Grecia y Turquía muestran que la generosa estatura promedio de los cazadores-recolectores hacia el final de las edades de hielo era de 1.75 m. en los hombres y 1.65 para las mujeres. Con la adopción de la agricultura, la estatura se desplomó, y para el año 3000 a. C. había llegado a solo 1.60 para hombres y 1.52 para mujeres. Para la época clásica, las estaturas comenzaron a aumentar poco a poco, pero los griegos y turcos modernos aún no recuperan la estatura promedio de sus ancestros distantes».

5   Brian Hayden *et al.,* «What Was Brewing in the Natufian? An Archaeological Assessment of Brewing Technology in the Epipaleolithic», *Journal of Archaeological Method and Theory,* vol. 20, núm. 1 (2013), pp. 102-150, doi.org/10.1007/s10816-011-9127-y.

6   *Ibid.,* p. 131.

7   Liu *et al.,* «Fermented beverage and food storage in 13,000 y-old stone mortars at Raqefet Cave, Israel: Investigating Natufian ritual feasting», *Journal of Archaeological Science: Reports,* vol. 21 (septiembre de 2018), p. 783. Véase también Melissa De Witte, «An ancient thirst for beer may have inspired agriculture, Stanford archaeologists say», *Stanford News,* 12 de septiembre de 2018, news.stanford.edu/2018/09/12/crafting-beer-lead-cereal-cultivation/.

8   Liu *et al.,* «Fermented beverage and food storage», p. 792. Liu también afirma: «El tiempo y esfuerzo invertidos en la fabricación de morteros de piedra profundos en contextos funerarios y en la adquisición de conocimiento que parece requerirse para la fabricación de cerveza indica la función ritual importante que cumplieron las bebidas alcohólicas en la cultura natufiense». Y con respecto a la teoría de Sauer de 1953: «La elaboración de cerveza puede haber sido, al menos en parte, una motivación subyacente para cultivar cereales en el sur del Levante sur, lo cual apoya la hipótesis de la cerveza que propusieron ciertos arqueólogos hace más de 60 años».

9   Melissa De Witte, « New evidence supports the hypothesis that beer may have been motivation to cultivate cereals», *Phys.org,* 12 de septiembre de 2018, phys.org/news/2018-09-evidence-hypothesis-beer-cultivate-cereals.html.

10   Andrew Curry, «Gobekli Tepe: The World's First Temple?», *Smithsonian Magazine,* noviembre de 2008, smithsonianmag.com/history/gobekli-tepe-the-worlds-first-temple-83613665/.

11   Jens Notroff, «The Göbekli Tepe excavations—Frequently Asked Questions», *Tepe Telegrams,* 12 de mayo de 2016, tepetelegrams.wordpress.com/faq.

12   Klaus Schmidt, «Göbekli Tepe—the Stone Age Sanctuaries. New results of ongoing excavations with a special focus on sculptures and high reliefs», *Documenta Praehistorica,* vol. 37 (2010), pp. 239-256, en 254, doi.org/10.4312/dp.37.21.

13   Curry, «Gobekli Tepe: The World's First Temple?».

14   Véase Dietrich *et al.,* «The role of cult and feasting», p. 675. Los cereales que se extenderían a lo largo del Creciente Fértil y llegarían hasta nuestras mesas comenzaron en la tierra rica y cultivable entre los ríos Tigris y Éufrates: «Las áreas de distribución de las formas silvestres de escanda, farro, cebada y las demás cosechas fundadoras neolíticas se sobreponen aquí [cerca de Göbekli Tepe], y la transición de las dos especies de trigo a cultivos domesticados se ha localizado en esa área». Véase también Curry, «Gobekli Tepe: The World's First Temple?», donde el arqueólogo de Stanford Ian Hodder añade: «Se puede argumentar que esta área es el verdadero origen de las sociedades neolíticas complejas».

15 *Idem.*

16 Julia Gresky *et al.*, «Modified human crania from Göbekli Tepe provide evidence for a new form of Neolithic skull cult», *Science Advances,* vol. 3, núm. 6 (28 de junio de 2017): e1700564, doi: 10.1126/sciadv.1700564.

17 Dietrich *et al.*, «The role of cult and feasting», p. 690.

18 *Ibid.*, p. 692.

19 Gresky *et al.*, «Modified human crania».

20 Robert Drews, *The Coming of the Greeks: Indo-European Conquests in the Aegean and the Near East* (Princeton, NJ: Princeton University Press, 1988), p. 9.

21 Los defensores de la hipótesis de los kurganes dicen que los indoeuropeos que viajaron al oeste usaron sus caballos y carruajes para subyugar a las poblaciones indígenas poco equipadas de la Europa Antigua. Pero estos artefactos militares no aparecen en los registros arqueológicos griegos, por ejemplo, sino hasta mucho después, en el Edad del Bronce, durante el segundo milenio a. C. Véase Colin Renfrew, *Archaeology and Language: The Puzzle of Indo-European Origins* (Cambridge, Reino Unido: Cambridge University Press, 1987), pp. 95-96: «El que las generaciones más viejas apelaran a "el espíritu beligerante" de los protoindoeuropeos carece por completo de fundamento: la sugerencia de que eran guerreros montados no es convincente. En efecto, es muy probable que el caballo se explotara intensivamente en las estepas del sur de Rusia más o menos en esa época y hay alguna evidencia de que se usaba para montar. La historia del uso del caballo es crucial para las estepas, pero hay muy poca evidencia de incursiones hacia el oeste hechas por guerreros montados en esa época: no se puede defender ese argumento antes de la Edad del Bronce tardía».

22 *Ibid.*, p. 96.

23 Para un panorama excepcional del debate entre la hipótesis de los kurganes y la de Anatolia, véase esa conferencia reciente de Colin Renfrew: «Lord Colin Renfrew | Marija Redivia: DNA and Indo-European Origins» (YouTube, 2018), youtu.be/pmv3J55bdZc.

24 Pero esto no necesariamente desacredita la hipótesis de los kurganes. Véase Iosif Lazaridis *et al.*, «Genetic origins of the Minoans and Mycenaeans», *Nature,* vol. 548 (2017), pp. 214-218, doi: 10.1038/nature23310, donde los autores notan que los micénicos sí derivaron alguna «herencia adicional de una fuente próxima relacionada con los cazadores-recolectores del este de Europa y Siberia, introducida por vía de una fuente próxima relacionada con los habitantes de ya sea la estepa de Eurasia o Armenia». El panorama que surge es una primera ola de agricultores protoindoeuropeos de Anatolia, seguidos por otra ola de nómadas en el tercer o cuarto milenio a. C. Pero, sin lugar a dudas, los agricultores anatolios de la Edad de Piedra llegaron primero. Véase Renfrew, *Archaeology and Language,* p. 30: «Los primeros asentamientos agrícolas en Europa se observan en 6500 a. C. en Grecia, y poco después en el Mediterráneo Occidental. Para 3000 a. C., casi toda Europa salvo por el extremo norte estaba ocupada por una gran diversidad de comunidades, todas basadas en la agricultura en un grado significativo».

25 Andrew Curry, «The First Europeans Weren't Who You Might Think», *National Geographic,* agosto de 2019, nationalgeographic.com/culture/2019/07/first-europeans-immigrants-genetic-testing-feature/.

26 John Noble Wilford, «Jar in Iranian Ruins Betrays Beer Drinkers of 3500 B.C.», *New York Times,* 5 de noviembre de 1992, nytimes.com/1992/11/05/world/jar-in-iranian-ruins-betrays-beer-drinkers-of-3500-bc.html.

27 Patrick McGovern, «Early Neolithic Wine of Georgia in the South Caucasus», *Proceedings of the National Academy of Sciences,* vol. 114, núm. 48 (noviembre de 2017), doi: 10.1073/pnas.1714728114.

466

28 *Idem.* Como con la expansión inicial del protoindoeuropeo propuesta por Colin Renfrew, el área original de elaboración de bebidas extremas identificada por McGovern irradia del Creciente Fértil, y se extiende «de oeste a este desde los montes Tauro del sureste de Anatolia hasta el Cáucaso sur y el norte de Mesopotamia hasta los montes Zagros del noroeste de Irán».

29 Ker Than, «Ancient Tablet Found: Oldest Readable Writing in Europe», *National Geographic*, 1º de abril de 2011, nationalgeographic.com/news/2011/4/110330-oldest-writing-europe-tablet-greece-science-mycenae-greek/.

30 Patrick E. McGovern, *Uncorking the Past: The Quest for Wine, Beer, and Other Alcoholic Beverages* (Oakland, CA: University of California Press, 2009), p. 187. Véase también Patrick E. McGovern, «Retsina, Mixed Fermented Beverages, and the Cuisine of Pre-Classical Greece», en Yannis Tzedakis y Holley Martlew, eds., *Minoans and Mycenaeans: Flavours of their Time* (Atenas: Kapon Editions, 1999), pp. 206-209.

31 Patrick E. McGovern, *Ancient Brews: Rediscovered and Re-created* (Nueva York: W. W. Norton, 2017), p. 29.

32 Patrick E. McGovern *et al.*, «The Chemical Identification of Resinated Wine and a Mixed Fermented Beverage in Bronze-Age Pottery Vessels of Greece», en Holley Martlew y Martin Jones, *Archaeology Meets Science: Biomolecular Investigations in Bronze Age Greece* (Oxford, Reino Unido: Oxbow Books, 2008), pp. 169-218, en 202.

33 Soultana Maria Valamoti, «Brewing beer in wine country? First archaeobotanical indications for beer making in Early and Middle Bronze Age Greece», *Vegetation History and Archaeobotany*, vol. 27 (2018), pp. 611-625, en 621-622, doi.org/10.1007/s00334-017-0661-8: «La elaboración de cerveza era ampliamente conocida en el Mediterráneo oriental y puede que el método se haya introducido a Grecia por el oriente desde el tercer milenio a. C. o incluso antes… La fecha de la introducción de la elaboración de cerveza en esta parte de Europa, la región egea, sigue siendo un misterio por el momento al igual que las razones por las que la cerveza después fue excluida en el mundo griego antiguo como una bebida bárbara… Nuestra evidencia demuestra que la división estereotípica entre "culturas de vino" y "culturas de cerveza" ya no es válida para el sureste de la Europa prehistórica y la región egea». Tras haber analizado evidencia de malteado gracias a fragmentos de cereales molidos y granos germinados en Archontiko en el oeste de Macedonia (2135-2020 a. C.) y Argisa en Tesalia (2100-1700 a. C.), los autores concluyen: «La evidencia arqueobotánica para la elaboración de cerveza en la Grecia de la Edad del Bronce aquí presentada demuestra que los supuestos previos del vino como la bebida alcohólica principal de ahí probablemente no coinciden con la fecha, y las sugerencias tentativas anteriores para el consumo de cerveza en el Egeo prehistórico están mejor fundamentadas de lo que se creía anteriormente». Véase también Catherine Perlès, «Early seventh-millennium AMS dates from domestic seeds in the Initial Neolithic at Franchthi Cave (Argolid, Grecia)», *Antiquity*, vol. 87, núm. 338 (1º de diciembre de 2013), pp. 1001-1015, doi.org/10.1017/S0003598X00049826, donde la evidencia de trigo domesticado aparece en la cueva Fanchthi en la Argólida al sureste de Atenas antes de 6500 a. C., lo cual es anterior a las primeras ocupaciones neolíticas en Bulgaria por de tres a cinco siglos, en Italia por de cinco a siete siglos y en España al menos por un milenio.

34 R. Gordon Wasson, Albert Hofmann y Carl A. P. Ruck, *The Road to Eleusis: Unveiling the Secret of the Mysteries* (Berkeley, CA: North Atlantic Books, 2008), p. 36.

35 M. L. Nelson, «Brief communication: Mass spectroscopic characterization of tetracycline in the skeletal remains of an ancient population from Sudanese Nubia 350-550 CE», *American Journal of Physical Anthropology*, vol. 143, núm. 1 (septiembre de 2010), pp. 151-154, doi.org/10.1002/ajpa.21340. Véase también Carol Clark, «Ancient brewmasters tapped

drug secrets», Emory University, 31 de agosto de 2010, emory.edu/EMORY_REPORT/ stories/2010/09/07/beer.html; y George J. Armelagos, «Take Two Beers and Call Me in 1,600 Years-use of tetracycline by Nubians and Ancient Egyptians», *The Medical Dictionary,* the-medical-dictionary.com/tetracycline_article_4.htm.

36   Clark, «Ancient brewmasters tapped drug secrets».

37   *Idem.*.

38   Stephen Harrod Buhner, *Sacred and Herbal Healing Beers: The Secrets of Ancient Fermentation* (Denver, CO: Brewers Publications, 1998), p. 171.

39   Nina Martyris, «The Other Reformation: How Martin Luther Changed Our Beer, Too», NPR, 31 de octubre de 2017, npr.org/sections/thesalt/2017/10/31/561117731/the-other-reformation-how-martin-luther-changed-our-beer-too.

40   *Idem.*

41   Véase John Bickerdyke, *The Curiosities of Ale & Beer: An Entertaining History* (Bloomsbury, Reino Unido: Swan Sonnenschein & Co., 1889), donde una cerveza de beleño que inducía un trance se registra como un anestésico antiguo desde 1753: «Tómese el aceite extraído de arenques frescos, una pinta, bilis de jabalí, jugos de beleño, cicuta, arsel, lechuga y calamento silvestre, seis onzas de cada uno, mézclese, hiérvase bien y viértase en un recipiente de vidrio, bien cerrado. Tómense tres cucharadas y pónganse en un cuarto de cerveza tibia, y asegúrese de que la persona que se someta a cualquier operación beba una onza a la vez, hasta quedarse dormida, ese sueño continuará durante un lapso de tres a cuatro horas, y durante ese tiempo será insensible a cualquier cosa que se le haga».

7. El ciceón de Cataluña

1   Josep Maria Llorens, *Sant Pere de Galligants. Un monestir al llarg del temps* (Girona, España: Museu d'Arqueologia de Catalunya-Girona, 2011), p. 47.

2   «Game of Thrones 6x10-Samwell Tarly Arrives at The Citadel» (YouTube, 2016, ya no está disponible).

3   Peter Kingsley, *In the Dark Places of Wisdom* (Inverness, CA: The Golden Sufi Center, 1999), pp. 11, 13 [Publicado en español como *En los oscuros lugares del saber,* 6ª ed., trad. de Carmen Francí (Girona: Atalanta, 2019)].

4   Para una breve historia de las diversas fases de la colonia grecorromana en Emporion, véase: livius.org/articles/place/emporiae-ampurias/.

5   El *kernos* descubierto aquí en 2008 se encuentra en el Museo Arqueológico de Cataluña en Ampurias, según se describe aquí: macempuries.cat/ca/Col-leccions/Objectes-de-la-col-leccio/Empuries-grega/Kernos.

6   Enriqueta Pons *et al.,* «El yacimiento ibérico de Mas Castellà de Pontós (Girona). Análisis de algunas piezas significativas», *Saguntum,* vol. 1 (1998), pp. 55-64, en 55.

7   Enriqueta Pons *et al.,* «Dog Sacrifice at the Protohistoric Site of Mas Castellar (Pontós, Spain)», en Carrie Ann Murray, ed., *Diversity of Sacrifice: Form and Function of Sacrificial Practices in the Ancient World and Beyond* (Albany, NY: State University of New York Press, 2016), pp. 191-209, en 192.

8   Enriqueta Pons *et al., El deposit d'ofrenes de la fossa 101 de Mas Castellar de Pontós: un estudi interdisciplinari,* Universitat de Girona, *Estudis Arqueològics,* vol. 4 (1997), p. 26.

9   M. A. Martin y N. Llavaneras, «Un conjunt de timateris de terracuita, amb representació de Demèter, procedent del Mas Castellà de Pontós», *Cypsela,* vol. 3 (1980), pp. 153-161. Para ejemplos adicionales de las cabezas antiguas de terracota de la diosa encontradas en Cataluña, véase Mariá José Pena, «Los "thymiateria" en forma de cabeza femenina

hallados en el N.E. de la Península Ibérica», *Revue des Études Anciennes,* vol. 89, núms. 3-4 (1987), pp. 349-358.

10 La presencia griega en Magna Grecia se discute con mayor detalle en la segunda parte, en especial el capítulo 15. Para una breve historia de los asentamientos griegos originales en Italia, véase el capítulo 10, nota 39.

11 Denise Demetriou, «What is an emporion? A reassessment», *Historia: Zeitschrift für Alte Geschichte,* vol. 60, núm. 3 (2011), pp. 255-272, en 268.

12 *Ibid.,* p. 269.

13 François de Polignac, *Cults, Territory, and the Origins of the Greek City- State* (Chicago: University of Chicago Press, 1995), p. 115: «Los cultos claramente ctónicos, dirigidos en su mayoría a Deméter y Kore, o incluso Perséfone, como los de Locri [en Calabria al sur de Italia], fueron uno de los principales vectores por los que los no griegos además de la élite principesca se familiarizaron con los cultos y costumbres griegas y lograron integrarlos en sus propias culturas. Esto se confirma en gran medida por su amplia difusión en áreas indígenas en el siglo VI, tanto en Sicilia como en Magna Grecia. En ese momento, su aparición usualmente coincidía con una reorganización del asentamiento y una transformación de la cultura material que indicaba una adopción general de modelos griegos a lo largo de la sociedad. Ese papel particular de los cultos católicos puede haberse derivado de las características individuales de las deidades y sus cultos, cuyas connotaciones agrarias o incluso funerarias, y cuyos santuarios, abiertos a varios tipos de prácticas, pudieron haberlos asemejado a creencias y costumbres indígenas».

14 Pons *et al.,* «Dog Sacrifice», p. 200.

15 Pons *et al.,* «El yacimiento ibérico», p. 59.

16 Pons *et al.,* «Dog Sacrifice», p. 204.

17 M. DeGrossi, «Dog Sacrifice in the Ancient World: A Ritual Passage?», en L. M. Snyder y E. A. Moore, eds., *Dogs and People in Social, Working, Economic or Symbolic Interaction* (Proceedings of the 9th ICAZ Conference, Durham, NC, 2002), pp. 62-66, en 62.

18 Véase Richard Cavendish, *The Powers of Evil in Western Religion, Magic and Folk Belief* (Abington-on-Thames, Reino Unido: Routledge, 1975), p. 62: «El perro es una criatura del umbral, guardián de puertas y portales, y por ello se le asocia apropiadamente con la frontera entre la vida y la muerte, y con demonios y fantasmas que se mueven a través de la frontera. Las puertas abiertas del Hades eran custodiadas por el perro monstruoso Cerbero, cuya función era evitar que los vivos entraran al inframundo, y que los muertos salieran de él».

19 Manolis Sergis, «Dog Sacrifice in Ancient and Modern Greece: From the Sacrifice Ritual to Dog Torture (kynomartyrion)», *Folklore,* vol. 45 (julio de 2010), pp. 61-88, doi: 10.7592/FEJF2010.45.sergis.

20 R. Gordon Wasson, Albert Hofmann y Carl A. P. Ruck, *The Road to Eleusis: Unveiling the Secret of the Mysteries* (Berkeley, CA: North Atlantic Books, 2008), p. 70. Se temía en especial a Hécate por su jardín mítico en la Cólquida, en la lejana costa este del mar Negro. Se decía que ahí crecían varias «plantas farmocológicamente potentes», entre las que se incluye el acónito (*Aconitum* spp.), el enebro (*Juniperus communis* o *excelsa*), el laurel (*Laurus nobilis*), la mandrágora (*Mandragora officinarum*), la belladona (*Atropa belladonna*) y la hierba mora (*Solanum nigrum*). Puede que se hayan usado como parte de la iniciación a sus misterios personales: lo que el estoico romano y dramaturgo Séneca llamaba «rituales de iluminación que son, y deben ser, secretos». Véase Claudia Müller-Ebeling *et al., Witchcraft Medicine: Healing Arts, Shamanic Practices, and Forbidden Plants* (Rochester, VT: Inner Traditions, 2003), p. 92.

21 Sam Jones, «Thousands protest in Madrid before trial of Catalan separatists», *Guardian*, 10 de febrero de 2019, theguardian.com/world/2019/feb/10/thousands-protest-in-madrid-as-catalan-separatists-trial-looms.

22 Pons et al., «Dog Sacrifice», p. 195. Sobre el esqueleto de un perro, Pons encontró 6 156 semillas carbonizadas (sobre todo mijo y cebada) y 404 restos de fauna: ovejas o cabras (66.21%), cerdos (17.93%) y ganado (15.86%).

23 Hans-Peter Stika, «Early Iron Age and Late Mediaeval malt finds from Germany—attempts at reconstruction of early Celtic brewing and the taste of Celtic beer», *Archaeological and Anthropological Sciences,* vol. 3 (2011), pp. 41-48, at 47, doi.org/10.1007/s12520-010-0049-5: «Otro aditivo a la cerveza bien conocido en tiempos medievales y de la modernidad temprana es el beleño (*Hyoscyamus niger*), que añade sabor y también vuelve a la bebida más intoxicante. La palabra *beolene* del inglés antiguo, que alguna vez se usó para llamar al beleño, al igual que la palabra del *bilisa* del alto alemán y la palabra *Bilsenkraut* en alemán moderno tienen origen en raíces célticas y se suponen ciertos vínculos lingüísticos con el dios celta Belenos... Algunas semillas de beleño fueron encontradas en las muestras de Hochdorf de la Edad de Hierro temprana, pero el análisis estadístico de correspondencias muestra que no tienen relación directa con la cebada germinada. Solo podemos especular que el beleño podría haberse usado para dar sabor a la cerveza celta de Hochdorf».

24 Margaret F. Roberts y Michael Wink, eds., *Alkaloids: biochemistry, ecology, and medicinal applications* (Berlín: Plenum Press, 1998), pp. 31-32.

25 Elizabeth Campbell, «Flowers of Evil: Proserpina's Venomous Plants in Ruskin's Botany», *Pacific Coast Philology,* vol. 44, núm. 1 (2009), pp. 114-128, en 117. Véase Müller-Ebeling et al., *Witchcraft Medicine,* p. 96. En un juicio por brujería de 1648, sabemos que la acusada le dio «nueve botones de beleño» a un agricultor pobre que había perdido su buey, para que pudiera localizar al animal perdido. Eso indica la práctica chamánica antigua de «encontrar objetos perdidos en un trance de clarividencia inducido por una sustancia psicoactiva».

26 Francesc Burjachs i Casas et al., «La fossa de Prats (Andorra), un jaciment del bronze mitjà al Pirineu», *Revista d'arqueologia de Ponent,* núms. 11-12 (2001-2002), pp. 123-150, en 141-42.

27 Priyanka Soni et al., «Pharmacological properties of Datura stramonium L. as a potential medicinal tree: An overview», *Asian Pacific Journal of Tropical Biomedicine,* vol. 2, núm. 12 (2012), pp. 1002-1008, doi: 10.1016/S2221-1691(13)60014-3.

28 Francesc Burjachs i Casas et al., «La fossa de Prats», p. 137.

29 Elisa Guerra-Doce, «Psychoactive Substances in Prehistoric Times: Examining the Archaeological Evidence», *Time and Mind,* vol. 8, núm. 1 (2015), pp. 91-112, en 100, doi.org/10.1080/1751696X.2014.993244. Véase Ramón Fábregas Valcarce, *Los petroglifos y su contexto: un ejemplo de la Galicia meridional* (Vigo, España: Instituto de Estudios Vigueses, 2001), pp. 63-64.

30 Elisa Guerra-Doce, «The Origins of Inebriation: Archaeological Evidence of the Consumption of Fermented Beverages and Drugs in Prehistoric Eurasia», *Journal of Archaeological Method and Theory,* vol. 22, núm. 3 (septiembre de 2015), pp. 751-782, en 771.

31 C. Sanz Mínguez et al., «Escatología vaccea: nuevos datos para su comprensión a través de la analítica de residuos», en C. Sanz Mínguez y J. Velasco Vázquez, eds., *Pintia. Un oppidum en los confines orientales de la región vaccea. Investigaciones arqueológicas vacceas, romanas y visigodas (1999-2003)* (Valladolid, España: Universidad de Valladolid, 2003), pp. 145-171. Vale la pena explorar el sitio web de excavaciones actuales de los

restos en Pintia en el Centro de Estudios Vacceos Federico Wattenberg, Universidad de Valladolid, España: pintiavaccea.es/.

32   C. Sanz Mínguez, *Los Vacceos: cultura y ritos funerarios de un pueblo prerromano del valle medio del Duero. La necrópolis de Las Ruedas, Padilla de Duero (Valladolid),* (Salamanca, España: Junta de Castilla y León, 1998), en pp. 349-350, nota cinco piezas de cerámica adicionales importadas de Atenas.

33   Mínguez *et al.,* «Escatología vaccea», pp. 155-157 y 316: «Todo ello nos estaría ilustrando en suma sobre un conjunto correspondiente a una élite guerrera que hace uso restringido, de manera acorde a su rango, de cierta droga que, habida cuenta el contexto funerario en el que comparece, podría estar dotada de una clara intencionalidad vehicular para el allende».

34   Fiona Greenland, «Devotio Iberica and the Manipulation of Ancient History to Suit Spain's Mythic Nationalist Past», *Greece & Rome,* vol. 53, núm. 2 (octubre de 2006), pp. 235-251, en 237.

35   Nicholas Wade, «Celtic Found to Have Ancient Roots», *New York Times,* 1º de julio de 2003, nytimes.com/2003/07/01/science/celtic-found-to-have-ancient-roots.html. El origen de la divergencia de la familia gaélica británica de la gaélica continental dentro de la familia de lenguas célticas se remonta a alrededor de 3200 a. C., lo cual da raíces mucho más profundas al céltico de lo que antes se pensaba: quizá incluso a la llegada inicial de sus ancestros lingüísticos indoeuropeos en Europa alrededor de 8100 a. C. Véase la nota 39, a continuación.

36   Véase C. Gamba, «Ancient DNA from an Early Neolithic Iberian population supports a pioneer colonization by first farmers», *Molecular Ecology,* vol. 21, núm. 1 (enero de 2012), pp. 45-56, doi.org/10.1111/j.1365-294X.2011.05361.x. Véase también Iñigo Olalde, «The genomic history of the Iberian Peninsula over the past 8000 years», *Science,* vol. 363, núm. 6432 (15 de marzo de 2019), pp. 1230-1234, doi: 10.1126/science.aav4040, y Uppsala University, «Genetic prehistory of Iberia differs from central and northern Europe», *Phys.org,* 12 de marzo de 2018, phys.org/news/2018-03-genetic-prehistory-iberia-differs-central. html.

37   Paul Rincon, «Ancient migration transformed Spain's DNA» (BBC, 15 de marzo de 2019), bbc.com/news/science-environment-47540792. La señal de ADN presente en los españoles de hoy también se presentó en la isla italiana de Cerdeña, un paso lógico en la expansión hacia el occidente de los indoeuropeos de Turquía a España, según la hipótesis de Anatolia de Colin Renfrew.

38   Anna Blasco *et al.,* «Evidencias de procesado y consumo de cerveza en la cueva de Can Sadurní (Begues, Barcelona) durante la prehistoria», en Mauro S. Hernández Pérez *et al.,* eds., *Actas del IV Congreso del Neolítico Peninsular,* 27-30 de noviembre de 2006, vol. I (Museo Arqueológico de Alicante, 2008), pp. 428-431. Véase también Universidad de Barcelona, «Most ancient pottery prehistoric figurine of the Iberian Peninsula found in Begues» (ScienceDaily, 26 de octubre de 2012), sciencedaily.com/releases/2012/10/121026084641.htm. El figurín humano hecho de cerámica fue encontrado en la cueva de Sadurní y databa de *ca.* 4500 a. C.

39   Colin Renfrew, *Archaeology and Language: The Puzzle of Indo-European Origins* (Cambridge, Reino Unido: Cambridge University Press, 1987), pp. 242-245: «Todas las lenguas célticas habrían descendido de esta lengua o lenguas indoeuropeas tempranas. Hay dataciones de radiocarbono asociadas con la agricultura temprana en el sur de Francia alrededor del 6000 a. C., asociadas con la llamada "cerámica cardial" que es un rasgo extendido del asentamiento neolítico temprano en el Mediterráneo occidental, y hay datación temprana de agricultura en España alrededor de 5500 a. C., pero el panorama

todavía no está completo, y se espera que haya fechas anteriores… Sin embargo, en el ámbito lingüístico, si seguimos el panorama completo, sería lógico esperar algunas diferencias entre este grupo europeo y el de Europa central. Desde luego, ambos se derivan de los primeros agricultores griegos de cerca de 6500 a. C, pero sin duda se habían establecido diferentes tradiciones culturales y lingüísticas… Yo preferiría ver el desarrollo de las lenguas célticas, en el sentido de que son célticas y distintas del indoeuropeo generalizado, y se encuentran esencialmente en las áreas en las que su habla se documenta posteriormente. Eso supone una población de habla indoeuropea en Francia, en Bretaña e Irlanda, y seguramente en buena parte de Iberia también, desde antes de 4000 a. C. Por supuesto, el desarrollo lingüístico continuaría después de ese momento».

40   Bajo la dirección del renombrado arqueólogo y prehistoriador Josep M. Fullola i Pericot de la Universidad de Barcelona, la tesis doctoral de Jordi Juan-Tessarrera fue terminada en 1997: «Procesado y preparación de alimentos vegetales para consumo humano. Aportaciones del estudio de fitolitos, almidones y lípidos en yacimientos prehistóricos y protohistóricos del cuadrante n.e. de la Península Ibérica». Hay un resumen breve disponible aquí: dialnet.unirioja.es/servlet/tesis?codigo=178760.

41   Jordi Juan-Tresserras, «La arqueología de las drogas en la Península Ibérica: una síntesis de las recientes investigaciones arqueobotánicas», *Complutum*, núm. 11 (2000), pp. 261-274.

42   E. Pons *et al.*, *Mas Castellar de Pontós (Alt Empordà). Un complex arqueològic d'època ibèrica (Excavacions 1990-1998)* (Girona, España: Museu d'Arqueologia de Catalunya, 2002), p. 481.

43   Juan-Tresserras, «Procesado y preparación de alimentos vegetales», p. 386.

44   Pons *et al.*, *Mas Castellar de Pontós*, pp. 481, 555.

45   *Ibid.*, 555-556. Los cráneos decorativos podían insertarse en nichos en los pilares para embellecer los pórticos de una vivienda (como los sitios franceses de Roquepertuse y Entremont, al norte de Marsella), o añadidos a las vigas de las puertas (como en los sitios catalanes de Puig Castellar y Puig de Sant Andreu). Adicionalmente, varios autores antiguos como el historiador romano Tito Livio (59 a. C.-17 d. C.), mencionan la práctica grotesca de beber sangre de los cráneos. Según el académico escocés J.A. MacCulloch en *The Religion of the Ancient Celts* (Edinburgh, Reino Unido: T. & T. Clark, 1911), en 240-241, archive.org/details/religionofancien00macc/, la costumbre tenía un «aspecto religioso» con «la intención de transferir los poderes [del fallecido] directamente al que la bebiera». La tradición también se practicaba con enemigos muertos en batalla o ancestros venerados, cuando «la sangre de los parientes muertos también se bebía para obtener sus virtudes, o para tener un *vínculo* más cercano con ellos».

46   Pons *et al.*, *Mas Castellar de Pontós*, p. 548.

47   Gresky *et al.*, «Modified human crania».

48   Pons *et al.*, *Mas Castellar de Pontós*, p. 550.

49   Una breve historia de los treinta mil años de historia del *Homo sapiens* está disponible en el Museo Smithsoniano de Historia Natural: humanorigins.si.edu/evidence/human-fossils/species/homo-sapiens.

50   Scott M. Fitzpatrick, ed., *Ancient Psychoactive Substances* (Gainesville, FL: University Press of Florida, 2018), p. 13.

51   *Ibid.*, p. 77. Véase también Colin Barras, «Neanderthal dental tartar reveals evidence of medicine», *New Scientist*, 18 de julio de 2012, newscientist.com/article/dn22075-neanderthal-dental-tartar-reveals-evidence-of-medicine/.

52   Fitzpatrick, *Ancient Psychoactive Substances*, p. 77.

53   Heródoto, *Historias*, 1.164.

472

54   Kingsley, *Dark Places of Wisdom*, p. 42.

55   «Cosmos: A Personal Voyage-The Ionians and the Birth of Science», youtu.be/
     sJ2vxnw-N-U.

56   Kingsley, *Dark Places of Wisdom*, p. 36.

57   *Ibid.*, p. 12.

Epílogo a la primera parte

1   Elisa Guerra-Doce, «The Origins of Inebriation: Archaeological Evidence of the Con-
    sumption of Fermented Beverages and Drugs in Prehistoric Eurasia», *Journal of Archaeo-
    logical Method and Theory*, vol. 22, núm. 3 (septiembre de 2015), pp. 751-782, en 755. En
    un inicio se reportó que los restos orgánicos dentro de la cerámica acanalada de la Escocia
    neolítica contenían residuos a base de cereales, polen y semillas de beleño negro. Según
    lo resume Guerra-Doce, el «beleño habría conferido propiedades alucinógenas a la sus-
    tancia similar a un potaje que se encontró en esa vasija, y la sustancia se habría ingerido
    como parte de los ritos funerarios». Véase G.J. Barclay y C.J. Russell-White, «Excavations
    in the ceremonial complex of the fourth to second millennium BC at Balfarg/Balbirnie,
    Glenrothes, Fife», *Proceedings of the Society of Antiquaries of Scotland*, vol. 123 (1993),
    pp. 43-210. Sin embargo, cuando los fragmentos se cerámica fueron reexaminados, no se
    encontró rastro alguno de beleño ni ninguna otra planta venenosa. Véase D.J. Long *et al.*,
    «The use of henbane (*Hyoscyamus niger* L.) as a hallucinogen at Neolithic "ritual" sites: a
    re-evaluation», *Antiquity*, vol. 74, núm. 283 (marzo de 2000), pp. 49-53: doi.org/10.1017/
    S0003598X00066138.

2   Véase Francis Thackeray, «Was William Shakespeare high when he penned his plays? Pipes
    with cannabis residue were found in the Bard's garden», *Independent*, 8 de agosto de 2015,
    independent.co.uk/arts-entertainment/theatre-dance/features/william-shakespeare-
    high-cannabis-marijuana-stoned-plays-hamlet-macbeth-romeo-juliet-strat-
    ford-10446510.html; y Edward Delman, «Hide Your Fires: On Shakespeare and the "Noted
    Weed," Reports spread this week that the English language's most celebrated writer might
    have smoked marijuana, but the fuss only reveals how little is known about the Bard of
    Avon», *Atlantic*, 12 de agosto de 2015, theatlantic.com/entertainment/archive/2015/08/
    shakespeare-marijuana-nope/401087.

3   J. F. Thackeray *et al.*, «Chemical analysis of residues from seventeenth-century clay pipes
    from Stratford-upon-Avon and environs», *South African Journal of Science*, vol. 97, núms.
    1-2 (enero de 2001), pp. 19-21, disponible en: hdl.handle.net/10520/EJC97282.

4   Patrick.E. McGovern *et al.*, «Ancient Egyptian herbal wines», *Proceedings of the National
    Academy of Sciences*, vol. 106, núm. 18 (5 de mayo de 2009), pp. 7361-7366, doi.org/
    10.1073/pnas.0811578106.

5   Para una lista completa de las publicaciones de Jordi Juan-Tresserras, consúltese su página
    de Google Scholar: scholar.google.com/citations?user=kDhR6jAAAAAJ&hl=es.

6   Patrick.E. McGovern, *Uncorking the Past: The Quest for Wine, Beer, and Other Alcoholic
    Beverages* (Oakland: University of California Press, 2009), p. 141.

7   Si se busca evidencia arqueobotánica adicional sobre el consumo ritual de drogas en
    la Antigüedad clásica, aunque no de una naturaleza estrictamente psicodélica, véase
    Giorgio Samorini, «The oldest archeological data evidencing the relationship of *Homo
    sapiens* with psychoactive plants: A worldwide overview», *Journal of Psychedelic Studies*,
    vol. 3 (2019), pp. 63-80, doi.org/10.1556/2054.2019.008, en donde Samorini menciona
    los microrrestos carbonizados de polen de efedra descubierto en Puntual dels Llops al

norte de Valencia, que data de los siglos III a II a. c., al igual que 45 semillas de escarola (*Lactuca serriola*), junto con semillas de amapola, en el templo Hereo en la costa sureste de Samos que datan del siglo VII a. C. En D. Kučan, «Zur Ernährung und dem Gebrauch von Pflanzen im Heraion von Samos im 7. Jahrhundert v. Chr» [Sobre el uso de plantas como alimento en el Hereo de Samos en el siglo VII a. C.], *Jahrbuch des Deutschen Archäologischen Instituts*, vol. 110 (1995), pp. 1-64. En la página 32, Kučan nota que la *Lactuca serriola* contiene lactucina y lactucopricina, que pueden tener un «efecto soporífero y analgésico» que es «similar al jugo de amapola, razón por la cual el jugo solía mezclarse con opio». Para evidencia arqueoquímica adicional de consumo de drogas psicodélicas en la Antigüedad clásica, aunque no de naturaleza ritual confirmada, véase Zuzana Chovanec, «Intoxication on the wine dark sea: Investigating psychoactive substances in the eastern Mediterranean», en Scott M. Fitzpatrick, ed., *Ancient Psychoactive Substances* (Gainesville: University Press of Florida, 2018), pp. 43-70, donde Chovanec detalla su descubrimiento de noscapina (derivada del opio), tujona (derivada de la ontina) en varios recipientes antiguos de la isla de Chipre que datan de 2400 a 1650 a. C. Para evidencia arqueoquímica reciente de consumo psicodélico o ritual de drogas fuera del Mediterráneo antiguo, véase Melanie J. Miller *et al.*, «Chemical evidence for the use of multiple psychotropic plants in a 1,000-year-old ritual bundle from South America», *Proceedings of the National Academy of Sciences*, vol. 116, núm. 23 (4 de junio de 2019), pp. 11207-1112, doi.org/10.1073/pnas.1902174116 (en donde por medio de cromatografía líquida acoplada a la espectrometría de masas en tándem [LC-MS/MS] se detectó cocaína, benzoilecgonina (BZE), harmina, bufotenina, dimetiltriptamina (DMT) y posiblemente psilocibina); Meng Ren *et al.*, «The origins of cannabis smoking: Chemical residue evidence from the first millennium BCE in the Pamirs», *Science Advances*, vol. 5, núm. 6 (12 de junio de 2019), eaaw1391, doi.org/10.1126/sciadv.aaw1391 (donde por medio de cromatografía de gases acoplada a espectrometría de masas [GC-MS] se detectaron varios cannabinoides en braseros de madera del cementerio de Jirzankal en Asia Central, lo cual brinda evidencia de «ritos funerarios que incluían flamas, música rítmica y humo alucinógeno, todos con la intención de guiar a las personas a un estado mental alterado»); Andrew S. Wilson *et al.*, «Archaeological, radiological, and biological evidence other insight into Inca child sacrifice», *Proceedings of the National Academy of Sciences*, vol. 110, núm. 33 (13 de agosto de 2013), pp. 13322-13327, doi.org/10.1073/pnas.1305117110 (en donde por medio de LC-MS/MS realizada a muestras de cabello de tres momias congeladas de cerca de 1500 d. C. se detectó cocaína y benzoilecgonina); y H.R. El-Seedi, «Prehistoric peyote use: alkaloid analysis and radiocarbon dating of archaeological specimens of *Lophophora* from Texas», *Journal of Ethnopharmacology*, vol. 101, núm. 1-3 (octubre de 2005), pp. 238-242, doi.org/10.1016/j.jep.2005.04.022 (en donde por medio de cromatografía en capa fina [TLC] se detectó mescalina en dos botones de peyote recuperados de la cueva de Shumla núm. 5 en el Río Bravo, Texas, que datan de 3780-3660 a. C.).

8 Max Nelson, *The Barbarian's Beverage: A History of Beer in Ancient Europe* (Nueva York: Routledge, 2005), p. 54.

9 Paulina Komar, «The Benefits of Interdisciplinary Approach—A Case of Studying the Consumption of Greek Wines in Roman Italy», *European Scientific Journal*, núm. 2 de edición especial (junio de 2013), pp. 45-54, en 49. Ya sea que Italia haya conocido el vino para beber gracias a los griegos antiguos o que su gusto se haya desarrollado entre los etruscos y otros pueblos indígenas previos a la colonización, Komar resume el estado actual del debate: «es posible formar una hipótesis con respecto a que los habitantes de Italia en la Edad del Bronce estuvieran interesados en la vid y pudieran hacer una bebida fermentada con sus frutos. Sin embargo, esta fue más bien primitiva y en pequeña escala

hasta la llegada de los griegos, quienes les enseñaron cómo cuidar propiamente la *vitis* (pues la poda fue introducida en Numa en la época de la colonización griega de la península apenina). También difundieron la idea de beber vino durante el simposio (pues la cerámica griega para vino dominaba en la evidencia arqueológica)».

10   Patrick E. McGovern, *Uncorking the Past: The Quest for Wine, Beer, and Other Alcoholic Beverages* (Oakland, CA: University of California Press, 2009), p. 192.

11   Anna Isabel Jiménez San Cristóbal, «Iacchus in Plutarch», en Lautaro Roig Lanzillotta *et al.*, (eds.), *Plutarch in the Religious and Philosophical Discourse of Late Antiquity* (Boston: Brill, 2012), pp. 125-136.

12   Plutarco, *Vidas*, Alcibíades, 29.

8. La droga de la inmortalidad

1   Reuters, «Gilets jaunes protests: Eiffel Tower and Louvre to shut amid fears of violence», *Guardian*, 6 de diciembre de 2018, theguardian.com/world/2018/dec/06/french-government-warns-of-weekend-of-great-violence-protesters.

2   R. Gordon Wasson, Albert Hofmann y Carl A. P. Ruck, *The Road to Eleusis: Unveiling the Secret of the Mysteries* (Berkeley, CA: North Atlantic Books, 2008), p. 99.

3   Hoyle, *Delphi*, p. 76.

4   Wasson, Hofmann y Ruck, *Road to Eleusis*, p. 101.

5   August Frickenhaus, *Lenäenvasen* (Zum Winckelmannsfeste der Archäeologischen Gesellschaft Zu Berlin, 1912), doi.org/10.11588/diglit.2165#0010.

6   Varias imágenes de jarrones parecidos a G 408 pueden encontrarse en línea. El motivo representado en G 409 es mucho más peculiar. El Louvre identifica al artista responsable por G 408 como el prolífico Pintor de Villa Giulia (que estuvo activo en Atenas entre 470 y 4470 a. C.). Por su parte, G 409 se ha atribuido al Pintor de Chicago. La convención para los nombres de la cerámica griega comienza con el arqueólogo e historiador del arte británico sir John Beazley: «Según el sistema de nomenclatura de Beazley, derivar el nombre del artista del nombre de una ciudad en la que se localiza un jarrón importante, como el Pintor de Berlín de la hidria en Berlín, nuestro artista se conoce como el Pintor de Chicago, a pesar de la anomalía de que el artista griego antiguo porte un nombre nativo americano». Betty Grossman, «Greek Vase by the Chicago Painter», *Bulletin of the City Art Museum of St. Louis*, vol. 40, núm. ½ (1955), pp. 15-24.

7   «Father Francis Tiso: The World's Most Controversial Priest talks about Spiritual Practice».

8   Véase Francis Tiso, *Rainbow Body and Resurrection: Spiritual Attainment, the Dissolution of the Material Body, and the Case of Khenpo A Chö* (Berkeley, CA: North Atlantic Books, 2016). Después de la muerte del khenpo en 1998, «su rostro se rejuveneció» y todos los signos de envejecimiento se desvanecieron. Cinco arcoíris visibles se reportaron alrededor de su cara durante varios días. Después de una semana, se descubrió que el cuerpo se había desvanecido por completo: con cabello, uñas y todo. En otro caso, el lama A Khyung, el hermano de dharma del khenpo A Chö, le mostró al padre Francis una fotografía que le tomaron en la oscuridad. Podía apreciarse un brillo alrededor de la silueta del maestro en posición de meditación. Cuando el lama murió en 2008, su cuerpo al parecer manifestaba los arcoíris prometidos, y se encogió hasta llegar a menos de ocho centímetros de longitud.

9   *The Other Side of Midnight* podcast, April 1, 2018, theothersideofmidnight.com/3018-04-01_tiso-francis/.

10 Erik Thunø, *Image and Relic: Mediating the Sacred in Early Medieval Rome* (Roma: L'erma di Bretschneider, 2002), pp. 141-143.

11 Eurípides, *Las bacantes*, 777.

12 Eurípides, *Las bacantes*, 274-284.

13 *La Odisea*, 4.230. Homero dijo que una droga al parecer peligrosa también podría ser «sanadora» o *esthla* (ἐσθλὰ), dependiendo de su preparación y dosis, si se añadía a una poción de uva. Por lo tanto, ya desde el siglo VIII a. C., tenemos evidencia escrita de una profunda familiaridad con las drogas en la tradición griega antigua. La misma sustancia podía manipularse para lograr una variedad de efectos físicos, psicológicos e incluso espirituales.

14 R. Scodel, «Wine, Water, and the Anthesteria in Callimachus Fr. 178. Pf.», *Zeitschrift für Papyrologie und Epigraphik*, vol. 39 (1980), pp. 37-40. Scodel añade: «es poco probable que sea coincidencia que las fuentes mitológicas para la historia de Icario evoquen el potencial peligroso del vino con el mismo término» (*pharmakon* = droga) porque, después de todo, «mito y ritual se encuentran estrechamente conectados».

15 *Ibid.*, p. 39.

16 Charlotte Higgins, «Ancient Greece, the Middle East and an ancient cultural internet», *Guardian*, 11 de julio de 2013, theguardian.com/education/2013/jul/11/ancient-greece-cultural-hybridisation-theory.

17 H. W. Janson, *History of Art*, 5ª ed., rev. por Anthony F. Janson (Nueva York: Thames & Hudson, 1986), pp. 157-158.

18 Walter F. Otto, *Dionysus: Myth and Cult* (Bloomington, IN: Indiana University Press, 1995), p. 152 [Publicado en español como *Dioniso. Mito y culto*, 3ª ed., trad. de Cristina García Ohlrich (Madrid: Siruela, 2006]; véase también Marvin Meyer, *The Ancient Mysteries: A Sourcebook of Ancient Texts* (Filadelfia: University of Pennsylvania Press, 1987), p. 5, que cita a Plutarco, *Isis y Osiris*, 6.35.

19 Uno de los hallazgos más convincentes es la *hudria* de figuras rojas del siglo V a. C., que actualmente alberga el Museo de Edirna en Turquía. Desenterrada en 2011 en la ciudad portuaria antigua de Ainos en la región de Evros en el este de Macedonia, en donde la Grecia moderna se encuentra con Turquía, el recipiente representa una urna *pithos* incrustada en el suelo para la fermentación de vino. Alrededor de ella, dos parejas tienen muestras botánicas para enriquecer la mezcla. Ruck identifica la primera muestra como hiedra. La segunda, presentada ceremonialmente por una mujer cuya pose con las manos es similar a la de la ménade en G 409, parece un hongo, fascinantemente. Véase Carl Ruck, ed., *Dionysus in Thrace: Ancient Entheogenic Themes in the Mythology and Archeology of Northern Greece, Bulgaria and Turkey* (Berkeley, CA: Regent Press, 2017). El descubrimiento de la *hudria* en la necrópolis de Ainos, y la tradición de banquetes funerarios que existía en el sitio, sugieren la naturaleza del vino extraordinario. Se trata de una tradición de cementerios que está explícitamente relacionada con el dios del éxtasis. Véase A. Erzen, «1981 Yılı Enez Kazısı Çalışmaları», en *KST IV—1982* (Ankara: Kültür ve Turizm Bakanlığı Eski Eserler ve Müzeler Genel Müdürlügü, 1983), pp. 285-290: «La estatuilla, las pinturas del sátiro y la ménade recuperados durante la campaña de 1981 indican la presencia de un culto dionisiaco en Ainos».

20 Robert F. Forbes, *A Short History of the Art of Distillation: From the Beginnings Up to the Death of Cellier Blumenthal* (Boston: Brill, 1970).

21 El manuscrito de *De materia medica*, escaneado de la Biblioteca Nacional Central de Roma está disponible aquí: archive.org/details/bub_gb_ZStFeIm9EukC/.

22 Es bien sabido para especialistas en manuscritos, pero no para otros, cómo los períodos del Oscurantismo y el Renacimiento consiguieron sus nombres. Los siglos VI al XIV d. C.

476

eran «oscuros» debido a que la mayoría de los documentos griegos antiguos, como *De materia medica* de Dioscórides, desaparecieron durante la caída del Imperio romano, a medida que los centros europeos de aprendizaje se mudaban al Oriente bizantino. Cuando los escritos originales de Platón, Aristóteles y otros fueron recuperados de Constantinopla y el Medio Oriente en el siglo xv, su traducción al latín señalaba el «renacimiento» de la civilización occidental. Véase Paul Oskar Kristeller, *Renaissance Thought: The Classic, Scholastic and Humanist Strains* (Nueva York: Harper & Row, 1961), pp. 15-16: «Los humanistas introdujeron el griego al plan de estudios de todas las universidades y de las mejores escuelas secundarias de Europa occidental, y también importaron del Oriente bizantino y después turco, a través de la compra y medios menos honorables, un gran número de manuscritos que contenían el corpus casi entero de la literatura griega existente, que después fue depositado en bibliotecas occidentales y difundido a través de ejemplares escritos a mano y ediciones impresas... Fue un logro importante, aunque no suficientemente reconocido, de los eruditos del Renacimiento que gradualmente tradujeron al latín el corpus casi entero de la literatura griega que se conocía en ese entonces, y de ese modo lo introdujeron a la corriente de pensamiento occidental dominante.

23   W. B. Turrill, «A Contribution to the Botany of Athos Peninsula», *Bulletin of Miscellaneous Information (Royal Botanic Gardens, Kew),* vol. 1937, núm. 4 (1937), pp. 197-273, en 197. Para describir una visita al monte Athos en Grecia en 1934, sir Arthur H. Will, el entonces director de los Jardines Botánicos Reales, escribió sobre el «monje botanista oficial» que permaneció «buscando plantas de importancia medicinal real o supuesta» y añadió que «él era un monje viejo extraordinario con un amplio conocimiento de las plantas y sus propiedades». Viajaba muy rápidamente, aun ataviado con su casaca negra larga, usualmente a pie y a veces en mula, cargando su "Flora" con él en un bolso negro, grande y voluminoso. Este bolso era necesario puesto que su "Flora" era ni más ni menos que cuatro volúmenes manuscritos en folio de Dioscórides, que al parecer él mismo había copiado. Usaba esa *Flora* invariablemente para determinar cualquier planta que no pudiera nombrar con solo verla, y era capaz de encontrar las cosas en los libros e identificar sus plantas —para su propia satisfacción— con notable rapidez». De manera interesante, Hill nota que el monje iba en busca del beleño psicodélico (*Hyoscyamus*).

24   Paula De Vos, «European Materia Medica in Historical Texts: Longevity of a Tradition and Implications for Future Use», *Journal of Ethnopharmacology,* vol. 132, núm. 1 (octubre de 2010), pp. 28-47.

25   Dioscórides, *De materia medica,* Libro 4.69.

26   Dioscórides, *De materia medica,* Libro 5.81.

27   Dioscórides, *De materia medica,* Libro 4.74.

28   Philip Mayerson, *Classical Mythology in Literature, Art and Music* (Indianápolis, IN: Hackett Publishing Company, 2011), p. 251.

9. Viñedos celestiales

1   W. R. Halliday, «The Magical Vine of Nysa and the Dionysiac Wine Miracle», *Classical Review,* vol. 42, núm. 1 (febrero de 1928), p. 19, doi.org/10.1017/S0009840X00043596.

2   Pausanias, *Pausaniae Graeciae Descriptio,* 3 vols. (Stuttgart: Teubner, 1903), 6.26.1-2.

3   Plinio, *Historia natural,* libro 2.106: «Muciano, que tres veces fue cónsul, acredita que el agua que fluía de un manantial en el templo del Padre Liber [Dioniso] en la isla de Andros siempre tiene sabor a vino el 5 de enero: a ese día se le llama el Día del Don de Dios».

4   Eurípides, «Las bacantes», en *Tragedias III,* trad. de Carlos García Gual y Luis Alberto de
    Cuenca (Madrid: Gredos, 1979), 150, 353, 455.

5   Maggie Owens, «'Mona Lisa' to Move to Private Room in Louvre» (ABC News, 6 de enero
    de 2006), abcnews.go.com/International/story?id=81285&page=1.

6   «The moving of the Mona Lisa», *Independent,* 2 de abril de 2005, independent.co.uk/
    news/world/europe/the-moving-of-the-mona-lisa-530771.html.

7   A. D. Nock, «Hellenistic Mysteries and Christian Sacraments», *Mnemosyne,* Cuarta serie,
    vol. 5, fasc. 3 (1952), pp. 177-213, en 183, jstor.org/stable/4427382.

8   En el verso 603 de *Las bacantes* de Eurípides, por ejemplo, *Dios gonos* (Διὸς γόνος) sig-
    nifica «el hijo engendrado de Dios».

9   Dennis R. MacDonald, *The Dionysian Gospel: the Fourth Gospel and Euripides* (Mineápolis,
    MN: Fortress Press, 2017), p. 31.

10 Juan 1:18, New International Version [«que está en el seno del Padre» en la Biblia de
    Jerusalén].

11 Mateo 8:1-4.

12 Marcos 1:21-27; Lucas 4:31.36.

13 MacDonald, *Dionysian Gospel,* p. 40.

14 Erik Raymond, «Why Did Jesus Make So Much Wine?» (Gospel Coalition, 18 de abril de
    2018), thegospelcoalition.org/blogs/erik-raymond/jesus-make-much-wine/.

15 Véase Epifanio de Salamina, *Adversus Haereses,* Libro 2, sec. 51, 29.7, disponible en la p. 301
    aquí: archive.org/details/epiphanius02epip/. Epifanio ubica el nacimiento de Jesús el «5 de
    enero en el alba del 6 de enero», precisamente cuando se decía que ocurría el milagro dio-
    nisiaco en Andros. Después, Epifanio relaciona la epifanía de Jesús como el dios del vino
    con el mismo día: «el primer milagro de Caná en Galilea, cuando el agua se transformó
    en vino, fue realizado más o menos en el mismo día [que la epifanía original de Jesús, su
    nacimiento] treinta años después». De manera interesante, el pasaje de la boda de Caná
    (Juan 2:1-11) todavía se lee durante la misa católica romana cada enero, en el segundo
    sábado siguiente al festín de la epifanía el 6 de enero. En la Iglesia ortodoxa occidental, la
    epifanía también se celebra el 6 de enero, que es el 19 de enero en el calendario juliano.

16 Philipp Fehl, «Veronese's Decorum: Notes on the Marriage at Cana», en Moshe Barasch,
    ed., *Art, the Ape of Nature: Studies in Honor of H. W. Janson* (Upper Saddle River, NJ:
    Prentice-Hall, 1981), pp. 345-346.

17 Hay más detalles en un papiro particularmente fascinante de los Papiros de Zenón, una
    colección de correspondencia griega descubierta a finales del siglo XIX. Zenón era un
    burócrata en el mandato del reino ptolemaico que rigió al Egipto helenístico durante 300
    años, desde Alejandro Magno hasta Cleopatra, cuando los romanos tomaron el control.
    Cerca de mayo de 257 a. C., una carta sucinta trata del aclamado territorio de Beth-Anath
    en el valle de Beit HaKerem en la Alta Galilea. Este vasto terreno que se menciona en el
    Antiguo Testamento ocupa hoy en día Bi'ina, a las afueras de Carmiel, a unos kilómetros
    al norte de Nazaret. El autor de la carta, un tal Glaucias, dice que Beth-Anath utilizaba sus
    ochenta mil viñedos para un vino excepcional que, al momento de probarlo, era indistin-
    guible de los vinos de máxima calidad de la isla griega de Quíos. En 2001, excavaciones
    en la cercana Nahf confirmaron que Glaucias tenía toda la razón. En vista de «la cantidad
    desmesurada de fragmentos de recipientes de almacenamiento» que se recuperaron de
    ese sitio en particular, la Autoridad de Antigüedades de Israel ahora confirmó la impor-
    tancia de la Alta Galilea para la producción de vino durante la época helenística. Véase
    Howard Smithline, «Results of Three Small Excavations at Nahf, Upper Galilee», *Atiqot,*
    vol. 59 (2008), pp. 87-101, en 99.

18 Véase Asher Ovadiah y Sonia Mucznik, «Dionysos in the Decapolis», *Liber Annuus,* vol. 65 (2015), pp. 387-405.

19 Patricia Maynor Bikai *et al.,* «Beidha in Jordan: A Dionysian Hall in a Nabataean Landscape», *American Journal of Archaeology,* vol. 112, núm. 3 (julio de 2008), pp. 465-507, en 495.

20 Scott D. Charlesworth, «The Use of Greek in Early Roman Galilee: The Inscriptional Evidence Re-examined», *Journal for the Study of the New Testament,* vol. 38, núm. 3 (2016), pp. 356-395, doi.org/10.1177/0142064X15621650: «Con base en toda la evidencia que existe, el conocimiento del griego era probablemente muy común, y la mayoría de la gente lo aprendía por fuerza de las circunstancias más que por instrucción formal».

21 Thomas L. Friedman, «Ancient Mosaic Shows "Mona Lisa of Palestine"», *New York Times,* 18 de agosto de 1987, nytimes.com/1987/08/18/science/ancient-mosaic-shows-mona-lisa-of-palestine.html.

22 Véase Rachel Hachlili, «Reviewed Work: *The Mosaics of the House of Dionysos at Sepphoris (Qedem 44)* by Rina Talgam, Zeev Weiss», *Israel Exploration Journal,* vol. 57, núm. 2 (2007), pp. 248-252. Aunque suele traducirse tradicionalmente como «ebriedad», la raíz de *methe* (μέθε) no tiene nada que ver con el vino. Proviene del indoeuropeo *madhu* que en sánscrito significa cualquier bebida dulce o intoxicante, de ahí la palabra inglesa *mead* («aguamiel»).

23 «The Surprises of Sepphoris: the archaeological excavations at Sepphoris are painting a new portrait of Jesus' world» (PBS Frontline series: *From Jesus to Christ,* abril de 1998), pbs.org/wgbh/pages/frontline/shows/religion/jesus/sepphoris.html.

24 Bikai *et al.,* «Beidha in Jordan», p. 477. Varias cabezas de piedra, maravillosamente bien conservadas, habrían cubierto los capiteles ornamentados de las columnas del templo. Una se «puede identificar fácilmente como Dionisio, pues está señalado por la guirnalda de vid que lo corona». Además de sátiros y bacantes, también hay varias cabezas femeninas con «rasgos sutilmente modelados» que se interpretan como ménades, ninfas y musas griegas.

25 *Ibid.,* p. 495.

26 Diodoro Sículo, 3.59.2, 3.64.5, 3.65.7 y 3.66.3. En otra obra, Diodoro cita autores adicionales que ubican a Nisa en el Norte de África, mientras que Heródoto (2.146, 3.97) dice que se encuentra en Etiopía.

27 Patrick E. McGovern, *Ancient Brews: Rediscovered and Re-created* (Nueva York: W. W. Norton, 2017), p. 94. Véase también Patrick E. McGovern, *Ancient Wine: The Search for the Origins of Viniculture* (Princeton, NJ: Princeton University Press, 2003).

10. Elíxires santos en Tierra Santa

1 Elisa Guerra- Doce, «The Origins of Inebriation: Archaeological Evidence of the Consumption of Fermented Beverages and Drugs in Prehistoric Eurasia», *Journal of Archaeological Method and Theory,* vol. 22, núm. 3 (septiembre de 2015), p. 760. Véase también Patrick E. McGovern *et al.,* «Neolithic resinated wine», *Nature,* vol. 381 (6 de junio de 1996), pp. 480-481, disponible en: penn.museum/sites/biomoleculararchaeology/wp-content/uploads/2009/11/neolithicwinenature.pdf.

2 Patrick E. McGovern, *Uncorking the Past: The Quest for Wine, Beer, and Other Alcoholic Beverages* (Oakland, CA: University of California Press, 2009), p. 89.

3 *Ibid.,* p. 100.

4 Patrick E. McGovern *et al.*, «Ancient Egyptian herbal wines», *Proceedings of the National Academy of Sciences,* vol. 106, núm. 18 (5 de mayo de 2009), pp. 7361-7366, doi.org/10.1073/pnas.0811578106. Además del ácido tartárico, las muestras de Abidos arrojaron: linalool, alcanfor, borneol, L-mentol, alfa-terpineol, carvona, timol, acetona de geranil y otras sustancias. En busca de sus ancestros orgánicos, McGovern explica que estos compuestos ocurren en los géneros herbales siguientes: saborija (*Satureja*), ajenjo (*Artemisia seiberi*), tanaceto azul (*Tanacetum annuum*), toronjil (*Melissa*), sen (*Cassia*), cilantro (*Coriandrum*), camedrio (*Teucrium*), menta (*Mentha*), salvia (*Salvia*), y tomillo (*Thymus/Thymbra*). La prueba de Gebel Adda dio positivo a cinco terpenoides distintos: fenchona, alcanfor, borneol, cuminaldehído y vanilina. El candidato herbal más probable a estos biomarcadores únicos es el romero (*Rosmarinus offcinialis*), de la familia de la menta (*Lamiaceae* o *Labiatae*).

5 McGovern, *Uncorking the Past,* p. 120.

6 McGovern, *Ancient Brews,* p. 94.

7 *Ibid.*, p. 95.

8 William A. Emboden, *Narcotic Plants: hallucinogens, stimulants, inebriants and hypnotics, their origins and uses* (Nueva York: Macmillan, 1979), p. 149.

9 Jeremy Naydler, *Shamanic Wisdom in the Pyramid Texts: The Mystical Tradition of Ancient Egypt* (Rochester, VT: Inner Traditions, 2004), pp. 193-194. El papiro dramático del Ramesseum, ahora en el Museo Británico, data de alrededor del año 1980 a. C. Incluye una obra dramática ceremonial que recrea la ascensión de Sesostris I de la décimo segunda dinastía al trono. Los jeroglíficos, escritos en columnas estrechas, se han comparado con los cómics modernos.

10 *Ibid.*, p. 234.

11 *Ibid.*, p. 209.

12 Véase F. Nigel Hepper, *Pharaoh's Flowers: The Botanical Treasures of Tutankhamun* (Chicago: KWS Publishers, 2009).

13 Véase William A. Emboden, «The Sacred Narcotic Lily of the Nile: Nymphaea caerulea», *Economic Botany,* vol. 32, núm. 4 (octubre-diciembre 1978), pp. 495-407, en 397.

14 Véase Lynnsay Maynard, «What Would Jesus Drink? A Class Exploring Ancient Wines Asks» (NPR, *All Things Considered,* 25 de diciembre de 2014), npr.org/sections/thesalt/2014/12/25/372727808/what-would-jesus-drink-a-class-exploring-ancient-wines-asks; Megan Gannon, «World's Oldest Wine Cellar Fueled Palatial Parties» (LiveScience, 27 de agosto de 2014), livescience.com/47577-worlds-oldest-wine-cellar-israel.html; y Doyle Rice, «World's oldest wine cellar discovered», *USA Today,* 22 de noviembre de 2013, usatoday.com/story/news/world/2013/11/22/old-wine-cellar-israel/3667621/.

15 Andrew J. Koh *et al.*, «Characterizing a Middle Bronze Palatial Wine Cellar from Tel Kabri, Israel», *PLoS ONE* 9 (8) (27 de agosto de 2014): e106406, doi.org/10.1371/journal.pone.0106406.

16 El sitio web OpenARCHEM del proyecto de Andrew Koh es un recurso de vanguardia dentro del campo de la arqueoquímica: openarchem.com/research-teams-at-openarchem/.

17 Ilan Ben Zion, «Canaanite wine stash found in Galilee unearths ancient flavors: Excavators at Tel Kabri find hard evidence of viniculture, seek to recreate Bronze Age beverage», *Times of Israel,* 28 de agosto de 2014, timesofisrael.com/canaanite-wine-stash-found-in-galilee-unearths-ancient-flavors/.

18 Stephen Harrod Buhner, *Sacred and Herbal Healing Beers: The Secrets of Ancient Fermentation* (Denver, CO: Brewers Publications, 1998), pp. 237-241.

19   Christian Rätsch, *The Encyclopedia of Psychoactive Plants: Ethnopharmacology and Its Applications* (París, ME: Park Street Press, 2005). La especie psicoactiva del enebro disponible en el Hindú Kush probablemente es *Juniperus recurva*.

20   *Idem.* Véase M. H. Sidky, «Shamans and Mountain Spirits in Hunza», *Asian Folklore Studies*, vol. 53, núm. 1 (enero de 1994), pp. 67-96, doi: 10.2307/1178560. Puede verse un video de la ceremonia completa realizada por el chamán hunza aquí: vimeo.com/51983176.

21   Bezalel Porten, *Archives from Elephantine: The Life of an Ancient Jewish Military Colony* (Oakland, CA: University of California Press, 1968), p. 184.

22   McGovern, *Uncorking the Past,* p. 179.

23   Porten, *Archives from Elephantine,* p. 183.

24   G. del Olmo Lete, «The Marzeah and the Ugaritic Magic Ritual System: a close reading of KTU 1114», *Aula orientalis,* vol. 33, núm. 2 (2015), pp. 221-242, en 224.

25   *Ibid.,* p. 231.

26   *Ibid.,* p. 233. Véase S. Tamar Kamionkowski y Wonil Kim, eds., *Bodies, Embodiment and Theology of the Hebrew Bible* (Londres: T & T Clark, 2010), p. 165. La traducción completa al inglés del relato ugarítico puede encontrarse aquí: inamidst.com/stuff/notes/feast.

27   Véase Patrick E. McGovern, *Ancient Wine: The Search for the Origins of Viniculture* (Princeton, NJ: Princeton University Press, 2003), pp. 228-230; y Randall Heskett y Joel Butler, *Divine Vintage, Following the Wine Trail from Genesis to the Modern Age* (Nueva York: St. Martin's Press, 2012), pp. 93-94. Puesto que se sabía que la deidad cananea El se emborrachaba y se dormía, los participantes del *marzeah* «imitaban a los dioses y bebían hasta el estupor». De ese modo, el «festín celestial» brindaba una oportunidad de intoxicación extrema y «contacto directo divino-humano». Las referencias al *marzeah* en el Antiguo testamento incluyen Amós 6:4-7, Jeremías 16:5 y Números 13:1-33, donde Moisés envía a 12 espías —uno de cada una de las 12 tribus israelitas— para ver lo que en verdad hacían los narcopaganos en la tierra prometida. Célebremente, regresan con un racimo de uvas tan gigante que se necesita a dos hombres para cargarlo. Entre las múltiples descripciones del evento, el bajorrelieve de Franceso Carabelli en el exterior del Duomo en Milán da una buena idea de la agotadora misión. Una vez más, el significado es claro: lo que sea que prepararan los sucesores de Tel Kabri era algo fuera de este mundo.

28   Véase Elizabeth M. Bloch-Smith, «The Cult of the Dead in Judah: Interpreting the Material Remains», *Journal of Biblical Literature,* vol. 111, núm. 2 (verano de 1992), pp. 213-224, en 214 y 219, jstor.org/stable/3267540. Se ha sugerido que las mujeres dominaban el papel de chamanas judías fuera de la ortodoxia masculina de Jerusalén: «Este papel era el de proveer para los ancestros y consultarlos, el de mediar entre las generaciones». Las mujeres eran consideradas las intermediarias naturales entre esta vida y la próxima, pero los profetas masculinos de Yahvé también tenían conocimiento del cementerio de los llamados «muertos agradecidos». En Isaías 8:19, cuando Yahvé deja de hablarle a Isaías, el visionario del Antiguo Testamento es motivado a buscar guía de los ancestros fallecidos: «"Consulten a los espíritus y a los adivinos que cuchichean y murmuran", respondan: "¡Por supuesto, todo pueblo debe consultar a sus dioses! ¡A ver si los muertos podrían aconsejar a los que viven!"». Véase también Earl Lee, *From the Bodies of the Gods* (París, ME: Park Street Press, 2012), pp. 64-65.

29   Zeyad al-Salameen y Hani Falahat, «Two New Nabataean Inscriptions from Wadi Musa, with Discussion of Gaia and the Marzeah», *Journal of Semitic Studies,* vol. 57, núm. 1 (marzo de 2012), pp. 37-51, en 43-45. En Lucas 13:32, cuando se entera de que Herodes también lo quiere muerto, Jesús llama al tirano un «zorro» o *alopex* (ἀλώπηξ), que en hebreo podría haber significado algo similar a «don nadie» o «patán». Véase Hermann

Strack y Paul Billerbeck, *Kommentar zum Neuen Testament aus Talmud und Midrasch* (Múnich, Alemania: C. H. Beck, 1960), 2:200-201.

30 John McLaughlin, *The Marzeah in the Prophetic Literature: References and Allusions in Light of the Extra-Biblical Evidence* (Boston: Brill, 2001), p. 47: «En la religión nabatea, Dushara se equipara, entre otros, al dios griego Dioniso, cuyas asociaciones con la intoxicación sugieren que el beber mucho cumplía con una función en la asociación. Esta perspectiva se ve reforzada por el propósito de los objetos de piedra mismos [cuatro vasijas en forma de pila que se encontraron en Avdat en el desierto de Néguev al sur de Israel]. Su designación en las inscripciones, combinada con la gran marca de copa al fondo de cada una indica que se usaban para servir un líquido; y a la luz del papel del vino en los *marzeahs* en general y este en particular a través de su dedicación a Dushara/Dioniso, es razonable suponer que ese era el tipo de líquido que se servía. Además, el tamaño de los objetos indica que se usaban cantidades significativas de vino».

31 Karl Kerényi, *Dionysos: Archetypal Image of Indestructible Life* (Princeton, NJ: Princeton University Press, 1976), p. 303.

32 I Pedro 4:6.

33 Eurípides, «Las bacantes», en *Tragedias III,* trad. de Carlos García Gual y Luis Alberto de Cuenca (Madrid: Gredos, 1979) 422-430.

34 A. J. Nijboer, «Banquet, Marzeah, Symposion and Symposium during the Iron Age: Disparity and Mimicry», en Franco de Angelis, ed., *Regionalism and Globalism in Antiquity: Exploring Their Limits* (Walpole, MA: Peeters, 2013), pp. 95-126, en 96. Los atributos que definen a la élite de *marzeah* se identifican como «prácticas masculinas de clase alta, patronato real, la asociación con deidades específicas, los banquetes con carne y vino, el uso de aceites perfumados finos, la posesión de viñedos y campos, casas y salas de banquetes que contaban con asientos para recostarse, música y una correlación con la muerte y los rituales funerarios que probablemente estaba combinada con propiciar la descendencia». Esta influencia oriental en los banquetes posteriores en Grecia e Italia se destaca particularmente: «los conceptos de *marzeah* en el Levante y en el mundo fenicio-púnico del Mediterráneo occidental, el simposio en Grecia, incluidas las colonias griegas en el sur de Italia de siglo VII a. C. en adelante y el simposio en Italia central, significan una élite masculina, banquetes festivos o episodios de bebida con lujos, vinos finos, música y relatos… A pesar de sus incontables diferencias culturales, conflictos y regateos en cuanto al comercio, esta serie de eventos habría mantenido vínculos entre las élites guerreras griegas e italianas y sus homólogos fenicios».

35 McGovern, *Ancient Wine,* p. 230.

36 Lucas 7:34; Mateo 11:19.

37 Véase P. G. Walsh, «Making a Drama out of a Crisis: Livy on the Bacchanalia», *Greece & Rome,* vol. 43, núm. 2 (octubre de 1996), pp. 188-203, jstor.org/stable/643095.

38 Eric Orlin, «Urban Religion in the Middle and Late Republic», en Jörg Rüpke, ed., *A Companion to Roman Religion* (Hoboken, NJ: Wiley- Blackwell, 2011), pp. 58-70, en 64.

39 Véase Dan Stanislawski, «Dionysus Westward: Early Religion and the Economic Geography of Wine», *Geographical Review,* vol. 65, núm. 4 (octubre de 1975), pp. 427-244, en 441, jstor.org/stable/213743. Antes del siglo II a. C., el culto de Dionisio encontró un público receptivo en Magna Grecia. La colonización griega del Mediterráneo occidental comenzó en la isla diminuta de Isquia en el mar Tirreno en la primera mitad del siglo XVIII a. C. Poco después, otro puesto comercial con Italia se estableció en Cime, al sur de Nápoles (o Neapolis, la «nueva ciudad», que era más joven que esos bastiones previos). La región entre Paestum y Calabria en la costa oeste de la península era conocida como Enotria, un nombre que con el tiempo se usaría para referirse a todo el sur de Italia. Desde

luego, Enotria se deriva del griego *oinos* (οἶνος), «vino». La disponibilidad de tierra fértil fue un incentivo fuerte para que los colonos pioneros de las bases ricas en agricultura como Corintio, Creta, Rodas y Naxos. La primera colonia siciliana se llamó Naxos de manera apropiada, y ahí los colonos exportaron su «prácticas culturales, en las que Dioniso era la figura más importante». Entonces, es comprensible el hecho de que Naxos, una de las primera colonias griegas en acuñar monedas, pusiera una representación de Dioniso en una cara y uvas y hojas de vid en la otra.

40 Livio, *Historia de Roma*, 39.13: «En los últimos dos años se había ordenado que nadie de más de 20 años de edad fuera iniciado: se buscaban chicos de esa edad pues admitían tanto vicio como corrupción» (*biennio proximo institutum esse, ne quis maior viginti annis initiaretur: captari aetates et erroris et stupri patientes*).

41 Véase «Bacchus Uncovered: Ancient God of Ecstasy» (BBC Four, 26 de septiembre de 2019), bbc.co.uk/programmes/b09z8d01.

42 Vivian Nutton, *Ancient Medicine* (Nueva York: Routledge, 2012), p. 232. Véase también Menahem Stern, ed., *Greek and Latin Authors on Jews and Judaism*, vol. 1, *From Herodotus to Plutarch* (Jerusalén: Israel Academy of Sciences and Humanities, 1974), pp. 422-425, para la referencia de Dioscórides a varios especímenes en Judea y Petra. En Gavin Hardy y Laurence Totelin, *Ancient Botany* (Nueva York: Routledge, 2016), p. 39, los autores mencionan cómo el alcance de los viajes de Dioscórides es motivo de debate y concluyen que el padre de las drogas, de hecho, sí viajo a muchas de las ubicaciones mencionadas en *De materia medica*.

43 Véase Walter Burkert, *Ancient Mystery Cults* (Cambridge, MA: Harvard University Press, 1987), p. 52.

44 Eurípides, *Las bacantes*, 487.

45 Juan 11:48.

46 Matthias Riedl, «The Containment of Dionysos: Religion and Politics in the Bacchanalia Affair of 186 BCE», *International Political Anthropology*, vol. 5, núm. 2 (2012), pp. 113-134.

47 Mary Beard, John North y Simon Price, *The Religions of Rome: vol. 1* (Cambridge, Reino Unido: Cambridge University Press, 1998), p. 226, nota 49.

48 Véase Joan Taylor, «What did Jesus really look like?» (BBC, 24 de diciembre de 2015), bbc.com/news/magazine-35120965; y Joan Taylor, «What did Jesus really look like, as a Jew in 1stcentury Judaea?». *Irish Times*, 9 de febrero de 2018, irishtimes.com/culture/books/what-did-jesus-really-look-like-as-a-jew-in-1st-century-judaea-1.3385334. Una reseña de los estilos de arreglo de los hombres en la antigua Galilea pone en tela de juicio el hecho de que el Jesús histórico tuviera una melena larga y ondulante. Pero eso no evitó que los artistas cristianos anónimos copiaran la «melena rizada y abundante de Dionisio» en los primeros siglos de la fe; gracias a ellos, ese estilo *hippie* pasaría a la posteridad.

49 B. Powell, *Classical Myth*, 7th ed. (Nueva York: Pearson, 2011), pp. 201-202. La omnipresencia de las cabras en las imágenes paganas recuerda *El aquelarre* de Francisco de Goya, el óleo del siglo XVIII que retrata a una cabra con ojos fogosos coronada con hojas de roble, que reúne a las viejas brujas.

50 R. Gordon Wasson, Albert Hofmann y Carl A. P. Ruck, *The Road to Eleusis: Unveiling the Secret of the Mysteries* (Berkeley, CA: North Atlantic Books, 2008), p. 98. Ruck nota cómo Teofrasto registra que «los recolectores de hierbas solían colocar sus recortes en tallos huecos parecidos al hinojo para conservar su frescura».

51 Platón, *Eutidemo*, 285 c.

52 Filóstrato el Joven, *Imágenes* 2, Marsias (395 K).

53 Werner Keller, *The Bible as History* (Nueva York: Barnes & Noble, 1995), p. 352.

11. Ebrios con el néctar de la eternidad

1   Wouter J. Hangraaff, *Esotericism and the Academy: Rejected Knowledge in Western Culture* (Cambridge, Reino Unido: Cambridge University Press, 2012), p. 54.

2   Bart D. Ehrman, *The Triumph of Christianity* (Nueva York: Simon & Schuster, 2018). Véase Rodney Stark, *The Rise of Christianity: How the Obscure, Marginal Jesus Movement Became the Dominant Religious Force in the Western World in a Few Centuries* (San Francisco, CA: Harper San Francisco, 1997), p. 10.

3   Carl A. P. Ruck *et al.*, *The Apples of Apollo: Pagan and Christian Mysteries of the Eucharist* (Durham, NC: Carolina Academic Press, 2000), p. 145.

4   Ruck no es el único investigador que ha tomado esta ruta blasfema. Considérese lo que dijo Frederic Henry Chase (1853-1925), el clasicista, presidente del Queens' College de la Universidad de Cambridge, y arzobispo de Ely, en *The Credibility of the Book of the Acts of the Apostles* (Londres: Macmillan, 1902), en 205-206, nota 3, disponible en archive.org/details/thecredibilityof00chasuoft/: «Los atenienses vincularían naturalmente el nombre Ἰησῦς, que de otro modo sería ininteligible, con ἴασις (jónico ἴησις), eἸασώ (Ἰησώ), el dios de la sanación y la salud... La forma jónica Ἰησώ sin duda era conocida en Atenas por pasajes tales como Herodas vi.6 (culto de Ἰησώ en Cos)».

5   Ruck *et al.*, p. 146. Ruck cita a Mateo 13:15; Lucas 5:17 y 13:32; Juan 12:40; y Actos 10:38.

6   En el verso 81 de *Las bacantes* de Eurípides, se describe a un bacante como «coronado de yedra»: *kisso stephanotheis* (κισσῷ στεφανοθεὶς). Después, se le pide a Penteo que dé la bienvenida a Dioniso a Tebas usando el emblema único del dios. En el verso 341, el padre de Penteo, Cadmo, demanda: «¡Ven acá y corona tu cabeza con yedra!».

7   La convención de color puede encontrarse incluso en el *Himno homérico a Dioniso*, entre los ejemplos más antiguos en la literatura griega. En el himno que es previo a Eurípides, el manto se describe específicamente como «púrpura» o *porphureon* (πορφύρεον). Véase el *Deipnosophistae* de Ateneo 5.198c: «En él había una estatua de Dioniso de diez cúbitos de alto que vertía libación de un *karchēsion* [jarrón] con una túnica púrpura que le llegaba hasta los pies y una bata azafrán delgada sobre esta; una bata púrpura con lentejuelas doradas alrededor de los hombros».

8   Justino Mártir, *Diálogo con Trifón*, capítulo 69: «El Diablo, ya que emula la verdad, ha inventado fábulas sobre Baco, Heracles y Asclepio». Véase también Justino Mártir, *Primera apología*, capítulo 54: «los diablos, en consecuencia, cuando escucharon estas palabras proféticas [del Génesis], decían que Baco era hijo de Júpiter, y revelaron que era él quien había descubierto el vino, y contaban el vino entre sus misterios; y enseñaban que, tras ser despedazado, ascendía al cielo».

9   Después de Justino, Clemente de Alejandría decidió poner un poco más de esfuerzo en el argumento del cristianismo, en una especie de batalla de rap al estilo antiguo con Eurípides. Invitó a todos los seguidores «ebrios» y «frenéticos» a que se deshicieran de la hiedra y su tocado. El Padre de la Iglesia llama al monte Citerón de *Las Bacantes* un «tema de tragedias» ficticio, y motiva a su público a descubrir la «montaña sin vino» de los misterios cristianos en «los dramas de la verdad». En un juego de palabras lírico, Clemente dice que ninguna de las «ménades» o *mainades* (μαινάδες) puede encontrarse retozando en las «grietas sagradas» de *su* montaña, solo «corderos» o *amnades* (ἀμνάδες) reunidos en «compañía sobria». En griego, las palabras para «ménades» y «corderos» son casi idénticas y —con la más sutil variación— pueden ser intercambiables.

10   Hannah Brockhaus, «Pope on Corpus Christi: Only the Eucharist satisfies hearts» (Catholic News Agency, 3 de junio de 2018), catholicnewsagency.com/news/pope-on-corpus-christi-only-the-eucharist-satisfies-hearts-18847.

11   «Pope celebrates Mass for Solemnity of Corpus Christi» (Vatican Radio, 18 de junio de 2017), archivioradiovaticana.va/storico/2017/06/18/pope_celebrates_mass_for_solemnity_ of_corpuschristi/en-1319866.

12   «Pope Francis: The Eucharist is not a symbol, it is Jesus giving himself entirely» (YouTube, 2015), youtu.be/fH9Lg4SFP0M.

13   Hyam MacCoby, *The Mythmaker: Paul and the Invention of Christianity* (Nueva York: Barnes & Noble, 1998), 110.

14   J. G. Frazer, *Spirits of the Corn and of the Wild* (Nueva York: Macmillan, 1912), disponible en dos volúmenes aquí: archive.org/details/goldenboughstudy07fraz/page/n8 y archive. org/details/goldenboughstudy08fraz/page/n8.

15   Martin Luther King, Jr., «The Influence of the Mystery Religions on Christianity», en Clayborne Carson, Ralph Luker y Penny A. Russell, eds., *The Papers of Martin Luther King, Jr. Volume I: Called to Serve, January 1929– June 1951* (Oakland: University of California Press, 1992), disponible en kinginstitute.stanford.edu/king-papers/documents/ influence-mystery-religions-christianity.

16   Dennis R. MacDonald, *The Dionysian Gospel: the Fourth Gospel and Euripides* (Mineápolis, MN: Fortress Press, 2017), p. 65.

17   Alan Piper, «The Milk of Goat Heidrun: An Investigation into the Sacramental Use of Psychoactive Meat and Milk» en John Rush, ed., *Entheogens and the Development of Culture: The Anthropology and Neurobiology of Ecstatic Experience* (Berkeley, CA: North Atlantic Books, 2013), p. 211 y ss., con una referencia específica a la *omophagia* en la p. 241. Piper nota, por ejemplo, la afinidad del reno nórdico y siberiano por los hongos psicodélicos de *Amanita muscaria*. Hay una tradición bien documentada de chamanes que beben la orina de los renos, que según se dice, conserva el compuesto psicoactivo principal del hongo, el muscimol, al mismo tiempo que regula otras toxinas que pueden ser desagradables para los humanos. Adicionalmente, se reporta el descubrimiento del *Tabernanthe iboga* alucinógeno por parte de gorilas africanos y jabalís salvajes. Los bovinos, caballos y conejos pueden consumir plantas de la familia de las solanáceas sin efectos adversos, mientras que un animal que se alimente de la carne repentinamente psicoactiva de estos animales puede morir.

18   *Ibid.*, p. 247.

19   Para la tradición egipcia del vino como sangre, véase, Plutarco, *Moralia: Isis y Osiris*, 6. En el Antiguo Testamento, véase Génesis 49:11. Para el vino sagrado de Dioniso como la sagrada sangre de Dioniso, véase Timoteo, *Fragments*, en *Greek Lyric, Volume V: The New School of Poetry and Anonymous Songs and Hymns*, Loeb Classical Library (Cambridge, MA: Harvard University Press, 1993), pp. 86-87, doi: 10.4159/DLCL.timotheus-fragments.1993. Siglos después de Timoteo, la misma imagen es evocada por Plutarco, quien se refiere al vino como «la sangre roja y oscura que corre del dios del vino» (κελαινὸν αἷμα Διονύσου θοοῦ) en su *Moralia*, Libro 5, 676E. Véase también Walter Burkert, *Homo Necans: the Anthropolgy of Ancient Greek Sacrificial Ritual and Myth* (Berkeley: University of California Press, 1983), 225.

20   Philip Mayerson, *Classical Mythology in Literature, Art and Music* (Indianápolis, IN: Hackett Publishing Company, 2011), p. 250. Otra obra de Eurípides llamada *Cretenses* revela el objetivo final de la religión dionisiaca. Comparados con los casi 1 400 versos de *Las Bacantes*, solo sobrevivieron escasos 120 versos de este valioso fragmento. Un iniciado habla de «llevar a cabo los ritos de los festines de *omophagion*» y «alzar antorchas a la Montaña Madre». Al final de todo, el iniciado ya no es un ser humano, sino un «consagrado» y es «nombrado» como un «Bacchos» (Βάκχος). Se ha vuelto Dioniso mismo.

21   Suele identificarse al autor del cuarto Evangelio como Juan de Patmos, una isla griega al sur de Samos, cerca de la costa de Asia Menor, y muy cercana a Éfeso. Eusebio e Ireneo registran que Juan se estableció en Éfeso y fundó una iglesia ahí. Un siglo de estudios han apoyado este punto de vista. Véase Carl Clemen, «The Sojourn of the Apostle John at Ephesus», *The American Journal of Theology*, vol. 9, núm. 4 (octubre de 1905), pp. 643-676, en 674, jstor.org/stable/3154273: «Me parece indiscutible que el evangelio de Juan también tuviera su origen en Éfeso o cerca de ahí. Las relaciones evidentes con el Apocalipsis, en especial aquellas con la especulación del *logos* que encontramos en Asia antes y después de este (En el caso de Justino), la polémica (aunque sin exagerar) contra los seguidores de Juan Bautista, y finalmente los efectos que al principio notaríamos en el caso de aquellos que vivieron en Asia Menor son elementos que apuntan al origen efesio del evangelio de Juan. Véase también R. Brown, *An Introduction to the New Testament* (Nueva York: Doubleday, 1997) [Publicado en español como *Introducción al nuevo testamento*, trad. de Antonio Piñero (Madrid: Trotta, 2002)], pp.371-375; y D. A. Carson, *The Gospel According to John* (Grand Rapids, MI: Eerdmans, 1990), pp. 86-87: «El punto de vista tradicional es que el cuarto Evangelio fue escrito en Éfeso... El hecho de que los montanistas usaran a Juan, y que los montanistas se encontrarían mayormente en Frigia, no lejos de Éfeso, suele usarse para apoyar la postura de la procedencia efesia; pero, también, el evangelio de Juan pudo haber circulado en Frigia medio siglo y más después de que se haya escrito, *sin importar* donde se publicara por primera vez. Pero hay que reconocer que ninguna otra ubicación tiene el apoyo de los Padres de la Iglesia, quienes, acertadamente o no, señalan Éfeso».

22   Ross S. Kraemer, «Ecstasy and Possession: The Attraction of Women to the Cult of Dionysus», *The Harvard Theological Review*, vol. 72, núm. ½ (enero-abril de 1979), pp. 55-80, en 70, jstor.org/stable/1509675. Véase también Glen W. Bowersock *et al.*, eds., *Arktouros: Hellenic Studies Presented to Bernard M. W. Knox on the Occasion of His 65th Birthday* (Nueva York: Walter de Gruyter, 1979), p. 188: «El carácter notablemente completo del patrón y el hecho de que Eurípides en repetidas ocasiones usara terminología religiosa que evoca el sacrificio deja muy poca duda de que estas correspondencias no son accidentales, ni se deben a la cualidad tradicional del mito... sino a que Eurípides de manera constante y deliberada llama a la audiencia a ver y entender el clímax dramático y emotivo de su tragedia como sacrificio».

23   Kraemer, «Ecstasy and Possession», pp. 71, 76-77. En un análisis intercultural de los cultos de posesión africanos y caribeños, Kraemer cita la investigación antropológica de I. M. Lewis para explicar cómo los arrebatos temporales de éxtasis pueden «neutralizar las emociones potencialmente destructivas que experimentan los individuos oprimidos de una sociedad». Esto es algo que las mujeres helénicas de esa época sabían muy bien: «tal como una multitud de historiadores han notado, el estatus de las mujeres en la Grecia clásica se encuentra entre los peores para las mujeres en la sociedad occidental de cualquier época». Como válvula de escape, el ritual dionisiaco puede haber servido a los intereses de los «débiles y oprimidos» que de otro modo tenían «pocos medios para pedir atención y respeto a sus demandas». Al establecer una relación constante entre la persona afligida y el espíritu posesor» —en especial en un contexto cultual con «otros individuos afectados de manera similar»— los cultos modernos marginados mantenían la paz al «atraer principalmente a aquellos de los estratos más bajos y en particular a las mujeres». Es evidente imaginar que los misterios dionisiacos y paleocristianos tuvieran un papel similar para las mujeres del Mediterráneo antiguo.

24   Véase Plinio, *Historia natural*, Libro 34, capítulo 19, donde Plinio hace referencia a una competencia entre los más grandes escultores de Grecia, que resulta en cinco estatuas de

bronce de mujeres que adornan el templo. Véase también Margaret Mowczko, «The Pro-
minence of Women in the Cults of Ephesus» (blog personal, 20 de septiembre de 2014),
margmowczko.com/the-prominence-of-women-in-the-cultic-life-of-ephesus/.

25   Véase Rick Strelan, *Paul, Artemis and the Jews in Ephesus* (Nueva York: Walter de Gruyter,
1996), p. 120. Véase también R. A. Kearsley, «Asiarchs, Archiereis, and the Archiereiai of
Asia», *Greek, Roman and Byzantine Studies,* vol. 27 (1986), pp. 183-192, en 186.

26   Cleon L. Rogers, Jr., «The Dionysian Background of Ephesians 5:18», *Bibliotheca Sacra,*
vol. 136, núm. 543 (julio de 1979), pp. 249-257.

27   Plutarco, *Vidas paralelas,* Antonio 24.3. Para más evidencia de la adoración en Éfeso tal
como se encuentra en las inscripciones, véase Martin P. Nilsson, *Geschichte der griechischen Religion,* vol. 2 (Múnich, Alemania: C. H. Beck, 1955), pp. 359-362.

28   Krystal Baugher, «Women and Beer: A 4,500-Year History Is Coming Full Circle»,
Atlantic, 11 de noviembre de 2013, theatlantic.com/business/archive/2013/11/women-
and-beer-a-4-500-year-history-is-coming-full-circle/281338/.

29   Patrick E. McGovern, *Uncorking the Past: The Quest for Wine, Beer, and Other Alcoholic
Beverages* (Oakland: University of California Press, 2009), pp. 19, 190.

30   Raymond E. Brown, «Roles of Women in the Fourth Gospel». *Theological Studies,* vol. 36
(1975), pp. 688-699, disponible en womencanbepriests.org/classic/brown2.asp.

31   Elaine Pagels, *Beyond Belief: The Secret Gospel of Thomas* (Nueva York: Vintage, 2004), p. 41.

32   *Ibid.*, pp. 89, 98-105. Además del Evangelio de María Magdalena, Pagels menciona los
múltiples textos gnósticos que aprecian la naturaleza reveladora de las visiones divinas.
En el Libro Secreto de Santiago, Jesús lleva a Santiago y Pedro en un recorrido alucinógeno por los cielos, donde los discípulos ven «trompetas que resuenan» y «ángeles
que se regocijan». A través de esta experiencia, Jesús espera demostrar cómo podríamos
«unirnos a él no solo después de la muerte sino también aquí y ahora». En la Oración del
Apóstol Pablo, el autor reza por la visión que «ningún ángel ha visto». En el Apocalipsis
de Pedro, el futuro papa tiene una visión de Jesús «feliz y riéndose en la cruz»; eso lo
motiva a «enfrentar su propia muerte con ecuanimidad». Incluso en el Nuevo Testamento
canónico, el autor del evangelio de Juan a veces se identifica como la pluma del Libro de
las Revelaciones, que describe las «visiones asombrosas» que recibió Juan «en el espíritu».
Pagels interpreta esta frase como «en estado de éxtasis».

33   Karen Jo Torjesen, *When Women Were Priests: Women's Leadership in the Early Church
and the Scandal of Their Subordination in the Rise of Christianity* (San Francisco, CA:
Harper San Francisco, 1995), pp. 15-16 [Publicado en español como *Cuando las mujeres
eran sacerdotes. El liderazgo de las mujeres en la Iglesia primitiva y el escándalo de su subordinación con el auge del cristianismo,* trad. de Jesús Valiente Malla (Córdoba, España: El
Almendro, 1996)].

34   *Idem.*

35   *Ibid.*, p. 127.

36   *Ibid.*, p. 80.

37   En otros puntos de Colosos, era Apia. En Filemón 1:2, Pablo se refiere a ella como «hermana» o *adelphe* (ἀδελφῇ), cuyo significado se interpreta como que era una compañera
importante en las actividades misioneras tempranas. En la cercana Laodicea, al este de
Éfeso en Asia Menor, fue Ninfa, otra mujer adinerada como Lidia y Priscila, quien le
abrió su hogar a la actividad cristiana. En Jerusalén, fue María, la madre del compañero
de viajes de Pedro, san Marcos. Cuando un ángel sacó a Pedro de prisión, se dirigió a
casa de María. En Céncreas, junto a Corinto en Grecia, fue una mujer igualmente adinerada llamada Febe. En Romanos 16:1-2, Pablo específicamente la llama su «protectora» o

prostatis (προστάτις) y la designa «diaconisa» o *diakonon* (διάκονον). Se le dio la tarea de entregarle personalmente la epístola de Pablo a los romanos en su destino final en Italia.

38 I Corintios 16:19, Romanos 16:3-5.

39 Bart Ehrman, *Misquoting Jesus: The Story Behind Who Changed the Bible and Why* (San Francisco: HarperOne, 2007), p. 180.

40 Torjesen, *When Women Were Priests*, p. 33.

41 M. Hengel, *Acts and the History of Earliest Christianity* (Londres: SCM Press, 1979), pp. 107-108.

42 Walter Burkert, *Ancient Mystery Cults* (Cambridge, MA: Harvard University Press, 1989), p. 52, disponible en: archive.org/details/AncientMysteryCultsWalterBurkert1987.

43 Mary Beard, John North y Simon Price, *The Religions of Rome, vol. 1* (Cambridge, Reino Unido: Cambridge University Press, 1998), pp. 214, 217. Véase también p. 230: «Tanto César como Augusto prohibieron las sociedades privadas (*collegia*), por miedo a su papel en el desorden político o social... Desde mediados del siglo II d. C., nadie podía ser miembro de más de un club (eliminando así el espectro de conspiración general evidente en el escándalo de las bacanales)».

44 *Ibid.*, pp. 225-226. El estereotipo de «religiones ilícitas extranjeras» que con el tiempo se adheriría al cristianismo fue «detectable en Roma al menos desde el escándalo de las bacanales, dos siglos antes de Cristo».

45 Véase Lulu Garcia-Navarro y Ned Wharton, «After The Flames, Notre Dame's Centuries-Old Organ May Never Be the Same Again» (WCRB, 21 de abril de 2019), tinyurl.com/yylbzkzo; y Naomi Rea, «See 7 of the Most Precious Relics That Survived the Blaze at Notre Dame» (*ArtNet News*, 17 de abril de 2019), news.artnet.com/art-world/7-artworks-and-relics-survived-notre-dame-fire-1518991.

46 Elian Peltier, «The Chaplain, the Cathedral Fire and the Race to Rescue Notre-Dame's Relics», *New York Times*, 17 de abril de 2019, nytimes.com/2019/04/17/world/europe/statues-notre-dame-relics.html.

47 Hugues Lefèvre, «Exlusif-Père Fournier: "Dans Notre-Dame en feu, j'ai récupéré Jésus et béni la cathédrale"» (*Famille Chretienne*, 17 de abril de 2019), famillechretienne.fr/eglise/vie-de-l-eglise/exclusif-pere-jean-marc-fournier-dans-notre-dame-en-feu-j-ai-sorti-les-hosties-et-beni-la-cathedrale-253491.

48 «Incendie à Notre-Dame: témoignage de l'aumônier des pompiers de Paris» (YouTube, 2019), youtu.be/ULpcmCCMNTc.

49 Edward Pentin, «Notre Dame Priest: How Blessed Sacrament, Crown of Thorns Were Saved from Fire» (*National Catholic Register*, 18 de abril de 2019), ncregister.com/blog/edward-pentin/notre-dame-hero-priest-describes-rescue-of-blessed-sacrament-crown-of-thorn.

50 Clemente Lisi, «Why rebuilding Notre Dame Cathedral could cost billions and take over a decade» (*GetReligion*, 22 de abril de 2019), getreligion.org/getreligion/2019/4/22/why-rebuilding-notre-dame-could-cost-billions-and-take-over-a-decade.

12. Todo esto no era solo un pícnic

1 Véase S. Tofanelli *et al.*, «The Greeks in the West: Genetic signatures of the Hellenic colonisation in southern Italy and Sicily», *European Journal of Human Genetics*, vol. 24, núm. 3 (marzo de 2016), pp. 429-436, doi: 10.1038/ejhg.2015.124.

2   Soultana Maria Valamoti, «Healing With Plants in Prehistoric Northern Greece», en Claus von Carnap-Bornheim, ed., *Von Sylt bis Kastanas, Offaa,* vol. 69-70 (Kiel, Alemania: Wachholtz, 2012-2013), pp. 479-494, en 487.

3   Giovanni Casadio y Patricia A. Johnston, eds., *Mystic Cults in Magna Grecia* (Austin: University of Texas Press, 2009), p. 1.

4   Peter Lampe, *From Paul to Valentinus: Christians at Rome in the First Two Centuries* (Mineápolis, MN: Fortress Press, 2003), p. 375.

5   *Idem.* Véase también Ignacio de Antioquía, *Carta a los esmirneanos,* 8.

6   Carl A. P. Ruck *et al., The Apples of Apollo: Pagan and Christian Mysteries of the Eucharist* (Durham, NC: Carolina Academic Press, 2000), p. 191.

7   Que Jesús reviviera a Lázaro de los muertos es posiblemente su más grande milagro en el Nuevo Testamento. En cualquier caso, sin duda fue el que selló el destino del hijo de Dios. Cuando el sumo sacerdote judío, Caifás, se entera de la noticia, decide en ese mismo momento que el exhibicionismo de Jesús debe terminar. En Juan 11:11, el mago de Nazaret proclama que va a «despertar» a Lázaro, quien se ha «quedado dormido» o *kekoimetai* (κεκοίμηται). En el siguiente versículo, sus discípulos cómicamente le dicen a Jesús que no se preocupe, que Lázaro despertará pronto. A esto Jesús responde con una explicación de lo que quiso decir con el verbo *koimao*: está muerto, tontos. Del mismo modo en 1 Corintios 7:39, dudo que Pablo le sugiera a una mujer cristiana monógama que se case libremente con otro hombre después de que su marido simplemente se «quedó dormido» o *koimethe* (κοιμηθῇ).

8   El comentario de Ellicotts sobre 1 Corintios 22 está disponible en: studylight.org/commentaries/ebc/1-corinthians-11.html.

9   Karen Jo Torjesen, *When Women Were Priests: Women's Leadership in the Early Church and the Scandal of Their Subordination in the Rise of Christianity* (San Francisco, CA: Harper San Francisco, 1995), p. 22.

10 Véase Campbell Bonner, «A Dionysiac Miracle at Corinth», *American Journal of Archaeology,* vol. 33, núm. 3 (julio-septiembre 1929), pp. 368-375, en 373, jstor.org/stable/498351. Al igual que las ménades descendientes de las amazonas en Éfeso, a quienes parece haberse dirigido Juan, también había fanáticas del dios del éxtasis presentes en el corazón de Grecia. Hace mucho un túnel y un canal de agua fueron descubiertos en el templo dionisiaco del siglo v en Corinto, un «mecanismo peculiar» cuyo propósito «puede explicarse» como un dispositivo para producir un flujo extraordinario de vino del templo «en ciertas grandes ocasiones». Véase también Pausanias, *Descripción de Grecia,* vol. i, libro ii.6 (Corinto). El dominio del dios del vino sobre esta región provino de *Las bacantes* de Eurípides. Pausanias registra la existencia de varias imágenes de madera en el mercado de Corinto, que según la leyenda provenían del árbol al que Penteo subió en el monte Citerón para espiar a las ménades hacia el final de la obra. La pitonisa en Delfos les había ordenado a los corintios que localizaran el árbol verdadero a las afueras de Tebas al noreste y «lo adoraran por igual con el dios».

11 Torjesen, *When Women Were Priests,* p. 22.

12 David B. Barrett *et al.,* eds., *World Christian Encyclopedia* (Nueva York: Oxford University Press, 2001), p. 16: «El cristianismo mundial consiste en seis bloques eclesiásticos y culturales, divididos en 300 grandes tradiciones eclesiásticas, compuestas de más de 33 mil denominaciones distritales en 238 países».

13 «Did the Last Supper really take place as it is recorded?» (YouTube, 2009), youtu.be/9q-CotTdUnn8. Bishop N. T. Wright explica la historicidad de la última cena. A pesar de las incertidumbres, termina por afirmar: «[la eucaristía] es la cosa en torno a la cual se concentra mi vida».

14 Pablo reprende a la Iglesia de Roma por un comportamiento similar al de los corintios, y usando un lenguaje similar, en Romanos 13:11-14.

15 F. Bisconti, *L'ipogeo degli Aureli in Viale Manzoni. Restauri, tutela, valorizzazione e aggiornamenti interpretativi* (El Vaticano: Pontificia Commissione di Archeologia Sacra, 2011).

16 Juliette Harrisson, ed., *Imagining the Afterlife in the Ancient World* (Nueva York: Routledge, 2018).

17 En Propercio, *Elegías*, 4.5.2, el peor insulto es que los parientes vivos de los fallecidos olviden nutrirlos adecuadamente en el más allá: «Que la tierra cubra tu tumba con espinas, alcahueta / y, lo que aborreces, que tu sombra sienta sed / que tu espíritu no encuentre paz en sus cenizas sino que un Cerbero vengador / aterrorice tus huesos con un rugido hambriento». (*Terra tuum spinis obducat, lena, sepulcrum / et tua, quod non vis, sentiat umbra sitim / nec sedeant cineri Manes, et Cerberus ultor / turpia ieiuno terreat ossa sono!*)

18 Franz Cumont, *After Life in Roman Paganism* (New Haven: Yale University Press, 1922), pp. 200-203.

19 Ramsay MacMullen, «Christian Ancestor Worship in Rome», *Journal of Biblical Literature*, vol. 129, núm. 3 (otoño de 2010), p. 603, jstor.org/stable/25765954.

20 Agustín, *Selected Letters*, Loeb Classical Library (Cambridge, MA: Harvard University Press, 1953), pp. 44-45, doi: 10.4159/DLCL.augustine-letters.1930. En la Carta XXII.3-6 (392), Agustín hace referencia a la prohibición de Pablo contra la ebriedad de Romanos 13:11-14, pero por poco prohíbe por completo el culto a la muerte: «Las juergas [*Comissationes*] y la ebriedad se consideran tan permisibles y tolerables que se practican no solo en los días sagrados, cuando se honra a los mártires benditos —algo lamentable para cualquiera que lo presencie y que considere dichas festividades con un propósito más que carnal— pero incluso en cualquier día y todos los días… Pero puesto que esos disturbios de ebrios en los cementerios y esas orgías sociales suelen considerarse por los laicos carnales e ignorantes no solo como una manera de honrar a los mártires sino de reconfortar a los muertos, creo que podríamos imponernos sobre ellos más fácilmente para abandonar la práctica escandalosa y viciosa, si, además de prohibirlos por motivo de las Escrituras, nos aseguráramos de que las ofrendas hechas en las tumbas para los espíritus de aquellos que se han dormido (y sin duda debemos creer que tienen algún provecho) no sean extravagantes y sean presentadas sin ostentación o renuencia de quienes las buscan, pero no vendidas».

21 *Ibid.*, p. 45, nota c: «Esta práctica de la embriaguez en las tumbas de los mártires fue muy extendida (Ps.-Cypr. Dupl. Martyr.25 "annon videmus ad martyrum memorias Christianum a Christiano cogi ad ebrietatem?" Ambr. Helia xvii. 62 "calices ad sepulchra martyrum deferunt atque illic in vesperam bibunt", etc.). Fue algo que sobrevivió de la antigua costumbre pagana de celebrar las Parentalia o Feralia en las tumbas de los muertos, pero, como dice Agustín, la Iglesia intentó detener esta licencia, no con supresión completa, sino convirtiendo la ofrenda de pan y vino que se dejaba sobre las tumbas (Véase Conf. Vi. 2) en algo con un uso más noble. La tumba del mártir se volvió un altar, alrededor del cual se construyó la capilla dedicada a él y que llevaba su nombre; esto explica por qué, en el siglo IV, las iglesias se construían afuera de los pueblos, pues los cementerios estaban ahí; no fue sino hasta el siglo X cuando las iglesias llegaron al centro de los pueblos. Además, la fama y santidad del mártir motivaron los sepulcros cerca de él; de ahí el hábito de sepultar cerca de la iglesia, y después a su alrededor. Entonces, a lo largo de la Edad Media, la iglesia y el cementerio eran el lugar sagrado de la gente: ahí presentaban sus obras, sus bailes (Giraldus Cambrensis descubre uno en Gales en 1188, Itin. Kambr. i. 2), sus juergas e incluso sus borracheras, a pesar de las prohibiciones repetidas por los consejos eclesiásticos».

22   El texto de la Liturgia de la Eucaristía está disponible en el sitio web de la Conferencia Estadounidense de Obispos Católicos: usccb.org/prayer-and-worship/the-mass/order-of-mass/liturgy-of-the-eucharist/.

23   Fabrizio Bisconti, «The Art of the Catacombs», en David K. Pettegrew *et al.*, eds., *The Oxford Handbooks of Early Christian Archaeology* (Nueva York: Oxford University Press, 2019), pp. 209-220, en 210.

24   Uno de los mejores documentales en inglés sobre las catacumbas romanas puede verse aquí: archaeologychannel.org/video-guide/video-guide/video-guide-list/126-the-witnesses-of-silence-discovering-romes-catacombs.

25   Para una lista de catacumbas abiertas al público en Roma y en otras partes de Italia, consúltese: catacombeditalia.va/content/archeologiasacra/it/visita-catacombe/aperte-al-pubblico.html.

26   Bisconti, «The Art of the Catacombs», p. 211.

27   Barbara Mazzei, «Preservation and use of the religious sites: case study of the roman catacombs», *European Journal of Science and Theology*, vol. 11, núm. 2 (diciembre de 2014), pp. 33-43, en 41.

28   Véase Harold Whetstone Johnston, *The Private Life of the Romans* (Glenview, IL: Scott Foresman, 1909), gutenberg.org/files/40549/40549-h/40549-h.htm: «El chico de buena familia siempre era asistido por un esclavo de confianza (*paedagogus*), que lo acompañaba a la escuela, se quedaba con él durante las sesiones y lo acompañaba de vuelta a su casa otra vez cuando la escuela terminaba. Si el chico tenía padres adinerados, entonces quizá tendría, además, un esclavo o más (*pedisequi*) que cargaran su bolsa y tablillas. El *paedagogus* solía ser un hombre mayor, seleccionado por su buen carácter; se esperaba que cuidara al chico de todo daño moral o físico. No era un profesor, a pesar del significado de la palabra «pedagogo», excepto que, después de que el aprendizaje de griego se generalizó, solía seleccionarse a un esclavo griego para el puesto para que el chico no olvidara el griego que había aprendido de su nodriza. El alcance de las tareas del *paedagogus* se muestra claramente en las palabras latinas usadas en ocasiones en vez de *paedagogus*: *comes, custos, monitor* y *rector*. El chico se dirigía a él como *dominus*, y parece que tenía el derecho a exigir obediencia con castigos leves. Sus deberes cesaban cuando el chico asumía la toga de la edad adulta, pero el mismo afecto cariñoso continuaba entre el joven y el *paedagogus* que entre una mujer y su nodriza.

29   Véase M. Hammond, «Composition of the Senate, A.D. 68-235», *Journal of Roman Studies*, vol. 47 (1957), pp. 74-81. «Las estadísticas demuestran que desde comienzos del siglo II e.c. los senadores de origen provincial comenzaron a sobrepasar en número a los de origen italiano. Las cifras iban desde un 50% hasta un 60% entre el siglo II e.c. y comienzos del siglo III e.c.».

30   Horacio, *Epistulae*, 2.2.156: «*Graecia capta ferum victorem cepit et artis intulit agresti Latio*».

13. El santo grial

1   Larraona, *Missale Romanum* (Roma: Sacrae Rituum Congregationis, 1962), p. 63: «*accipiens calicem discoopertum cum Sanguine ambabus manibus, ut prius, elevat eum, et erectum quantum commode potest, ostendit populo adorandum*».

2   Véase Mateo 26:26-28; Marcos 14:22-24; Lucas 22:19; 1 Corintios 11:24.

3   Ramsay MacMullen, «Christian Ancestor Worship in Rome», *Journal of Biblical Literature*, vol. 129, núm. 3 (otoño de 2010), p. 605. Las catacumbas romanas de San Sebastián

contienen un comedor con grafitis de los siglos III y IV que indican que los *refrigeria* se llevaban a cabo en ese sitio para conmemorar a los apóstoles Pedro y Pablo.

4   *Ibid.*, p. 606.

5   *Ibid.*, p. 604.

6   *Ibid.*, p. 603.

7   *Idem.*

8   *Ibid.*, pp. 612-613.

9   Ramsay MacMullen, «Roman Religion: The Best Attested Practice», *Historia,* vol. 66, núm. 1 (enero de 2017), pp. 111-127.

10 Adicionalmente, Latini cita los versos relevantes de Virgilio y Homero, en los que Circe «mueve su lanzadera estridente por la fina red (*telas*)» en el Libro 7 de *La Eneida* y, «canta con una dulce voz, mientras no cesa de trabajar en un telar (*histon*) imperecedero» en el Libro 10 de *La Odisea.*

11 Barbara Mazzei, «Quando le nuove tecnologie apportano progressi. La revisione della pulitura delle pitture murali dell'ipogeo degli Aureli», en *Lo stato dell'arte 9,* VIII Congresso Nazionale IGIIC, 13-15 de octubre de 2011, pp. 523-529.

12 F. Bisconti, *L'ipogeo degli Aureli in Viale Manzoni. Restauri, tutela, valorizzazione e aggiornamenti interpretativi* (Roma: Pontificia Commissione di Archeologia Sacra, 2011), p. 178.

13 Homero, *La Odisea,* 11.34; 10.564-565.

14 Bisconti, *L'ipogeo degli Aureli in Viale Manzoni,* p. 185.

15 Robert Lamberton, *Homer the Theologian: Neoplatonist Allegorical Reading and the Growth of the Epic Tradition* (Oakland, CA: University of California Press, 1989), p. 1.

16 Lamberton, *Homer the Theologian,* p. 173, nota 36. Meghan Henning, *Educating Early Christians Through the Rhetoric of Hell: 'Weeping and Gnashing of Teeth' as Paideia in Matthew and the Early Church* (Heidelberg, Alemania: Mohr Siebeck, 2014), p. 76, nota 165, mencionan cómo los gnósticos naasenos interpretaban el retrato de Homero de Hermes el psicopompo como Jesús.

17 Bisconti, *L'ipogeo degli Aureli in Viale Manzoni,* p. 17: «El rostro de Pablo —o el filósofo más cercano a los cánones fisionómicos de Plotino entre los retratos de mármol atribuidos precisamente al estilo de Plotino, que preparan la iconografía paulina— representa el testimonio más incisivo de la actividad imaginada de los pintores [del hipogeo de los Aurelios], que en su portafolio de motivos figurativos cuentan con la tradición oriental de las grandes teorías filosóficas del Oriente Próximo».

18 Plotino, *Las Enéadas,* I.6.8.25. Véase Pierre Hadot, *Plotinus or the Simplicity of Vision* (Chicago: University of Chicago Press, 1998), p. 30.

19 Lamberton, *Homer the Theologian,* p. 42.

20 Véase Sarah B. Pomeroy, *Pythagorean Women: Their History and Writings* (Baltimore, MD: Johns Hopkins University Press, 2013).

21 Carl A. P. Ruck, «The Cave of Euripides», *Time and Mind,* vol. 8, núm. 3 (2015), pp. 279-302, en 282, doi.org/10.1080/1751696X.2015.1066127.

22 *Ibid.*, p. 292.

23 *Ibid.*, p. 299.

24 Calvert Watkins, «Let Us Now Praise Famous Grains», *Proceedings of the American Philosophical Society,* vol. 122, núm. 1 (15 de febrero de 1978), p. 10.

25 *Ibid.*, p. 14.

26 *Ibid.*, p. 16.

27 Juan 6:60.

28 Nikolaus Himmelmann, *Das Hypogäum der Aurelier am Viale Manzoni: Ikonographische Beobachtungen* (Mainz, Alemania: Akademie Der Wissenschaften Und Der Literatur, 1975).

29   *Ibid.*, pp. 17-20.

30   Himmelmann, citando a Martin P. Nilsson, *Geschichte Der Griechischen Religion* (Múnich: C.H. Beck, 1967), p. 663: «Los participantes en los misterios llevaban varas de bendición (s.a. 126); habrían usado guirnaldas (*Bekraenzung*), aunque las referencias para esto son tardías (10), y se ataría un cordón alrededor de la mano derecha y el pie izquierdo. (11) No sabemos la antigüedad de estos ritos, aunque no hay nada que indique no pertenecían a las versiones antiguas».

31   Véase R. A. S. Seaford, «The Mysteries of Dionysos at Pompeii», en H. W. Stubbs, ed., *Pegasus: Classical Essays from the University of Exeter* (Exeter, Reino Unido: University of Exeter, 1981), pp. 52-68.

32   George Rawlinson, *The History of Herodotus*, vol. II (Nueva York: D. Appleton, 1859), p. 75. Tal como lo señaló una vez sir J. G. Wilkinson en el siglo XIX, «la adopción del pino en la punta de la lanza de Baco», evidente en el vaso Borghese e incontables ejemplos más de la Antigüedad, «se originó en el uso de materias resinosas para los odres, y después en ánforas».

33   Victoria Hearnshaw, «The Dionysiac Cycle in the Villa of the Mysteries: a Re-Reading», *Mediterranean Archaeology*, vol. 12 (1999), pp. 43-50, en 47, jstor.org/stable/24667847: «En *Las bacantes* de Eurípides, por ejemplo, las devotas de Dioniso a veces tenían que ser obligadas con azotes a actuar en su nombre. Lyssa era la personificación a la que se llamaba en particular. Ella era quien debía espolear a las menos dispuestas hasta la "locura" después de haberse dejado el cabello hasta los hombros, como la que participa en el fresco de la Villa. La flagelación ritual podría haberse considerado un medio para aumentar las sensaciones, lo cual a su vez llevaría a la participante al frenesí». Véase también Eurípides, *Las bacantes*, 795, donde el dios del éxtasis disfrazado le advierte a Penteo que deje de resistir el llamado de los llamados salvajes y alterados de conciencia: «Yo [Dioniso] habría sacrificado ante él, en vez de cocear con furia contra el aguijón [*kentra*], siendo un mortal contra un dios».

34   Olga Levaniouk, «The Toys of Dionysos», *Harvard Studies in Classical Philology*, vol. 103 (2007), pp. 165-202, en 188-190, jstor.org/stable/30032222.

35   Bisconti, *L'ipogeo degli Aureli in Viale Manzoni*, 10.

14. Una eucaristía gnóstica

1   Robert Kahn *et al.*, eds., *City Secrets: Rome* (Melbourne: Thee Little Bookroom, 2000), pp. 79-80.

2   Véase el capítulo 5, nota 16.

3   Carl A. P. Ruck *et al.*, *The Apples of Apollo: Pagan and Christian Mysteries of the Eucharist* (Durham, NC: Carolina Academic Press, 2000), p. 151.

4   Eusebio, *Historia eclesiástica*, II.13. La existencia de la estatua de Simón está en duda. En el año 1574 d. C., un monumento sí se encontró en la Isola Tiberina, parte de cuya inscripción dice «SEMONI SANCO DEO», no el «SIMONI DEO SANCTO» preservado por Justino Mártir. La primera se refería al dios sabino de los juramentos y contratos, Semo Sancus.

5   *Idem.*

6   Ireneo, *Adversus Haereses*, 1.23.4. Véase también Epifanio de Salamina, *Adversus Haereses*, Libro 1, Secc. 21,2.1, disponible en: archive.org/details/epiphanius01epip/, p. 239, donde Simón es acusado de darle un «veneno» o *deleterion* (δηλητήριον) «en la dignidad del nombre de Cristo, como si mezclara eléboro con miel». *Deleterion* es sinónimo de *pharmakon*.

7   Elaine Pagels, *The Gnostic Gospels* (Nueva York: Vintage, 1989), p. 36.

8   *Idem.*

9   *Idem.*

10 William Christian Pinner, *Reception of the Fourth Gospel in the Second Century* (tesis de maestría, University of Georgia, 2007), pp. 42-46, disponible en: getd.libs.uga.edu/pdfs/pinner_william_c_201005_ma.pdf.

11 Ruck, *Apples of Apollo,* p. 187.

12 Hipólito, *Refutatio Omnium Haeresium,* Libro 6, pp. 39-40, disponible en: archive.org/details/origenisphilosop00hipp/, pp. 200-201. Después de mencionar el *pharmakon* siete veces, Hipólito concluye su discusión del sacramento con drogas de Marcos con una observación sobre cómo las mujeres «proceden a beber (la mezcla) como si fuera algo divino, y elaborado por la Deidad».

13 Ireneo, *Adversus Haereses,* 1.13.2.

14 *Idem.*, en 1.13.2 la palabra que usa Ireneo para describir el método mediante el cual Marcos enloquece a sus devotas es *exoistresas* (ἐξοιστρήσας). El verbo proviene del griego *oistros* (οἶστρος), que literalmente significa «tábano», pero en el contexto de la locura dionisiaca puede significar «picadura» o «pasión demente». En 1.13.5, Ireneo acusa a los marcosianos de usar los mismos sacramentos heréticos que los «encantos de amor» simonianos (*filtra*/φίλτρα) y «pociones de amor» (*agogima*/ἀγώγιμα).

15 Pagels, *Gnostic Gospels,* p. 141.

16 *Idem.*

17 Elaine Pagels, *Beyond Belief: The Secret Gospel of Thomas* (Nueva York: Vintage, 2004), p. 180.

18 Karen Jo Torjesen, *When Women Were Priests: Women's Leadership in the Early Church and the Scandal of Their Subordination in the Rise of Christianity* (San Francisco, CA: Harper San Francisco, 1995), p. 222.

19 Sacred Congregation for the Doctrine of the Faith, «Declaration Inter Insigniores on the Question of the Admission of Women to the Ministerial Priesthood» (Ciudad del Vaticano, 15 de octubre de 1976).

20 *Idem.*, Véase también papa Juan Pablo II, «Ordinatio Sacerdotalis» (Ciudad del Vaticano, 22 de mayo de 1994). Véase también cardenal Luis F. Ladaria, «In Response to Certain Doubts Regarding the Definitive Character of the Doctrine of Ordinatio Sacerdotalis» (Ciudad del Vaticano, 29 de mayo de 2018).

21 «Declaration Inter Insigniores on the Question of the Admission of Women».

22 Letha Clair Robertson, «Saints, Shrines, and Relics: Bernini's Reliquary Balconies in St. Peter's Basilica» (ponencia, University of Kansas, 19 de mayo de 2005), disponible en: stpetersbasilica.info/Docs/LCR/SSRelics.htm.

23 El texto del Catecismo de la Iglesia Católica está disponible aquí: www.vatican.va/archive/catechism_sp/index_sp.html.

24 Bruno Bartoloni, «All the Mystery Surrounding St Peter's Tomb», *L'Osservatore Romano,* 29 de agosto de 2012, disponible en: ewtn.com/catholicism/library/all-the-mystery-surrounding-st-peters-tomb-1743.

25 El sitio web de La Fabbrica di San Pietro es: www.vatican.va/various/basiliche/san_pietro/index_it.htm.

26 Pietro Zander, *La necropoli di San Pietro. Arte e fede nei sotterranei della Basilica vaticana* (Roma: Elio de Rosa, 2015), pp. 145-151.

27 Martin Wallraff, *Christus Verus Sol. Sonnenverehrung und Christentum in der Spätantike* (Münster: Aschendor, 2001).

28 John Beckwith, *Early Christian and Byzantine Art* (New Haven, CT: Yale University Press, 1986), p. 19 [Publicado en español como *Arte paleocristiano y bizantino,* 3ª ed., trad. de María Cóndor Orduña (Madrid: Cátedra, 2010)].

29 Zander, *La necropoli di San Pietro,* p. 301.

30 Beckwith, *Early Christian and Byzantine Art,* p. 19.

31 Valdis Leinieks, *The City of Dionysos: A Study of Euripides' Bakchai* (Stuttgart y Leipzig: B. G. Teubner, 1996), p. 187.

32 El sitio web de las catacumbas de Priscila está disponible en: catacombepriscilla.com.

33 *Le Catacombe di Priscilla* (Ciudad del Vaticano: Pontificia Commissione di Archeologia Sacra, 2016), p. 40. Véase también Vincenzo F. Nicolai *et al.,* The Christian Catacombs of Rome: History, Decoration, Inscriptions (Stuttgart: Art Stock Books, 2006). Una inscripción en otra parte de las catacumbas de Priscila registra que un *refrigerium* tuvo lugar en marzo del año 374 o 375.

34 Véase Mary M. Schaefer, *Women in Pastoral Office: The Story of Santa Prassede, Rome* (Nueva York: Oxford University Press, 2013), p. 187.

35 Dorothy Irvin, «The Ministry of Women in the Early Church: the Archeological Evidence», *Duke Divinity School Review,* vol. 2 (1980), pp. 76-86, en 83.

36 *Le Catacombe di Priscilla,* p. 46.

37 *Idem.*

38 *Ibid.,* p. 47.

39 *Ibid.,* p. 46.

40 Nicola Denzey, *The Bone Gatherers: The Lost Worlds of Early Christian Women* (Boston: Beacon Press, 2007), p. 102.

41 El sitio web de las catacumbas de San Marcelino y San Pedro está disponible en: santimarcellinoepietro.it/english/.

42 Janet Tulloch, «Women Leaders in Family Funerary Banquets», en Carolyn Osiek *et al., A Woman's Place: House Churches in Earliest Christianity* (Minneapolis, MN: Fortress Press, 2005), pp. 164-193, en 165.

43 *Ibid.,* p. 173.

44 *Ibid.,* p. 176.

45 *Ibid.,* pp. 182, 192.

46 *Ibid.,* pp. 186.

47 D. E. Eichholz, «Galen and His Environment», *Greece & Rome,* vol. 20, núm. 59 (junio de 1951), pp. 60-71, en 64, jstor.org/stable/640892.

48 Tulloch, «Women Leaders», p. 190. Un jarrón, que se encuentra actualmente en el Rheinisches Landesmuseum en Trier, Alemania, lleva la frase «*Da caldum*».

15. La Ruta de la Costa Mistérica

1 William Anderson, «An Archaeology of Late Antique Pilgrim Flasks», *Anatolian Studies,* vol. 54 (2004), pp. 79-93, jstor.org/stable/3643040.

2 Stephanie Hagan, «Death and Eternal Life at Beth Shean», Penn Museum's *Expedition Magazine,* vol. 55, núm. 1 (2013), pp. 33-36, penn.museum/sites/expedition/articles/volume55-issue1/.

3 Platón, *Fedón,* 64a.

4 Peter Kingsley, *In the Dark Places of Wisdom* (Inverness, CA: The Golden Sufi Center, 1999), p. 79.

5 *Ibid.,* p. 112.

6 *Ibid.*, p. 100.
7 *Ibid.*, p. 111.
8 *Ibid.*, p. 82.
9 *Ibid.*, p. 84.
10 *Ibid.*, pp. 102-103.
11 Roy Merle Peterson, *The Cults of Campania,* vol. I (Rome: American Academy in Rome, 1919), disponible en: archive.org/details/cultsofcampania00pete/page/n6.
12 *Ibid.*, p. 26.
13 *Ibid.*, p. 28.
14 *Ibid.*, p. 31.
15 *Ibid.*, p. 36.
16 *Ibid.*, p. 39.
17 Peter Kingsley, *Ancient Philosophy, Mystery, and Magic: Empedocles and Pythagorean Tradition* (Oxford: Clarendon Press, 1995), pp. 222-227. Si bien el significado preciso de *pharmaka* en el fragmento 111 de Empédocles es motivo de un acalorado debate, Kingsley nota que una «referencia primaria, sin duda, es a los remedios mágicos extraídos de plantas». Pero él prefiere la «connotación más amplia de "hechizo" o "conjuro" que implica la palabra "encantamientos" (ἐπωιδαί) que se recitaban durante la búsqueda de plantas y durante su preparación».
18 Marina Ciaraldi, «Drug preparation in evidence? An unusual plant and bone assemblage from the Pompeian countryside, Italy», *Vegetation History and Archaebotany,* vol. 9 (2000), pp. 91-98, en 91, doi.org/10.1007/BF01300059.
19 *Ibid.*, p. 95.
20 *Idem.*
21 *Idem.*
22 *Ibid.*, p. 97-98.
23 *Ibid.*, p. 97.
24 Giovanni Casadio, «Dionysus in Campania: Cumae », en Giovanni Casadio and Patricia A. Johnston, eds., *Mystic Cults in Magna Grecia* (Austin, TX: University of Texas Press, 2009), 33-45, en 33, 35. «Los dioses, al menos los dioses del paganismo, tienen un cuerpo. Beben, comen, copulan y conforme pasan los años, se degradan, con las dolencias de la edad avanzada. El lugar al que el más pagano de todos los dioses del paganismo Mediterráneo, Dioniso-Baco, quizá le haya gustado vivir durante su tercera edad, sin renunciar a sus hábitos más arraigados, idealmente puede identificarse con Campania: una tierra de naturaleza intrínsecamente orgiástica debido a la efervescencia de su tierra (el Vesubio, los Campos Flégreos) y lo animado de sus habitantes (el baile en remolinos de la tarantela, la figura satírica y flía de Polichinela)… Los *vitiferi colles* ondulantes que avivan el área costera desde el golfo de Gaeta al golfo de Nápoles —a través de Isquia, el Vesubio y la península de Sorrento— y la resultante *temulentia nobilis* (un estado de ebriedad elevado a un nivel casi espiritual, tal como en el ejemplo celebrado de Horacio) son emblemas del paisaje de Campania».

16. El evangelio del infinito y la eucaristía de sapo

1 El sitio web de los Archivos Secretos del Vaticano está disponible en: www.archivioapostolicovaticano.va/content/aav/en/l-archivio/ambienti/bunker-e-depositi.html.

2   Ingrid D. Rowland, *Giordano Bruno: Philosopher/Heretic* (Chicago: University of Chicago Press, 2009), p. 276 [Publicado en español como *Giordano Bruno. Filósofo y hereje*, trad. de Emilio G. Muñiz (Barcelona: Ariel, 2010)].

3   El astrofísico Neil deGrasse Tyson rinde un homenaje especial a Bruno en *Cosmos: A Spacetime Odyssey*, una serie documental que se transmitió por Fox y el National Geographic Channel en 2014. El clip en el que se menciona a Bruno puede verse aquí: vimeo.com/150392001.

4   El sitio web de la NASA sobre los exoplanetas es un recurso entretenido: exoplanets.nasa.gov/the-search-for-life/exoplanets-101/.

5   Una traducción al inglés del acta de acusación de Galileo está disponible en: hti.osu.edu/sites/default/files/documents_in_the_case_of_galileo.pdf.

6   Frances A. Yates, *Giordano Bruno and the Hermetic Tradition* (Chicago: University of Chicago Press, 1991) [Publicado en español como *Giordano Bruno y la tradición hermética*, trad. de Domènec Bergadà (Barcelona: Ariel, 1983)].

7   Una traducción al inglés de *gli eroici furori* está disponible en: gutenberg.org/files/19833/19833-h/19833-h.htm; el original en italiano se encuentra en: letteraturaitaliana.net/pdf/Volume_5/t113.pdf.

8   Maria Luisa Ambrosini, *The Secret Archives of the Vatican* (Nueva York: Barnes & Noble Books, 1996), p. 195 [Publicado en español como *Los archivos secretos del Vaticano*, trad. de Mercedes Lloret Compte (Barcelona: Iberia, 1973].

9   Mi traducción del manuscrito de Bruno, folio 210 v: «Él respondió, burlándose de la misa como el refugio clerical para el arte del amor, y sobre la transustanciación, no hablo de esto sin irritarme, diciendo que el pan no puede transmutarse en carne y que era bestialidad, blasfemia e idolatría» (*rispondea burlandosi, che messa porto d'officio de arte amandi, e de la transubstantione me ne parlo quando ragiono de la Irirrita dicendo che non si potea transmutare pane in carne e ch'erano bestialita, bestemie et idolatria*).

10 Véase N. J. Walforf, «Luther and Consubstantiation», *Ministry Magazine*, noviembre de 1936, disponible en: ministrymagazine.org/archive/1936/11/luther-and-consubstantiation. Los reformadores del siglo XVI como Martín Lutero estaban terriblemente insatisfechos con el salto de fe imposible de poner a prueba en la doctrina de la Iglesia de la transustanciación de la Iglesia católica. Pero no propusieron nada mejor. En una serie de reuniones entre 1529 y 1536, los líderes de la Reforma protestante idearon la doctrina igualmente confusa de la *consubstanciación*, o unión sacramental, en la que la sustancia *tanto* del pan y el vino *como* del cuerpo y la sangre de Jesús siempre están presentes en la eucaristía consagrada.

11 «What Americans Know About Religion» (Pew Research Center, 23 de julio de 2019), pewrsr.ch/2Gh6pmo.

12 James T. Keane y Sam Sawyer, S.J., «Explainer: Why the Eucharist is confusing for many Catholics (and survey researchers)», (*America*, 9 de agosto de 2019), americamagazine.org/faith/2019/08/09/explainer-why-eucharist-confusing-many-catholics-and-survey-researchers.

13 Giordano Bruno, *The Ash Wednesday Supper*, ed. y trad. de Edward A. Gosselin y Lawrence S. Lerner (Toronto: University of Toronto Press, 1995), p. 50: «La comprensión hermética bruniana de la eucaristía, la verdadera ceremonia de la copa, implica una amalgama más profunda de esencias permitidas por la definición protestante o tradicional de la Cena; la comunión de Bruno es un proceso activo bidireccional, coherente con la visión bruniana de la inmanencia de la divinidad en el hombre. De este modo, trasciende la comunión pasiva "unidireccional" de los creyentes estrechos de miras a ambos lados del golfo católico-protestante... la tierra se mueve, el universo está vivo. Del mismo modo, los hombres

están animados por la chispa divina que fluye de hombre a hombre y de Dios al hombre a través del nexo de la eucaristía que ya no es pernicioso... Al tomar el sacramento, los hombres pueden compartir las mismas fuerzas animistas que causan que el universo se mueva».

14   Pierre Hadot, *Plotinus or the Simplicity of Vision* (Chicago: University of Chicago Press, 1998), 40. Véase también Plotino, *Las Enéadas*, V.8.4.36 y V.8.5.5 [Publicado en español como *Plotino o la simplicidad de la mirada*, trad. de Maite Solana Mir (Barcelona: Alpha Decay, 2004)].

15   Alessandra Stanley, «Pope Asks Forgiveness for Errors of the Church Over 2,000 Years», *New York Times*, 13 de marzo de 2000, nytimes.com/2000/03/13/world/pope-asksforgiveness-for-errors-of-the-church-over-2000-years.html.

16   Charles Seife, «Vatican Regrets Burning Cosmologist», *Science*, 1º de marzo de 2000, web. archive.org/web/20130608054739/http://news.sciencemag.org/sciencenow/2000/03/01-04.html.

17   Massimo Faggioli, «Flirting with Schism: the Right-Wing Effort to Delegitimize Pope Francis», *Commonweal*, 6 de septiembre de 2018, commonwealmagazine.org/flirting-schism.

18   Walter Strauss, «The Wherewithal of Witches», *Notes in the History of Art*, vol. 2, núm. 2 (invierno de 1983), pp. 16-22, en 17, jstor.org/stable/23202279. Véase también A. Laguna, «Contes à la première personne (extraits des livres sérieux du docteur Laguna)», *Bulletin hispanique*, vol, 58, núm. 2 (1956), pp. 201-206, en 204, disponible en: persee.fr/doc/hispa_0007-4640_1956_num_58_2_3484.

19   A. Alizadeh *et al.*, «Black henbane and its toxicity—a descriptive review», *Avicenna Journal of Phytomedicine*, vol. 4, núm. 5 (septiembre-octubre de 2014), pp. 297-311, ncbi.nlm.nih.gov/pubmed/25386392. Otro episodio de la serie *Sacred Weeds* del Channel 4 del Reino Unido en 1998 es un material muy pertinente: «Sacred Weeds-Henbane The Witches Brew» (YouTube, 2011), youtu.be/uLZiKBdMEIc.

20   Strauss, «Wherewithal of Witches», p. 17.

21   *Idem.*

22   Linda C. Hults, «Baldung's *Bewitched Groom* Revisited: Artistic Temperament, Fantasy and the "Dream of Reason"», *Sixteenth Century Journal*, vol. 15, núm. 3 (otoño de 1984), pp. 259-279, en 265-268, jstor.org/stable/2540763: «En el *Malleus Maleficarum* (1486), un manual de cacería de brujas de amplia circulación, se expresa de manera llana que "Toda la brujería proviene de una lujuria carnal, que es insaciable en las mujeres... Los dibujos de brujas de Baldung... enfatizan su carnalidad con su desnudez y posturas y gestos indecorosos (nótese la bruja del centro... que se frota la entrepierna con el "ungüento para volar"). En *Praestigiis Daemonum* (1563) Johann Weyer sugiere audazmente que las drogas en sus ungüentos causaban que las brujas experimentaran sensaciones de vuelo y las actividades eróticas del aquelarre».

23   Strauss, «Wherewithal of Witches», p. 17.

24   Carl A. P. Ruck et al., *The Apples of Apollo: Pagan and Christian Mysteries of the Eucharist* (Durham, NC: Carolina Academic Press, 2000), p. 144.

25   Véase el capítulo 12, nota 21.

26   Ramsay MacMullen, *Christianity and Paganism in the Fourth to Eighth Centuries* (New Haven, CT: Yale University Press, 1999), p. 154.

27   *Ibid.*, p. 127.

28   Zoe A. Ferraris y Victor A. Ferraris, «The Women of Salerno: Contribution to the Origins of Surgery From Medieval Italy», *Annals of Thoracic Surgery*, vol. 64 (1997), pp. 1855-1857, disponible en: annalsthoracicsurgery.org/article/S0003-4975(97)01079-5/pdf.

29 La celebridad más prominente fue Trota o Trotula del siglo XVII, Magistra de Medicina. De acuerdo con Ferraris y Ferraris, su *Passionibus Mulierum Curandorum* sirvió como «el principal texto en Europa sobre la salud de las mujeres hasta el siglo XVII». Véase también «Trotula and the Ladies of Salerno», *Nature*, vol. 145 (30 de marzo de 1940), pp. 507-508.

30 Colin Tatz y Winton Higgins, *The Magnitude of Genocide* (Santa Barbara, CA: Praeger Security International, 2016), p. 214.

31 Carlo Ginzburg, *Ecstasies: Deciphering the Witches' Sabbath* (Chicago: University of Chicago Press, 2004), p. 122.

32 *Idem.*

33 Escrito en la década de 1430 en Saboya (la región que abarca territorios de Francia, Suiza e Italia hoy en día), el título completo de los *Errores Gazariorum* podría traducirse como: «*La herejía de las brujas, es decir, aquellas de quienes se sabe montan escobas y báculos*».

34 Brian P. Levack, *The Witch-Hunt in Early Modern Europe, Third Edition* (Harlow, Reino Unido: Pearson, 2006), p. 21 [Publicado en español como *La caza de Brujas en la Europa Moderna*, trad. de José Luis Gil Aristu (Madrid: Alianza, 1995)].

35 Karen Jolly *et al.*, *Witchcraft and Magic in Europe, vol. 3: The Middle Ages* (Londres: Athlone Press, 2002), p. 233.

36 Thomas Hatsis, *The Witches' Ointment: The Secret History of Psychedelic Magic* (París, ME: Park Street Press, 2015), p. 70.

37 *Idem.*

38 Bengt Ankarloo y Gustav Henningsen, eds., *Early Modern European Witchcraft: Centres and Peripheries* (Nueva York: Oxford University Press, 1993), p. 197.

39 Franco Mormando, «Bernardino of Siena, Popular Preacher and Witch-Hunter: A 1426 Witch Trial in Rome», en *Fifteenth Century Studies*, vol. 24 (1998), pp. 84-118, en 100-101, para las fechas inciertas de los sermones infames de Bernardino en Roma. Véase Franco Mormando, *The Preacher's Demons: Bernardino of Siena and the Social Underworld of Early Renaissance Italy* (Chicago: University of Chicago Press, 1999), p. 235, para la fecha de Mormando de 1426.

40 Mormando, *Preacher's Demons*, p. 55.

41 Ginzburg, *Ecstasies*, p. 298.

42 Véase Hatsis, *Witches' Ointment*, donde Finicella se menciona en la p. 198: «La mandrágora era llamada *Circeium* por algunos, lo cual indicaba su papel en ungüentos y pociones de transformación (podría haber sido el aditivo activo en la poción de Finicella, la mujer-gata de Roma). Y hay muchos indicios de que las nociones inquietantes de pociones venenosas sobrevivieron en los siglos XV y XVI. Como era el caso en algunas ocasiones, los artistas de esas épocas contaban las historias que la élite religiosa callaba. Retratos de Circe de humanistas como Hartmann Schedel (1440-1514), uno de los primeros adeptos al uso de la imprenta (reprodujo las obras de muchos de los artistas de su época) y el dibujante e impresor alemán Virgil Solis (1514-1562), entre otros, demuestran que esta poción mágica todavía se consideraba la verdadera fuente de sus poderes». Véase también la nota 22 en este mismo capítulo.

43 Dioscórides, *De materia medica*, Libro 4.76.

44 Mormando, *Preacher's Demons*, p. 65.

45 Ginzburg, *Ecstasies*, p. 299.

17. Nuestros ojos han sido abiertos

1 Joe Mozingo y John Spano, «$660-million settlement in priest abuses», *Los Angeles Times*, 15 de julio de 2007, latimes.com/archives/la-xpm-2007-jul-15-me-priests15-story.html.

2   Aaron Schrank, «Attorney General Launches Statewide Investigation Into Catholic Dioceses Handling of Sex Abuse Cases» (*LAist*, 3 de mayo de 2019), laist.com/2019/05/03/california_ag_investigating_catholic_dioceses.php.

3   Michelle Boorstein y Sarah Pulliam Bailey, «More U.S. Catholics are considering leaving the church over the sex abuse crisis, poll says», *Washington Post*, 13 de marzo de 2019, washingtonpost.com/religion/2019/03/13/more-us-catholics-are-considering-leaving-church-over-sex-abuse-crisis-poll-says/.

4   Véase Henry Kamen, *The Spanish Inquisition* (New Haven, CT: Yale University Press, 2014) [Publicado como *La inquisición española*, trad. de Enrique de Obregón (Madrid: Alianza, 1973)], p. 253: «Con toda seguridad podemos aceptar el estimado, hecho con base en la documentación disponible, de que un máximo de tres mil personas pueden haber sufrido la muerte durante la historia entera del tribunal». Véase también Almeida, ed., *História da Igreja em Portugal, vol. IV* (Oporto, PT: Coímbra, 1923), apéndice IX, p. 442. Para los esclavos africanos, véase Heather Rachelle White, «Between the Devil and the Inquisition: African Slaves and the Witchcraft Trials in Cartagena de Indies», *North Star: A Journal of African American Religious History*, vol. 8, núm. 2 (primavera de 2005), disponible en: princeton.edu/~jweisenf/northstar/volume8/white.pdf.

5   R. J. Rummel, *Death by Government* (Piscataway, NJ: Transaction Publishers, 2011), p. 162.

6   Anne Jacobson Schutte, «Palazzo del Sant'Uffizio: The Opening of the Roman Inquisition's Central Archive», *Perspectives on History*, 1º de mayo de 1999, disponible en: historians.org/publications-and-directories/perspectives-on-history/may-1999/palazzo-del-santuffizio-the-opening-of-the-roman-inquisitions-central-archive.

7   A. De Blasio, *Inciarmatori, maghi e streghe di Benevento* (Nápoles: Luigi Pierro Tip., 1900), disponible en: asmvpiedimonte.altervista.org/Credenze_popolari/De%20Blasio%20inciarmatori.html.

8   Francis X. Blouin, Jr. ed., *Vatican Archives: an Inventory and Guide to Historical Documents of the Holy See, Supplement #1: The Archives of the Congregation for the Doctrine of the Faith, including the Archives of the former Congregation of the Holy Office and the Archives of the former Congregation for Forbidden Books* (Ann Arbor, MI: University of Michigan, 2003), p. 3. Los orígenes del Santo Oficio datan del siglo XII. Pero no fue sino hasta 1542 cuando Pablo III nombró la primera comisión permanente romana de cardenales y tribunales «para defender y mantener la integridad de la fe y examinar y proscribir errores y enseñanzas falsas».

9   C. B. Schmitt *et al.*, eds., *Cambridge History of Renaissance Philosophy* (Cambridge, Reino Unido: Cambridge University Press, 1988), p. 46.

10 Schutte, «Palazzo del Sant'Uffizio».

11 Blouin, ed., *Vatican Archives*, p. 11.

12 Schutte, «Palazzo del Sant'Uffizio».

13 *Idem*.

14 Cullen Murphy, *God's Jury: The Inquisition and the Making of the Modern World* (Nueva York: Houghton Mifflin Harcourt, 2012), p. 20.

15 El sitio web de Brian A. Pavlac, profesor de historia en el King's College en Wilkes-Barre, Pensilvania es una maravillosa fuente sobre las cacerías de brujas: brianpavlac.org/witchhunts/werrors.html.

16 Gwynn Guilford, «Germany was once the witch-burning capital of the world. Here's why» (*Quartz*, 24 de enero de 2018), qz.com/1183992/why-europe-was-overrun-by-witch-hunts-in-early-modern-history/.

17 Dioscórides, *De materia medica*, 2.210, disponible en: archive.org/details/de-materia-medica/page/n379.

18 Plinio, *Natural History,* 24.47.75, disponible en: archive.org/stream/naturalhistory07pli-nuoft#page/56/mode/2up/search/ivy.

19 Plutarco, *Quaestiones Romanae,* 112.

20 *Idem.* Véase D. C. A. Hillman, *The Chemical Muse: Drug Use and the Roots of Western Civilization* (Nueva York: Thomas Dunne Books, 2008), pp. 85-86. Véase también Karl-Heinrich Horz y Jürgen Reichling, «Heder», en *Hagers Handbuch der pharmazeutischen,* 5ª ed., (Berlín: Praxis, 1993), 4:398-407, donde los autores hacen referencia a las propiedades psicodélicas de la hiedra común: «En la literatura toxicológica, hay registro de un niño de tres años que ingirió una gran cantidad y tuvo alucinaciones».

21 Edward Peters, *The Magician, the Witch, and the Law* (Filadelfia: University of Pennsylvania Press, 1982), p. 131.

22 Keith Thomas, *Religion and the Decline of Magic: Studies in Popular Beliefs in Sixteenth and Seventeenth-Century England* (Londres: Penguin UK, 2003), p. 38.

23 Al igual que Giambattista della Porta, el ocultista que nació y creció en Nápoles. En 1588, publicó algunos candidatos adicionales para los contenidos del ungüento de las brujas, entre los que se incluían: acónito, cicuta, belladona e incluso cizaña (la hermanastra malvada de la cebada, y el huésped ideal para el cornezuelo). Véase su *Natural Magick* (*Magia Naturalis*), de la cual hay una versión posterior escaneada y puesta a disposición del público por la Biblioteca del Congreso: hdl.loc.gov/loc.rbc/pre1801.23451.1.

24 A. D. Nock, «The Lizard in Magic and Religion», en su *Essays on Religion and the Ancient World* (Nueva York: Oxford University Press, 1972), pp. 271-276, en 273.

25 *Ibid.,* p. 275.

26 Rossell Hope Robbins, *The Encyclopedia of Witchcraft & Demonology* (Nueva York: Crown Publishers, 1959), p. 540 [Publicado en español como *Enciclopedia de la brujería y demonología,* trad. de Flora Casas (Madrid: Debate, 1988)].

27 George Gifford, *A Dialogue Concerning Witches and Witchcraft: In Which Is Layed Open How Craftily the Divell Deceiveth Not Onely the Witches But Many Other, And So Leadeth Them Awrie Into Manie Great Errours* (Londres: Percy Society, 1842), p. 116, disponible en: archive.org/details/adialogueconcer00giffgoog/page/n8.

28 Hernando Ruiz de Alarcón, *Tratado de las supersticiones y costumbres gentilicias que hoy viven entre los indios naturales de esta Nueva España,* disponible en: cervantesvirtual.com/obra-visor/tratado-de-las-supersticiones-y-costumbres-gentilicas-que-hoy-viven-entre-los-indios-naturales-de-esta-nueva-espana--0/html/cf187f38-7e62-49f7-bcf3-71d3c710fe4e_2.htm, cap. VI, 94.

29 *Ibid.,* cap. VII.

30 *Ibid.,* cap. VI, 110.

31 *Ibid.* cap. VI, 107.

32 Omer C. Stewart, *Peyote Religion: A History* (Norman: University of Oklahoma Press, 1993), p. 129.

33 *Ibid.,* p. 130.

34 *Ibid.,* p. 157.

35 Eunice V. Pike y Florence H. Cowan, «Mushroom Ritual versus Christianity», *Practical Anthropology,* vol. 6 (1959), pp. 145-150, en.psilosophy.info/mushroom_ritual_versus_christianity.html.

Epílogo

1   Eran Arie, Baruch Rosen y Dvory Namdar, «Cannabis and Frankincense at the Judahite Shrine of Arad», *Tel Aviv*, vol. 47, núm. 1 (2020), pp.5-28, doi.org/10.1080/03344355.2020.1732046.

2   Morton Smith fue un historiador egresado de la Escuela de Teología de Harvard que fue profesor en la Universidad de Columbia por 33 años. Su obra *Jesus the Magician* (Newburyport, MA: Hampton Roads, 2014) [Publicada en español como *Jesús el mago*, trad. de Joseph M. Apfelbäume (Barcelona: Martínez Roca, 1988)], publicada originalmente en 1978, continúa provocando una controversia en círculos conservadores de la fe cristiana. Recuérdese que Dioniso fue llamado mago (*goes*/γόης) y encantador (*epodos*/ἐπῳδὸς) en *Las bacantes* de Eurípides. Del mismo modo, a lo largo de los Evangelios, Jesús es acusado de ser un «impostor» o «ilusionista» (*planos*/πλάνος). De ahí proviene nuestra palabra *planeta*, que literalmente significa «los que vagan». Como *planos*, Jesús sería quien llevaría por mal camino o provocaría que la mente vagara con su caja de herramientas mágicas. Smith investigó «un vasto corpus de material que da testimonio del uso de su nombre en hechizos y exorcismos cristianos» para demostrar la popularidad de Jesús entre ciertos cristianos tempranos como un mago poderoso. En una tablilla de maldición del siglo I de Megara en Grecia, por ejemplo, Jesús es invocado junto con Hécate y Perséfone. Su nombre también se incluye en encantamientos paganos de un conjunto oscuro de fórmulas y rituales conocido como *Papyri Graecae Magicae* (Papiros mágicos griegos), redactados en su mayoría en los primeros siglos después de Jesús. De acuerdo con *Jesus the Magician*, p. 87, era un «lado de la religión» que «de manera gradual fue hecho clandestino» después de que «el cristianismo cobró un estatus oficial en el siglo IV», aunque «el cambio fue lento». Smith cree que, al igual que los cultos a la muerte que resultaron imposibles de separar de los cementerios rurales a través de la Edad Media, una versión oculta del cristianismo fue «aceptada por cientos de miles de cristianos creyentes durante el primer milenio, y más, de historia cristiana».

3   Jan Hoffman, «A Dose of a Hallucinogen From a "Magic Mushroom", and Then Lasting Peace», *New York Times*, 1º de diciembre de 2016), nytimes.com/2016/12/01/health/hallucinogenic-mushrooms-psilocybin-cancer-anxiety-depression.html.

4   Frederick S. Barrett y Roland R. Griffiths, «Classic Hallucinogens and Mystical Experiences: Phenomenology and Neural Correlates», Current Topics in Behavioral Neurosciences, vol. 36 (2018), pp. 393-430, doi: 10.1007/7854_2017_474.

5   Alan Watts, *The Joyous Cosmology: Adventures in the Chemistry of Consciousness* (Novato, CA: New World Library, 2013), p. 14.

ÍNDICE ANALÍTICO

marihuana. *Véase* cannabis
Marsias, *269*, 270
martyria (sitios de peregrinación), 405
marzeah, ritual, 253, 255-56, 323, 438
Mas Castellar de Pontós, 167, *170*, 171, 178
   objetos de, 133, 178
Massalia (Marsella, Francia), 168, 192, 194
Maté, Gabor, 21
Mateo, Evangelio de, griego de, 80
Mater Dolorosa, 123
materias universitarias
   las clásicas, 43-6
   «utilitarias», 44
Mayerson, Philip, 228, 283
Mazzei, Barbara, 314, 326
McGovern, Patrick, 156-158, 198, 244, 247-
   249, 288, 303, 381, 438, 441
Médici, Lorenzo de, 272-73
medicina, mujeres en, 405
Medio Oriente, 243 (mapa), 253
megalitos, 148
ménades, 110, 113, 209, 291-92, 488n
menta (*Mentha pulegium*), 134-35
Mercati, Angelo, 394-95
mescalina, 38
México, 70, 428-29
   chamanes, 432
Meyers, Eric, 242
micénicos, 155-56, *157*, 202, 437
microbioma, 143
Midas Touch, 437, 441
Midas, 157
miedo, 27-8
   visualización de, 30
Miguel Ángel, 219
milagro de la multiplicación de los panes,
   361
Milarepa, 212
minoicos, 155-156, *157*, 437
misa, 120, 277, 312
   alternativa (aquelarre), 406-408
   como sesión espiritista, 257
misa latina, 45
misce (mézclalo), 366, *367*
misioneros, 15, 61, 430
misterio, derivación de la palabra, 55
misterios de Eleusis, 104-5
   conciencia en el Renacimiento de, 273
   copiados en Cataluña, 174

costos de visitar, 202-3, 237
edad y reputación de, 454n
experiencia de, 54-56
exportados a Cataluña, 183
exportados por Triptólemo, 183
fama de, 454n
predecesores de, 189
sacerdotisas de, 288-289
secretismo de, 54, 454n
teorías sobre, 67-68, 70, 436
tolerancia oficial de, 292
Véase también Eleusis
misterios dionisiacos, 286, 337
   hombres excluidos de, 364
   prohibidos por los romanos, 263, 376
   un truco dirigido a las mujeres
      (Eurípides), 289
   y rituales cristianos, 293
misticismo popular, 445
místicos,
   en Italia, 343
   experiencia de, 107
   persecución de, 39, 431
mithridatium, brebaje medicinal, 380
mitología griega, 56
Moisés, 36
monasterio de San Pablo, monte Athos, 400
monte Athos, 38, 400
monte Vesubio, 336
morir antes de morir, 33, 37-8, 194, 359,
   373-74, 400
morteros, 145-46, *146*
muerte, miedo a, 21-2, 35
mujeres
   actividad religiosa de, 361-364
   en el cristianismo temprano,
      286-295, 292
   en la medicina, 405
   excluidas del sacerdocio cristiano,
      108-9, 294-295, 348, 440
   experiencia farmacológica de, 383-384
   fabricación de cerveza por, 288, 382-
      383
   griegas, 485n
   guerra contra, 412, 421
   iniciación al culto de, con exclusión de
      los hombres, 286
   judías, 493n
   líderes espirituales, 23, 483n

tigación sobre, 254-255
, 61
tífica, 132-34
beatífica, 398-99, 427
eleusina, 131
es
divinas, 486n
vistas por los griegos, 90
anes, 378

asson, R. Gordon, 46, 68-75, *76*, 79, 99
Wasson-Ruck, teoría, 90
Watkins, Calvert, 97-99, 152, 288, 330-31
Watts, Alan, 39, 445, 448
Webster, Noah, 44
Weihenstephan, 141
When Women Were Priests (Torjesen), 289, 308, 348

Who Killed Homer? (Hanson y Heath), 43, 82
Wilpert, Joseph, 360

Yaco, 111-12, 461n
Yahvé, 36
Yale, Universidad de, 83
Yasur-Landau, Assaf, 252
Yates, Frances, 393
Young, Rodney, 441

Zander, Pietro, 352, 357
Zarnkow, Martin, 141-46, 150-151, 159-63, 288, 436-37
Zinn, Howard, 77
Zósimo, 104